KB129492

2판

유아특수교육

이소현 지음

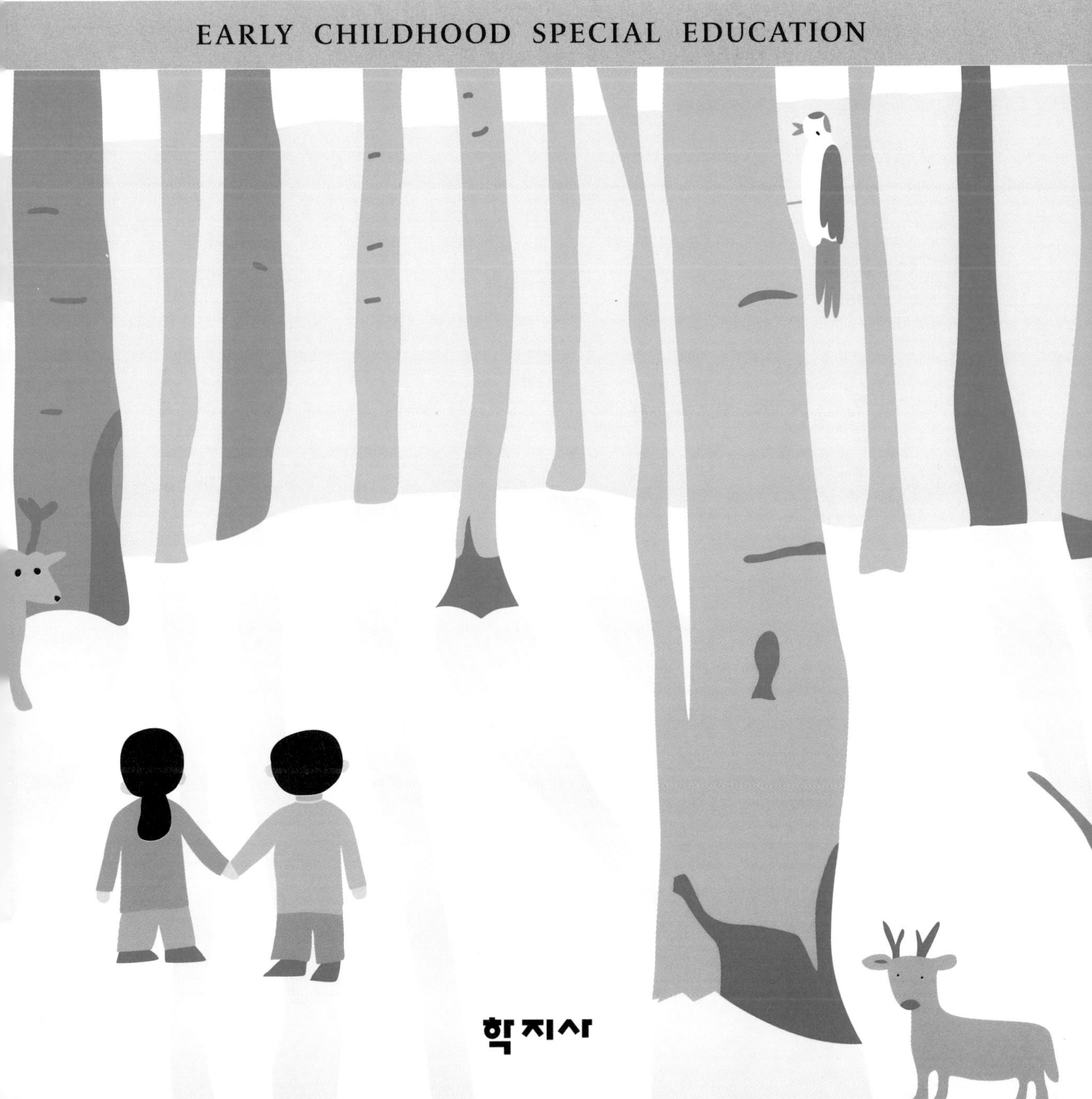

2판 머리말

이 책의 초판이 출간된 지 너무 오랜 시간이 지났습니다. 그동안 많은 변화가 있었습니다. 사실 초판을 출간하던 때만 해도 장애 유아를 위한 교육은 그 제도적인 측면에서뿐만 아니라 현장 실천적인 측면에서도 여러 가지 어려움과 과제를 안고 있었습니다. 이러한 어려움을 해결하고 과제를 풀어가기 위해서 많은 사람의 다방면의 노력이 기울여졌습니다. 지원을 필요로 하는 영유아를 조기에 발견하여 적절한 교육을 받을 수 있도록 연계하는 제도를 수립하기 위해 노력하였으며, 이들이 모두 제도권에 들어와 공교육을 받을 수 있도록 노력하였습니다. 또한 제도권에서 교육을 받게 되는 경우에도 어떤 방법으로 어떻게 교육해야 하는지에 대한 끊임없는 고민은 계속되었습니다. 이 책의 초판 역시 이러한 과정에서 함께 기울였던 노력의 일환이 아니었나 생각해 봅니다.

이 책의 초판이 출간된 후 유아특수교육 분야에 있었던 변화는 크게 세 가지로 살펴볼 수 있을 듯합니다. 먼저 제도 및 행정의 측면에서 큰 변화가 있었습니다. 2007년 특수교육 관련 법률인 「특수교육진흥법」이 「장애인 등에 대한 특수교육법」으로 개정되면서 장애 영유아 교육에도 영향을 미치게 되었습니다. 특히, 영아 무상교육과 유아 의무교육, 그리고 이들의 조기발견을 위한 제도가 규정되면서 지원을 필요로 하는 모든 영유아에게 가능한 한 조기에 적절한 지원을 제공하기 위한 노력의 근거가 마련되었습니다. 더욱이, 특수교육 교육과정이 개정되면서 장애 유아 교육의 방향과 내용이 보다 구체적으로 정리되었으며, 2019년에는 누리과정이 전면 개정되어 장애 유아를 포함한 모두를 위한 교육에 한 발 더 다가섰다고 할 수 있습니다.

두 번째로는 장애 유아 교육 현황에서 나타난 변화를 들 수 있습니다. 교육 현황의 변화는 크게 '수혜율 변화'와 '통합교육으로의 전환' 두 가지 측면에서 살펴볼 수 있습니다. 장애 유아 교육 수혜율 변화는 물론 앞에서 이야기한 제도적 정립에 의한 당연한 결과라 할 수 있지만, 해마다 교육 현장으로 연계되는 장애 유아의 수가 점점 많아지고 있다는 사실은 분명히 고무적인 현상이라 할 수 있습니다. 물론 유아기 교육 수혜율은 학령기에 비해 아직까지 많이 낮은 편이라 이를 해결하기 위한 적극적인 노력이 더욱 필요한 것만은 사실입니다. 통합교육으로의 전환 역시 최근에 이루어지고 있는 큰 변화 중 하나입니다. 이 책의 본문에서도 밝힌 바와 같이 현재 유아기 특수교육 대상자의 80% 이상이 유치원에서 통합교육을 받고 있습니다. 이는 장애 유아가 장애가 없었다면 자연스럽게 소속되었을 삶의 장에서 동등한 소속권과 교육권을 누리며 살아가는 궁극적인 사회로 한 발 더 가까이 다가가게 해 주는 변화라 할 수 있습니다. 이러한 변화는 결과적으로 통합교육 현장에서의 최상의 방법론을 제시하기 위한 노력으로 이어져 왔습니다.

마지막으로 연구와 교육의 현장에서 증거 기반의 실제를 구축하기 위한 노력의 결과가 축적되어 우리나라 실정에 맞는 방법론이 제시되기 시작하였습니다. 초판을 집필할 때만 해도 우리나라 교육 현장에서 이루어진 연구는 사실 찾아보기 힘들 정도로 그 수가 매우 적었습니다. 그러나 지금은 그동안 이루어진 많은 이론 연구, 개발 연구, 현장 적용 연구, 성과 검증 연구 등을 통하여 우리나라 장애 유아 교육 현장에 적합한 방법론적 실제를 제시하고자 하는 노력이 진행되고 있습니다. 이는 연구와 교육 현장의 연계를 통하여 교육의 질적 향상을 가져오는 가장 신속하고 순환적인 영향력을 보여 주는 바람직한 형태의 발전 방향이라 할 수 있을 것입니다.

유아특수교육 분야에서 지속되어 온 이와 같은 변화의 노력은 궁극적으로 교육의 수혜자인 장애 유아와 그 가족에게 긍정적인 성과로 나타날 때에만 그 의미가 있다고 할 수 있습니다. 다시 말해서, 유아특수교육은 학문의 성격상 이론이 이론으로만 머문다면 아무런 소용이 없을 테지만 실제로 장애 유아와 그 가족에게 주어지는 지원에 바람직한 영향을 미친다면 그제서야 유용한 학문일 수 있다는 것입니다. 이러한 생각으로 참으로 오랜 시간 동안 개정에 대한 부담을 안고 있었습니다. 초판이 출간된 후 점차 시간이 지나면서 제도와 정책이 변하고 연구의 결과가 누적되고 교육 현장이 바뀌는 모습을 지켜보면서 하루속히 그러한 내용을 반영한 개정이 이루어져야 한다는 생각으로 조바심이 났습니다. 초판 출간 후 17년이라는 세월이 지난 지금에서야 개정판이 출간된다는 것은 사실 너무 늦었다고 할 수 있지만, 그래도 지금이라도 이렇게 출간하게 된 것을 감사하게 생각합니다.

개정판을 집필하면서 몇 가지 특별한 관심을 기울였습니다. 첫째, 앞에서 설명한 여러 가지 변화를 반영하기 위하여 노력하였습니다. 변화의 과정과 더불어 최신의 동향과 앞으로의 방향을 균형 있게 설명하기 위하여 노력하였습니다. 둘째, 학문적 또는 이론적 측면에서의 최신의 지식을 참조하고 반영하려고 노력하였습니다. 이를 위하여 최신 연구 동향을 때로는 심도 있게 때로는 광범위하게 살펴보면서 작업하였습니다. 셋째, 이론과 실제의 균형을 맞추기 위해서 노력하였습니다. 학문적 성과에 대한 이론적 제시만으로는 교육 현장에서 적절하게 사용되기가 쉽지 않습니다. 이론이 현장으로 연계되는 과정에서 유용하게 활용될 수 있도록 가능한 한 구체적인 방법론과 실제 사례를 제시하고, 기타 유용한 자원을 소개하려고 노력하였습니다. 넷째, 우리나라 교육 현장에 적합한 내용으로 구성되도록 노력하였습니다. 외국의 선진 이론이나 프로그램을 단순하게 소개하기보다는 지금까지 우리나라 교육 현장을 배경으로 진행되어 온 많은 연구와 방법론적 실제를 소개하고 연계함으로써 유아특수교육 현장의 직접적인 실행 전문성을 증진시키고자 하였습니다.

개정판은 초판에 비하여 그 내용에 있어서 거의 모든 부분이 수정되거나 보완되었고, 그 구조에 있어서도 약간의 변화가 있었습니다. 가장 큰 변화는 초판의 내용이 15개 장으로 구성되었던 것과는 달리 11개 장으로 대폭 축소되었다는 것입니다. 별도의 장으로 구성되었던 교육진단(초판의 6장)과 교수계획(초판의 7장)을 하나의 장으로 합쳤습니다. 진단-교수 연계의 중요성을 강조하고 보다 구체적인 연계 방법론을 제시하기 위함입니다. 또한 교육 프로그램을 설명한 장(초판의 8장)을 과감히 삭제하였습니다. 국가 수준의 교육과정이 실행되는 우리나라 교육 현장의 특성상 프로그램 운영보다는 교육과정 운영에 더 큰 초점을 두는 것이 사실입니다. 따라서 불필요한 내용은 삭제하고 필요한 내용만 다른 장으로 이동하여 보완했습니다. 초판의 마지막 부분은 제4부 유치원 통합교육이라는 제목하에 통합교육의 이론적 배경(13장), 장애 유아의 사회적 통합(14장), 통합 환경의 교육과정 및 교수방법(15장)의 세 장으로 구성되어 있었습니다. 그러나 개정판에서는 제4부의 제목 자체를 없애고 통합교육의 이론과 실제라는 제목의 한 장만을 제3부 교육과정 운영의 실제에 포함시켰습니다. 이러한 구조상의 변화만을 보면 통합교육에 대한 내용이 축소된 것으로 보입니다만 실제로는 그 반대라고 할 수 있습니다. 초판이 장애 유아 교육과 통합교육을 별도로 설명하는 구조였다고 한다면, 개정판에서는 통합교육을 장애 유아 교육의 기본적인 장면으로 이해합니다. 즉, 교육과정 운영의 실제적 측면에서 통합교육에 대한 이론과 실질적인 방법론을 별도의 장에서 설명하기는 하지만 이 책의 전반에 걸쳐 모든 내용이 통합교육을 기반으로 하고 있다는 것입니다. 예를 들어, 초판의 14장과 15장의 사회적 통합과 통합유치원 운영에 대해서는 제3부 교육과정 운영의 실제의 각 장에 해당하는 교육과정, 환경 구성, 교수방법 등의 내용에 자연스럽게 녹아들어 있습니다.

개정 원고를 집필하는 과정은 길고 어려운 시간이었습니다. 여러 가지 분주한 일과로 작업을 위한 시간을 내는 것 자체가 쉽지 않았습니다. 내용의 방대함으로 인해서 전체적인 통일감과 연계감을 유지하는 것도 그렇게 쉽지만은 않았습니다. 그러나 쓰고 읽고 수정하기를 반복하고 또 반복하면서 힘들기는 했지만 또한 설레고 즐거운 과정이었음을 기억합니다. 새로운 지식과 학문의 동향을 알아가는 것도 즐거웠고 지금까지 우리가 해 온 것들을 정리해 보는 일도 무척 즐거웠습니다. 그렇게 새로운 것들을 반영하고 기존의 것들을 정리하면서 새 책을 준비한다는 설렘도 있었습니다. 이제 이 책이 유아특수교육 현장에서 장애 유아를 보다 잘 이해하고 보다 잘 가르치고 싶어 하는 많은 전문가에게 유용한 자원 중 하나로 역할 할 수 있기를 기대하면서 준비의 설렘에 종지부를 찍으려고 합니다. 한 권의 책에 필요한 모든 내용을 다 담을 수 있는 것도 아니고, 한 권의 책이 다양한 사람의 필요를 모두 다 충족시킬 수 있는 것도 아니기에 아마도 부족한 부분이 많을 것으로 여겨집니다. 또한 틀림없이 발견되리라고 예상되는 오류나 일관성 없음에 대해서도 걱정이 없지는 않습니다. 그러나 유아특수교육 분야의 학문과 현장을 생각하며 그저 열심히 노력했다는 것 하나만으로 감히 독자들의 너그러운 이해를 기대해 봅니다.

돌이켜보면 그 어느 한 때도, 그 어느 한 번도, 그 어느 한 가지도 나의 능력으로 해낸 것은 없습니다. 이 책의 초판을 출간하였을 때도, 지금 개정판을 출간하면서도 내게 능력 주시는 자의 도움이 없었다면 오지 못하였을 길임을 너무나도 잘 알고 있습니다. 미약한 책 한 권이지만 지금까지 나에게 힘이 되어 주신 여호와 하나님과 이 세상을 향해서 귀하게 쓰임 받기를 소망하며 드리고자 합니다.

'나의 힘이 되신 여호와여 내가 주를 사랑하나이다'

시편 18:1

2020년 2월 5일

이 소 현

1판 머리말

10여 년 전 공부를 마치고 대학 강단에 서기 시작하던 무렵 여러 사람들로부터 쉽게 읽으면서 공부할 수 있는 우리말로 쓰여진 전공 서적이 있으면 참 좋겠다는 말을 많이 들었다. 하지만 그 당시에는 나 스스로가 초보 전문가였기 때문에 감히 책을 써야겠다는 생각을 하지 못했으며, 혹시나 10년쯤 지나고 나면 책을 쓸 수 있는 역량이 키워질 수 있을까 혼자 내심 조바심을 내곤 했다. 지금 생각하면 아마도 그때의 그런 여러 사람들의 바람과 나 스스로의 조바심이 마음 어느 한 구석에 전공 영역에 대한 책을 한 권 쓰고 싶다는 소망으로 소중하게 키워졌던 것이 아닌가 싶다. 강단에 선 지 꼭 만 10년이 지나면서 이 책을 쓰기 시작했으니 사람의 심중에 주어지는 원함과 계획에는 참으로 우연이 없구나 하는 생각을 하게 된다. 대학에서 강의를 하고 연구를 하며 보낸 세월이 10년을 훌쩍 넘겨 버린 지금까지도 내게 과연 이런 책을 쓸 수 있는 역량이 있는가 하는 조심스러운 마음이 없는 것은 아니다. 원고를 모두 마치고 서문을 쓰고 있는 지금까지도 불안한 마음이 사라지지 않는 것은 아마도 이 책의 한 문장 한 문장에 대한 이러한 조심스러운 마음과 함께 제대로 잘 썼나 하는 자책의 질문 때문인 것 같다.

우리나라 특수교육은 최근 몇 십 년 동안 많은 발전을 이룩해 왔다. 교육 대상자의 수가 늘어나고 교육의 질이 향상되었으며, 학문적으로도 수많은 학자들을 키워내면서 많은 연구 결과들이 누적되어 왔다. 그러나 이러한 특수교육의 발전에 비추어 볼 때 장애 영유아를 위한 특수아 조기교육 영역은 여러 가지 측면에서 아직까지는 그에 못

미치는 과도기에 있음을 부인할 수 없다. 법직으로도 사회적으로도 학문적으로도 모두가 장애나 장애위험을 지닌 영유아들을 발견하여 조기에 교육을 시작해야 한다고 동의하고는 있지만 어떻게 어떤 방법으로 이들을 조기에 발견하여 잘 교육할 수 있을지에 대해서는 정책 수립이나 교육 프로그램 제공 측면에서 아직도 많은 연구와 노력이 필요하다. 더욱이 일반 아동들과의 통합을 강조하는 최근의 교육 동향으로 인해서 수많은 장애 유아들이 기존의 특수교육 체제에서 벗어나 일반 유치원이나 어린이집에서 교육을 받고 있는 현실을 고려한다면 장애 유아 교육의 질적 향상을 위한 배려는 특수교육뿐만 아니라 유아교육에서도 심각하게 고려하고 함께 협력해야 하는 과제로 인식되어야 한다. 그러나 특수교육에서도 유아교육에서도 장애 유아 교육의 질적 향상을 위하여 연구하고 공유할 수 있는 저서들이 아직까지는 지극히 적은 실정이다. 결과적으로, 이 책은 교육과 연구 현장의 학문적 욕구에 부응하기 위하여 관련 이론을 정립하고 연구 결과들을 종합적으로 해석하여 유아특수교육 현장에 기여하고자 하는 기대로 기획되었다.

이 책에서는 장애 유아에 대한 기본적인 이해와 함께 장애를 지닌 유아들을 위한 교육 프로그램이 어떻게 구성되고 접근되어야 하는지를 중심으로 서술했다. 먼저 제1부에서는 유아특수교육에 대한 전문적인 이해도를 높이기 위하여 영역과 관련된 전반적인 개관을 설명하였으며(제1장), 유아특수교육의 대상 아동인 장애나 장애위험을 지닌, 또는 발달지체를 경험하고 있는 유아들에 대하여 그 발달적 현상(제2장)과 발달 과정에서 나타나는 장애의 종류 및 특성(제3장)을 기술하였고, 유아기 장애의 원인과 교육의 예방적 역할(제4장)에 대하여 설명하였다. 제2부에서는 장애나 장애위험을 지닌 유아들을 진단하고 평가하기 위한 보편적인 방법론(제5장)과 함께 실제 교육 현장의 교사들이 직면하게 되는 교육진단 및 프로그램 평가의 방법(제6장)을 구체적으로 설명하였으며, 이러한 교육진단 활동을 통해서 연계해야 하는 개별화 교육 프로그램 개발의 이론적 배경과 작성 방법을 설명하였다(제7장). 3부는 장애 유아들을 위한 프로그램의 실질적인 운영을 위해서 필요한 내용으로 구성하였다. 먼저 교육 프로그램의 다양한 유형들을 설명하고(제8장), 장애 유아들을 위한 교육과정을 어떻게 구성하고 적용해야 하는지를 설명하였으며(제9장), 장애 유아 교수 활동의 실제를 위한 환경 구성(제10장)

및 교수방법(제11장)에 대하여 설명하였다. 또한 장애 유아 교육의 실질적인 성패의 주요 요인으로 작용하는 가족들과의 협력 증진을 위하여 장애 유아 가족 지원의 이론적 배경과 방법론을 소개하였다(제12장). 마지막으로, 제4부는 장애 유아들의 교육에 있어서 가장 중요한 질적 구성 요소일 뿐만 아니라 최근의 교육 현장의 동향으로 인하여 그 중요성이 가중되고 있는 통합교육의 이론과 실제를 중심으로 구성되었다. 통합교육은 그 가치와 혜택이 이미 입증되고 있으므로 유아특수교육에서나 유아교육 모두에서 공동주인의식을 가지고 접근해야 하는 중요한 개념적, 방법론적 실행 과제이다. 그러므로 이 책에서는 통합교육을 반드시 실행해야 하는 이론적 배경과 그 질적 구성 요소들을 설명하고(제13장), 특히 유아교육 현장에 통합되어 있는 장애 유아들이 진정한 의미에서 통합교육의 혜택을 받을 수 있도록 사회적 통합 촉진의 중요성과 그 방법론을 소개하였으며(제14장), 유아교육 현장에 통합된 장애 유아들의 개별 교수목표 성취를 고려한 통합 유치원 교육과정 운영 및 교수방법을 소개하였다(제15장).

책의 출간을 눈앞에 두고 이렇게도 혼돈스러운 마음은 처음이 아닌가 싶다. 오랜 시간에 걸쳐 큰일을 끝냈다는 작은 기쁨과 함께 이 책을 필요로 하는 사람들에게 과연 얼마나 큰 도움이 될 수 있을까 하는 불안하고 두려운 마음으로 이제는 독자들의 평가를 받고자 한다. 단지, 바쁜 중에도 좀더 나은 책을 써보고 싶다는 욕심으로 나름대로는 최선을 다했다는 스스로에 대한 위로를 하면서 없는 것보다는 아주 조금이라도 도움이 되었으면 하는 바람을 가져본다. 유아특수교사 양성과 유아특수교육 현장의 질적 향상을 위해서, 유아교육 전문가들의 장애 유아 이해를 위해서, 그리고 궁극적으로는 장애나 장애위험을 지니고 유아특수교육의 대상자로 진단되는 수많은 장애 유아들을 위해서 정말 조금이라도 도움이 되었으면 하는 마음이다. 솔직히 좀더 욕심을 낸다면 하나님의 형상대로 창조되어 사랑받고 축복받기 위해 태어난 수많은 아이들이 남들과 다르게 장애를 지녔다는 그 한 가지 이유만으로 소외되는 세상이 아닌, 장애가 없었으면 함께 어울려서 살아갔을 바로 그 세상에서 신나고 멋지게 살아 갈 수 있도록 작은 등불의 역할을 할 수 있었으면 한다.

주변의 여러 사람들의 도움이 없었다면 이 책의 발간이 힘들었으리라는 생각을 하면서 참으로 감사한 마음을 갖게 된다. 문득문득 한 번씩 집필의 필요성을 상기시키며 격려해 주신 학지사 김진환 사장님, 용어와 내용 등을 자상하게 자문해 주신 여러 전문가들과 동료 교수님들, 교정과 편집에 지극한 정성으로 시간과 노력을 투자해 준 대학원 학생들, 부인앵, 김수진, 이은정, 최윤희, 모두에게 진심으로 감사의 마음을 전한다. 오랜 시간 동안 그나마 매일 조금씩밖에는 할애해 주지 못했던 엄마와 함께 지낼 수 있는 그 시간마저도 빼앗겼던 사랑하는 두 아이들, 학주와 혜주에게 미안함과 고마움을 꼭 전하고 싶다. 이 모든 사람들의 노력과 정성이 묻어나 완성된 책이기에, 장애 유아와 일반 유아들이 유치원에서 함께 신나게 뛰노는 세상, 장애를 지닌 모든 유아들이 누구에게나 맘껏 사랑받고 축복받는 멋진 세상을 만들고 싶다는 많은 사람들의 작은 소망에 불을 지피는 역할을 할 수 있지 않을까 감히 기대해 본다.

'그 어린 아이들을 안고 저희 위에 안수하시고 축복하시니라'

막 10:16

2003년 5월 21일

이 소 현

차례

◆ 제1부 ◆ 유아특수교육의 이해

◆ 제2부 ◆ 진단 및 교육 계획

◆ 제3부 ◆ 교육과정 운영의 실제

■ 세부 차례 ■

제4장 | 발달장애의 원인 및 예방 165

◆제2부◆ 진단 및 교육 계획

제5장 | 장애 유아 진단 및 평가 201

◆제3부◆ 교육과정 운영의 실제

제1부

유아특수교육의 이해

제1장

유아특수교육 개관

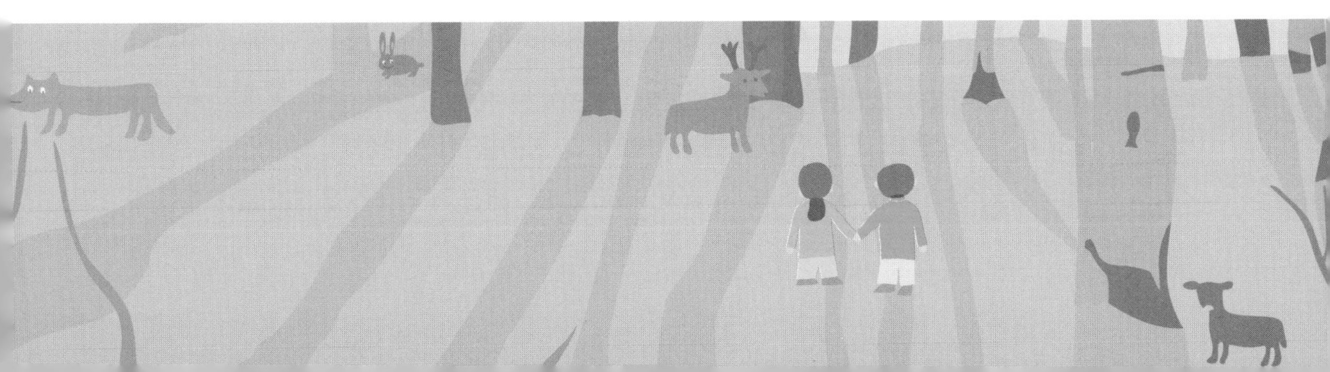

Ⅰ. 유아특수교육의 이론적 배경

1. 정의 및 용어

1) 유아특수교육의 정의

유아특수교육은 취학 전 특수아동에게 제공되는 특수교육을 의미한다. 그러므로 유아특수교육의 정의를 이해하기 위해서는 특수아동이나 특수교육 등 특수교육과 관련된 기본적인 개념을 먼저 이해해야 한다.

특수아동(exceptional children)이란 일반적으로 사회의 기준이나 전형성에서 벗어나는 아동을 의미한다. 이소현과 박은혜(2011)는 특수아동을 특정 영역에서 대부분의 다른 아동과는 다른 아동을 의미한다고 정의하였으며, 이들이 대부분의 다른 아동과는 다르기 때문에 특수교육을 필요로 한다고 하였다. 다시 말해서, 잠재력을 개발하기 위해서 특수교육 및 그와 관련된 서비스를 필요로 하는 아동(Hallahan, Kauffman, & Pullen, 2018)으로 정의된다. 여기서 말하는 일반 아동과 다르다는 것은 지적장애, 학습장애, 정서 및 행동 장애, 자폐 범주성 장애, 의사소통장애, 지체 및 복합장애, 시각장애, 청각장애 또는 뛰어난 재능이나 우수성 등을 지녔거나 발달이 지체됨으로 인해서 학업적, 행동적, 사회적 특성이 다르게 나타나는 것을 의미하며, 이와 같은 차이로 인해서 특수아동으로 분류된다.

특수교육은 위에서 설명한 특수아동의 개별적인 필요를 충족시키기 위해서 특별히 고안된 교수를 말한다(이소현, 박은혜, 2011). 우리나라 「장애인 등에 대한 특수교육법」에서는 특수교육이란 특수교육대상자의 교육적 요구를 충족시키기 위하여 아동의 특성에 적합한 교육과정 및 특수교육 관련서비스를 제공함으로써 이루어지는 교육으로 정의한다(제2조 2항).

유아특수교육은 용어에서도 드러나듯이 유아기 특수아동을 대상으로 하는 특수교육이라고 할 수 있다. 따라서 위에서 설명한 특수아동과 특수교육의 정의를 고려한다면 유아특수교육은 특정 영역에서 대부분의 유아와는 다른 특성을 지닌 유아 개인의 개별적인 필요를 충족시키기 위해서 특별히 고안된 교수를 의미한다. 실제로 유아특수교육은 특별한 도움을 필요로 하는 유아와 그 가족을 위한 다양한 서비스를 나타내는 용어로 사용되어 왔으며(Bailey & Wolery, 2003), 최근 우리나라에서는 유치원이나 특수학교 등을 포함하는 다양한 교육기관에서 장애를 지닌 유아에게 제공되는 특수교육의 의미로 사용되고 있다. 유아특수교육에서 특별한 도움을 필요로 하는 유아를 지칭할 때에는 일반 특수교육에서 의미하는 장애로 인한 특수아동만을 의미하기보다는 장애 위험을 지니고 있는 유아와 발달상의 지체를 보이는 것으로 진단된 유아를 포함하는 개념으로 사용된다. 이것은 유아특수교육이 생애 초기에 이루어지는 교육으로 장애 발생이나 학교생활의 실패를 예방하는 측면을 포함하고 있기 때문이다.

2) 용어 사용

유아특수교육이라는 용어는 현재 조기특수교육, 특수아 조기교육, 조기중재, 조기개입 등의 다양한 용어와 함께 사용되고 있다. 그러므로 교육 현장이나 학계에서 사용되고 있는 이러한 여러 가지 용어가 지니는 의미를 이해하고 그 의미에 따라 정확하게 사용할 필요가 있다.

먼저 이 책의 제목으로 사용되고 있는 유아특수교육(early childhood special education)은 일반적으로 3~5세 취학 전 장애 유아를 위한 교육을 의미하는 용어로 사용된다. 조기개입(early intervention)은 0~2세 영아를 대상으로 하는 포괄적인 서비스를 의미하는 용어로 사용된다(이소현, 2000; 이소현, 조윤경, 2004). 여기서 말하는 개입이란 장애 또는 발달지체의 방향이나 결과를 교정하기 위한 목적으로 어린 아동과 그 가족의 삶을 간섭하는 과정을 의미한다(Hooper & Umansky, 2013). 우리나라에서는 조기개입을 조기중재라고 표현하기도 하는데, 일반 특수교육에서 중재(intervention)라는 용어가 교수의 의미로 폭넓게 사용되고 있다는 점을 고려한다면 영아를 위한 포괄적인 서비스의 개념으로 의미를 명확히 한다는 점에서 조기개입이라는 용어가 선호된다.

또한 교육 현장에서 많이 사용되는 조기특수교육(early intervention/early childhood special education: EI/ECSE)은 유아특수교육과 조기개입을 모두 포함하는 용어로 특수아 조기교육이라고도 한다. 우리나라 특수교육 현장에서는 조기교육의 대상자를 출생 후 취학 전까지의 장애 영유아로 제한하지만 교육학적 분류에서는 조기교육의 대상자가 출생 후 8세까지 포함되며, 따라서 조기특수교육 내에 초등학교 저학년 학생을 대상으로 하는 학령초기 특수교육(early primary special education)을 포함하기도 한다(Gargiulo & Kilgo, 2020). 이는 장애를 지닌 초등학교 저학년 학생에게 적용되는 교육과정 및 교수방법의 방법론적 실제의 측면을 고려한 것이라고 할 수 있다. 〈표 1-1〉은 유아특수교육 영역을 지칭하는 데 사용되는 다양한 용어를 보여 준다.

표 1-1 유아특수교육 관련 영역을 지칭하는 용어 및 정의

용어	대상 연령	정의
조기개입 early intervention(EI)	0~2세	신생아 및 영아와 그 가족을 위해서 제공되는 협력적이고도 종합적인 특수교육 서비스
유아특수교육 early childhood special education (ECSE)	3~5세	장애 유아의 개별적인 요구를 충족시키기 위해서 제공되는 특수교육 서비스
학령초기 특수교육 early primary special education (EPSE)	6~8세	초등학교 저학년에 해당되는 초기 학령기 아동에게 제공되는 특수교육 서비스
조기특수교육 early intervention/ early childhood special education (EI/ECSE)	0~8세	조기개입과 유아특수교육과 학령초기 특수교육을 모두 포함하는 생애 초기에 제공되는 특수교육 서비스

2. 유아특수교육의 역사적 배경

전 세계적으로 볼 때 유아특수교육은 아동과 복지, 또는 소수 집단의 권리와 필요에 대한 사회적 관심이 증가하고 가치관의 변화에 따른 가족 구조가 변화하는 등 폭넓은 역사적 사건의 배경 안에서 발전해 왔다. 이러한 역사적 배경은 유아교육이나 특수교육 관련 법률 및 시행령 제정 등의 직접적인 영향을 미친 사건을 통해서 찾아볼 수 있다. 우리나라의 경우도 비슷한 맥락 안에서 그 역사적 배경을 살펴볼 수 있겠으나, 우리나라 유아특수교육의 역사는 매우 짧을 뿐만 아니라 외국의 발전된 이론과 실제를 도입하고 적용함으로써 이루어져 온 것이 사실이다. 그러므로 여기서는 먼저 유아특수교육의 역사적 형성과 발전에 가장 직접적인 영향을 미친 유아교육, 특수교육, 보상교육의 이론적 발전사와 특성을 간략하게 살펴보고, 유아특수교육 프로그램 발전에 결정적인 영향을 미친 관련 법률 및 시행령에 대해서 미국 입법사를 중심으로 살펴본 후에 우리나라 유아특수교육의 역사에 대해서 알아보고자 한다.

1) 유아특수교육의 기원

유아특수교육은 영역에 대한 인식이나 교육 기회 증진, 프로그램 개발 등의 모든 측면에서 지난 50여 년간 극적인 발전을 이루어 온 영역이다. 특히 하나의 학문 분야로

볼 때 타 분야에 비해서 비교적 그 역사가 짧은 것이 사실이지만 현재까지도 급속하게 발전하고 있는 영역이라고 할 수 있다.

유아특수교육의 기원은 일반 유아교육과 학령기 장애 학생을 위한 특수교육, 그리고 헤드 스타트와 같은 보상교육을 통해서 형성되었다고 할 수 있다(Hanson & Lynch, 1995; McCollum & Maude, 1993; Peterson, 1987). 유아특수교육의 기초가 된 이 세 영역은 각각의 독특한 특성에 의해서 유아특수교육 영역의 생성과 발전에 결정적인 영향을 미쳐 왔다. 실제로 유아특수교육은 유아교육과 학령기 특수교육의 최상의 실제가 혼합된 형태로 이루어졌으며, 그 위에 보상교육을 통한 조기교육의 효과에 대한 임상적 결과가 누적되면서 고유한 영역으로 자리를 잡아 왔다. 유아특수교육이 세 가지 모체 영역의 가치와 실제가 혼합되어 이루어진 영역이라는 점은 그 발전을 위해서 세 가지 모체 영역 간의 책임의식 공유와 협력적인 접근을 필요로 한다는 것을 의미한다. 그러므로 유아특수교육 영역을 잘 알고 그 발전에 기여하기 위해서는 세 가지 모체 영역에 대해 먼저 이해하고 영역 간 협력을 이루어야 한다. [그림 1-1]은 유아특수교육의 기원이 된 세 가지 모체 영역이 유아특수교육 형성에 영향을 미친 관계를 그림으로 보여 준다. 세 가지 모체 영역의 역사와 이들이 유아특수교육에 미친 영향에 대해서 간단히 살펴보면 다음과 같다.

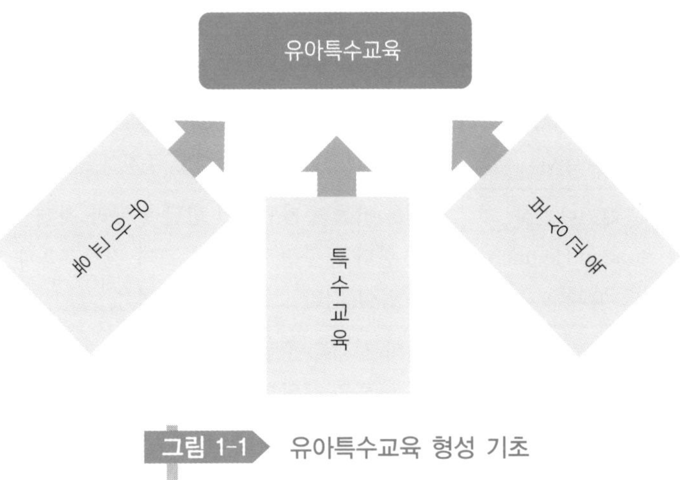

그림 1-1 유아특수교육 형성 기초

(1) **유아교육의 영향**

유아교육은 매우 긴 역사와 풍부한 전통을 지니고 있다. 영유아 및 이들을 위한 교육과 관련된 현재의 인식과 개념을 형성하기까지는 오랫동안 많은 교육 이론가와 개혁자, 철학자와 종교 지도자들이 상당한 노력을 기울여 왔다. 이들의 유아교육에 대한 역할은 장애 또는 장애위험 유아에 대한 이론과 실제를 형성하는 데에도 영향을 미쳤다. 예를 들어, 일반 유아교육은 기본적으로 전형적인 발달을 보이는 유아를 대상으로 하고 있지만 이들을 위한 교수방법과 아동 발달의 개념은 장애 유아를 위한 프로그램 발달에 결정적인 영향을 미쳤다. 특히 환경 및 조기 경험의 풍부화나 전형적인 발달 촉진을 위한 특정 자극 제공 등 유아교육에서 도입하고 있는 방법론적 배경은 장애 유아를 위한 프로그램 계획에 필수적인 요소로 인식된다. 〈표 1-2〉는 유아교육의 발달에 영향을 미친 주요 인물과 이들의 이론적 입장 및 역할을 시대별로 구분해서 보여 준다.

표 1-2 유아교육 발전에 영향을 미친 시대별 인물과 기여 내용

시대	인물	기여 내용
16세기	루터 Martin Luther	공교육에 대한 강한 신념을 가지고 있었으며, 보편적 의무교육을 주창하였다.
17~18세기	코메니우스 Jan Amos Comenius	조기에 시작하는 평생교육의 개념을 발전시켰으며, 아동의 준비도에 대한 중요성을 인식하였다. 특히 학습 과정에 있어서 학생의 적극적인 참여의 중요성을 강조하였다.
	로크 John Locke	아동은 텅 빈 판(tablet)과 같기 때문에 환경이 아동의 발달에 미치는 영향이 매우 크며 감각 훈련이 학습의 결정적인 측면이라고 주장하였다.
	루소 Jean-Jacques Rousseau	자연적인 조기교육의 중요성을 강조하였으며 이를 통해서 아동의 능력을 개발해야 한다고 강조하였다. 학교는 아동의 관심에 초점을 맞추어야 한다고 주장하였다.
	페스탈로치 Johann Heinrich Pestalozzi	교육은 아동의 자연적인 발달에 따라 자연을 통하여 이루어져야 한다고 주장하였으며 조기 전인교육과 교육 과정에의 부모 참여, 감각 교육을 강조하였다.
19세기	오웬 Robert Owen	인간의 성격과 행동 발달에 있어서의 조기교육의 중요성에 대한 이론을 세웠으며 이를 사회적 변화와 교육에 연결시켰다. 유치원의 기원이 된 영아학교를 세웠다.
	프뢰벨 Friedrich Wilhelm Froebel	최초의 유치원을 설립하였다. 놀이의 교육적 가치와 혜택을 강조하였으며 발달이란 아동 학습의 기초를 제공하는 자연적인 과정이라고 주장하였다.

〈계속〉

시대	인물	기여 내용
20세기	듀이 John Dewey	진보주의로 알려진 학교의 창시자로 학습은 교사가 선택한 활동에서가 아니라 아동의 관심으로부터 이루어진다고 강조하였다. "아동 중심 교육과정" 및 "아동 중심 학교"라는 용어를 사용하였으며 교육을 삶의 과정으로 보고 사회적 책임을 강조하였다.
20세기	몬테소리 Maria Montessori	아동은 직접적인 감각 경험에 의해서 가장 잘 학습한다고 믿었으며 학습에는 민감한 시기가 있다고 믿었다. 자기교정, 난이도 조절, 독립적인 활용을 위해서 교재를 고안하였으며 학급 경험은 각 학생의 욕구를 충족시킬 수 있도록 개별화되어야 한다고 주장하였다.
	피아제 Jean Piaget	인지발달 이론을 개발하였으며 인지적 성장은 물리적 환경과의 상호작용과 적응에 의해서 이루어진다고 하였다. 유아는 활동과 발견을 통해서 형성되는 자신의 지식을 구성하는 데 스스로 동기를 부여한다고 강조하였다.
	비고츠키 Lev Semenovich Vygotsky	아동의 발달은 사회적·문화적 환경 및 그 안의 구성원과의 상호작용에 의해서 결정적인 영향을 받는다는 이론을 세운 러시아 심리학자로, 학습과 발달을 상호 관련되고 통합적인 기능으로 보았다. 근접 발달 영역(zone of proximal development)의 개념을 처음으로 소개하였다.

출처: Gargiulo, R., & Kilgo, J. (2020). *Young children with special needs: An introduction to early childhood special education* (5th ed., p. 13). Thousand Oaks, CA: SAGE.

(2) 특수교육의 영향

학령기 학생을 위한 특수교육의 노력은 프랑스 남부의 아베론 숲에서 발견된 야생 소년 Victor에게 최초의 개별화된 교육을 실시한(Itard, 1962) 내과의사 Jean-Marc-Gaspard Itard(1775~1850)와 그러한 방법론을 지적장애 학생을 위한 체계적인 방법론으로 정립한 그의 제자 Edward Seguin(1812~1881), 실제로 지역사회 내에 교육기관을 설립하고 이들의 방법론을 구체적으로 적용한 Samuel Howe(1801~1876) 등의 선각자들로부터 시작되었다. 이와 같은 노력이 기반이 되어 19세기 후반에 들어 장애 학생을 위한 공교육이 시작되었는데, 1869년에 미국 보스턴의 한 공립학교에 개설된 청각장애 학생을 위한 학급이 최초의 공립 특수학급으로 알려져 있다. 그로부터 30여 년 후에 지적장애 학생을 위한 특수학급이 개설되었으며 곧이어 지체장애와 시각장애 학생을 위한 특수학급도 개설되기 시작하였다. 1920년대 중반에는 미국 대도시의 절반 이상이 장애 학생을 위한 특정 형태의 특수교육 서비스를 제공하게 되었으나, 이 당시의 특수교육은 대부분 경도 장애 학생만을 포함하였다(Peterson, 1987). 그 이후 점차적으로 중등도 및 중도 장애 학생을 포함하게 되고 프로그램과 교수방법 개발 및 특수교육 서비스 지원 형태의 다양화 등 지속적인 발전을 계속해 온 특수교육의 역사는 여러 가지 측면에서 유아특수교육 영역의 생성과 발전에 영향을 미쳐 왔다.

우리나라도 19세기 후반의 산발적인 시설 중심의 특수교육으로 시작해서 1960년대 후반에 이르러 공립 특수교육이 시작되었으며, 1977년 「특수교육진흥법」의 제정으로 특수교육의 양적 및 질적 확장의 기반을 다지게 되었다. 특수교육이 학령기 장애 학생을 대상으로 이들의 독특한 교육적 필요를 충족시키기 위한 노력을 중심으로 시작된 것은 사실이지만, 이것은 유아기 아동을 배제해서라기보다는 공교육이 학령기로부터 시작되었다는 특성이 반영되었기 때문이라고 볼 수 있다. 따라서 특수교육은 특정 프로그램이나 교수방법 등의 교육 서비스 제공 측면에서 장애 유아를 대상으로 하는 유아특수교육의 이론과 실제를 형성하는 데 주요 모체로 역할을 하였으며, 실제로 개별화된 접근이나 교육과정 수정, 과제분석의 적용 등 특수교육의 많은 방법론적 접근이 유아특수교육에도 그대로 적용되었다. 이와 같이 유아특수교육이 학령기 특수교육에 뿌리를 내리고 있는 것은 사실이지만, 유아기 아동을 위한 방법론적 접근의 상이함으로 인하여 교육과 연구 분야에서 유아특수교육만의 고유한 특성이 강조된다. 현재 우리나라에서는 교원양성 등의 행정적 편의를 위하여 특수교육을 대상아동의 학교 급별로 유아, 초등, 중등으로 구분하여 세분화하고 있다.

(3) 보상교육의 영향

보상교육(compensatory education)은 1960년대에 미국에서 시작되어 유아특수교육의 발전에 결정적인 역할을 한 하나의 교육적 동향으로, 그 이름에서도 알 수 있듯이 저소득층 유아에게 환경적인 조건을 보상하거나 수정해서 조기 학습 경험을 제공하도록 실행된 교육적 노력이다. 보상교육의 목적은 저소득층 유아와 같이 환경적인 불이익을 당하고 있는 유아에게 이후의 학교생활을 잘 준비할 수 있도록 교육적이고 환경적인 경험을 제공하는 것이다(Gearhart, Mullen, & Gearhart, 1993). 보상교육은 미국 케네디 대통령의 지적장애에 대한 관심과 존슨 대통령의 빈곤과의 전쟁, 그 이후에 시작된 시민운동 등의 사회적 이슈에 의해서 영향을 받았으며(Meisels & Shonkoff, 2000), 그 외에도 지능의 신축성을 강조한 학자들의 이론(예: Bloom, 1964; Hunt, 1961)에 의해서도 큰

표 1-3 보상교육의 대표적 프로그램과 관련 연구 결과

프로그램/연구		시작연도	내용 및 결과
프로그램	Head Start	1965	빈곤층 유아의 전인적인 발달을 목적으로 전일 탁아, 발달 촉진, 영양 식사, 의료 및 치과 진료, 가족 지원 등을 포함하는 일련의 서비스를 제공하였다.
	Follow-Through	1967	헤드 스타트의 단기적인 프로그램 효과가 유지되지 않는다는 논쟁에 따라 헤드 스타트 프로그램의 개념을 유치원에서 3학년까지로 확장하여 적용하였으며, 단일 모델의 개념이 아닌 다양한 접근과 전략의 개발로 그 효과를 입증하였다.
	Home Start	1972	헤드 스타트의 또 다른 변형 프로그램으로 동일한 요소를 가정에 적용시킴으로써 저소득층 유아에게 교육적 자극을 제공함과 동시에 그 부모들의 양육 기술을 촉진하는 데 초점을 맞추었다.
	Early Head Start	1995	영아를 위한 연간 집중적인 보상교육 서비스의 중요성이 인식되기 시작하면서 1995년 헤드 스타트 재위임 시 탄생한 프로그램으로 임산모의 건강 증진, 영아 발달 촉진, 부모의 양육 능력 강화, 부모의 목표(예: 경제적 자립) 달성 지원 등을 강조하고 실행하는 프로그램이다.
연구	Milwaukee Early Intervention Project	1970	사회-문화적이고 경제적인 위험 요소로 인한 지적장애의 발생률을 감소시키기 위한 시도로 영아들의 환경에서 부정적인 요소를 교정해 줌으로써 인지 기술의 습득을 촉진하는 학습 기회 제공을 목적으로 한 가족 지원 프로그램을 실시하였으며 그 결과 지적 발달과 심리-언어적 발달에서의 유의한 차이가 발견되었다.
	Carolina Abecedarian Project	1972	저소득층 유아의 지적 발달을 방해하는 환경을 교정하기 위해서 프로그램을 실시하고 그 효과를 알아보기 위하여 12, 15, 21세의 데이터를 분석한 종단연구로 조기의 자극적인 학습 경험이 유아의 지적 발달에 긍정적인 영향을 미치며 이후의 지적 발달과 학업 성취에도 그 영향이 유지되는 것으로 나타났다.
	Perry Preschool (High/Scope) Project	1970	조기 경험의 장기적인 교육적 혜택이 가장 잘 나타난 프로그램으로 알려져 있으며, 유치원 교육이 저소득층 유아와 그 가족들의 생활과 지역사회 전체에 미치는 장·단기 효과를 조사한 종단연구를 통해서 유치원 교육이 학업 성취, 사회-경제적 성취, 청소년 및 성인기의 책임감 등에 있어서 효과가 있는 것으로 나타났다.

영향을 받았다. 결과적으로 빈곤이 유아에게 미칠 수 있는 부정적인 영향은 조기의 집중적인 프로그램을 통해서 교정될 수 있다는 신념을 갖게 하였으며, 이로 인해서 헤드 스타트와 같은 프로그램이 탄생하여 조기의 풍부한 경험이 이후의 발달에 강력한 영향을 미친다는 사실을 임상적으로 입증하기에 이르렀다. 최근에는 빈곤 등의 위험 요인을 지니고 있는 유아에게 부적절한 서비스가 제공되는 것을 방지하기 위하여 모든 헤드 스타트 프로그램은 아동 발달이나 유아교육 등 관련 분야의 전문 학위나 자격증을 지닌 교사를 한 명 이상 반드시 채용하도록 법으로 규정하였다(Head Start Act, 2007). 〈표 1-3〉은 보상교육의 대표적인 프로그램과 그에 따른 연구 결과를 보여 준다.

2) 유아특수교육 입법사

위에서 설명한 세 가지 모체 영역의 발전과 변화에 의한 영향 외에도 유아특수교육의 발전에 주요한 영향을 미친 역사적 사건은 관련 법률 및 시행령의 제정이라고 할 수 있다. 유아특수교육 관련 법률이 제정되기까지는 특수교육 역사에서와 마찬가지로 장애 아동 부모에 의한 많은 소송과 그 판결이 주요 역할을 해 왔다. 특히 현재 특수교육 프로그램에서 가장 중요한 절차 중 하나로 실행되고 있는 비편견적 진단(nondiscriminatory assessment)이나 적법절차(due process)는 이러한 소송의 결과로 이루어진 성과로 인정되고 있다.

장애 또는 특수교육 관련 입법사는 그다지 오래되지 않았으며 1960년대 초반까지만 해도 장애인에 대한 법적인 관심은 별로 정착되지 못하였던 것이 사실이다. 그러나 최근 4~50년에 걸쳐 장애인 및 특수교육 관련 법률의 제정이 매우 활발해졌으며 특수교육의 성장과 발전에 중요한 영향을 미침으로써 결과적으로 장애를 지닌 아동과 성인에게 교육적 혜택과 함께 다양한 권리와 기회를 부여하게 되었다. 최근에 제정되어 시행되었거나 시행되고 있는 미국의 특수교육 관련 법률 중 특히 유아특수교육의 발전에 영향을 미친 법률과 그 주요 내용은 〈표 1-4〉와 같이 정리될 수 있으며, 그 각각의 내용을 구체적으로 살펴보면 다음과 같다.

(1) 경제기회균등법과 헤드 스타트

1964년에 제정된 경제기회균등법(Economic Opportunity Act)은 특별한 도움을 필요로 하는 유아에게 최초로 공교육을 실시할 수 있도록 지원하였다. 이 법은 그 당시 국가적인 관심사로 등장한 빈곤의 악순환이 조기교육을 통해서 가장 잘 극복될 수 있다

표 1-4 유아특수교육에 영향을 미친 주요 법률 및 그 내용

연도	법률	주요 내용
1964	경제 기회 균등법 Economic Opportunity Act	3~4세 저소득층 유아를 위한 헤드 스타트 프로그램을 창설하였다.
1968	PL 90-538 장애아 조기교육 지원 법률 Handicapped Children's Early Education Assistance Act	연방정부가 장애 유아를 위한 모델 유치원 프로그램을 지원하기 위해서 장애아 조기교육 프로그램을 창설하였다.
1972	PL 92-424 경제 기회 균등법 개정 법률	헤드 스타트 프로그램에 최소한 10% 이상의 장애 유아를 입학시키도록 규정하였다.
1975	PL 94-142 전장애아교육법(이후에 장애인교육법으로 명칭 변경) Education for All Handicapped Children Act	3~5세 유아를 포함한 21세까지의 장애 학생에 대한 무상의 적절한 교육이 명시되었다. 이후 몇 차례 개정(1986, 1990, 1992, 1997, 2004)을 통하여 현재의 장애인교육법(IDEA)으로 발전하였다.
1986	PL 99-457 전장애아교육법의 개정	3~5세 장애 유아를 위한 무상의 적절한 교육이 의무화되었으며, 신생아 및 영아 교육을 위한 동기와 체계를 마련하였다.
1990	헤드 스타트 확장 및 질적 향상을 위한 법률 Head Start Expansion and Quality Improvement Act	헤드 스타트 프로그램을 1994년까지 재위임해서 연장시켰으며, 예산을 대폭 증가시키고, 교사 자격의 질적 요구 확대 및 교사-아동 간 비율 감소 등 프로그램의 질적 향상을 규정하였다.
1990	PL 101-476 장애인교육법(구 전장애아교육법) Individuals with Disabilities Education Act(IDEA)	PL 94-142를 재위임하여 장애인교육법으로 명칭을 변경하였다. handicapped child라는 용어를 더 이상 사용하지 않고 child with disability라는 용어로 대체함으로써 장애보다 사람에게 초점을 맞추어야 함을 강조하였다.
1992	PL 102-119 장애인교육법(IDEA)의 개정	PL 99-457의 Part H(영아 부분)를 재위임하였으며, 서비스 제공과 관련해서 자연적인 환경을 강조하는 등 몇 가지 조항을 추가하였다.
1997	PL 105-17 장애인교육법(IDEA)의 개정	개별화 교육 프로그램의 작성 방법을 수정하고 부모 참여를 확장하였으며 기능적 평가를 강조하고 발달지체의 개념을 9세까지로 확장하는 등 특수교육의 질적 향상을 위해서 많은 내용을 수정하고 재정립하였다.

〈계속〉

연도	법률	주요 내용
2004	PL 108-446 장애인교육법(IDEA)의 개정 Individuals with Disabilities Education Improvement Act (IDEA 2004)	조기개입 서비스는 연구 기반의 실제를 근거로 제공되어야 하며, IFSP에 전문해력 및 언어기술 목표를 포함시키도록 규정하였다. 또한 주가 원하는 경우 만 5세 전까지는 조기개입 서비스를 제공할 수 있게 하였으며, 만 9세까지로 확장된 발달지체의 개념을 지속시켰다.
2015	PL 114-95 모든 학생의 성취를 위한 법 Every Student Succeeds Act(ESSA)	2001년의 아동낙오방지법(NCLB)을 대체하는 법률로 초·중등교육법(ESEA)을 재위임하였다. 이 법에서는 질적으로 우수한 유치원 교육을 제공하도록 규정하였다.

는 이론적인 가정을 배경으로 하고 있으며, 1965년부터 저소득층 유아에게 헤드 스타트 프로그램을 제공하게 하였다. 그 후 헤드 스타트 프로그램은 1972년 경제기회균등법의 개정으로 장애 유아를 10% 이상 포함시키게 되었으며, 1990년 헤드 스타트 확장 및 질적 향상을 위한 법률(Head Start Expansion and Quality Improvement Act) 제정으로 재정적인 지원이 대폭 증가되었다.

(2) 장애아 조기교육 지원 법률과 프로그램

1968년 PL 90-538인 장애아 조기교육 지원 법률(Handicapped Children's Early Education Assistance Act)이 통과되어 장애아 조기교육 프로그램(Handicapped Children's Early Education Program: HCEEP)이라는 모델 프로그램이 전국적으로 시작되었다. 1969년에 24개의 모델 프로그램을 지원한 이 법률은 그 후에 600여 개의 프로그램으로 그 지원이 확장되었으며, 장애 유아와 그 가족을 위한 다양한 선택적인 모델 프로그램을 개발하고 그 실행 가능성을 입증함으로써 성공적이었다는 평가를 받고 있다. 그 당시 지원받았던 프로그램의 약 80%는 재정지원이 종료된 후에도 다양한 방법의 기금 조성을 통해서 지속적으로 운영된 것으로 보고되었다(Hebbeler, Smith, & Black, 1991). 이 프로그램은 1990년 장애인교육법(IDEA)에 의해서 장애 아동을 위한 조기교육 프로그램(Early Education for Handicapped Children Programs)으로 그 명칭이 변경되었다.

(3) PL 94-142: 전장애아교육법

1975년에 통과된 법으로 당시에는 전장애아교육법(Education for All Handicapped Children Act)이라는 명칭으로 제정되었으나 1990년 개정 시 장애인교육법(Individuals with Disabilities Education Act: IDEA)으로 변경되었다. 이 법은 장애 아동과 그 가족을 위한 '권리 헌장(Bill of Rights)'으로 불릴 정도로 특수교육과 관련된 가장 대표적인 법률로 알려져 있다. 특히 이 법은 장애인의 헌법상의 권리를 안정시킨 결정적인 첫 단계라고까지 표현되고 있으며(Allen & Cowdery, 2015), 〈표 1-5〉에서 보여 주는 여섯 가지 주요 원칙을 통하여 장애 아동 교육에 결정적인 영향을 미치게 되었다.

표 1-5 장애인교육법의 여섯 가지 주요 원칙과 내용

원칙	내용
입학 거부 불가 Zero reject	장애의 정도와 상관없이 어떤 학생도 공교육에서 배제되어서는 안 된다는 규정
비편견적 평가 Nondiscriminatory evaluation	학교는 학생의 장애 유무, 유형, 정도를 결정하기 위해서 공정하게 평가해야 한다는 규정
개별화된 적절한 교육 Individualized and appropriate education	학교는 평가에 근거해서 각 학생에게 개별적으로 계획되고 관련서비스와 보충적인 도움 및 서비스에 의해서 보강되는 교육을 제공해야 한다는 규정
최소제한환경 Least restrictive environment	학교는 장애 학생에게 적절하다고 판단되는 최대한의 정도로 장애가 없는 학생과 함께 교육해야 한다는 규정
적법절차 Procedural due process	법적인 소송을 제기할 수 있는 권리를 포함해서 학교의 행위에 대항할 수 있도록 규정된 학생을 위한 절차상의 안전장치
부모와 학생의 참여 Parental and student participation	학교가 특수교육 프로그램을 실행함에 있어서 부모나 장애 청소년 당사자와 협력하도록 요구하는 규정

전장애아교육법은 장애 유아를 위한 조기교육의 중요성을 인식하여 법의 적용 대상자를 3세부터 21세까지로 확장하였으나, 1986년의 개정 전까지는 3~5세 장애 유아 교육의 실질적인 실행은 각 주의 법에 따르도록 하였다. 그러나 취학 전 장애 유아를 위해서 소규모지만 재정적인 지원을 확보하였고(예: Preschool Incentive Grants), 이러한 재정 지원은 그 규모가 작았음에도 불구하고 많은 주가 장애 유아를 위한 교육을 실행

하기 위한 법률을 제정하도록 영향을 미치는 역할을 하였다.

(4) PL 99-457

전장애아교육법의 1986년 개정 법률로 지금까지의 모든 법적 권리를 3~5세 유아에게도 동일하게 적용시키도록 하였다. 또한 각 주에서 0~2세 영아를 위한 조기개입 프로그램을 제공하도록 동기를 부여하고 그 틀을 제공해 주었다. 특히, 0~2세 영아의 발달과 교육에 있어서의 가족의 중요성을 인지하고 그 역할을 강조함으로써 이들을 위한 연간 교육 계획인 개별화가족서비스계획(Individualized Family Service Plan: IFSP)을 실행하도록 명시하였다.

(5) PL 101-476: 장애인교육법

전장애아교육법의 1990년 개정 법률로 법명 자체를 장애인교육법(Individuals with Disabilities Education Act: IDEA)으로 변경하였다. 이것은 장애인에 대한 관점에 있어서 장애를 강조하기보다는(예: Handicapped Children) 하나의 특성으로 보는(예: Individuals with Disabilities) 새로운 동향을 반영한 것이다. 또한 이 법은 특수교육 적격성 판정을 위한 장애 영역에 포함되지 않았던 자폐와 외상성 뇌손상을 추가로 포함시켰으며, 장애 학생이 16세(이후에 PL 105-17에 의해서 14세로 변경됨)가 되기 전까지 진로 지도를 위한 개별화전이계획(Individualized Transition Plan: ITP)을 세우도록 명시하였다.

(6) PL 102-119

장애인교육법의 1992년 개정 법률로 유아특수교육 관련 조항을 더욱 강화하였다. 예를 들어, 3~5세 장애 유아의 적격성을 판정할 때 발달지체라는 비범주적 장애 표찰을 사용할 수 있게 하였으며, 특히 영아를 위한 조기개입 서비스는 전형적인 발달을 보이는 동일한 연령의 또래에게 보편적인 '자연적인 환경'에서 제공하도록 규정하였다. 또한 유아기로의 순조로운 전이를 위해서 정책과 절차를 마련하도록 규정하였다.

(7) PL 105-17

1997년에 장애인교육법을 재위임한 PL 105-17은 비범주적 표찰의 중요성을 인식하여 영유아에게 적용하던 발달지체의 개념을 초등학교 저학년인 9세까지로 확장해서 사용할 수 있게 하였다. 또한 부모 참여를 확장하고 부모와 전문가 간에 의견이 일치되지 않는 경우 자격 있고 공정한 중재자로부터 중재를 받을 수 있도록 절차를 규정하였으며, 문제행동에 대한 기능진단을 강조하는 등 여러 가지 측면에서 그 내용과 구조를 수정하고 보충하여 장애 학생이 보다 질적인 교육 프로그램의 혜택을 받을 수 있게 하였다. 특히 조기개입 서비스는 가능한 한 가족 중심 프로그램으로 제공되어야 하며 그 장소도 가정과 같은 비시설에서 제공하도록 규정하였다.

(8) PL 108-446: 2004 장애인교육법

장애인교육법의 2004년 개정 법률로 공식 명칭은 장애인교육진흥법(Individuals with Disabilities Education Improvement Act of 2004)이나 주로 '2004 장애인교육법' 또는 'IDEA 2004'로 불린다. 이 법의 가장 큰 목표 중 하나는 2001년에 제정된 아동낙오방지법(No Child Left Behind: NCLB)과 그 맥을 함께 하는 것이다. 따라서 장애 학생을 포함한 모든 학생의 학업 성취에 많은 관심을 기울였으며, 특히 교사는 우수한 자질을 갖추고 과학적으로 입증된 타당한 교수방법을 사용하여야 한다고 명시하였다. 특히 이 법에서는 영유아와 관련해서 조기개입 서비스가 증거 기반의 실제(evidence based practice: EBP)나 중재반응(response to intervention: RTI) 등 연구 기반의 방법론에 근거하도록 규정하였으며, 개별화가족서비스계획(IFSP)에 전문해력 및 언어 목표를 수립하게 하고, 필요한 경우 조기개입 서비스를 5세까지 연장할 수 있게 하였으며, 9세까지 사용할 수 있게 한 발달지체 용어의 확장 적용을 지속시켰다. 또한 조기개입으로부터 유아특수교육으로의 순조로운 전이를 위하여 조기개입 서비스 조정자가 첫 번째 IEP 회의에 참석할 수 있게 하였다.

(9) PL 114-95: 모든 학생의 성취를 위한 법

모든 학생의 성취를 위한 법(Every Student Succeeds Act: ESSA)은 2015년에 아동낙오방지법(No Child Left Behind Act of 2001)을 대체하기 위하여 제정된 법이다. 이 법은 미국의 초등 0학년(kindergarten)부터 고등학생까지의 모든 학생을 위한 교육을 규정하는 대표적인 법률인 초·중등교육법(Elementary and Secondary Education Act: ESEA)을 재위임하였으며, 모든 학생의 학업 성취와 대학을 위한 준비 등 많은 내용을 규정하였다. 특히 유아와 관련해서는 모든 유아가 질적으로 우수한 유치원 프로그램에 접근할 수 있도록 규정하였다.

3) 한국 유아특수교육 관련 법률 및 현황

우리나라의 유아특수교육이나 특수교육의 성장 및 발전과 관련해서 영향을 미친 법적인 역사를 살펴보면 교육법이나 사립학교법 등의 교육 관련 법률의 제정과 시행을 들 수 있으며, 가장 직접적인 영향을 미친 법률로는 「특수교육진흥법」과 「장애인 등에 대한 특수교육법」을 들 수 있다. 「특수교육진흥법」은 1977년에 특수교육의 진흥을 목적으로 제정되어 1979년에 시행되기 시작하였으며 우리나라 특수교육 발전에 기본적인 역할을 수행하였다. 그러나 「특수교육진흥법」이 제정될 당시에는 특수학교 학생의 교육을 무상으로 한다고 규정함으로써 공·사립 특수교육기관의 학생에게만 해당되었을 뿐, 공교육에 포함되지 않은 유아기 장애 아동을 위해서는 아무런 역할을 하지 못하였다. 1994년 개정에 이르러서야 '특수교육대상자에 대한 초등학교 및 중학교 과정의 교육은 이를 의무교육으로 하고, 유치원 및 고등학교 과정의 교육은 이를 무상으로 한다'(제5조 1항)라고 명시함으로써 처음으로 유아기 장애 아동에 대한 무상교육을 규정하였다.

이렇게 1994년의 「특수교육진흥법」 개정으로 시작된 3~5세 장애 유아 교육을 활성화하기 위한 노력은 2007년 「장애인 등에 대한 특수교육법」 제정을 통하여 획기적인 전환기를 맞이하게 되었다. 이 법의 제3조 1항에서는 유치원 과정의 교육을 의무교육으로 명시함으로써 2010년부터 3년간 만 5세 유아부터 시작하여 연차적으로 만 4세와 만 3세 유아에게 의무교육을 시작하게 하였다. 결과적으로, 3~5세 장애 유아 교육은 2012년에 완전히 의무교육으로 전환되었다. 이 법에서는 장애 유아뿐만 아니라 만 3세 미만의 영아를 위한 특수교육 또한 무상으로 제공하게 하였으며, 결과적으로 취학 전 장애 영유아의 교육비용은 전적으로 국가가 부담하게 되었다.

3~5세 장애 유아를 위한 교육이 의무교육으로 전환되면서 장애를 지닌 특수교육대상자에게만 유치원 과정의 교육을 의무화하는 것은 형평성에 어긋난다는 주장이 제기될 수도 있다. 그러나 이는 국가적 책무성을 강화하고자 하는 적극적 평등 조치의 일환으로 강조된다(교육과학기술부, 2008). 현재는 유아특수교육 체계 내에서 장애 유아를 위한 적절한 교육이 제공되기 위해서 해결되어야 할 여러 가지 과제에 관심이 집중되고 있다. 이러한 과제는 크게 교육 수혜율의 양적 확충과 교육의 질적 향상의 두 가지로 나누어진다.

교육 수혜율의 양적 확충과 관련해서 살펴보면, 2012년 장애 유아 의무교육의 전면적인 시행 후에도 그 수혜율은 아직도 매우 저조한 것으로 나타나고 있다. 교육부 통계에 의하면 2019년에 3~5세 유아 5,989명이 특수학교와 특수학급 설치 및 미설치 유치원에서 특수교육대상자로 교육을 받았다(〈표 1-6〉 참조). 이는 전년에 비해 증가한 숫자로, 특수교육대상 유아의 교육 수혜율은 해마다 양적으로 증가하고 있다. [그림 1-2]는 3~5세 장애 유아가 의무교육을 받기 시작한 2012년부터 2019년까지 각 연령에 따른 교육 수혜율 변화를 보여 준다. 그러나 인구 대비 장애 출현율이나 초등학교에서 교육을 받는 특수교육대상자의 수가 급격하게 증가하는 등의 현상을 고려한다면, 실제로 교육이 필요한 장애 유아가 의무교육 체계 내에 모두 들어와 있지 않음을 추측할 수 있다. 한 연구에 의하면 2012년 현재 장애 출현율을 적용했을 때 유아특수교육 수혜율은 전체 장애 유아의 10%에 불과하다는 심각한 상황이 보고된 바 있다(이소현, 박현옥, 이수정, 노진아, 윤선아, 2013). 따라서 장애 유아 의무교육 수혜율 확충을 위해서 장애의 조기 발견 체계 수립, 장애진단과 교육 체계 간의 연계, 의무교육 가능

표 1-6 2019년 특수교육대상유아 교육 수혜 현황 (단위: 명)

연령	특수학교	특수학급 설치 유치원	특수학급 미설치 유치원	합계
3세	201	684	206	1,091
4세	302	1,226	516	2,044
5세	426	1,512	916	2,854
합계	929	3,422	1,638	5,989

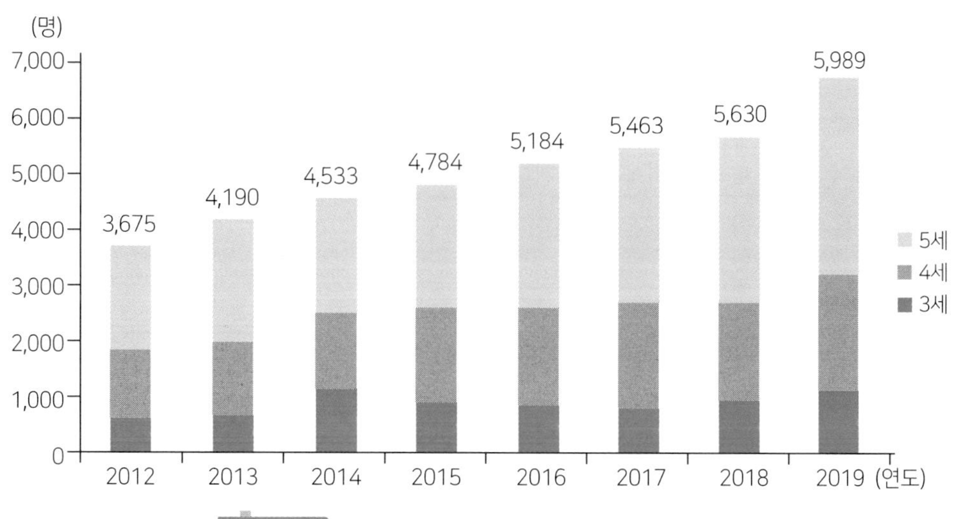

그림 1-2 특수교육대상유아의 교육 수혜율 변화

교육기관 확충 등의 과제가 시급한 것으로 지적된다(이소현, 이수정, 박현옥, 노진아, 윤선아, 2014).

교육 수혜율의 양적인 확충 외에도 유아특수교육의 질적인 측면과 관련해서 수많은 어려움이 보고된다. 예를 들어, 의무교육을 시행하기 위한 교육기관을 확보하지 못함으로 인해서 교사 또는 교육의 질 관리가 어려운 보육시설에 지나치게 의존하고 있다거나(김성애, 2011; 박현옥, 강혜경, 권택환, 김은주, 김진희, 백유순, 2011; 이병인 외, 2011; 이소현 외, 2014), 유아교육 체계 안에 들어와 있으면서도 자격 있는 유아특수교사 배치가 제대로 이루어지지 않아 적절한 지원을 받지 못하는 유아의 수가 점차 증가하고 있다는 점이 지적된다(이소현 외, 2013; 이소현, 윤선아, 이수정, 박병숙, 2019). 또한 3~5세 장애 유아에게 적절한 양질의 교육 프로그램 개발 및 유치원 통합교육을 위한 교육과정 지원 방법론 개발 및 보급이 저조하여 교사들이 현장에서 어려움을 경험하는 것으로 보고된다(박현옥, 강혜경, 권택환, 김은주, 김진희, 백유순, 2010, 2011; 이소현 외, 2014; 이소현, 윤선아, 박병숙, 이지연, 2018; 이소현, 이수정, 박현옥, 윤선아, 2012). 그러므로 교육의 질적 향상을 위한 현장의 문제에 관심을 기울이고 이를 해결하기 위한 노력이 뒤따라야 할 것이다.

3. 유아특수교육의 필요성

유아특수교육의 필요성은 조기교육을 강조하는 유아교육의 당위성과 장애 또는 장애위험을 지닌 유아에게 적절한 교육을 제공함으로써 장애의 부정적인 영향을 최소화한다는 특수교육적 당위성을 통해서 주장된다. 또한 유아특수교육을 통해서 장애 유아의 가족을 지원하고 더 나아가서는 사회-경제적인 혜택으로도 연결될 수 있다는 주장에 의해서 그 필요성이 더욱 강조된다. 〈표 1-7〉은 이상의 네 가지 이론적 배경을 통한 유아특수교육의 당위성을 잘 보여 준다.

1) 조기 학습의 중요성

유아특수교육을 지지하는 첫 번째 이론적 입장은 조기 학습의 중요성에 대한 주장이다. 일찍부터 Hunt(1961), Bloom(1964), White(1975) 등 많은 학자들이 인간의 생애에 있어서 초기의 환경과 경험이 얼마나 중요한지 강조하였다. 이와 같은 이론적 주장은 풍부한 자극과 환경이 발달에 미치는 영향을 조사한 많은 연구를 통해서 입증되었

표 1-7 유아특수교육의 이론적 배경을 통한 당위성

당위성	이론적 배경
조기 학습의 중요성	• 조기학습이 발달의 성격과 속도에 미치는 영향 • 발달 과정의 결정적 시기 • 인간의 지능 및 기타 능력의 신축성 • 환경과 조기 경험이 학습과 발달에 미치는 영향
장애의 예방 및 최소화	• 장애로 인한 부수적인 문제 및 장애의 발생 예방 • 장애가 발달과 학습에 미치는 영향 최소화
가족의 필요 지원	• 장애 자녀 이해 및 적응 지원 • 양육을 위한 필요 지원 • 적절한 양육과 교육으로 자녀의 발달 촉진
사회-경제적 혜택	• 장애인의 시설 수용률 감소 및 고용률 증대를 통한 사회적 혜택 • 특수교육 비용 절감을 통한 경제적 혜택

으며, 현재에 이르러서는 인간의 발달 가능성이 환경 변인에 의해서 축소될 수도 있고 확장될 수도 있다는 견해가 지배적으로 받아들여지고 있다. 이와 같은 견해는 지속적인 연구를 통해서 장애 유아 조기교육을 뒷받침하는 이론적인 배경을 확립시킴으로써 유아특수교육의 필요성을 지지한다. 조기 학습의 중요성은 구체적으로 다음과 같은 네 가지 이론적 주장에 의해서 강조된다.

(1) 복잡한 학습을 위한 기초 형성

조기 학습의 중요성은 조기에 이루어진 학습이 이후에 나타나는 좀 더 복잡한 행동의 학습을 위한 기초가 된다는 주장(Bricker, Seiber, & Casuso, 1980)에 의해서 강조된다. 유아의 행동에 대한 환경의 체계적인 상호작용이 점차적으로 복잡한 행동을 형성해 간다는 이러한 이론은 Piaget(1970)의 발달이론에 의해서 뒷받침되고 있는데, 특히 감각운동기의 간단한 행동 습득조차도 지체되거나 결여되기 쉬운 대부분의 장애 유아 교육에 있어서 체계적인 조기교육이 실시되지 않는다면 복잡한 행동의 학습은 더욱 어려워질 것이다. 뿐만 아니라, 영유아기 발달과 학습은 매우 급속한 속도로 이루어지기 때문에 이 시기에 이루어지는 교육적 중재는 아동의 발달 상태에 매우 큰 영향을 미칠 수 있다. 다시 말해서, 아동이 생후 몇 년 동안 경험하게 되는 조기 학습과 행동 습득은 그 이후에 뒤따르는 모든 발달의 성격과 속도에 영향을 미친다는 것이다.

(2) 결정적 시기의 중요성

아동의 발달 과정에는 결정적 시기(critical period)가 존재하며 출생 후 조기에 찾아오는 이 시기는 특정 학습 경험에 대하여 가장 민감하고 수용적이므로 이 시기를 놓쳤을 경우 다른 보상에 의한 동등한 발달을 기대하기 어려운 것으로 주장된다(Bee, 2012; Guo, 1998; Anderson, Northam, & Wrenmall, 2019). 발달과 학습의 결정적 시기에 대한 이와 같은 주장은 발달이 인간의 전 생애에 걸쳐 지속되며 한 번 놓친 발달도 그 이후의 발달을 통해서 보상될 수 있다는 반론(Johnson, 2015; Clarke & Clarke, 1977)에 의해서 논쟁의 대상이 되기도 한다. 또한 실제로 특정 발달에 있어서 시간이 지났기 때문에 교육이 비효과적이라고 말할 수 있는 결정적 시기에 대한 절대적인 기준을 제시할 수 없는 것도 사실이다(Ramey & Ramey, 1998). 그러나 출생 후 조기에 습득되어야 하는 여러 가지 발달상의 과제가 제때에 습득되지 않는다면 발달에 부정적인 영향을 미친다는 임상적인 관찰과 경험이 지속적으로 보고되고 있다. 특히 장애 유아의 경우에는 중재의 시기가 이르면 이를수록 그 성과가 크다는 누적된 연구결과가 이와 같은 발달 시기에 대한 중요성을 시사하는 것이라 할 수 있다(Hallahan et al., 2018). 특정 시기에 자연스럽게 습득하게 되는 많은 기술을 적절한 시기에 습득하지 못하고 지나치게 될 때 그 이후에 뒤따르는 발달과 학습에 부정적인 영향을 미칠 수 있으므로 발달 과정상의 결정적 시기에 대한 신중한 배려가 있어야 할 것이다.

(3) 인간 능력의 가소성

세 번째로 조기 학습의 중요성은 인간의 지능과 기타 능력이 출생 시부터 고정된 것이 아니라 어느 정도의 범위 내에서 변화가 가능하다는 이론적 주장에 의해서 강조된다. 인간의 지능과 기타 능력이 출생 시 고정된 상태로 태어나 지속된다면 조기교육은 완전히 그 당위성을 상실하게 된다. 그러나 많은 연구를 통해서 고정된 지능의 개념이 반박되고 있으며(Ramey, Yeates, & Short, 1984), 실제로 인간의 지능 및 능력의 일관성이 입증되지 못하고 있을 뿐만 아니라 환경적 요인에 의해서 변화가 가능하다는 사실이 입증되고 있다. 예를 들어, 18개월이 되기 전에 측정한 지능검사 결과는 성장 후의 지적 능력을 예측하는 데 도움이 되지 않으며(Bayley, 1970; Lewis & McGurk, 1973), 지능검사의 반복 측정에 의한 신뢰도는 첫 번째 검사를 실시한 나이가 어릴수록 낮아진다는 연구 결과가 제시되었다(Bayley, 1970; McCall, 1983). 환경적 요인에 의한 두뇌의 신경학적 변화 가능성에 대한 연구도 환경과 학습의 영향에 의해서 발달을 촉진하거나 지연시킬 수 있음을 입증한다(Marotz & Allen, 2016).

(4) 환경과 조기 경험의 중요성

마지막으로, 조기 학습의 중요성은 환경과 조기 경험을 제공함으로써 유아의 학습과 발달에 직접적이고도 결정적인 영향을 미칠 수 있다는 주장에 의해서 강조된다. 유아의 환경과 조기의 경험은 특히 그 환경과 경험이 풍부하거나 매우 빈약할 때 발달과 학습에 크게 영향을 미침으로써 잠재력 개발에도 결정적인 영향을 미치게 된다. 일찍부터 많은 연구를 통하여 환경이 제공하는 자극의 질이 유아의 발달과 학습에 영향을 미친다는 사실이 입증되어 왔으며(Bloom, 1964; Yarrow, 1970), 영유아기의 빈약하고 비자극적인 환경은 발달에 부정적인 영향을 미치는 것으로 보고된 바 있다(Goldfarb, 1945, 1949, 1955; Spitz, 1945, 1946, 1947). 특히, Spitz의 연구는 환경적인 자극이 최소한으로 제공되는 시설에 수용된 영아들에게서 생후 첫해 동안 발달검사의 점수가 점점 감소하는 것을 발견하였으며, Goldfarb의 연구에서도 어머니의 양육을 받지 못하고 비자극적인 시설에 수용된 영아들이 이후의 성장기 발달에 부정적인 영향을 받은 것으로 나타났다. 물론 두 연구 모두 방법론상의 결함으로 인하여 비판을 받는 것은 사실이지만, 그럼에도 그 결과는 발달과 학습에 영향을 미치는 환경의 중요성을 충분히 강조하는 것으로 평가된다. 또한 앞에서도 설명하였듯이, 헤드 스타트나 페리유치원 등 이와 관련된 연구 결과(예: Gray, Ramsey, & Klaus, 1982; Schweinhart, 2003; Temple & Reynolds, 2007)가 지속적으로 발표됨으로써 환경과 조기 경험은 유아의 발달에 결정적인 영향을 미치는 것으로 인지된다. 결론적으로, 가정이나 지역사회의 환경적인 요인은 태아기로부터 시작해서 유아 발달의 모든 측면에 영향을 미친다고 할 수 있다(Conger, Conger, & Martin, 2010; Son & Morrison, 2010).

2) 장애의 예방 및 최소화

유아특수교육의 필요성을 지지하는 두 번째 당위성은 장애 또는 장애위험을 지닌 유아에게 적절한 교육을 제공함으로써 장애가 미칠 수 있는 부정적인 영향을 최소화한다는 특수교육적 입장에서 찾아볼 수 있다. 이것은 특수교육이 지니고 있는 기본적인 가정으로, 장애를 지녔기 때문에 요구되는 교육적 필요에 대한 지원의 중요성을 강조하는 것이다. 그러므로 유아특수교육은 유아교육의 당위성과 특수교육의 당위성을 통해서 그 필요성이 인식되며, 이러한 두 가지의 필요성이 혼합되면서 그 비중이 더욱 가중된다고 할 수 있다.

유아특수교육은 장애를 지녔거나 장애위험에 놓인 유아와 그 가족에게 적절한 지원 체제를 제공함으로써 장애와 관련된 또 다른 부수적인 장애의 발생을 미리 막을 수 있다(Guralnick, 2012, 2013; Johnson-Martin, 1990; El-Hazmi, 1997). 장애 유아는 자신이 지닌 장애로 인하여 환경으로부터 적절한 자극을 제공받지 못하게 되고 이로 인해 결과적으로 적절한 학습 기회를 상실하게 되며 바람직하지 못한 행동을 보이기도 한다. 또한 조기에 적절한 교육을 받지 못하게 되면 지니고 있는 장애나 문제가 심화될 수도 있다. 예를 들어, 청각장애 유아의 경우 그 남은 청력을 조기에 발견하여 잘 훈련시키지 않으면 성인이 된 후 잔존 청력의 사용은 어려워질 것이다. 또한 다운 증후군 유아의 경우 생후 어느 정도까지는 발달상의 지체가 크게 드러나지 않을 수도 있지만 조기에 적절한 교육이 제공되지 않는다면 시간의 흐름과 함께 그 지체의 정도도 점점 더 커지게 된다. 물론 장애를 지닌 유아가 교육을 통해서 모든 측면의 발달을 전형적으로 이룰 수 있는 것은 아니다. 그러나 조기에 제공되는 적절한 교육을 통해서 사회에 더욱 잘 적응하고 보다 독립적인 삶을 살아갈 수 있다는 것은 많은 연구 결과에 의해서 입증되고 있다(Guralnick, 2019; McLean, Sandall, & Smith, 2016; University of Michigan New Service, 2004). 또한 지금까지 실시된 많은 연구를 종합하여 분석한 연구(예: Benzies, Magill-Evans, Hayden, & Ballantyne, 2013; Casto & Mastropieri, 1986; Goldstein, Lackey, & Schneider, 2014)에 의해서도 조기교육의 중재 성과는 입증되고 있다. 특히 조기에 교육을 받은 장애 유아는 이후에 학업 성취와 지적 기능이 높아지고, 학년이 유예되거나 특수교육 적격성 판정을 받는 수가 줄어들며, 학교나 학업에 대한 보다 긍정적인 태도를 가지게 되고, 고등학교를 졸업하거나 의미 있는 직업생활을 하는 확률이 높아지며, 국가에서 제공하는 복지지원을 받는 수도 줄어드는 것으로 나타났다(Gargiulo & Kilgo, 2020).

결론적으로 유아특수교육은 장애를 지닌 유아에게 적절한 교육을 제공함으로써 장애로 인한 부수적인 문제나 기타 장애의 발생을 예방하고 지니고 있는 장애의 부정적인 영향을 최소화함으로써 교육의 성과를 높이는 데에서 그 당위성을 찾을 수 있다. 유아특수교육의 장애 예방과 관련된 상세한 내용은 4장의 발달장애의 원인 및 예방을 참조하기 바란다.

3) 가족의 필요 지원

유아특수교육의 필요성을 지지하는 세 번째 이론적 입장은 장애 유아로 인하여 발생하는 여러 가지 문제에 직면하고 있는 가족의 필요에 그 초점을 맞춘다. 특히 부모-자녀 관계에 있어서 부모가 자녀에게 일방적으로 영향을 미친다는 과거의 이론적 믿음이 사라지고 부모와 자녀가 양방향으로 서로에게 영향을 미친다는 교류적 영향력에 대한 이론적 논리가 보편화되면서 교육에 있어서의 가족 참여 및 지원은 그 중요성을 인정받고 있다. 이러한 가족 관계에 대한 재인식은 특수교육이 장애 아동의 가족도 지원해야 한다는 당위성을 제공하게 되었다. 특히 유아를 대상으로 하는 모든 중재가 가족에게 영향을 미칠 뿐만 아니라 가족 구성원 중 한 사람에게 제공되는 중재나 지원 역시 장애 유아를 포함하는 기타 가족 구성원에게 영향을 미친다는 사실이 강조되면서 장애 유아 교육 성과를 위한 가족 참여 및 지원의 필요성이 강조된다(Hanson & Lynch, 2013; McWilliam, 2010).

유아특수교육은 가족으로 하여금 장애를 지닌 자녀를 이해하고 그들에게 좀 더 잘 적응할 수 있게 도와주며, 장애 자녀를 양육하는 데 필요한 기술을 습득할 수 있게 해주고, 상담 등의 필요한 보조를 받을 수 있도록 적절히 안내해 준다. 이와 같은 지원이 없이는 장애 유아와 가족 간의 상호 적응이 어려워진다. 유아특수교육 프로그램은 가족이 장애 유아를 한 사람의 가족 구성원으로 긍정적으로 받아들이고 인정하도록 하는 데 결정적인 역할을 하게 되며, 결국 가족의 이러한 수용적인 태도는 장애인에 대한 사회 전체의 태도에 바람직한 영향을 미치게 된다. 또한 장애 유아를 적절하게 보살피고 환경적인 자극을 제공할 수 있도록 교육 및 정서 지원을 받음으로써 유아의 발달에 직접적인 영향을 미칠 수 있다. 가족과 관련된 유아특수교육의 이론적 배경과 방법론에 대해서는 이 책의 10장 장애 유아 가족 지원을 참조하기 바란다.

4) 사회-경제적 혜택

유아특수교육을 통해서 얻어지는 성과는 교육의 직접적인 대상자인 장애 유아와 그 가족을 넘어서서 사회적이고 경제적인 혜택으로 이어진다. 사회적인 혜택은 특히 장애인의 시설 수용률 감소 및 고용률 증대로 연결되는 장애인 개개인의 독립성 증진에 의해서 이루어진다고 할 수 있는데, 실제로 많은 연구에 의해서 유아기의 발달적 성취를 촉진하는 조기교육이 결과적으로 이후의 특수교육 및 시설 서비스의 필요성을 감소시키고 실질적인 취업률을 상승시킨 것으로 입증되고 있다(Early Head Start Research and Evaluation Project, 2009; Campbell, Ramey, Pungello, Sparling, & Miller-Johnson, 2002).

유아특수교육의 사회적 혜택은 경제적 혜택과 직접적으로 관련된다. 일반적으로 비용 효용성에 대한 평가는 (1) 보다 비용이 많이 드는 집중적인 서비스의 필요성 감소, (2) 보다 잘 준비시킴으로써 미래 비용의 필요성 감소의 두 가지 관점을 고려하게 되는데(Johnson, Rahn, & Bricker, 2015), 이는 앞에서 말한 사회적 혜택으로부터 절감되는 비용이기 때문이다. 실제로 비용 효용성에 대한 많은 연구가 유아특수교육의 경제적인 혜택에 대하여 보고하고 있다. 예를 들어, 페리유치원 프로젝트의 장기 추적 연구에 의하면 조기교육 혜택을 받은 장애 아동은 그렇지 않은 통제집단에 비해서 이후에 높은 비용의 특수교육을 필요로 하는 비율이 더 낮았던 것으로 보고되었으며(Heckman, Moon, Pinto, Savelyev, & Yavitz, 2010; Schweinhart, 2003), 1967년에 시작된 시카고 센터 프로그램 역시 부모-자녀를 대상으로 하는 조기개입 프로그램의 경제적 효용성을 보고하였다(Reynolds, Temple, Robertson, & Mann, 2002). 또한 지금까지의 경제적 효용성에 대한 자료를 분석한 결과 영유아기 아동에게 제공되는 특수교육은 경제적으로 비용을 절감시키는 효율적인 대안이 될 수 있는 것으로 나타났다(Heckman, 2002, 2012; Karoly, Kilburn, Bigelow, Caulkins, Cannon, & Chiesa, 2001; Odom, Parish, & Hikido, 2001; Temple & Reynolds, 2007). 이와 같이 장애 유아에게 제공되는 유아특수교육은 이들이 성장한 후의 사회 적응 능력을 향상시키고 그 과정에서의 교육비용을 감소시킨다는 측면에서 사회적이고 경제적인 혜택으로까지 연결되며, 이러한 점에서 그 필요성이 강조된다.

4. 유아특수교육의 목적

유아특수교육의 기본적인 가정은 특수교육을 필요로 하는 유아에게 교육을 제공함으로써 성장과 발달에 의미 있는 변화를 가져오게 한다는 것이다. 다시 말해서, 유아특수교육은 장애로 인한 불리한 조건을 약화시키고, 문제를 개선하도록 도와주며, 성장과 발달에 긍정적인 영향을 미침으로써 유아의 잠재력을 최대한으로 끌어낸다는 기본적인 가정을 전제로 하며, 이를 통해서 좀 더 나은 삶을 살아가게 한다는 목적을 지닌다. Bailey와 Wolery(2003, 이소현 역)는 『장애 영유아를 위한 교육』이라는 저서에서 조기특수교육의 목적을 〈표 1-8〉과 같이 일곱 가지로 제시하였으며, 그 각각을 요약하면 다음과 같다.

첫째, 유아특수교육은 가족이 그들 자신의 목표를 성취하도록 지원한다. 이것은 유아를 가족과 분리하게 되면 제한적이고 단편적인 성과를 얻을 수밖에 없기 때문에 가

표 1-8 조기특수교육의 목적

조기특수교육의 목적
• 가족이 그들 자신의 목표를 성취하도록 지원한다. • 유아의 참여와 독립성, 그리고 습득을 촉진한다. • 주요 영역의 발달을 촉진한다. • 유아의 사회적 능력을 형성시키고 지원한다. • 기술의 일반화된 사용을 촉진한다. • 전형적인 생활 경험을 제공하고 준비시킨다. • 장래의 문제나 장애의 발생을 예방한다.

족의 조직이나 가치 또는 기능과 일치하는 형태로 이들을 교육해야 함을 의미한다.

둘째, 유아의 참여와 독립성, 그리고 습득을 촉진한다. 일반적으로 유아특수교육의 목표를 언급할 때 유아의 발달 촉진이나 특수교육의 필요성 감소 등을 우선적으로 언급하지만 실제로 유아특수교육 프로그램의 즉각적인 목표는 유아의 참여와 독립성, 그리고 기술의 습득을 촉진하는 것이다. 유아는 다양한 활동에 적극적으로 참여하게 되면서 점차 다양한 기술을 습득하게 되고 궁극적으로는 활동에 독립적으로 참여하게 된다.

셋째, 주요 영역의 발달을 촉진한다. 유아특수교육은 발달상의 지체를 보이는 유아를 대상으로 하는 교육이다. 그러므로 가장 주된 목표는 발달상의 지체에 초점을 맞추어 그 정도를 감소시키고 발달을 촉진하는 것이다.

넷째, 유아의 사회적 능력을 형성시키고 지원한다. 장애 영유아의 사회적 능력을 이해하고 촉진하는 것은 유아특수교육 영역의 가장 중요한 과제라고 주장될 정도로 (Odom, McConnell, & Brown, 2008) 매우 중요한 목표로 인식되어 왔다. 특히 삶의 모든 기술 중에 다른 사람과 적절하게 상호작용하는 기술은 가장 중요한 기술의 하나로 인식되고 있으므로 사회적 능력의 형성 및 지원은 유아특수교육의 주요 목표로 포함된다.

다섯째, 기술의 일반화된 사용을 촉진한다. 학습한 기술을 실생활에서 다양하게 사용할 수 없다면 기술의 습득은 그 가치를 인정받지 못하게 되며, 기술 습득을 위해서 기울인 교육의 노력은 부분적인 성취만을 이룩한 것이 된다. 그러므로 일단 학습된 행동이 다른 상황에서도 발생할 수 있도록 기술의 일반화된 사용을 촉진하는 것은 유아특수교육의 주요 목표 중 하나라고 할 수 있다.

여섯째, 전형적인 생활 경험을 제공하고 준비시킨다. 이것은 장애 유아와 그 가족에게 가능한 한 전형적인 삶을 살 수 있도록 도와주는 것을 의미하며, 이들의 전형적인 생활 경험의 가치를 인정하고 그러한 경험을 신장시키기 위한 교육에 초점을 맞추어야 함을 의미한다.

일곱째, 장래의 문제나 장애의 발생을 예방한다. 초등교육이나 중등교육 프로그램에서는 이미 발견된 문제나 지체를 다루게 된다. 그러나 유아특수교육에서는 특정 상태를 지닌 것으로 판정된 유아가 장래에 보이게 될 문제까지도 다루기 때문에 유아특수교육의 주요 목표 중 하나는 이러한 문제나 장애의 발생을 예방하는 것이라 할 수 있다. 실제로, 유아특수교육의 전반적인 노력은 이후의 학교생활의 실패와 시설 수용을 방지하는 등 예방의 노력임이 주장되어 왔다(Sameroff & Fiese, 2000; Simeonsson, 1991; Upshur, 1990).

이상에서와 같이 유아특수교육의 목표는 매우 다양하다. 이들을 종합해 보면 유아특수교육의 목적은 촉진하고, 최대화하고, 최소화하고, 교정하고, 예방하는 것 중의 하나로 표현될 수 있으며, 그중에서도 특히 교정보다는 예방에 더욱 치중하는 영역임을 알 수 있다.

II. 유아특수교육 대상자

앞에서 설명한 유아특수교육의 정의에 의하면 유아특수교육 대상자는 특수교육을 필요로 하는 유아라고 할 수 있다. 그러나 유아특수교육은 그 대상자 분류에 있어서 연령이 다르다는 것 외에도 일반 학령기 특수교육과는 다른 적격성 기준을 갖는다. 먼저 학령기 특수교육과 마찬가지로 특정 장애 판별 기준에 의해서 대상자를 선정하는 것은 동일하지만, 이러한 대상자를 판별함에 있어서 장애 표찰의 부적절성과 불이익을 고려하여 장애명 대신 발달지체라는 용어를 사용하고 있으며, 더 나아가서는 유아특수교육의 예방적 목적에 따라 장애위험 유아를 포함하기도 한다. 이 장에서는 (1) 특정 장애를 지닌 것으로 판별되어 특수교육 적격성을 인정받은 유아, (2) 영유아기 적격성 인정을 위해 도입된 발달지체에 해당되는 유아, (3) 학교생활이나 학습상의 실패가 예견되는 장애위험 유아의 세 부류로 나누어 각각의 개념을 알아보고자 한다.

1. 장애 유아

장애 유아란 이미 형성된 장애를 지니고 있는 유아로, 「장애인 등에 대한 특수교육법」에 명시된 장애 판별 기준에 의하여 장애를 지닌 것으로 진단된 유아를 의미한다. 이들은 장애진단을 통해서 특수교육대상자로서의 적격성을 인정받은 유아로, 우리나라는 「장애인 등에 대한 특수교육법」에 의해서 시각장애, 청각장애, 지적장애, 지체장애, 정서・행동장애, 자폐성 장애, 의사소통장애, 학습장애, 건강장애의 9개 장애 영역과 발달지체를 포함하여 열 가지 유형 중 하나로 진단되거나 기타 교육부령이 정하는 장애를 지닌 것으로 진단받은 유아를 가리킨다. 여기서 '발달지체'는 지적장애, 학습장애, 정서・행동장애 등의 기타 장애와 대등한 또 다른 장애명 또는 장애 유형으로 이해되어서는 안 되며, 발달상의 지체로 인하여 특수교육 적격성을 인정받아야 하는 어린 아동에게 사용하는 용어임을 주의해야 한다. 발달지체의 개념에 대해서는 다음 절에서 보다 상세히 설명하였다.

미국의 경우에는 장애 분류에 있어서 우리나라보다 더욱 세분화된 기준을 적용하고 있는데, 현재 장애인교육법(IDEA 2004)에 의해서 열두 가지의 장애 유형으로 분류하여 판별한다. 그러나 9세까지의 아동에게는 유형별 장애 외에도 발달지체 진단 기준을 적

표 1-9 「장애인 등에 대한 특수교육법」과 「장애인교육법」상의 장애 유형

장애인 등에 대한 특수교육법[a]	장애인교육법(IDEA 2004)[b]
• 시각장애 • 청각장애 • 지적장애 • 지체장애 • 정서・행동장애 • 자폐성 장애 • 의사소통장애 • 학습장애 • 건강장애 • 발달지체 • 그 밖의 대통령령으로 정하는 장애	• intellectual disability 지적장애 • hearing impairment(including deafness) 청각장애(농 포함) • speech or language impairment 말 또는 언어장애 • visual impairment(including blindness) 시각장애(맹 포함) • serious emotional disturbance(referred to as emotional disturbance) 심각한 정서장애(정서장애로 칭함) • orthopedic impairment 지체장애 • autism 자폐 • traumatic brain injury 외상성 뇌손상 • other health impairment 기타 건강상의 장애 • specific learning disability 특정학습장애 • deaf-blindness 농-맹 • multiple disabilities 중복장애

[a] 출처: 「장애인 등에 대한 특수교육법 시행령」 제10조(개정 2016. 6. 21.)
[b] 출처: Individuals with Disabilities Education Act Sec. 300.8(개정 2017. 7. 11.)

용할 수 있도록 허용하고 있다. 〈표 1-9〉는 한국과 미국의 특수교육 관련 법률에 의한 장애 유형을 보여 주고 있으며, 각 유형별 장애의 판별 기준과 특성은 이 책의 3장에서 설명하였다.

2. 발달지체 유아

1) 발달지체 용어 사용의 배경

유아특수교육 대상자의 적격성을 판정하기 위한 유형별 장애 분류에 의한 표찰은 대부분의 유아에게 적절하지 않은 것으로 인식된다(이소현, 2000, 2004; Kilgo, Danaher, McLean, McCormick, Smith, & Schakel, 1996). 학령기 장애 아동의 경우 지적장애나 학습장애 등의 공식적인 표찰을 통해서 적절한 교육 서비스가 제공되기 시작되지만 유아특수교육 대상자의 경우 장애명에 의한 표찰은 다음과 같은 구체적인 이유로 인해 바람직하지 않은 것으로 강조된다.

첫째, 특수교육 분야 전반에 걸쳐 일고 있는 장애명에 따른 표찰의 부정적 영향의 심각성에 대한 논의 자체가 장애 표찰의 부적절함을 보여 준다. 장애명에 의한 표찰은 낙인의 부정적인 영향을 미칠 수 있다. 유아가 일단 특정 장애명으로 표찰되고 나면 개인적인 특성이나 성격 등에 의해서 인식되기보다는 주어진 표찰에 의해서 수용되는 부정적인 영향을 받게 된다. 뿐만 아니라 장애명에 의한 표찰은 주변 사람들로 하여금 장애명에 따라 잠재적 능력에 대한 편견을 가지고 과소평가하게 만들고 자기 암시적인 역할을 하게 함으로써 실제 유아의 성취를 저하시키는 결과를 가져오기도 한다. 또한 표찰이 특수교육 서비스를 받을 수 있도록 정당한 통로를 열어주는 역할을 하는 것이 사실이기는 하지만 경우에 따라서는 표찰로 인해서 정규 교육과정이나 사회로부터 분리되는 불이익을 당할 수도 있다. 특히 생애 초기인 유아기에 경험하는 이러한 부정적인 영향은 일생에 걸쳐 절대적인 영향을 미치게 되므로 장애명 표찰에 의한 낙인의 부정적 영향에 대해서 진지하게 주의를 기울여야 한다.

둘째, 〈표 1-9〉에 제시된 유형별 장애명은 현재 그 정의나 진단 기준이 학령기 아동에게 적합하게 개발된 것으로 유아에게 그대로 적용하기에는 여러 가지 문제가 발생할 수 있으며 교육적으로도 비기능적일 수 있다. 특히 감각장애나 지체장애, 뇌손상, 장애를 수반하는 질병 등은 의학적으로 조기 진단이 가능하지만 인지 기능이나 행동 문제 등을 통한 간접적인 장애진단(예: 지적장애, 학습장애, 정서 · 행동장애)은 그 진단 기준 자체가 유아를 판별하기에 적합하지 않으며, 조기에 그러한 장애를 단정하는 것 자체가 바람직하지 않다는 견해가 지배적이다. 더욱이 아동의 발달 속도는 개인마다 매우 다를 수 있기 때문에 발달상의 지체나 기술의 결함은 일시적인 문제일 수도 있다. 예를 들어, 유아기에는 문제가 되는 특정 발달상의 문제가 일정 시간이 지난 후에는 더 이상 문제되지 않을 수도 있다는 것이다. 이러한 경우 한 번 낙인된 표찰은 그 아동의 일생 동안 심각한 부정적인 영향을 미칠 수도 있기 때문에 상당한 주의를 기울여야 한다.

결과적으로, 발달지체라는 개념 적용은 장애 유아를 위한 교육 현장에 다음과 같은 혜택을 가져다준다(DEC, 1996). 첫째, 장애명이 아닌 발달의 상태를 제시함으로써 발달에 적합한 환경에 배치할 수 있도록 촉진한다. 둘째, 장애명에 의해서 결정되는 서비스를 제공받는 대신에 유아 개인의 필요와 능력에 맞는 서비스를 촉구하는 개념으로 역할 한다. 셋째, 발달지체라는 용어 사용을 통해서 장애 표찰에 따른 서비스보다는 통합교육을 추구하게 된다. 이와 같은 배경에 의해 유아특수교육 영역은 대상 유아의 적격성 판정을 위해서 학령기 특수교육에서 사용하고 있는 장애명에 의한 표찰과는 다른 새로운 적격성 진단 체계의 필요성이 주장되어 왔으며, 이러한 필요성에 근거하여 영유아기 아동을 위한 적격성 판정 기준으로 발달지체의 개념을 도입하게 되었다.

2) 발달지체의 정의

발달지체(developmental delay)는 일반적으로 자신의 나이보다 훨씬 더 어린 전형적인 발달을 보이는 아동과 동일한 수행을 보일 때 사용하는 용어다(Dunlap, 2009; Allen & Cowdery, 2015). 발달지체는 장애인교육법(IDEA)에서 영유아기 특수교육대상자의 적격성 판정을 위해 처음으로 사용하기 시작하였으며, 우리나라에서는 2007년 「장애인 등에 대한 특수교육법」에서 처음으로 특수교육대상자 선정 기준으로 포함되었다. 이 법에서는 '발달지체를 지닌 특수교육대상자'를 "신체, 인지, 의사소통, 사회 · 정서, 적응행동 중 하나 이상의 발달이 또래에 비하여 현저하게 지체되어 특별한 교육적 조치가 필요한 영아 및 9세 미만의 아동"으로 정의하고 특정 장애명으로 진단되지 않아도 발달상의 지체를 설명하는 기준만으로 특수교육대상자로서의 적격성을 인정받을 수 있는 통로를 마련하였다. 그러나 기타 장애 유형과는 별도로 조기교육 대상자의 적격성 판정 기준으로 명시한 미국의 법률과는 달리 기타 장애 유형과 함께 특수교육대상자 선정 기준에 포함시킴으로써 또 다른 '장애명'으로 오인될 여지를 남기고 있다. 발달지체는 장애명이 아니며, 특정 장애명으로 표찰하기에 부적절한 영유아기 아동을 위한 특수교육 적격성을 인정하기 위한 용어임을 명심하고 그 사용에 주의를 기울여야 한다.

3) 발달지체의 진단 기준

발달지체 여부를 결정하기 위해서는 구체적인 진단 기준이 제시되어야 한다. 발달지체의 개념이 잘 정착되고 있는 미국의 사례를 보면 이와 같은 진단 기준은 발달의 양적 측면과 일탈적 측면의 두 가지로 나누어지는 것을 알 수 있으며, 그 구체적인 기준은 다음과 같다(이소현 외, 2007).

먼저 양적 측면에서의 발달지체 진단 기준은 기존의 검사 도구를 활용하여 아동의 연령과 실제 수행 수준과의 차이를 연령의 백분율(%)로 나타내기도 하고, 자신의 생활연령보다 몇 개월이나 지체되었는지를 지체 연령으로 나타내기도 하며, 표준화된 도구의 표준편차로 지체의 정도로 나타내기도 한다. 대체로, 하나 이상의 발달 영역에서 25% 또는 표준편차 1.5~2 정도의 지체를 보이는 경우 발달지체로 평가한다(Rosenberg, Ellison, Fast, Robinson, & Lazar, 2013). 실제로 미국의 각 주가 사용하고 있는 발달지체의 진단 기준을 살펴보면, 한 영역에서 25% 지체나 표준편차 2 이상의 지체를 규정한 주가 많으며, 어떤 주는 50% 이상의 지체를 요구하기도 한다. 또한 한 영역에서의 지체는 25% 또는 표준편차 2 이상으로 하되 두 영역 이상에서의 지체는 15% 또는 1.5 표준편차로 정한 주들도 많다.

양적 기준에 의한 발달지체 진단 기준은 특정 발달 영역이나 상태를 제대로 반영하지 못하거나 아동의 연령에 따라 발달지체를 적절하게 판별해 내지 못하는 경우를 초래할 수도 있다. 특히, 나이가 아주 어린 영아기 아동의 경우 이러한 가능성이 커진다. 예를 들어, 2개월 된 영아의 경우 25% 지체는 2주의 지체를 의미한다. 그러나 실제로 검사 도구를 통하여 이렇게 미세하게 분류된 수준의 발달을 평가하기는 매우 어렵다. 만일 이 아동이 특정 운동 기능이나 근육상의 문제를 가지고 있다면 물리치료를 포함한 조기개입 서비스를 당장 시작해야 하는데 진단 기준에 의해서는 적격성을 인정받기 어렵다는 것이다. 즉, 어린 아동의 발달을 평가하는 검사 도구의 적절성에 대한 문제가 지적되고 있으며, 또한 이들의 비전형적인 발달을 측정하는 검사 도구 자체도 부족한 것으로 지적된다. 뿐만 아니라, 양적 기준을 위해서 사용되는 검사 도구의 예측타당도에 대한 의문이 제기되면서 장애인교육법(IDEA)은 전문가의 임상적 견해(clinical opinion)를 중요한 평가방법으로 간주하고 한 사람이 아닌 여러 영역의 전문가와 부모가 포함된 다학문 전문가팀이 적격성을 결정하도록 규정하게 되었다(Shackelford, 2006; Taylor, Smiley, & Richards, 2019). 현재 몇몇 주에서는 양적 기준 없이 전문가의 임상적 견해만으로도 적격성을 인정하고 있다.

우리나라에서는 「장애인 등에 대한 특수교육법」에서 특수교육대상자를 선정하기 위한 기준으로 발달지체 개념을 적용하고는 있으나 〈표 1-10〉에서 제시하고 있는 진단 기준 외에 아직까지 구체적인 판별 기준을 제시하지는 않고 있다. 즉, 진단 기준에서는 또래에 비해 발달이 현저하게 지체된 아동으로 명시하고 있으나, 이때 현저한 지체가 어떤 방법을 통하여 어떤 기준으로 결정되어야 하는지에 대해서는 정하지 않고 있다. 이는 앞으로 발달지체를 보이는 영유아의 특수교육 적격성을 결정하기 위한 구체적인 진단 기준이 마련되어야 함을 의미하며, 특히 이러한 진단 기준을 개발하고 제시할 때 앞에서 설명한 양적 기준과 비전형적 발달 기준을 적절하게 잘 활용해야 할 것이다. 또한 양적 기준을 적용하기 위해서 필요한 신뢰롭고 타당한 발달검사 도구가 개발되어야 하며, 비전형적 발달 기준을 평가할 수 있는 전문가를 양성하고 부모를 포함한 관련 전문가로 구성된 팀의 동의를 통하여 평가하는 구체적인 규정 및 절차 등이 제시되어야 할 것이다(이소현 외, 2007).

3. 장애위험 유아

장애위험이란 현재 형성된 장애를 지니고 있지는 않지만 아무런 교육적 서비스를 제공하지 않고 방치할 경우 학교생활의 실패를 초래하거나 장애를 일으킬 수 있는 상황을 의미한다(Spodek & Saracho, 1994). 그러므로 장애위험 유아는 그러한 상황에 처한 유아를 말하며, 따라서 적절한 서비스를 필요로 한다. 미국의 경우에는 장애인교육법(IDEA)을 통해서 조기교육을 받지 않을 경우 앞으로 발달지체를 보일 가능성을 지니고 있는 장애위험 아동을 특수교육대상자로 포함할 수 있다고 명시함으로써 각 주에서 개별적인 결정에 따라 장애위험 요인을 지닌 아동을 특수교육대상자로 인정하고 제도적인 지원을 제공하기도 한다. 우리나라에서는 아직까지 장애위험 아동의 출현율을 파악하거나 이들에게 적절한 특수교육 서비스를 제공할 수 있는 법적인 근거를 마련하지 못하고 있는 실정이다. 그러나 조기특수교육의 예방적 목적의 중요성을 인식한다면 앞으로 이들을 위한 교육 서비스 제공에 특별한 노력을 기울일 필요가 있다.

표 1-10 특수교육 적격성 판정을 위한 장애 영아 및 유아의 정의

법률	용어	정의
장애인 등에 대한 특수교육법 (2007)	특수교육대상자	다음 중 어느 하나에 해당하는 사람 중 특수교육을 필요로 하는 사람으로 진단 · 평가된 사람: 시각장애, 청각장애, 지적장애, 지체장애, 정서행동 장애, 자폐성 장애, 의사소통장애, 학습장애, 건강장애, 발달지체, 그 밖에 대통령령으로 정하는 장애.
	발달지체를 보이는 특수교육대상자	신체, 인지, 의사소통, 사회 · 정서, 적응행동 중 하나 이상의 발달이 또래에 비하여 현저하게 지체되어 특별한 교육적 조치가 필요한 영아 및 9세 미만의 아동
장애인교육법 (IDEA 2004)	장애 영아 (infant or toddler with a disability)	다음과 같은 이유로 조기개입 서비스를 필요로 하는 만 3세 미만의 아동을 의미한다: (A) (i) 적절한 진단도구와 절차에 의해서 다음 중 한 가지 이상의 영역에서 발달지체를 경험하는 아동: 인지 발달, 신체 발달, 의사소통 발달, 사회적 또는 정서적 발달, 적응행동 발달, 또는 (ii) 발달지체를 초래할 높은 가능성을 지닌 신체적 정신적 상태를 지닌 것으로 진단된 아동. (B) 각 주의 재량에 따라서 다음을 포함할 수도 있다: (i) 장애위험 영아, 및 (ii) 이 법에 의거해서 적격성이 인정되거나 관련 기관에서 이미 서비스를 받은 장애 아동 또는 이들에게 적절한 프로그램을 제공할 유치원이나 학교 입학이 인정된 아동.
	장애 아동 (child with a disability)	각 주와 지역교육청(LEA)의 재량에 따라 다음을 포함할 수 있다: (A) (i) 일반적으로 다음을 지닌 아동을 의미한다: 지적장애, 청각장애(농 포함), 말/언어장애, 시각장애(맹 포함), 심각한 정서장애, 지체장애, 자폐, 외상성 뇌손상, 기타 건강상의 장애, 특정학습장애, 농-맹, 또는 중복장애 및 (ii) 그러한 이유로 인해서 특수교육 및 관련서비스를 필요로 하는 아동. (B) (i) 3~9세 아동의 경우(3~5세 등 이 연령 범위 내 어떤 범위도 해당함) 주의 정의와 적절한 장애진단 도구 및 절차에 따른 측정에 의하여 다음 중 한 가지 이상의 영역에서 발달지체를 경험하고 있는 아동을 포함할 수 있음: 신체 발달, 인지 발달, 의사소통 발달, 사회적 또는 정서적 발달, 또는 적응행동 발달, 또는 (ii) 그러한 이유로 인해서 특수교육 및 관련서비스를 필요로 하는 아동.

장애위험 요인은 일반적으로 환경적 위험, 생물학적 위험, 형성된 위험의 세 가지 위험으로 분류된다(Shackelford, 2006). 이러한 세 가지 장애위험 요인은 사실상 서로 배타적이지 않으며 중복되기도 한다. 예를 들어, 빈곤이라는 환경적 위험 요인이 조산이라는 생물학적 위험 요인과 함께 나타나는 경우 이는 '이중 위험'에 해당하며, 발달상의 지체나 학습상의 실패에 미치는 영향은 더욱 크고 지속화될 가능성이 높아진다(Bowe, 2007). 각각의 위험 요인에 대하여 간략하게 살펴보면 다음과 같다.

1) 환경적 위험

환경적 위험이란 경제적 또는 사회적 위험 요인을 의미한다. 출생 후 초기의 경험이나 환경적인 조건은 유아 발달에 매우 중요한 요인으로, 이러한 환경이 극도로 제한되거나 위협적인 경우에 발달상의 지체를 일으킬 수 있다. 실제로 많은 유아들이 경제적 요인인 빈곤이나 사회적 계층 요인에 의해서 학교생활 실패의 위험 상황에 처해 있는 것으로 지적된다. 이것은 낮은 사회-경제적 지위가 질적으로 매우 낮은 양육 환경을 조성하게 하고 부모의 알코올이나 약물 중독 또는 아동 학대의 가능성을 높임으로써 그러한 상황에 처해진 유아의 발달에 부정적인 영향을 미치게 되는 것을 의미한다.

2) 생물학적 위험

생물학적 위험은 이후의 비전형적인 발달이나 지체를 초래하는 출산 전후나 출산 중에 나타나는 특정 위험 요인을 의미한다. 예를 들어, 당뇨병이나 풍진 등 임산모의 특정 질병이나 감염, 조산이나 저체중, 출생 시 무산소증, 출생 후 감염이 이러한 생물학적 위험 요인에 속한다. 이러한 요인이 이후에 반드시 발달상의 지체로 연결되는 것은 아니지만 그 가능성이 큰 것은 사실이다. 생물학적 위험 요인이 이후의 장애를 일으킬 가능성에 대해서는 4장에서 상세히 설명하였다.

3) 형성된 위험

형성된 위험 요인은 유전학적으로나 의학적으로 이미 형성된 조건에 의해서 발달상의 지체를 초래할 가능성을 지닌 경우를 의미한다. 형성된 위험 요인은 다운 증후군과 같은 염색체 이상이나 신진대사 장애, 선천적 기형, 뇌성마비 등을 포함한다. 이렇게 이미 형성된 위험 요인을 지니는 경우에는 대체로 특정 장애명으로 특수교육 적격성을 인정받게 된다. 그러나 형성된 장애 요인을 가지고 있으면서도 우선 당장 발달상의 지체가 드러나지 않는 경우도 있다. 예를 들어, 다운 증후군이나 뇌손상 등 특정 조건에 해당되면서도 아직까지 발달상의 지체가 나타나지 않았거나 지체장애 등의 장애명으로 표찰하기 위한 기준에 적합하지 않은 경우를 들 수 있다.

〈표 1-10〉은 지금까지 살펴본 특수교육 대상 유아의 세 가지 유형 및 그 개념이 한국과 미국의 법적 기준에 어떻게 반영되어 있는지 보여 준다. 앞에서도 설명하였듯이 한국 「장애인 등에 대한 특수교육법」은 영유아기 적격성 기준을 별도로 제시하기보다는 발달지체의 개념을 장애 유형에 포함하여 정의하였으며, 미국의 경우 장애인교육법(IDEA 2004)을 통하여 영아와 유아로 나누어 특수교육 적격성 판정을 위한 법적 정의를 제시하고 있다.

III. 유아특수교육의 특성

앞에서도 설명하였듯이 유아특수교육은 유아교육, 학령기 장애 학생을 위한 특수교육, 헤드 스타트와 같은 보상교육의 세 영역으로부터 파생된 영역이라고 할 수 있다. 그러나 이러한 세 가지 모체 영역으로부터 강한 영향을 받아 이루어졌으면서도 한편으로는 유아특수교육만의 고유한 특성을 지니며 그러한 특성에 의해서 영역의 중요성이 강조된다. 유아특수교육 영역이 지니는 고유한 특성은 〈표 1-11〉에서와 같이 아홉 가지로 설명된다(Peterson, 1987).

첫째, 유아특수교육은 모체가 되는 세 영역(유아교육, 특수교육, 보상교육)으로부터의 임상과 가치가 혼합되어 그 기초가 형성된 영역이다. 이에 대한 설명은 이 장의 앞부분에서 제시한 바와 같다.

둘째, 유아특수교육은 모든 종류와 정도의 장애를 포함하고 0세부터 8세까지의 폭넓은 연령층을 포함하는 등 영역 내에서의 다양성을 지닌 영역이다. 이와 같은 특성은 유아특수교육 영역의 교사 양성 및 프로그램 개발을 위한 몇 가지 시사점을 내포한다. 먼저 조기특수교육 교사는 이와 같은 다양한 특성(예: 다양한 연령, 다양한 장애 유형과 정도, 다양한 정도의 기능 수준, 다양한 형태의 집단, 다양한 형태의 프로그램 종류)에 대응할 수 있도록 다양한 역할로 기능할 수 있어야 하며, 또한 프로그램이 유아의 다양한 특성에 맞추어 신축성 있게 운영되어야 하고, 마지막으로 이러한 다양성으로 인하여 개별화

표 1-11 유아특수교육 영역의 고유한 특성

특성	내용
모체 영역	유아교육, 특수교육, 보상교육의 세 가지 모체 영역으로부터의 임상과 가치가 혼합되어 형성됨
다양성	모든 종류와 정도의 장애를 포함하고 취학 전 연령대를 모두 포함함으로써 이들의 다양한 요구를 다룸
중재의 목적	장애의 부정적인 영향을 최소화하고 발달을 최대화하기 위한 중재에 목적을 둠
서비스 전달 체계	대상자의 연령이나 장애 정도 및 유형 등이 다양함에 따라 서비스 전달 체계가 다양하고 신축성 있게 운영됨
교육과정 및 학습 활동	유아의 개별적인 필요와 집중적인 서비스 제공을 위해 교육과정을 구조화하고 목표 지향적인 학습 활동에 우선적인 초점을 맞춤
진단 및 평가	장애를 지닌 유아가 지니는 독특한 특성에 따라 학령기 학생이나 일반 유아와는 다른 진단과 평가의 방법이 적용됨
적격성 판정	유형별 장애 표찰에 의해 적격성이 인정되는 학령기 특수교육과는 달리 유아에게 적절한 판별 기준 및 제도를 필요로 함
다양한 학문 분야의 협력적 접근	장애 유아의 모든 주요 영역의 발달을 균등하게 지원하고 포괄적인 서비스를 제공하기 위해서 다양한 전문 분야의 접근과 이들 간의 협력을 필요로 함
부모 참여	가족이 결정적인 영향을 미치는 시기이므로 요구되는 가족 참여의 정도가 학령기 특수교육이나 일반 유아교육을 능가함

교육의 중요성이 더욱 강조된다.

셋째, 유아특수교육은 일반 유아교육과는 달리 중재 자체에 우선순위를 두는 영역이다. 일반 유아교육이 교육적인 환경의 풍부화에 중점을 두는 것과는 달리 유아특수교육은 첫째는 장애가 아동의 성장과 발달에 미치는 영향을 최소화하는 동시에 일상적인 활동 참여를 최대화하고, 둘째는 장애를 일으킬 수 있는 위험 상태에 있는 아동이나 발달상의 불규칙성을 보이는 아동의 상태가 가능한 한 심해지지 않도록 예방하고, 셋째는 기존의 장애로 인하여 자극과 경험의 습득이 저해되고 학습과 발달이 지연됨으로써 발생할 수 있는 2차적인 장애를 예방하기 위하여 중재를 제공한다.

넷째, 유아특수교육은 자체적인 독특한 서비스 전달 방법을 지니고 있는 영역이다. 그러므로 장애 유아와 부모를 위한 교육 프로그램의 실시 방법이 다양하고 신축성이 있으며 그 정도가 세 가지 모체 영역을 능가한다는 특성을 지닌다. 특히, 대상자의 연령이나 장애 등이 매우 다양하기 때문에 서비스 전달 체계도 다양하고 신축성 있게 운영된다.

다섯째, 유아특수교육은 학령기 특수교육이나 일반 유아교육과는 달리 교육과정과 학습 활동에 우선순위를 두는 영역이다. 장애 유아는 일반 유아가 자연적인 발달 단계를 거치면서 스스로 습득하는 기술을 습득하지 못하거나 지체를 보이는 경우가 많다. 따라서 그러한 기술을 가르치기 위해서 교육과정을 계획하고 좀 더 구조화되고 개별적인 활동과 목표 지향적인 교수 활동에 초점을 맞추어야 한다. 이것은 장애 유아의 개별적인 필요에 초점을 맞추고 가능한 한 조기에 집중적인 서비스를 시작하여 지속적으로 제공해 나갈 때 유아의 발달 과정에 영향을 미칠 수 있으며, 특히 지체되거나 일탈된 발달로 인하여 나타날 수 있는 결과를 예방하거나 변화시킬 수 있다는 교육 철학을 근거로 한다.

여섯째, 유아특수교육은 장애 유아를 위한 특별한 진단의 필요성을 지닌 영역으로, 사용되는 진단 및 평가 방법이나 내용은 학령기 장애 학생이나 일반 유아에게 사용되는 것과는 달라야 한다. 따라서 장애 유아의 특성에 맞도록 개발된 적절한 진단 도구와 방법이 사용되어야 한다.

일곱째, 이 장의 앞부분에서 설명한 발달지체 개념의 출현과 적용에서 나타난 바와 같이 유아특수교육은 대상자 적격성을 확인함에 있어서 모체가 되는 영역과는 다른 형태의 절차 및 제도를 필요로 한다.

여덟째, 유아특수교육은 다양한 전문 분야가 함께 협력하고 실시하는 영역이다. 유아특수교육 프로그램이 효과적으로 운영되기 위해서는 운동 기능, 인지, 의사소통, 사회-정서, 적응행동 등의 전체적인 발달 과정과 상태를 고려해야 한다. 또한 이러한 영역들은 서로 밀접하게 관련되어 있기 때문에 한 영역에서의 지체나 일탈은 다른 영역의 발달에 영향을 미치게 된다. 그러므로 유아특수교육에서의 다양한 학문 분야의 협력적 접근은 교육 성과의 보장을 위해서 매우 중요한 의미를 지닌다.

마지막으로, 유아특수교육은 부모를 교육 구성원의 일원으로 포함시킨다는 특성을 지닌다. 물론 특수교육 전반에 걸쳐 부모의 참여는 매우 중요한 요소로 인식된다. 그러나 대상 아동의 나이가 어릴수록 부모 참여의 중요성은 더욱 강조되어야 하며, 실제로 부모가 교육과정에 적극적으로 참여할 때 교육의 성패에 결정적인 영향을 미친다는 사실이 입증되고 있으므로 부모 참여는 유아특수교육의 중요한 특성으로 자리 잡는다.

유아특수교육은 특별한 도움을 필요로 하는 취학 전 유아와 그 가족을 위하여 다양한 서비스를 제공하는 영역으로 교육학 분야의 다른 영역에 비해서 비교적 역사가 짧은 영역이다. 또한 그 생성 과정에서 유아교육과 학령기 특수교육, 또는 보상교육의 영향을 많이 받았다. 그러나 유아특수교육은 자체적으로 독특한 특성과 목적을 지니는 고유한 영역으로 자리를 잡아가고 있으며, 이론의 정립과 교육 현장에서의 방법론적 실행의 측면에서 독립적인 영역으로 형성되어 왔다. 그러므로 이 책에서는 유아특수교육이 고유한 영역으로서 지니는 구체적인 이론과 실제에 대한 내용을 소개하고자 하였으며, 특히 이 장에서는 유아특수교육의 구체적인 내용을 이해하기 위해서 선행적으로 알아야 하는 전반적인 개념적 지식과 이론적 및 역사적 배경을 간단하게 정리하여 설명하였다.

먼저 유아특수교육의 정의와 기본 용어에 대해서 알아보았으며, 특히 그 형성과 발전에 영향을 미친 모체 영역인 유아교육, 특수교육, 보상교육의 역사를 간단하게 살펴보고 이러한 모체 영역이 유아특수교육의 발전에 어떤 영향을 미쳤는지도 알아보았다. 또한 현재의 유아특수교육으로 발전되기까지의 역사적인 배경을 살펴보기 위해서 가장 큰 영향을 미친 관련 법률과 그 내용을 정리하여 제시하였다. 장애를 지닌 유아에게 조기에 교육을 제공해야 한다는 유아특수교육이 지니는 당위성을 조기 학습의 중요성, 장애의 예방 및 최소화, 가족의 필요 지원, 사회-경제적 혜택의 네 가지 측면에서 살펴보았다. 이러한 유아특수교육의 대상자는 누구인지 또한 알아보았는데, 유아특수교육의 대상자는 이미 장애를 지닌 것으로 판별된 장애 유아뿐만 아니라 특정 발달 영역상의 지체를 보이는 발달지체 유아와 앞으로 발달상의 지체를 보이게 될 가능성을 지닌 장애위험 유아의 세 가지 유형을 모두 포함한다. 따라서 이들에 대한 각각의 정의와 구체적인 내용을 살펴보았다. 마지막으로 학문적 측면에서 유아특수교육 영역이 지니는 아홉 가지 독특한 특성을 설명함으로써 유아특수교육이 기타 유사 영역과는 어떻게 다른지에 대한 차별성을 제시하였다.

참고문헌

교육과학기술부(2008). 장애인 등에 대한 특수교육법 해설집. 서울: 저자.

김성애(2011). 장애 아동 이용 보육시설 통계 현황을 통한 특수교육 유치원 의무교육 간주 가능성과 한계성 탐색. 유아특수교육연구, 11(1), 41-71.

박현옥, 강혜경, 권택환, 김은주, 김진희, 백유순(2010). 유치원과정 특수교육대상자 의무교육 실행을 위한 질적 연구. 유아특수교육연구, 10(3), 209-239.

박현옥, 강혜경, 권택환, 김은주, 김진희, 백유순(2011). 유치원과정 특수교육대상자 의무교육실시 방안에 대한 인식 및 요구. 유아특수교육연구, 11(3), 175-204.

이병인, 이지효, 이미정, 김현숙, 이지예, 강성리(2011). 보육시설에서의 유아특수교육대상자 의무교육 시행에 대한 시설장의 인식: 포커스 그룹 인터뷰. 유아특수교육연구, 11(1), 73-105.

이소현, 윤선아, 이수정, 박병숙(2019). 특수교육대상유아 통합교육 현황 및 지원 요구: 통합유치원 운영 모델 개발을 위한 기초연구. 유아특수교육연구, 19(1), 1-36.

이소현(2000). 특수아 조기교육 활성화를 위한 정책적 과제 고찰. 특수교육학연구, 35(2), 115-145.

이소현(2004). 0-2세 발달지체 영아들의 특수교육 적격성 인정 및 지원 체계 개발을 위한 고찰. 특수교육학연구, 38(4), 95-122.

이소현, 박은혜(2011). 특수아동교육: 통합학급 교사들을 위한 특수교육 지침서(3판). 서울: 학지사.

이소현, 박현옥, 이수정, 노진아, 윤선아(2013). 장애 유아 의무교육 활성화를 위한 교육체계 구축방안 연구. 인천: 인천광역시교육청.

이소현, 윤선아, 박병숙, 이지연(2018). 유치원 통합교육 가이드북 개발을 위한 기초 연구: 완전통합 시행 교사의 경험과 기대. 유아특수교육연구, 18(3), 33-57.

이소현, 이수정, 박현옥, 노진아, 윤선아(2014). 장애 유아 의무교육 활성화 방안 모색을 위한 교사와 부모의 인식 및 지원 요구. 특수교육학연구, 49(1), 373-401.

이소현, 이수정, 박현옥, 윤선아(2012). 장애 유아를 위한 일반 유아교육과정 기반의 개별화교육계획 실행에 대한 유아특수교사의 인식: 개별화 교육과정 운영 지원 프로그램 개발을 위한 기초 연구. 유아특수교육연구, 12(1), 59-90.

이소현, 조윤경(2004). 0-2세 발달지체 영아들을 위한 조기개입 서비스 현황 및 스포그램 운영을 위한 지원 욕구. 언어청각장애연구, 9(1), 130-151.

이소현, 최진희, 조윤경(2007). 정책연구과제 2007-위탁-71: 장애 영아 진단・평가 기준 및 무상교육 지원 방안 개발 연구. 서울: 교육인적자원부.

Allen, K., & Cowdery, G. (2015). *The exceptional child: Inclusion in early childhood education* (8th ed.). Bellmont, CA: Wadsworth.

Anderson, V., Northam, E., & Wrenmall, J. (2019). *Developmental neuropsychology* (2nd ed.). New York, NY: Routledge.

Bailey, D., & Wolery, M. (2003). 장애 영유아를 위한 교육(이소현 역). 서울: 이화여자대학교 출판부. (원저

1992년 출간)

Bayley, N. (1970). Development of mental abilities. In P. H. Mussen (Ed.), *Carmichael's manual of child psychology* (3rd ed.). New York: John Wiley & Sons.

Bee, H. (2012). *The developing child* (13th ed.). Upper Saddle River, NJ: Pearson.

Benzies, K., Magill-Evans, J., Hayden, K., & Ballantyne, M. (2013). Key components of early intervention programs for preterm infants and their parents: A systematic review and meta-analysis. *BMC Pregnancy and Childbirth*, *13*, 1-15.

Bloom, B. (1964). *Stability and change in human characteristics*. New York, NY: Wiley.

Bowe, F. (2007). *Early childhood special education: Birth to eight* (4th ed.). Stamford, CT: Cengage Learning.

Bricker, D., Seibert, J., & Casuso, V. (1980). Early intervention. In J. Hogg & P. Mittler (Eds.), *Advances in mental handicap research*. London: Wiley.

Campbell, F. A., Ramey, C. T., Pungello, E. P., Sparling, J., & Miller-Johnson, S. (2002). Early childhood education: Young adult outcomes from the Abecedarian Project. *Applied Developmental Science*, *6*, 42-57.

Casto, G., & Mastropieri, M. A. (1986). The Efficacy of Early Intervention Programs: A Meta-Analysis. *Exceptional Children*, *52*, 417 - 424.

Clarke, A. M., & Clarke, A. D. B. (1977). *Early experience: Myth an deviance*. New York, NY: Free Press.

Conger, R., Conger, K., & Martin, M. (2010). Socioeconomic status, family processes, and individual development, *Journal of Marriage & Family*, *72*, 685-704.

Division for Early Childhood (DEC). (1996). *Developmental delay as an eligibility category* (Concept paper). Reston, VA: Author.

Dunlap, L. L. (2009). *An introduction to early childhood special education: Birth to age five*. Upper Saddle River, NJ: Pearson.

Early Head Start Research and Evaluation Project. (2009). *About Early Head Start*. www.acf.hhs.gov/progrmas/opre/ehs/ehs_resrch/ehs_aboutus.html.

El-Hazmi, A. (1997). Early recognition and intervention for prevention of disability and its complications. *La Revue de Sante de la Medieterranee Orientale*, *3*, 154-161.

Gargiulo, R., & Kilgo, J. (2020). *Young children with special needs: An introduction to early childhood special education* (5th ed.). Thousand Oaks, CA: SAGE.

Gearhart, B., Mullen, R., & Gearhart, C. (1993). *Exceptional individuals*. Pacific Grove, CA: Brooks/Cole.

Goldfarb, W. (1945). Psychological deprivation in infancy and subsequent adjustment. *American Journal of Orthopychiatry*, *15*, 247-255.

Goldfarb, W. (1949). Rorschach test differences between family-reared, institution-reared, and schizophrenic children. *American Journal of Orthopsychiatry*, *19*, 624-633.

Goldfarb, W. (1955). Emotional and intellectual consequences of psychologic deprivation in infancy: A re-evaluation. In P. H. Hoch & J. Zubin (Eds.), *Psychopathology of childhood*. New York, NY:

Grune & Stratton.

Goldstein, H., Lackey, K., & Schneider, N. (2014). A new framework fo systematic reviews: Application to social skills interventions for preschoolers with autism. *Exceptional Children*, *80*, 262–286.

Gray, S., Ramsey, B., & Kalus, R. (1982). *From 3 to 20: The early training project*. Baltimore, MD: University Park Press.

Guo, G. (1998). The time of the influences of cumulative poverty on children's cognitive ability and achievement. *Social Forces*, *77*, 257–282.

Guralnick, M. (2012). Preventive interventions for preterm children: Effectiveness and developmental mechanisms. *Journal of Developmental and Behavioral Pediatrics*, *33*, 352 - 364.

Guralnick, M. (2013). Developmental science and preventive intervention for children at environmental risk. *Infants and Young Children*, *26*, 270–285.

Guralnick, M. (2019). *Effective early intervention: The developmental systems approach*. Baltimore, MD: Brookes.

Hallahan, D. P., Kauffman, J. M., & Pullen, P. C. (2018). *Exceptional learners: Introduction to special education* (14th ed.). Boston: Allyn & Bacon.

Hanson, M., & Lynch, E. (1995). *Early intervention* (2nd ed.). Austin, TX: Pro-Ed.

Hanson, M., & Lynch, E. (2013). *Supporting families: Supportive approaches to diversity, disability, and risk* (2nd ed.). Baltimore: Brookes.

Head Start Act, 42 U.S.C. §§ 635–657C (2007).

Hebbeler, K., Smith, B., & Black, T. (1991). Federal early childhood special education policy: A model for the improvement of services for children with disabilities. *Exceptional Children*, *68*, 104–111.

Heckman, J. (2002). *Invest in early childhood development: Reduce deficit, strengthen the economy*. Retrieved from https://heckmanequation.org/resource/invest-in-early-childhood-development-reduce-deficits-strengthen-the-economy/

Heckman, J. (2012). The developmental origins of health. *Health Economics, 21,* 24–29.

Heckman, J., Moon, S., Pinto, R., Savelyev, P., & Yavitz, A. (2010). The rate of return to the HighScope Perry Preschool Program. *Journal of Public Economics*, *94*, 114–128.

Hooper, S., & Umansky, W. (2013). *Young children with special needs* (6th ed.). Upper Saddle River, NJ: Pearson.

Hunt, J. (1961). *Intelligence and experience*. New York, NY: Ronald Press.

Itard, J. (1962), T*he wild boy of Aveyron (English Translation)*. New York, NY: Appleton-Century-Crofts.

Johnson, M. (2015). Developmental neuroscience, psychophysiology, and genetics. In M. Bornstein & M. Lamb (Eds.), *Developmental science: An advanced textbook* (7th ed., pp. 217–160). New York, NY: Taylor and Francis Group.

Johnson, M., Rahn, N., & Bricker, D. (2015). *Activity-based intervention: A comprehensive framework for use with young children* (4th ed.). Baltimore, MD: Brookes.

Johnson-Martin, N. (1990). Early intervention as a preventive strategy. In S. Pueschel & J. Mulick (Eds.),

Prevention of developmental disabilities (pp. 241–260). Baltimore: Brookes.

Karoly, L., Kilburn, M., Bigelow, J., Caulkins, J., Cannon, J., & Chiesa, J. (2001). *Assessing costs and benefits of early childhood intervention programs: Overview and application to the starting early starting smart program*. Santa Monica, CA: RAND.

Kilgo, J., Danaher, J., McLean, M. McCormick, K., Smith, B., & Schakel, J. (1996). *Developmental delay as an eligibility category*. Denver, CO: Division for Early Childhood.

Lewis, M., & McGurk, H. (1973). Testing infant intelligence. *Science*, 182, 737.

Marotz, L., & Allen K. (2016). *Developmental profiles: Pre-birth through adolescence*(8th ed.). Belmont, CA: Wadsworth.

McCall, R. (1983). A conceptual approach to early mental development. In M. L. Lewis (Ed.), *Origins of intelligence: Infancy and early childhood* (2nd ed., pp. 107–134). New York, NY: Plenum Press.

McCollum, J., & Maude, S. (1993). Portrait of a changing field: Policy and practice in early childhood special education. In B. Spodek (Ed.), *Handbook of research in early childhood education* (pp. 352–371). New York: Macmillan.

McLean, M., Sandall, S. R., & Smith, B. J. (2016). A history of early childhood special education. In B. Reichow, B. A. Boyd, E. E. Barton, & S. L. Odom (Eds), *Handbook of early childhood special education* (pp. 3–20). Switzerland: Springer.

McWilliam, R. (Ed.). (2010). *Working with families of young children with special needs*. New York: The Guilford Press.

Meisels, S., & Shonkoff, J. (2000). Early childhood intervention: A continuing evolution. In J. Shonkoff (Eds.) & S. Meisels, *Handbook of early childhood intervention* (2nd ed., pp. 3–31). Cambridge, England: Cambridge University Press.

Odom, S., McConnell, S., Brown, W. (2008). Social competence of young children: Conceptualization, assessment, and influences. In W. H. Brown, S. L. Odom, & S. R. McConnell, *Social competence of young children: Risk, disability, & intervention* (pp.3–29). Baltimore: Brookes.

Odom, S., Parish, T., & Hikido, C (2001). The cost of inclusive and traditional special education preschool services. *Journal of Special Education, 14*, 33–41.

Peterson, N. (1987). *Early intervention for handicapped and at-risk children: An introduction to early childhood special education*. Denver, CO: Love Publishing Co.

Ramey, C., & Ramey, S. (1998). Early intervention and early experience. *American Psychologist, 58*, 109–120.

Ramey, C., Yeates, K., & Short, E. (1984). The plasticity of intellectual development: Insights from preventive intervention. *Child Development, 55*, 1913–1925.

Reynolds, A., Temple, J., Robertson, D., & Mann, E. (2002). Age 26 cost-benefit analysis of Child-Parent Center early education program. *Child Development, 82*, 379–404.

Rosenberg, S., Ellison, M., Fast, B., Robinson, C., & Lazar, R. (2013). Computing theoretical rates of part C Eligibility based on developmental delays. *Maternal & Child Health Journal, 17*, 284–390.

Sameroff, A. J., & Fiese, B. H. (2000). Transactional regulation: The developmental ecology of early intervention. In J. P. Shonkoff & S. J. Meisels (Eds.), *Handbook of early childhood intervention* (2nd ed., pp. 135-159). Cambridge, England: Cambridge University Press.

Schweinhart, L. J. (2003). *Benefits costs, and explanations of the High/Scope Perry preschool program.* Paper presented at the Meeting of the Society for Research in Child Development, Tempa, FL.

Shackelford, J. (2006). *State and jurisdictional eligibility definitions for infants and toddlers with disabilities under IDEA* (NECTAC Notes, 21, 1-16). Chapel Hill: The University of Carolina, FPG Child Development Institute, National Early Childhood Technical Assistance Center.

Simeonsson, R. J. (1991). Primary, secondary, and tertiary prevention in early intervention. *Journal of Early Intervention, 15*, 124-134.

Son, S., & Morrison, F. (2010). The nature and impact of changes in home learning environment on development of language and academic skills in preschool children. *Developmental Psychology, 46*, 1103-1118.

Spitz, R. A. (1945). *Hospitalism: An inquiry into the genesis of psychiatric conditions in early childhood. Psychoanalytic studies of the child* (Vol. 1). New York: International Universities Press.

Spitz, R. A. (1946). Anaclitic depression. *Psychoanalytic Study of the Child, 2*, 313-342.

Spitz, R. A. (1947). *Hospitalism: A follow-up report. Psychoanalytic Studies of the Child* (Vol. 2). New York: International Universities Press.

Spodek, B., & Saracho, O. (1994). *Dealing with individual differences in the early childhood classroom.* White Plains, NY: Longman.

Taylor, R., Smiley, L., & Richards, S. (2019). *Exceptional children: Preparing teachers for the 21st century* (3rd ed.). New York, NY: McGraw Hill Education.

Temple, J. A., & Reynolds, A. J. (2007). Benefits and costs investments in preschool education: Evidence from the child-parent centers and related programs. *Economics of Education Review, 26*, 126-144.

Upshur, C. C. (1990). Early intervention as preventive intervention. In S. J. Meisels & J. P. Shonkoff (Eds.), *Handbook of early childhood intervention* (pp. 633-650). Cambridge, England: Cambridge University Press.

University of Michigan New Service. (2004). *Early intervention lessons impact on autism.* Ann Arbor, MI: The Regents of the University of Michigan.

White, B. (1975). *The first three years of life.* Englewood Cliffs, NJ: Prentice-Hall.

Yarrow, L. J. (1970). The etiology of mental retardation: The deprivation model. In J. Hellmuth (Ed.), *Cognitive studies* (Vol. 1). New York: Brunner/Mazel.

제2장

유아 발달의 이해

I. 발달의 이론적 배경

1. 발달의 이해

인간의 발달은 매우 복잡한 현상이다. 이러한 복잡한 현상의 가장 주목할 만한 변화는 수정과 더불어 학령 초기에 이르는 생애 첫 수년 동안 일어난다. 그러므로 이러한 변화에 대한 이해는 조기교육 전문가에게 반드시 필요한 지식이라고 할 수 있다. 신체적인 성장과 함께 인지, 언어, 사회-정서 발달에 대한 정확하고 충분한 지식이 없이는 장애 유아와 그 가족을 위한 지원과 관련된 올바른 판단을 하기가 어렵다. 이와 같은 맥락에서 발달에 대한 지식은 다음과 같은 중요한 과정에서의 의사 결정을 도와주는 지침이라 할 수 있다(Wilson, 2003): (1) 특별한 교육적 요구를 지닌 유아의 선별과 진단, (2) 유아의 다음 단계 성장을 촉진하기 위한 발달에 적합한 교재 및 활동 선정, (3) 적절한 중재 목표 및 전략 선정, (4) 부모를 위한 정확하고 시기적절한 정보 및 조언 제공.

인간의 복잡한 발달을 완전히 이해하는 것은 매우 어려운 과정이다. 그러므로 이 책에서도 발달에 대한 간단한 개념만을 소개하고자 한다. 지금까지 많은 자료를 통해서 인간 발달에 대한 상세한 정보가 제공되어 있으므로 인간 발달에 대한 보다 상세한 지식을 원하는 독자는 발달과 관련된 전문 서적을 참고하기 바란다. 유아의 성장과 발달에 대한 발달주의적 견해는 장애 유아 교육에 있어서 유아와 그 가족을 위한 현명한 의사결정을 할 수 있게 해 주는 가장 적절한 견해로 추천될 뿐만 아니라(Odom & McLean, 1996), 발달 과학은 응용행동분석과 함께 유아특수교육에 가장 큰 영향을 미친 이론적 배경으로 이해된다(Odom & Wolery, 2003). 그러므로 이 장에서는 장애 유아 교육을 위해서 필요한 최소한의 발달 관련 주요 개념을 소개하고 전형적인 발달과 비전형적인 발달의 정의 및 양상을 소개하고자 한다.

1) 발달의 개념

발달이란 수정에서부터 사망할 때까지 개인에게서 일어나는 체계적인 연속성과 변화를 의미한다(Shaffer, 2010). 여기서 변화를 체계적이라고 말하는 것은 변화에는 정해진 순서가 있고 특정 양상이 있으며 비교적 지속적이기 때문이다. 그러므로 일시적인 기분의 변화나 외모, 생각, 행동 등의 일시적인 변화는 발달에서 제외된다. 발달의 의미를 좀 더 잘 이해하기 위해서는 발달과 관련된 몇 가지 개념을 먼저 이해할 필요가 있다.

발달은 주로 연령과 관련해서 논의된다. 그러나 발달은 연령보다는 훨씬 복잡한 개념이다. 연령은 출생 후 얼마나 많은 시간이 지났는지를 나타내는 반면에 발달은 행동의 복잡성이 얼마나 증가하였는지를 나타낸다(Marotz & Allen, 2016). 예를 들어, 가만히 서서 공을 차는 행동이 달리면서 공을 차는 행동으로 변화했다면 운동 기능이 발달했다고 말할 수 있다. 또한 놀잇감을 단순히 잡는 행동에서 접시를 잡고 음식을 올려놓고 요리하는 흉내를 내는 행동으로 변화했다면 인지 발달이 이루어졌다고 말할 수 있다.

발달이 연령과 동일한 개념이 아니듯이 발달은 성숙과도 동일한 개념이 아니다. 성숙이란 인간이 나이가 듦에 따라서 보편적인 순서의 생물학적인 변화를 경험하는 것을 의미한다. 나이가 많아짐에 따라서 체중이 증가하는 것은 성숙의 좋은 예다. 성숙은 발달과 밀접한 관계가 있는데, 성숙이 전제되어야만 심리적 기능의 발달이 이루어지는 것을 통해서 이러한 관계를 이해할 수 있다(Howard, Williams, Miller, & Aiken, 2013). 특정 심리적 기능은 충분한 성숙이 전제되지 않고는 이루어지지 않는데, 예를 들어 언어 발달이 그 좋은 예라고 할 수 있다. 언어가 발달되기 위해서는 언어를 이해하고 산출할 수 있도록 충분한 두뇌 발달이 선행되어야 한다. 그러므로 심각한 두뇌 손상을 지닌 유아는 폭넓은 언어 기술을 발달시키지 못하게 되는 것이다. 물론 언어 발달에 있어서 언어 자극이 결정적인 역할을 하는 것은 사실이지만 충분한 신경학적인 성숙 역시 필수조건으로 필요하다.

성숙과 자극 간의 관계에 대한 잘못된 이해는 교육 현장에서 부적절한 영향을 미치기도 한다. 예를 들어, 장애로 인하여 일반적인 성숙을 기대하기 어려운 발달 기술을 교수하는 것이 무의미하다고 생각하여 중재를 하지 않는다면 그것은 잘못된 생각이다. 오히려 전형적으로 기능하지 못하는 영역의 기술을 기능적으로 사용할 수 있도록 대안적인 방법이 제공되어야 한다. 두뇌 손상으로 인해서 폭넓은 언어 발달을 성취하지 못하는 유아에게 언어 교수를 포기해서는 안 되며 대안적인 방법에 의한 성공적인 의사소통 행동의 교수가 이루어져야 한다는 것이다. 성숙과 자극 간의 관계에 대한 올바른 이해는 일반 유아나 장애 유아를 가르치는 교사가 적절한 교수목표와 전략을 선정하는 데 매우 중요한 역할을 한다.

인간 발달에 대한 발달적 견해를 이해하는 데 있어서 발달지표(developmental

milestones)는 매우 중요한 역할을 한다. 이것은 발달지표가 발달적 성취를 나타내는 주요 행동 지표로 유아가 특정 시기에 어떤 기술을 습득해야 하는가에 대한 평균 연령을 기초로 하기 때문이다. 발달지표는 각 발달 영역(예: 운동 기능, 인지, 의사소통, 사회-정서, 적응행동)별로 제시되어 있으며, 각 영역에 대한 이러한 지표는 다음 단계의 발달을 기대하게 하는 척도의 역할을 한다. 예를 들어, 전형적인 발달을 보이는 유아가 성인의 손이나 가구를 붙들고 일어나는 기술을 보인다면 곧 '걷기' 기술을 보일 것이라고 기대할 수 있다. 일반적으로 발달지표상의 기술 목록은 특정 기술이 나타나야 하는 기대되는 연령과 관련해서 제시된다.

발달지표와 관련된 전형성의 범위 역시 유아의 발달과 그에 따른 기대 수준을 이해하기 위해서 반드시 필요한 개념이다. 발달지표와 전형성의 범위에 대한 이해는 유아가 기대되는 속도로 발달하고 있는지를 알게 해 주는 척도라고 할 수 있다. 장애 유아의 경우 발달지표상의 목록은 특정 기술의 발달이 기대되는 연령과 관련해서 적용된다. 예를 들어, 독립적인 앉기 기술이 기대되는 연령은 6개월이다. 그러나 장애가 없는 경우에도 개인차에 의해서 이러한 기술의 발현에 차이가 있다. 그러므로 평균 연령의 개념과 더불어 전형성의 범위 개념이 함께 적용되어야 한다. 독립적인 앉기 기술을 위한 규준이 6개월이지만 전형성의 범위는 4~8개월이므로 8개월까지 앉기 기술을 보이지 않는 경우에도 발달지체라고 말할 수 없다는 것이다. 그러나 특정 기술이 전형성의 범위를 벗어나는 시기에도 나타나지 않는다면 발달지체의 위험을 경고할 수 있다. 이러한 경우에는 특수교육 적격성에 대한 진단을 의뢰해야 하므로 발달지체의 가능성을 판별할 수 있게 해 주는 발달지표와 전형성의 범위에 대한 이해는 매우 중요한 역할을 하게 된다.

결론적으로 장애 유아를 가르치는 모든 교사는 발달상의 지체나 장애를 예방하고 발달을 최대한으로 촉진하는 것을 목표로 하기 때문에 전형적인 발달에 대해서 먼저 이해하고 이러한 발달의 과정에서 발생할 수 있는 모든 비전형적인 현상, 또는 장애를 이해해야 할 것이다.

2) 전형적인 발달

유아 발달에 있어서 전형성과 비전형성을 논의하기란 그렇게 쉽지 않은 것이 사실이다. 전형성과 비전형성의 개념은 다양할 수 있는데, 특히 유아 성장과 발달에 관심을 보이는 많은 전문가(예: 소아과 의사, 심리학자)는 자신의 전문 영역에 따라서 그 개념을 달리 정의한다(Boyd & Bee, 2011). 예를 들어, 시각 발달에 있어서의 전형성과 비전형성을 논의할 때 법률가는 법적인 정의를 적용하는 반면에 교육자는 교육적 정의를 적용할 수 있다. 그러므로 유아교육에 있어서도 교사나 행정가, 또는 정책 입안자 등 다양한 전문가가 자신의 전문 영역이나 역할 등에 따라서 전형적인 발달과 비전형적인 발달을 달리 정의할 수 있다는 것이다.

이와 같이 발달에 있어서의 전형성과 비전형성에 대한 개념 정의에 일치를 보이지 못함으로써 실제적인 적용에 있어서도 혼동이 발생할 수 있으며, 특히 장애 아동 또는 우수아, 심지어는 전형적인 발달을 보이는 아동을 정의함에 있어서도 전문가 간의 불일치가 나타난다. 그러므로 발달에 있어서의 전형성과 비전형성의 구분은 정상인가(normal) 비정상인가(abnormal)로 나누어져서는 안 된다. 전형성이라는 용어가 특정 집단을 가장 잘 대표하는 일반성 또는 보편성을 의미하듯이, 유아의 발달이 동일한 연령 집단의 또래에 비해서 일반적인지 그렇지 않은지의 개념으로 이해되어야 한다. 이 책에서는 '정상' 또는 '비정상'이라는 용어의 사용을 지양하였으며, 대신 '전형적(typical)' 또는 '비전형적(atypical)'이라는 용어를 사용하였다. 또한 전형적인 발달을 보이는 유아를 비장애 유아가 아닌 일반 유아로 지칭하였는데, 이는 장애를 기준으로 유아를 장애와 비장애 두 집단으로 나누게 되는 부작용을 방지하기 위해서다. 또한 전형적인 발달에서 벗어나는 비전형적인 발달을 보이는 유아의 경우 특수 유아라는 용어가 우수아까지 포함한다는 점을 고려하여 장애 유아 또는 발달지체 유아라는 용어를 사용하였다.

전형적인 발달이란 성장하고 변화하며 복잡한 기술을 습득해 가는 진행적인 과정이다(Allen & Cowdery, 2015). 대부분의 유아는 자신의 연령에서 기대되는 예측 가능한 양상에 따라서 연속적인 발달을 보이곤 한다. 그러나 이러한 과정에서 전형적인 발달을 정의하기란 매우 어려운데, 이것은 앞에서도 언급하였듯이 모든 유아가 발달에 있어서 유사함과 동시에 차이도 보이기 때문이다. 예를 들어, 대부분의 교사는 유아에게 말을 할 때 자신과의 눈맞춤을 기대하곤 하는데 문화에 따라서는 성인과 대화할 때 눈을 똑바로 쳐다보는 것이 매우 무례한 행동일 수 있기 때문에 이러한 행동을 발달적인 현상으로 관찰하기 어려울 수 있다. 이것은 어떤 유아에게는 전형적인 발달 현상이 다른 유아에게는 비전형적일 수 있다는 좋은 예라고 할 수 있다.

이러한 문화적인 차이뿐만 아니라 유아 개개인이 지니고 있는 차이에 의해서도 전형적인 발달을 정의하기가 매우 어려운 것이 사실이다. 어떤 유아는 10개월도 되기 전에 걷기 시작하는 반면에 18개월이 지나도 걷지 못하는 유아도 종종 관찰된다. 그러나 이들이 걷기 시작하는 시기가 10개월 이상 차이가 남에도 불구하고 두 명 모두 앞에서 설명한 전형성의 범위 내에서 걷기 시작한다면 비전형적인 발달이라고 할 수 없다. 다시 말해서, 유아의 발달이란 그것이 전형적인 발달인 경우에도 상당한 개인 간 차이를 보일 수 있다는 것이다. 결론적으로 전형적인 발달이란 성장하고 변화하며 습득해 가는 과정을 의미함과 동시에 그러한 과정에 있어서의 개인 외적 변인(예: 문화, 가정환경)이나 개인 내적 변인(예: 발달 속도)에 의한 어느 정도의 차이와 다양성을 전형성의 범위 내에서 인정해 주는 개념이라고 할 수 있다. 그러므로 장애 유아를 교육하는 교사는 이들을 대할 때 반드시 두 가지 사실을 인식해야 한다. 첫째는 모든 유아는 그 능력에 있어서의 뛰어남이나 뒤떨어짐과는 상관없이 한 사람의 유아로 인정받고 대우받아야 한다는 사실이며, 둘째는 이들 모두가 자신만의 특성을 지니고 있기 때문에 서로 다르고 독특하며 그렇기 때문에 어떤 면에서는 누구나 '특수 유아'일 수 있다는 사실이다.

3) 비전형적인 발달

전형적이지 못한 발달을 보이는 유아를 설명하는 데 있어서 가장 어려운 점은 앞에서도 언급하였듯이 '비전형성'을 어떻게 정의하는가 하는 문제다. 비전형적인 발달을 보이는 아동은 조산아부터 중도 · 중복의 심각한 장애를 지닌 아동에 이르기까지 매우 다양하다. 그러므로 비전형적인 발달을 보이는 아동은 "지극히 이질적인 집단으로 검사와 분석을 위한 목적으로 이들을 집단화하는 것은 매우 어려운 일이다"(Hanson, 1996, p. 162). 여기서 말하는 검사와 분석은 주로 이들의 발달 과정이 어떻게 다른가를 말해 주기보다는 전형적인 발달을 보이는지의 여부만을 알려주기 때문에 이들을 집단으로 묶어서 비전형성을 논하기는 어렵다는 것이다.

특수교육을 필요로 하는 유아의 발달은 전형적인 발달을 보이는 또래의 발달과 일치하지 않는다. 다시 말해서, 이들은 발달지표상의 성취가 하나 이상의 영역에서 전형성의 범위를 벗어나는 특성을 지닌다는 것이다. 이때 대부분의 유아의 경우 발달지표의 성취 순서는 동일한 반면에 그 성취 연령이 늦어진다는 특성을 지닌다. 그러나 장애의 속성으로 인해서 특정 발달지표를 전혀 성취하지 못하는 경우도 있다. 이와 같이 발달의 비전형성은 위에서 설명한 발달 속도에 있어서의 지체(delay)와 발달상의 진보를 방해하는 장애(disorder)로 나누어진다. 또한 규준보다 우수한 성취를 보이는 우수성도 비전형성의 범주에 속한다.

(1) 발달지체

발달지체란 1장에서 이미 설명한 바와 같이, 하나 이상의 발달 영역에서 발달지표상의 성취가 느린 것을 의미한다. 여기서 말하는 지체의 정도는 유아의 실제 수행 수준을 자신과 연령이 같은 또래의 수행 수준과 비교해서 결정하게 된다. 예를 들어, 현재 50개월인 유아가 의사소통 발달 영역에서 40개월 수준의 발달을 보인다면 10개월 지체된 것으로 말할 수 있다. 이렇게 연령의 차이로 지체의 정도를 나타내기도 하며 경우에 따라서는 지체의 백분율이나 표준편차로 나타내기도 한다. 즉, 50개월 유아가 40개월의 발달 수준을 보인다면 20%가 지체된 것으로 표현할 수 있다. 표준편차에 의한 지체 정도의 결정은 표준화 점수를 얻을 수 있는 검사 도구를 사용할 때 가능하다. 표준편차는 발달의 정상분포곡선에 의해서 해석되는 개념으로, 이 개념에 의하면 인구분포에서 대부분의 사람은 평균 정도의 점수를 받게 되지만 소수의 경우는 평균에서 위로나 아래로 벗어난 점수를 받게 된다. 이렇게 평균에서 벗어난 점수를 받게 되는 경우를 비전형적인 발달이라고 한다. 표준편차는 주로 또래 집단과의 비교를 위해서 사용된다. 그러나 간혹 특수교육 적격성을 결정하는 데 사용되기도 하는데, 나이가 어린 유아의 적격성 결정을 위해서 표준화 검사 점수를 단독으로 사용해서는 안 된다는 사실에 주의를 기울여야 한다(Brillante, 2017; McLean, Hemmeter, & Snyder, 2014). 이에 관한 상세한 내용은 이 책의 5장 장애 유아의 진단 및 평가에서 설명하였다.

(2) 장애

장애는 성장과 발달의 측면에서 발달의 순서를 방해하거나 변화시키는 것을 의미하는 용어다. 장애는 지체와는 다른 개념으로, 지체된 유아가 발달상의 규준에 있어서는 뒤처져 있음에도 불구하고 전형적인 순서로 발달하고 있는 것과는 달리 장애를 지닌 유아는 하나 이상의 영역에서 발달의 동일한 순서를 경험하지 못하게 된다. 전형적인 발달이 방해를 받아 장애를 지니게 된 유아는 특정 기본 기술을 성취하기 위한 대안적인 방법을 필요로 한다. 예를 들어, 운동 기능 손상을 초래하는 장애로 인해 독립적인 걷기 기술을 습득하지 못하는 경우 독립적인 이동을 위해서 휠체어를 타고 이동하는 방법을 학습하게 된다는 것이다. 장애를 지닌 유아는 발달상의 지체를 함께 경험하는 경우가 많다. 그러므로 교육적 접근에서는 장애와 지체를 함께 고려해야 하며, 특히 교육을 통해서 장애 자체를 없애기는 어렵지만 장애가 발달과 학습에 미치는 부정적인 영향을 최소화할 수는 있으므로 이에 대한 배려가 반드시 뒤따라야 한다. 장애를 지닌 유아에 대해서는 1장에서 이미 유아특수교육 대상자의 한 유형으로 설명하였으며, 장애에 대한 보다 상세한 설명은 3장 발달장애의 이해를 참조하기 바란다.

(3) 우수성

비전형적인 발달에는 발달지체나 장애뿐만 아니라 하나의 영역에서 규준 이상으로 성취하는 우수성도 포함된다. 우수성에 대한 명확한 정의와 기준에 대해서는 아직까지 이견이 존재하는 것이 사실이다(Bayat, 2017). 그러나 일반적으로 우수아는 수학, 언어 등의 구조화된 분야나 예체능 분야 등의 특정 영역에서 학습 및 사고력이 현저하게 뛰어난 아동을 의미한다(National Association for Gifted Children, 2015). 잠재적인 우수성을 지닌 유아는 어휘의 발달이 풍부하고, 호기심이 많고, 기억력이 뛰어나며, 장시간 심도 있게 집중하는 특성을 보인다. 또한 학습의 속도가 빠르고 성숙한 유머 감각을 보이며 문제해결과 추상적인 사고를 즐기는 특성을 보이기도 한다.

유아의 재능과 능력을 조기에 발견하고 교육할 때 이들의 인지적이고 창의적인 능력의 개발에만 초점을 맞추어서는 안 되며, 정신적인 건강에도 관심을 기울여야 한다. 많은 연구에 의하면 자존감, 자아개념, 사회적 능력, 특정 인지 능력, 성취 동기 등의 발달은 생후 8년간 가장 잘 이루어지는 것으로 나타난다(Stile, 1993). 그러므로 적절한 조기교육이 제공되지 않는다면 우수성을 지닌 유아가 지루해하거나 행동 문제를 보이거나 자신의 잠재력에 부합하는 성취를 보이지 못하는 등의 부정적인 결과가 나타날 수 있다(Grant, 2013). 우수성을 지닌 유아를 위한 교육은 일반적으로 창의력을 촉진하는 활동과 교재를 사용하고, 보다 상위 수준의 인지 과정을 촉진하며, 문제해결과 탐구에 참여하게 하고, 사회-정서 발달을 촉진하는 교육과정으로 구성되어야 한다. 이들이 보이는 대부분의 필요는 질적으로 우수하고 풍부한 일반 유아교육 환경을 통해서 충족될 수 있으며, 이러한 환경에서 얻게 되는 경험의 깊이 및 범위와 함께 성인의 직접적인 격려가 중요한 역할을 한다.

2. 발달에 영향을 미치는 요소

신생아는 처음 태어날 때부터 유전적으로 지니고 있는 속성과 함께 변화하는 주변 환경의 영향을 받게 된다. 지금까지 이 두 가지 요소가 어느 정도로 연계되어 영향을 미치는지를 알아내기 위해서 많은 연구가 수행되었다. 아직까지도 여전히 논의가 진행되고 있는 것이 사실이지만 한 가지 분명하게 밝혀진 사실은 유아의 발달은 환경 내 학습 기회를 통해서 변화될 수 있다는 것이다(Sameroff, 2010). 예를 들어, 빈곤, 어머니의 소득과 교육의 정도, 가족의 크기, 문화와 인종 등의 요소는 유아의 학습 기회와 동기 부여에 영향을 미침으로써 이들의 발달에 궁극적인 영향을 미치는 것으로 이해된다(Guo, 1998). 이렇게 유아의 발달에 영향을 미치는 요소에 대해 가족 구조, 양육 환경, 교육과 문화의 세 가지로 나누어 살펴보고자 한다.

1) 가족 구조

가족의 구조는 가족마다 매우 다양하다. 핵가족이나 대가족과 같이 크기에 있어서도 다양하며, 편모나 편부 가정과 같이 특정 성별의 성인만으로 구성된 경우도 있다. 이렇게 가족 구조와 관련된 특성은 유아의 발달, 특히 성격이나 사회성 발달에 영향을 미치게 된다. 최근에는 이혼한 부모의 재혼으로 인해서 새로운 가족이 구성되는 경우가 많아지고, 여성의 취업률 증가나 미혼모/부의 증가 등 여러 가지 사회적 현상의 변화로 인해서 가족의 구조가 다양해지고 있다. 이러한 변화 경향은 다양한 가족 구조가 자녀의 발달에 어떤 영향을 미치는가에 대해서 많은 관심을 기울이게 하였다. 가족 구조 내에서 유아가 어떠한 영향을 받게 되는지는 이 책의 10장 장애 유아 가족 지원에서 자세히 설명하였다.

2) 양육 환경

양육 환경은 주로 물리적인 환경과 심리적인 환경의 두 가지로 구성되며, 다양한 요소에 의해서 영향을 받는다. 물리적인 양육 환경의 경우 누가 양육의 책임을 맡고 있는지, 양육의 물리적인 환경이 얼마나 풍부한지 등의 요인에 의해서 결정된다. 심리적인 양육 환경은 양육자와의 애착이나 결속, 양육자의 양육 방식 등에 의해서 결정된다.

과거 전통적인 가정의 구조는 아버지는 밖에서 일을 하고 어머니는 가정에서 자녀를 양육하는 것으로 인식되곤 하였다. 그러나 현대 사회에서는 다양한 사회적 변화를 통해서 이러한 가정의 모습을 더 이상 전통적이라고 말할 수 없게 되었으며, 많은 어머니가 직업을 가지고 일을 하면서 동시에 자녀를 양육해야 하는 부담을 지니게 되었다. 그러나 어머니의 취업이 자동적으로 자녀 양육 환경을 빈약하게 한다든지 직장에 다니지 않는 어머니가 자동적으로 풍부한 양육 환경을 제공하는 것은 아니다. 오히려 양육 환경의 질은 유아의 전반적인 경험을 얼마나 풍성하게 해 주는지에 의해서 결정된다.

나이가 어린 영유아는 자신의 환경을 자유롭게 탐구하고 적절한 놀잇감이나 교재를 가지고 놀 기회를 제공받아야 한다(Marotz & Allen, 2016). 이러한 기회를 제공받지 못해서 발생하는 자극 부재나 경험의 박탈은 이들의 발달에 부정적인 영향을 미친다는 사실이 지난 수십 년간의 연구를 통해서 입증되어 왔다. 일찍이, Skeels(1942)의 연구에서는 혼잡한 고아원에서 생활하는 25명의 영아를 13명은 지적장애 여성이 기거하는 시설에 보내어 이들과 함께 생활하게 하고 나머지 12명은 고아원에 남아 있게 했을 때 18개월 후 전자는 IQ가 평균 28이 증가한 반면에 후자는 평균 26이 감소한 것으로 나타났다. 이 연구는 그 방법론적 결함으로 인해서 결과 해석에 주의를 기울여야 한다는 비판을 받고 있기는 하지만, 환경적인 자극과 경험이 유아의 발달에 얼마나 큰 영향을 미칠 수 있는지를 잘 보여 주는 연구 결과로 인정되고 있다. 특히, 환경이 빈약하거나 혼잡한 경우에는 인지나 사회-정서 발달에 결정적인 영향을 미치게 된다(Coll, Buckner, Brooks, & Wei, 1998). 예를 들어, 집 없이 떠돌아다니거나 빈곤층 가정에서 태어난 24개월 이전의 영아를 진단해 보면 인지 또는 운동 기능 발달에서의 지체를 쉽게 발견할 수 있다. 환경 박탈이 장애의 발생과 어떻게 연결되는지는 이 책의 4장에서 설명하였다.

양육 환경의 물리적인 측면 외에도 양육자와의 애착 관계나 양육자의 정서적인 태도 등과 같은 심리적인 측면도 발달에 영향을 미치는 요소로 작용한다. 신생아는 출생 직후부터 결속(bonding)이라고 불리는 주 양육자와의 애착 관계를 형성하게 되며(Klaus, Kennell, & Klaus, 1995), 성장함에 따라서 양육자나 주변 인물로부터 예측 가능하고 긍정적인 반응을 제공받으면서 신뢰감 등의 심리적인 요소를 형성해 간다(Erikson, 1963; Hoffman, Cooper, & Powell, 2017). 유아는 안정된 사회적 애착을 필요로 함과 동시에 혼자 있는 시간도 필요로 하는데, 이것은 사회적 상호작용만을 지나치게 강조하게 되면 자기를 조절하거나 정보를 정리하고 심리적인 휴식을 취할 수 있는 기회를 상실할 수도 있기 때문이다(Buchholz, 1997). 실제로 Buchholz의 연구에 의하면 어린 아동이 적당히 혼자 있는 시간을 가질 때 신체의 면역 체계와 일반적인 기능이 향상되는 것으로 나타났다.

양육자의 양육 방식도 유아의 발달에 중요한 영향을 미치는 요인으로 작용한다. 일반적으로 따뜻하고 부드러운 방법으로 지시를 전달하고 적절한 행동에 대한 긍정적인 피드백을 자주 제공하는 부모는 자녀와 가장 강력한 애착 관계를 형성하는 것으로 알려져 있다. 실제로 또래에게 거부당하는 아동을 자녀로 둔 부모의 자녀 양육 전략을 분석한 한 연구에 의하면 어머니가 자녀의 사회적 기술을 가르치는 데 시간을 많이 사용하지 않으며, 벌을 많이 사용하고, 훈육 시 설명하는 데 논리적이지 못한 것으로 나타났으며, 동시에 아버지와 어머니 모두 아동 중심의 활동에 가치를 두거나 시간을 투자하지 않는 것으로 나타났다(Kennedy, 1992). 이러한 결과는 부모의 양육 형태에 의해서 자녀의 사회적 기술이 어떻게 발달하는지를 보여 주는 한 예라고 할 수 있다.

3) 교육과 문화

유아에게 주어지는 교육의 기회는 앞에서 설명한 양육 환경과 연결되는 환경적 요소의 한 부분이라고 할 수 있다. 그러므로 질적으로 우수한 교육 환경이 주어지면 나머지 환경적인 불이익으로부터 발생할 수 있는 부정적인 영향을 어느 정도는 보상받을 수 있다. 그러나 반면에 교육 환경이 빈약한 경우에는 그러한 환경적인 불이익이 유아의 발달에 미치는 부정적인 영향을 가중시키게 된다. 유아의 발달에 영향을 미치는 교육과 관련된 요소는 다음과 같다(McLaughlin & Vacha, 1992): (1) 조기교육의 기회(특히 빈곤층 자녀의 경우), (2) 부모의 교육 수준, (3) 교육 프로그램의 구조 및 교육과정, (4) 학교에서의 안전, (5) 학교에서의 성취 및 긍정적인 경험의 기회, (6) 규칙적인 학교 출석과 이사, (7) 자녀 교육에 대한 부모의 가치관, (8) 교육 체제에 대한 부모의 지식.

유아의 문화적 배경 역시 발달에 영향을 미치는 요소로 인식된다. 이것은 동일한 문화권 내의 유아들이 서로 유사한 행동 발달을 보이는 데 반해서 이러한 행동이 다른 문화권에 속한 유아 집단과는 다르게 관찰되는 것을 통해서 알 수 있다(Gardiner & Kosmitzk, 2017; Lester & Brazelton, 1982). 예를 들어, 협력과 집단을 중요시하는 동양 문화권의 유아와 독립과 개인을 중요시하는 서구 문화권의 유아는 그 행동 발달에 있어서 서로 다른 양상을 보일 수 있다는 것이다. 그러므로 유아의 발달을 논할 때 그 유아가 속해 있는 특정 문화적 배경을 지닌 집단의 규준과 비교하는 것이 중요하다. 이것은 우리나라 유아의 발달 정도를 검사하기 위해서는 한국에서 개발되고 표준화된 발달검사 도구를 사용해야 한다는 시사점을 지닌다.

II. 발달 과정 및 특성

1. 발달의 원리

앞에서 설명한 바와 같이 인간의 발달은 매우 복잡한 과정이다. 인간 발달의 복잡성은 개인의 환경(예: 자극)과 성숙 간의 상호작용에 의해서 나타난다. 이러한 복잡한 현상에 대한 수십 년간의 관찰과 연구를 통해서 전형적인 발달 유형과 관련되는 몇 가지 원리가 제시되었다. 보편적으로 수용되고 있는 발달의 원리는 다음과 같이 여섯 가지로 설명된다(Wilson, 2003).

1) 원리 1: 모든 발달상의 수준은 일련의 복잡한 기술이나 능력을 포함한다

살아 있는 모든 생물은 환경의 자극에 반응할 수 있다는 사실 하나만으로도 능력 있는 존재라고 말할 수 있다. 그러나 갓 태어난 신생아나 최중도 장애인의 경우 무능한 존재로 여겨지는 경우가 많이 있다. 이것은 이들이 할 수 없는 것들이 할 수 있는 것들을 보지 못하게 방해하기 때문인데, 이러한 견해는 유아를 바라보는 적절한 견해가 아닐 뿐만 아니라 이들을 교육하는 교사나 교육 프로그램이 취해서는 안 되는 입장이다. 모든 사람은 자신이 처해 있는 발달상의 수준에서 나름대로의 기술과 능력을 지니고 있으며, 이러한 능력은 공통적이고 보편적인 발달적 능력일 수도 있고 자신만의 독특한 능력일 수도 있다. 일반적으로 인간이 보이는 능력은 새로운 행동을 배우는 능력, 문제를 해결하는 능력, 환경의 변화에 적응하는 능력을 포함한다(Howard et al., 2013). 장애 유아를 교육하는 교사는 유아가 지니고 있는 기술이나 능력을 잘 식별하고 이러한 기술이나 능력을 유아의 자신감을 촉진하는 데 사용해야 하며, 특히 교육 프로그램은 유아가 보이는 결함보다는 능력에 초점을 맞추어야 한다.

2) 원리 2: 인간은 적극적인 학습자다

적극적인 학습자란 다른 사람으로부터 수동적으로 지식을 수용하기보다는 스스로 자신의 지식을 구성하는 사람을 의미한다. 인간은 모든 발달 수준에서 적극적인 학습자가 될 잠재력을 지니고 있다. 그러므로 발달 수준이 초기 단계에 머무르는 영아나 발달의 속도가 매우 느린 중도 장애 유아의 경우에도 이들이 적극적인 학습자가 될 수 있는 잠재력을 지니고 있음을 인식해야 한다. 교사는 지식을 전달하는 사람이 아닌 학습의 촉진자로 역할 해야 하며, 가장 중요하게는 유아로 하여금 탐구 활동과 문제해결 활동에 참여하도록 격려하고 자극해야 한다.

3) 원리 3: 모든 발달 영역의 기능은 다른 발달 영역과 상호 연관되어 나타난다

일반적으로 발달 영역은 운동 기능, 인지, 의사소통, 사회-정서, 적응행동의 다섯 가지 영역으로 구분된다. 이렇게 발달 영역을 구분해서 제시한다고 해서 마치 발달이 영역마다 분리되어 진행되는 것으로 이해해서는 안 된다. 즉, 발달 진단 및 교수 활동에서 각 발달 영역의 기술은 서로 분리되거나 독립적으로 측정될 수도 교수될 수도 없으며, 총체적인 발달과 발달 영역 간의 상호 연관성을 고려해서 이루어져야 한다(Guralnick, 2000, 2019; Hanson & Lynch, 1995). 예를 들어, 유아가 운동 기능 기술에 있어서 발달지체를 보인다면 인지나 의사소통 등 다른 영역의 발달도 주의 깊게 살펴보아야 한다는 것이다.

각 발달 영역의 기능이 서로 다른 영역과 분리되어 나타나는 것이 아니라는 원리는 유아특수교육에 대한 이론적 당위성을 제공해 준다. 장애 유아에게 조기에 교육을 제공함으로써 관련된 영역의 2차적인 손상을 예방할 수 있기 때문이다. 이것은 언어장애를 지닌 유아가 행동 장애를 일으키는 예에서 살펴볼 수 있다. 즉, 의사소통의 수단을 발달시키지 못한 유아는 부적절한 방법의 의사소통 행동을 보이게 되며 이로 인해서 행동장애로 진단될 수 있다. 그러므로 조기교육을 통해서 좀 더 효과적인 의사소통 기술을 개발하게 되면 2차적인 장애의 발생을 예방할 수 있다는 것이다.

4) 원리 4: 기술의 발달은 미분화된 기능에서 분화된 기능으로 진행된다

인간의 발달은 나무의 발달과 유사한 양상을 보인다(Lewis, 1996; Slater & Lewis, 2007). 나무의 성장을 살펴보면 처음에는 미분화된 역할을 하는 나무줄기가 점차 분화된 역할을 맡게 되는 가지와 잎을 만들어 간다. 마찬가지로 인간의 기술 발달 양상에서도 미분화된 기능에서 분화된 기능으로 발전해 가는 것을 볼 수 있다. 물건 쥐기 기술의 발달을 예로 들자면, 손 전체를 사용하는 쥐기 기술이 먼저 나타난 후에 엄지와 집게손가락을 사용하는 분화된 쥐기 기술이 나타나는 것을 알 수 있다([그림 2-1] 참조). 이렇게 인간의 발달이 미분화된 기능에서 분화된 기능으로 진행된다는 사실을 이해하는 것은 장애 유아 교육에 있어서 매우 중요한 시사점을 지닌다(Hanson & Lynch, 1995).

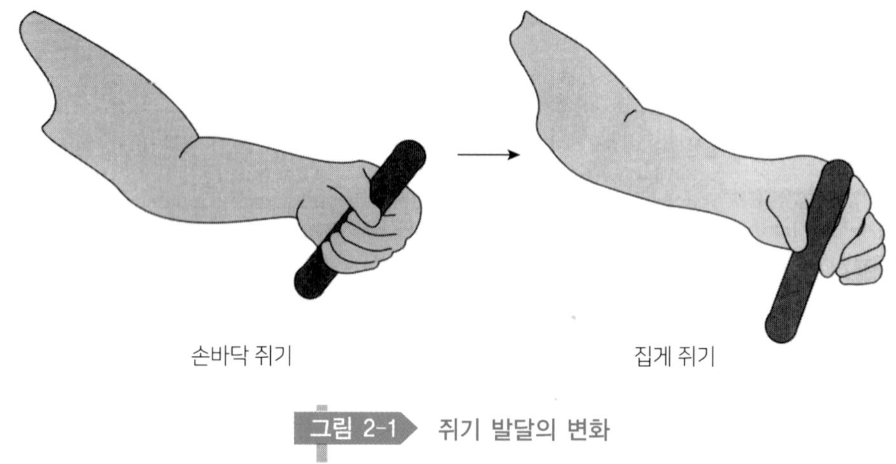

그림 2-1 쥐기 발달의 변화

특히 현재의 발달과 앞으로 곧 나타날 발달 기술에 초점을 맞추어 교수목표를 선정하고 교수전략을 결정하는 데 도움이 된다. 예를 들어, 미분화된 쥐기 기술이 아직 나타나지 않은 유아에게 분화된 쥐기 기술을 교수하는 것은 부적절하며, 마찬가지로 사물의 이름을 말하지 못하는 유아에게 사물에 대해서 설명하도록 가르치는 것 역시 부적절하다.

5) 원리 5: 인간 발달은 예측 가능한 순서로 이루어진다

앞에서 언급한 발달에 있어서의 개인 간 차이와 다양성에도 불구하고 지금까지의 많은 연구는 유아의 발달이 어느 정도는 예측할 수 있는 양상에 따라서 이루어짐을 강조한다. 인간의 발달은 원리 4에서 설명한 것과 같이 미분화된 기능에서 분화된 기능으로 발달하며, 또한 그 순서에 있어서도 예측이 가능하다. 소수의 예외를 제외한 모든 유아는 일련의 정해진 순서에 의해서 각 영역의 발달을 성취해 간다. 그러나 이들의 발달 속도는 개별적으로 모두 다를 수 있으며, 각 단계의 발달을 성취하기 위해서는 많은 연습을 필요로 한다. 예를 들어, 앉기 기술을 습득하기 전에 구르기 기술을 먼저 습득하고 능숙해질 때까지 많은 시도를 하게 되며, 그 이후로 서기, 걷기, 뛰기 등을 순서대로 습득하고 연습하게 된다. [그림 2-2]는 운동 기능 발달의 전형적인 순서를 보여 준다.

이와 같이 전형적인 발달이 예측 가능한 순서대로 이루어지는 것은 사실이지만, 또한 이러한 과정에서 예외가 나타나기도 한다. 대부분의 영아는 걷기 전에 기는 행동을 습득하지만 경우에 따라서는 기는 행동 대신 앉아서 한 발로 밀며 앞으로 이동하기도 하고, 또는 누워서 두 발로 밀며 이동하는 경우도 있다. 이러한 행동은 전형적인 발달

그림 2-2 운동 기능 발달에 있어서의 전형적인 순서의 예

출처: Marotz, L., & Allen, K. E. (2016). *Developmental Profiles: Pre-birth through adolescence* (8th ed., p. 28). Belmont, CA: Wadsworth.

의 개념에서 벗어나는 비전형적인 방법이기는 하지만, 이동을 위한 목적을 달성하는 적절한 방법이기도 하다.

6) 원리 6: 인간 발달은 특정 시기의 개인의 상태와 그 개인이 속해 있는 환경과의 상호적인 과정을 나타낸다

인간 발달에 있어서 환경은 매우 중요한 역할을 하기 때문에 개인이 속해 있는 환경의 질은 그 개인이 앞으로 성취할 정도를 결정해 준다고 말할 수 있다. 바람직한 환경은 유아가 자신의 잠재력을 끝까지 성취할 수 있게 도와주는 반면에 그렇지 못한 환경은 유아가 자신의 잠재력을 성취할 수 있도록 도와주지 못한다(Howard et al., 2013). 여기서 말하는 바람직한 환경이나 바람직하지 못한 환경은 개별 유아에 따라서 달라질 수 있다. 예를 들어, 시각적으로 풍부하고 아름다운 환경은 대부분의 유아에게 매우 바람직한 환경일 수 있지만 시각장애를 지닌 유아의 경우에는 그러한 환경을 통해서 다른 유아와 동일한 혜택을 받기가 어렵다.

장애 유아의 교육에 있어서 이와 같은 원리가 지니는 시사점은 매우 중요하다. 장애는 환경의 상황이나 요구에 따라서 특정 개인에게 불이익이 될 수도 있고 되지 않을 수도 있다. 만일 환경의 요구가 유아가 환경 내에서 기능하고 상호작용하는 데 문제가 된다면 유아가 지닌 장애는 자신의 잠재력을 개발하는 데 불이익으로 작용하게 된다. 이러한 경우 교사는 유아가 환경을 경험하고 탐구하고 상호작용할 수 있도록 환경을 수정해 주어야 한다. 결론적으로, 유아교육에 있어서 풍부한 환경은 중요한 개념이기는 하지만 그 환경에 속해 있는 유아가 환경과 상호작용할 수 없다면 아무런 의미도 부여할 수 없다는 것이다.

2. 연령별 발달 특성

유아의 발달이 어느 정도로는 예측 가능한 양상으로 이루어진다는 것은 특정 시기가 되었을 때 보여야 하는 발달상의 과업이 있음을 의미한다. 출생 전 태아기로부터 시작하여 출생 후의 영아기, 걸음마기, 유아기, 학령 초기(초등학교 저학년)에 이르는 연령에 따른 발달 특성은 다음과 같다.

1) 태내 발달

신생아는 태어나기 전에 이미 38주라는 긴 시간 동안 태내에서의 성장과 발달을 경험한다. 태내기는 일반적으로 세 단계로 분류된다. 첫 단계는 난체기로 임신 후 약 2주간의 기간을 말한다. 이 시기에는 수정된 난세포가 나팔관을 통과해 자궁벽에 착상하게 된다.

두 번째 단계는 배아기로 중추신경계와 순환기가 발달하기 시작하는 임신 3주부터 시작해서 골격이 형성되기 시작하는 8주까지의 기간을 의미한다. 이 시기에는 심장,

허파, 소화기, 두뇌가 분화되지 않은 상태에서 잘 분화된 구조로 발달해 가며, 이러한 구조상의 변화와 함께 근육과 신경계도 발달하게 된다. 또한 손과 발, 손가락과 발가락이 형성되고 눈썹이나 귀와 같은 얼굴 형태도 형성된다. 배아기는 임신 기간 중 가장 주의를 요하는 중요한 시기다. 이 시기에는 태아 스스로 자궁벽에서 분리되면서 자연적으로 유산되기도 하고, 산모가 자신의 임신 사실을 인지하지 못하여 태아에게 해로운 약물이나 기타 물질(예: 술, 담배, 마약, 방사선)에 노출되기도 한다. 이러한 경우 태아의 발달에 영향을 미치게 되므로 유산이나 장애 발생 등을 초래하게 된다.

태내 발달의 마지막 단계는 임신 중 가장 긴 시기로 9주부터 시작해서 9개월까지의 기간인 태아기다. 이 시기에는 배아기에 원시적으로 발달한 모든 조직이 급속하게 성장하고 복잡해진다. 12주가 되면 태아는 인간의 형태를 갖추게 되며 팔다리를 자율적으로 움직이기 시작하면서 16주 정도에는 산모가 태아의 움직임을 감지할 수 있게 된다. 16주에는 또한 눈을 뜨고 감거나 입을 열고 닫을 수 있게 되고, 손톱과 머리카락도 자라기 시작한다. 일반적으로 26주에서 28주에 이르면(최소한 24주 이상) 태아는 자궁

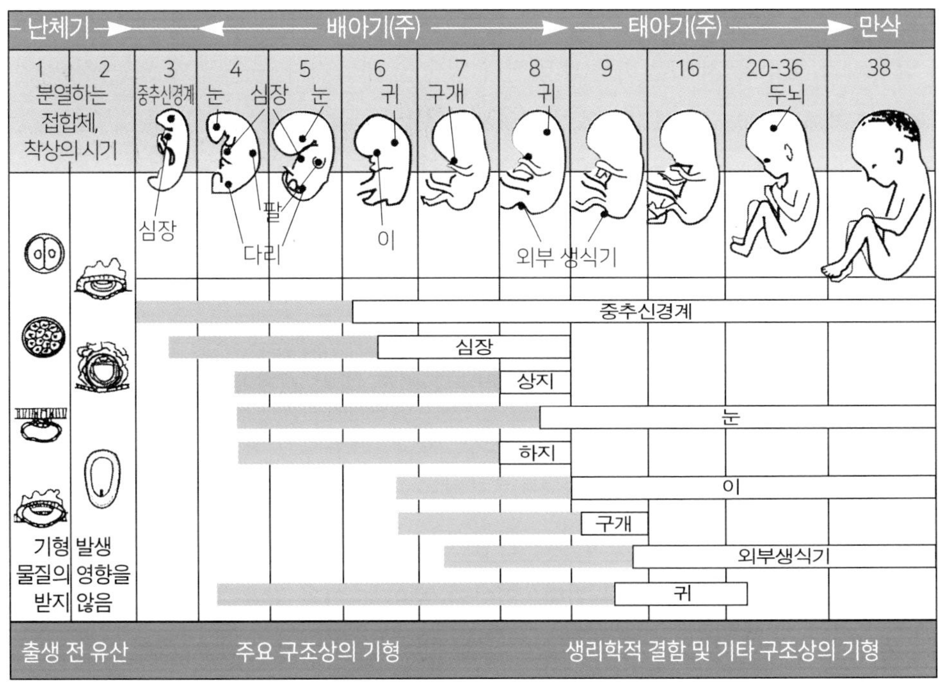

그림 2-3 태내 발달 단계

출처: Moor, K. (1983). *Before we are born: Basic embryology and birth defects* (2nd ed., pp. 2-3). Philadelphia, PA: Saunders.

밖에서도 생존할 수 있는 존재로 인식된다. 이것은 이 시기의 태아가 빨기나 삼키기와 같은 반사작용을 보이고 자율적인 호흡을 가능하게 하는 허파의 기능을 지니고 있음을 의미한다. 마지막 2개월 동안 태아는 두뇌를 포함한 중추신경계의 지속적인 발달과 분화를 보이며, 키와 몸무게의 급속한 성장을 보인다. [그림 2-3]은 태내 발달의 과정을 그림으로 잘 보여 준다.

2) 영아기

출생 후 1개월까지의 신생아는 먹고 잠자는 것 외에는 하는 것이 없는 것 같아 보이지만 실제로는 태어나면서부터 이미 다양한 사회적 기술을 지니고 있어 자신의 요구나 불편함을 표현하고 성인의 행동에 반응을 보이기도 한다(Hari & Kujala, 2009). 뿐만 아니라, 출생 첫날부터의 경험이 발달에 영향을 미치는 것으로 입증되고 있다. 이들은 움직이는 물건을 따라 시선을 움직이고 소리가 나는 방향으로 고개를 돌리며 싫은 맛을 보게 되면 얼굴을 찡그리는 등의 행동을 보인다. 또한 말하는 사람의 음성이나 그 속도, 크기, 높낮이에 따라서 자신의 몸을 움직이기도 한다. 신생아는 출생 후 아주 초기부터 사람의 얼굴, 특히 주 양육자의 얼굴에 큰 관심을 보이는데, 아주 어린 신생아도 양육자가 표정을 지으면 혀를 내밀거나 입술을 내밀거나 눈을 크게 뜨는 등의 얼굴 표정을 모방하는 것으로 보고되었다(Meltzoff & Moore, 1983).

4주에서 8주 정도에 이르면 영아는 사회적이고 반응적인 미소 짓기 행동을 보이게 되는데, 이러한 사회적 미소 짓기는 이 시기의 주요 발달지표라고 할 수 있다. 12개월에서 16개월에 이르기까지 사회적 미소 짓기 행동이 나타나지 않는다면 심각한 발달상의 문제를 지녔을 가능성을 고려해야 한다.

2개월에서 3개월 정도에 영아는 사회적인 소리를 내기 시작한다. 이때 내는 소리는 주로 목을 울리거나 목구멍을 꼬르륵거리며 내는 소리로 다른 사람의 음성에 반응하거나 낯익은 성인의 관심을 끌기 위한 시작행동으로서의 사회적 의미를 지닌다. 이러한 과정을 통해서 영아는 다른 사람의 관심에 반응하고 자기 스스로 다른 사람의 반응을 일으키는 행동을 할 수 있게 된다. 영아가 보이는 이와 같은 상호성이나 주고받기 행동은 애착 형성과 발달에 매우 중요한 역할을 하게 되며, 언어와 사회성 발달에도 주요 단계로 역할하게 된다. 특히 주고받기 행동의 발달은 영아 발달에 있어서 매우 중요한 사회적으로 반응적인 환경이 형성되고 있음을 보여 주는 것으로 3~4개월에는 사람과의 미소 주고받기나 사물을 향한 미소 짓기 등으로 발전해 나간다. 영아는 마음에 드는 물건을 향해 손을 뻗어서 만지거나 잡곤 하는데, 처음에는 이러한 행동이 우연히 발생하곤 하지만 곧 의도적인 행동으로 발전하며 눈과 손의 협응 발달을 예측하는 중요한 발달지표로 역할하게 된다.

또래와의 사회적 상호작용도 생후 첫 해부터 시작된다(Vandell, Nenide, & Van Winkle, 2006). 이 시기에는 또래를 사회적인 상호작용의 대상자로 인식함으로써 사회적 상호작용의 능력을 보이기 시작하는데, 6개월이 지나면 다른 아동을 향해서 미소 짓고, 소리 내고, 몸짓하고, 쳐다보고, 만지고, 접근하는 등의 행동이 비교적 자주 나타난다. 기기 시작하면서는 서로서로 뒤따르며 상대방을 탐색하기도 한다. 이 시기 전체를 통해서 다른 아동을 쳐다보면서 미소 짓고 손을 뻗는 행동이 점점 증가하게 되는데, 이러한 행동은 많은 연구에 의해서 진정한 의미에서의 사회적 행동으로 인식된다. 한 관찰 연구에 의하면 이러한 행동은 6개월이 지나 12개월이 될 때까지 빈도가 증가하고 복잡해지는 변화를 보이며, 상호작용을 시작하거나 유지 또는 종료하는 행위로 소리 내기, 미소 짓기, 만지기 등의 행동이 가장 빈번하게 사용되는 것으로 나타났다(Vandell, 1980).

5~6개월 정도의 영아는 스스로 몸통을 유지할 수 있게 되며 누워서 구르기를 할 수 있게 된다. 7개월 정도에는 앉기 시작하고, 9개월 정도에는 길 준비를 하거나 기기 시작하며, 12개월 정도에 걷기 시작한다. 걷기 시작하는 나이는 개인별로 매우 다른데 일반적으로 8개월에서 18~20개월 사이에 걷기 시작하면 전형적인 발달의 범위에 속하는 것으로 본다.

영아의 인지 발달은 운동 기능 발달과 매우 밀접한 관계가 있는 것으로 보고된다. 영유아기 발달에 대한 문헌을 살펴보면 발달 영역별로 각 영역의 발달을 나누어서 설명하고 있는 것을 볼 수 있다. 그러나 앞부분의 발달의 원리에서도 이미 설명한 바와 같이 각 영역의 발달은 서로 의존적이고 상호 영향을 미치기 때문에 분리해서 설명하는 것조차 어려울 때가 많다. 특히 생애 초기의 언어 발달과 인지 및 사회성 발달은 서로 연계되어 있으며 상호 지원적이고 의존적인 관계일 뿐만 아니라 이 세 영역의 발달은 운동 기능 발달에 의존한다. Piaget(1952)는 이미 오래전에 생후 2년간을 감각운동기로 명명하고 이 시기의 영아는 손에 잡히는 모든 것을 만지고 두드리고 맛을 봄으로써 사물을 탐구하는 시기를 거쳐 기고 걷고 돌아다니면서 주변 환경을 탐구하는 과정을 통해 발달해 간다고 설명함으로써 운동 기능 발달의 중요성을 강조하였다.

3) 걸음마기

영아기 중에서도 후반기에 해당되는 걸음마기에 이르러서는 대부분의 영아가 자유롭게 이동할 수 있게 된다. 이 시기에 계단 오르기를 배우기도 하고 발달의 속도에 따라서는 능숙하게 달리기도 한다. 대소변 가리기나 식사하기 등의 자조기술도 습득하기 시작한다. 대부분의 걸음마기 아동은 다른 사람의 관심 얻기를 즐겨하며 주변의 사람이나 사건 등에 대해서 호기심을 보이고 자신의 소유를 인식하게 된다. 이때까지는 혼자 놀기를 좋아하지만 때때로 의도적으로 또래가 놀이하는 모습을 관찰하거나 모방하는 경우도 있다.

생후 1년이 지나가면서 친구와 함께하는 시간을 즐기기 시작하지만 협동놀이는 아직까지 거의 나타나지 않는다(Hunnius, Bekkering, & Cillessen, 2009). 이 시기에는 성인에게 의존적일 수밖에 없음에도 불구하고 독립적으로 행동하고 싶어 하기 때문에 양육자와의 갈등 상황이 발생하게 된다. 결과적으로 만 2세 정도의 시기는 성인이 제한하는 범주를 벗어나려는 독립적인 행동으로 인해서 '말을 안 듣고 고집을 부리는 아이' 또는 '미운 세 살'로 인식되기도 한다. 그러나 기능적인 언어 기술과 기본적인 사고 능력이 발달하면서 점점 더 협력적인 관계가 형성되어 간다.

생후 2년이 지나면서 또래 상호작용은 질적, 양적인 면에서 모두 급속하게 증가하기 시작한다. 또래를 향한 사회적 시작행동이나 반응행동이 꾸준하게 증가하며, 사회적 성향을 지닌 행동이 복잡해지고(예: 몸짓과 발성을 함께 사용하는 등 한 가지 이상의 행동을 동시에 보임), 상호 교환적인 행동은 점점 더 길어지고 다양해진다. 이 시기의 아동은 달아나고 쫓아가기, 숨고 찾기, 주고받기 등과 같은 서로 다르지만 보충적인 활동을 통해서 차례와 역할을 교환하는 놀이 양상을 보인다. 특히 이들은 2세 이전에 이미 안정적인 우정 관계를 형성할 수 있는 것으로 보고되기도 하였다(Howes, 2008; Vandell, 1980). 2세 아동의 또래 상호작용이 1세 아동보다 더 복잡해지고 잦아지는 것은 사실이지만, 아직까지도 사회적 기술의 발생기에 머물러 있는 것 또한 사실이다. 30개월 정도에 이르면 좀 더 확장된 형태의 상호작용이 나타나기 시작하며, 이러한 확장된 상호작용은 30개월을 기점으로 하여 꾸준히 증가하기 시작하여 3세에 이르면 성인과의 상호작용 빈도를 능가하게 된다.

4) 유아기

유아기에는 달리고 뛰고 기어오르는 등의 기본적인 운동 기능에 있어서 거의 완전한 발달을 성취하게 된다. 연필이나 크레파스 등의 사물이나 도구를 조작하는 기술도 날마다 발전하며, 창의력과 상상력 등도 역할놀이나 이야기하기 등의 활동을 통해서 풍성해지고, 어휘와 개념 발달도 급속하게 확장된다. 결과적으로 이 시기의 유아는 생각을 표현하고 판단을 내리고 문제를 해결하고 계획을 세우는 등의 능력에 있어서 급속한 성장을 보이게 되며, 이를 통해서 사고가 확장되고 점점 더 독립적인 개체가 되어 간다.

유아기에는 언어 기술이 급속하게 발달한다. 3세 정도가 되면 의미 전달을 위한 의사소통 기술을 습득하며, 이러한 의사소통 기술은 초기 사회적 가상놀이와 게임의 다양성을 높여 준다. 영아기 상호작용은 사물의 상호 교환에 의존하지만, 3~4세 유아의 상호작용은 주로 언어적 상호 교환에 의존한다. 24~30개월에 나타나기 시작하는 협동적 가상놀이는 가장 발전된 형태의 가상놀이로 3~4세에 많이 관찰되며, 이러한 놀이 형태를 통해서 아동은 상호적인 사회적 놀이에 참여하는 동시에 서로 보충적인 가상 역할(예: 엄마와 아기)을 수행하게 된다. 5세가 되면서는 친구와의 우정이나 집단 활동을 더욱 중요하게 생각하기 시작한다(Schaefer, Light, Fabes, Hanish, & Martin, 2009). 유아의 사회적 상호작용의 빈도는 계속 증가하는데, 연령이 증가함에 따라 부정적인 행동보다는 긍정적인 사회적 행동이 훨씬 더 많이 나타나게 된다(Stone & La Greca, 1984). 예를 들어, 나이가 든 유아에게서는 이야기하기, 또래와 놀기, 미소 짓기, 웃기 등의 행동이 높은 빈도로 나타나는 반면에 어린 영아의 경우 울기, 또래 쳐다보기, 놀잇감 포기하기, 교사에게 접근하기 등과 같은 행동을 더 자주 보인다. 결론적으로, 이들은 연령이 증가함에 따라서 또래와의 상호작용에 더 많은 시간을 소모하게 된다.

때로는 말을 잘하던 유아가 일시적으로 정체나 퇴보 현상을 보이고 심하게는 말더듬과 같은 유창성 문제까지도 보이는데, 이것은 전형적인 발달 과정에서 나타날 수 있는 불규칙성으로 이해될 수 있다. 초기 발달에서 나타나는 이와 같은 언어의 유창성 문제는 주변 성인에 의한 스트레스만 없으면 일시적으로 존재하다가 사라지곤 한다. 일반적으로 유아기가 끝날 무렵이면 많은 어휘와 함께 대부분의 문법적인 형태를 이해하고 사용함으로써 자유롭게 언어를 구사하게 된다.

유아기 발달 특성 중 하나는 자신의 독립된 정체성을 이해하게 된다는 것이다. 자기 자신이 독립적인 개체임을 이해하고 인식하는 것은 자율성의 발달에 필수적인 요소다. 유아기 후반에 이르면 대부분의 유아는 다른 사람과 나누고 차례를 지키는 등의 행동을 보이게 되는데, 특히 조기에 유치원이나 어린이집 등의 집단 활동을 경험하는 유아는 더 빨리 이러한 사회적 기술을 보이곤 한다. 또한 이 시기에는 또래 집단에 대한 사회적 지식을 형성하게 된다. 또래 집단에 대한 사회적 지식이란 집단 구성원을 인식하고, 집단 내 개인의 행동 특성을 알고, 또래에 대한 개인적인 판단을 하는 것을 의미한다. 예를 들어, 또래 집단 내 다른 아동의 특성과 행동에 대해서 서로 잡담을 주고받게 되며, 다른 사람이 어떻게 생각하고 느끼는지에 대한 공감능력을 보이고, '제일 친한 친구'의 개념을 이해하고 적용하게 된다.

5) 학령 초기

초등학교 저학년인 학령 초기 아동은 매우 유능한 존재로 발달해 간다. 개인적인 필요를 충족시킬 수 있는 식사하기, 옷 입기, 목욕하기, 몸단장하기, 잠자리 들기 등의 대부분의 자조기술을 수행할 수 있게 된다. 경우에 따라서는 이러한 과제를 독립적으로 수행함에 있어서 그 속도가 느리다는 이유로 부모와 갈등을 초래하기도 하지만 학교의 규칙적인 생활에 적응해 가는 과정에서 이러한 문제는 서서히 감소한다.

이 시기의 가장 큰 발달상의 과제는 읽기 학습이다. 읽기 기술을 습득하기 위해서는 일정한 시간 동안 한 자리에 앉아 있어야 하며, 과제에 집중하면서 들을 수 있어야 하고, 낱글자의 모양과 소리를 인식하고 식별할 수 있어야 한다. 특별한 도움을 필요로 하는 소수의 아동을 제외하고는 대부분의 아동이 매우 빠르게 복잡한 문해력을 습득하고 읽기 능력을 갖추게 된다.

학령기에 이른 아동은 친구를 사귀고 또한 자신이 다른 사람의 친구로 선택되는 것을 매우 중요하게 생각한다. 7~8세 정도의 대부분의 아동은 집단 활동이나 팀으로 진행되는 활동을 즐긴다. 그러나 집단 구성은 쉽게 깨지고 새로운 집단이 형성되곤 한다. 8세 정도에는 가장 친한 친구 개념이 등장하면서 성별이 같은 동일 연령의 친구 2~3명과 함께 가장 친한 친구 관계를 형성하고 놀이하는 모습이 나타나기 시작한다(Poulin & Chan, 2010).

3. 발달 영역별 특성 및 발달지표

지금까지 발달의 원리와 함께 태내 발달부터 학령 초기에 이르기까지의 연령별 발달상의 특성을 살펴보았다. 이와 같은 발달상의 특성은 영역별로 구분될 수 있는데, 일반적으로 유아특수교육에서는 〈표 2-1〉과 같이 운동 기능, 인지, 의사소통, 사회-

정서, 적응행동의 다섯 가지 발달 영역으로 분류하며, 최근에는 운동 기능 발달을 전반적인 건강 및 감각 발달과 함께 크게 신체 발달에 포함시키기도 한다.

표 2-1 다섯 가지 발달 영역에 따른 하위 기술

발달 영역	하위 기술
운동 기능	대근육 운동 기술, 소근육 운동 기술
인지	주의집중, 문제해결, 추론, 개념 학습, 개념 적용
의사소통	표현언어, 수용언어
사회-정서	자기조절, 감정 표현, 상호작용, 공감 및 관계
적응행동	자조기술, 위생, 안전

발달의 개념에서 설명하였듯이, 특정 시기에 예측할 수 있는 특정 발달적 현상을 발달지표라고 하는데, 성장함에 따라서 발달 영역별로 발달지표상의 기술을 보이는지를 살펴봄으로써 전형적인 발달 과정을 경험하고 있는지 알게 된다. 특정 시기가 되어서 발달지표상의 기술을 보이지 않거나 심각한 지체를 보이는 경우 발달에 이상이 있는 신호로 인식하고 특별한 관심을 기울여야 한다. 특히, 전형적인 발달에서 벗어나는 특성을 지니는 장애 유아를 가르치는 교사는 이들이 현재 보이는 발달상의 진보가 어떠한지 평가하고 앞으로 어떠한 발달이 예측되는지를 알기 위해서 발달지표에 대한 지식을 반드시 지니고 있어야 한다. 이러한 지식이 없으면 유아가 보이는 상태의 심각성을 인지하지 못하고 지나치기 쉽다.

이 장에서는 앞에서 제시한 다섯 가지 발달 영역별로 발달의 특성을 간략하게 소개하고 출생 후 6년간인 만 0~5세(0~72개월)까지의 각 발달 영역별 지표를 참고자료로 소개하고자 한다. 〈표 2-2〉부터 〈표 2-6〉에서 소개하는 각 발달 영역별 지표는 다양한 자료(Allen & Cowdery, 2015; Cook, Klein, & Chen, 2020; Howard et al., 2013)를 비교 분석한 후 보건복지부에서 우리나라 아동을 대상으로 개발한 한국영유아발달선별검사(K-DST, 보건복지부, 2018)의 항목 및 김영태(2014)의 언어 발달 자료를 참조하여 최종적으로 완성하였다. 장애 유아의 각 발달 영역별 발달 특성에 대하여 보다 자세히 알기를 원하는 독자는 번역판으로 소개된 『장애 영유아를 위한 교육』(Bailey & Wolery, 2003, 이소현 역)과 『영유아 특수교육』(Hooper & Umansky, 2011, 노진아, 김연하, 김정민 공역)을 참조하기 바란다.

1) 운동 기능 발달

운동 기능은 움직임과 자세, 균형을 위한 신체적인 기초를 제공한다. 이러한 기능은 구체적인 지식을 습득하고, 말을 하고, 환경을 탐구하고, 일상의 자조기술을 수행하고, 다른 사람과의 사회적 관계를 형성해 가는 데 필요한 선수기술이다. 즉, 다른 영역의 발달과 연계해서 유아가 놀이와 학습에 있어서 보다 유능한 존재가 될 수 있게 해 주는 필수적인 기능이다(Favazza & Siperstein, 2016; Kilgo, 2014). 실제로 운동 기능 발달에 있어서의 지체는 학습장애, 지적장애, 주의력결핍장애 등 이후의 문제를 예측하게 해 주는 지표로도 역할 한다(Festschrift, 1994).

운동 기능은 대근육 운동 기능과 소근육 운동 기능의 두 가지로 분류된다. 대근육 운동 기능은 환경 내에서 이동하거나 돌아다니는 기술을 의미하며 구르기, 앉기, 기기, 서기, 걷기, 던지기, 제자리 뛰기 등에 사용되는 움직임과 근육의 조절을 포함한다. 소근육 운동 기능은 손이나 발, 얼굴 등에 있는 작은 근육을 사용하는 능력으로 뻗기, 잡기, 놓기, 쌓기, 운동화 끈 매기, 가위로 자르기, 쓰기 등의 행동에 사용되는 기술을 포함한다.

영아의 운동 기능은 초기에는 주로 반사적인 기술에 의존하지만 뇌가 성장하고 근육이 강화되기 시작하면서 자신의 움직임을 조절하거나 주변 환경을 돌아다니는 능력도 함께 향상된다. 이때 움직임에 대한 조절 능력만 향상되는 것이 아니라 협응 능력과 복잡한 움직임을 수행하는 능력도 함께 나타남으로써 움직임의 일반적인 강도와 함께 융통성, 지속성, 눈과 손의 협응 등의 능력도 향상된다. 2세부터 6세에 이르는 기간 동안 유아는 걷기나 빨리 뛰기, 균형 잡기 등의 좀 더 정교한 운동 기술을 습득하게 될 뿐만 아니라 마구 그리기, 가위로 자르기, 단추 풀고 잠그기, 쓰기 등과 같은 좀 더 정확한 움직임을 필요로 하는 다양한 소근육 운동 기술도 습득하게 된다. 일반적으로 8세 정도가 되면 텀블링, 롤러스케이트나 자전거 타기, 공치기 등을 할 수 있을 정도로 대근육 운동 기술을 발달시키며, 쓰기 기술이 섬세해지면서 대부분의 글자를 쓰게 되고 상세한 그림을 그리며 구슬이나 퍼즐 조각, 블록 등의 작은 물건을 다룰 수 있는 소근육 운동 기술도 발달시킨다.

장애 유아를 교육하는 교사는 운동 기능의 발달에 대해서 잘 이해하고, 유아가 보이는 규준으로부터의 이탈이 어느 정도인지를 파악할 수 있어야 하며, 유아의 개별적인 필요에 대해서 가장 적절한 중재 서비스를 제공할 수 있어야 한다. 다시 말해서, 앞에서 설명한 발달 연령에 따른 수행 정도에 대한 지식을 바탕으로 대근육 운동과 소근육 운동의 발달 정도를 이해하고 아동이 습득한 기술을 수행함에 있어서 얼마나 능숙하게 잘 수행하는지에 대한 질적인 측면과 함께 이러한 기술을 정확하게 사용하고 있는지에 대한 기능적인 측면도 이해해야 한다. 〈표 2-2〉는 대근육 운동 기술과 소근육 운동 기술의 발달지표를 보여 준다.

표 2-2 운동 기능 발달지표

연령(개월)	대근육 운동 기술	소근육 운동 기술
0~3	• 엎드린 자세에서 머리를 든다. • 어깨를 받쳐주면 고개를 든다. • 두 발을 번갈아 찬다. • 옆으로 굴러 눕는다.	• 양팔을 대칭으로 움직인다. • 시선을 중앙선으로 가져온다. • 누워서 양손을 중앙으로 가져온다. • 놀잇감이 보이면 팔을 움직인다.
3~6	• 잡아당겨서 앉히면 고개를 유지한다. • 엎드려서 양팔에 체중을 싣는다. • 약간의 도움을 주면 앉을 수 있다. • 앉기 자세를 도와주면 고개를 계속 유지한다. • 누워서 옆으로 구른다. • 엎드린 자세에서 뒤집는다.	• 고개를 움직이지 않고 시선을 움직인다. • 주로 손바닥을 벌리고 있다. • 손바닥 쥐기로 사물을 잡는다. • 물건을 향해서 손을 뻗고 잡는다. • 앉은 자세로 안겨있을 때 양손을 모아 쥐거나 손가락을 만진다. • 손에 쥐고 있는 딸랑이를 자기 입으로 가져간다.
6~9	• 신체-똑바로 하기 반응을 보인다. • 방어를 위해서 팔을 뻗는다. • 혼자 앉을 수 있지만 손을 사용해야 한다. • 잡고 일어선다. • 뒤로 긴다. • 도움 없이 앉는 자세를 취한다. • 가구를 붙잡은 상태에서 넘어지지 않고 자세를 낮춘다.	• 물건을 한 손에서 다른 손으로 옮긴다. • 두 개의 물건을 양손에 각각 따로 쥔다. • 손목을 움직이면서 활발하게 놀잇감을 조작한다. • 팔꿈치를 펴서 물건을 향해 뻗고 잡는다. • 손잡이를 사용하여 컵을 잡는다.
9~12	• 두 손과 무릎으로 긴다. • 앉은 자세에서 엎드린 자세로 바꾼다. • 잠깐 동안 서 있을 수 있다. • 가구를 붙들고 걷는다. • 아무것도 붙잡지 않고 혼자서 일어선다.	• 통에서 물건을 꺼낸다. • 두 손을 자유롭게 움직인다. • 휘갈기기 모방을 시도한다. • 물건을 통에 넣는다. • 손에 쥔 사물을 자발적으로 놓는다. • 둘째손가락으로 찌른다. • 집게 쥐기를 잘한다.

〈계속〉

연령(개월)	대근육 운동 기술	소근육 운동 기술
12~18	• 누운 자세에서 일어선다. • 도움 없이 걷는다. • 공을 던진다. • 계단을 기어올라간다. • 놀잇감을 잡아당기면서 걷는다. 커다란 놀잇감을 들고 걷는다. • 음악에 맞추어 움직인다.	• 중앙선에서 한 손은 물건을 쥐고 다른 한 손은 조작하면서 두 손을 함께 사용한다. • 자발적으로 휘갈기기를 한다. • 막대를 구멍에 꽂는다. • 2~3개의 육면체로 탑을 쌓는다.
18~24	• 페달 없는 놀잇감을 타고 이동한다. • 난간을 잡고 한 계단에 두 발씩 디디며 계단을 올라간다. • 넘어지지 않고 바닥에 있는 놀잇감을 집는다. • 제자리에서 양발을 모아 동시에 깡충 뛴다. • 달린다.	• 원형 휘갈기기를 모방한다. • 수평선을 모방한다. • 주먹으로 크레용을 쥔다. • 문 손잡이를 돌려서 연다. • 유아용 가위를 주면 실제로 종이를 자르지는 못해도 한 손으로 종이를 잡고 다른 손으로는 가위 날을 벌리고 오므리며 종이를 자르려고 시도한다.
24~36	• 앞을 향해서 잘 달린다. • 제자리에서 두 발로 뛴다. • 도움을 받아서 한 발로 선다. • 발뒤꿈치를 들고 걷는다. • 앞을 향해서 공을 찬다. • 큰 공을 던져주면 양팔과 가슴을 이용해 받는다.	• 큰 구슬 네 개를 줄에 끼운다. • 페이지를 한 장씩 넘긴다. • 주먹이 아닌 엄지손가락과 다른 손가락들을 이용해서 크레용을 쥔다. • 대부분의 활동에 한 손을 일관성 있게 사용한다. • 점, 선, 원형 모양을 손목을 움직이면서 그린다. • 점토를 굴리고, 두드리고, 쥐고, 잡아당긴다.
36~48	• 장애물을 돌아서 달린다. • 선 위로 걷는다. • 한 발로 5~10초간 서 있는다. • 한 발로 뛴다. • 바퀴 달린 놀잇감을 밀고, 끌고, 돌린다. • 페달을 돌려 세발자전거를 탄다. • 도움 없이 미끄럼을 탄다. • 15cm 높이에서 뛰어내린다. • 머리 위로 공을 던진다. • 자기에게 튀겨진 공을 잡는다. • 도움 없이 양발을 번갈아 계단을 오르내린다.	• 아홉 개의 작은 육면체로 탑을 쌓는다. • 못과 막대(페그)를 박는다. • 동그라미를 보고 그린다. • 십자가를 모방한다. • 점토를 조작한다(예: 공 굴리기, 뱀, 과자). • 종이를 접는다. • 놀잇감의 태엽을 감는다. • 선을 따라 자른다. • 뚜껑을 돌려서 연다. • 블록으로 계단 모양을 쌓는다.

〈계속〉

연령 (개월)	대근육 운동 기술	소근육 운동 기술
48~60	• 뒤로 걷는다. • 넘어지지 않고 연속 10회 앞으로 점프한다. • 재주넘기를 한다. • 굴러가는 공을 발로 세운다. • 공을 바닥에 한 번 튕길 수 있다. • 무릎 아래 높이로 매어져 있는 줄을 뛰어 넘을 수 있다.	• 종이를 움직여서 간단한 모양을 자른다. • 십자가를 보고 그린다. • 사각형을 보고 그린다. • 몇 개의 글자를 쓴다. • 3~5 조각의 퍼즐을 완성한다.
60~72	• 발의 앞쪽으로 가볍게 달린다. • 평균대 위로 걷는다. • 양발 건너뛰기(skip)를 한다. • 줄넘기를 한다. • 스케이트를 탄다. • 굴러 오는 공을 발로 찰 수 있다.	• 간단한 모양을 자른다. • 세모를 그린다. • 다이아몬드 모양을 따라 그린다. • 이름을 쓴다. • 1부터 5까지의 숫자를 쓴다. • 선 밖으로 나오지 않게 색칠한다. • 성인처럼 연필을 쥔다. • 양손의 사용에 있어서 우열이 분명해진다. • 적절하게 풀을 칠하고 붙인다. • 교실의 도구들을 적절하게 사용한다.

2) 인지 발달

인지는 자극에 주의를 기울이거나, 자극 간의 유사점과 차이점을 주목하거나, 또는 기억하고 생각하고 추론하고 문제를 해결하는 등의 정신적 능력과 같은 기술을 의미한다(Bailey & Wolery, 2003). 신생아의 출생 직후의 인지적 행동은 주로 반사적인 행동에 의존하지만 생후 약 2년 동안 놀라운 속도의 발달을 보인다. 인지 발달은 다양한 행동 특성을 통해서 평가할 수 있는데, 일반적으로 아동이 자극에 집중하거나 새로운 정보를 기존의 지식과 통합할 때, 복잡한 문제해결 과제를 수행할 때, 미래의 사건을 예측하거나 해야 할 일을 계획할 때, 셈하기나 문자 인식과 같은 전학문 기술을 학습할 때, 장·단기 기억력을 사용하거나 학습한 내용을 적용할 때 인지 발달이 이루어진다고 말한다.

인지 발달은 기타 영역의 발달과 밀접하게 관련된다. 예를 들어, 인지 발달에 있어서 진보를 보이지 못하면 사회적 기술 발달에 부정적인 영향을 미치게 되며 마찬가지로 의사소통 기술의 발달에도 부정적인 영향을 미치게 된다. 신생아는 태어날 때부터 학습할 수 있는 능력을 지니고 출생한다. 그러나 이러한 학습 잠재력은 환경과의 상호작용을 통해서만 발달한다. 환경과의 상호작용을 통해서 정보를 수집하고 처리하는 능력은 환경 내에서의 자신의 존재에 대해서 알게 해 주고 주변의 사물에 대해서, 더 나아가서는 더 큰 세상에 대해서 알게 해 준다. 그러므로 지능의 발달은 신체적인 성장과 운동 기능 발달, 언어 발달, 사회적 기술의 발달과 밀접하게 연계되는 것이다.

영아의 인지 기술 습득 여부를 알기 위해서는 대상영속성, 공간관계, 모방, 수단과 목적, 인과관계, 사물 사용 등의 개념 습득을 주로 평가하며, 유아의 경우에는 전읽기(prereading), 전쓰기(prewriting), 전수학(premath)과 같은 전학문 기술을 습득하였는지를 중심으로 보게 된다. 〈표 2-3〉은 영유아의 인지 발달에 있어서의 발달지표를 보여 준다.

표 2-3 인지 발달지표

연령(개월)	인지 기술
0~3	• 주변을 살핀다. • 기대감을 보인다. • 자신의 손을 관찰한다.
3~6	• 딸랑이 놀이를 시작한다. • 친숙한 활동을 반복한다/계속한다. • 사물의 감각적인 탐구를 위해서 손과 입을 사용한다. • 자신의 손, 손가락, 발가락을 가지고 논다. • 소리 나는 곳을 쳐다본다. • 친숙한 성인이 안으려고 하면 팔을 벌린다.
6~9	• 손에 닿지 않는 원하는 물건을 얻으려고 노력한다. • 감추는 것을 본 물건을 찾는다. • 활동을 다시 시작하기 위해서 성인의 손이나 놀잇감을 만진다. • 하나의 놀잇감을 가지고 2~3분간 놀이한다. • 빠르게 움직이는 물건의 궤도를 따른다. • 사물의 소리에 관심을 보인다.
9~12	• 사물을 갖기 위해서 장애물을 극복한다. • 다른 재료를 이용해서 사물을 수선한다. • 몸짓을 모방한다. • 놀잇감 포장을 뜯는다. • 상자 안에서 물건을 꺼낸다. • 아동이 내는 소리를 성인이 따라 하면, 아동이 다시 그 소리를 따라 한다. • 놀잇감에 있는 버튼을 눌러 소리가 나게 한다. • 자신이 좋아하는 한 개의 놀잇감을 가지고 3~4분 정도 논다. • 책 보기를 즐긴다.

〈계속〉

연령(개월)	인지 기술
12~18	• 성인이 가리키는 것을 이해한다. • 놀잇감을 성인에게 건네준다. • 사물을 짝짓는다. • 도형 맞추기에서 동그라미와 정사각형을 맞춘다. • 2~3개의 깡통을 쌓는다. • 거울 속의 자신을 식별한다. • 두 개의 연속적인 지시를 따른다(예: 휴지 가지고 와서 물을 닦아). • 지시에 따라 신체 부위 한 개를 가리킨다. • 다른 사람의 역할을 흉내 낸다(예: 부모님이 하는 것처럼 인형을 안거나 업거나 우유를 먹여준다).
18~24	• 감추어지는 것을 보지 못한 물건을 찾는다. • 움직이는 놀잇감을 작동한다. • 사물과 그림을 짝짓는다. • 사물을 분류한다. • 벽장과 서랍을 뒤진다. • 사물이 어디에 속하는지를 기억한다. • 사진에서 자신을 알아본다. • 동물과 소리를 짝짓는다. • 지시에 따라 신체 부위 다섯 곳 이상을 가리킨다. • 두 개의 물건 중 큰 것과 작은 것을 구분한다. • '많다-적다'와 같은 '양'의 개념을 이해한다.
24~36	• 그림책을 골라서 보고, 그림 속의 사물을 명명하고, 한 그림 안의 몇 가지 사물을 식별한다. • 관계있는 사물을 짝지어서 의미 있게 사용한다(예: 컵과 컵받침과 구슬을 주면 컵을 컵받침 위에 올려놓는다). • 링을 크기 순서로 쌓는다. • 가장놀이에서 자신과 사물을 사용한다. • 하나의 개념을 이해한다. • 길고 짧음을 이해하기 시작한다. • 모양과 색깔을 짝짓는다.
36~48	• 여섯 가지 색깔을 인식하고 짝짓는다. • 의도를 가지고 링과 블록을 크기 순서로 쌓는다. • 자신에게 의미 있는 알아볼 수 있는 그림을 그린다. 성인에게 의미가 없는 경우에는 그림을 간단하게 설명해 준다. • 정보를 요구하는 질문을 한다. 간단한 대답을 요구하는 '왜'와 '어떻게'의 질문을 한다. • 자신의 나이를 안다.

〈계속〉

연령(개월)	인지 기술
	• 자신의 성을 안다. • 셋까지 셀 수 있다. • 크기에 따라 분류한다. • 동그라미를 모방해서 그린다. • 아침, 점심, 저녁, 오늘, 내일 등 시간의 개념을 이해한다.
48~60	• 4~6가지 색깔을 가리키고 이름을 말한다. • 친숙한 사물의 그림을 짝짓는다(예: 신발, 양말, 발, 사과, 귤, 바나나). • 머리, 팔, 다리 등의 2~6가지 알아볼 수 있는 신체 부위를 포함한 사람을 그리고 자신의 신체와 짝지을 수 있다. • 방해받지 않고 10분간 과제를 수행한다. • 동전을 구분한다. • 세 개의 간단한 그림을 순서대로 나열한다. • 평행선 사이에 선을 긋는다.
60~72	• 몇 개의 글자와 숫자의 이름을 말한다. • 10까지 셀 수 있다. • 단순한 특성에 따라 사물을 분류한다(예: 색깔, 모양, 크기 등의 특성이 분명하게 구분될 때). • 내일과 어제의 시간 개념을 정확하게 사용하기 시작한다. • 3~6개의 부위로 구성된 신체를 그린다. • 과제가 완성된 것을 안다. • 동전을 구분한다. • 글자와 숫자를 보고 쓴다. • 간단한 글자를 그림과 짝짓는다. • 시계 위의 숫자를 읽는다.

3) 의사소통 발달

의사소통이란 경험, 의견, 선호도, 지식, 감정 등을 교환하는 수단을 의미한다(McCauley & Fey, 2006). 의사소통 기술은 말, 언어, 의사소통의 세 가지 측면을 포함한다. 말은 의사소통을 위해서 사용되는 구강 운동적인 행동을 의미하며, 언어는 다른 사람과 의사소통하기 위해서 상징과 문법을 사용하는 것을 의미한다. 또한 의사소통은 말하는 사람과 듣는 사람 간의 생각이나 의견, 감정 등의 교환을 의미한다.

일반적으로 의사소통 발달 영역은 수용언어와 표현언어로 분류된다. 수용언어는 자신에게 주어진 구어 또는 비구어 정보를 수용하고 이해하는 능력을 의미하며, 표현언어는 자신의 사고나 감정을 의사소통할 수 있는 능력으로 발성, 단어, 몸짓이나 기타 정보를 전달하기 위해서 사용되는 행동을 의미한다.

의사소통 발달을 위한 가장 중요한 시기는 5세 이전이다. 출생 직후에는 거의 반사적인 반응을 보이지만, 이 시기에도 양육자의 이해를 끌어내는 의사소통적인 행동을 보인다. 3세 정도가 되어서는 대부분의 아동이 의사소통 체계의 주요 구성 요소를 모두 습득하게 됨으로써 성인과 같은 말을 사용한다. 이렇게 출생 후부터 시작되는 일련의 연속적인 단계를 통해서 이루어지는 언어 발달은 울기, 목구멍 소리내기, 옹알이의 단계를 거쳐 첫 단어와 문장으로 발전되고 학령기에 이르러서는 성인이 사용하는 모든 유형의 문장을 사용할 수 있게 된다. 의사소통 발달이 지체되거나 결함이 있는 경우에는 지체나 결함의 정도와 성격을 알기 위해서 진단을 하게 되는데, 이때 아동의 의사소통 의도를 아는 것에 초점을 맞추어야 한다. 이것은 이들이 눈맞춤이나 몸짓, 발성 등의 다양한 수단을 통해서 의사소통을 하고자 하는 의도를 나타내기 때문이다. 〈표 2-4〉는 영유아의 의사소통 발달지표를 수용언어와 표현언어로 나누어서 보여 준다.

표 2-4 의사소통 발달지표

연령(개월)	수용언어	표현언어
0~3	• 사람 목소리에 조용해진다. • 말하는 사람의 눈과 입을 본다. • 소리 나는 곳을 눈으로 찾는다.	• 배가 고프거나 불편할 때 운다. • 편안할 때 목구멍소리, 목구멍을 꾸르르 울리는 소리를 낸다.
3~6	• 엄마 목소리에 조용해진다. • 친절한 목소리와 화난 목소리를 구분한다. • 자신의 이름에 반응한다. • 구어/말을 경청한다. • "안 돼요"라고 말하면 짧은 순간이라도 하던 행동을 멈추고 목소리에 반응한다.	• 다양한 모음 소리를 낸다. • 소리 내어 웃는다. • 주고받기 차례를 지킨다. • 다른 사람의 말에 목소리로 반응한다. • 싫음과 흥분을 표현한다.
6~9	• 사진을 잠깐 동안 쳐다본다. • 가족이나 애완동물의 이름을 부르면 이름 불린 사람/동물을 찾는다. • 몸짓으로 간단한 요구에 반응한다. • 일상용품 단어를 인식한다. • 말을 하면 가만히 듣는다.	• 사람에게 옹알이를 한다. • 옹알이 중에 다양한 자음 소리를 낸다. • 성인의 억양으로 옹알이한다. • "마마" "바바" 등의 음절을 반복해서 따라하며 옹알이 한다. • 주의를 끌기 위해서 울음보다는 구어 소리를 사용한다.

〈계속〉

연령(개월)	수용언어	표현언어
9~12	• "아니" "안 돼"를 이해한다. • 친숙한 단어를 선별적으로 듣는다. • 책 보기를 좋아한다. • 간단한 지시를 이해한다.	• "바"와 같은 단일 자음 음절을 옹알이한다. • 특정 언어(예: "바이바이 해봐.")에 적절한 몸짓으로 반응한다. • 요구를 표현하기 위해서 행동과 음성을 사용한다.
12~18	• 간단한 언어 요구에 반응한다. 하나의 신체 부위를 식별한다. • 많은 명사를 이해한다. • 요구하면 다른 방에 있는 물건을 가지고 온다.	• 다양한 의사소통 기능을 위해서 몸짓과 음성을 함께 사용한다. • "마마" "빠빠" 등의 어절을 목적을 가지고 사용한다. • 단일 단어를 사용한다. • 감탄사를 사용한다. • "아니"를 의미 있게 사용한다. • 10~15 단어를 사용한다(18개월).
18~24	• 3~6개의 신체 부위를 식별한다. • 소리와 동물을 짝짓는다. • 인칭 대명사와 행위 동사와 몇 개의 형용사를 이해한다. • 동요를 즐긴다. • 이야기 듣는 것을 즐긴다. • 2단계 지시를 수행할 수 있다. • 300개 이상의 수용 어휘를 습득한다.	• 낯선 사람에게 약 25~50%의 구어 명료도를 보인다. • 자곤과 말을 사용해서 경험을 이야기한다. • 자곤보다는 낱말을 더 자주 사용한다. • 두 단어 문장을 말한다. • 가사로 노래 부르기를 시도한다. • 3~4 단어 문장을 모방한다. • 50~100개 이상의 표현 어휘를 습득한다. • 단어의 끝 억양을 높임으로써 질문의 형태로 말한다.
24~36	• 이름을 말하면 일상의 물건을 그림에서 찾는다. • 쓰임새를 말하면 물건을 식별한다. • 무엇과 어디의 질문을 이해한다. • 부정문을 이해한다. • 간단한 이야기책 듣기를 좋아하고 반복해서 읽을 것을 요구한다. • 500~900개 이상의 수용 어휘를 습득한다. • '안에' '위에' '밑에' '뒤에' 중에서 두 가지 이상의 뜻을 이해한다.	• 알고 있는 단어들을 두 단어 문장으로 만든다. • 이름을 성과 함께 말한다. • 무엇과 어디의 질문을 한다. • 부정문을 사용한다. • 자신을 이해해 주지 못하면 좌절감을 보인다. • 2~3회의 차례가 지속되는 대화를 한다. • 50~250개 이상의 표현 어휘를 습득한다. • 3~4 낱말 구를 사용한다.

〈계속〉

연령(개월)	수용언어	표현언어
36~48	• 시간 개념이 포함된 문장을 이해하기 시작한다(예: "내일 동물원에 갈 거야."). • 크다, 더 크다 등의 크기 비교를 이해한다. • 만일에, 왜냐하면 등의 표현에 의한 관계를 이해한다. • 일련의 2~4개의 관련된 지시를 수행한다. • '…척하자.'라고 말하면 이해한다. • 1,200~2,400개 이상의 수용 어휘를 습득한다. • 물건의 기능을 이해한다. • 상대적인 의미를 이해한다(예: 큰-작은). • 간단한 농담이나 빗대어 하는 말의 뜻을 알아차린다.	• 주어-행위-목적(예: "엄마가 책을 보았어요.")이나 주어-행위-장소(예: "아빠가 의자에 앉았어요.")의 형태로 세 단어 이상의 문장을 말한다. • 과거의 경험을 말한다. • 복수 명사를 사용한다. • 과거 시제를 사용한다. • '~할 거예요.' '~하고 싶어요.'와 같이 미래에 일어날 일을 상황에 맞게 표현한다. • '-은' '-는' '-이' '-가'와 같은 조사를 적절히 사용하여 문장을 완성한다(예: "고양이는 '야옹' 하고 울어요." "친구가 좋아요."). • 자신을 '나'라고 표현한다. • 한 가지 이상의 동요를 반복하고 노래 부를 수 있다. • 낯선 사람에게 알아들을 수 있는 말을 하되 아직 발음상의 실수가 보인다. • 800~1,500개 이상의 표현 어휘를 습득한다.
48~60	• 세 개의 관련된 지시를 적절한 순서로 수행한다. • 예쁘다, 더 예쁘다, 제일 예쁘다 등의 비교를 이해한다. • 긴 이야기를 듣는다. 그러나 아직 잘못 이해하기도 한다. • 말로 지시하면 놀이 활동에 적용한다. • 이야기해 준 사건의 순서를 이해한다(예: "먼저 가게에 갔다 와서 케이크를 만들고 내일 먹을 거야."). • 2,800개 이상의 수용 어휘를 습득한다.	• 언제, 어떻게, 왜의 질문을 한다. • 문장을 함께 사용한다(예: "가게에 갔어요. 그리고 과자를 샀어요."). • 왜냐하면, 그래서 등을 사용해서 원인에 대한 이야기를 한다. • 이야기의 내용을 이야기한다. 그러나 아직 내용을 혼동한다. • 900~2,000개 이상의 표현 어휘를 습득한다. • 가족 이외의 사람도 이해할 수 있을 정도로 모든 단어의 발음이 정확하다. • '만일 ~라면 무슨 일이 일어날까?'와 같이 가상의 상황에 대한 질문에 대답한다(예: "동생이 있으면 어떨까?"). • 이름이나 쉬운 단어 2~3개를 보고 읽는다. • 자신의 이름이나 2~4개의 글자로 된 단어를 보지 않고 쓸 수 있다(예: 동생, 신호등, 대한민국).

〈계속〉

연령 (개월)	수용언어	표현언어
60~72	• 전학문 기술을 보인다. • 추상적인 개념을 이해하기 시작한다.	• 성인의 문법과 유사한 문법을 사용한다. • 대화 중 적절한 차례를 유지한다. • 정보를 주고받는다. • 가족, 친구, 또는 낯선 사람과 의사소통을 잘한다. • 그림책의 이야기를 정확하게 다시 이야기한다. • 과거와 현재의 사건들을 논리적인 순서로 설명한다. • 끝말잇기를 한다. • 간단한 속담을 이해하고 사용한다(예: '누워서 떡먹기'와 같은 속담을 적절하게 사용한다).

4) 사회-정서 발달

사회적 기술(또는 사회-정서 기술)은 다른 사람과의 사회적 관계와 관련된 일련의 행동을 의미한다(Brown, Odom, & McConnell, 2008). 그러므로 이 영역의 발달은 자기조절, 감정 표현, 상호작용, 공감 및 관계에 있어서의 발달을 포함한다. 특히, 상호작용 영역은 다른 사람에 대한 상호작용을 시작하고 다른 사람에 의해서 시작된 상호작용에 반응하는 기술을 포함한다. 타인과의 상호작용을 위해서는 일반적으로 상호적 관계에 참여하는 기술을 필요로 하는데, 특히 또래와의 상호작용을 위해서는 협동적으로 놀이하고 놀잇감을 나누고 차례를 지키는 등의 구체적인 기술을 필요로 한다.

일반적으로 영아는 아주 이른 시기부터 가족 구성원을 인식하는 능력을 통해서 사회적 기술을 보이기 시작한다. 이러한 기술은 성장함에 따라서 각 연령 단계에 필요한 적절한 사회적 기술로 발전해 나간다. 예를 들어, 걸음마기의 영아가 자주 보이는 가족에게 매달리고 끌어안는 행동은 청소년에게는 적절하지 않다. 그러므로 사회적 발달은 자신에게 주어진 연령과 성별, 또는 문화 등에 적절한 사회적 행동을 연습함으로써 성취된다.

정서적 기술은 감정을 인식하고 의사소통하는 능력과 함께 다른 사람의 권리를 존중하면서 자신의 감정에 대하여 행동하는 능력을 모두 포함한다. 그러므로 이 영역의 기술에는 자신의 충동이나 성질을 조절하고 갈등 상황을 해결하는 능력도 포함된다.

결론적으로 유아기의 가장 바람직한 사회-정서 기술 습득은 자기 자신에 대한 좋은 감정을 지니고 자신의 감정과 느낌을 다른 사람에게 적절한 방법으로 표현할 수 있게 하는 것이다. 영유아기 사회-정서 발달지표는 〈표 2-5〉에서 보는 바와 같다.

표 2-5 사회-정서 발달지표

연령(개월)	사회적 기술
0~3	• 사람의 얼굴에 관심을 보인다. • 신체적인 접촉을 즐긴다. 안아 주면 몸의 긴장을 풀고 적응한다. • 시선을 맞춘다. • 사회적이고 반응적인 미소를 짓는다. • 피로를 표현한다.
3~6	• 사회적인 미소를 주고받는다. • 낯선 사람을 구별한다. • 관심을 요구한다. • 기쁨이나 기쁘지 않음을 목소리로 표현한다. • 사회적 놀이를 즐긴다. • 엄마에게 팔을 뻗는다. • 이름을 부르면 듣고 쳐다본다. • 가족 등 친숙한 사람을 보면 다가가려고 한다.
6~9	• 낯선 사람에게 불안감을 보인다. • 거울 속의 자신을 보고 미소를 짓는다. • 엄마로부터 분리된 것에 대한 불안감을 보인다. • 성인을 따라서 손뼉을 치며 짝짜꿍 놀이를 한다. • 다른 아동을 쳐다보고 미소 짓고 손을 뻗는 등의 행동을 보인다. • 다른 아동들 옆에서 논다(함께 놀이를 하지는 못해도 된다). • 성인을 따라서 까꿍놀이를 한다.
9~12	• 차례 지키기 게임을 즐긴다. • 누워 있기를 거부한다. • 특정 사람, 사물, 상황에 대한 좋아함과 좋아하지 않음을 표현한다. • 다른 사람에게 놀잇감을 보여 준다. 그러나 주지는 않는다. • 새로운 행동이나 장난을 치면서 식사시간이나 잠자는 시간에 부모의 반응을 시험한다. • 성인을 따라서 "빠이빠이" 하면서 손을 흔든다. • 성인의 관심을 끌기 위한 행동을 한다(예: 성인이 못 본 척하면 '예쁜 짓'을 한다). • '짝짜꿍'이나 '곤지곤지' 같은 말만 들어도 양손을 움직인다.

〈계속〉

연령(개월)	사회적 기술
12~18	• 독립적인 행동을 보이며, 훈육이 어려워질 수도 있다. • 탠트럼 행동이 나타날 수도 있다. • 유머 감각을 보인다. • 쉽게 방해를 받으며 오래 앉아 있기가 힘들다. • 규칙적인 일과를 필요로 하고 기대한다. • 관심의 중심이 되기를 원하고 즐긴다. • 부모에게 안기고 뽀뽀한다. • 다른 사람에게 어떤 행동이나 물건을 보여 주고 싶을 때, 그 사람을 끌어당긴다. • 성인의 도움을 필요로 할 때 도움을 요청한다. • 성인에게 책을 읽어 달라고 책을 건넨다. • 성인이 시키면 친숙한 성인에게 인사를 한다.
18~24	• 애정을 표현한다. • 시기, 두려움, 분노, 동정, 수치, 불안, 기쁨 등의 다양한 감정을 표현한다. • 다른 사람을 조절하려고 시도한다. 조절 당하기를 거부한다. 또래 상호작용이 약간 공격적으로 변한다. • 평행놀이에 참여한다. • 독립놀이를 즐긴다. • 친숙한 사람이 아프거나 슬퍼하는 것 같으면, 다가와서 위로하려는 듯한 행동이나 말을 한다(예: '호' 하고 불어주기, '울지 마'라고 말하기).
24~36	• 다른 아동을 쳐다본다. 다른 아동들의 놀이에 짧은 시간 동안 참여한다. • 자신의 소유를 주장한다. • 소꿉놀이를 시작한다. • 간단한 집단 활동에 참여한다(예: 노래, 율동). • 성별을 구분한다. • 간단한 규칙을 존중하고 따르기 시작한다. • 자신의 기분을 좋으면 좋다고, 나쁘면 나쁘다고 표현할 수 있다.
36~48	• 다른 아동과 놀이에 참여한다. • 놀잇감을 나누어 쓴다. 도와주면 차례를 지킨다. • 장면의 전체를 연기하면서 극놀이를 시작한다(예: 여행하기, 동물원 놀이하기, 엄마아빠 놀이하기). • 또래가 기분이 상했을 때 위로한다. • 집단 활동에 협력한다. • 인사를 한다. • 자기보다 어린 아동을 돌봐주는 행동을 한다. • '가위바위보'로 승부를 정한다. • 처음 만난 또래와 쉽게 어울린다. • 또래와 함께 차례나 규칙을 알아야 할 수 있는 놀이를 한다(예: 윷놀이, 보드게임).

〈계속〉

연령(개월)	사회적 기술
48~60	• 다른 아동과 놀이하고 상호작용한다. • 치장하기(dress-up) 놀이를 한다. • 성별의 차이를 아는 것에 대한 관심을 보인다. • 자원한다. • 다른 사람의 바람에 따라 행동한다. • 집단의 결정을 따른다. • 신체적인 공격 이전에 말로 감정을 말한다. • 자기 생각을 이야기하고 다른 아동의 말을 귀 기울여 듣는다. • 게임을 하는 방법에 대해 다른 아동과 이야기를 나눈다. • 다른 아동과 적극적으로 어울리려고 한다. • 시키지 않아도 아는 사람에게 "안녕하세요?"라고 인사한다. • 친구에게 자기 집으로 와서 같이 놀자고 하거나, 어떤 놀이를 하자고 제안한다.
60~72	• 친구(들)를 선택한다. • 간단한 테이블 게임을 한다. • 경쟁 게임을 한다. • 다른 아동과 규칙을 정하고 역할을 맡아서 협동놀이를 한다. • 변화나 실망 후에 다시 시도한다. • 나중의 보상을 위해서 즉각적인 보상을 희생한다. • 재미로 놀리는 것을 수용한다. • 다른 아동과 동물을 보호한다. • 다른 사람에게 자발적으로 도움을 제공한다. • 친구나 가족에게 전화를 건다(집 전화나 휴대 전화 모두 해당).

5) 적응행동 발달

적응행동은 유아가 일상적인 삶에서 사용하는 개념적, 사회적, 실제적 기술을 지니는 것을 의미한다(Horn, Snyder, & McLean, 2014). 적응행동은 스스로를 돌보는 일상적인 기술인 자조기술과 함께 위생이나 안전을 위한 기술을 모두 포함한다. 영유아기 적응행동의 발달은 주로 먹기, 옷 입고 벗기, 대소변 가리기, 양치하기, 손 씻기 등의 자조기술 습득에 초점이 맞추어진다. 대부분의 아동은 기타 영역의 기술(예: 인지 기술, 운동 기술)을 습득해 감에 따라 점점 더 진보된 적응행동을 수행할 수 있게 되며 이를 통해서 보다 독립적인 개체로 성장해 간다. 출생 직후 신생아의 경우 적응행동은 주로 먹기와 잠자기라고 할 수 있다. 그러나 나이가 들어감에 따라 환경과의 상호작용 시간이 점점 더 많아지면서 먹기와 옷 입기, 기타 자기 자신을 돌보는 기술에 있어서 점점 더 독립적인 수행을 필요로 하게 된다.

먹기 기술은 신생아기의 빨아 삼키기 반응으로부터 시작해서 영아기의 손가락으로 집어먹기와 컵으로 마시기 기술을 거쳐 유아기의 적절한 도구를 이용한 독립적인 먹기 기술로 발전해 간다. 옷 입기 기술에서도 옷을 입고 벗길 때에 협력하기로부터 유아기의 독립적인 입고 벗는 기술로 발전해 간다. 마찬가지로, 대소변 가리기, 손 씻기, 양치하기, 머리 빗기 등의 자기를 돌보는 기술도 지속적인 연습을 통해서 점점 더 독립적인 수행이 가능하게 된다. 대부분의 유아는 유치원이나 초등학교 저학년에 이르기까지 약간의 도움을 필요로 하는 가장 어려운 기술(예: 청바지 단추 잠그기)을 제외한 기본적인 자조기술을 독립적으로 수행할 수 있게 된다. 그러므로 자조기술 및 적응행동 영역의 발달이 잘 이루어지고 있는지를 알기 위해서는 기술을 정확하게 수행하는가와 함께 얼마나 독립적으로 수행하는가에 초점을 맞추어야 한다. 〈표 2-6〉은 영유아기의 적응행동 발달지표를 보여 준다.

표 2-6 적응행동 발달지표

연령(개월)	자조기술
0~3	• 음식물로 자극하면 입을 벌린다. • 빨기, 삼키기, 숨쉬기를 협응할 수 있다.
3~6	• 놀잇감이나 사물을 손에 쥐고 입으로 가져간다. • 거르거나 으깬 음식을 삼킨다. • 루팅 반사를 억제한다.
6~9	• 우유병을 잡고 먹는다. • 고체 음식을 입과 잇몸으로 씹는다. • 자발적으로 문다. 물기 반사를 억제한다. • 과자를 혼자 먹는다.
9~12	• 다양한 음식을 손으로 먹는다. • 숟가락을 쥔다. • 팔이나 다리를 뻗어서 옷을 입을 수 있도록 돕는다. • 우적우적 깨물어 씹는다.
12~18	• 음식물을 거부할 수도 있다. 식욕이 감퇴한다. • 숟가락을 입으로 가져간다. • 컵으로 약간 흘리면서 마신다. • 기저귀가 젖으면 불편함을 표현한다. • 양말을 벗는다. • 리본과 똑딱단추를 푼다.

〈계속〉

연령(개월)	자조기술
	• 옷입기에 협조한다. • 씻고 닦기에 협조한다.
18~24	• 숟가락으로 음식을 떠서 먹는다. • 턱을 돌려 씹는다. • 한 손으로 컵을 들고 마신다. • 음식으로 장난을 한다. • 음식물 선호도가 뚜렷해진다. • 끈이 풀어져 있는 신발을 벗는다. • 큰 지퍼를 올리고 내린다. • 배뇨/변의 필요를 인지하고 표현한다. • 아기 변기에 앉는다.
24~36	• 코트를 벗는다. • 도와주면 코트를 입는다. • 도와주면 옷을 벗는다. • 도와주면 손을 씻고 수건에 닦는다. • 필요하면 잠자는 시간을 늦춘다. • 위험을 이해하고 피한다. • 단추나 끈을 풀어주면 바지를 혼자 벗는다. • 음식을 먹다 흘리면 손이나 옷으로 닦지 않고 스스로 휴지나 냅킨으로 닦는다. • 바지를 입힐 때, 바지통에 발끝을 약간만 넣어주면 허리까지 완전히 끌어 올린다. • 낮 동안 소변을 가린다. • 낮 동안 대변을 가린다.
36~48	• 작은 주전자로 물을 따른다. • 숟가락과 포크를 잘 사용한다. • 버터 칼로 빵에 버터를 바른다. • 도움 없이 손을 씻는다. • 시키면 코를 푼다. • 독립적으로 화장실을 사용한다. • 묻지 않고 규칙적으로 화장실을 사용한다. • 지시하에 옷을 입는다. • 양발에 맞는 신발을 신는다. • 앞과 뒤를 구분한다. • 혼자서 티셔츠를 입는다. • 큰 단추를 잠그고 푼다. • 벙어리장갑의 좌우를 구분하여 손에 낀다.

〈계속〉

연령(개월)	자조기술
48~60	• 식사용 칼로 작은 음식물을 쉽게 자른다. • 뚜껑이 없는 컵에 담긴 물을 흘리지 않고 운반한다. • 운동화 끈을 맨다. • 앞이 열린 옷의 지퍼를 올린다. • 말하지 않아도 기능적으로 옷을 입고 벗는다. • 옷이 더러워지면 스스로 알아서 갈아입는다. • 머리를 빗는다. • 혼자서 비누칠을 하여 손과 얼굴을 씻고 수건으로 닦는다. • 잠을 자는 동안 대소변을 가린다. • 대소변을 본 후 화장실 물을 내린다. • 목욕한 후에 혼자서 몸을 수건으로 닦는다.
60~72	• 혼자 옷을 잘 입는다. • 뒤집어진 옷을 바로 한다. • 리본을 맨다. • 도움 없이 이를 닦는다. • 혼자 목욕이나 샤워를 한다. • 머리를 감는다. • 화장실 사용 후 혼자 손을 씻고 닦는다. • 안전하게 길을 건넌다. • 우유 종이팩을 성인의 도움 없이도 혼자서 연다.

요약

모든 유아는 제각기 다른 모습으로 성장한다. 그러나 이들은 서로 다르면서도 또 한편으로는 유사한 발달의 양상을 보이기도 한다. 다시 말해서, 유아의 발달은 하나의 정해진 양상에 따라 이루어지는 것 같으면서도 그 속도나 정도에 있어서, 또는 겉으로 나타나는 현상에 있어서 제각기 서로 다르게 이루어진다. 그러므로 유아를 교육하는 교사는 이들의 전반적이면서도 유사한 포괄적인 발달의 양상을 이해함과 동시에 개별적으로 나타날 수 있는 차이점 또한 이해할 수 있어야 한다. 특히, 유아를 교육함에 있어서 이들의 발달 양상이나 정도, 또는 일탈 여부를 이해하는 것은 매우 중요하다. 이러한 이해가 선행되지 않고는 유아교육의 궁극적인 목표인 유아 개개인의 발달 촉진을 원만하게 수행할 수 없기 때문이다.

장애 유아를 교육함에 있어서 교사는 장애라고 인식되는 또는 다른 유아와는 다르게 나타나는 발달의 양상에 대해서 그 성격이나 정도를 이해해야 하며, 동시에 이들이 이러한 장애로 인한 영향을 받지 않았다면 보였을 전형적인 발달 특성을 함께 이해하는 것이 매우 중요하다. 따라서 이 장에서는 유아의 발달을 이해하기 위한 발달의 개념과 원리를 알아보았다. 발달은 그 속도와 양상에 있어서 매우 폭넓은 다양성을 보이기 때문에 전형적인 발달과 비전형적인 발달로 단순하게 구분해서 정의하기 어려운 개념이지만 이 장에서는 대부분의 유아가 보이는 평균적인 발달의 개념을 전형적인 발달로 정의하고 전형성의 범주에 해당하는 다양성을 인정하는 개념으로 소개하였다. 또한 이러한 전형적인 발달의 범주를 벗어나는 비전형적인 발달의 유형과 양상은 발달지체, 장애, 우수성의 측면에서 설명하였다. 구체적으로 발달은 모든 유아에게 적용되는 기본적인 원리와 순서에 의해서 진행되는데, 이 장에서는 이러한 발달의 주요 원리와 연령에 따른 발달 특성에 대해서 알아보고 다섯 가지 주요 발달 영역의 특성과 발달지표를 소개하였다.

참고문헌

김영태(2014). 아동언어장애의 진단 및 치료(2판). 서울: 학지사.

보건복지부(2018). 한국영유아발달선별검사(개정판). 오송: 보건복지부 질병관리본부.

Allen, K. E., & Cowdery, G. E. (2015). *The exceptional child: Inclusion in early childhood education* (8th ed.). Belmont, CA: Wadsworth.

Bailey, D., & Wolery, M. (2003). 장애 영유아를 위한 교육(이소현 역). 서울: 이화여자대학교 출판부. (원저 1992년 출간)

Bayat, M. (2017). *Teaching exceptional children: Foundations and best practices in inclusive early childhood education classrooms* (2nd ed.). New York, NY: Routldedge.

Boyd, D., & Bee, H. (2011). *The developing child* (13th ed.). New York: Prentice Hall.

Brillante, P. (2017). *The essentials: Supporting young children with disabilities in the classroom.* Washington DC: National Association for the Education of Young Children.

Brown, W., Odom, S., & McConnell, S. (2008). *Social competence of young children: Risk, disability, and intervention*. Baltimore: Brookes.

Buchholz, E. (1997). Even infants need their solitude. *Brown University Child & Adolescent Behavior Letter, 13*, 1-3.

Coll, C., Buckner, J., Brooks, M., & Wei, L. (1998). The developmental status and adaptive behavior of homeless and low-income housed infants and toddlers. *American Journal of Public Health, 88*, 1371-1373.

Cook, R. E., Klein, M. D., & Chen, D. (2020). *Adapting early childhood curricula for children with special needs* (10th ed.). Boston, MA: Pearson.

Erikson, E. (1963). *Childhood and society* (2nd ed.). New York: Norton.

Favazza, P., & Siperstein, G. (2016). Motor acquisition for young children with disabilities. In B. Reichow, B. Boyd, E. Barton, & S. Odom (Eds.), *Handbook of early childhood special education* (pp. 225-246). Cham, Switzerland: Springer.

Festschrift, C. (1994). Primitive reflexes: Their contribution to the early detection of cerebral palsy. *Clinical Pediatrics, 33*, 388-398.

Gardiner, H., & Kosmitzk, C. (2017). Culture and social behavior. In H. Gardiner (Ed.), *Lives across cultures: Cross-cultural human development*(6th ed.). Edinbergh, England: Pearson.

Grant, A. (2013). Young gifted children transitioning into preschool and school: What matters? *Australian Journal of Early Childhood, 38*, 23-31.

Guo, G. (1998). The time of the influences of cumulative poverty on children's cognitive ability and achievement. *Social Forces, 77*, 257-282.

Guralnick, M. (2000). *Interdisciplinary clinical assessment of young children with developmental disabilities*. Baltimore, MD: Brookes.

Guralnick, M. (2019). *Effective early intervention: The developmental systems approach*. Baltimore, MD: Brookes.

Hanson, M. (1996). Early interactions: The family context. In M. J. Hanson (Ed.), *Atypical infant development* (2nd ed., pp. 235-272). Austin, TX: Pro-Ed.

Hanson, M., & Lynch, H. (1995). *Early intervention*. Austin, TX: Pro-Ed.

Hari, R., & Kujala, M. (2009). Brain basis of human social interaction: From concepts to brain imaging. *Physiological Reviews, 89*, 453-479.

Hoffman, K., Cooper, G., & Powell, B. (2017). *Raising a secure child: How circle of security parenting can help you nurture your child's attachment, emotional resilience, and freedom to explore.* New York, NY: The Guilford Press.

Horn, E., Snyder, P., & McLean, M. (2014). Assessment of adaptive behavior. In M. McLean, M. Hemmeter, & P Snyder (Eds.), *Essential elements for assessing infants and preschoolers with special needs* (pp. 316-354). Boston, MA: Pearson.

Howard, V., Williams, B., & Miller, D., & Aiken, E. (2013). *Very young children with special needs: A Foundation for educators, families, and service providers* (5th ed.). Boston: Pearson.

Howes, C. (2008). Friendship in early childhood: Friendship. In K. Rubin, W. Bukowski, & B. Laursen

(Eds.), *Handbook of peer interactions, relationships, and groups* (pp. 180-194). New York, NY: The Guilford Press.

Hooper, S. R., & Umansky, W. (2011). 영유아 특수교육(노진아, 김연하, 김정민 공역). 서울: 학지사. (원저 2009년 출간)

Hunnius, H., Bekkering, S., & Cillessen, A. (2009). The association between intention understanding and peer cooperation in toddlers. *European Journal of Child Development, 3*, 368-388.

Kennedy, J. (1992). Relationship of maternal beliefs and childrearing strategies to social competence in preschool children. *Child Study Journal, 22*, 39-60.

Kilgo, G. (2014). Assessing motor skills in young children. In M. McLean, M. Hemmeter, & P. Snyder (Eds.), *Essential element for assessing infants and preschoolers with special needs* (4th ed., pp. 356-382). Boston, MA: Pearson.

Klaus, M. H., Kennell, J. H., & Klaus, P. H. (1995). *Bonding: Building the foundations of secure attachment and independence*. New York, NY: Perseus Books.

Lester, B., & Brazelton, T. (1982). Cross-cultural assessment of neonatal behavior. In D. Wagner & H. W. Stevenson (Eds.), *Cultural perspectives on child development*. San Francisco: Freeman.

Lewis, M. (1996). Developmental principles and their implications for infants who are at-risk and/or disabled. In M. Hanson (Ed.), *Atypical infant development* (2nd ed., pp. 17-46). Austin, TX: Pro-Ed.

Marotz, L., & Allen, K. E. (2016). *Developmental Profiles: Pre-birth through adolescence* (8th ed., p. 28). Belmont, CA: Wadsworth.

McCauley, R., & Fey, M. (2006). *Treatment of language disorders in children*. Baltimore, MD: Brookes.

McLauglin, T., & Vacha, E. (1992). The social, structural, family, school, and personal characteristics of at-risk students: Policy recommendations for school personnel. *The Journal of Education, 174*, 9-25.

McLean, M., Hemmeter, M., & Snyder, P. (Eds.). (2014). *Essential elements for assessing infants and preschoolers with special needs* (4th ed.). Boston: Pearson.

Meltzoff, A. N, & Moore, M. K. (1983). *Newborn infants imitate adult facial gestures. Child Development, 54*, 702-709.

National Association for Gifted Children. (2015). *Definitions of giftedness: What is giftedness?* Retrieved form https://www.nagc.org/resources-publications/ resources/definitions-giftedness.

Odom, S., & McLean, M. (Eds.). (1996). *Early intervention/early childhood special education: Recommended practices*. Austin, TX: Pro-Ed.

Odom, S., & Wolery, M. (2003). A unified theory of practice in early intervention/early childhood special education: Evidence-based practice. *Journal of Special Education, 37*, 164-173.

Poulin, F., & Chan, A. (2010). Friendship stability and change in childhood and adolescence. *Developmental Reviews, 30*, 257-272.

Sameroff, A. (2010). A unified theory of development: A dialectic integration of nature and nurture. *Child Development, 81*, 6-22.

Schaefer, D., Light, J., Fabes, R., Hanish, L., & Martin, C. (2009). Fundamental principles of network formation among preschool children. *Social Networks, 32*, 61-71.

Shaffer, D. R. (2010). *Developmental psychology: Childhood and Adolescence* (8th ed.). Belmont, CA: Wadsworth Publishing.

Skeels, H. (1942). A study of the differential stimulation on mentally retarded children: AS follow-up report. *American Journal of Mental Deficiency, 46*, 340-350.

Slater, A., & Lewis, M. (2007). *Introduction to infant development.* Oxford, England: Oxford University Press.

Stile, S. W. (1993). *Early intervention with gifted children: A national survey. Journal of Early Intervention, 17*, 30-35.

Stone, W., & La Greca, A. (1984). Development of social skills in children. In E. Schopler & G. Mesibov (Eds.), *Social behavior in autism* (pp. 35-60). New York: Plenum.

Vandell, D. (1980). Peer interaction in the first year of life: An examination of its structure, content, and sensitivity to toys. *Child Development, 51*, 481-488.

Vandell, D., Nenide, L., & Van Winkle, S. (2006). Peer relationships in early childhood. In D. McCartney & C. Phillips (Eds.), *Blackwell handbook of developmental psychology* (pp. 455-470). Malden, MA: Blackwell Publishing.

Wilson, R. A. (2003). *Special educational needs in the early years: Teaching and learning in the early years* (2nd ed.). New York: Routledge.

제3장

발달장애의 이해

Ⅰ. 발달장애의 개념

1. 발달장애의 정의

발달장애(developmental disability)는 일반적으로 발달 시기(18세 이전)에 나타나는 발달상의 진보를 방해하는 상태를 의미한다(Peterson, 1987). 미국의 발달장애 지원 및 권리에 관한 법률(Developmental Disabilities Assistance and Bill of Rights Act of 2000)에서는 발달장애에 대한 보다 구체적인 정의를 제시하였는데, 이 정의에 의하면 발달장애는 출생 시 또는 아동기에 발생하며, 정신적 또는 신체적으로 또는 이 두 가지의 복합적인 손상으로 나타나고, 일생에 걸쳐 지속될 것으로 예상되며, 다음과 같은 주요 생활 중 세 가지 이상의 기능에서 상당한 제약을 받는 만성적이고 심각한 장애를 의미한다: 자조기술, 수용 및 표현 언어, 학습, 이동, 자기주도, 독립적인 생활능력, 경제적인 자급자족.

우리나라에서는 발달장애를 지칭하는 용어로 단순하게 장애라는 용어를 주로 사용한다. 뿐만 아니라, 발달장애라는 용어의 사용에 있어서 원래의 개념과는 다르게 지적장애 및 자폐 범주성 장애를 중심으로 하는 보다 협소한 개념의 의미가 적용되고 있다. 이는 장애와 관련된 법률에서 제시하는 정의에 의한 것으로 해석된다. 예를 들어, 「장애인복지법」에서는 장애를 신체적 장애와 정신적 장애로 구분하고 발달장애를 정신적 장애의 한 부분으로 포함시키고 있다. 2014년에 제정된 「발달장애인 권리 보장 및 지원에 관한 법률」은 「장애인복지법」의 장애 관련 정의를 근거로 발달장애인을 지적장애인, 자폐성 장애인, 그 밖에 통상적인 발달이 나타나지 아니하거나 크게 지연되어 일상생활이나 사회생활에 상당한 제약을 받는 사람으로서 대통령령이 정하는 자로 정의한다(제2조). 여기서 통상적인 발달이 나타나지 않거나 지연된다는 것은 발달에 영향을 미치는 상태를 모두 포함할 수 있으나 실제로는 지적장애 및 자폐성 장애를 의미하는 제한적인 의미의 용어로 사용되는 경우가 많으므로 교육 현장에서 사용할 때 그 의미에 주의를 기울여야 할 것이다. 〈표 3-1〉은 한국과 미국의 장애(인) 및 발달장애(인)에 대한 법적 정의를 비교해서 보여 준다.

표 3-1 한국과 미국의 장애(인) 및 발달장애(인) 정의

	장애(인)	발달장애(인)
한국	신체적 장애(외부 신체 기능의 장애, 내부 기관의 장애 등) 또는 정신적 장애(발달장애 또는 정신질환으로 발생하는 장애)로 오랫동안 일상생활이나 사회생활에서 상당한 제약을 받는 자 출처: 장애인복지법	장애인복지법 제2조 제1항의 장애인으로서 다음 각 목의 장애인을 말한다. 가. 지적장애인: 정신 발육이 항구적으로 지체되어 지적 능력의 발달이 불충분하거나 불완전하여 자신의 일을 처리하는 것과 사회생활에 적응하는 것이 상당히 곤란한 사람 나. 자폐성 장애인: 소아기 자폐증, 비전형적 자폐증에 따른 언어 · 신체표현 · 자기조절 · 사회적응 기능 및 능력의 장애로 인하여 일상생활이나 사회생활에 상당한 제약을 받아 다른 사람의 도움이 필요한 사람 다. 그 밖에 통상적인 발달이 나타나지 아니하거나 크게 지연되어 일상생활이나 사회생활에 상당한 제약을 받는 사람으로서 대통령령이 정하는 자 출처: 발달장애인 권리 및 지원에 관한 법률
미국	신체 움직임이나 발달에 영향을 미쳐서 걷기, 서기, 보기, 듣기, 말하기, 학습 등 한 가지 이상의 주요 생활 능력에 상당한 제약을 받는 신체적 또는 정신적 상태 출처: Americans with Disabilities Act of 1990 (ADA)	출생 시 또는 아동기에 발생하며, 정신적 또는 신체적으로 또는 이 두 가지의 복합적인 손상으로 나타나고, 일생에 걸쳐 지속될 것으로 예상되며, 다음과 같은 주요 생활 중 세 가지 이상의 기능에서 상당한 제약을 받는 만성적이고 심각한 장애: 자조기술, 수용 및 표현 언어, 학습, 이동, 자기주도, 독립생활, 경제적 자족 출처: Developmental Disabilities Assistance and Bill of Rights Act of 2000

2. 발달장애의 분류

특수교육 현장에서는 발달장애를 분류할 때 주로 「장애인 등에 대한 특수교육법」을 따른다. 1장에서 이미 설명한 바와 같이, 이 법에서는 특수교육대상자를 규정할 때 여덟 가지 유형의 장애를 보이거나 발달지체를 보이는 대상자를 포함하며, 이에 해당되지 않는 기타 대상자를 위해서 그 밖에 대통령령으로 정하는 항목을 별도로 두고 있다. 미국의 경우는 장애인교육법(IDEA)에 의해서 장애 아동을 12개 유형의 장애를 지닌 것

으로 진단받음으로써 특수교육 및 관련서비스를 필요로 하는 아동으로 정의하였으며, 이와는 별도로 9세 이하의 아동이 주에서 정한 기준에 따라 적절한 진단 도구 및 절차를 통해 발달상의 지체를 보이는 것으로 진단되는 경우 특수교육대상자로 포함시킨다.

1장에서 강조한 바와 같이 유아기에 특정 장애명으로 진단하는 것은 그 부정적인 영향이나 부적절함 때문에 논의의 대상이 되고 있으며, 이로 인하여 발달지체로 진단받은 경우에도 특수교육대상자로 그 적격성을 인정하는 제도가 도입되었다. 「장애인 등에 대한 특수교육법」에서는 9개의 장애 분류 중 하나로 발달지체를 포함시켰으며, 장애인교육법에서는 특정 장애명과는 분리해서 영유아기 적격성 기준으로 포함시켰다. 결과적으로, 두 법 모두 9세 미만의 아동은 장애진단 없이 발달지체 진단만으로도 특수교육대상자로 인정받을 수 있는 통로를 마련하였다.

장애를 지닌 아동을 대상으로 일하는 모든 사람은 아동의 나이와 관계없이 장애로 인한 손상과 문제의 성격 및 정도 등을 정확하게 알아야 한다. 특히 유아를 대상으로 하는 교사는 현재 이들이 구체적인 장애명으로 진단되어 분류되기보다는 발달지체로 진단되는 것이 바람직하다는 주장에 의해서 장애 유형이나 종류에 따른 구체적인 특성을 알 필요가 없다고 생각하기 쉽다. 그러나 현재 이들이 보이는 발달상의 지체가 이후 학령기에 진단되는 특정 장애와 연결될 수 있기 때문에 장애의 유형과 그에 따른 특성 및 정도에 대한 정확한 지식을 가지고 있어야 한다. 또한 유아특수교육이 지니는 장애 예방적 측면의 노력을 위해서는 각 장애 영역에 따른 특성과 이러한 장애를 조기에 예측하게 해 주는 특성을 잘 알아야 한다. 그러므로 이 장에서는 「장애인 등에 대한 특수교육법」에서 제시하는 특수교육대상자 분류에 따른 선정 기준(〈표 3-2〉)과 미국 장애인교육법(IDEA 2004)상의 12개 장애 유형에서 사용한 13개 용어 및 그 정의(〈표 3-3〉)를 표로 제시하고, 각 장애의 정의와 특성에 대해서 영유아기를 중심으로 간략하게 설명하고자 한다. 각 장애 영역에 대해서 보다 상세히 알기 원하는 독자는 이소현, 박은혜 (2011)의 『특수아동교육: 통합학급 교사들을 위한 특수교육 지침서(3판)』를 참고하기 바란다.

표 3-2 「장애인 등에 대한 특수교육법」의 특수교육대상자 분류 및 선정 기준

대상자	선정 기준
시각장애를 지닌 특수교육대상자	시각계의 손상이 심하여 시각기능을 전혀 이용하지 못하거나 보조공학기기의 지원을 받아야 시각적 과제를 수행할 수 있는 사람으로서 시각에 의한 학습이 곤란하여 특정의 광학기구 · 학습매체 등을 통하여 학습하거나 촉각 또는 청각을 학습의 주요 수단으로 사용하는 사람

〈계속〉

대상자	선정 기준
청각장애를 지닌 특수교육대상자	청력 손실이 심하여 보청기를 착용해도 청각을 통한 의사소통이 불가능 또는 곤란한 상태이거나, 청력이 남아 있어도 보청기를 착용해야 청각을 통한 의사소통이 가능하여 청각에 의한 교육적 성취가 어려운 사람
지적장애를 지닌 특수교육대상자	지적 기능과 적응행동상의 어려움이 함께 존재하여 교육적 성취에 어려움이 있는 사람
지체장애를 지닌 특수교육대상자	기능 · 형태상 장애를 가지고 있거나 몸통을 지탱하거나 팔다리의 움직임 등에 어려움을 겪는 신체적 조건이나 상태로 인해 교육적 성취에 어려움이 있는 사람
정서 · 행동장애를 지닌 특수교육대상자	장기간에 걸쳐 다음 각 목의 어느 하나에 해당하여, 특별한 교육적 조치가 필요한 사람 가. 지적 · 감각적 · 건강상의 이유로 설명할 수 없는 학습상의 어려움을 지닌 사람 나. 또래나 교사와의 대인관계에 어려움이 있어 학습에 어려움을 겪는 사람 다. 일반적인 상황에서 부적절한 행동이나 감정을 나타내어 학습에 어려움이 있는 사람 라. 전반적인 불행감이나 우울증을 나타내어 학습에 어려움이 있는 사람 마. 학교나 개인 문제에 관련된 신체적인 통증이나 공포를 나타내어 학습에 어려움이 있는 사람
자폐성 장애를 지닌 특수교육대상자	사회적 상호작용과 의사소통에 결함이 있고, 제한적이고 반복적인 관심과 활동을 보임으로써 교육적 성취 및 일상생활 적응에 도움이 필요한 사람
의사소통장애를 지닌 특수교육대상자	다음 각 목의 어느 하나에 해당하여 특별한 교육적 조치가 필요한 사람 가. 언어의 수용 및 표현 능력이 인지능력에 비하여 현저하게 부족한 사람 나. 조음능력이 현저히 부족하여 의사소통이 어려운 사람 다. 말 유창성이 현저히 부족하여 의사소통이 어려운 사람 라. 기능적 음성장애가 있어 의사소통이 어려운 사람
학습장애를 지닌 특수교육대상자	개인의 내적 요인으로 인하여 듣기, 말하기, 주의집중, 지각(知覺), 기억, 문제해결 등의 학습기능이나 읽기, 쓰기, 수학 등 학업 성취 영역에서 현저하게 어려움이 있는 사람
건강장애를 지닌 특수교육대상자	만성질환으로 인하여 3개월 이상의 장기입원 또는 통원치료 등 계속적인 의료적 지원이 필요하여 학교생활 및 학업 수행에 어려움이 있는 사람
발달지체를 보이는 특수교육대상자	신체, 인지, 의사소통, 사회 · 정서, 적응행동 중 하나 이상의 발달이 또래에 비하여 현저하게 지체되어 특별한 교육적 조치가 필요한 영아 및 9세 미만의 아동

출처: 「장애인 등에 대한 특수교육법 시행령」 제10조 (개정 2016. 6. 21.)

표 3-3 장애인교육법(IDEA 2004)의 장애 관련 용어 및 정의

용어	정의
자폐 autism	(i) 구어와 비구어 의사소통 및 사회적 상호작용에 심각한 영향을 미치는 발달장애로, 일반적으로 3세 전에 나타나며 교육적 성취에 부정적인 영향을 미침. 함께 나타나곤 하는 기타 특성에는 반복적인 활동 및 상동적인 움직임, 환경이나 일과의 변화에 대한 저항, 감각 경험에 대한 특이한 반응이 있음 (ii) 교육적 성취에 부정적인 영향을 미치는 주요 원인이 아래에서 설명하는 정서장애인 경우는 해당되지 않음 (iii) 3세 이후에 자폐의 특성을 보이는 경우 (i)의 기준에 해당되면 자폐를 지닌 것으로 판별될 수 있음
농-맹 deaf-blindness	청각과 시각의 동시 손상으로, 그 조합이 심각한 의사소통 및 기타 발달적 교육적 요구를 초래함으로써 농이나 맹 중 한 가지만 지닌 아동을 위한 특수교육 프로그램에 적합하지 않음
농 deafness	보청기를 착용하거나 착용하지 않은 상태에서 청각을 통하여 언어 정보를 처리하지 못할 정도로 심각하여 교육적 성취에 부정적인 영향을 미치는 청각 손상
정서장애 emotional disturbance	(i) 다음의 특성 중 하나 이상을 오랜 시간 동안 현저하게 나타냄으로써 교육적 성취에 부정적인 영향을 미치는 상태 (A) 지능, 감각, 건강상의 요소로 설명할 수 없는 학습상의 무능력 (B) 또래 및 교사와 만족할 만한 상호적인 관계를 형성하거나 유지하지 못함 (C) 전형적인 환경에서 부적절한 형태의 행동이나 감정을 보임 (D) 일반적으로 전반적인 불행감이나 우울감을 보임 (E) 개인적인 또는 학교 문제와 관련해서 신체적 증상이나 두려움을 보이는 경향 (ii) 조현병을 포함함. 사회적 부적응을 보이는 아동은 (i)에 해당되지 않는 한 포함되지 않음
청각장애 hearing impairment	'농'의 정의에 해당되지 않으면서 교육적 성취에 부정적인 영향을 미치는 영구적이거나 변동적인 청각 손상
지적장애 intellectual disabilities	적응행동의 결함과 동시에 나타나는 심각한 평균 이하의 지적 기능으로 발달 시기에 나타나며 교육적 성취에 부정적인 영향을 미침. "지적장애"라는 용어는 이전에 "정신지체"로 사용되었음
중복장애 multiple disabilities	동시에 나타나는 손상의 조합(예: 지적장애-맹, 지적장애-지체장애)으로, 그 조합이 심각한 교육적 요구를 초래함으로써 한 가지 손상을 보이는 아동을 위한 특수교육 프로그램에 적합하지 않음. 농-맹은 포함되지 않음

〈계속〉

용어	정의
지체장애 orthopedic impairment	교육적 성취에 부정적인 영향을 미치는 심각한 정형외과적인 손상으로 선천적 기형, 질병에 의한 손상(예: 소아마비, 골결핵), 기타 원인에 의한 손상(예: 뇌성마비, 절단, 근육수축을 일으키는 골절이나 화상)을 포함함
기타 건강상의 장애 other health impairment	환경 자극에 대한 지나친 각성 수준 등 제한된 강도, 체력, 각성으로 인하여 교육적 환경에 제대로 반응하지 못함 (i) 천식, 주의력결핍장애 또는 주의력결핍 과잉행동장애, 당뇨, 간질, 심장 상태, 혈우병, 납 중독, 백혈병, 신장염, 류머티즘성 열병, 겸상적혈구빈혈증, 투렛 증후군 등의 만성 또는 급성 건강 문제로 인함 (ii) 교육적 성취에 부정적인 영향을 미침
특정학습장애 specific learning disability	(i) 듣기, 생각하기, 말하기, 읽기, 쓰기, 철자법, 수학 계산을 수행하는 능력의 결함으로 나타날 수 있는, 말이나 글로 표현된 언어를 이해하거나 사용하는 데 포함되는 기본적인 심리적 과정에 있어서의 한 가지 이상의 장애로, 지각장애, 뇌손상, 미세뇌기능이상, 발달적 실어증 등의 상태를 포함함 (ii) 시각, 청각, 운동기능 장애, 또는 지적장애, 정서장애, 또는 환경적, 문화적, 경제적 불이익이 주원인인 학습 문제는 포함되지 않음
말 또는 언어 장애 speech or language impairment	교육적 성취에 부정적인 영향을 미치는 말더듬, 조음장애, 언어장애, 음성장애 등의 의사소통장애
외상성 뇌손상 traumatic brain injury	교육적 성취에 부정적인 영향을 미치는 전반적이거나 부분적인 기능 장애 또는 심리사회적 손상 또는 두 가지 모두를 초래하는 외부의 물리적 힘에 의해서 발생하는 후천적인 뇌손상. 인지; 언어; 기억; 주의집중; 추론; 추상적 사고; 판단; 문제해결; 감각, 지각, 운동 기능; 심리사회적 행동; 신체 기능; 정보 처리; 말 등의 영역 중 한 가지 이상의 영역에서 손상을 초래하는 개방형 또는 폐쇄형 머리 손상을 포함함. 선천적 또는 퇴행성 또는 출생 중에 발생한 뇌손상은 포함하지 않음
시각장애(맹 포함) visual impairment (including blindness)	교정을 한 후에도 교육적 성취에 부정적인 영향을 미치는 시각 손상으로 저시력과 맹을 모두 포함함

출처: Individuals with Disabilities Education Act Section 300.8 (개정 2017.7.11.)

Ⅱ. 감각 손상

1. 청각장애

1) 청각장애의 정의

청각장애는 생리학적 관점과 교육적 관점에서 서로 다르게 정의된다. 우선 생리학적 관점에서는 청력이 손상된 정도에 따라서 특정 강도 이상의 소리를 듣지 못하는 경우를 농(deaf)으로, 그 나머지를 난청(hard of hearing)으로 분류한다. 청력의 정도는 일반적으로 데시벨(dB)로 표시하는데, 일반적인 청력을 지닌 사람이 가장 미세한 소리를 듣는 정도를 0데시벨로 표시하며 90데시벨 이상의 청력 손실을 농으로 정의한다. 청력 손상의 정도에 따른 청각장애의 정도와 의사소통 특성은 〈표 3-4〉에서 보는 바와 같다.

표 3-4 청력 손실의 정도에 따른 청각장애의 정도와 의사소통 특성

청력(dB)	장애 정도	의사소통 특성
-10~15	청각장애 아님	의사소통에 아무런 영향을 미치지 않는다.
16~25	최경도	조용한 환경에서 말을 알아듣는 데에는 어려움이 없으나 시끄러운 환경에서는 작은 소리의 말을 이해하는 데 어려움이 있다.
26~40	경도	주제가 알려져 있고 어휘가 제한된 조용한 대화 환경에서는 의사소통에 어려움이 없다. 조용한 환경이라도 작거나 멀리서 나는 소리를 듣는 데에는 어려움이 있다. 교실에서의 토론 활동을 따라가기 힘들다.
41~55	중등도	대화하는 말소리는 가까운 거리에서만 들을 수 있다. 학급 토론과 같은 집단 활동에서는 의사소통의 어려움을 보인다.
56~70	중등도~중도	크고 분명한 대화 소리만 들을 수 있으며 집단 상황에서는 훨씬 더 큰 어려움을 보인다. 말할 때 말하는 소리가 분명하게 손상되어 다른 사람이 이해하기 힘든 경우가 많다.
71~90	중도	아주 커다란 소리 외에는 대화하는 소리를 들을 수 없으며 듣는다고 해도 이해하지 못하는 단어가 많다. 항상 그런 것은 아니지만 환경 소리를 감지할 수는 있다. 말할 때 다른 사람이 이해하기 어렵다.
91+	최중도	아주 큰 소리는 들을 수는 있지만 대화하는 말소리는 전혀 듣지 못한다. 시각이 의사소통의 주요 통로가 된다. 말소리를 낼 수 있는 경우에도 다른 사람이 이해하기 어렵다.

출처: Schirmer, B. R. (2001). *Psychological, social and educational dimensions of deafness.* Boston: Allyn & Bacon.

교육적 관점에서의 청각장애의 정의는 청력 손상이 아동의 말하는 능력과 언어 발달에 얼마나 큰 영향을 미치는지를 강조한다. 가장 많이 사용되고 있는 청각장애의 교육적 정의를 살펴보면 농은 보청기 사용 여부와 관계없이 청력을 통하여 언어 정보를 성공적으로 처리하는 데 방해가 되는 청력 손상을 의미하며, 난청은 보청기를 사용하면 청력을 통하여 언어 정보를 성공적으로 처리할 수 있을 만큼 충분한 잔존 청력을 가지고 있는 경우를 의미한다(Brill, MacNeil, & Newman, 1986).

청각장애 아동을 교육하는 교사는 청력이 손상된 나이에 대해 많은 관심을 보이는데, 이것은 청력 손상 시기가 언어 발달의 지체와 밀접한 관계가 있기 때문이다. 청력 손상의 시기가 이르면 이를수록 언어 발달이 지체되며, 이러한 이유로 인해서 태어날 때부터 청각장애를 지니고 태어나는 선천성 농과 출생 후에 청각이 손실된 후천성 농으로 분류하기도 한다. 또한 언어 습득 시기를 기점으로 언어 습득 전 농과 언어 습득 후 농으로 분류하기도 하는데, 이때 분류 기점에 대해서는 전문가에 따라서 6개월, 12개월, 18개월 등으로 서로 다르게 주장된다(Meadow-Orlans, 1987).

최근에는 청각장애 자체를 장애로 보는 것에 대한 반론이 제기되기도 하는데, 이것은 청각장애가 사회에서 사용하는 주요 언어(예: 한국 사회에서의 한국어)의 습득에는 문제가 되지만 자신들 사회의 언어(예: 수어)를 습득하는 데에는 아무런 문제도 없기 때문에 장애보다는 하나의 소수 집단으로 분류되어야 한다는 주장에 따른 것이다(Garisi, 2017; Holcomb, 2013; Lane, 2006). 최근에는 청각장애를 청력 손상으로 보기보다는 농-취득(deaf-gain)으로 보아야 한다는 주장을 통하여 농문화와 수어에 대한 존중이 강조되고 있다(Bauman & Murray, 2017).

2) 청각장애의 특성

선천적으로 청력이 손상되었거나 출생 후 이른 시기에 청력이 손상된 경우라 할지라도 이들의 행동은 청력이 손상되지 않은 경우와 비슷하기 때문에 청력 손상을 조기에 발견하기가 매우 어렵다. 그러나 성장하면서 주변 환경에 보다 많은 반응을 해야 하는 시기가 되면 그 증상은 분명하게 나타나기 시작한다. 〈표 3-5〉는 청각장애를 조기에 발견하게 해 주는 위험 신호로서의 행동 특성을 연령별로 보여 준다(Peterson, 1987).

청각장애 아동이 보이는 가장 큰 특성은 사회에서 일반적으로 사용되는 언어로 의사소통을 할 수 없다는 것이다. 최근에는 청각장애인이 사용하는 수어를 언어의 한 형

표 3-5 청각장애를 예측하게 해 주는 영유아기 행동 특성

연령	행동 특성
출생~6개월	• 갑작스럽거나 큰 소리에 놀라거나 눈을 깜빡이지 않으며 하던 활동을 바꾸지 않는다. • 엄마 목소리에 반응하지 않고 엄마의 목소리로 진정시킬 수 없다. • 소리를 내지 않으며 시끄러운 놀잇감에 반응하지 않는다. • 소리 나는 옆이나 뒤로 고개를 돌리지 않는다.
10개월	• 이름을 불러도 반응하지 않는다.
12개월	• 일상적인 소리(예: 개 짖는 소리, 가족의 목소리, 뒤에서 나는 발자국 소리)에 반응하지 않는다. • 날카로운 비명을 지르거나 지속적인 모음을 발성한다. • 말하는 사람 쪽으로 돌아보지 않는다.
15개월	• 소리나 간단한 단어를 모방하지 못한다. 모방을 하는 경우에도 모델의 소리와 비슷하지 않다.
15개월~4, 5세	• 목소리를 크게 하지 않으면 주의를 기울이지 않는다. • 말을 듣는 동안 자주 "응?" "뭐라고?" 등의 반응을 보인다. • 소리에 대해 일관성 없는 반응을 보이며 때로는 듣는 것처럼 행동하고 때로는 듣지 못하는 것처럼 반응한다. • 고음이나 저음에 대한 선호도를 보인다. • 말의 습득이 지체된다.

태로 인정하면서 이들도 언어의 이해와 산출에 있어서 문제가 없음이 주장된다. 특히 수어를 사용하는 청각장애 아동은 언어 발달에 있어서 또래와 동일한 발달지표상의 습득을 보이는 것으로 보고된다. 예를 들어, 청각장애 아동은 일반 아동과 마찬가지로 12~18개월에 첫 단어를, 18~22개월에 두 단어 문장을 수어로 말하곤 한다(Lane, Hoffmeister, & Bahan, 1996). 그러나 일반인이 사용하는 말을 하거나 이해할 수 없다는 사실은 이들에게 부정적인 영향을 미치는 것이 분명하다. 특히 언어 습득 이전에 청력이 손상된 아동은 말을 배우기가 더욱 힘들다. 예를 들어, 일반 아동과 같은 시기인 6개월 정도에 옹알이를 시작하지만 자신의 소리를 듣지 못하거나 상대방의 반응을 알아듣지 못함으로 인해서 옹알이가 말의 형태로 발전하지 못하고 9개월경에 중단되기도 한다(Daza & Phillips-Silver, 2013). 결과적으로, 이들은 상대방의 반응을 감지하지 못함으로 인해서 자신의 말소리 산출에도 영향을 받게 된다.

청각장애 아동의 지능에 대해서는 오랫동안 상반된 의견이 주장되어 왔다. 과거에

는 이들이 지능에 있어서의 결함도 함께 보이는 것으로 여겨지기도 했으나 현재는 의사소통하기 어렵다는 이유로 지적인 능력이 과소평가 되어서는 안 되는 것으로 강조된다. 특히, 지능검사가 수어로 이루어지면 지적 능력에 있어서 일반 아동과 차이가 없는 것으로 나타난다(Prinz et al., 1996). 그러므로 청각장애 아동의 지능을 측정할 때에는 다양한 방법으로 측정해야 하며, 특히 구어검사보다는 비구어검사나 수행검사를 사용하도록 권장된다. 그러나 소리는 환경에 대해 관심을 갖게 하고 환경 내 여러 사건을 이해하게 하는 데에 결정적인 역할을 할 뿐만 아니라 영유아기 인지 발달이 환경과의 상호작용을 통해서 이루어진다는 사실을 고려한다면 영유아기 발달에 있어서 청각 자극의 결여는 환경에 대한 지식을 축적하는 데에 부정적인 영향을 미치게 된다. 예를 들어, 의사소통 기술을 갖출 때까지는 청각장애가 없는 또래에 비해서 인지 발달의 속도가 느릴 수 있으며(Cejas, Barker, Quittner, & Niparko, 2014), 소리를 통하여 환경 내 사건을 예측하지 못함으로 인해서 무기력하고 혼동된 감정을 가지게 될 수도 있다(Marshall et al., 2015).

지적인 능력에 이상이 없음에도 불구하고 청각장애 아동은 학업 성취에 있어서 큰 어려움을 겪는다. 특히, 주로 언어 기술에 의존하게 되는 읽기 능력에서 가장 큰 영향을 받는다. 한 연구에 의하면 청각장애 아동이 15세가 되었을 때 평균적으로 약 5년 정도의 지체가 나타나는 것으로 보고되었다(Trezek, Wang, & Paul, 2010). 청각장애 아동이 가장 잘할 수 있는 수학의 경우에도 일반 아동에 비해서 뒤떨어지는 것으로 보고된다. 여러 연구에 의하면 청각장애 부모를 둔 청각장애 아동이 일반 부모를 둔 청각장애 아동에 비해서 읽기 및 언어 수준이 높은 것으로 나타난다(Bornstein, Selmi, Haynes, Painter, & Marx, 1999). 이러한 현상이 나타나는 원인에 대해서는 연구자 간에 합의가 이루어지지 않고 있기는 하지만(Powers, 2003), 수어 사용의 긍정적인 측면을 설명해 주는 것으로 해석되기도 한다. 즉, 수어를 사용함으로써 부모와 의사소통을 더 잘하게 되면 수어가 유창해지면서 다른 언어 체계인 구어 및 읽기 학습에 도움이 되기 때문이라는 것이다(Hallahan, Kauffman, & Pullen, 2018).

청각장애 아동의 사회성이나 성격 발달은 다른 사람과의 대화의 어려움으로 인해서 영향을 받게 된다. 특히, 빈약한 자아개념 형성과 외로움에 노출될 가능성이 큰데, 이와 같은 특성은 또래와의 사회적 통합에 결정적인 영향을 미칠 수 있다(Martin, Bat-Chava, Laowani, & Waltzman, 2010; Mekonnen, Hannu, Elina, & Matti, 2016). 그러므로 통합 환경의 청각장애 아동이 또래와 의사소통을 하고 긍정적인 상호작용을 경험할 수 있도록 적극적인 지원을 제공해야 한다. 많은 청각장애 아동이 성장해서 성인이 되었을 때 일반인보다 청각장애인과 집단을 형성하고 밀접한 관계를 유지하게 되는 현실을 고려한다면 이들의 문화를 존중하면서 동시에 사회적 통합을 성취할 수 있도록 지원해야 할 것이다.

2. 시각장애

1) 시각장애의 정의

시각장애를 정의하기 위해서는 주로 법적 정의와 교육적 정의가 사용된다. 먼저 법적 정의에 의한 시각장애 진단은 시력과 시야의 측정으로 이루어진다. 교정시력이 20/200 이하거나 시야가 20 미만이면 법적으로 실명 또는 맹으로 분류되며, 교정시력이 20/200~20/70이면 저시력으로 분류된다. 여기서 시력이 20/200이라 함은 일반적인 시력을 지닌 사람이 200피트 거리에서 볼 수 있는 것을 20피트 거리에서 보는 것을 의미한다. 그러므로 이때 일반적인 시력은 20/20이다. 일반적인 시력을 지녔다고 할지라도 시야가 너무 좁아서 전체적으로 볼 수 없는 경우에도 맹으로 구분된다. 일반적인 시력을 지닌 사람은 고개를 돌리지 않고도 180° 내의 사물을 다 볼 수 있는 반면에 시야가 20°인 사람은 주변 시력이 매우 약해서 볼 수 있는 범위가 20° 이하로 제한됨으로써 좁은 터널을 통해 보는 것과 같은 현상이 나타난다.

교육 현장에서는 시력 그 자체가 개인의 기능과 잔존 시력의 사용 가능성에 대하여 정확하게 예측해 줄 수 없기 때문에 위에서 설명한 법적 정의에 의한 시각장애 분류는 적절하지 않은 것으로 주장된다(Scholl, 2017). 실제로 시각장애인의 많은 수가 잔존 시력을 지니고 있으며, 전혀 볼 수 없는 경우는 소수에 불과하다. 그러므로 교육 현장에서는 읽기 교수의 방법상의 차이를 강조하는 교육적 정의를 사용한다. 시각 손상이 심하여 점자를 배워야 하거나 청각 교재를 사용해야 하는 경우에는 맹, 활자의 크기를 조절하거나 확대경을 사용해서 글자나 인쇄물을 읽을 수 있는 경우에는 저시력으로 구분한다. 최근에는 기능적 맹(functional blindness)이라는 용어를 사용하기도 하는데, 이는 읽기 등 다양한 목적을 위하여 시력을 사용하기가 힘든 경우를 의미한다(Corn & Koenig, 2010). 즉, 책상 위에 물건을 놓는 등의 활동에 시력을 사용할 수는 있지만 보다 미세한 시력을 필요로 하는 문해력이나 기타 과제에는 비시각적 접근을 사용하는 것이 보다 효율적인 경우를 말한다.

2) 시각장애의 특성

시각장애는 성인 장애로 불릴 정도로 주로 성인에게서 많이 나타나며 아동기 장애 중 가장 낮은 출현율을 보인다. 출현율 통계가 정확하게 제시되고 있는 미국의 경우 6세부터 21세까지의 학령기 아동의 경우 성인에 비해 약 1/10의 출현율을 보이는 것으로 보고된다(Hallahan et al., 2018). 우리나라의 경우 2019년 기준 특수교육대상자의 장애 유형별 숫자를 살펴보면 시각장애는 전체 특수교육대상자의 2.1%로 학습장애(1.5%)와 건강장애(1.9%)의 뒤를 이어 세 번째로 낮은 출현율을 보이는 것으로 나타났다(교육부, 2019).

미국의 시각장애예방협회(Prevention Blindness America)에서는 시각장애를 조기에 발견할 수 있도록 눈과 관련된 문제를 웹사이트에 게시하고 있는데, 그 내용은 〈표 3-6〉에서 보는 바와 같다. 표에서 제시하고 있는 내용의 한 가지 이상의 증상을 보일 때에는 전문의의 진찰을 받아야 한다. 눈과 관련된 문제는 뚜렷한 증상 없이도 나타나기 때문에 출생 후 정기적인 검사를 받는 것이 중요하다. 출생 후 4개월 정도가 지나면 눈 앞에서 직선으로 이동하는 물체를 따를 수 있는지 또는 지속적인 눈맞춤이 가능한지 등을 반드시 살펴보아야 한다(Kirkendoll, 2016). 이는 조기 발견이 시력 상실을 예방하기 위한 핵심적인 역할을 할 수 있으며 학령기가 되어서는 이를 치료하거나 교정하기 어렵기 때문이다. 따라서 미국 시각장애예방협회에서는 시각장애 또는 시력 문제의 예방을 위해서 적어도 만 3세부터 반드시 선별 절차를 거치도록 권장한다.

시각장애를 지닌 영유아는 전형적인 발달을 보이는 또래에 비해서 전반적인 발달 속도가 상당히 지체되는데, 이는 주변의 성인이나 또래를 보고 모방하는 기술이 발달과 학습을 위한 가장 자연스러운 방법이기 때문이다(Puspitawati, Jebrane, & Vinter, 2014). 즉, 시각을 사용하지 못하는 아동은 발달 속도에 영향을 받을 수밖에 없다는 것이다. 이들은 발달 초기인 감각운동기부터 운동성 발달의 지체를 보이기 시작한다. 이것은 전형적인 시력을 지닌 영아는 주변의 흥미 있는 물체를 보기 위해서 고개를 들거나 좌우로 돌리는 등의 운동을 지속적으로 하면서 목 가누기와 돌리기 등의 매우 중요한 운동 발달을 이루게 되지만 시각을 상실한 영아는 그렇지 않기 때문이다. 예를 들어, 시각을 완전히 상실한 영아의 경우 환경을 탐구하고자 하는 동기유발이 안 될 수도 있으며 환경 내에 탐구할 만한 가치가 있는 무엇인가가 있다는 사실을 학습할 수 없기 때문에 '기기' 발달이 지체될 수 있다. 또한 부모에 따라서는 안전을 위해서 보지 못하는 자녀가 주변을 돌아다니며 탐구하는 것을 막을 수도 있기 때문에 이동성과 운동 기

표 3-6 시각장애를 예측하게 해 주는 눈과 관련된 문제

분류	증상
외모	• 두 눈이 일렬로 정렬되지 않거나, 두 눈의 시선이 모아지지 않고 한쪽 눈의 시선이 다른 곳을 향한다. • 눈가가 빨갛게 되거나 외피가 덮여 있거나 부어 있다. • 눈물이 고이거나 충혈되어 있다.
행동	• 눈을 지나치게 문지른다. • 한쪽 눈을 감거나 가린다. • 고개를 기울이거나 앞으로 내민다. • 읽기에 문제를 보이거나, 눈을 가까이 쓰는 작업을 어려워하거나, 사물을 눈 가까이에 대고 본다. • 눈을 가까이 쓰는 작업을 할 때 눈을 자주 깜빡거리거나 신경질을 낸다. • 원거리 사물을 분명하게 보지 못한다. • 눈을 가늘게 뜨거나 찡그린다.
불평	• "눈이 가려워요." "눈이 화끈거려요." "눈에 상처가 난 것 같아요." "잘 볼 수가 없어요."라고 말한다. • 눈을 가까이 쓰는 작업 후에 "어지러워요." "머리가 아파요." "아파요/메스꺼워요."라고 말한다. • "모든 것이 희미해요." 또는 "이중으로 보여요."라고 말한다.
학급 행동	• 책을 읽는 중에 위치를 놓친다. • 페이지 전체를 읽을 때 머리를 돌린다. • 글자를 쓸 때 크기와 간격이 불규칙하다. • 같은 줄을 반복해서 읽거나 건너뛰어 읽는다. • 책상에서 작업할 때 머리를 지나치게 기울인다. • 읽기나 쓰기 과제 시 집중 시간이 짧다. • 교실에서 과잉행동 또는 무기력함을 보인다.

능 발달에 부정적인 영향을 미치게 된다. 시각장애 아동의 운동 기능 발달과 방향정위 및 이동 훈련은 주로 학령기에 이르러 시작되는데 최근에는 기기 단계 영아의 탐구 행동 증진을 위해서 환경을 구성해 주거나 유치원에서 지팡이 사용 방법을 가르치는 등 이들을 위한 조기교육이 강조된다.

시각장애 유아는 일반 유아에 비해서 지적 능력이 낮은 것으로 잘못 인식되기도 하는데, 실제로 시각장애인의 지능이 낮다는 근거는 제시되지 않는다. 그러나 시각의 손상으로 인해서 다른 감각에 의존하여 학습하게 되므로 대상영속성, 인과관계, 수단과 목적 관계 등 여러 가지 인지 능력의 습득이 늦어지기도 한다. 또한 일반 유아에게는

자연스럽게 반복적으로 제공되는 모방과 관찰의 기회가 없기 때문에 또래에 비해서 개념 발달이 늦어질 수도 있다. 특히 선천적으로나 영아기에 장애를 가지게 되는 경우 정보 수집 체계에 손상을 입게 되므로 개념 형성에 큰 영향을 받게 된다. 그러나 이와 같은 개념 형성의 지체는 오래 지속되지 않으며, 특히 주변 환경으로부터 정보를 습득하는 방법으로 언어를 사용하기 시작하면서 사라지는 것으로 보고된다(Perez-Pereira & Conti-Ramsden, 1999).

인지 발달에 문제가 없는 경우에도 초기 언어 발달은 지체될 수 있는데, 이는 초기 의사소통 발달이 양육자와의 면대면 상호작용으로부터 시작되기 때문이다(Puspitawati et al., 2014). 따라서 발달 초기에 적절한 의사소통 기술을 습득하게 하기 위해서는 양육자가 접촉하고, 어루만지고, 간질이고, 말하는 등 끊임없는 의사소통 시도를 해야 한다. 이렇게 초기 언어 발달에 어려움을 보이는 것은 사실이지만 연령이 증가하면서 언어 기술은 향상되는 것으로 보고된다(Pereira, 2014).

학업 성취에 있어서도 시각장애 그 자체가 학업 성취에 부정적인 영향을 미치는 것은 아니다. 그러나 맹 또는 저시력 아동 모두 또래에 비해서 낮은 성취를 보이는 경우가 있는데, 이는 시각장애로 인한 것이기보다는 이들에 대한 기대가 너무 낮거나 점자를 학습할 기회가 부족했기 때문일 수 있다. 또한 시각장애 아동 중에는 점자 난독증(braille dyslexia)으로 음운 인식에 문제를 보이는 경우가 있으며, 촉각 정보 처리의 어려움으로 인하여 점자 읽기 기술에 문제를 보이는 경우도 있다(Hallahan et al., 2018).

대부분의 시각장애인은 사회적응에 있어서 큰 어려움이 없다. 그러나 시각장애는 다음과 같은 몇 가지 측면에서 이들의 사회적응을 어렵게 만들기도 한다. 첫째, 사회적 상호작용은 주로 미세한 사회적 단서를 근거로 이루어지는데, 이러한 단서는 대체로 시각적이다. 예를 들어, 부모나 친구의 눈맞춤이나 미소와 같은 시각적인 신호를 보지 못하기 때문에 이러한 행동을 배우기 어려우며, 따라서 이들의 사회적 상호작용이 제한되거나 잘못 해석되는 경우가 발생한다(Roe, 2013). 둘째, 시각장애로 인하여 사회적 상호작용을 시작하고 유지하기 어렵다. 예를 들어, 주변에 누가 있는지, 있던 사람이 떠났는지, 상대방이 자신에게 말하는지 아니면 다른 사람에게 말하는지 등을 잘 알 수 없기 때문에 적절한 상호작용을 시작하고 유지하기 어렵다. 셋째, 시각적 관찰과 모방을 통해서 자연스럽게 습득하게 되는 사회적 기술을 습득하기 어렵다. 예를 들어, 대화 중 상대방 쳐다보기, 머리를 똑바로 들고 바른 자세 취하기, 말할 때 또래나 교사로부터 적절한 거리 유지하기, 적절하게 대화 시작하기 등의 기술을 자연스럽게 습득하지 못하기 때문에 따로 교육을 받아야 하는 경우가 많다. 넷째, 시각장애 아동 중에는 감각이나 사회적 자극의 결핍을 보상하기 위해서 또는 과도한 자극을 조절하기 위해서 몸이나 머리를 앞뒤 또는 좌우로 흔들거나 눈을 문지르거나 빛을 응시하거나 손이나 손가락을 흔드는 등의 반복적인 행동을 통하여 스스로 각성 수준을 조절하려고 하는 경우가 있는데(Murdoch, 2015; Zimmerman, Zebehazy, & Moon, 2010), 이러한 상동행동은 학습에 방해가 될 뿐만 아니라 사회적인 수용과 교류에도 부정적인 영향을 미칠 수 있다.

III. 신체 및 건강 문제

1. 지체장애

1) 지체장애의 정의

지체장애 아동은 신체에 이상이 있다는 공통점만으로 다양한 특성의 아동이 하나의 집단으로 묶여진다(Best, Heller, & Bigge, 2010). 「장애인 등에 대한 특수교육법」은 지체장애를 기능 · 형태상의 장애 또는 몸통을 지탱하거나 팔다리의 움직임 등에 어려움을 겪는 신체적 조건이나 상태로 정의한다. 미국의 장애인교육법(IDEA)에서는 정형외과적 손상(orthopedic impairment)이 지체장애에 해당된다.

지체장애는 크게 신경운동계 장애와 정형외과적 또는 근골격계 장애로 분류된다. 신경운동계 장애는 두뇌 또는 척수의 신경학적 손상에 의해서 신체 움직임 기능에 손상을 가져오는 장애다. 대표적인 예로는 뇌성마비, 경련장애, 신경관 결함에 속하는 이분척추나 척수손상이 있다. 외상성 뇌손상도 출생 후에 원인을 파악할 수 있는 외상에 의해서 두뇌에 손상을 입히는 신경운동계 장애라 할 수 있다(Laziness, Erdodi, & Lichtenstein, 2017). 근골격계 장애는 팔, 다리, 척추, 관절 등 근육이나 뼈와 관련된 결함 또는 질병에 의한 장애로 근이영양증, 소아류머티즘관절염, 척추측만증, 사지 결손이나 손상 등의 정형외과적 기형이 포함된다. 〈표 3-7〉은 신경운동계 장애 및 근골격계 장애로 분류되는 지체장애 중 몇 가지 대표적인 예를 보여 준다.

표 3-7 다양한 유형의 지체장애 정의 및 특성

유형		정의	특성
신경 운동계 장애	뇌성마비	하나의 특정 질병이나 장애를 가리키기보다는 근육을 조절하는 두뇌 부위의 손상을 나타내는 용어로, 이러한 손상으로 인해서 마비, 허약, 협응 부족 및 기타 운동기능 장애를 보임	운동 장애의 유형에 따라 경직성, 불수의 운동형, 강직성, 진전형, 운동실조형, 혼합형으로 분류되며, 마비 부위에 따라서는 단마비, 하지마비, 디플리지아, 편마비, 삼지마비, 사지마비로 분류됨
	경련장애(간질)	두뇌에서 발생하는 비전형적인 전기 에너지 방출에 의해서 갑작스럽게 의식을 잃는 증상으로 불수의적인 움직임이나 비전형적인 감각 현상을 수반함	대발작, 소발작, 심리운동적 발작으로 분류되며, 두뇌 방전 부위에 따라 부분발작과 전신발작으로 분류되기도 함. 일반 아동에 비해 지적장애나 뇌성마비 등의 장애를 지닌 아동에게서 더 자주 나타남
	척수손상	분만 중 또는 출생 후 사고로 인해서 발생하는 척수의 완전한 또는 부분적인 손상	완전한 척수손상의 경우 손상된 부위부터 그 아래쪽으로 신체를 완전히 마비시키며, 부분적인 척수손상의 경우는 약간의 감각을 느끼고 움직임도 가능함
	이분척추	태아 시기에 척추 뼈가 완전히 닫히지 않은 채로 출생하는 선천적 결함	분리된 척추 뼈 사이로 나타나는 신경 돌출 및 손상 여부에 따라 장애의 정도와 부위가 결정됨. 하반신의 감각을 심각하게 손상시켜 걷기 또는 방광 기능에 영향을 미침. 수두증을 동반하기도 함
	외상성 뇌손상	단단한 것에 머리를 부딪치거나(예: 교통사고, 높은 곳에서 떨어짐, 야구 방망이나 공에 맞음) 머리를 심하게 흔드는(예: 쉐이큰 베이비 신드롬) 등의 이유로 나타나는 뇌손상	뇌손상으로 인해서 마비되거나, 균형 및 운동기능 협응에 어려움을 초래하거나, 움직이거나 말할 때 근육이 경직되는 등의 증상이 나타남. 학습과 일상생활에 영향을 미치는 기억력, 주의집중, 추론 등에서도 어려움이 나타날 수 있음
근골격계 장애	근이영양증	근육 조직의 퇴행에 의해서 점진적으로 근육이 힘을 잃어가는 유전적 장애	진행성이며 정확한 원인과 치료 방법이 알려져 있지 않으며, 점차 심장과 호흡기에까지 영향을 미침으로써 대부분이 20대에 사망함
	소아 류머티즘 관절염	근육과 관절에 영향을 미치는 원인을 알 수 없는 질병	통증으로 인해 매우 고통스러워하며 고열, 호흡기 문제, 심장 문제, 안과 감염 등의 증세를 수반하기도 함
	척추측만증	척추가 굴곡되는 선천적 기형	기타 장애가 수반되지 않는 한 지적 기능에는 이상이 없음

아동기에 가장 많이 나타나는 지체장애는 뇌성마비로 교육 현장에서 자주 접하게 된다. 뇌성마비는 출생 전이나 출생 시 또는 출생 후에 뇌에 손상을 입음으로 인해서 신체 여러 부위의 마비와 자세 및 운동 능력에 이상을 가져오는 장애를 말한다. 대체로 만 2세 이전에 발생하는 경우를 말하는데, 이 시기에는 뇌막염 등으로 인한 고열 때문인 경우가 많다. 예를 들어, 뇌종양은 뇌성마비와 유사한 운동 특성을 보이기는 하지만 뇌성마비로 분류되지 않는다. 뇌성마비는 질병이 아니며 전염되지도 않고 비진행성이면서 차도도 없다. 그 형태는 아동에 따라 매우 다양하게 나타나는데, 한쪽 팔이나 다리에만 마비가 있을 수도 있고 사지가 모두 마비될 수도 있다. 운동 기능 이상의 유형도 근육이 뻣뻣해져서 잘 움직이지 못하는 경우(경직성)가 있는 반면에 너무 흔들흔들해서 의도한 동작을 잘할 수 없는 경우(불수의운동형)도 있는데, 뇌성마비 중 가장 자주 나타나는 유형은 경직성 뇌성마비다.

2) 지체장애의 특성

지체장애는 이분척추와 같이 출생 전이나 출생 시에 발견될 수도 있지만 생후 수년이 지나도 확인되지 않는 경우도 많다. 대체로 기기나 걷기 등의 신체 기술이 발달지표상의 적절한 시기에 나타나지 않고 지체된다면 지체장애의 가능성을 의심해 볼 수 있다. 따라서 부모나 교사는 영유아기 운동 기능 발달 단계를 인지하고 이들의 발달을 주목해야 한다. 예를 들어, 기기나 걷기와 같은 대근육 운동 기능이나 쥐기나 쓰기와 같은 소근육 운동 기능의 발달이 발달지표상의 시기보다 지체된다고 생각되면 보다 체계적인 진단을 받게 해야 한다. 특히, 지체장애는 조기에 적절한 지원을 받지 못하는 경우 더욱 심각한 장애로 발전하기 쉬울 뿐만 아니라 지체장애로 인한 의사소통의 어려움이 나타날 수도 있기 때문에 조기 발견을 통한 지원은 매우 중요하다(Dunst & Espe-Sherwindt, 2017). 조기에 지체장애를 알게 해 주는 몇 가지 증상은 〈표 3-8〉에서 보는 바와 같다.

지체장애 아동 중에서 신체적 능력에만 결함이 있는 아동은 일반 아동과 유사한 인지 능력을 지닌다. 예를 들어, 뇌성마비의 경우 약 25% 정도는 지적장애를 동반하지 않는 것으로 보고된다(Hoon & Tolly, 2010). 그러나 지체장애의 유형과 장애의 정도는 매우 다양하기 때문에 이들의 인지 능력과 학업 성취에 대해서 공통적인 특성을 묘사하기는 매우 어렵다. 지적 기능에 이상이 없는 지체장애 아동의 경우에도 대체로 움직임이나 자세에 있어서의 어려움과 반복되는 수술과 입원으로 인한 결석 등으로 인해

표 3-8 생후 초기에 지체장애의 예측을 가능하게 해 주는 행동 특성

증상	특성
구조적 이상	추측에 의한 증상이 아니라 운동기능이나 이동력에 영향을 미치는 눈에 보이는 신체적인 기형으로 분명하고도 즉각적인 진단이 가능함
운동 기능의 문제	신체적인 구조에는 문제가 없어 보이지만 신경학적 손상, 근육 손상, 또는 기타 질병에 의한 좀 더 세세한 증상에 의해서 운동 기능상의 문제가 예측됨 • 비전형적인 반사행동(적절한 반사행동의 결여, 잘못된 반사행동, 원시 반사가 적절한 시기에 사라지지 않음) • 생활연령에 맞는 운동기능상의 협응이나 통합의 결여 • 이상하고도 반복적인 운동 양상(움직이는 중에 설명할 수 없는 이유로 잠깐씩 멈추거나 방해를 받음) • 빈약한 균형 또는 뛰기, 오르기, 자세 조절을 아주 어렵게 만드는 허약함 • 비전형적인 근긴장도 • 잡고, 걷고, 흥분하거나 놀랐을 때 보이는 지나친 움직임
운동 기능 발달의 지체	머리 조절하기, 구르기, 몸통 조절하기, 앉기, 잡고 서기, 기기 등의 연령에 따른 발달지표 습득의 실패
운동 기능의 퇴행	운동 기능이나 근긴장도가 시간이 지남에 따라 성숙하고 분화하는 대신 저하됨
신경학적 이상	빨기, 쥐기, 자세, 반사행동, 근긴장도에 있어서의 비전형성 및 이동 능력의 지체

서 학업 성취가 뒤떨어질 수 있다. 특히 지체장애의 정도가 심하거나 기타 장애(예: 지적장애, 시각장애, 청각장애)가 동반되는 경우에는 학업 성취도 낮아진다. 신경 계통의 장애가 있는 경우에는 인지 및 지각 능력의 결함을 동시에 보임으로써 또래보다 학업 성취가 늦어질 가능성이 높다(Best et al., 2010).

지체장애 아동은 언어 발달에도 결함을 보일 수 있는데, 특히 발화에 필요한 구강 주변의 여러 근육 조절과 협응에 문제가 있는 경우에는 말을 잘 하지 못하게 되며 다른 사람이 알아들을 수 없는 말을 하거나 아예 말을 못하기도 한다. 이와 같이 말을 통한 의사소통이 어렵게 되면 정보를 주고받거나 사회적 관계를 형성하는 데에 부정적인 영향을 미치게 되므로 시각적 상징이나 음성 합성 기술을 이용하는 보완적인 의사소통 기자재를 활용해서 이러한 부정적인 영향을 최소화해야 한다.

지체장애 아동이 장애로 인하여 특이한 성격이나 자아개념을 형성한다는 증거는 없

다. 그러나 성장기에 경험하게 되는 장애로 인해서 정서 발달에 영향을 미칠 수 있다. 신체적으로 남에게 많이 의존하게 됨으로써 학습된 무력감이라 불리는 수동적인 양상을 보이기도 하며, 말기적 질병(예: 근이영양증)이나 사고로 인한 후천적 장애의 경우에는 슬픔을 극복하고 장애를 받아들여야 하는 스트레스가 동반될 수 있다. 지체장애 아동은 신체적인 외모의 변형으로 인해 자신을 수용하지 못하거나 또래와 어울리기 어려울 것이라고 생각하는 경우가 많다. 외모뿐만 아니라 침을 흘리거나, 발작을 일으키거나, 특별한 보장구를 사용한다는 점도 또래와의 사회적 관계에 부정적인 영향을 미칠 수 있다. 따라서 부모와 형제자매 또는 교사와 또래의 반응은 이들이 스스로의 장애를 수용하고 사회적 상황에 잘 적응할 수 있게 해 주는 결정적인 역할을 하게 된다 (Heller, Forney, Alberto, Best, & Schwartzman, 2008).

2. 건강장애

1) 건강장애의 정의

건강장애는 비교적 최근에 관심을 받기 시작한 장애로 2005년 「특수교육진흥법」 개정에서 새로운 장애 영역으로 추가되었다. 현재 「장애인 등에 대한 특수교육법」에 의하면 건강장애는 만성질환으로 인하여 3개월 이상의 장기입원 또는 통원치료 등 계속적인 의료적 지원이 필요하여 학교생활 및 학업 수행에 어려움을 가지게 되는 경우로 정의된다. 건강장애는 미국의 장애인교육법(IDEA)의 기타 건강상의 장애(other health impairment)에 해당되는데, 구체적으로 천식, 주의력결핍장애 또는 주의력결핍 과잉행동장애, 당뇨, 간질, 심장 상태, 혈우병, 납 중독, 백혈병, 신장염, 류머티즘성 열병, 겸상적혈구빈혈증, 투렛 증후군 등의 만성 또는 급성 건강 문제로 인하여 교육적 성취에 부정적인 영향을 미치는 경우로 정의된다. 이 정의는 주의력결핍장애 또는 주의력결핍 과잉행동장애를 포함한다는 점에서 우리나라의 법적 정의와 차이가 있다. 〈표 3-9〉는 실제로 유아의 발달에 심각한 위협을 주는 질병의 예를 보여 준다.

2) 건강장애의 특성

건강장애는 다양한 질병이나 건강 상태로 인하여 나타나기 때문에 유아의 잠재적인 건강 문제를 조기에 발견하는 것이 매우 중요하다. 일반적으로 유아가 건강하지 않거나 병에 걸렸다고 느껴지게 하는 행동상의 변화나 명백한 신체적인 증상이 나타난다

표 3-9 유아의 발달에 심각한 영향을 미치는 질병의 종류 및 특성

질병	특성
백혈병	백혈구 과잉 생산 또는 비정상적인 백혈구 생산으로 인한 질병으로 피로, 창백함, 고열, 체중 감소, 관절 통증 등의 증상이 나타난다. 철저한 의학적 검진과 혈액 검사 및 골수 분석을 통해서 치료해야 한다.
선천성 심장 이상	유전자 이상, 풍진 등의 감염, 출생 전의 독성 요소에 의해서 가슴 통증, 호흡장애, 피로, 빈약한 성장과 발달, 파란 입술과 현기증 등의 증상으로 나타난다.
겸상적혈구빈혈	결함이 있는 열성 유전자로 인한 만성적인 혈액 질병으로 복부 및 팔다리의 심한 통증, 관절의 부어오름, 허약, 피로, 고열 등의 증상이 나타난다. 아직까지 특별한 치료법은 알려져 있지 않으며 휴식, 통증 치료, 수혈, 흡입 요법 등이 사용된다.
소아당뇨	설탕과 탄수화물의 부적절한 신진대사로 인하여 발생하며 많은 양의 음식을 먹어도 체중이 감소하고 피로감을 느끼며 허약해진다.
천식	일시적인 호흡 장애로 나타나는 폐질환으로 심한 경우에는 생명까지 위협한다. 그렇지 않은 경우에도 개인적인 활동에 심각한 제한을 가져올 수 있다. 이유 없이 증상이 좋아지기도 하고 악화되기도 하는데, 이러한 예고 없이 나타나는 증상의 변화로 인해서 대응하기가 더 어렵다.
태내알코올증후군 (FAS)	기형과 지적장애를 일으키는 가장 보편적인 장애 중 하나로 임신 중 산모의 알코올 섭취에 의해서 발생한다. 성장 지체, 뇌손상, 지적장애, 과잉행동, 얼굴기형, 심장 기형 등의 다양한 증상이 가볍거나 심하게 나타난다. 전 세계적으로 인구 1,000명당 1명의 발생률을 보인다.
후천성면역결핍증 (AIDS)	주로 성적인 접촉에 의한 바이러스 감염으로 인해서 면역 체계에 이상이 생기는 질병으로 그 치료법이 알려져 있지 않다. 지적장애, 뇌성마비, 경련장애, 정서·행동장애 등의 신경학적 문제를 일으킬 수 있다.

면 전문적인 검진이 필요하다. 또한 무엇인가가 제대로 기능하지 않고 있음을 알게 해주는 신체 기능이나 배설 작용상의 변화, 외모에서 나타나는 관찰 가능한 변화, 장기간에 걸친 질병이나 신체적인 허약함 등의 문제가 있을 때 건강장애를 의심해 볼 수 있다.

건강장애는 그 원인이 되는 다양한 질병이나 상태에 따라서 각기 다른 특성을 보인다. 그러므로 이 부분에서는 건강장애가 유아에게 미치는 영향 중 공통적으로 나타나는 현상에 대해서 살펴보고자 한다. 건강장애는 유아의 발달과 학습에 다음과 같은 부정적인 영향을 미칠 수 있다(Peterson, 1987). 먼저 만성적인 질병으로 인해서 사회적인 고립을 초래하고 초기 학습을 촉진하는 일반적인 생활 경험을 방해한다. 예를 들어, 오

랜 기간 동안의 침대 생활이나 의학적인 치료와 입원 등의 사건이 유아를 일상적인 사회 경험과 생활로부터 고립시키고 학습과 발달의 최적의 시기를 놓치게 할 수 있다. 둘째, 신체적인 제한을 가져오고 활동 수준을 감소시킨다. 질병은 유아의 활동 수준과 활력을 감소시키게 되는데, 일반적으로 심한 만성적 질병을 지닌 유아에게서 의욕 상실, 주의 산만, 환경 자극에 대한 무반응 등의 증상이 공통적으로 나타나곤 한다. 셋째, 다른 사람과의 상호 관계를 잠정적으로 중단시킨다. 만성적인 질병은 유아와 부모 및 형제자매와의 관계를 변화시킨다. 예를 들어, 부모가 질병을 앓고 있는 자녀에게 과도한 관심을 보인다거나 무관심한 것 자체가 이들의 자아개념 형성과 건강에 부정적인 영향을 미칠 수 있다. 넷째, 자녀의 건강장애는 부모의 자녀 양육 습관에 영향을 미친다. 장기적인 입원이나 치료로 인하여 부모의 양육 활동이 중단되거나 변경될 수 있는데, 이때 과잉보호나 과잉통제 등이 유아의 사회·정서적 적응을 방해할 수도 있다. 다섯째, 건강장애는 유아의 독립성에 영향을 미치게 되며 궁극적으로는 유아로 하여금 의존적인 존재가 되게 한다. 질병으로 인해서 자신은 항상 돌봄과 보호를 받아야 하는 존재로 생각하게 되면서 성인에게 모든 것을 지나치게 의존하게 될 수도 있다. 여섯째, 지니고 있는 질병의 치료로 인해서 부작용이 발생할 수도 있다. 의학적인 치료는 졸음이나 설사, 메스꺼움 등의 부작용을 일으키는 경우가 종종 있으며 이러한 부작용은 유아의 활동을 방해함으로써 발달과 학습에 부정적인 영향을 미치게 된다. 마지막으로, 건강장애는 정서적인 발달에 영향을 미치는 잠재적인 요소가 될 수 있는데, 이것은 질병으로 인해서 나타나는 이상의 여러 가지 부정적인 영향으로 인해서 신체적인 위험뿐만 아니라 심리적이고도 정서적인 손상을 입을 수도 있다는 것을 의미한다.

Ⅳ. 인지 및 학습 문제

1. 지적장애

1) 지적장애의 정의

지적장애는 「장애인 등에 대한 특수교육법」에서 지적 기능과 적응행동의 어려움이 함께 존재하여 교육적 성취에 어려움이 있는 경우로 정의된다. 미국의 지적장애 및 발달장애 협회(American Association on Intellectual and Developmental Disabilities: AAIDD,

Schalock et al., 2012)와 『정신장애 진단 및 통계 편람(DSM-5)』(APA, 2013)에서는 지적장애를 발달시기인 18세 전에 지적 기능의 손상과 함께 개념적 기술(예: 언어, 읽기, 쓰기, 수학, 추론, 기억력, 문제해결), 사회적 기술(예: 의사소통, 공감 능력, 관계 형성 및 유지, 우정, 사회적 참여), 실제적 기술(예: 개인 위생, 조직화, 행동 조절, 학교 및 일상생활에서의 과제 수행) 영역에서의 적응행동 결함이 동시에 나타나는 장애로 정의한다. 여기서 지적 기능의 손상은 주로 지능검사 점수를 기준으로 하는데, 일반적으로 표준편차 2에 해당하는 IQ 70 이하인 경우를 의미한다. 적응행동의 결함은 아동이 개인적 또는 사회적으로 독립적인 기능을 하는 데 있어서 발달적으로 적절한 사회-문화적 기준을 충족시키지 못하는 상태를 의미한다.

지적장애는 타고난 선천적인 기능을 중심으로 진단되어서는 안 되며 개인이 현재 보이는 기능을 중심으로 진단되어야 한다. 즉, 지적장애는 피부나 머리카락의 색과 같이 고정적으로 타고난 상태를 의미하는 것이 아니며 의학적인 질병이나 정신장애는 더더욱 아니다. 지적장애는 인위적인 기준에 의해서 현재의 기능이 환경의 구조나 기대와는 맞지 않는 상태를 의미하며(Allen & Schwartz, 2015), 따라서 환경의 기대에 미치지 못하는 기능을 향상시키기 위해서는 지원이 필요하다는 것이다(Thompson et al., 2009). 결과적으로 지적장애는 이들이 환경 내에서 잘 기능하기 위해서 얼마나 많은 지원을 필요로 하는지를 중심으로 개념화된다(Schalock et al., 2010).

지적장애가 적절한 지원을 통하여 향상될 수도 있음을 강조하는 개념은 유아특수교육 영역과 관련해서 시사점을 지닌다. 예를 들어, 지적장애의 이와 같은 개념을 고려한다면 발달의 가변성이 큰 영유아를 대상으로 지적장애라는 용어를 사용하는 것은 부적절하다. 실제로 유아특수교육과 관련된 많은 문헌에서는 유아기 장애를 설명하면서 지적장애를 독립적으로 설명하지 않으며 대신 발달지체의 개념을 적용한다(1장 참조). 이것은 지능과 적응행동을 중심으로 하는 지적장애의 정의 자체가 유아기 어린 아동에게 적용하기 어려울 뿐만 아니라 유아가 성장하면서 그 행동이나 능력의 변화를 보이기도 하기 때문이다. 그러나 이후에 지적장애를 지닌 것으로 판별되는 유아는 일반적으로 지적 기능의 발달이 지체되는 등의 공통적인 특성을 보인다. 따라서 유아를 대상으로 교육하는 교사는 지적장애의 정의와 특성을 잘 알아야 하며, 이를 통해서 이후에 지적장애로 판별될 수도 있는 유아에게 가능한 한 조기에 적절한 교육을 제공할 수 있어야 한다.

이상의 정의와 개념을 근거로 미국 지적장애 및 발달장애 협회(AAIDD)는 필요로 하는 지원의 종류 및 강도(간헐적, 제한적, 확장적, 전반적 지원)에 따라 지적장애를 분류한다. 그러나 교육 현장에서는 아직까지 장애의 정도에 따른 분류가 보다 광범위하게 사용된다. 장애 정도에 따른 분류는 경도, 중등도, 중도, 최중도의 네 가지를 포함하며 (APA, 2013), 각 정도에 따른 기능 수준과 필요로 하는 지원은 〈표 3-10〉에서 보는 바와 같다.

표 3-10 지적장애의 정도에 따른 기능 수준 및 지원

장애 정도	기능 수준 및 필요로 하는 지원
경도 mild	• 추상적인 개념 학습, 읽기, 쓰기, 수학 학습에 지원이 필요함 • 또래 및 성인과의 적절한 상호작용을 위한 지도가 필요함 • 미묘한 사회적 상황을 이해하고 점차 나이가 들어가면서 생활 중에 위험에 처하지 않기 위해서는 지도가 필요함 • 점차 나이가 들어가면서 복잡한 일상생활(예: 교통수단, 직무기술, 은행 업무)을 영위하기 위한 약간의 감독이 필요할 수도 있음
중등도 moderate	• 모든 과제(학업적, 사회적, 실제적)의 학습에 과제분석 및 촉진에 따른 개별화된 교수가 필요함 • 친구를 사귈 수 있으며, 지속적인 지원과 지도에 따라 관계를 유지할 수 있음 • 생활의 모든 측면에서 지원과 지속적인 감독이 필요함
중도 severe	• 학업 기능이 제한됨 • 비구어거나 단일 단어 또는 문장을 사용할 수 있음 • 가족 구성원 또는 또래와의 상호작용을 즐김 • 학업적, 사회적, 실제적 영역의 모든 측면에서의 학습과 기능을 위해서는 지속적인 지원이 필요함
최중도 profound	• 사물을 짝짓거나 분류하는 것과 같은 단순한 개념 이상의 학업 기능을 거의 보이지 않음 • 몸짓 이상의 기능적인 의사소통 기술을 거의 보이지 않음 • 중도의 신체적 운동 기능, 구강 운동 기능, 감각운동에 있어서의 어려움 등 한 가지 또는 몇 가지의 기타 어려움을 보임 • 생애 전반에 걸쳐 모든 일상적인 과제와 상호작용에 대해서 물리적인 돌봄과 지원과 감독이 지속적으로 필요함

출처: Bayat, M. (2017). *Teaching exceptional children: Foundations and best practices in inclusive early childhood education classrooms* (2nd ed., p. 409). New York: Routledge.

2) 지적장애의 특성

지적장애는 발달과 학습에 직접적인 영향을 미친다. 발달 속도가 느려서 전형적인

발달 기술의 습득이 지체되고 기술에 따라서는 전혀 습득하지 못하기도 한다. 이러한 느린 발달 속도는 생애 전반에 걸쳐서 지적 기능 수준을 떨어지게 하며 마치 나이가 더 어린 사람처럼 행동하게 만든다. 특히 특정 기술을 학습하게 되는 적절한 시기가 되어도 실제로 필요한 기술을 습득하지 못하기 때문에 연령이 증가함에 따라 발달이 지체되는 정도가 커지게 된다.

지적장애는 장애의 정도에 따라 영유아기에 그 특성이 드러나기도 하고 드러나지 않기도 한다. 예를 들어, 경도 지적장애의 경우에는 학업적인 요구나 또래와의 관계 형성의 요구가 커지는 학령기가 될 때까지 장애진단이 지연될 수 있다. 그러나 중도나 최중도와 같이 장애의 정도가 심한 경우에는 영아기 어린 시기부터 발달지체의 두드러진 특성을 보이게 된다. 지적장애로 진단되는 아동이 영유아기에 보이는 일반적인 특성은 다음과 같다(Brillante, 2017).

- 빈약한 근긴장도(축 늘어짐)
- 빨기 또는 삼키기 등의 어려움으로 인한 수유의 어려움
- 사람이나 애완동물에 대한 관심 결여 또는 친숙한 양육자를 잘 인지하지 못함
- 옹알이나 반복적인 소리내기 행동 결여
- 구르기, 앉기, 기기, 걷기 등의 운동 기능 발달 지체
- 말이 늦거나 나타나지 않는 등의 언어 발달 지체
- 옷 입기, 식사하기, 화장실 가기 등의 자조기술(적응행동) 발달 지체
- 사회적 규칙을 이해하고 따르기 어려움
- 행위의 결과를 이해하기 어려움
- 문제해결 및 논리적인 추론의 어려움

지적장애의 정도는 그 폭이 넓다. 일반적으로 지적장애 인구 중 경도는 약 80~90%, 중등도는 약 10%, 중도 및 최중도는 약 5%를 구성하는 것으로 추정된다(Snell et al., 2009). 장애의 정도에 따라서 드러나는 행동 특성의 정도도 다양하다. 예를 들어, 경도 지적장애인 경우 계획, 추론, 문제해결, 일반화 등의 기술을 위해서 구체적이고 직접적인 교수를 필요로 하는 것이 사실이지만 실제로 일상적인 활동에 필요한 많은 기술을 아무런 지원 없이도 잘 학습하는 것으로 알려져 있다. 반면에, 중등도 지적장애의 경우 보다 심각한 언어나 운동 기능의 문제를 지닐 수 있으며 항상 어느 정도의 지원과

감독을 필요로 한다. 그러나 이들 역시 간단한 방법으로 의사소통을 하거나 옷을 입고 화장실에 가는 등 스스로를 돌보는 기술을 습득하기도 한다. 지적장애의 정도가 더 심해지면 먹기, 말하기, 걷기 등의 기술을 학습하는 데에 더 오랜 시간이 걸리며 장애가 아주 심한 경우에는 일생에 걸친 지속적인 지원을 필요로 한다. 그러나 24시간 돌봄과 지원을 필요로 하여 전적으로 타인에게 의존해야 하는 최중도 지적장애의 경우는 소수에 불과하다(APA, 2013).

일반적으로 지적장애를 지닌 아동은 개인적으로 정도의 차이를 보이기는 하지만 주의집중, 기억력, 언어, 자기조절 등의 영역에서 어려움을 보인다. 또한 관찰이나 모방을 통하여 배우는 모방 학습, 우발 학습의 능력도 부족하기 때문에 대부분의 아동이 교사가 가르치지 않아도 스스로 알아가는 내용에 대해서도 교사의 직접적이고 구체적인 교수를 필요로 한다. 교실에서 배운 내용을 다른 환경에는 적용하지 못하는 일반화 부족의 문제를 보이기도 하고, 반대로 한 가지를 배우면 지나치게 여러 가지에 적용하는 과도한 일반화의 문제를 보이기도 한다. 이와 같은 학습 과정상의 특성은 학습 동기와 관련된 문제를 초래할 수 있다. 지적장애 아동은 오랜 시간 누적된 실패의 경험으로 인하여 아무리 해도 잘할 수 없다는 생각을 갖게 되며, 결국은 하고자 하는 의욕을 상실하게 되는 학습된 무력감을 경험하게 된다. 그러므로 자신의 능력에 맞는 과제를 통해서 성취를 경험하게 하고 시간이 걸리고 힘들어도 스스로 할 수 있는 기회를 많이 제공함으로써 동기 관련 문제를 극복하도록 도와주어야 한다.

지적장애 아동은 사회성에 있어서도 다양한 문제를 보일 수 있다. 이들은 친구를 사귀고 관계를 유지하는 데 어려움을 보이는데, 이것은 다른 사람과 어떻게 상호작용해야 하는지를 잘 모를 뿐만 아니라 무관심이나 방해행동 등의 행동적인 특성으로 인해서 또래에게 선호되지 않기 때문이기도 하다(Kasari, Jahromi, & Gulsrud, 2012). 이러한 사회적인 문제는 유아기의 어린 시기부터 나타나기 때문에 이를 위한 적절한 지원이 필요하다.

2. 학습장애

1) 학습장애의 정의

학습장애는 「장애인 등에 대한 특수교육법」에 의해서 개인의 내적 요인으로 인하여 듣기, 말하기, 주의집중, 지각, 기억, 문제해결 등의 학습 기능이나 읽기, 쓰기, 수학 등

학업 성취 영역에서 현저하게 어려움이 있는 경우로 정의된다. 학습장애는 1961년에 처음으로 그 용어가 제안되었으며, 말 또는 글로 표현하는 언어에 문제를 보이는 아동을 지칭하는 장애 영역으로 인정받기 시작하였다(Kirk, 2014). 그 후로 평균 이상의 지적 기능을 지니고 있으면서도 특정 기술의 학습에 심각한 장애를 보인다는 의미로 특정학습장애(specific learning disability)라는 용어가 사용되기 시작하였으며, 그에 따른 정의가 개발되었다. 학습장애의 정의는 1968년 미국 교육부에 의해서 처음으로 제시된 후 1975년 장애인교육법(IDEA) 제정 시 반영되었고, 그 후 거의 40년 만인 2004년 개정에서 처음으로 그 시행규칙이 수정되었다. 〈표 3-11〉은 장애인교육법(IDEA 2004)의 정의와 함께 학습장애 진단을 위해서 많이 사용되고 있는 DSM-5(APA, 2013)의 정의를 보여 준다.

과거 학습장애의 개념은 주로 아동의 지능과 학업 성취 간 차이를 중심으로 형성되었다. 그러나 이러한 지능-성취 간 차이를 판별 기준으로 삼게 되면서 학습장애 출현율이 지속적으로 증가하였을 뿐만 아니라 사회-문화적 또는 언어적으로 소외된 아동에게서 학습장애 출현율이 높아지게 되었고, 따라서 정확한 개념에 따른 진단과 배치가 제대로 이루어지고 있는지에 대한 논란이 야기되었다(Ihori & Olvera, 2015; Meteyard & Gilmore, 2015). 결과적으로 지능-성취 간 차이가 학습장애를 진단하는 유일한 기준

표 3-11 현행 학습장애의 정의

장애인교육법(IDEA 2004)	정신장애 진단 및 통계 편람(DSM-5)
(i) 일반: 듣기, 생각하기, 말하기, 읽기, 쓰기, 철자법, 수학 계산을 수행하는 능력의 결함으로 나타날 수 있는, 말이나 글로 표현된 언어를 이해하거나 사용하는 데 포함되는 기본적인 심리적 과정에 있어서의 한 가지 이상의 장애를 의미하며, 지각장애, 뇌손상, 미세뇌기능 이상, 발달적 실어증 등의 상태를 포함한다. (ii) 포함되지 않는 장애: 시각, 청각, 또는 운동 기능 장애, 또는 지적장애, 정서장애, 또는 환경적, 문화적, 경제적 불이익이 주원인인 학습 문제는 포함되지 않는다.	특정학습장애는 개인의 발달, 의학, 교육, 가족력, 검사 결과 및 교사 관찰, 학업 중재 반응에 대한 임상적인 검토를 통하여 진단된다. 진단을 위해서는 공식적인 학교생활 중에 읽기, 쓰기, 연산, 또는 수학적 추론 기술에서 지속적인 어려움이 나타나야 한다. 증상으로는 부정확하거나 느리고 부자유스러운 읽기, 정확도가 부족한 빈약한 쓰기 표현, 숫자를 기억하기 어려움, 부정확한 수학적 추론 등이 포함된다. 현행 학업 기술은 문화적 언어적으로 적절한 읽기, 쓰기, 수학 검사 점수에서 평균보다 상당히 낮아야 한다. 이와 같은 어려움은 발달, 신경, 감각(시각 또는 청각), 운동 기능 장애로 더 잘 설명되어서는 안 되며, 학업 성취, 직업 수행, 일상생활을 심각하게 방해하는 것이어야 한다.

이 되어서는 안 되며 이를 대체해야 한다는 주장이 이루어졌으며(Kavale, 2001; Fuchs, Mock, Morgan, & Young, 2003), 그러한 주장은 장애인교육법(IDEA)의 2004년 개정에 따른 시행규칙에 반영되었다. 이 새로운 기준은 학습장애의 예방과 판별에 있어서 적절한 교수가 제공되었는지를 강조하는데, 즉 그동안 지능-성취 간 불일치 요소에 전적으로 의존했던 방식에서 탈피하고 교수의 결정적인 역할을 인지함으로써 중재-반응(response to intervention: RTI) 연계성을 더욱 명백하게 드러내게 되었다(Flecher, Lyon, Fuchs, & Barns, 2019). 결과적으로, 학습장애의 개념을 정립하기 위한 기본적인 맥락으로 중재-반응 모형이 채택되었으며, 이러한 모형 내에서 학습장애는 질적으로 우수한 교육과정과 교수방법에 반응하지 않는 경우로 정의된다(Kavale, Spaulding, & Beam, 2009; Vaughn, & Fuchs, 2003). 〈표 3-12〉는 장애인교육법의 개정된 시행규칙에서 제시하는 학습장애의 정의 및 진단 기준을 요약해서 보여 준다.

표 3-12 장애인교육법(IDEA 2004) 시행규칙의 학습장애 정의

장애인교육법(IDEA 2004) 시행규칙(2006)
아동이 다음의 경우에 해당된다면 특정학습장애를 지닌 것임: • 아동의 연령 또는 주에서 정한 학년 규준에 적절한 학습 경험 및 교수를 제공하였음에도 다음 영역 중 하나 이상에서 연령에 적합한 성취를 하지 못하거나 주에서 정한 학년 규준에 도달하지 못한 경우: 구어 표현, 듣기 이해, 쓰기 표현, 기초 읽기 기술, 읽기 유창성, 읽기 이해, 수 연산, 수학 문제해결; 또는 • 과학적인 연구 기반의 중재에 대한 아동의 반응에 근거한 과정을 사용하였음에도 앞에서 제시한 영역 중 하나 이상에서 연령 또는 주에서 정한 학년 규준에 도달하기 위한 충분한 진보를 보이지 못하거나; 또는 특정학습장애 판별을 위한 그룹이 적절한 진단 절차를 사용해서 아동이 연령, 주에서 정한 학년 규준, 지적 발달과 관련된 수행, 성취, 또는 두 가지 모두에서 강약점의 패턴을 보인다고 결정하되, 이러한 결과는 다음이 주요 원인이 아님: 시각, 청각, 운동 기능 장애; 지적장애; 정서장애; 문화적 요인; 환경 또는 경제적 불이익; 제한된 영어 능력. 특정학습장애를 지닌 것으로 의심되는 아동의 저성취가 읽기 또는 수학 영역의 적절한 교수 부재로 인한 것이 아님을 확인하기 위해서 팀은 평가의 한 부분으로 다음을 고려해야 함: • 의뢰 전 또는 의뢰 과정에서 아동에게 일반교육 환경에서 자격을 갖춘 교사에 의한 적절한 교수가 제공되었음을 입증하는 자료; 및 • 아동의 부모에게 제공된, 교수 중에 이루어지는 공식적인 진도점검을 반영하는 합리적인 간격으로 실시되는 반복적인 성취도 진단에 대한 자료 중심의 기록.

출처: Flecher, J., Lyon, G., Fuchs, L., & Barnes, M. (2019). *Learning disabilities: From identification to intervention* (2nd ed., p. 19). New York: The Guilford Press.

이상의 정의에서 알 수 있듯이, 학습장애의 정의는 다음의 다섯 가지 기본적인 요소를 포함하고 있으며 이를 이해함으로써 그 개념을 보다 명확히 정립할 수 있다(Raymond, 2017).

- 기본적인 심리적 과정에서의 장애: 정보를 효율적으로 처리하지 못함으로 인하여 학습상의 어려움이 발생함
- 언어 요소: 언어 이해 및 사용 문제가 핵심 개념으로 포함되며 듣기나 읽기 등의 수용언어와 말하기나 쓰기 등의 표현언어의 결함으로 나타남
- 능력 결함: 적절한 교수가 제공되었음에도 예상할 수 없는 또는 설명할 수 없는 성취상의 결함이 나타남
- 포함 기준: 새로운 정의가 과거 학습장애를 지칭할 때 사용되었던 용어를 모두 포함할 수 있게 함
- 제외 기준: 학습장애가 아닌 다른 장애가 있거나 학습할 기회가 주어지지 않음으로 인하여 발생하는 학업상의 어려움은 해당되지 않음

2) 학습장애의 특성

학습장애는 미국의 경우 전체 학생의 4.6%에 이르는 많은 학생이 진단을 받고 있는 장애로, 특히 특수교육 서비스를 받는 학생의 3분의 1을 차지할 정도로 그 출현율이 매우 높다(National Center for Education Statistics, 2017). 우리나라의 경우에는 학습장애로 인하여 특수교육대상자로 선정되는 학생의 수가 계속 감소하고 있으며, 2019년 기준 학습장애를 지닌 특수교육대상자는 1,409명으로 전체 특수교육대상자의 1.5%에 불과하며, 모든 장애 유형 중 가장 적은 것으로 보고되었다(교육부, 2019). 그러나 이러한 통계적인 수치는 학습장애의 실질적인 출현율을 의미하기보다는 현행 학습장애 정의 및 진단 체계의 문제인 것으로 해석되고 있으며, 더 나아가서는 학습장애의 특성을 지니고 있는 많은 아동이 기타 법률 및 조례에 따라 학습부진이나 난독증 등으로 지원받고 있기 때문인 것으로 설명된다(김동일, 고혜정, 2018; 김애화, 김의정, 김자경, 정대영, 2018). 즉, 동일한 특성을 지닌 아동이 어떤 법을 근거로 하는가에 따라서 학습장애 또는 학습부진이나 난독증 등으로 서로 다르게 진단되고 있다는 것이다(김애화 외, 2018). 따라서 학습장애의 정확한 개념에 근거한 정의와 이에 따른 진단 기준 및 실행 체계가 하루 속히 수립되어 학습장애 아동의 요구에 적합한 특수교육적 지원을 제공할 수 있

어야 할 것이다.

학습장애를 지닌 아동은 매우 다양한 특성을 지닌다. 그러나 개별 학습장애 아동 모두가 학습장애의 모든 특성을 동일하게 보이는 것은 아니다. 어떤 아동은 여러 가지 특성을 동시에 보이기도 하지만 아동에 따라서는 한두 가지 특성만을 보이기도 한다. 뿐만 아니라 학습장애 아동이 보이는 많은 특성이 일반 아동에게서도 나타난다는 사실을 주의해야 한다.

학습장애의 핵심적인 특성은 크게 발달상의 문제와 학업상의 문제로 분류된다(APA, 2013). 발달상의 문제란 학업 성취를 성공적으로 이끌어 가는 데 필요한 선수기술의 문제로, 주로 주의집중, 지각, 기억, 사고(인지 기술), 운동 기능, 수용 및 표현 언어의 문제로 나타나곤 한다. 학업상의 문제는 학습장애의 핵심적인 요소로, 주로 기초 학업 교과인 읽기, 쓰기, 수학 영역에서의 문제로 나타난다. 읽기 문제는 단어 인지, 읽기 유창성, 읽기 이해에서의 문제를 포함하고, 수학 문제는 연산과 문제해결에서의 문제를 포함하며, 쓰기 문제는 철자와 작문에서의 문제를 포함한다. 이와 같은 기초 학업 교과 영역에서의 어려움은 결과적으로 사회나 과학 등의 내용 중심 교과 영역에서도 심각한 문제를 보이게 만든다.

학습장애를 지닌 많은 아동의 경우 사회성에 있어서도 문제를 보이는 것으로 보고된다. 예를 들어, 사회적 행동을 다양하게 학습하지 못하여 제한된 행동을 반복적으로 사용하거나, 행동을 학습한 후에도 필요한 상황에서 적절하게 사용하지 못하거나, 사회적 단서를 이해하는 데 필요한 사회적 지각이 부족할 수 있다. 또한 운동 기능에 있어서의 결함도 신체적으로 능숙한 움직임을 방해함으로써 놀이 짝으로 선호되지 않게 만들기도 한다. 이와 같은 행동 특성은 모두 또래 상호작용이나 관계 형성 및 유지에 부정적인 영향을 미치게 된다.

학습장애의 정의에서 살펴본 바와 같이 학습장애는 학업 성취와 관련된 장애로 유아기 진단과 표찰은 바람직하지 않은 것으로 여겨진다. 그러나 많은 가족과 교사는 유아기에 이미 학습장애와 관련된 행동이 나타난다고 보고한다. 그러므로 대부분의 학습장애가 초등학교 입학 전에 진단되지 않는 것이 사실이지만 교사는 이후에 학습장애 진단과 관련되는 유아기 행동 특성에 대해 잘 알고 주의 깊게 관찰하여 적절한 지원을 제공할 필요가 있다. 〈표 3-13〉은 영유아기에 나타나는 학습장애 위험 요인의 예를 보여 준다.

표 3-13 영유아기에 나타나는 학습장애 위험 요인

유형	위험 요인
출생 전후 요인	• 낮은 Apgar 점수 • 저체중 또는 조산 • 신생아 중환자실에 24시간 이상 입원 • 젖먹기, 빨기, 삼키기의 어려움 • 간헐적 청력 손실을 초래하는 만성중이염
선천적 또는 환경적 요인	• 학습장애 가족력 • 입양 • 언어 문제 가족력 • 환경 독극물 또는 기타 해로운 물질에 노출 • 가정, 보육시설, 기타 환경에서의 제한된 언어 노출
발달적 요인	• 인지 기술 지체: 대상영속성 부재, 상징놀이 행동 결여 • 구어 이해 및 표현 지체: 제한된 수용 어휘, 제한된 표현 어휘, 간단한(예: 한 단계) 지시 따르기의 어려움, 단조롭고 특이한 운율의 말소리, 알아들을 수 없는 말 • 발현적 문해기술 지체: 제한된 음운론적 인식, 인쇄물에 대한 최소한의 관심, 책을 다루거나 환경인쇄물을 인지하는 등 인쇄물에 대한 인식 부족 • 지각-운동 기술 지체: 대근육 또는 소근육 운동 협응의 문제, 색칠하기, 베끼기, 그리기의 어려움
주의집중 및 행동 요인	• 산만함/부주의함 • 충동성 • 과잉행동 • 활동 변경이나 일과에 대한 방해를 다루기 어려움 • 고집(집요하게 반복하는 행위)

출처: Allen, K., & Cowdery, G. (2015). *The exceptional children: Inclusion in early childhood special education* (8th ed., p. 181). Stanford, CT: Cengage Learning.

V. 의사소통 및 행동 문제

1. 의사소통장애

1) 의사소통장애의 정의

의사소통은 유아기 주요 발달 영역 중 하나로 두 명 이상의 사람 간에 서로 정보를

표 3-14 미국의 말-언어-청각 협회의 의사소통장애의 정의

의사소통장애의 분류 및 정의
I. 의사소통장애는 개념이나 구어, 비구어 및 그래픽 상징체계를 수용하고 전달하고 처리하는 능력에 있어서의 손상을 의미한다. 의사소통장애는 청각, 언어, 또는 말의 처리 과정에서 분명하게 나타날 수도 있다. 의사소통장애는 경도에서 최중도에 이르는 범위를 보이며, 발달적이거나 후천적으로 나타난다. 한 가지 이상의 의사소통장애가 혼합적으로 나타나기도 한다. 의사소통장애는 주장애로 또는 기타 장애의 2차적인 장애로 나타날 수 있다. A. 말장애는 말소리의 발성, 흐름, 음성에 있어서의 손상을 의미한다. 1. 조음장애는 말의 이해를 방해하는 대치, 탈락, 첨가, 왜곡으로 특징지어지는 말소리의 비전형적인 산출을 의미한다. 2. 유창성장애는 비전형적인 속도, 리듬, 또는 음절, 어절, 단어, 구절의 반복으로 특징지어지는 말하기 흐름의 방해를 의미한다. 유창성장애는 과도한 긴장, 힘들여 애쓰는 행동, 2차적인 매너리즘과 함께 나타날 수 있다. 3. 음성장애는 자신의 나이나 성별에 부적절한 음성의 질, 높이, 크기, 공명, 지속시간에 있어서의 비정상적인 산출이나 결여를 의미한다. B. 언어장애는 말, 문자, 기타 상징체계의 이해 및 활용에 있어서의 손상을 의미한다. 언어장애는 (1) 언어의 형태(음운론, 형태론, 구문론), (2) 언어의 내용(의미론), (3) 언어의 의사소통 기능(화용론)에 있어서의 손상을 포함한다. 1. 언어의 형태 a. 음운론은 언어의 소리 체계와 소리의 합성을 규정하는 규칙을 의미한다. b. 형태론은 단어의 구조와 단어 형태의 구성을 규정하는 체계를 말한다. c. 구문론은 문장을 만들기 위한 단어의 순서와 조합 및 문장 내에서의 요소들 간의 관계를 의미한다. 2. 언어의 내용 a. 의미론은 단어와 문장의 의미를 규정하는 체계를 말한다. 3. 언어의 기능 a. 화용론은 기능적이고 사회적으로 적절한 의사소통을 위해서 이상의 언어 요소들을 조합하는 체계를 말한다. II. 의사소통의 다양성 A. 의사소통상의 차이/방언은 지리적, 사회적, 문화/민족적 요소를 반영하고 이들에 의해서 결정되는 개인의 집단이 사용하는 상징 체계의 다양성을 의미한다. 상징 체계의 지리적, 사회적, 문화/민족적 다양성은 말이나 언어장애로 간주되어서는 안 된다. B. 보완/대체 의사소통 체계는 심각한 표현 및 언어 이해의 장애를 지닌 개인의 손상과 장애 패턴을 위해서 일시적이거나 영구적으로 보상하고 촉진하려고 시도하는 의사소통 체계다.

출처: American Speech-Language Hearing Association. (1993). Definitions of communication disorders and variations. *ASHA*, *35* (Suppl. 10), 40-41.

주고받는 것을 의미한다. 그러므로 의사소통장애는 자신의 언어, 지역, 문화 내에서 상대방에게 정보를 전달하거나 상대방으로부터 정보를 수용하고 이해하는 과정에 심각한 어려움을 보이는 것으로 정의된다(Justice & Redle, 2014).

과거 언어병리학의 관심은 말장애에 있었다. 그러나 현재는 언어장애로 그 관심의 초점이 변하였다. 이와 같은 변화의 주된 원인은 말장애 그 자체보다는 의사소통에 있어서의 문제가 훨씬 더 심각한 장애임을 인식하기 시작하였기 때문이다. 예를 들어, 말을 잘하는 아동 중에도 다른 사람과의 의사소통이 어려운 아동이 있는 반면에, 말을 정확하게 하지 못하면서도 의사소통에는 아무런 문제를 보이지 않는 아동이 있다. 말이란 내용을 알아들을 수 있는 음성적 입력을 의미하는 반면에, 언어는 내용의 형성과 해석 모두와 관련된다. 그러므로 언어는 듣기와 말하기, 읽기와 쓰기, 기술적인 대화, 사회적 상호작용을 모두 포함한다. 미국의 말-언어-청각 협회(American Speech-Language-Hearing Association: ASHA)는 의사소통장애를 〈표 3-14〉와 같이 분류하고 정의하였다. 이 분류에 따르면 말장애는 조음장애, 유창성장애, 음성장애를 포함하며 언어장애는 언어의 구성 요소인 음운론, 형태론, 구문론, 의미론, 화용론에 있어서의 장애로 구분된다. 우리나라 「장애인 등에 대한 특수교육법」에서는 의사소통장애를 언어의 수용 및 표현 능력, 조음능력, 말 유창성이 부족하거나 기능적 음성장애가 있어 의사소통이 어려운 경우로 정의한다.

2) 의사소통장애의 특성

통계 자료에 따르면 어린 아동 중 약 8~9%가 말장애 또는 언어장애를 보이는 것으로 보고된다(National Institute on Deafness and other Communication Disorders, 2015). 그러나 우리나라의 경우에는 의사소통장애를 지닌 특수교육대상자가 전체 특수교육대상자의 약 2.4%인 것으로 보고되어 그 수가 매우 적은 것으로 나타나고 있다(교육부, 2019).

말이나 언어 발달에 있어서의 지체는 생후 1년간 나타나는 몇 가지 신호를 통해서 예측이 가능하다. 영아기에 목소리를 내거나 우는 빈도가 매우 낮고 지나치게 조용하다면 지체를 의심할 수 있다. 특히 대부분의 아동이 생후 1년 정도가 지나면서 한두 단어의 말을 시작하게 되는데, 18개월이 지나도록 한 단어도 말하지 않거나 30개월이 지났는데도 두 단어 어절을 말하지 않는다면 언어 발달의 지체를 의심해 볼 수 있다. 영유아기 언어 발달의 지체는 다음과 같은 결과를 초래하므로 발달과 학습에 부정적인 영향을 미치게 된다(Peterson, 1987): (1) 기능적이고 나이에 적절한 의사소통 체계 결여, (2) 사회적 상호작용 방해, (3) 상호적인 관계의 속성과 질적인 측면 방해, (4) 생각이나 요구를 표현하는 능력 제한, (5) 의사소통 실패의 좌절감으로 인하여 자아개념 형성에 부정적인 영향, (6) 인지적 과제 학습과 수행에 부정적인 영향. 〈표 3-15〉는 말 또는 언어 장애를 예측하게 해 주는 영유아기 언어상의 특성을 보여 준다.

표 3-15 말 또는 언어 장애를 예측하게 해 주는 영유아기 행동 특성

말 또는 언어 장애의 초기 특성
• 자신의 요구(예: 배고픔, 편안함, 관심, 거부)를 알리기 위한 우는 행동을 보이지 않는다. • 소리의 근원에 주의를 기울이지 않는다. • 비구어 의사소통의 노력(예: 안아달라고 팔을 올림, 친숙한 사람에게 미소 지음, 손을 뻗음, 가리킴)이 제한된다. • 발성을 잘 하지 않는다. • 목소리를 내거나 옹알이를 하거나 소리로 놀이하지 않는다. • 소리를 모방하지 않는다. • 친숙한 이름을 말할 때 쳐다보거나 건네주지 않는다. • 언어 습득 속도가 느리다.

의사소통장애를 지닌 아동은 지능이나 성취도 평가에서 평균보다 낮은 점수를 보일 수 있다(Anderson & Shames, 2010; Watson et al., 2003). 이것은 의사소통 발달이 인지 발달과 밀접하게 관련되며 말이나 언어가 학업 성취에 결정적인 영향을 미치기 때문이다. 실제로 의사소통 기술과 학업 성취 간에는 높은 상관관계가 있는 것으로 보고된다(Thatcher, Fletcher, & Decker, 2008). 특히, 유아기에 언어장애로 진단되는 경우 이후에 읽기 학습에서의 어려움을 보일 뿐만 아니라(Mutter, Hulme, Snowling, & Steverson, 2004) 언어장애는 학습장애와도 관련되는 것으로 보고된다(Gillam & Gillam, 2016).

의사소통장애는 〈표 3-14〉의 정의에서도 알 수 있듯이 다른 장애로 인하여 2차적인 장애로도 나타날 수 있다. 실제로 의사소통장애를 지닌 많은 아동이 지적장애, 청각장애, 학습장애, 자폐 범주성 장애, 또는 기타 장애를 복합적으로 지니고 있다. 따라서 의사소통장애 아동의 의사소통 문제를 다룰 때에는 장애가 지니는 속성과 함께 의사소통 행동상의 특성을 정확하게 진단하고 접근해야 한다.

말이나 언어에 문제가 있는 아동은 자신이 속한 환경 내에서 일어나는 일을 잘 이해하지 못하고 자신의 생각이나 감정 또는 필요를 잘 전달하지 못함으로 인하여 좌절감

을 경험하게 되고 더 나아가서는 공격성이나 충동성 또는 우울감이나 위축 등의 다양한 행동 문제를 보일 수도 있다. 특히, 사회적 언어와 관련된 화용론의 문제는 사회-정서 발달에 부정적인 영향을 미칠 수 있다(McLeod, Daniel, & Barr, 2013). 이와 같은 현상은 특히 유아기에 뚜렷하게 나타나는데, 이는 이 시기가 사회적 기술을 습득하고 친구 관계를 형성하는 매우 중요한 시기일 뿐만 아니라 이러한 사회적인 발달에 의사소통이 핵심적인 역할을 하기 때문이다(Kerins, 2015). 의사소통장애의 정도가 심한 경우에는 관심을 얻거나 자신의 필요를 충족시키기 위해서 자해행동 등의 심각한 문제행동을 보이기도 한다(Bayat, 2015). 따라서 의사소통장애 아동을 위한 교육에서는 이들의 행동 문제를 반드시 함께 고려해야 한다.

2. 주의력결핍 과잉행동장애

1) 주의력결핍 과잉행동장애의 정의

주의력결핍 과잉행동장애(attention deficit hyperactivity disorder: ADHD)는 아직까지 독립된 장애 영역으로 인정받지 못하고 있으며, 미국 장애인교육법에서는 기타 건강상의 장애 영역으로 분류된다. 그러나 주의력결핍 과잉행동장애는 실제 교육 현장에서 매우 분명한 특성을 지닌 하나의 장애 유형으로 자리를 잡아가고 있다.

주의력결핍 과잉행동장애는 미국『정신장애 진단 및 통계 편람(DSM-5)』(APA, 2013)에서 제시하는 기준에 의해서 가장 많이 판별되고 있기 때문에 장애를 정의함에 있어서도 DSM-5의 진단 기준이 많이 사용된다(〈표 3-16〉 참조). 주의력결핍 과잉행동장애를 정의함에 있어서 하나의 단일 증후군으로 설명이 가능한지, 아니면 하위 유형이 존재하는지, 또는 어느 정도의 과잉행동이나 충동성을 장애의 기준으로 제시해야 하는지 등에 대한 논의가 활발하게 이루어져 왔다. 이러한 논의에 따라 사용하는 용어도 변해 왔는데, 예를 들어 과거에는 주의집중장애(attention deficit disorder: ADD)로 사용하면서 과잉행동(hyperactivity)의 유무에 의해서 하위 유형으로 분류하였다. 그러나 현재는 DSM-5에 의해서 주의력결핍 과잉행동장애라는 용어가 사용되고 있으며, (1) 주의력결핍 우세형 ADHD, (2) 과잉행동 및 충동성 우세형 ADHD, (3) 복합형 ADHD의 세 가지 하위 유형으로 분류된다.

표 3-16 주의력결핍 과잉행동장애의 진단 기준

주의력결핍 과잉행동장애의 진단 기준
A. 기능이나 발달을 방해하는 주의력결핍 및/또는 과잉행동-충동성의 지속적인 양상으로 (1)이나 (2)로 특징지어짐: 1. 주의력결핍: 다음의 증상 중 여섯 가지 이상이 최소한 6개월 이상 발달 수준에 맞지 않을 정도로 나타나고 사회적 및 학업/직업 활동에 직접적으로 부정적인 영향을 미침: 주의: 증상은 반항, 저항, 적대, 과제나 지시에 대한 이해 부족으로 인한 것이 아님. 나이가 많은 청소년이나 성인의 경우(17세 이상) 5개 이상의 증상이 요구됨. a. 학교, 직장, 기타 활동에서 세부사항에 대한 주의를 기울이지 못하거나 부주의한 실수를 함(예: 세부사항을 빠뜨림, 과제 수행이 부정확함) b. 과제나 놀이 활동에 지속적으로 집중하기 어려움(예: 수업, 대화, 시간이 걸리는 읽기 중에 지속적으로 집중하기 어려워 함) c. 자신에게 말하는 것을 잘 듣지 않는 것처럼 보임(예: 명백한 방해가 없는 경우에도 생각이 다른 곳에 가 있는 것 같아 보임) d. 지시를 따르거나 학교 과제, 집안일, 직장 업무를 완수하지 못함(예: 과제를 시작하지만 금방 초점을 잃고 쉽게 옆길로 빠짐) e. 과제와 활동을 조직하는데 어려움을 보임(예: 순서대로 수행하는 과제를 어려워함, 교재와 소유물을 정리하기 어려워함, 지저분하게 어지름, 과제를 조직화하지 못함, 시간 관리가 어려움, 마감 시간을 지키지 못함) f. 지속적인 정신적 노력이 필요한 과제(학교 과제나 숙제, 나이가 많은 청소년이나 성인의 경우 보고서 작성하기, 양식 작성하기, 긴 보고서 검토하기)에 참여하기를 피하거나 싫어하거나 원하지 않음 g. 과제나 활동을 위해서 필요한 물건(예: 학교 교재, 연필, 책, 도구, 지갑, 열쇠, 과제물, 안경, 핸드폰)을 잃어버림 h. 외부 자극에 쉽게 산만해짐(예: 나이가 많은 청소년이나 성인의 경우 관련 없는 생각을 함) i. 일상적인 활동을 자주 잊어버림(예: 집안일, 심부름, 나이가 많은 청소년이나 성인의 경우 답전화 걸기, 고지서 납부하기, 약속 지키기) 2. 과잉행동-충동성: 다음의 증상 중 여섯 가지 이상이 최소한 6개월 이상 발달 수준에 맞지 않을 정도로 나타나고 사회적 및 학업/직업 활동에 직접적으로 부정적인 영향을 미침: 주의: 증상은 반항, 저항, 적대, 과제나 지시에 대한 이해 부족으로 인한 것이 아님. 나이가 많은 청소년이나 성인의 경우(17세 이상) 5개 이상의 증상이 요구됨. a. 손발을 가만히 두지 못하고 의자에 앉아서도 계속 몸을 움직임 b. 자리에 앉아 있어야 하는 상황에서 자리를 떠남(예: 교실, 사무실이나 기타 직장, 기타 제자리에 있도록 요구되는 장소에서 자리를 떠남) c. 부적절한 상황에서 뛰어다니거나 기어올라감(주의: 청소년이나 성인의 경우 가만히 못 있고 들썩거리는 행동일 수 있음) d. 조용히 놀이나 여가 활동에 참여하지 못함

〈계속〉

주의력결핍 과잉행동장애의 진단 기준
e. 마치 "자동차에 쫓기듯이" "끊임없이 움직이는" 행동을 보임(예: 식당이나 회의 등에서 긴 시간 동안 가만히 있지 못하거나 불편해함, 다른 사람에게 쉴 새 없이 움직이고 함께 있기 어려운 사람으로 여겨짐) f. 지나치게 말을 많이 함 g. 질문이 끝나기 전에 성급하게 대답을 함(예: 다른 사람의 문장을 완성해 줌, 대화에서 자신의 차례를 기다리지 못함) h. 차례를 기다리기 어려움(예: 줄 서기) i. 다른 사람을 방해하거나 중단시킴(예: 대화, 게임, 활동에 끼어듦, 다른 사람에게 묻거나 허락받지 않고 그 사람의 것을 시작함, 나이가 많은 청소년이나 성인의 경우 다른 사람이 하고 있는 것을 방해하거나 가로챔) B. 몇 가지 주의력결핍이나 과잉행동-충동성 증상이 12세 이전에 나타난다. C. 몇 가지 주의력결핍이나 과잉행동-충동성 증상이 두 가지 이상의 환경에서 나타난다(예: 가정이나 학교나 직장에서, 친구나 친척에게, 기타 활동에서). D. 증상이 사회성, 학업, 또는 직업 기능의 질을 방해하거나 감소시킨다. E. 증상이 조현병 또는 기타 정신질환에 의한 것이 아니며 다른 정신장애(기분장애, 불안장애, 해리장애, 인격장애, 물질 중독 또는 위축)에 의해서 더 잘 설명되지 않는다.

출처: American Psychiatric Association (APA). (2013). *Diagnostic and Statistical Manual of Mental Disorders* (5th ed., pp. 59-60). Washington DC: Author.

2) 주의력결핍 과잉행동장애의 특성

주의력결핍 과잉행동장애의 출현율은 매우 높게 나타나고 있는데, 우리나라는 독립된 특수교육대상자 선정 분류에 해당하지 않기 때문에 정확한 출현율 통계가 보고되지 않는다. 그러나 주의력결핍 과잉행동장애는 전 세계적으로 아동기와 성인기에 각각 약 5%와 2%의 출현율을 보이는 것으로 보고된다(APA, 2013). 정확한 출현율 통계 자료가 제시되고 있는 미국의 경우 학령기 아동의 약 11%가 주의력결핍 과잉행동장애로 진단된다(CDC, 2015). 또한 주의력결핍 과잉행동장애는 여아보다는 남아에게서 약 3배 정도 높게 출현하는 것으로 나타난다(Barkley, 2018b).

주의력결핍 과잉행동장애는 주의력결핍, 과잉행동, 충동성의 세 가지 측면에서 행동 특성을 살펴볼 수 있다. 주의집중에 어려움을 보이는 아동은 매우 산만하여 활동 중에 쉽게 방해를 받거나 특정 과제에 주의를 기울일 수 없는 경우가 많다. 과잉행동은 활동의 양이 지나치게 과도해서 일상적인 생활 기능에 부정적인 영향을 미치는 경우에 사용되는 용어로 이러한 특성을 보이는 아동은 실제로 쉼 없이 움직이면서 물건을 만지고, 돌아다니고, 뛰고, 기어오르고, 끊임없이 말하고, 시끄럽게 놀이하고, 충동적으로 행동한다. 충동성은 주의 깊은 생각이나 목적 없이 발생하는 행동으로 설명될 수 있다. 충동성을 보이는 아동은 생각하지 않고 충동적으로 행동하기 때문에 이들의 반응은 부적절한 경우가 많으며, 특히 수업 활동 중 부정확한 반응을 많이 보인다. 예를 들어, 교사의 질문이 끝나기도 전에 큰 소리로 답을 말하거나 과제를 수행함에 있어서 머리에 떠오르는 대로 마구 행동하기도 한다. 또한 교사나 친구가 말할 때 끼어들어 방해하거나 학급의 규칙을 따르기 힘들어한다.

주의력결핍 과잉행동장애는 이상과 같은 행동 문제로 진단에 의뢰되며, 평균적으로는 3~4세 정도의 유아기에 진단을 받게 된다. 그러나 주의집중장애가 주요 증상인 경우에는 학업 과제에 집중해야 하는 학령기가 될 때까지 장애 여부가 인지되지 않기도 한다. 미국 소아과학회(American Academy of Pediatrics)에서는 4세가 될 때까지는 주의력결핍 과잉행동장애로 진단하지 않도록 권고하는데(Subcommittee on ADHD, 2011), 이는 매우 활동적인 영유아의 경우 그 행동 특성이 장애와 구분되기 어렵다는 이유 때문이다(MacDonald, 2015). 그러나 분명한 사실은 주의력결핍 과잉행동장애의 증후가 발달 초기에 나타날 수 있으므로 장애로 진단할 때에는 이 시기의 행동 특성이 초기 증후를 보였는지 잘 회고해 볼 필요가 있다는 것이다. 일반적으로 주의력결핍 과잉행동장애 아동이 유아기에 보이는 행동 특성은 다음과 같다(Kenndy Krieger Institute, 2020).

- 신체 발달의 지체(예: 한 발 또는 두 발 뛰기를 하지 못함)
- 위험 감수(예: 위험한 상황에서 거의 또는 전혀 두려움을 보이지 않으므로 쉽게 다침, 낯선 사람을 경계하지 않고 쉽게 다가감)
- 짧은 주의집중력(예: 수 분 이상 지속적으로 놀이하지 못하고 쉽게 자리를 뜸, 오래 걸리는 활동에 참여하기를 거부함, 꼼지락거리지 않고는 앉아 있지 못하고 자주 돌아다님)
- 친구 사귀기 어려움(예: 놀이할 때 다른 아동에 비해 시끄럽고 부산스러움, 놀이 중에 공격적인 행동을 보임)

주의력결핍 과잉행동장애 아동이 보이는 주의집중과 과잉행동 및 충동성의 문제는 실행기능(executive functioning) 문제로 인하여 나타나는 것으로 설명된다(Barkley,

2018a). 두뇌는 근육을 움직이는 단순한 행동부터 자기조절과 같은 복잡한 행동에 이르기까지 모든 행동을 조절한다. 이와 같은 복잡한 행동을 수행하도록 관장하는 기능을 실행기능이라고 한다. 실행기능은 자기 주도적으로 목표 지향적인 행동을 수행하게 하는 기제로 자기평가, 조직화, 관심 유지, 순응, 작동기억, 동작 협응 등의 행동을 책임진다. 따라서 실행기능의 손상은 아동으로 하여금 주의를 기울이지 못하게 만들고 정리되지 않고 충동적인 방법으로 행동하게 만든다. 실제로 최근에 이루어지고 있는 두뇌연구에 의하면 주의력결핍 과잉행동장애 아동의 경우 실행기능을 관장하는 전전두엽 피질에 이상이 있으며, 특히 주의집중과 행동 억제를 필요로 하는 활동 중에 이상 기능이 나타나는 것으로 보고되었다(Friedman & Rapoport, 2015).

3. 정서 및 행동 장애

1) 정서 및 행동 장애의 정의

정서 및 행동 장애(emotional or behavioral disorder)는 미국의 국립정신건강 및 특수교육 협회(National Mental Health and Special Education Coalition)에서 제안한 용어로(CCBD, 1989) 현재 미국의 장애인교육법(IDEA)에서는 심각한 정서장애(serious emotional disturbance), 한국의 「장애인 등에 대한 특수교육법」에서는 정서·행동장애로 사용된다. 특수교육 학계나 교육 현장에서는 정서와 행동의 두 가지를 모두 포함하는 용어를 선호하는데, 이는 용어가 표현하고자 하는 장애가 정서 문제 또는 행동 문제 또는 두 가지 모두를 보일 수 있다고 가정하기 때문이다(Kauffman & Landrum, 2018).

정서 및 행동 장애와 관련해서는 다양한 이론과 목적에 의해서 지금까지 수많은 정의가 제시되었다. 그러나 공통적으로 받아들여지는 정의는 아직까지도 없는 실정이며 현재 사용되고 있는 정의(〈표 3-2〉, 〈표 3-3〉 참고)도 정서 및 행동 장애를 지닌 모든 아동을 포함시키지 못하는 것으로 지적된다. 그러므로 정서 및 행동 장애는 아직까지도 그 개념 정립과 통일된 정의 제시가 시급한 과제로 남아 있다. 실제로 정서 및 행동 장애를 지닌 각 개인의 문제행동을 설명하는 것은 어렵지 않으나 개개의 문제행동이 모여 하나의 집단을 형성할 때 그 집단을 대표할 수 있는 정의를 내리기는 매우 어렵다.

정서 및 행동 장애를 정의하기가 어려운 이유는 다음과 같이 몇 가지로 설명될 수 있다(Hallahan et al., 2018). 첫째, 정신건강이나 행동은 그 자체가 정확하게 정의하기 어려운 개념이기 때문에 이를 기반으로 하는 정서 및 행동 장애의 정의는 더욱 어려워진다. 예를 들어, 행복이나 분노 등의 감정은 정의를 내리기 위한 정확하고 객관적인 기준을 정하기가 어렵다는 것이다. 둘째, 인간의 행동을 설명하는 이론, 즉 개념모델이 서로 다른 경우 장애를 바라보는 견해도 달라진다. 예를 들어, 인간의 행동을 생물학적 관점에서 바라볼 때와 사회학적 관점 또는 행동주의 관점으로 바라볼 때 장애를 정의하는 기준이 달라질 수 있다는 것이다. 셋째, 정서 및 행동 장애는 다른 장애와 함께 나타나는 경우가 많은데, 그중에서도 특히 지적장애나 학습장애와 중복해서 나타나는 경우가 많아 고유의 장애를 정의하기가 어려울 수 있다. 마지막으로, 정서 및 행동 장애는 누가 무엇 때문에 정의하는가에 따라 정의가 달라질 수 있다. 예를 들어, 교육자, 의사, 법률가는 자신의 업무상 필요에 따라서 정의하고자 하는 목적을 달리하기 때문에 서로 다르게 정의할 수 있다.

결론적으로, 정서 및 행동 장애를 지닌 아동을 정의하고 판별하는 일은 그 과정이 비록 아동의 행동에 대한 객관적인 관찰을 근거로 한다고 할지라도 매우 주관적인 절차라고 말할 수 있다. 그러한 이유 중 하나는 아동이 보이는 행동 그 자체가 장애를 대표하는 것은 아니며, 오히려 행동이 발생하는 환경과 주변의 성인이나 또래의 기대가 행동의 적절성을 결정하는 요인으로 작용하기 때문이다. 실제로 정서 및 행동 장애를 정의하기 위해서는 아동의 행동과 그 행동을 받아들이는 주위 사람과의 상호작용을 고려하는 환경적인 접근이 반드시 필요하다. 그러므로 정서 및 행동 장애의 개념을 정의하고 아동의 장애 여부를 판별하기 위해서는 환경을 무시한 상태에서 그 아동의 행동이 장애를 지녔는지를 단순하게 판단해서는 안 되며, 아동을 포함하고 있는 환경 전체를 하나의 단위로 인식하고 행동을 관찰해야 한다.

현재 우리나라 교육 현장에서는 〈표 3-2〉에서 보여 주는 「장애인 등에 대한 특수교육법」의 정의를 적용한다. 이 정의는 장애인교육법(IDEA 2004)의 정의(〈표 3-3〉 참조)에서 제시하는 다섯 가지 항목을 그대로 차용하고 있는데, 조현병 포함 조건과 사회적 부적응 제외 조건은 도입하지 않았다는 차이점을 보인다. 결과적으로 이들 정의에 따르면 정서 및 행동 장애는 한 가지 이상의 식별 가능한 행동 문제가 나타나야 하고, 그러한 문제가 전형적인 발달을 보이는 아동의 행동과 비교할 때 현저하게 또는 눈에 띄는 정도로 구분되어야 하며, 나타난 문제가 오랜 시간 동안 지속되어야 하고(일반적으로 6개월 이상), 교육적 성취에 영향을 미쳐야 한다. 또한 미국의 경우에는 이러한 문제가 사회적 부적응으로 인한 것이 아니어야 한다. 최근에는 정서 또는 행동의 문제를 지닌 아동이 학업상의 문제를 보이지 않는 경우 특수교육 적격성을 인정받지 못한다는 사실에 대한 우려가 제기되면서 현행 정의의 부적절성이 지적되고 있다(Raymond, 2017).

2) 정서 및 행동 장애의 특성

정서 및 행동 장애의 출현율은 조사에 따라 매우 다르게 산출되는 것으로 지적되고 있지만 대체적으로 학령기 아동의 약 4~10% 범위 내에서 보고되며, 실제로 교육 현장에서는 1%도 안 되는 훨씬 적은 수가 포함된 것으로 나타난다(Kauffman & Landrum, 2018). 우리나라의 경우 「장애인 등에 대한 특수교육법」에 의해서 정서 · 행동장애를 지닌 특수교육대상자로 진단받은 아동은 2019년 기준 2,182명으로 전체 특수교육대상자의 2.3%인 것으로 보고되었다(교육부, 2019). 이와 같이, 교육 현장에서 정서 및 행동 장애의 출현율이 낮게 보고되는 이유는 다음과 같은 요인에 기인하는 것으로 설명된다(Raymond, 2017): (1) 외현적 행동의 경우 장애로 인식하기보다는 훈육의 문제로 보는 태도가 만연함, (2) 내재적인 행동의 경우 잘 드러나지 않는다는 특성으로 인하여 간과되는 경우가 많음, (3) 부모의 입장에서 자녀의 행동 문제가 자녀만의 문제가 아닌 부모의 교육 방식의 문제라고 생각하는 편견에 의해 진단을 기피함, (4) 제한된 정의 자체가 지니고 있는 한계로 인해서 정확한 진단이 이루어지지 못함.

정서 및 행동 장애 아동은 교사의 관심이 주어져야 하는 많은 행동 특성을 보인다. 이와 같은 행동 특성은 다양한 방법으로 분류되는데, 보편적으로 사용되는 분류 체계는 이들의 행동 유형을 외현적 행동과 내재적 행동의 두 가지로 분류한다. 즉, 정서 및 행동 장애 아동은 공격적이고 겉으로 드러나는 행동을 보이거나 미성숙하면서도 내부적으로 위축된 행동을 보이는 등 상반된 행동 특성을 보일 수 있다는 것이다. 외현적인 행동은 품행장애와 기타 공격적인 행동을 포함하며, 내재적인 행동은 불안, 우울, 공포 등의 행동을 포함한다. 정서 및 행동 장애의 가장 보편적인 문제로 품행장애를 들 수 있는데, 때리기, 싸우기, 친구 놀리기, 소리 지르기, 반항하기, 울기, 기물 파괴하기, 강탈하기 등의 행동이 이에 속한다. 이러한 행동은 일반 아동에게서도 흔히 관찰되는 행동이지만, 행동의 발생이 지나치게 충동적이거나 잦으면 문제로 여겨져야 한다. 내재적으로 나타나는 사회적 위축 행동은 겉으로 드러나는 품행장애나 기타 공격행동과는 달리 잘 발견되지 않는 경우가 많기 때문에 조기 발견을 위해서 각별한 관심이 필요하다.

정서 및 행동 장애는 지적장애나 학습장애 등의 특정 장애 유형과 함께 유아기에 진단하기 힘든 장애로 인식되고 있으며, 정서 및 행동 장애 유아라는 용어 역시 사용하지 않도록 권장된다. 이렇게 유아기 판별이 어려운 이유는 우선 앞에서 설명한 바와 같이 정의와 측정상의 문제가 아직도 존재하고 있기 때문이다. 또한 영유아기 어린 시기에는 발달상의 성취 과제를 비교하기 위한 전형적인 행동의 범위가 매우 제한되어 있으며, 개별 가족이나 문화에 따라서 양육 방법과 기준이 다르기 때문에 비교를 위해서 사용하는 표준 행동을 결정하기 어렵고, 유아기 발달 속도가 매우 급격하고 불균등하여 발달 양상을 판단하기 어렵기 때문이다.

그러나 학령기에 정서 및 행동 장애로 진단되는 많은 아동이 이미 3~4세부터 행동 문제를 보이는 것으로 보고된다(Hallahan et al., 2018). 이들은 주로 잠을 잘 자지 못하거나 신경질적이고 칭얼거리는 행동을 자주 보이고, 사회적인 상황에서 위축되거나 불순종 및 공격행동을 보이며, 주의집중 시간이 매우 짧을 뿐만 아니라 주변의 자극에 의해서 쉽게 산만해지고 충동적인 행동을 보인다(Gargiulo & Kilgo, 2020). 모든 장애가 다 그러하듯이, 정서 및 행동 장애 역시 조기 발견을 통한 적절한 중재는 매우 중요하다. 이는 장애의 정의 및 측정이 어렵고 유아기 행동의 유연성이 크다는 특성으로 인하여 특별히 예방적인 의미를 지닌다고 할 수 있다(Kauffman, 2014). 실제로 유아와 가족이 적절한 의료 및 정신건강 서비스에 접근할 수 있을 때, 부모와 교사가 유아와 건강한 관계를 형성하고 긍정적이고 따뜻하고 격려하는 환경을 조성해 줄 때, 질적으로 우수한 유아교육을 통하여 사회적 능력을 학습할 수 있을 때 행동 문제 발생률이 낮아지는 것으로 보고된다(Marshall, Brown, Conroy, & Knopf, 2017; Mattison, 2014).

4. 자폐 범주성 장애

1) 자폐 범주성 장애의 정의

자폐는 1943년 Kanner가 처음으로 소개한 이래 그 속성을 이해하고 개념을 정립하기 위한 지속적인 관심과 노력이 기울여져 온 장애 영역이다. 현재 자폐를 정의하기 위해서 가장 많이 사용되는 기준은 미국 정신의학협회(APA)의 『정신장애 진단 및 통계 편람(DSM-5)』이다. 이 편람은 지금까지 자폐의 개념 정립과 관련해서 이루어졌던 연구의 노력을 기반으로 2013년에 그 진단 기준을 변경하였으며, 그동안 전반적 발달장애의 하위 영역으로 분류되었던 자폐성 장애와 아스퍼거 증후군 등의 관련 장애를 모두 포함하는 자폐 범주성 장애(autism spectrum disorder: ASD)로 용어도 변경하였

표 3-17 DSM-5의 자폐 범주성 장애 진단 기준

자폐 범주성 장애 (autism spectrum disorders: ASD)

A. 다양한 분야에 걸쳐 나타나는 사회적 의사소통 및 사회적 상호작용의 지속적인 결함으로 현재 또는 과거력상 다음과 같은 특징으로 나타난다.

1. 사회-정서적 상호성의 결함(예: 비전형적인 사회적 접근과 전형적인 주고받는 대화의 실패, 관심사나 정서 또는 감정 공유의 감소, 사회적 상호작용의 시작 및 반응 실패)
2. 사회적 상호작용을 위한 비구어 의사소통 행동의 결함(예: 구어 및 비구어 의사소통의 불완전한 통합, 비전형적인 눈맞춤과 몸짓 언어 또는 몸짓 이해 및 사용의 결함, 얼굴 표정과 비구어 의사소통의 전반적 결핍)
3. 관계 형성 및 유지와 관계에 대한 이해의 결함(예: 다양한 사회적 상황에 맞게 행동을 조정하기 어려움, 상상놀이를 공유하거나 친구 사귀기 어려움, 또래에 대한 관심 결여)

B. 제한적이고 반복적인 행동이나 관심 또는 활동이 현재 또는 과거력상 다음 항목 가운데 적어도 두 가지 이상 나타난다.

1. 상동적이거나 반복적인 운동성 동작, 물건 사용 또는 말하기(예: 단순한 운동성 상동행동, 놀잇감을 정렬하거나 물건 튕기기, 반향어, 특이한 문구 사용)
2. 동일성에 대한 고집, 일상에 대한 융통성 없는 집착, 의례적인 구어 또는 비구어 행동 양상(예: 작은 변화에 대한 극심한 고통, 변화의 어려움, 완고한 사고방식, 의례적인 인사, 같은 길로만 다니기, 매일 같은 음식 먹기)
3. 강도나 초점에 있어서 비전형적으로 심하게 제한되고 고정된 관심(예: 특이한 물건에 대한 강한 애착 또는 집착, 과도하게 국한되거나 고집스러운 관심)
4. 감각 정보에 대한 과잉 또는 과소 반응, 또는 환경의 감각적인 속성에 대한 특이한 관심(예: 통증/온도에 대한 명백한 무관심, 특정 소리나 감촉에 대한 부정적 반응, 과도한 냄새 맡기 또는 물건 만지기, 빛이나 움직임에 대한 시각적 매료)

C. 증상은 반드시 초기 발달 시기부터 나타나야 한다(그러나 사회적 요구가 개인의 제한된 능력을 넘어서기 전까지는 증상이 완전히 나타나지 않을 수 있고, 나중에는 학습된 전략에 의해 증상이 가려질 수 있다).

D. 이러한 증상은 사회성이나 직업 또는 기타 중요한 현재의 기능 영역에서 임상적으로 뚜렷한 손상을 초래한다.

E. 이러한 장애는 지적장애(지적발달장애) 또는 전반적인 발달지체로 더 잘 설명되지 않는다. 지적장애와 자폐 범주성 장애는 자주 동반된다. 자폐 범주성 장애와 지적장애를 함께 진단하기 위해서는 사회적 의사소통이 전반적인 발달 수준에서 기대되는 것보다 낮아야 한다.

주의: DSM-IV의 진단 기준상 자폐성 장애, 아스퍼거 장애 또는 달리 분류되지 않는 전반적 발달장애로 진단된 경우는 자폐 범주성 장애로 진단해야 한다. 사회적 의사소통에 뚜렷한 결함이 있으나 자폐 범주성 장애의 다른 진단 항목을 충족시키지 않는 경우에는 사회적(실용적) 의사소통 장애로 평가한다.

출처: American Psychiatric Association (APA). (2013). *Diagnostic and statistical manual for mental disorders* (5th ed., pp. 50-51). Washington DC: Author.

다. 이러한 변화는 자폐가 있다/없다로 명확하게 구분되는 개념이기보다는 자폐적 성향의 연속선으로 이해되어야 하며(Rutter, 1999), 이러한 연속적인 범주 내에 들어오는 다양한 하위 유형과 심각한 정도를 모두 포함해야 한다는 연구 결과를 기반으로 한다(Simpson, 1996; APA, 2013). DSM-5의 자폐 범주성 장애 진단 기준은 〈표 3-17〉에서 보는 바와 같다.

〈표 3-17〉에 나타난 진단 기준을 간략하게 정리하면 자폐 범주성 장애는 다른 사람과의 상호작용 및 의사소통에 있어서의 결함을 보이고 반복적인 행동, 동일성에 대한 고집, 제한된 관심, 감각자극에 대한 특이한 반응 등의 행동 특성을 보이는 것으로 정의되며, 이와 같은 행동 특성은 발달 초기에 나타난다. 현재 교육 현장에서는 자폐 또는 자폐성 장애, 아스퍼거 증후군, 고기능 자폐 등 다양한 관련 용어가 함께 사용되고 있다. 우리나라의 경우 2007년 「장애인 등에 대한 특수교육법」에 처음으로 '자폐성 장애'라는 용어로 독립된 장애 영역으로 포함되면서 교육 현장에서는 주로 자폐성 장애가 사용되고 있다. 그러나 앞에서도 언급하였듯이, 자폐성 장애는 과거 전반적 발달장애에 속하는 하나의 하위 유형을 지칭하던 용어로 현재 자폐 관련 폭넓은 증상과 정도를 모두 포함하는 자폐 범주성 장애와는 달리 그 의미가 제한될 수 있으므로 용어 사용에 주의를 기울여야 한다. 아스퍼거 증후군 역시 자폐 범주성 장애로 포함되면서 더 이상 독립된 장애 영역으로 진단되지는 않지만, 현재 교육 현장에서는 지적 능력이나 구어 능력에 결함이 없으면서 사회 의사소통 결함과 반복적이고 제한된 행동 특성을 보이는 아동을 지칭하는 용어로 사용되고 있다. 〈표 3-18〉은 현재 교육 현장에서 사용되는 다양한 자폐 관련 용어와 그 사용에 대해 설명하고 있다.

2) 자폐 범주성 장애의 특성

자폐 범주성 장애는 현재 아동기 장애 중 출현율이 가장 급속하게 증가하고 있는 장애다(Gonzalez Cassel, Durocher, & Lee, 2017). 미국의 경우 가장 최근 통계에 의하면 8세 아동 59명 중 1명이 자폐 범주성 장애 아동으로 그 출현율은 1.7%에 이른다(Center for Disease Control and Prevention, 2018). 남아의 경우 여아보다 4~5배 더 높게 나타난다. 자폐 범주성 장애는 사회, 경제, 민족, 인종 등과는 무관하게 전 세계적으로 유사한 출현율을 보이는 것으로 알려져 있다. 우리나라의 경우 특정 시를 대상으로 한 전수조사에서 학령기 아동의 2.6%가 자폐 범주성 장애인 것으로 보고되었으나(Kim et al., 2011), 실제로 교육 현장에서 특수교육대상자로 교육받고 있는 아동은 훨씬 더 적은 것으로

표 3-18 자폐 관련 용어 설명

용어	사용 설명
자폐 autism	미국 장애인교육법(IDEA)에서 사용하는 용어로 3세 이전에 나타나 구어 및 비구어 의사소통과 사회적 상호작용에 심각한 영향을 미침으로써 아동의 교육적 성취에 부정적인 영향을 미치는 발달장애로 정의됨.
자폐성 장애 autistic disorder	DSM-IV의 전반적 발달장애 5개 하위 영역 중 하나로 전형적인 자폐를 나타내는 용어로 사용되었으나 DSM-5에서는 자폐 범주성 장애로 흡수되면서 더 이상 사용되지 않음. 그러나 우리나라에서는 「장애인 등에 대한 특수교육법」에서 사용하고 있음.
자폐 범주성 장애 autism spectrum disorder (ASD)	DSM-IV의 전반적 발달장애를 대체하기 위해서 DSM-5에서 채택한 용어로 다양한 기능과 유형의 자폐 관련 장애를 모두 포함하는 포괄적인 개념을 뜻하며 학계에서 가장 많이 사용되고 있음.
아스퍼거 증후군 Asperger syndrome	DSM-IV의 전반적 발달장애 5개 하위 영역 중 하나로 자폐의 행동 특성을 보이지만 언어 및 인지 발달에 이상이 없는 경우를 칭하는 용어로 사용되었음. DSM-5에서는 자폐 범주성 장애로 흡수되면서 더 이상 사용되지 않음. 그러나 정보 전달 및 의사소통의 목적으로 아직까지 용어 사용이 병행되고 있으며, 고기능 자폐와 동일한 개념인지에 대한 논의도 아직 진행되고 있음.
전반적 발달장애 pervasive developmental disorder(PDD)	DSM-IV에서 자폐성 장애, 아스퍼거 증후군, 레트장애, 소아기 붕괴성 장애, 달리 분류되지 않는 전반적 발달장애(PDD-NOS)의 5개 하위 영역을 포괄하는 의미로 사용된 용어로 DSM-5에서 자폐 범주성 장애로 대체됨.
달리 분류되지 않는 전반적 발달장애 (PDD-NOS)	DSM-IV의 전반적 발달장애 5개 하위 영역 중 하나로 자폐성 장애 또는 아스퍼거 증후군과 유사한 특성을 보이지만 진단 기준에는 부합하지 않는 경우를 칭하는 용어로 DSM-5에서는 자폐 범주성 장애로 흡수됨.

나타난다. 그러나 그 출현율은 지속적으로 증가하고 있으며, 특히 특수교육 현장에서는 2019년에 13,105명으로 전체 특수교육대상자의 14.1%에 이르는 것으로 나타났다 (교육부, 2019). 이는 지적장애 다음으로 높은 출현율로 10년 전인 2009년 6.2%에 비해서 두 배 이상 증가한 비율이다.

출현율이 증가하고 있는 원인과 관련해서는 다음과 같은 두 가지 주장이 제시된다. 먼저, 자폐 범주성 장애 출현율 증가는 실제로 그 수가 증가하였기 때문이기보다는 장애를 진단하는 기준의 폭이 넓어지고(예: 아스퍼거 증후군 포함), 진단 기준이나 도구의 개발로 과거에 지적장애나 발달적 언어장애 등 다른 장애로 진단되던 사례가 자폐 범주성 장애로 진단되기 시작하였으며, 의학이나 심리학 등의 다양한 전문 영역뿐만 아니라 일반 대중의 인식이 확장되었기 때문이다(Fombonne, 2003; Shattuck, 2006). 둘째, 앞에서 제시한 요인이 출현율 증가 현상을 설명하는 것은 사실이지만 전체를 다 설명할 수는 없으므로 실제 사례 수를 증가시키는 아직 알려지지 않은 요인이 존재할 수도 있을 것이라는 가능성을 배제할 수 없다는 것이다(Hertz-Picciotto & Delwiche, 2009).

자폐 범주성 장애는 그 용어에서도 알 수 있듯이 장애의 정도에 있어서 매우 다양한 분포를 보인다. 이와 같은 다양성은 장애의 핵심적인 결함 영역인 사회 의사소통과 반복적이고 제한적인 행동 모두에서 나타난다. 사회성 발달에 있어서의 일탈적인 결함은 다양한 행동 특성으로 나타나는데, 예를 들어 영아기 이른 시기부터 부모가 안아주거나 상호작용을 시도할 때 일반적인 반응을 보이지 않으며, 사람에 대한 관심은 거의 보이지 않으면서 특정 사물에 대해서 집착하는 경향을 보이고, 동일 연령 또래가 전형적으로 보이는 놀이 방식이나 행동을 보이지 않는다. 이러한 특성은 부모와의 애착이나 또래와의 우정을 형성하고 지속하는 데 문제가 된다. 이들 중에서는 아동기와 청소년기를 거치면서 다른 사람과 관계하는 능력을 향상시키는 경우도 있다. 그러나 이렇게 사회적 관계에 있어서 향상을 보이는 경우에도 사회적 관계에 있어서의 맥락을 잘 이해하거나 적응하지 못하며 보편적인 사회적 의미를 이해하지 못하는 경우가 많다.

의사소통 발달에 있어서도 구어 및 비구어 상의 다양한 행동 특성을 보인다. 특히 의사소통의 화용론적 측면인 기능적인 언어를 발전시키지 못하는 것으로 알려져 있다. 예를 들어, 다른 사람의 눈이나 얼굴 표정을 보고 감정이나 의도를 이해하지 못하고 눈맞춤 행동을 보이지 않는 경우가 많으며, 자신의 의도나 감정을 정확하게 효과적으로 표현하기 위해서 이러한 비구어 행동을 사용하는 능력도 부족하다. 말을 잘하는 경우에도 말의 억양이나 속도, 크기, 내용에 있어서 사회적 맥락을 벗어나는 비전형성을 보이며, 로봇과 같이 말하거나 들은 말을 반복하는 반향어를 하기도 한다. 은유나 상징적 표현을 이해하지 못하고 행간의 숨은 뜻을 이해하기 어려워한다.

자폐 범주성 장애는 진단 기준상 제한적이고 반복적인 행동 · 관심 · 활동의 특성을 보이는데, 구체적으로 (1) 상동적이고 반복적인 행동, (2) 동일성에 대한 융통성 없는 집착, (3) 강도와 초점이 매우 제한되고 고정된 관심, (4) 비전형적인 감각 반응 및 관심의 네 가지 구체적인 유형의 행동을 포함한다(〈표 3-17〉 참조). 〈표 3-19〉는 이와 같은 행동 특성이 나타나는 구체적인 사례를 보여 준다.

자폐 범주성 장애 아동은 인지 발달에 있어서도 지적 기능이 매우 낮은 수준에서부

표 3-19 제한적이고 반복적인 행동 · 관심 · 활동의 구체적인 예

행동	구체적인 행동 사례
상동적이고 반복적인 행동	• 손가락을 눈앞에 대고 꿈틀거리거나 흔들기 • 양팔을 비행기 날개처럼 펼치고 펄럭이기 • 장시간 제자리에서 빙빙 돌기 • 몸을 앞뒤로 흔들기 • 발뒤꿈치를 들고 걷거나 뛰기 • 물건을 일렬로 정렬하거나 손가락으로 두드리기 또는 돌리기 • 반향어 사용하기 • 특이한 문구 반복적으로 사용하기
동일성에 대한 융통성 없는 집착	• 특정 활동을 정해진 순서에 따라 수행함(예: 교실에 들어가 자리에 앉기까지 정해진 순서를 반드시 따름) • 일과에 융통성 없이 집착하고 사소한 변화(예: 늘 다니던 길이 아닌 길로 갈 때)에도 쉽게 불안해하고 거부함 • 변화(예: 유치원의 실내환경 변화) 또는 전이(예: 활동 간 이동)에 지나치게 예민하게 반응하고 어려워함 • 매일 같은 음식만 먹으려고 함 • 매일 같은 옷만 입으려고 하며 입고 벗는 순서가 늘 같아야 함 • 의례적으로 말하거나(예: 의례적인 인사) 사고방식이 완고함
제한되고 고정된 관심	• 특정 사물에 대한 강한 애착 또는 집착을 보임 • 특정 주제에만 지나친 관심을 보이고 다른 주제에는 관심을 보이지 않음 • 과도하고 국한된 관심으로 활동 종료가 어렵고 다른 활동(예: 식사, 화장실 가기, 수면)에 방해가 됨 • 특정 관심 주제에 대한 방대한 지식이나 비상한 암기력을 보임
비전형적인 감각 반응 및 관심	• 특정 감각 영역에서 지나치게 예민하거나 둔감한 반응을 보임 • 통증이나 온도에 무관심해 보일 정도로 반응을 보이지 않음 • 특정 소리나 감촉을 거부하거나 부정적인 반응을 보임 • 과도하게 냄새를 맡거나 물건을 만짐 • 빛이나 움직임에 대해 시각적으로 매료됨 • 자세나 머리, 몸통, 팔다리 등의 움직임이 전형적이지 않음 • 걸음걸이가 독특함

터 매우 높은 수준에 이르기까지 다양한 분포를 보인다. 그러나 일반 인구에서 IQ 70 이하가 약 2.5%인 것과는 달리 절반 정도가 IQ 70 이하인 것으로 보고되기도 하였다 (Baird et al., 2006). 그러나 최근에는 조기개입 등의 적절한 서비스를 통하여 지적 기능에 대한 예후가 훨씬 더 긍정적으로 인식되고 있다. 일반적으로 IQ 85 이상을 고기능 자폐로 분류하는데(이소현, 윤선아, 신민섭, 2018), 이것은 IQ 70 이상이면 전형적인 발달

로 간주하지만 85 이하의 수준에서는 지적 기능을 요구하는 과제에서 여전히 어려움을 보이기 때문이다.

자폐 범주성 장애는 장애가 지니는 속성상 그 어느 장애보다 조기 발견 및 교육이 강조된다(이소현, 2009; Dawson et al., 2012). 이는 가능한 한 조기에 적절한 지원을 제공함으로써 장애로 인한 핵심적인 결함 영역인 사회 의사소통의 체계를 수립하고 행동 문제를 예방함으로써 그 예후를 향상시킬 수 있기 때문이다. 최근까지도 자폐 범주성 장애는 생후 2~3년 정도가 되어야 진단이 가능한 것으로 여겨졌다. 그러나 현재는 6개월 정도의 이른 시기에도 두뇌 기능에 있어서의 차이가 발견된다는 연구결과(예:

표 3-20 자폐 범주성 장애의 초기 위험 신호

시기	행동 특성
영아기	• 생후 1년이 되어도 옹알이를 하지 않음 • 생후 16개월에 한 단어 발화를 하지 않거나 24개월에 두 단어 구절을 사용하지 않음 • 이름을 불러도 반응하지 않음 • 언어 또는 사회적 기술을 상실함 • 사람과 눈을 잘 맞추지 않음 • 주위의 사람에게 관심을 보이지 않음 • 미소 짓거나 사회적으로 반응하지 않음 • 까꿍놀이 등의 상호적인 놀이나 사회적 게임에 참여하지 않음 • 가리키기 등의 몸짓을 사용하지 않음 • 다른 사람과 물건을 공유하는 등의 공동관심에 어려움을 보임 • 놀잇감이나 물건을 한 줄로 나열함
유아기	• 또래와 친구 관계를 맺지 못함 • 다른 사람과 대화를 시작하거나 유지하지 못함 • 상상놀이나 사회극놀이를 보이지 않거나 부족함 • 상동적이거나 반복적이거나 특이한 방식으로 언어를 사용함 • 관심 영역이 제한되고 그 강도가 지나침 • 특정 놀잇감에 지나치게 집중하거나 집착하며 주의를 전환하기 어려움 • 놀잇감을 다양한 방법으로 가지고 놀기보다는 한 줄로 나열하거나 정리함 • 다른 사람에게 자신이 놀이하고 있는 것을 보여 주거나 함께 노는 등의 상호작용을 보이지 않음 • 특정 일과나 의식을 고집스럽게 지키려고 하며 변화가 생기면 매우 힘들어 함(예: 같은 음식만 먹으려고 함, 매일 밤 잠자리에 들기 전에 특정 놀잇감을 반드시 만지려고 함)

Just, Keller, Malave, Kana, & Varma, 2012)에 따라 조기 발견의 가능성과 중요성이 강조된다. 예를 들어, 미국 소아과학회(American Academy of Pediatrics)는 9, 18, 24, 30개월에 이루어지는 정기 건강검진에서 반드시 선별 절차를 실시하도록 권장한다. 우리나라에서도 모든 영유아를 대상으로 발달선별을 하기 위해 개발된 한국영유아발달선별검사(K-DST, 보건복지부, 2018)에 자폐 범주성 장애를 선별하기 위한 추가항목을 포함시켜 조기 발견을 위한 노력을 기울이고 있다. 이와 같이 어린 시기에 자폐 범주성 장애를 발견하기 위하여 주목해야 하는 행동은 크게 반복적인 행동과 사회적 상호작용의 어려움의 두 가지인데, 〈표 3-20〉은 영유아기의 이러한 행동 특성을 구체적으로 보여준다(Boyd & Shaw, 2010; National Institute of Health, 2013).

요약

유아기 발달의 비전형적인 특성을 이해하기 위해서는 전형적인 발달 특성이나 속도 등을 먼저 이해해야 한다. 그러나 전형적인 발달을 잘 알고 있는 것만으로는 비전형적인 발달 특성을 모두 이해하기 어렵다. 그러므로 이 장에서는 장애 유아 교육 현장에서 일하게 될 교사가 만나게 되는 다양한 장애 유형과 그에 따른 특성의 이해를 돕기 위해서 각 장애 영역별로 정의와 특성을 설명하였다.

먼저 발달장애의 개념을 정의하고 발달장애가 세부적으로 어떻게 분류되는지를 설명하였으며, 「장애인 등에 대한 특수교육법」과 미국 장애인교육법(IDEA)의 분류 체계를 소개하였다. 장애 영역별 정의와 특성을 소개하기 위해서 감각 손상(청각장애, 시각장애), 신체 및 건강 문제(지체장애, 건강장애), 인지 및 의사소통 문제(지적장애, 의사소통장애), 학습 및 행동 문제(학습장애, 주의력결핍 과잉행동장애, 정서 및 행동 장애, 자폐 범주성 장애)로 나누어 각 장애 유형의 정의와 그 특성을 설명하였다. 주의력결핍 과잉행동장애는 법적으로 독립된 장애 유형으로 분류되지 않지만 교육 현장에서 고유의 집단을 형성하면서 지원의 필요가 중요시되고 있으므로 이 장에 포함시켜 그 정의와 특성을 설명하였다.

이 장에서 설명한 장애 중에는 유아기 판별이 어렵거나 또는 판별해서는 안 되는 장애가 포함되어 있다(예: 지적장애, 학습장애, 정서 및 행동 장애). 이것은 이러한 장애가 이후에 판별되기까지 영유아기에 나타나는 공통적인 특성을 미리 알고 예방적 차원에서 조기교육을 제공해야 한다는 측면에서 포함시킨 것으로, 따라서 학령기에 나타나는 장애의 전형적인 특성과 함께 영유아기의 초기 행동 특성을 함께 설명하였다.

참고문헌

교육부(2019). 2019 특수교육 연차보고서. 세종: 교육부 특수교육정책과.

김애화, 김의정, 김자경, 정대영(2018). 학습장애, 난독증, 학습부진(경계선급 포함) 및 학습지원대상 학생은 누구이며, 교육적 지원은 이대로 괜찮은가?: 특수교육의 역할과 과제에 대한 소고. 특수교육학연구, 53(1), 1-21.

김동일, 고혜정(2018). 학습곤란 학생을 위한 교육지원의 확장적 전환: 학습장애 정의 체계 구조화. 학습장애연구, 15(1), 1-12.

보건복지부(2018). 한국영유아발달선별검사(개정판) 사용지침서. 오송/서울: 질병관리본부/한국소아과학회.

이소현(2009). 자폐범주성 장애의 조기발견 및 조기개입의 역할 및 과제. 유아특수교육연구, 9(1), 103-133.

이소현, 박은혜(2011). 특수아동교육: 통합학급 교사들을 위한 특수교육 지침서(3판). 서울: 학지사.

이소현, 윤선아, 신민섭(2018). 한국판 아동기 자폐 평정 척도 2(K-CARS 2). 서울: 학지사.

Allen, K. E., & Schwartz, I. S. (2015). *The exceptional child: Inclusion in early childhood education* (8th ed.). Stamford, CT: Cengage Learning.

American Psychiatric Association (APA). (2013). *Diagnostic and statistical manual of mental disorders: DSM-5* (5th ed.). Washington, DC: Author.

American Speech-Language-Hearing Association. (1993). Definitions of communication disorders and variations. *ASHA, 35* (Suppl. 10), 40-41.

Anderson, N., & Shames, G. (2010). *Human communication disorders* (8th ed.). Upper Saddle River, NJ: Pearson.

Baird, G., Simonoff, E., Pickles, A., Chandler, S., Loucas, T., Meldrum, D., & Charman, T. (2006). Prevalence of disorders of the autism spectrum in a population cohort of children in South Thames: The Special Needs and Autism Project (SNAP). *Lancet, 368*, 210-215.

Barkley, R. A. (2018a). Executive functioning and self-regulation viewed as an extended phenotype: Implications of the theory for ADHD and its treatment. In R. A. Barkley (Ed.), *Attention-deficit hyperactivity disorder: A handbook for diagnosis and treatment* (4th ed., pp. 405-434). New

York: Guilford Press.

Barkley, R. A. (2018b). Primary symptoms, diagnostic criteria, subtyping, and prevalence of ADHD, In R. A. Barkley (Ed.), *Attention-deficit hyperactivity disorder: A handbook for diagnosis and treatment* (4th ed., pp. 51-80). New York: Guilford Press.

Bauman, H-D., & Murray, J. (2017). Deaf studies in 21st century: "Deaf-gain" and the future of human diversity. In L. Davis (Ed.), *The disability studies reader* (pp. 242-255). New York: Routledge.

Bayat, M. (2015). *Addressing challenging behaviors and mental health issues in early childhood.* New York, NY: Routledge.

Bayat, M. (2017). *Teaching exceptional children: Foundations and best practices in inclusive early childhood education classrooms* (2nd ed.). New York, NY: Routledge.

Best, S. J., Heller, K. W., & Bigge, J. L., (2010). *Teaching individuals with physical, health, or multiple disabilities* (6th ed.). Upper Saddle River, NJ: Pearson.

Bornstein, M., Selmi, A., Haynes, O., Painter, K., & Marx, E. (1999). Representational abilities and the hearing status of child/mother dyads. *Child Development*, *70*, 833-852.

Boyd, B., & Shaw, E. (2010). Autism in the classroom: A group of students changing in population and presentation. *Preventing School Failure*, *654*, 211-219.

Brill, R., MacNeil, B., & Newman, L. (1986). Framework for appropriate programs for deaf children. *American Annals of the Deaf*, *131*, 65-77.

Brillante, P. (2017). *The essentials: Supporting young children with disabilities in the classroom.* Washington DC: National Association for the Education of Young Children.

Cejas, I., Barker, D., Quittner, Al., & Niparko, J. (2014). Development of joint engagement in young deaf and hearning children: Effects of chronological age and language skills. *Journal of Speech, Language, and Hearning Research*, *57*, 1831-1841.

Center for Disease Control and Prevention (CDC). (2015). *Key findings: Trends in the parent-report of health care provider-diagnosis and medication treatment for ADHD: United States, 2003-2011.* Retrieved from http://www.cdc.gov/ncbddd/adhd/features/key-finings-adhd72013.html

Center for Disease Control and Prevention (CDC). (2018). Prevalence of autism spectrum disorder among children aged 8-Autism and Developmental Disabilities Monitoring Network, 11 sites, United Sates, 2014. *Morbidity and Mortality Weekly Report*, *67*(6), 1-23.

Corn, A., & Koenig, A. (2010). Perspectives of low vision. In A. L. Corn & A. J. Koenig (Eds.), *Foundation of low vision: Clinical and functional perspectives* (2nd ed., pp. 3-25). New York: AFB Press.

Dawson, G., Jones, E., Merkle, K., Venema, K., Lowy, R., Faja, S., et al. (2012). Early behavioral intervention is associated with normalized brain activity in young children with autism. *Journal of the American Academy Child & Adolescent Psychiatry*, *51*, 1150-1159.

Daza, M. T., & Phillips-Silver, J. (2013). Development of attention networks in deaf children: Support for the integrative hypothesis. *Research in Developmental Disabilities*, *34*, 2661-2668.

Dunst, C., & Espe-Sherwindt, M. (2017). Contemporary intervention models, research and practice for infants. In J. Kauffam, D. Hallahan, & P. Pullen (Eds.), *Handbook of special education* (2nd ed., pp. 831-849). New York: Routldege.

Flecher, J., Lyon, G., Fuchs, L., & Barnes, M. (2019). *Learning disabilities: From identification to intervention* (2nd ed.). New York, NY: The Guilford Press.

Fombonne, E. (2003). Epidemiological survey of autism and other pervasive developmental disorders: An update. *Journal of Autism and Developmental Disabilities, 33*, 365-382.

Friedman, L., & Rapoport, J. (2015). Brain development in ADHD. *Current Opinion in Neurobiology, 30*, 106-111.

Fuchs, D., Mock, D., Morgan, P., & Young, C. (2003). Responsiveness-to-intervention: Definitions, evidence, and implications for the learning disabilities construct. *Learning Disabilities Research & Practice, 18*, 157-171.

Gargiulo, R. M., & Kilgo, J. (2020). *Young children with special needs* (5th ed.). Albany, NY: Delmar Publishers.

Garisi, A. (2017). *Silent words: Journey into the world of the deaf.* Independently published.

Gillam, S., & Gillam, R. (2016). Language impairment in children. In R. Gillam & T. Marquardt (Ed.), *Communication sciences and disorders: From sciences to clinical practice* (3rd ed., pp. 281-318). Burlington, MA: Jones & Bartlett Learning.

Gonzalez, K., Cassel, T., Durocher, J., & Lee, A. (2017). Overview of autism spectrum disorders. In A. Boutot (Ed.), *Autism spectrum disorders* (2nd ed., pp. 1-20). Upper Saddle River, NJ: Pearson.

Hallahan, D., Kauffman, J., & Pullen, P. (2018). *Exceptional learners: Introduction to special education* (14th ed.). Boston, MA: Allyn & Bacon.

Heller, K., Forney, P., Alberto, P., Best, S., & Schwartzman, M. (2008). *Understanding physical, health, and multiple disabilities* (2nd ed.). Upper Saddle River, NJ: Pearson.

Hertz-Picciotto, I., & Delwiche, L. (2009). The rise of autism and the role of age at diagnosis. *Epidemiology, 20*, 84-90.

Holcomb, T. (2013). *Introduction to American deaf culture.* New York, NY: Oxford University Press.

Hoon, A., & Tolly, F. (2010). Cerebral Palsy. In M. Batshaw, N. Roizen, & G. Lotrecchiano, *Children with disabilities* (2nd ed., pp. 423-450). Baltimore, MD: Brookes.

Ihori, D., & Olvera. P. (2015). Discrepancies, reponses, and patterns: Selecting a method of assessment for specific learning disabilities. *Contemporary School Psychology, 19*, 1-11.

Just, M., Keller, T., Malave, V., Kana, K., & Varma, S. (2012). Autism as a neural system disorders: A theory of frontal-posterior underconnectivity. *Neuroscience and Biobehavioral Reviews, 36*, 1292-1313.

Justice, L., & Redle, E. (2014). *Communication sciences and disorders: A clinical evidence-based approach* (3rd ed.). Upper Saddle River, NJ: Pearson.

Kasari, C., & Jahromi, L., & Gulsrud, A. (2012). Emotional development in children with developmental disabilities. In J. Burack, R. Hodapp, G. Iarocci, & E. Zigler (Eds.), *The Oxford handbook of intellectual disability and development* (pp. 239-253). New York, NY: Oxford University Press.

Kauffman, J. (2014). How we prevent the prevention of emotional and behavioral difficulties in education. In P. Garner, J. Kauffman, J. Elliott (Eds.), *Handbook of emotional and behavioral difficulties* (2nd ed., pp. 505–516). London: Sage.

Kauffman, J., & Landrum, T. (2018). *Characteristics of emotional and behavioral disorders of children and youth* (11th ed.). Upper Saddle River, NJ: Pearsonl.

Kavale, K. (2001). *Discrepancy models in the identification of learning disability*. Paper presented at the LD Summit. Wshsington, DC: U. S. Department of Education.

Kavale, K., Sapulding, L., & Beam, A. (2009). A time to define: Making the specific learning disability definition prescribe specific learning disability. *Learning Disability Quarterly, 32*, 39–48.

Kennedy Kreiger Institute. (2020). *Is it ADHD or typical toddlers behavior: Ten early signs of ADHD behavior in preschool age children*. Retrieved from http://https://www.kennedykrieger.org/stories/Is-it-adhd-or-typical-toddler-behavior-ten-early-signs-adhd-risk-preschool-age-children.

Kerins, M. (2015). Communication disorders concomitant with emotional and behavioral disorders. In M. Kerins (Ed.), *Child and adolescent communication disorders: Organic and neurogenic bases* (pp. 349–401). San Diego, CA: Plural Publishing.

Kim, Y., Leventhal, B., Koh, Y., Fombonne, E., Laska, E., Lim., E. ... Grinker, R. (2011). Prevalence of autism spectrum disorders in a total population sample. *American Journal of Psychiatry, 168*, 904–912.

Kirk, S. (2014). Republication of "learning disabilities: A historical note." *Intervention in School & Clinic, 50*, 125–128.

Kirkendoll, S. (2016. 9). 5 signs your child might have vision problems. *Michigan Health*.

Lane, H. (2006). Construction of deafness. In L. Davis(Ed)., *The disability studies reader* (2nd ed., pp. 72–92). New York, NY: Routledge.

Lane, H., Hoffmeister, R., & Bahan, B. (1996). *A journey into the deaf world*. San Diego, CA: Dawn Sign Press.

Laziness-O'Neill, R., Erdodi, L., & Lichtenstein, D. (2017). Traumatic brain injury. In J. Kauffman, D. Hallahan, & P. Pullen (Eds.), *Handbook of Special Education* (2nd ed.). New York, NY: Routledge.

MacDonald, D. (2015). Diagnosing ADHD in toddlers. *Counseling Today, August 27*.

Marshall, C., Jones, A., Denmark, T., Mason, K., Atkinson, J., Bpotting, N., et al. (2015). Deaf children's non-verbal working memory is impacted by their language experience. *Frontiers in Psychology, 6*, 1–12.

Marshall, K., Brown, W., Conroy, M., & Knopf, H. (2017). Early intervention and prevention of disability: Preschooler. In J. Kauffman, D. Hallahan, & P. Pullen (Eds.), *Handbook of Special Education* (2nd ed., pp. 850–864). New York: Routledge.

Martin, D., Bat-Chava, Y., Lalwani, A., & Waltzman, S. (2010). Peer relationships of deaf children with cochlear implants: Predictor of peer entry and peer interaction success. *Journal of Deaf Studies and Deaf Education, 16*, 108–120.

Mattison, R. (2014). The interface between children psychiatry and special education in the treatment of EBD students in school settings. In H. Walker & F. Gresham (Eds.), *Handbook of evidence-*

based practices for students having emotional and behavioral disorders (pp. 104–128). New York: Guilford.

McLeod, S., Daniel, G., & Barr, B. (2013). When he's around his brothers... He's not so quiet: The private and public worlds of school-aged children with speech sound disorder. *Journal of Communication Disorders, 46*, 70–83.

Meadow-Orlans, K. (1987). An analysis of the effectiveness of early intervention programs for hearing-impaired children. In M. Grualnick & F. Bernnett (Eds.), *The effectiveness of early intervention for at-risk and handicaped children* (pp. 325–362). New York, NY: Academic Press.

Mekonnen, M., Hannu, S., Elina, L., & Matti, K. (2016). The self-concept of deaf/hard-of-hearing students. *Journal of Deaf Studies and Deaf Education, 21, 345–351.*

Meteyard, J., & Gilmore, L (2015). Psycho-educational assessment of specific learning disabilities views and practices of Australian psychologists and guidance counselors. *Journal of Psychologists & Counselors in Schools, 25*, 1-12.

Murdoch, H. (2015). *Repetitive behaviors in children with sensory impairments and multiple disabilities*. Retreived form http://deafblindinternational.org/review1_m.html

Mutter, V., Hulme, C., Snowling, M., & Steverson, J. (2004). Phonemes, rimes, vocabulary and grammatical skills as foundations of early reading development: Evidence form a longitudinal study. *Developmental Psychology, 40*, 665–681.

National Center for Education Statistics. (2017). *Children and youth with disabilities. Retrieved from http://nces.ed.gov/progroms/coe/indicator_egg.asp*

National Institute on Deafness and other Communication Disorders. (2015). *Statistics on voice, speech, and language.*

National Institute of Health. (2013). *National Institute of Neurological Diseases and Stroke: "Autism Fact Sheet."* Retrieved from http://www.ninds.nih.gov/disorders/autism/datail_autism.htm

Pereira, M. (2014). Contrasting views on the pragmatic abilities of blind children. *Enfance, 2014*, 73–88.

Perez-Pereira, M., & Conti-Ramsden, G. (1999). *Language development and social interaction in blind children*. East Sussex, England: Psychology Press.

Peterson, N. (1987). *Early intervention for handicapped and at-risk children: An introduction to early childhood-special education*. Denver: Love Publishing Company.

Powers, S. (2003). Influences of student and family factors on academic outcomes of mainstream secondary school deaf students. *Journal of Deaf Studies and Deaf Education, 8*, 57–78.

Prinz, P., Strong, M., Kuntze, M., Vincent, M., Friedman, J., Moyers, P., & Helman, E. (1996). A path to literacy through ASL and English for Deaf Children. In C. Johnson & J. Gilbert (Eds.), *Children's language* (Vol. 9, pp. 235–251). Mahwah, NJ: Erlbaum.

Puspitawati, I., Jebrane, A., & Vinter, A. (2014). Local and global processing in blind and sighted children in a naming and drawing task. *Child Development, 85*, 1077–1090.

Raymond, E. (2017). *Learners with mild disabilities: A characteristics approach* (5th ed.). Boston: Pearson.

Roe, J. (2013). *Social emotional wel-being and friendships for children and young people with a visual impairment*. Edinburgh, UK: Scottish Sensory Center.

Rutter, M. (1999). Autism: Two way interplay between research and clinical work. *Journal of Child Psychology and Psychiatry*, *40*, 169-188.

Schalock, R., Borthwick-Duffy, S., Bradley, V., Buntinx, W., Coulter, D. L., Craig, E. ... Yeager, M. (2010). *Intellectual disability: Definition, classification, and system of supports* (11th ed.). Washington, DC: American Association on Intellectual and Developmental Disabilities.

Schirmer, B. (2001). *Psychological, social, and educational dimensions of deafness*. Boston: Allyn & Bacon.

Scholl, G. (2017). What does it mean to be blind? In G. Scholl (Ed.), *Foundation for education for blind and visually handicapped children and youth* (3rd ed., pp. 23-34). New York, NY: American Foundation for the Blind.

Shattuck, P. (2006). The contribution of diagnostic substitution to the growing administrative prevalence of autism in U. S. special education. *Pediatrics*, *117*, 1028-1037.

Simpson, R. (1996). Children and youth with autism in an age of reform: A perspective on current issues. *Behavioral Disorders*, *21*, 7-20.

Snell, M., Luckasson, R., Bradley, V., Coulter, D., Craig, E., Gormez, S., et al. (2009). Characteristics and needs of people with intellectual disability who have higher IQs. *Journal of Intellectual & Developmental Disabilities*, *47*, 220-233.

Subcommittee on ADHD. (2011). ADHD: Clinical practice guideline for the diagnosis evaluation, and treatment of attention-deficit/hyperactivity disorder in children and adolescents. *Pediatrics*, *128*, 10078-1022.

Thatcher, K., Fletcher, K., & Decker, B. (2008). Communication disorders in the school: Perspectives on academic and social success. *Psychology in the School*, *45*, 579-581.

Thompson, J., Bradley, V., Buntinx, W., Schalock, R., Shogrenm K., Snell, M., et al. (2009). Conceptualizing supports and the support needs of people with intellectual disability. *Intellectual and Developmental Disabilities, 47*, 135-146.

Trezek, B., Wang, Y., & Paul, P. (2010). *Reading and deafness: Theory, research and practice*. Clifton Park, NY: Delmar.

Vaughn, S., & Fuchs, L. (2003). Redefining learning disabilities as inadequatye response to instruction: The promise and the potential problems. *Learning Disabilities Research and Practice*, *18*, 137-146.

Watson, C., Kidd, G., Horner, D., Connell, P., Lowther, A., Krueger, D., et al. (2003). Sensory, cognitive, and linguistic factors in the early academic performance of elementary school children: The Benton-IU project. *Journal of Learning Disabilities*, *36*, 165-197.

Zimmerman, G., Zebehazy, K., & Moon, M. (2010). Optics and low vision devices. In A. Corn & J. Erin (Eds.), *Foundations of low vision: Clinical and functional perspectives* (2nd ed., pp. 192-237). New York: AFB Press.

제4장

발달장애의 원인 및 예방

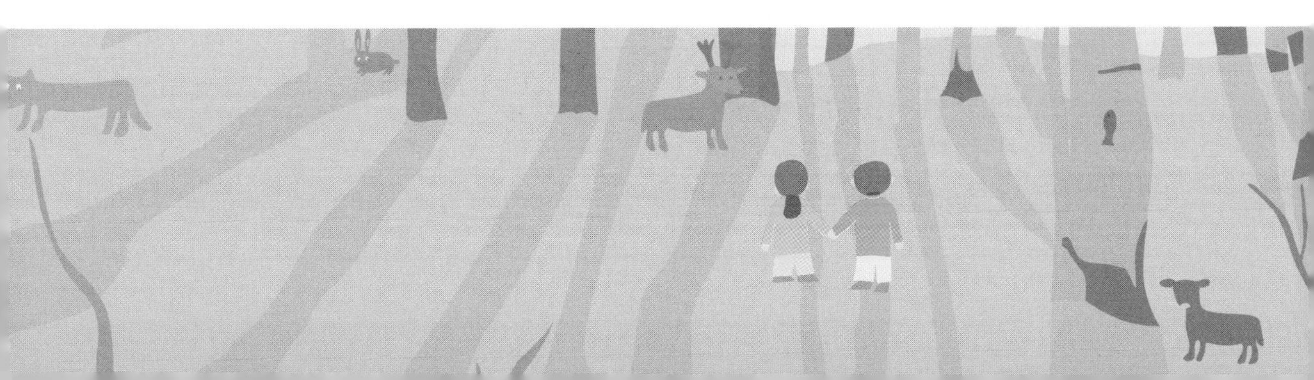

I. 장애 예방의 이론적 배경

1. 장애 예방의 필요성

장애의 발생 원인과 그에 대한 예방은 최근에 들어서면서 많은 관심을 받고 있는 영역이다. 특히 현대 사회로 들어오면서 의학과 과학의 발달로 인하여 특정 장애에 대한 원인이 알려지고 그에 대한 예방 또는 조기 발견이 가능해졌으며, 이에 따라 이러한 장애로 인한 부정적인 영향을 최소화하는 데 큰 역할을 하고 있는 것이 사실이다. 그러나 또 한편으로는 의학이나 과학의 발달로 인하여 조산아나 기타 질병을 지닌 아동의 생존율이 높아지고 있으며 산업사회의 발달로 인한 사고 증가, 환경오염과 물질 남용 등이 장애 발생률을 증가시키고 있는 것 또한 사실이다. 더욱이, 사회적으로도 장애의 존재를 수치스럽게 생각하여 숨기고 감추는 시대는 지나고 현재는 가능하면 조기에 발견하여 그 부정적인 영향을 최소화하기 위한 노력을 기울여야 하는 것으로 강조되기 시작하면서(Allen & Cowdery, 2015) 장애의 모습이나 현상이 가시화되어 왔다고 할 수 있다. 결과적으로, 이와 같은 모든 요인은 장애의 발생과 예방에 대한 관심을 증가시키게 되었다.

장애 예방의 중요성을 강조하고 장애 예방 서비스를 교육 개혁적 차원에서 구체화해야 한다고 주장한 초기 연구에서는 다음과 같은 세 가지 이유를 들어서 장애 예방의 필요성을 제시하였다(Pianta, 1990). 첫째, 특수교육 대상 인구가 증가하기 시작하면서 장애 예방의 필요성도 강조되기 시작하였다. 이것은 점점 더 많은 수의 아동이 학교에 입학하게 되면서 특수교육 대상자의 숫자도 증가하였을 뿐만 아니라(Shipman, 1987) 행동장애와 같은 특정 유형의 장애 학생이 기존의 특수교육 체계 내에서 적절한 교육을 받지 못하고 있다는 사실이 지적되면서(Braaten, Kauffman, Braaten, Polsgrove, & Nelson, 1988) 예방적 차원에서 서비스의 필요성이 강조되어야 한다는 것이다. 예를 들어, 행동장애 또는 문제행동이 의사소통 결함과 연계되어 나타나는 경우가 많다는 사실을 인식함으로써 기능적 의사소통 교수에 의한 문제행동의 예방이 강조되고 있다. 또한 특정학습장애(specific learning disability: SLD) 역시 조기에 제공되는 적절한 중재의 예방적 성과가 강조된다(Pesova, Sivevska, & Runceva, 2014).

둘째, 특수교육 체계를 통해서 지원되는 교정 중심 교육 서비스의 절차나 목적, 비용, 결과 등에 대한 논란을 고려한다면 예방적 차원에서의 서비스가 대안적으로 실행되어야 한다는 것이다. 이것은 현재의 교육 제도가 특수교육 적격성 판정을 받아야만 특수교육 서비스를 제공받을 수 있게 되어 있으며, 이러한 제도는 문제가 발생한 후라야 공식적인 서비스를 받을 수 있다는 한계를 지닌다(Gartner & Lipsky, 1987). 그러므로 예방 차원에서 제공되는 서비스는 특수교육의 목적이나 결과를 고려할 때 교정 차원에서의 서비스 이전에 반드시 실행되어야 하는 전제조건으로서의 의미를 지닌다고 할 수 있다. 실제로 현행 특수교육 체계 내에서 영유아에게 제공되는 조기특수교육 서비스가 학령기 또는 성인기 서비스의 필요성을 감소시킴으로써 교정 중심 서비스의 사회-경제적 부담을 줄이고 있다는 사실을 통해서도 이러한 예방 차원의 서비스의 중요성을 잘 알 수 있다(Heckman, 2002, 2012; Karoly, Kilburn, Bigelow, Caulkins, Cannon, & Chiesa, 2001; Odom, Parish, & Hikido, 2001; Temple & Reynolds, 2007). 이는 특수교육 서비스에 대한 적격성이 장애위험 요인을 지닌 영유아로 확장되어야 한다는 주장의 배경이라고도 할 수 있다.

마지막으로, 아동이 필요로 하는 교육 서비스 이외의 요구에 대한 관점에서 예방적 서비스의 필요성을 살펴볼 수 있다. 이것은 유아특수교육의 생태학적 견해를 통해 설명될 수 있는데, 특정 유아에게 주어지는 가정이나 지역사회 대상의 서비스가 이들의 장애 발생 위험 요인을 감소시킬 수도 있다는 것이다(Campbell, Ramey, Pungello, Sparling, & Miller-Johnson, 2002; Niles, Reynolds, & Roe-Sepowitz, 2008). 예를 들어, 영아를 위한 영양 프로그램이나 실직 부모를 위한 취업 지원 프로그램 등의 다양한 지역사회 복지 프로그램이 저소득층이나 편부모 가정, 폭력 가정의 수를 감소시킴으로써 장애 발생 위험 요인을 줄일 수 있다. 결론적으로 신생아나 영유아에게 제공되는 조기특수교육 서비스는 교정 차원에서의 특수교육을 필요로 하는 학생의 수를 감소시키고 그러한 특수교육 프로그램이 이미 너무 늦었다고 판단되기 전에 주어지는 서비스라는 측면에서 장애 예방의 의의를 지닌다고 할 수 있다. 조기특수교육의 장애 예방적 의미와 역할에 대해서는 이 장의 뒷부분에서 상세히 설명하였다.

2. 장애 원인 이해의 중요성

모든 지식이 다 마찬가지겠지만, 특히 장애의 원인이나 예방법에 관한 지식은 적절히 적용될 때에만 지식으로서의 가치를 인정받을 수 있다. 다시 말해서, 장애를 일으키는 원인과 그에 따른 예방법에 대해서 잘 알고, 이러한 예방의 노력이 어떻게 기울여져야 하는가 하는 현장 실천적인 측면에서의 적용 가능성과 방법에 대해서 이해하고 적용해야만 지식으로서의 가치를 발휘할 수 있게 된다는 것이다. 그러므로 이 부분에서는 장애를 일으키는 구체적인 원인과 그에 따르는 예방의 방법을 설명하고 유아특수교육의 장애 예방적 측면에서의 의미와 역할을 설명하기 전에 장애 원인 이해의 중요성을 강조하고자 한다.

아동의 외모나 행동, 발달 등에 이상이 있다고 여겨질 때에는 여러 가지 질문이 주어지곤 한다. 아동이 지닌 문제가 무엇인지, 지니고 있는 문제가 진행성인지, 성장과 발달에 미치는 영향을 예방적인 차원에서 다룰 수 있는지, 현재의 상태가 앞으로의 발달에 영향을 미쳐 부가적인 문제를 발생시킬 것인지 등의 질문이 주어질 수 있다. 이러한 질문에 대한 답은 아동의 문제로 인한 부정적인 영향을 예방하고 최상의 교육을 제공하기 위한 기본적인 요소로 역할하게 될 것이다. 그러므로 장애의 발생 원인을 아는 것이 중요한 이유는 아동이 지니고 있는 문제(또는 장애)와 관련된 질문에 답하기 위해서라고 할 수 있다.

3장에서 이미 상세히 살펴보았듯이 발달장애란 발달 시기(18세 이전)에 나타나는 발달상의 진보를 방해하는 상태를 의미한다(Peterson, 1987). 즉, 아동의 발달상의 진보를 방해함으로써 지체되거나 일탈된 발달을 초래하게 되는 상태를 말한다. 이와 같은 발달상의 지체나 일탈을 일으키는 원인을 아는 것은 그다지 쉬운 일은 아니다. 아동의 중추신경계에 영향을 미치는 특정 생물학적 요인이나 환경적인 요인이 원인이 될 수 있으며, 이 두 가지 원인이 상호 영향을 미치면서 복합적으로 영향을 미치기도 한다. 발달장애의 원인을 정확하게 알기 어려운 이유를 구체적으로 정리해 보면 다음과 같은 몇 가지 기본적인 개념과 관계된 것을 알 수 있다(Peterson, 1987).

첫째, 단일 원인에 의한 장애의 발생은 감소하는 반면에 복합적인 원인의 장애 발생은 증가하고 있다. 이것은 단일 유전자에 의한 장애(예: 구개파열, PKU)의 경우 그 원인을 알고 치료 및 교정을 위한 노력을 기울임으로써 발생률을 감소시키기가 상대적으로 쉬운 반면에 복수 유전자와 환경적인 요인이 상호 영향을 미치면서 발생하는 복합적인 원인의 경우에는 그 원인을 정확하게 밝혀내기 어려운 경우가 많다는 것을 의미한다. 예를 들어, 이분척추(Batshaw, Gropman, & Lanpher, 2013), 자폐 범주성 장애(Stoner et al., 2014), 주의력결핍 과잉행동장애(Hur, 2014) 등의 장애가 이러한 복합적인 원인에 의해서 발생하는 장애로 알려져 있다.

둘째, 장애의 정도가 심한 경우에는 진단이 쉽게 이루어질 수 있지만 경도 장애인 경우에는 어릴수록 그 진단이 어려워진다. 특히, 장애에 따라서는 좀 더 복잡하고 수준 높은 인지 기능을 필요로 하는 나이가 되어야만 진단이 가능하기 때문에 이러한 경우에는 장애의 발생과 특정 원인을 연결시키기가 어려울 수밖에 없다.

셋째, 아동의 성장과 발달을 저해하는 장애나 특정 상태의 영향이 즉각적으로 모두 나타나지 않는 경우가 많다. 장애로 인한 영향이 시간이 지남에 따라 지속적이면서도 진행적으로 나타나는 경우에는 특정 원인과 연결하기 어려울 수 있다.

넷째, 특정 장애를 일으키는 원인이 아동 개개인에게 미치는 영향이 다르게 나타날 수 있으며 특정 상태로 인한 장애의 발생 유무도 개인마다 다를 수 있기 때문에 장애의 상태나 정도에 따른 원인을 이해하기 어려울 수 있다.

다섯째, 유전적 이상이나 손상 등의 직접적인 원인에 의한 1차적인 장애(예: 뇌성마비, 시각장애, 청각장애)가 있는 반면에 1차적인 장애가 성장 발달에 영향을 미쳐서 발생하는 2차적인 장애(예: 행동장애)도 있으므로 2차적인 장애가 주장애로 발전하는 경우에는 원인을 이해하기 어려울 수 있다.

여섯째, 장애를 일으키는 특정 상태는 대부분의 경우 다음의 두 가지에 의해서 아동에게 영향을 미치게 되므로 정확한 원인 이해가 어려울 수 있다: (1) 원래의 장애 발생 원인과 환경과의 상호작용, (2) 환경과 장애에 대한 취약 상태를 결정해 주는 아동의 심리적 · 기질적 · 신체적 특성 간의 상호작용.

마지막으로, 장애의 증상은 그 장애를 일으키는 상태를 경험하는 시기와 밀접한 관계가 있으며 경험하는 시기가 빠르면 빠를수록 아동의 성장 발달에 미치는 영향이 커진다. 예를 들어, 언어 습득 이전에 발생한 청각 손상은 언어를 습득한 후에 발생한 청각 손상에 비해서 언어 발달에 미치는 영향이 더 크다고 할 수 있다.

이상의 복합적인 요소로 인하여 장애 발생 원인을 이해하기 어려운 것이 사실이지만 그 원인이 알려진 경우도 다수 제시되고 있다. 다음 부분에서는 장애의 발생 원인으로 이미 알려져 있는 요인에 대해 설명하고자 한다.

II. 발달장애의 원인

지금까지 알려져 있는 장애의 발생 원인은 여러 가지가 있다. Tjossem(1976)은 발달장애를 일으킬 위험 요인을 다음과 같이 세 가지로 분류하였다: (1) 선천적 장애 위험(예: 다운 증후군), (2) 생물학적 장애 위험(예: 풍진, 난산, 조산), (3) 환경적 장애 위험(예: 양육의 질). 이 세 가지 장애 발생 위험 요인은 상호 배타적으로 영향을 미치는 것이 아니라 복합적으로, 또는 상호 영향을 미치면서 장애를 일으키게 되는데, 더 구체적으로는 출생 전, 출생 시, 출생 후 원인으로 구분되는 여러 가지 특정 원인들로 알려져 있다. 장애를 일으키는 구체적인 원인에 대하여 출생 시기를 기점으로 살펴보면 〈표 4-1〉과 같이 분류된다.

표 4-1 출생 시기를 기점으로 한 발달장애의 원인 분류

시기	위험 요인
출생 전	• 선천성 위험 요인 • 임신상의 위험 요인 • 임신 중 감염 • 출생 전 환경적 위험 요인
출생 시	• 조산 및 저체중 • 질식 • 분만 중 손상
출생 후	• 질병 및 감염 • 독극물 오·남용 • 사고로 인한 손상 • 영양 결핍 • 환경 박탈

1. 출생 전 원인

1) 선천성 위험 요인

선천성 위험 요인이란 의학적 진단에 의해서 장애 발생 요인이 확인된 경우로 잠재적인 장애 증상을 예측할 수 있는 경우를 말한다. 지금까지 알려진 발달장애의 약

표 4-2 염색체 이상으로 인한 장애 발생 요인

선천적 증후군	증상 및 특성
다운 증후군 Down syndrome	주로 21번 염색체가 두 개가 아닌 세 개가 됨으로써 발생하며 지적장애와 근긴장도 저하 및 외모상의 특성(예: 꼬리가 위로 올라간 눈, 작은 키, 크기가 작은 구강과 길게 나온 혀, 넓고 짧은 손바닥 등)을 보인다. 출생 시 나타나는 지적장애의 원인 중 가장 빈번한 원인으로 알려져 있으며, 다른 염색체 이상과는 달리 유전에 의해서 발생하지 않는다.
약체 X 증후군 Fragile-X syndrome	23번 염색체의 X염색체 끝부분이 약화됨으로써 나타나며 지적장애와 함께 여러 가지 외모상의 특성(예: 큰 머리, 길고 큰 귀, 길고 좁은 얼굴, 튀어나온 이마, 넓은 코, 두드러진 사각 턱, 큰 손, 끝이 가늘어지지 않는 손가락 등)을 보인다. 여아보다는 남아에게서 더 자주 나타나며 지적장애를 일으키는 유전적인 원인 중에서 가장 빈번한 원인으로 알려져 있다.
윌리엄 증후군 William syndrome	7번 염색체의 결함으로 인해서 발생하며 경도에서 중등도에 이르는 지적장애와 심장 기형 등을 수반한다. 평균 50~60 정도의 IQ를 보이며 심장 결함이나 소리에 대한 지나친 예민함을 보이기도 한다. 엘프와 같은 얼굴 모습을 공통적으로 보인다. 공간 지각이나 읽기, 쓰기, 수학에 심각한 어려움을 보이는 반면에 사회성 및 말하기에는 놀라울 만한 강점을 보인다.
터너 증후군 Turner syndrome	수정 시 X 염색체가 손실됨으로써 여아에게 나타나는 현상으로 선천적이기는 하지만 유전에 의한 것은 아니다. 사춘기에 이르러도 키가 작고 성적인 성숙이 이루어지지 않는 특성을 보이며, 소수의 경우에는 지적장애를 보이기도 한다. 청소년기에는 불안과 사회적 관계에 있어서의 문제를 보이기도 한다.
프라더윌리 증후군 Prader-Willi syndrome	아버지로부터 전해지는 15번 염색체의 유전적 결함으로 인해서 발생하며 비만을 일으키는 유전적 원인 중에서 가장 빈번한 원인으로 알려져 있다. 수반되는 지적장애의 정도는 다양하지만 대부분이 경도 지적장애의 범위에 포함된다. 성장 호르몬 이상으로 키가 작으며 심장 결함, 낮 시간의 지나친 졸음이나 수면 중 호흡 정지 등의 수면 장애, 척추측만증 등의 증상을 함께 보인다.
엔젤맨 증후군 Angelman syndrome	프라더윌리 증후군과 마찬가지로 15번 염색체의 유전적 결함으로 인해서 발생한다. 생후 초기에는 발달지체를 보이지 않으므로 지체가 나타나기 시작하는 6~12개월이 되어서야 진단되기도 하는데, 심각한 언어 문제와 지적장애를 보인다. 미소를 짓거나 잘 웃는 등 사회적이라고 알려져 있지만 너무 지나치게 부적절한 웃는 행동을 보이기도 하는데, 이러한 지나친 웃음은 연령이 높아지면서 점차 감소하기도 한다.

70%는 유전자와 관련된 것으로 보고된다(Plomin, 2013). 이와 같은 유전자에 의한 선천성 위험 요인으로 가장 잘 알려진 요인으로는 염색체 이상을 들 수 있다. 그중에서도 다운 증후군이 가장 잘 알려져 있는데, 다운 증후군은 세포의 감수 분열 과정에서의 비분리 현상이나 유전인자의 전위로 인하여 21번 염색체가 3개가 되는 경우에 발생한다. 이 외에도 약체 X 증후군, 윌리엄 증후군, 터너 증후군, 엔젤맨 증후군, 프라더윌리 증후군 등이 염색체 이상에 의해서 발생한다(〈표 4-2〉 참조). 염색체 이상 외에도 열성 유전자에 의한 대사 이상이 포함되는데, 단백질 대사 이상인 페닐케톤뇨증(phenylketonuria: PKU), 탄수화물 대사 이상인 갈락토오스혈증(galactosemia), 지방 대사 이상인 테이삭스병(Tay-Sachs disease)이 이에 해당한다. 그 외에도 단일 유전자 또는 복합적인 요인에 의한 구개파열, 이분척추, 자폐 범주성 장애 등이 선천적인 장애로 포함된다.

선천성 위험 요인에 의한 장애는 임신 전 유전자 검사나 상담을 통해서 예방할 수 있다. 그러나 이러한 예방의 노력은 사회 전반을 대상으로 이루어지는 지속적인 교육에 의해서만 가능하다. 〈표 4-3〉은 선천성 장애 위험 요인에 의한 장애 발생을 예방하기 위하여 유전 상담이 필요한 경우의 예를 보여 준다.

표 4-3 유전 상담이 필요한 경우의 예

유전 상담이 필요한 경우
• 장애를 지닌 자녀를 출산한 경험이나 유전적 질병을 지니고 있는 부모
• 자신이나 다른 가족 구성원이 장애를 지니고 태어났거나 유전적 질병을 지닌 사람
• 35세 이후에 임신을 했거나 하려고 계획 중인 사람
• 특정 유전적 질병이 높은 발생률로 나타나고 있는 민족(예: 유태인에게 나타나는 테이삭스병[Tay-Sachs disease][a], 흑인에게 나타나는 겸상적혈구빈혈증[sickle cell anemia][b], 지중해인에게 나타나는 살라세미아[thalassemia][c])
• 유산 또는 사산 경험이 있거나 자녀가 영아기에 사망한 경험이 있는 부모
• 혈족 간 결혼(예: 사촌 간 근친결혼)을 했거나 하려고 계획하는 사람
• 약물, 화학약품, 방사선 등에 과도하게 노출되었던 사람

[a] 지방대사 장애에 의하여 중추신경계에 지방이 축적되는 병으로 진행성 정신장애, 시각장애, 경련장애 등을 보이며, 대개 2세 미만에 쇠약 또는 감염으로 사망한다.

[b] 겸형세포증이라고도 하며 변이 유전자로 인하여 헤모글로빈 분자의 구조 이상이 생기고 적혈구가 저산소 압력하에서 겸형(반월형)으로 변형해 용혈하기 쉽게 빈혈을 일으키는 병이다. 동아프리카의 흑인들에게서 자주 발견된다.

[c] 쿨리(Cooly) 빈혈 또는 지중해빈혈이라고도 불린다.

선천성 위험 요인에 의한 장애는 일단 발생하고 난 후에는 기존의 장애 자체를 변화시킬 수는 없지만 의학이나 교육 등의 접근으로 아동의 장애 상태에 미치는 영향을 어느 정도는 조절할 수 있는 것으로 알려져 있다. 현재는 현대 의학 및 과학의 다양한 방법에 의해서 임신 중 위험 요인을 발견할 수 있는 가능성이 높아지고 있으므로 조기 발견을 통해서 의학적 및 교육적으로 적절하게 대응해야 한다. 임신 중 이러한 위험 요인의 조기 발견을 위해서 혈액검사나 초음파검사, 양수검사, 융모막 비루스 생체검사, 태아경검사 등의 구체적인 기술이 사용된다. 각 검사에 대한 구체적인 방법은 〈표 4-4〉에서 보는 바와 같다.

표 4-4 임신 중 선천성 장애 발견을 위한 검사 방법

의학적 검사	방법
초음파검사 ultrasound scans	과거에는 양수검사와 함께 부수적으로 사용하는 방법이었으나 1980년대 이후의 기술적 성장으로 현재는 태아의 이상을 발견하는 독자적인 방법으로 활용된다. 아직까지 초음파가 태아에게 미치는 단기적인 부작용은 보고된 바 없으나 장기적인 부작용에 대한 연구 보고가 없으므로 꼭 필요한 경우 외에는 사용하지 않도록 권장되기도 한다.
양수검사 amniocentesis	임신 중 선천성 장애를 발견하는 가장 잘 알려진 방법으로 임신 16주 정도에 약 15~25ml의 양수를 채취하여 태아의 세포를 검사하는 방법이다. 이 검사에는 세포유전학이나 생화학적 분석, DNA 검사 등이 사용되며 상당히 많은 유형의 선천성 장애를 발견할 수 있다. 1980년대 후반부터는 임신 11~14주에 실시되는 초기 양수검사도 가능하게 되었다.
태아경검사 fetoscopy	영상 장치가 있는 작은 관을 자궁에 삽입하여 태아의 모양을 직접 관찰하는 방법이다. 도구의 시야가 좁고 움직임이 자유스럽지 못할 뿐만 아니라 태아의 특정 부분을 보기가 어렵고 태아에게 미치는 위험이 높아 그 활용이 제한되고 있다. 그러나 태아의 혈액 채취나 피부 생체검사에 유용한 것으로 알려져 있다.
혈액검사 blood analysis	산모의 혈액을 채취하여 검사하는 방법으로 태아로부터 산모의 혈관으로 유입되는 세포를 분리하여 유전적 장애나 기타 이상을 검사하는 방법이다. 임신 초기인 10~14주와 중기인 16주에 실시한다.
융모막 비루스 생체검사 chorionic villus biopsy	임신 초기에 선천성 장애를 발견하는 비교적 새로운 방법으로 1~12주에 태반 조직을 추출하여 실시하는 검사다. 검사로 인한 태아 사망률은 양수검사보다 약간 높은 것으로 보고된다.
태아혈액검사 percutaneous umbilical blood sampling(PUBS)	탯줄을 통하여 태아의 혈액을 채취하여 검사하는 방법으로 태아 사망률이 매우 낮아 태아경검사를 대치하는 방법으로 많이 사용된다.

2) 임신상의 위험 요인

임산모와 관련된 여러 가지 요인이 임신상의 위험 요인으로 작용할 수 있다. 특히, 임신 초기에는 특정 요인이 태아의 건강과 장애 발생에 결정적인 영향을 미칠 수 있으므로 이 시기의 임산모에 대한 적절한 돌봄은 필수적이다. 처음 임신이 되면 정확한 출산일을 계산하여 일정에 따라 임산모의 상태를 관리해야 하는데, 정기적인 산부인과 진료와 위험 요인에 대한 진단이 이러한 관리에 포함된다. 최근에는 임산모 관련 요인뿐만 아니라 임신 기간 중 아버지의 건강 상태나 개인적인 습관, 임산모에 대한 지원도 태아의 발달에 영향을 미치는 것으로 보고되었다(Haber, Bucholz, Jacop, Grant, Scherrer, & Sartor, 2010). 따라서 출산을 앞둔 모든 잠재적인 부모에게 적절한 교육과 지원이 제공되어야 한다.

1970년대 이후에 위험 요인을 평가하기 위한 많은 도구가 개발되었으며, 이러한 도구들은 점수를 통해서 장애 아동 출산 위험이 높은 임산모를 선별하여 집중적인 관리를 받을 수 있도록 도와주게 되었다(Hobel, 1977). 이러한 공식적인 도구를 사용하지 않더라도 의학적 병력이나 출산과 관련된 경험, 건강진단, 임상검사 등을 통해서도 잠재적인 문제를 선별할 수 있다. 특히 임신상의 위험 요인으로 잘 알려져 있는 요소는 다음과 같다.

- 빈곤 상태에서 생활하는 사회-경제적 수준이 낮은 부모
- 15세 이하의 임산모
- 40세 이상의 임산모
- 유산, 조산, 사산, 장애 아동 출산 등의 경험이 있는 임산모
- 만성적인 질병이나 임신을 방해하는 신체적인 조건(예: 당뇨병, 매독 등의 성병, 갑상선 기능 항진증, 심장 이상, 약물 중독, 알코올 중독)을 지닌 임산모
- 가계에 선천성 장애력이 있는 부모(예: 선천성 청각장애, PKU 등의 대사이상, 근위축증)

3) 임신 중 감염

임신 중 감염이란 임신 중 임산모가 특정 바이러스 등에 감염되는 경우를 말한다. 일반적으로 임산모가 임신 중에 감염되면 그러한 감염이 태아에게까지 영향을 미치지 못하도록 태반이 역할을 하게 된다. 그러나 태반을 통과해서 태아에게 직접적인 영향

을 미치는 특정 감염의 경우 태아의 신경 구조에 영향을 미침으로써 두뇌 발달을 손상시키게 된다. 가장 보편적으로 알려져 있는 임신 중 감염은 다음의 다섯 가지로 각각의 머리글자를 이용해서 TORCH 감염으로 명명한다(Zydek et al., 2014).

T 주혈원충병(toxoplasmosis)으로 성인에게는 감기와 같은 가벼운 증세로 지나가지만 임신 중 감염은 태아에게 장애 발생의 위험한 영향을 미치게 된다. 고양이나 기타 포유동물, 몇 가지 새 종류에서 발견되는 원생동물에 의해서 감염되는 것으로 알려져 있으며, 육류를 날로 먹거나 고양이 배설물에 접촉하는 경우 감염될 수 있다. 인심 후반부에 비해 전반부에 감염되는 경우 신생아가 보이는 손상의 정도가 심각한 것으로 보고되며, 감염된 신생아는 주로 뇌손상을 보이게 되는데 특히 지적장애나 경련장애 등을 동반한 수두증을 보이기도 한다(Ferguson et al., 2013).

O 선천성 면역 결핍증으로 알려져 있는 HIV 감염이나 매독 등의 기타(others) 감염의 경우를 말한다. HIV 감염은 태중에서나 출산 또는 수유 중에 산모로부터 감염되는데, 출생 후 1년 내로 기타 감염과 질병의 여러 증상을 나타내게 되므로 감염이 의심되는 경우 즉시 검사하고 적절하게 대처해야 한다(Chaillon et al., 2014). 임산모가 매독에 감염되는 경우에도 매독균이 태반을 뚫고 침입하여 태아에게 감염되거나 출산 시 출산 경로를 통해서 감염될 수 있는데, 매독균에 감염된 신생아는 신경계 및 순환계 발달 저해로 심장병, 청각장애, 백내장, 골격 이상 등의 다양한 증상을 보일 수 있다. B형 연쇄상규균(Group B Streptococcus: GBS)은 출생 시 감염의 가장 흔한 원인으로 출생 후 수개월 내에 신생아 패혈증이나 수막염을 일으킬 수 있다. 주로 분만 시 탯줄을 통해 감염되기 때문에 출산 전(임신 35~37주) 검사를 통해 분만 중에 항생제를 투여하는 등 예방의 노력을 기울여야 한다(Centers for Disease Control and Prevention, 2015a).

R 풍진(rubella)으로, 이 역시 성인에게는 가벼운 감기와 같은 증세로 나타나지만 임신 후 16주 내에 감염될 경우 사산이나 자연 유산의 확률이 높아지고 그렇지 않은 경우에도 선천성 풍진의 결과로 심장병이나 지적장애, 청각장애, 시각장애 등의 심각한 장애를 일으키게 된다(Yamamoto et al., 2013). 풍진은 효과적인 백신이 개발되어 있으므로 임산모가 감염되지 않도록 적절한 노력을 기울여야

한다.

C 거세포봉입체증(cytomegalic inclusion disease: CMV)으로 태아의 뇌손상 및 지적 장애의 가장 높은 발생 원인으로 작용한다. 주로 임신 후반부에 태반을 통과한 사이토메갈로 바이러스에 의해 발생하며, 감염된 신생아는 출생 시 저체중인 경우가 많고 황달, 운동 기능 장애, 경련장애, 간염 등을 일으킨다. 출생 시 아무런 이상을 보이지 않는 경우에도 5세 내에 또는 그 이후로 지적장애나 진행성 청각장애를 일으킬 수 있다(Longo, Borghesi, Tzialla, & Stonati, 2014). 최근에는 자폐 범주성 장애의 발생과도 관련되는 것으로 보고된다(Belzile, Stark, Yeo, & Spector, 2014; Longo et al., 2014).

H 성적인 접촉을 통해서 전달되는 성병인 헤르페스 바이러스(herpes simplex virus: HSV) 감염을 말한다. 감염된 신생아는 지적장애, 청각장애, 시각장애, 간 또는 콩팥 문제 등 다양한 병리적 증상을 일으키거나 심한 경우에는 사망에까지 이르는데, 대부분의 경우 태내에서보다는 분만 시 산모와의 접촉을 통해서 감염되기 때문에 제왕절개술로 감염을 예방하거나 감염된 경우에는 즉각적인 치료를 제공함으로써 발달에 미치는 부정적인 영향을 최소화하기 위한 노력을 기울여야 한다(Longo et al., 2014; Yamamoto et al., 2013).

4) 출생 전 환경적 위험 요인

출생 전 환경적 위험 요인이란 자궁 내 환경에 영향을 미침으로써 태아의 물리적인 안전과 영양에 부정적인 영향을 미치는 위험 요인을 말하며, 일반적으로 임산모의 기능 저하, 면역 반응, 독극물 노출, 영양 결핍 등이 포함된다.

임산모의 기능 저하란 임산모의 전반적인 건강 상태의 악화나 질병(예: 임신 중독증, 당뇨병, 고혈압) 등에 의한 기능 이상을 뜻한다. 예를 들어, 당뇨병이 있는 임산모의 경우 태아의 두뇌 및 대사 기능에 심각한 영향을 미칠 수 있는데, 이는 산모의 혈당이 높으면 태아에게서도 혈당과 인슐린 수치를 높여 산소 소비를 증가시킴으로써 태반을 통해 태아에게 공급되는 산소의 양을 초과해 버리기 때문이다(Centers for Disease Control and Prevention, 2015b). 임산모의 당뇨병은 태아의 선천적 장애 발생 위험을 증가시킬 뿐만 아니라 출생 이후에도 비만이나 당뇨병 발생 위험을 높이는 것으로 알려져 있으므로 임신 전후의 적절한 대응이 필요하다(Morgan et al., 2013).

임산모의 면역 반응은 임산모의 몸이 태아를 이물질로 인식하여 항체를 형성함으로써 태반을 통해 태아의 적혈구를 공격하게 되고 이로 인해서 태아에게 여러 가지 손상을 일으키는 경우를 말한다. 혈액형이나 다양한 생화학적 상반작용이 이러한 항체를 형성하게 하는데, 혈액의 Rh 항원은 임산모의 몸에 항체를 형성시키는 가장 잘 알려진 예다. 이것은 임산모와 태아가 서로 다른 Rh 혈액형을 지닐 때 임산모가 태아에 대하여 항체를 형성하고 면역 반응을 보이는 것을 말한다.

임산모의 독극물 노출은 알코올 섭취, 약물 및 기타 화학 물질 중독, 환경오염에 의한 중독(예: 납이나 수은의 체내 축적), 음식물에 포함된 화학 첨가물 섭취, 임신 중 결정적 시기의 대량 방사선 노출 등이 포함된다. 이러한 물질은 테라토겐, 즉 기형 유발 물질로 분류되는데, 임산모가 섭취함으로써 태아의 발달에 영향을 미치는 모든 물질을 포함한다. 특히 임산모의 알코올 섭취는 그 양이 적은 경우에도 태아의 발달에 신경학적인 손상을 일으킬 수 있는 것으로 보고되고 있는데, 이는 에탄올이 쉽게 태반을 통과하기 때문이다(Batshaw et al., 2013). 대량 알코올 섭취 또는 중독은 태아알코올증후군(fetal alcohol syndrome: FAS)을 일으키는데, 이는 신장, 몸무게, 머리 둘레 등의 성장 발달에 부정적인 영향을 미치고 중추신경계 발달에도 부정적인 영향을 미침으로써 인지, 운동 기능 협응, 주의력, 언어, 기억력, 사회-정서 등의 기능에 문제를 일으키게 된다(Paolozza et al., 2014). 임산모의 흡연 또한 태아에게 부정적인 영향을 미침으로써 출생 시 저체중이나 출생 후 성장 속도의 저하와 관련된 것으로 보고되며(Black, Bhattacharya, Fairley, Campbell, & Shetty, 2012), 주의력결핍 과잉행동장애의 발생 가능성을 높이는 것으로 알려져 있다(Paulson, 2013). 이 외에도 마약류 등의 약물이나 항생제, 신경안정제 등의 처방 및 비처방 약물 등 임산모가 섭취하거나 노출되어서는 안 되는 수많은 요인의 부정적인 영향도 보고되고 있으므로 이에 대한 적절한 주의가 기울여져야 한다.

임산모의 영양 결핍이란 말 그대로 임산모가 임신 중에 충분한 영양을 섭취하지 못한 상태를 의미한다. 단백질이나 기타 필수 영양소의 결핍은 태아의 성장 발달에 결정적인 영향을 미치게 되는데, 특히 임산모의 영양 상태와 열량 섭취는 태반의 성장과 기능에 직접적인 영향을 미치게 되며 태반의 상태는 태아의 성장에 또한 결정적인 영향을 마치게 된다. 태반의 기능이 효율적이지 못할 때 태아 성장에 여러 가지 유형의 손상을 가져올 수 있다. 뿐만 아니라, 임산모의 영양 상태는 자녀의 일생에 걸쳐 인지 기능 및 기타 건강상의 문제를 일으키는 것으로 입증된 바 있다(Haesler & Mills, 2013). 또한 최근에는 임산모의 비만도 출산을 어렵게 하는 위험 요인으로 고려되고 있으므로

(Morgan et al., 2013) 임산모는 균형 있는 영양 섭취와 적절한 열량 섭취에 각별한 주의를 기울여야 할 것이다.

2. 출생 시 원인

지금으로부터 약 150여 년 전에 이미 난산, 조산, 태아 질식 등과 같은 분만과 관련된 요인들이 뇌성마비의 발생과 밀접한 관련이 있는 위험 요인으로 지적되었다(Little, 1862). 이러한 위험 요인은 오랜 시간이 지난 지금까지도 뇌성마비 발생의 가장 큰 발생률을 차지하는 신경학적 손상을 일으키는 것으로 인식되고 있으며, 그 예방 가능성에 대한 많은 의학적 관심을 집중시키고 있다. 이들 중 장애 발생과 가장 밀접한 관련이 있는 것으로 알려져 있는 조산, 저체중, 태아 질식, 분만 중 손상에 대해서 구체적으로 살펴보면 다음과 같다.

1) 조산 및 저체중

조산이란 임신 전 마지막 생리의 첫째 날부터 37주가 되기 전에 출산하는 경우를 의미한다. 조산은 신생아 사망률의 가장 높은 비율을 차지할 정도로 집중적인 관심이 요구되는 위험 요인으로 알려져 있다(Stewart & Graham, 2010). 조산을 일으키는 원인으로는 여러 가지 요인이 있는 것으로 알려져 있지만 많은 경우가 원인 불명인 것으로 보고된다. 알려진 원인은 조산을 예측할 수 있는 위험 신호로 인식되고 있는데, 예를 들어 조산의 경험이 있는 산모가 또다시 조산할 가능성은 높아지며 두 번 이상 조산의 경험이 있는 산모의 조산 가능성은 더 높아지는 것으로 보고된 바 있다(Cetrulo, D'Alton, & Newton, 1990). 이 외에도, 외상 등에 의한 충격이나 산모의 상태(예: 혼전 임신, 45kg 이하의 저체중, 150cm 이하의 키, 20세 이하 또는 40세 이상의 나이, 낮은 사회-경제적 지위), 유산 경험, 임신 중 하혈, 자궁의 상태 등이 조산과 관련된 것으로 알려져 있다. 〈표 4-5〉는 자연 발생 조산을 예측하게 해 주는 점검표의 예다.

저체중(low birth weight: LBW)이란 태아 시기의 부적절한 성장 발달로 인하여 분만 시 체중이 2,500그램 미만인 경우를 말하며, 1,500그램 미만의 경우는 극소체중(very low birth weight: VLBW), 1,000그램 미만은 초극소체중(extremely low birth weight: ELBW)으로 분류된다(Rais-Bahrami & Short, 2013). 조산으로 체중이 낮은 경우에는 임신 기간에 비례해서 체중이 미달되는 경우가 해당된다. 저체중은 다음과 같은 몇 가지

표 4-5 조산 예측 점검표

점수	사회-경제적 지위	과거 병력	일상 경험	임신 상태
1	• 두 자녀 • 낮은 사회-경제적 지위	• 한 번의 유산 경험 • 1년 내의 출산 경험	• 직장 생활	• 지나친 피로감
2	• 20세 이하, 또는 40세 이상의 산모 • 편모	• 두세 번의 유산 경험	• 하루 10개 이상의 흡연 • 무리한 일 • 장기간의 피곤한 여행	• 임신 32주에 13kg 이하의 체중 증가 • 단백뇨(증) • 지나친 긴장 • 세균 감염
3	• 매우 낮은 사회-경제적 지위 • 150cm 이하의 키, 45kg 이하의 체중			• 32주의 잘못된 태아 위치 • 2kg의 체중 감소 • 아두골반불균형 • 고열 동반 질병
4	• 18세 이하의 산모	• 신우신염		• 12주 이후의 과다 출혈 • 자궁 경부의 수축 또는 손상 • 자궁 확장 • 과민한 자궁
5		• 자궁 이상 • 임신 중반의 유산 경험 • DES 노출	• 양수과다증	• 전치태반
10		• 조산 경험 • 임신 중반의 반복된 유산 경험	• 쌍생아	• 복부 수술

점수 1-5: 낮은 위험도, 점수 6-9: 중간 위험도, 점수 10 이상: 높은 위험도

출처: Creasy, R., Cummer, B., & Liggins, G. (1980). System for predicting spontaneous preterm birth. *Obstetrics and Gynecology, 55*, 692-695.

원인에 의해서 나타난다. 첫째, 태아에게 산소와 영양을 공급하는 혈액 순환과 태반의 기능이 방해받는 상태에서 발생할 수 있다. 임산모가 심장병이나 임신 중독증과 같은 증세를 보이거나, 흡연 또는 약물을 복용하거나, 바이러스에 감염되는 경우에 저체중을 유발할 수 있다. 또한 임산모의 자궁과 태반의 구조에 의해서도 저체중이 나타날 수 있는데, 자궁과 태반의 구조는 임산모의 건강 상태나 체격, 영양 상태, 사회-경제적 수준 등에 의해서 좌우될 수 있다. 둘째, 태아의 성장 발달이 방해받는 상태에서 저체

중이 발생할 수 있다. 이러한 상태로는 태아가 염색체 이상 또는 선천적 기형을 지니고 있거나 쌍생아인 경우를 들 수 있다. 마지막으로, 어떠한 이유로든 임산모의 전반적인 건강과 영양 상태가 영향을 받는 경우에 저체중이 발생할 가능성이 높아진다.

조산아나 저체중아가 전형적인 성장을 보이는 경우도 있지만 대부분의 경우에는 발달 시기 전반에 걸쳐 지속되는 다양한 문제의 위험에 처하게 된다(Children's Defense Fund, 2012). 따라서 성장할 때까지 기다리기보다는 조기에 적극적으로 개입하는 것이 바람직하다. 특히 이들은 산소 공급 부족으로 인한 중추신경계의 이상, 출혈, 면역성 부족으로 인한 감염, 신체적 생화학적 미성숙으로 인한 생존 위협 등의 상태를 보일 가능성이 높을 뿐만 아니라 일반 영아와 비교할 때 사망률도 더 높은 것으로 보고되고 있으므로 지속적인 관찰과 지원이 필요하다(Simmons, Rubens, Darmstadt, & Gravett, 2010). 최근에는 의학의 발달과 이들에게 주어지는 적절한 조기개입으로 인하여 사망률과 더불어 성장 후의 지적 또는 신경학적 장애의 발생률이 낮아지고 있다. 현재 조산아나 저체중아의 경우 부모에게 적절한 지원을 제공함으로써 이들의 발달을 촉진하는 양육 환경을 구성하고 양육 전략을 적용하게 하는 조기개입 서비스는 이들을 위한 필수적인 프로그램으로 인식된다(Goldberg-Hamblin, Singer, Singer, & Denny, 2007; Guralnick, 2012).

2) 질식

질식(asphyxia)이란 용어에서 암시하는 바와 같이 산소 부족을 의미하며 무산소증(anoxia)으로도 불린다. 산소 결핍에 의한 질식은 분만 전, 분만 중, 분만 직후에 발생하며, 장애가 수반되거나 심하면 사망에까지 이르게 하는 치명적인 뇌손상을 일으킬 수 있다. 출생 시 질식은 여러 가지 상황에서 나타날 수 있다. 예를 들어, 분만 직전에는 산모의 혈압이 떨어지거나 태아가 태반으로부터 너무 일찍 분리되는 경우에, 또는 산모의 심장 질환이나 분만을 위한 마취가 혈액 순환을 방해하는 경우에, 탯줄의 혈액 순환이 방해를 받는 경우에, 또는 만산이나 임신 중독증 등과 같은 이유로 인하여 태반의 상태가 부적절한 경우에 산소 결핍 현상이 나타날 수 있다. 분만 중에도 산소 결핍에 의한 질식 상태가 나타날 수 있는데, 예를 들어 태아의 머리에 지나친 압력이 가해지면서 혈관 파열로 인하여 응혈 현상이 나타날 때, 출산과 함께 모체로부터의 호흡이 중단되었는데도 오랫동안 신생아의 자가호흡이 시작되지 않을 때, 또는 분만 중 진정제나 마취제의 사용으로 태아의 호흡 능력이 저하됨으로써 무호흡 상태가 되는 경우를 들 수 있다. 이와 같은 출생 시 질식의 상태는 그 원인과 관계없이 이후의 성장 발달과 기능에 심각한 손상을 입히게 된다. 일반적으로 출생 시 질식은 지적장애나 뇌성마비, 시각장애 등 다양한 유형과 정도의 장애를 일으킬 수 있는 위험 요인으로 알려져 있다.

3) 분만 중 손상

출생 시 아동에게 주어지는 직접적인 신체적 손상은 여러 가지 유형의 장애를 일으키는 위험 요인으로 작용한다. 출산 과정에서 나타날 수 있는 신체적 손상은 다음과 같이 네 가지 유형으로 분류된다(Peterson, 1987): (1) 뇌 조직에 직접적인 손상을 입히는 두개골 손상, (2) 뇌출혈 또는 뇌세포에 산소를 전달하는 기능을 저해하고 혈액 순환을 중단시킴으로써 나타나는 두뇌 손상, (3) 척추 골절 또는 박리로 인한 척수 손상, (4) 내장 기관의 손상(주로 간이나 비장의 손상). 이와 같이 태아에게 직접적인 신체적 손상을 가져오는 원인으로는 태아의 머리나 몸이 산모의 골반 크기에 비해서 너무 크거나 출산 시 태아의 위치가 부적절한 경우(예: 태아가 가로로 누워 있거나 엉덩이가 먼저 나오는 경우)를 들 수 있다.

3. 출생 후 원인

1) 질병 및 감염

영아기를 포함하는 아동기에 오랜 시간 고열이 계속되는 질병을 앓는 경우 여러 가지 유형의 손상을 가져올 수 있는데, 이러한 경우에는 적절한 치료를 통해서 영구적인 손상을 줄이도록 노력해야 한다. 출생 후 장애 발생의 원인이 될 수 있는 대표적인 전염병으로는 홍역, 수두, 볼거리, 뇌막염, 뇌염 등을 들 수 있으며, 전형적인 성장과 발달을 방해함으로써 위험 요인으로 분류되는 질병에는 낭성섬유증(cystic fibrosis), 소아관절염, 백혈병, 근위축증, 신장염, 중이염, 소아마비, 류머티즘 질환, 당뇨병 등이 있다.

2) 독극물

임신 중에 임산모가 독극물에 노출됨으로써 태아에게 해로운 영향을 미치는 것과 마찬가지로 출생 후에도 체내에 축적되면 아동의 성장 발달에 치명적인 영향을 미치는 독극물이 있다. 특히 납이나 수은 등의 물질이 물이나 공기 등의 오염이나 음식물 섭취 등을 통해서 체내에 축적되거나 각종 약물, 세제, 비누, 표백제, 왁스, 살충제, 농약 등의 독극물을 우발적으로 섭취하게 되는 경우에는 성장 발달에 치명적인 영향을 미치게 된다. 또한 적절한 의학적 진단 없이 특정 약물을 복용하는 경우에도 심각한 손상을 입게 되므로 처방 또는 비처방 약물 복용에 특별한 주의를 기울여야 한다(Thorpe et al., 2013).

독극물 중독에 의해서 나타나는 결과는 아동의 나이와 체중, 섭취한 독극물의 종류와 양 등에 의해서 달라진다. 일반적으로 나이가 어릴수록 독성 물질에 더 민감한 반응을 보이며 영구적인 손상을 입기 쉬운 것으로 알려져 있다. 급성 중독인 경우에는 급성 맹장염이나 뇌염, 뇌막염 등의 증세와 유사한 증세를 보인다.

납이나 수은과 같은 환경 내에서 쉽게 발견되는 특정 독소는 신경계에 영향을 미침으로써 신체의 성장 발달이 진행되고 있는 영유아에게 특히 유해한 것으로 알려져 있다. 납 성분이 포함된 페인트가 칠해진 실내에서 생활하거나 놀잇감을 가지고 노는 것은 어린 유아에게 치명적일 수 있으므로 법으로도 그 사용이 규제되고 있다. 현재는 자동차 배기가스 등에 의한 공기와 토양의 오염이 납 중독의 주요 원인인 것으로 보고되고 있으며, 그 외에도 납 성분이 포함된 저장 용기의 사용이나 낚시에 사용되는 납덩어리 등에 의해서도 납 중독이 가능한 것으로 알려져 있다. 납에 중독되는 경우 초기에는 빈혈, 피로감, 변비 등의 증세를 보이지만 체내에 축적된 양이 많아지면서 구토와 경련 등의 증세를 보이게 되고 혈중 납 성분의 축적이 지속되면 시각장애, 경련장애, 뇌손상 등의 장애를 일으키게 된다(Jedrychowski, Perera, Majewska, Mrozek-Burdqyn, Mroz, & Roe, 2015). 수은 역시 납과 마찬가지로 체내에 축적되면서 심각한 손상을 일으키는 물질로 주로 물의 오염을 통해서 생선이나 조류 등의 음식물로 섭취하게 된다. 수은 중독은 경도에서 중도에 이르는 다양한 정도의 신경학적 손상을 일으키며 경련장애, 지적장애, 뇌손상, 시각장애, 청각장애 등의 증세로 나타날 수 있다(Davidson, Leste, Benstron, Burns, Valentin, & Sloan-Reeves, 2010).

3) 사고로 인한 손상

아동기 사망률의 가장 큰 비율을 차지하는 원인 중 하나는 사고에 의한 것이다(Cunningham, Walton, & Carrter, 2018; Heron, 2019). 여기서 말하는 사고란 교통사고, 아동 학대, 물에 빠지거나 기타 이유로 인한 질식 등의 여러 가지 유형의 사고를 모두 포함한다. 특히 어린 아동에게 있어서 뇌손상을 일으키는 가장 보편적인 사고에는 자동차 사고와 아동 학대가 포함된다. 우리나라의 경우에도 각종 사고는 아동기 사망 원인의 높은 비율을 차지하는데, 그중에서도 교통사고가 가장 빈번하며 다음으로는 아동 학대나 유기 등의 의도적인 사고가 많은 것으로 보고된다(통계청, 2018).

미국의 경우 사고로 인한 뇌손상은 1990년 장애인교육법(IDEA)의 개정에 의해서 '외상성 뇌손상(traumatic brain injury: TBI)'이라는 독립된 장애 유형으로 추가될 정도로 발생률이 증가하고 있으며, 특히 그 손상이 미치는 영향에 대해서 많은 관심이 기울여지고 있다. 특히 사고로 인한 뇌손상은 지적장애, 학습장애, 시(지)각 손상, 청각 손상, 경련장애, 기타 운동 기능 장애 등의 다양한 유형의 장애를 수반하게 되므로 '사고 예방'이라는 예방적 차원에서의 주의 깊은 관심이 뒤따라야 한다.

아동 학대는 신체적 학대, 성적 학대, 정서적 학대 또는 방치(보호 태만), 양육 실패 등의 유형을 모두 포함한다. 신체적 학대는 때리거나 화상 입히기, 심하게 흔들기 등의 행동으로 아동에게 신체적인 손상을 입히는 모든 행위를 포함하며, 성적 학대는 나이가 더 많은 사람에 의해서 방어 능력이 없는 아동이 성적인 대상으로 이용되는 모든 행위를 포함한다. 정서적 학대는 무시하거나 고립시키거나 거부하거나 위협하는 등의 행동으로 신체적이기보다는 심리적이고 행동적인 행위이기 때문에 간과되기가 쉽다. 정서적 학대는 정의상 신체적인 가해를 포함하지는 않지만 무관심하거나 방치함으로써 적절한 양육 환경을 제공하지 않고 위험한 곳에 혼자 두거나 적절한 영양 또는 의료적 처치를 제공하지 않는 등의 경우를 통해서 신체적인 해를 입힐 수도 있다. 마지막으로 양육 실패는 영아기에 나타나는 특정 형태의 방치로 특별한 병 등의 이유 없이 동일 연령 또래와 비교할 때 하위 1/3에 해당하는 성장률을 보이며 지능이나 정서 기술의 결함을 보인다. 이것은 영양상의 문제라기보다는 어머니로부터의 정서적인 양육이 결핍됨으로 인해서 나타나는 것으로 여겨지고 있으며, 영양상의 문제는 어머니가 아동의 정서적인 필요를 만족시키지 못하거나 긍정적인 모자 관계를 형성하지 못함으로 인한 부수적인 결과로 나타난다. 아동 학대는 아동이 성장한 후까지 장기적으로 발달적 기능에 심각한 심리적 및 신체적 영향을 미침으로써 신체적 건강과 사회-정서 발달에 지속적인 해를 끼치는 것으로 보고된다(Bayat, 2015; Centers for Disease Control and Prevention, 2013).

4) 영양 결핍

인간의 뇌는 출생 전에 약 6분의 1 정도가 발달하며 출생 후 6개월경에 대부분이 형성되지만 완전히 성숙되지는 않고 생후 3년 정도에 걸쳐 급격하게 발달하면서 완전한 구조가 형성된다(Carter, Aldridge, Page, Parker, 2014). 이렇게 출생 후에도 지속적으로 성장하고 발달하는 뇌가 제대로 기능하기 위해서는 적절한 영양 공급이 필수적이다. 특히, 두뇌의 여러 부분은 각기 그 성장하는 속도가 다르기 때문에 성장기 전반에 걸쳐 적절한 영양 공급이 이루어져야 한다. 따라서 발달 후기의 아동에게 제공되는 영양 공급 역시 태아기나 신생아기 영양 공급만큼 중요하다고 할 수 있다.

출생 후 아동의 영양 결핍은 성장 발달에 부정적인 영향을 미침으로써 다양한 발달상의 문제를 일으키게 된다. 영양이란 성장에 필요한 각종 무기질, 비타민, 기타 영양소를 의미하며, 이러한 영양소의 결핍은 여러 가지 환경적인 위험 요인(예: 낮은 사회-경제적 지위, 위험한 환경에의 노출, 부모의 낮은 교육 수준)과 함께 아동의 발달에 복합적인 영향을 미치게 된다. 현재 전 세계적으로 수많은 아동이 부적절한 영양 섭취로 인해 저체중이나 필수 영양소 결핍 또는 비만이나 기타 건강 문제로 고통 받고 있으며, 특히 저개발국의 경우 6명 중 1명은 영양 결핍의 위험에 놓여 있는 것으로 보고되고 있다(World Food Programme, 2014).

5) 환경 박탈

출생 전이나 출생 시의 여러 가지 장애 발생 위험 요인을 지니고 태어난 아동의 상당히 많은 수가 빈약한 환경이라는 잠재적인 문제를 지닌다. 다시 말해서, 박탈된 환경의 신체적·사회적·심리적 상태는 앞에서 설명한 출생 전, 출생 시, 출생 후 위험 요인과 높은 상관관계를 지니고 있다는 것이다. 왜냐하면 환경 박탈이란 구체적으로 빈곤한 환경, 문화 실조, 생명이나 건강을 위협하는 위험 요소를 의미하는데 이러한 요소는 결국 앞에서 설명한 장애 발생 위험 요인으로 작용하기 때문이다.

나이가 어린 유아는 자신이 처한 환경에 전적으로 의존할 수밖에 없으며, 스스로는 환경을 수정하거나 환경으로부터 도피할 수 없기 때문에 성인에 의해서 만들어지는 환경의 희생자가 되기 쉽다. 예를 들어, 빈곤한 환경이 항상 발달장애를 일으키거나 저하된 능력을 초래하는 것은 아니지만 빈곤과 관련된 여러 가지 요소가 아동의 성장 발달과 수행 능력에 부정적인 영향을 미치는 경우가 많은 것이 사실이다(Aber, Morris, & Raver, 2012; Guralnick, 2013). 빈곤과 관련된 이러한 요소로는 (1) 낮은 사회-

경제적 지위 및 부모 변인(예: 제한된 교육 기회), (2) 환경적 변인(예: 영양 결핍, 가정환경), (3) 부모와 가족에게 미치는 심리적 영향(예: 우울증, 비관주의, 무기력감), (4) 아동에게 미치는 영향(예: 신생아 사망률 증가, 조산 및 저체중아 출산 가능성)의 네 가지를 들 수 있다(Peterson, 1987). 이상의 네 가지 요소는 서로 복잡하게 얽혀서 상호 관련되기 때문에

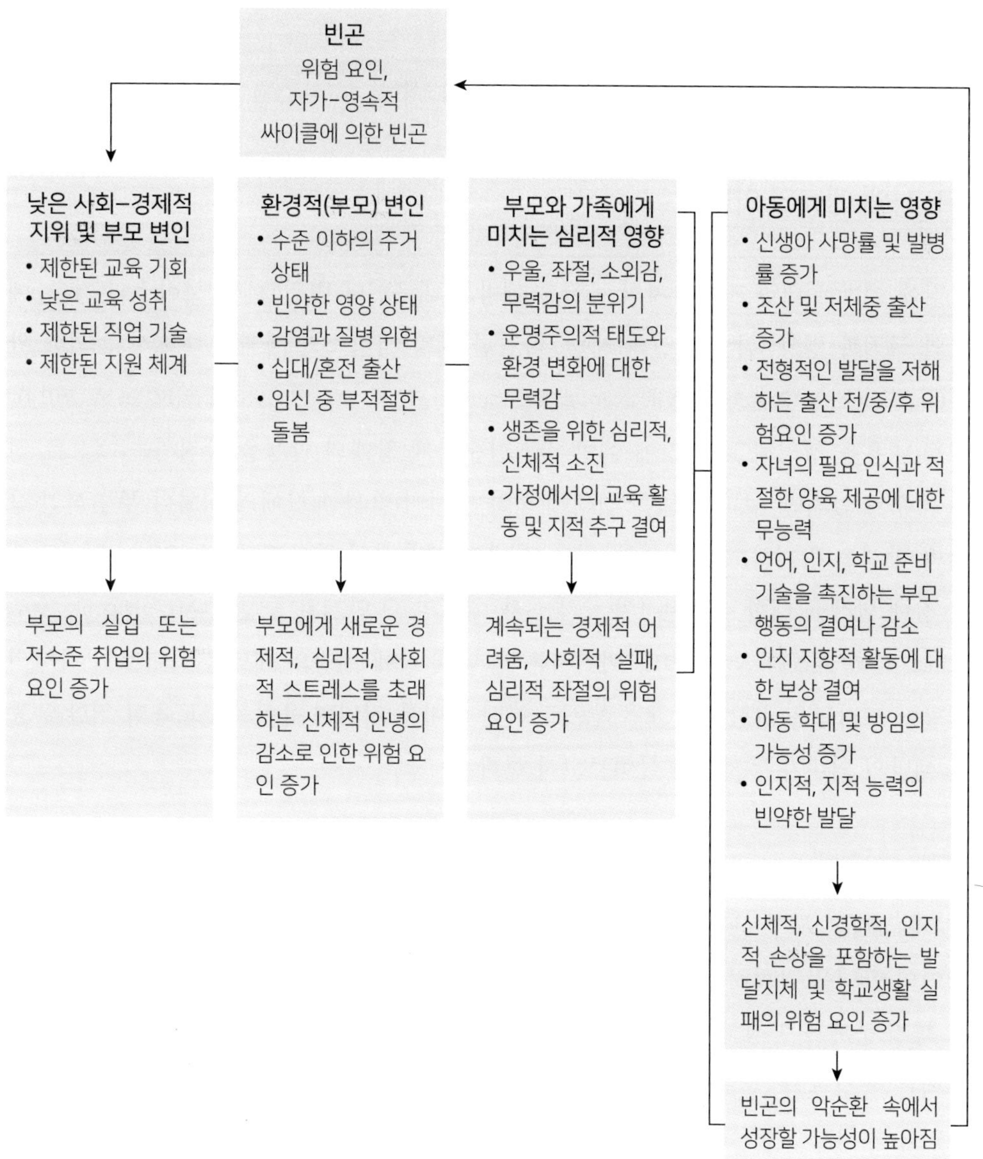

그림 4-1 환경적 불이익이 유아의 발달에 미치는 영향

출처: Peterson, N. L. (1987). *Early intervention for handicapped and at-risk children: An introduction to early childhood-special education* (pp. 182–183). Denver: Love Publishing Co.

한 가지 요소가 다른 요소를 초래하는 식의 악순환을 반복하게 된다. 그러므로 빈약한 환경에 처한 유아는 그렇지 않은 유아에 비해서 계속해서 발달적으로나 교육적으로 뒤처진 상태에 놓이게 되는 것이다(Heberle & Carter, 2015). [그림 4-1]은 빈곤을 포함한 환경적인 불이익이 어떻게 장애 발생 위험 요인으로 작용하는가를 잘 보여 준다.

III. 장애 예방과 유아특수교육

1. 장애 예방의 의미

장애 예방에 대한 지금까지의 문헌은 예방의 내용이나 범위, 예방 서비스의 기술, 예방의 목적과 영향, 위험 요인의 개념, 다양한 예방 서비스의 체계에 대해서 논의해 왔다(Guralnick, 2012; Keogh, Wilcoxen, & Bernheimer, 1986; Offord, 1987; Pesova et al., 2014). 이들 내용을 정리해 보면 장애 예방이란 단순하게 장애의 발생을 방지하는 것으로 정의될 수도 있지만, 보다 폭넓은 견해에 의하면 이미 발생한 장애의 심화나 부수적인 장애의 발생을 방지하고 교정하는 것도 장애의 예방에 속한다고 할 수 있다. 일반적으로 장애 발생에 대한 예방은 1차, 2차, 3차 예방의 세 단계로 구분된다(El-Hazmi, 1997; Pianta, 1990; Simeonsson, 1991). 여기서는 세 단계 장애 예방의 개념을 알아보고 각각의 예방이 조기교육 현장에서 교육적으로 어떤 의미를 지니며 유아특수교육의 역할을 통한 예방의 의미가 무엇인지 살펴보고자 한다.

1) 1차 예방

1차 예방은 특정 문제의 발생률을 감소시키거나 문제의 원인에 대한 대책을 통해서 개인의 안녕을 강화하기 위한 목적으로 이루어지는 예방으로, 장애 예방의 경우 장애나 특정 문제가 발생하는 것을 근원적으로 방지하는 것을 의미한다. 이와 같은 예방의 노력은 특정 인구 전체를 대상으로 하는 보편적인 서비스로 제공되거나 알려진 위험 요인을 지니고 있는 특정 집단을 대상으로 제공된다. 예를 들어, 특정 지역의 모든 아동에게 불소가 함유된 수돗물을 마시게 함으로써 그 지역 아동의 치아가 썩는 것을 방지하는 것은 보편적 차원의 예방의 개념에 해당한다. 유전 상담, 예방 접종, 임신 전후의 적절한 보살핌 등은 장애 발생을 예방하기 위한 프로그램이라 할 수 있다. 특히 임신 중에 태내 영양 공급 프로그램을 실시하고, 알코올이나 마약 섭취에 관한 상담을 제공하며, 약물 복용을 제한하는 것도 장애 발생을 예방하기 위한 노력이다. 뿐만 아니라, 이미 출생한 조산아나 저체중아 등의 장애위험 아동에게 주어지는 서비스도 이들의 발달상의 지체가 불확실한 상태에서 제공되기 때문에 1차 예방에 속하는 것으로 볼 수 있다(Simeonsson, 1991). 이러한 경우 조기특수교육은 발달장애의 발생을 예방한다는 목적을 지니게 된다.

2) 2차 예방

2차 예방은 특정 문제를 보일 높은 가능성을 지니고는 있지만 아직까지는 모든 증세가 나타나지 않은 아동을 위해서 제공되는 서비스를 의미한다. 즉, 장애의 지속성이나 정도를 감소시키는 데에 그 목적을 둔 예방이라 할 수 있다. 장애를 일으킬 가능성이 있는 상태를 가능한 한 조기에 발견하여 적절한 치료 또는 중재를 제공함으로써 장애의 발생을 최소화하고 그 정도를 약화시킨다는 것이다. 예를 들어, 구개파열이나 선천성 고관절 탈구 등의 증상을 가지고 태어난 신생아에게 외과적 수술을 통하여 전형적인 발달이 가능하도록 돕는다거나 페닐케톤뇨증(PKU)이나 갑상선 기능 저하증 검사를 통해 적절한 치료를 제공함으로써 지적장애의 발생을 미리 방지하는 것은 2차 예방에 해당한다. 다운 증후군의 경우에도 앞으로 발달지체를 보일 가능성을 충분히 예측할 수 있음에도 불구하고 출생 후 일정 기간이 지날 때까지도 발달상의 문제를 보이지 않을 때가 있다. 이러한 경우에 발달지체가 드러날 때까지 기다리기보다는 예방적인 차원에서의 서비스를 통해서 앞으로 나타날 발달지체를 최소화하고 이후 특수교육의 필요성을 감소시키는 것이 2차 예방의 역할이라고 할 수 있다.

3) 3차 예방

3차 예방은 문제가 발생한 후에 주어지는 서비스를 의미하며, 장애가 미치는 영향을 제한하고 감소시키는 목적을 지닌다. 예를 들어, 언어 발달이 지체된 3세 유아를 위한 특수교육 프로그램의 목표는 언어 발달의 지체 정도와 이로 인한 영향을 감소시키며 후속적으로 발생할 수 있는 관련 문제를 예방하는 것이다. 청각장애 유아의 경우 조기에 제공되는 특수교육을 통해서 잔존 청력을 훈련하고 언어 능력을 강화하는 것은 예방적 차원에서의 접근이라고 할 수 있다. 또한 심각한 경직 상태를 경험하고 있는 뇌성마비 유아의 경우 조기에 적절한 운동과 자세 잡기 중재가 제공되지 않는다면 영구적인 근육 수축을 보이게 될 수도 있다. 특히 최근에는 장애를 지닌 유아에게서 자주 나타나는 다양한 문제행동이 특정 의사소통 기능과 연관되어 부수적으로 나타나는 것으로 이해되고 있으며, 이러한 의사소통 기능을 지닌 문제행동이 부수적으로 나타나는 것을 방지하는 것은 3차 예방의 목적이라고 할 수 있다. 그러므로 3차 예방은 이미 발생한 장애가 더 악화되는 것을 막고 기존의 장애로 인하여 부가적인 문제가 발생하는 것을 방지하는 것을 의미한다.

2. 장애 예방을 위한 조기교육의 역할

이미 오래전에 발표된 미국의 정부 보고서에 의하면 교육의 질에 관한 논의는 교육개혁을 통한 학교에서의 실패율 감소에 주된 관심을 보여야 한다고 강조한다(National Commission on Excellence in Education, 1983). 이와 같은 논의를 특수교육에 적용한다면, 특수교육의 질은 장애 학생의 학교에서의 실패율 감소에 의해서 향상된다고 말할 수 있다. 다시 말해서, 예방적 차원에서의 서비스는 일반교육이나 특수교육 모두에 있어서 중요한 대안으로 채택되어야 한다는 것이다(Pianta, 1990).

이러한 예방적 차원에서의 서비스 제공은 특수교육이 지향하는 매우 중요한 목표 중 하나라고 할 수 있다(Bailey & Wolery, 2003; Johnson, Rahn, & Bricker, 2015). 이 책의 1장에서도 유아특수교육의 일곱 가지 목적 중의 하나로 장래의 문제나 장애의 발생 예방을 포함하고 있는 것과 같이(〈표 1-8〉 참조) 장애 발생 시기와 밀접하게 관련된 조기개입을 포함하는 조기특수교육의 노력은 예방의 노력이라고 말해도 지나치지 않을 정도로 앞으로 유아가 보이게 될 장래의 문제나 장애 발생의 예방과 관련된다. 실제로 이후에 진단받게 될 학습장애, 정서·행동장애, 자폐 범주성 장애 등 다양한 장애를 조기에 발견하고 적절한 프로그램을 제공하였을 때 그 예방적 성과가 나타난다는 사실은 여러 연구를 통하여 입증되어 왔다(Loomis, 2018; Pesova et al., 2014; University of Michigan New Service, 2004). 〈표 4-6〉은 예방의 세 단계가 장애 예방 및 조기교육의 목적과 어떻게 관련되는지 보여 준다. 이러한 관점에서 본다면 장애의 원인을 알고 그에 대한 적절한 예방적 대책을 강구하는 것은 특수교육을 제공하는 지원 체계 내에서 최선의 노력으로 다루어져야 하는 과제 중 하나라고 할 수 있다. 특히 대상 학생의 연령이 어릴수록 예방적 역할의 중요성은 가중된다고 할 수 있다. 그러므로 특수교육의 예방적 노력의 첫걸음이라 할 수 있는 장애의 조기 발견을 위한 체계적인 접근이 이루어

표 4-6 장애 예방과 조기교육의 목적

예방의 단계	예방의 일반적인 목적	장애 예방의 목적	PL 99-457에 명시된 조기개입의 목적
1차 예방	새로운 발생 감소에 의한 상황 발생 예방: 출현율 감소	위험에 놓인 아동의 새로운 발생 감소	발달 촉진 및 발달지체/장애의 출현 가능성 최소화
2차 예방	기존의 발생 숫자 감소에 의한 상황 발생 예방: 발생률 감소	장애의 정도 및 지속성 경감에 의한 예방	학령기에 이르렀을 때 특수교육 및 관련서비스의 필요 최소화
3차 예방	직/간접적인 영향의 감소에 의한 상황 발생 예방: 후유증 감소	장애의 직/간접적인 영향 감소에 의한 예방	시설 수용 가능성의 최소화 및 독립적인 삶의 가능성 최대화

출처: Simeonsson, R. J. (1991). Primary, secondary, and tertiary prevention in early intervention. *Journal of Early Intervention*, *15*, 128.

져야 할 것이며, 조기 진단에 따른 조기개입 및 유아특수교육 연계가 순조롭게 이루어질 수 있도록 제도적인 노력이 뒷받침되어야 할 것이다(이소현, 2004, 2006; 이소현, 김주영, 이수정, 2007).

실제로 앞에서 설명한 세 단계 장애 예방은 조기특수교육 현장의 구체적인 노력을 통해서 이루어지게 된다. 0~2세 장애 영아를 위한 조기개입을 포함하는 조기특수교육의 교사는 특정 상태에 놓임으로써 문제의 발생 가능성이 예측되는 아동, 또는 이미 형성된 장애로 인하여 앞으로의 성장 발달에 영향을 받게 될 아동을 대상으로 일을 하게 된다. 그러므로 조기특수교육의 전반적인 노력은 이들이 성장하여 학령기가 되었을 때 학교생활의 실패를 예방하고 더 나아가서는 성인기 시설 수용을 예방하는 등의 예방의 노력이라고 말할 수 있다(Heckman, 2012; Odom et al., 2001; Simeonsson, 1991; Upsher, 1990). 조기특수교육 현장에서 이루어지고 있는 영유아와 그 가족을 대상으로 한 조기교육의 노력은 이러한 장애 예방의 노력과 관련해서 〈표 4-7〉과 같이 설명될 수 있으며, 궁극적으로는 [그림 4-2]에서 보는 바와 같이 전 생애에 걸쳐서 성장과 발달 등의 긍정적인 측면을 강화하고 문제행동의 발생이나 실업 등의 부정적인 측면을 방지하는 예방의 노력으로 연계된다.

지금까지 유아특수교육은 앞에서 설명한 세 가지 유형의 예방적 차원에서 긍정적인 영향을 미쳐 온 것이 사실이다. 특히 환경적인 박탈을 경험하고 있는 아동(Guralnick, 2013; Halpern, 2000; Lazzar & Darlington, 1982; Quint & Egeland, 1995; Wagner, Spiker, &

표 4-7 조기특수교육의 노력과 단계별 예방과의 관계

예방의 단계	아동을 위한 조기교육의 노력*	가족을 위한 조기교육의 노력*
1차 예방	환경의 풍부화 및 주요 발달 영역의 자극을 통해서 새로운 발생률 감소	양육 기술을 증진시키고 가족의 자존감과 차이에 대한 인식을 증진시키는 예견적 안내
2차 예방	새로운 기술의 학습과 유지를 위한 조기개입을 통해서 발달지체/장애의 정도 및 지속성 감소	협력과 양육 기술을 증진시킴으로써 현실의 요구에 부응하도록 촉진
3차 예방	행동이나 기능을 보완하고 보상하기 위한 조기개입을 통해서 장애의 직/간접적인 영향 감소	상처 입은 가족의 구조와 관계와 가치를 위해서 적응적이고 구조적이고 통합적인 변화 촉진

* 조기교육의 노력은 단계가 지속되면서 추가적으로 누적됨.

출처: Simeonsson, R. J. (1991). Primary, secondary, and tertiary prevention in early intervention. *Journal of Early Intervention, 15*, 128.

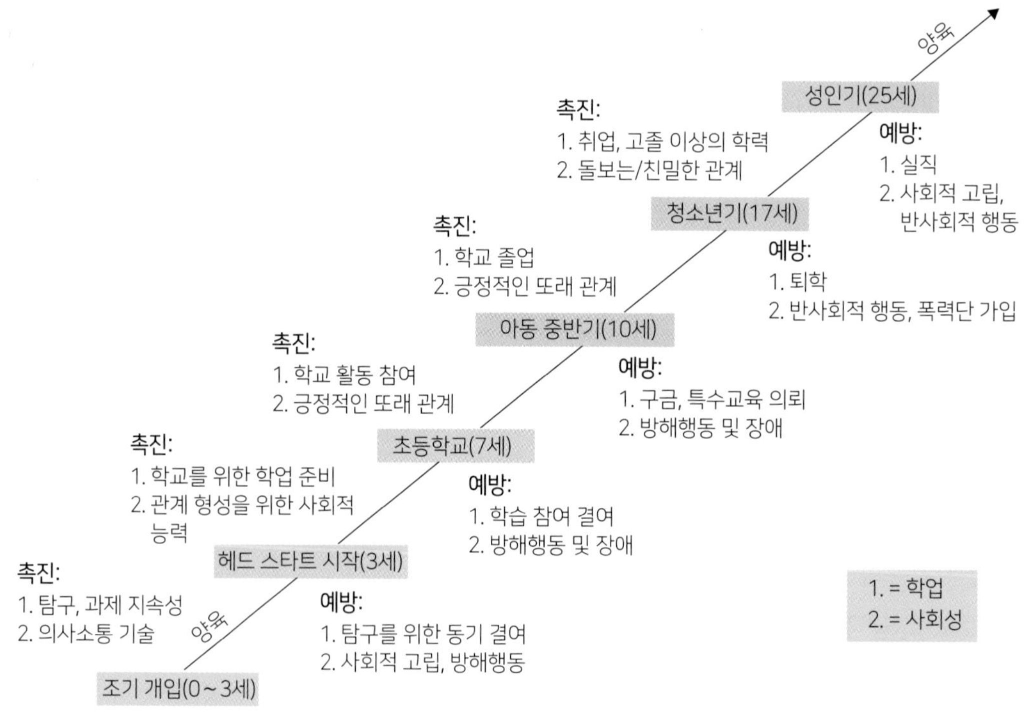

그림 4-2 조기교육이 생애 주기에 따라 미치는 예방적 측면의 성과

출처: Emde, R., & Robinson, J. (2000). Guiding principles for a theory of early intervention. In J. Shonkoff & S. Meisels (Eds.), *Handbook of early childhood intervention* (2nd ed., p. 173). New York: Cambridge University Press.

Linn, 2002), 조산이나 저체중 등의 장애위험 상태에 놓인 아동(Achenback, Howell, Aoki, & Rauh, 1993; Guralnick, 2012; Helders, Cats, VanDernet, & DeBast, 1988; Krywanio & Jones, 1988; Ramey, Campbell, Burchinal, Skinner, Gardner, & Ramey, 2000), 다운 증후군, 뇌성마비, 감각장애, 자폐 범주성 장애 등 이미 형성된 장애를 지니고 있는 아동(Bairstow, Cochrane, & Hur, 1993; Casto & Mastropieri, 1986; Dawson, 2008; Hanson, 1985; Pesova et al., 2014; Shonkoff & Phillips, 2000; Smith, Groen, & Wynn, 2000; Sonksen, Petrie, & Drew, 1991; University of Michigan New Service, 2004)을 포함한 다양한 유형의 아동에게 조기교육과 가족 지원을 제공함으로써 발달지체의 발생을 방지하거나 기존의 장애가 심화되는 것을 방지하는 등의 긍정적인 영향을 미치는 것으로 보고된다. 그러나 이러한 조기교육을 통한 예방의 노력에는 한계가 있으며 장애 발생을 완전히 예방하거나 이미 형성된 장애를 치료하는 등의 결과를 기대해서는 안 된다. 특히 조기개입 및 유아특수교육이 아무리 빨리 성공적으로 제공된다고 하여도 발달장애를 '치료'할 수는 없음을 인식해야 한다(Johnson-Martin, 1990). 뿐만 아니라, 장애 예방과 관련해서 유아의 발달과 그 환경에 효과적인 영향을 미치기 위해서는 가족의 필요에 부응해야 한다. 그러므로 앞으로는 장애의 원인과 장애 예방의 복합적인 역할을 이해하고 유아의 비전형적인 발달을 좀 더 잘 이해함으로써 장애 예방과 유아특수교육 간의 관계를 정립해야 할 것이다. 또한 장애 예방과 유아특수교육이 서로에게 미치는 영향력과 역할을 잘 인식하여 보다 구체적인 장애 예방적 차원에서의 조기교육의 성과를 위한 노력을 기울여야 할 것이다.

요약

장애란 가능하다면 그 발생을 근원적으로 방지해야 하며, 일단 발생한 후에는 장애로 인해서 나타날 수 있는 여러 가지 부정적인 영향을 최소화하기 위한 노력을 기울여야 한다. 아직까지 현대의 의학 상식으로는 모든 장애의 원인을 다 알 수 없는 것이 사실이지만 알려져 있는 장애의 원인을 정확하게 이해하고 그 발생을 예방하는 것은 매우 중요한 일이다. 특히 출산 가능성을 지니고 있는 예비 부모에 대한 구체적인 교육과 홍보는 현재 발생하고 있는 여러 가지 유형의 장애 발생을 막아줄 수 있다. 예를 들어, 임신 전에 풍진 예방 접종을 하거나 임신 중 고양이와의 접촉을 피하고 육류를 날로 섭취하지 않는 등의 간단한 방법은 지적장애 등의 심각한 장애 발생을 예방하는 역할을 할 수 있다. 이와 같은 장애 발생의 근원적 예방과 더불어 장애 발생 위험을 지니고 있는 장애위험 아동에 대한 적절한 서비스 제공과 이미 형성된 장애를 지니고 있는 아동에 대한 조기 발견 및 교육을 통해서 장애의 부정적인 영향을 최소화하는 것 역시 장애 예방의 중요한 한 부분으로 인식되고 행해져야 한다.

장애의 발생 원인과 그에 대한 예방은 최근에 들어 많은 관심을 받고 있는 영역이다. 특히 현대 사회로 들어오면서 장애를 일으키는 위험 요인에 대한 좀 더 정확한 예측과 조기 발견, 그리고 다양한 의학적 중재를 포함하는 유전과학을 통해서 장애 예방의 방법이 제시되어 왔다. 이 장에서는 현대의 예방과학이 제시하고 있는 발달장애를 일으키는 알려진 위험 요인에 대해서 출생 전, 출생 시, 출생 후 요인으로 나누어 설명하고 각각의 요인에 대한 예방적 접근을 어떻게 해야 하는가에 대해서 설명하였다. 특히 유아특수교육은 장애의 발생을 방지하고 이미 장애를 지녔거나 장애 발생 가능성을 지닌 유아에 대해서는 그 부정적인 영향을 최소화하기 위한 노력을 기울임으로써 예방적 목적을 성취해야 하기 때문에 유아특수교육이 지니는 예방적 의미와 역할에 대해서도 설명하였다.

참고문헌

이소현(2004). 0-2세 발달지체 영아들의 특수교육 적격성 인정 및 지원 체계 개발을 위한 고찰. **특수교육학연구, 38**(4), 95-122.

이소현(2006). 장애 영유아 지원 체계구축을 위한 질적 구성 요소: 정책적 제도 수립을 위한 기초 연구. **유아특수교육연구, 6**(2), 83-107.

이소현, 김주영, 이수정(2007). 장애 영유아 지원 체계 구축을 위한 정책 개선 방향 및 포괄적 지원 모형 개발. **유아교육연구, 27**(1), 351-379.

통계청(2018). **보도자료: 사고에 의한 어린이 사망: 1996~2016.**

Aber, L., Morris, P., & Raver, C. (2012). Children, families and poverty: Definitions, trends, emerging science, and implications for policy. *Social Policy Report, 26*, 3.

Achenbach, T., Howell, C., Aoki, M., & Rauh, V. (1993). Nine-year outcome of the Vermont Intervention Program for low birth weight infants. *Pediatrics, 91*, 45-55.

Allen, K., & Cowdery, G. (2015). *The exceptional child: Inclusion in early childhood education*(8th ed.). Bellmont, CA: Wadsworth.

Bailey, D., & Wolery, M. (2003). 장애 영유아를 위한 교육(이소현 역). 서울: 이화여자대학교 출판부. (원저 1992년 출간).

Bairstow, P., Cochrane, R., & Hur, J. (1993). *Evaluation of conductive education for children with cerebral palsy: Final report (Parts I and II)*. London: Her Majesty's Stationery Office.

Batshaw, M., Gropman, A., & Lanpher, B. (2013). Genetics and developmental disabilities. In M. Batshaw, N. Roizen, & G. Loterecchiano (Eds.), *Children with disabilities* (7th ed., pp. 3-25). Baltimore, MD: Paul. H. Brookes.

Bayat, M. (2015). *Addressing challenging behaviors and mental health issues in early childhood*. New York: Routledge.

Belzile, J., Stark, T., Yeo, G., & Spector, D. (2014). Human cytomegalovirus infection of human embryonic stem cell-derived primitive neural stem cells is restricted at several steps but leads to the persistence of viral DNA. *Journal of Virology*, *88*, 4021-4039.

Black, M., Bhattacharya, S., Fairley, T., Campbell, D., & Shetty, A. (2012). Outcomes of pregnancy in women using illegal drugs and in women who smoke cigarettes. *Acta Obstetricia et Gynecologica Scandinavica*, *92*, 47-52.

Braaten, S., Kauffman, J. M., Braaten, B., Polsgrove, L., & Nelson, C. (1988). The regular education initiative: Patent medicine for behavioral disorders. *Exceptional Children*, *55*, 21-27.

Campbell, F., Ramey, C., Pungello, E., Sparling, J., & Miller-Johnson, S. (2002). Early childhood education: Young adult outcomes from the Abecedarian Project. *Applied Developmental Science*, *6*, 42-57.

Carter, R., Aldridge, S., Page, M., & Parker, S. (2014). *The human brain book*(Rev. ed.). New York, NY: DK Publishing.

Casto, G., & Mastropieri, M. (1986). The efficacy of early intervention programs: A meta-analysis. *Exceptional Children*, *52*, 417-424.

Centers for Disease Control and Prevention. (2013). *Understanding child maltreatment*. Retrieved from http://www.cdc.gov/violenceprevention/pdf/cm- factsheet-2013.pdf.

Centers for Disease Control and Prevention. (2015a). *Group B strep infection in infants*. Retrieved from http://www.cdc.gov/groupbstrep/about/newborns- pregnant.html.

Centers for Disease Control and Prevention. (2015b). *Gestational diabetes*. Retrieved from http://www.cdc.gov/pregnancy/diabetes-gestational.html.

Cetrulo, C., D'Alton, M., & Newton, E. (1990). Etiology of preterm labor. In S. Pueschel & J. Mulick (Eds.), *Prevention of developmental disabilities* (pp. 143-154). Baltimore, MD: Brookes.

Chaillon, A., Samleerat, T., Zoveda, F., Ballesteros, S., Moreau, A., Ngo-Giang-Huong, N., et al. (2014). Estimating timing of mother-to-child transmission of the human immunodeficiency virus type 1 using a viral molecular evolution model. *PLOS ONE*, *9*, 1-9.

Children's Defense Fund. (2012). *State of America's children handbook*. Washington, DC.

Creasy, R., Cummer, B., & Liggins, G. (1980). System for predicting spontaneous preterm birth. *Obstetrics and Gynecology*, *55*, 692-695.

Cunningham, R.., Walton, M., & Carter, P. (2018). The major causes of death in children and adolescents in the United States. *The New England Journal of Medicine*, Special report.

Davidson, P., Leste, A., Benstron, E., Burns, C., Valentin, J., & Sloan-Reeves, J. (2010). Fish consumption, mercury exposure, and their association with early scholastic achievement in the Seychelles child development study. *Neurotoxicity*, *31*, 439-447.

Dawson, G. (2008). Early behavioral intervention, brain, plasticity, and the prevention of autism spectrum disorder. *Development and Psychopathology*, *20*, 775-803.

El-Hazmi, A. (1997). Early recognition and intervention for prevention of disability and its complications. *La Revue de Sante de la Medieterranee Orientale*, *3*, 154-161.

Emde, R., & Robinson, J. (2000). Guiding principles for a theory of early intervention. In J. Shonkoff & S. Meisels (Eds.), *Handbook of early childhood intervention* (2nd ed., pp. 160-203). New York: Cambridge University Press.

Ferguson, D., Bowker, C., Jeffery, K., Chamberlain, P., & Squier, W. (2013). Congenital Toxoplasmosis: Continued parasite proliferation in the fetal brain despite maternal immunological control in other tissues. *Clinical Infectious Diseases*, *56*, 204-208.

Gartner, Q., & Lipsky, D. (1987). Beyond special education: Toward a quility system for all students. *Harvard Educational Review*, *57*, 367-395.

Goldberg-Hamblin, S, Singer, J., Singer, G., & Denny, M. (2007). Early intervention in neonatal nurseries: The promising practice of developmental care. *Infants & Young Children*, *20*, 163-171.

Guralnick, M. (2012). Preventive interventions for preterm children: Effectiveness and developmental mechanisms. *Journal of Developmental and Behavioral Pediatrics*, *33*, 352-364.

Guralnick, M. (2013). Developmental science and preventive intervention for children at environmental risk. *Infants and Young Children*, *26*, 270-285.

Haber, J., Bucholz, K., Jacop, T., Grant, J., Scherrer, J., & Sartor, C. (2010). Effects of paternal alcohol and drug dependence on offspring conduct disorder: Gene-environment interplay, *Journal of Studies on Alcohol & Drugs*, *71*, 652-663.

Haesler, R. & Mills, J. (2013). Nutrition and children with disabilities. In M. Batshaw, N. Roisen, & G. Lotrecchiao (Eds.), *Children with disabilities* (7th ed., pp. 107-120). Baltimore: Brookes.

Halpern, R. (2000). Early childhood intervention for low-income children and families. In J. Shonkoff & S. Meisels (Eds.), *Handbook of early childhood intervention* (2nd ed., pp. 361-386). Cambridge, UK: Cambridge University Press.

Hanson, M. (1985). An analysis of the effects of early intervention services for infants and toddlers with moderate and severe handicaps. *Topics in Early Childhood Education*, *5*, 36-51.

Heberle, A., & Carter, A. (2015). Cognitive aspects of young children's experience of economic disadvantage. *Psychological Bulletin*, *14*, 723-746.

Heckman, J. (2002). *Invest in early childhood development: Reduce deficit, strengthen the economy*. Retrieved from https://heckmanequation.org/resource/invest-in-early-childhood-development-reduce-deficits-strengthen-the-economy/

Heckman, J. (2012). The developmental origins of health. *Health Economics, 21,* 24-29.

Helders, P., Cats, B., VanDernet, J., & DeBast, S. (1988). The effects of tactile stimulation/range-finding programme on the development of very low birth weight infants during initial hospitalization. *Child: Care, Health and Development*, *25*, 341-354.

Heron, M. (2019). Death: Leading causes for 2017. *National Vital Statistics Report*, *68*, 1-77.

Hobel, C. (1977). Identification of the patient at risk. In R. J. Bologness & R. H. Schwarz (Eds.), *Perinatal medicine: Clinical management of the high-risk fetus and meonate*. Baltimore: Williams & Wilkins.

Hur, Y. (2014). Increasing phenotypic and genetic variations in hyperactivity/inattention problems from aes 3 to 13 years: A gross-sectional twin study. *Twin Research and Human Genetics*, *17*, 545-552.

Jedrychowski, W., Perera, F., Majewska, R., Mrozek-Burdqyn, D., Mroz, E., & Roe, E. (2015). Depressed height gain of children associated with intrauterine exposure to polycyclic aromatic hydrocarbons(PAH) and heavy metals: The cohort preospective study. *Environmental Research*, *136*, 141-147.

Johnson, J., Rahn, N., & Bricker, D. (2015). *An activity-based approach to early intervention*. Baltimore, MD: Brookes.

Johnson-Martin, N. (1990). Early intervention as a preventive strategy. In S. Pueschel & J. Mulick (Eds.), *Prevention of developmental disabilities* (pp. 241-260). Baltimore, MD: Brookes.

Karoly, L., Kilburn, M., Bigelow, J., Caulkins, J., Cannon, J., & Chiesa, J. (2001). *Assessing costs and benefits of early childhood intervention programs: Overview and application to the starting early starting smart program*. Santa Monica, CA: RAND.

Keogh, B., Wilcoxen, A., & Bernheimer, L. (1986). Prevention services for risk children: Evidence for policy and practice. In D. Farran & J. McKinney (Eds.), *Risk in intellectual and psychosocial development*. New York, NY: Academic Press.

Krywanio, M., & Jones, L. (1988). Developing an early intervention program for infants at risk. *Journal of Pediatric Nursing*, *3*, 375-382.

Lazzar, I., & Darlington, R. (1982). Lasting effects of early education: A report from the consortium for longitudinal studies. *Monographs of the Society for Research in Child Development*, *47*(2-3, Serial No. 195).

Little, W. (1862). On the influence of abnormal parturition, difficult labours, premature birth, and asphyxia on the mental and physical condition of the child, especially in relation to deformities. *Transactions of the London Obstetrical Society*, *3*, 293-298.S44.

Longo, S., Borghesi, A., Tzialla, C., & Stonati, M. (2014). IUGR and infections. *Early Human Development*, *90*, S42

Loomis, A. (2018). The role of preschool as a point of intervention and prevention for trauma-exposed children: Recommendations for practices, policy, and research. *Topics in Early Childhood Special Education*, *38*, 1-12.

Morgan, K., Rahman M., Atkinson M. Zhou, S., Hill, R., Khanom, A., et al. (2013). Association of diabetes in pregnancy with child weight at birth, Age 12 months and 5 years: A population-based electronic cohort study. *PLOS ONE*, *8*, 1-8.

National Commission on Excellence in Education. (1983). *A nation at risk: The imperative for educational reform*. Washington, DC: U.S. Goverment Printing Office.

Niles, M., Reynolds, A., & Roe-Sepowitz, D. (2008). Early childhood intervention and early adolescent social and emotional competence: Second generation evaluation evidence from the Chicago Longitudinal Study. *Educational Research*, *50*, 55-73.

Odom, S., Parish, T., & Hikido, C (2001). The cost of inclusive and traditional special education preschool services. *Journal of Special Education*, *14*, 33-41.

Offord, D. (1987). Prevention of behavioral and emotional disorders in children. *Journal of Child Psychology and Psychiatry*, *28*, 9-20.

Paolozza, A., Rasmussen, C., Pei, J., Hanlon-Dearman, A., Nikkel, S., Andrew, G., et al. (2014). Deficits in response inhibition correlate with oculomotor control in children with fetal alcohol spectrum disorder and prenatal alcohol exposure. *Behavioral Brain Research*, *259*, 97-105.

Paulson, J. (2013). Environmental toxins and neurocognitive development. In M. Batshaw, N. Roizen, Y. Lotrecchiano (Eds.). *Children with disabilities* (7th ed., pp. 37-46). Baltimore: Paul H. Brookes.

Pesova, B., Sivevska, D., & Runceva, J. (2014). Early intervention and prevention of students with specific learning disabilities. *Procedia: Social and Behavioral Sciences*, *149*, 701-708.

Peterson, N. (1987). *Early intervention for handicapped and at-risk children: An introduction to early childhood-special education*. Denver: Love Publishing Co.

Pianta, R. (1990). Widening the debate on educational reform: Prevention as a vital alternative. *Exceptional Children*, *56*, 306-313.

Plomin, R. (2013). Child development and molecular genetics: 14 years later. *Child Development*, *84*, 104-120.

Quint, J., & Egeland, B. (1995). New Chance: Comprehansive services for disadvanted young families. In S. Smith (Ed.), *Two generation programs for families in poverty* (pp. 91-134). Norwood, NJ: Ablex.

Rais-Bahrami, K., & Short, B. (2013). Premature and small-for-dates infants. In M. Batshaw, N. Roisen, & G. Lotrecchano (Eds.), *Children with disabilities* (7th ed., pp 87-106). Baltimore, MD: Brookes.

Ramey, R., Campbell, F., Burchinal, M., Skinner, M, Gardner, D., & Ramey, S. (2000). Persistent effects of early childhood education on high-risk children and their mothers. *Applied Developmental Science*, *4*, 2-14.

Shipman, V. (1987). *Basic abilities needed as a precondition for school. Paper presented at the Conference on Assessment of Readiness for School.* Washington, DC: Center for Education

Statistics.

Shonkoff, J., & Phillips, D. (2000). *From neurons to neighborhoods: The science of early childhood development.* Washington, DC: National Academy Press.

Simeonsson, R. (1991). Primary, secondary and tertiary prevention in early intervention. *Journal of Early Intervention, 15,* 124-134.

Simmons, L., Rubens, C., Darmstadt, G., & Gravett, M. (2010). Preventing preterm birth and neonatal mortality: exploring the epidemiology, causes, and interventions. *Semin Perinatol, 34,* 408-415.

Smith, T., Groen, A., & Wynn, J.. (2000). Randomized clinical trial on intensive intervention for children with persuasive developmental disordr. *American Journal of Mental Retardation, 105,* 269-285.

Sonksen, P., Petrie, A., & Drew, K. (1991). Promotion of visual development of severely visually impaired babies: Evaluation of a developmentally based program. *Developmental Medicine and Child Neurology, 33,* 320-335.

Stewart, A., & Graham, E. (2010). Preterm birth: An overview of risk factors and obstetrical management. *Developmental Disabilities Research Review, 16,* 285-288.

Stoner, R., Chow, M, Boyle, M., Sunkin, S., Mouton, P., Roy, S., et al. (2014). Patches of disorganization in the neocortex of children with autism. *The New England Journal of Medicine, 370,* 1209-1219.

Temple, J. A., & Reynolds, A. J. (2007). Benefits and costs investments in preschool education: Evidence from the child-parent centers and related programs. *Economics of Education Review, 26,* 126-144.

Tjossem, T. (1976). Early intervention: Issues and approaches. In T. Tjossem (Ed.), *Intervention strategies for high risk infants and young children.* Baltimore: University Park Press.

Thorpe, P., Gilboa, S., Hernandez-Diaz, S., Lind, J., Cragan, J., Briggs, G., et al. (2013). Medications in the first trimester of pregnancy: Most common exposures and critical gaps in understanding fetal risk. *Pharmacoepidemiology & Drug Safety Journal, 22,* 1013-1018.

University of Michigan New Service. (2004). *Early intervention lessons impact on autism.* Ann Arbor, MI: The Regents of the University of Michigan.

Upsher, C. (1990). Early intervention as preventive intervention. In S. Meisels & J. Shonkoff (Eds.), *Handbook of early childhood intervention* (pp. 633-650). Cambridge: Cambridge University Press.

Wagner, M., Spiker, D., & Linn, M. (2002). The effectiveness of the parents as teacher program with low-income parents and children. *Topic in Early Childhood Special Education, 22,* 67-81.

World Food Programme. (2014). *Hunger: Hunger statistics-Hunger kills more people every year than AIDS, malaria & tuberculosis combined.* Retrieved from http://wfp.org/hunger/stats.

Yamamoto, R., Ishii, K., Shimada, M., Hayashi, S., Hidaka, N., Nakayama, M., et al. (2013). Significance of maternal screening for toxoplasmosis, rubella, cytomegalovirus and herpes simplex virus infection in cases of fetal growth restriction. *Journal of Obstetrics & Gynaecology Research, 39,* 653-657.

Zydek, M., Petitt, M., Fang-Hoover, J., Adler, B., Kauvar, L., Pereira, L., et al. (2014). HCMV infection of human trophoblast progenitor cells of the placenta is neutralized by a human monoclonal antibody to Glycoprotein B and not by antibodies to the pentamer complex. *Viruses*, *6*, 1346-1364.

제2부

진단 및 교육 계획

제5장

장애 유아 진단 및 평가

I. 진단의 정의 및 목적

진단은 정보 기반의 결정을 내리기 위한 목적으로 정보를 수집하는 과정을 의미한다(Sandall, Hemmeter, Smith, & McLean, 2005). 좀 더 포괄적으로는 관찰하고 정보를 수집하고 기록하는 과정을 모두 포함한다(Cohen & Spenciner, 2014). 장애 유아를 교육하는 교사는 대상 유아의 특수교육 필요성 여부를 결정하고 적절한 교육 프로그램을 제공하기 위해서 유아의 발달 상태나 장애의 성격에 대한 끊임없는 결정을 내려야 한다. 때로는 이러한 결정이 임상적인 판단에 의해서 이루어지기도 하지만 유아 개개인을 위한 기능적인 교육과정을 계획하고 운영하기 위해서는 각 발달 영역별 능력에 대한 지속적이고도 체계적인 진단이 반드시 필요하다. 비록 이와 같은 진단은 많은 시간이 소모되는 과정이기는 하지만 유아에게 필요한 학습 내용이나 방법을 적절히 선택할 수 있는 자료를 제시해 줌으로써 결과적으로 더욱 능률적이고 효과적인 교육 프로그램을 운영할 수 있게 해 준다.

이렇게 필요한 정보를 수집하는 과정으로 정의되는 진단은 사정, 평가 등의 다양한 용어로 표현되고 있다. 이 장에서는 교육 현장에서 많이 사용되고 있는 진단 및 평가의 두 용어를 중심으로 그 의미를 살펴보고자 한다. 진단과 평가는 서로 다른 의미를 가진 용어로 그 사용에 있어서 주의를 기울여야 한다. Peterson(1987)은 진단과 평가를 다음과 같이 정의하였는데, 먼저 진단(assessment)은 앞에서 이미 설명한 바와 같이 정

표 5-1 미국 장애인교육법(IDEA 2004)에서 제시하는 진단 및 평가의 정의

용어	정의
진단 assessment	진단이란 이 법에 따라 아동의 적격성이 인정되는 기간 중에 아동의 독특한 강점 및 요구와 그러한 요구를 충족시키기 위한 적절한 조기개입 서비스를 파악하기 위하여 자격 있는 적절한 사람에 의해서 사용되는 진행적인 절차를 의미한다. 이때 첫 번째 진단은 아동의 첫 번째 IFSP 회의 전에 실시되는 아동 진단 및 가족 진단을 의미한다.
평가 evaluation	평가란 이 법에서 제시하는 장애를 지닌 신생아 및 영아의 정의에 따라 아동의 첫 번째 및 지속적인 적격성을 결정하기 위하여 자격 있는 적절한 사람에 의해서 사용되는 절차를 의미한다. 이때 첫 번째 평가는 이 법에 따라 처음으로 적격성을 결정하는 것을 의미한다.

출처: Individuals with Disabilities Education Act Sec. 303.321(2004).

보를 수집하는 총체적인 과정을 뜻하며, 평가(evaluation)는 유아의 행동이나 발달, 교수방법, 프로그램 등과 관련된 결정을 내리는 전반적인 과정을 지칭하는 용어다. 다시 말해서, 평가한다는 말은 관찰이나 검사 등의 여러 가지 방법을 통해서 수집된 정보에 근거해서 가치로운 판단을 하거나 해석하는 것을 의미하며, 그러한 판단과 해석을 위해서 정보를 수집하는 과정은 진단에 해당한다. 결론적으로, 진단과 평가는 서로 다른 의미를 지니고 있으면서도 유아특수교육 프로그램의 적용에 있어서 서로 연계된 과정으로 필수적인 구성 요소인 것이다. 〈표 5-1〉은 미국 장애인교육법(IDEA)의 영아 관련 규정에서 제시하는 진단 및 평가의 정의를 보여 준다.

II. 진단의 종류 및 기능

유아특수교육에 있어서의 진단은 그 기능과 목적에 따라 여섯 단계로 분류된다(Cook, Klein, & Tessier, 2008; Meisels, 1991; Peterson, 1987). [그림 5-1]은 장애 유아를 위한 진단의 과정을 이와 같은 여섯 가지 유형의 단계별 절차로 보여 준다. 이 장에서는 진단의 여섯 단계에 대해서 각 단계의 특성과 그 절차 및 방법을 설명하고자 한다.

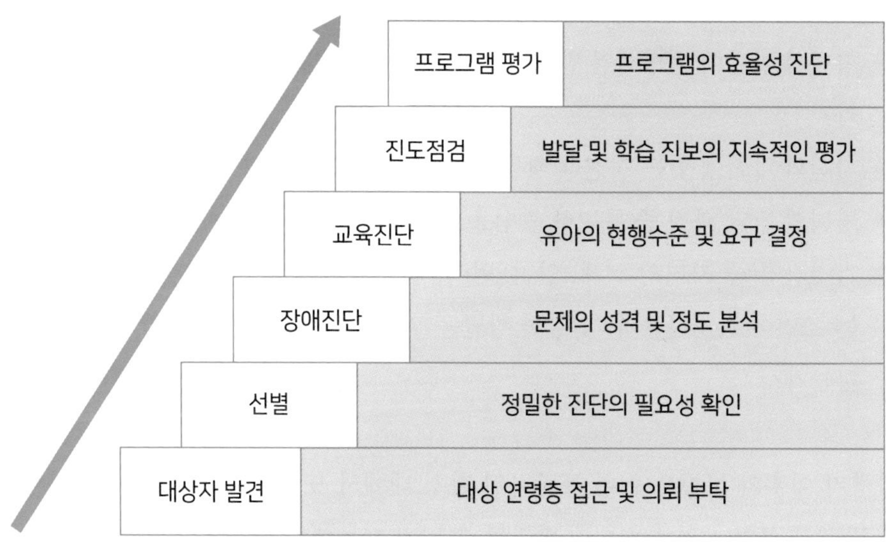

그림 5-1 진단의 단계별 과정 및 기능

1. 대상자 발견

진단에 있어서 첫 번째 단계는 조기교육 프로그램과 서비스를 필요로 하는 유아를 찾는 과정으로 대상자 발견(case finding)이라고 한다. 대상자 발견은 유아특수교육의 잠재적인 대상자를 확인하는 첫 단계로서의 기능을 지닌다. 대상자 발견은 실제적인 의미의 진단은 아니지만 대상자를 발견하는 작업 자체가 진단 과정을 시작하게 하는 비공식적인 활동일 수 있다. 대상자 발견의 목적은 유아를 발견하여 유아와 그 주변을 종합적으로 관찰함으로써 선별 의뢰 여부를 결정하는 것이다.

지역사회 내에서 장애를 지녔거나 장애를 지니게 될 위험에 놓여 있는 유아를 찾는 것은 하나의 도전적인 과제라고 할 수 있다. 부모에 따라서는 자녀가 보이는 비전형적인 발달에 대해서 전혀 의식하지 못하기도 하며, 의식은 하면서도 이들을 위한 서비스가 존재한다는 사실을 모르는 경우도 있다. 또한 어떤 부모는 문제가 발생한 것에 대해서 인정하지 않으려고 하며, 사회적인 분위기 등으로 인해서 자녀의 장애 사실을 수용하지 않으려고도 한다. 그러므로 부모에게 초기 선별의 필요성을 인식시키는 것은 매우 중요한 과제라고 할 수 있다. 다음은 부모에게 자녀의 발달선별검사의 필요성을 인식하도록 도와주고 대상자 발견에 적극적으로 참여할 수 있도록 유도하는 데 유용한 몇 가지 질문을 보여 준다(Peterson, 1987).

- 자녀의 발달이 전형적인 발달 범위에 속하는가? 발달상의 단계를 습득하고 있는가?
- 자신의 나이에 맞는 적절한 행동을 보이는가?
- 자녀의 발달 과정 중 특별한 관심을 보여야 할 요소가 있는가?
- 가정환경 중 자녀의 신체, 인지, 언어, 정서 발달에 부정적인 영향을 미칠 수 있는 조건이 존재하는가? 건강한 발달을 위해서 좀 더 많은 자극과 영양을 필요로 하는가?

학령기 이후의 아동은 이미 표준화된 환경 내에서 또래 집단과 어울리고 있으므로 행동 발달의 결여나 지체가 쉽게 발견될 수 있기 때문에 대상자 발견과 선별 과정이 하나의 복합적인 과정으로 작용한다. 그러나 취학 전 영유아의 경우는 이와 달리 대상자 발견을 위하여 지역사회의 여러 기관을 직접 접촉할 필요가 있다. 특별한 도움을 필요로 하는 어린 영유아를 발견하기 위해서는 지역사회가 대상자 발견 프로그램의 목적을 분명히 해야 한다. 프로그램에 따라서 특정 지역에 거주하거나 특정 연령의 모든 아동이 대상자 발견 절차에 포함될 수 있으며 특정 장애를 지닐 위험에 놓인 아동이나 이미 발달상의 지체를 보이는 아동을 대상으로 할 수도 있다.

대상자 발견을 위해서 다양한 방법이 사용될 수 있다. 예를 들어, 지역주민에게 대상자 발견의 중요성이나 관련 제도를 알리는 강연을 실시함으로써 대중의 의식을 형성시킬 수 있으며, 실제로 지역사회 내에서 조사를 실시할 수도 있고, 잠재적인 의뢰원을 대상으로 지속적으로 홍보할 수도 있다. 가장 중요하게는 대상자 발견을 위한 제도를 수립하여 정기적인 간격으로 체계적인 발견의 노력이 기울여져야 한다. 실제로 「장애인 등에 대한 특수교육법」에서는 영유아의 장애 및 장애 가능성을 조기에 발견하기 위하여 지역주민과 관련 기관을 대상으로 홍보를 실시하도록 규정하고 있다(제14조). 〈표 5-2〉는 대상자 발견을 위한 다양한 유형의 전략을 보여 준다.

표 5-2 지역사회 내 대상자 발견 전략 및 내용

전략	내용
지역사회의 의식 형성	• 조기 발견의 중요성에 대한 대중 교육 • 기존의 관련 제도에 대한 홍보
지역사회 조사	• 특정 지역에 거주하거나 특정 연령에 해당하는 신생아 및 영유아를 찾기 위한 체계적인 조사
지역 내 의뢰원 접촉 및 홍보	• 지역사회 내 의뢰와 관련된 기관(예: 병원, 보건소, 유치원 또는 보육시설)과 개인(예: 부모, 교사, 의료인)이 선별 제도에 대한 정확한 최신 정보를 지니도록 지속적으로 노력
의뢰 및 의뢰 유도를 위한 제도 수립	• 신생아 및 영유아 접촉 기관이나 개인이 의뢰하도록 유도하거나 의무화하는 제도 수립 • 제도에 의한 대상자 발견 절차 및 결과에 대한 정기적인 검토

2. 선별

유아특수교육에 있어서 진단의 두 번째 기능인 선별(screening)은 실질적인 진단의 첫 단계라고 할 수 있다. 선별은 보다 전문적인 장애진단이 필요한지를 결정하는 과정으로 유아의 현재 및 과거의 행동을 대략적으로 평가하여 전형적인 발달 범위 내에 들어가지 않는 유아를 확인하는 것을 목적으로 한다. 따라서 선별은 특정 인구 전체를 대상으로 하는 대량 선별(또는 1차 선별)과 고위험군만을 대상으로 하는 선택적 선별(또는 2차 선별)의 두 가지 유형으로 나누어진다. 대량 선별은 많은 아동을 대상으로 하기 때문에 선택적 선별에 비해서 비용이 많이 든다는 단점이 제기될 수 있지만, 장기적으로는 특수교육 비용을 절감할 수 있을 뿐만 아니라 선별에 참여하는 대상자에 대한 낙인의 부정적인 영향이 없다는 장점도 지닌다(Hooper & Umansky, 2013).

선별을 통하여 특수교육을 필요로 하는 아동을 조기에 발견하기 위해서는 무엇보다 먼저 체계적인 제도가 수립되어야 한다. 이를 위해서는 정확한 선별을 가능하게 해 주는 도구와 전문가 등 여러 가지 필요 요소를 갖추어야 하며, 선별 결과를 통하여 추가 진단이 필요한 경우에 대한 추후 관리가 필수적으로 이루어져야 하고, 더 나아가서는 추후 장애진단이 확정된 아동에 대한 지원 서비스 연계가 이루어져야 한다(이소현, 김선경, 김지영, 2014). 우리나라의 경우 특수교육대상자 조기 발견을 위한 제도적 노력을 기울이고 있는 것은 사실이나(〈표 5-4〉 참조) 그러한 제도가 실질적인 효력을 나타내고 있는지에 대해서는 보다 깊은 관심과 분석이 필요하다. 실제로 교육 현장에서는 영유아건강검진에서 발달장애 유소견자로 판정된 1.2%의 만 3세 미만 영아 중 85.5%가 아무런 서비스로도 연계되지 않은 것으로 보고된 바 있다(교육과학기술부, 2010). 그러므로 선별에서부터 장애진단과 조기개입 서비스로의 연계가 순조롭게 이루어질 수 있도록 보다 적극적인 관심과 노력을 기울여야 할 것이다.

선별은 다양한 방법과 절차에 의해서 이루어지는데, 특정 검사 도구나 점검표를 사용하기도 하고 부모 면담이나 직접적인 관찰이 사용되기도 한다. 특히, 유아의 발달에 대한 일반적인 정보를 수집하기 위해서 발달선별검사가 주로 사용된다. 선별을 위해서 검사 도구를 사용할 때에는 도구 선정을 위해서 다음과 같은 점을 고려해야 한다.

첫째, 선별 도구의 정확성을 고려한다. 선별 과정에서는 허위양성(false positive)과 허위음성(false negative)의 두 가지 실수가 나타날 수 있다. 허위양성은 현재는 심도 있는 진단이 필요한 것으로 판별되었는데 나중에 그 아동이 전형적인 범위 내에서 기능하는 것으로 나타나는 경우를 뜻한다. 허위음성은 현재 장애진단을 필요로 하지 않는 것으로 판별되었는데 실제로는 발달상의 지체를 지니고 있는 경우를 뜻한다. 허위음성이 많이 나타나는 선별은 서비스나 중재를 필요로 하는 아동을 과소평가하게 되며, 허위양성이 많이 나타나는 경우에는 좀 더 철저한 진단을 필요로 하는 아동의 장애진단에 사용되어야 할 시간과 자원이 잘못된 아동에게 소모되는 결과를 초래하게 되므로

(Cohen & Spenciner, 2014; Glascoe & Byrne, 1993; Sattler, 2018) 정확한 결과를 가져올 수 있는 선별이 이루어져야 한다. 다시 말해서, 선별 도구는 장애진단을 필요로 하는 대상자를 모두 알아낼 수 있는 민감성(sensitivity)을 지니고 있는 동시에 장애진단을 필요로 하지 않는 대상자를 배제하는 특이성(specificity)도 갖추어야 한다는 것이다([그림 5-2] 참조). 이것은 선별 도구가 측정하고자 하는 내용을 정확하게 측정하는가 하는 타당도와 연결되는 개념으로, 결론적으로 선별 도구는 수용할 만한 수치의 허위양성 및 허위음성의 오류를 보이는 타당도와 정확도가 높은 도구여야 한다는 것이다.

	전문적 진단 의뢰	전문적 진단 비의뢰
특수교육 서비스 적격자	민감성 (정확한 의뢰)	허위음성 (과소 의뢰)
특수교육 서비스 비적격자	허위양성 (과잉 의뢰)	특이성 (정확한 비의뢰)

그림 5-2 선별을 통해서 나타날 수 있는 가능한 결과

둘째, 선별 도구는 그 사용 절차가 간편해야 한다. 일반적으로 5~15분 정도의 짧은 시간 내에 쉽게 사용할 수 있어야 하며 다양한 영역의 전문가가 간편하게 사용할 수 있어야 한다.

셋째, 선별 도구는 종합적인 특성을 지녀야 한다. 이것은 선별 결과가 교육, 건강, 행동, 환경 등 다양한 측면의 요소를 포함할 수 있도록 다차원적이어야 한다는 것이다. 물론 발달에 있어서 특정 영역이 분리된 영역으로 취급될 수도 있지만 실제로 모든 발달 영역은 독립적인 영역이라기보다는 복잡하게 서로 상호작용하며 얽혀진 영역이라고 할 수 있다. 따라서 선별 절차를 통해서 한두 가지 발달 영역에 대한 결과를 제시하기보다는 전반적인 발달 측면을 모두 알 수 있도록 종합적인 특성을 지니는 것이 바람직하다.

넷째, 선별 도구의 사용은 경제적이어야 한다. 즉, 비용이 적게 들어야 한다는 것이다. 선별 도구의 경제성을 고려할 때 가장 중요한 것은 경제적이면서도 동시에 정확한 결과를 산출할 수 있어야 하는데, 이것은 부적절하거나 불필요한 의뢰를 최소화함으

로써 이후의 경제성과도 연결되기 때문이다.

마지막으로, 선별 도구는 부모의 반응이나 요구에 민감해야 하고 부모 참여를 보장해야 한다. 영유아기 발달이나 행동의 범위가 매우 넓고 다양하기 때문에 이 시기의 아동을 선별하기가 어려운 것이 사실이다. 그러나 대상 아동의 나이가 어릴수록 부모가 제공하는 정보는 더욱 타당한 것으로 입증되고 있으므로 부모 참여는 이러한 어려움을 감소시킬 수 있다.

현재까지 선별의 목적으로 국내에서 개발되어 적절하게 사용되고 있는 도구가 많지는 않으며, 외국의 도구를 번역 또는 표준화해서 사용하는 검사 도구를 포함해서 소수의 도구가 사용되고 있다. 〈표 5-3〉은 현재 교육 현장에 소개되어 있는 발달선별검사 도구를 보여 준다.

표 5-3 국내에서 사용되고 있는 발달선별검사 도구의 예

도구	저자(연도)	연령	내용
한국영유아발달선별검사 (개정판)(K-DST)	보건복지부 (2018)	4~71개월	대근육 운동, 소근육 운동, 인지, 언어, 사회성
영유아발달선별검사 (K-CDR-R)	김정미, 신희선 (2011)	0~6세	사회성, 자조행동, 대근육 운동, 소근육 운동, 언어
부모작성형 유아 모니터링 체계 (K-ASQ)	허계형, Squires, 이소영, 이준석 (2006)	4~60개월	큰 근육 운동, 작은 근육 운동, 사회성, 자조행동, 언어
아동발달검사 (K-CDI)	김정미, 신희선 (2006)	15개월~6세 5개월	사회성, 자조행동, 대근육 운동, 소근육 운동, 표현언어, 언어이해, 글자, 숫자, 문제항목
한국판 덴버발달선별검사 (K-DDST II)	신희선, 한경자, 오가실, 오진주, 하미나 (2002)	0~6세	개인-사회성 발달, 소근육 운동/적응 발달, 언어 발달, 대근육 운동 발달, 검사행동

3. 장애진단 및 적격성 판정

진단이 지니는 세 번째 기능은 장애진단(diagnosis)으로 선별을 통해서 의뢰된 유아의 장애 종류와 상태, 또는 발달지체의 성격과 정도를 정확하게 판단하여 어떠한 특수교육적인 도움이 필요한지를 결정하는 과정을 의미한다. 일반적으로 장애진단을 위한

평가 절차는 다음과 같은 네 가지 종류의 정보 수집을 포함하는 것이 바람직하다(Cross, 1977): (1) 부모 또는 주양육자와의 면담을 통한 아동의 행동과 가정환경에 대한 정보, (2) 임신 기간부터의 생육사와 병력, (3) 환경 내에서의 아동의 행동에 대한 직접적인 관찰을 통한 사회성이나 의사소통 기술 등의 일반적인 능력에 대한 의견, (4) 표준화 검사 결과. 이상의 정보는 면담, 관찰 등의 자연적 검사나 공식적이고 표준화된 검사 등의 방법을 통해서 수집된다. 이렇게 수집된 정보는 특수교육 적격성을 결정하기 위한 기초 자료로 사용되기 때문에 철저한 검사, 공식적인 전문가의 임상적 판단, 가족을 포함하는 팀에 의해서 이루어져야 한다(Brown & Seklemian, 1993; Gargiulo & Kilgo, 2020). 예를 들어, 언어 발달 관련 정보를 수집함에 있어서 발달선별검사는 전반적인 언어 발달의 빈약한 수행을 지적해 주는 반면에 장애진단은 언어 문제에 대한 좀 더 상세한 정보를 제공해 준다. 언어치료사는 유아교육기관 내에서 유아의 언어에 대한 철저한 검사와 관찰을 실시할 수 있으며, 청력 전문가는 언어 발달의 지체를 일으키는 청력 손상이 있는지를 결정하기 위해서 철저한 청각학적 검사를 수행할 수 있다. 또한 가족과의 면담 및 검사를 통해서 유아의 성장력과 가정에서의 언어 수행에 대한 정보를 얻게 될 것이다.

최근에는 장애진단 과정에 있어서 생태학적인 측면이 강조되고 있는데, 이것은 장애진단 시 아동의 환경 내 교사나 양육자 등 다양한 출처로부터 정보를 수집해야 함을 강조하는 것이다. 또한 가족이 다양한 발달 영역에 있어서의 현행수준에 대한 중요하고 가치 있는 정보를 제공해 주기 때문에 장애진단 팀에 반드시 포함되어야 한다(Division for Early Childhood, 2015).

이렇게 다양한 방법으로 수집된 정보를 통해서 결정된 장애의 성격과 정도에 대한 지식은 대상 유아의 특수교육 적격성을 결정하는 데 사용된다. 그러므로 선별 과정에서 장애진단이 의뢰된 경우에는 가능하면 빠른 시일 내에 진단을 실시하여 적절한 교육 프로그램으로 연결시켜야 한다. 이와 같은 신속한 진단을 통한 적격성 판정과 교육 프로그램의 연계는 교육적 중재 지연으로 인한 2차적인 문제가 발생하지 않도록 예방해 주고 장기적인 안목에서의 경제적 효용성을 증진시킬 수 있다.

지금까지 살펴본 대상자 발견, 선별, 장애진단에 이르는 세 단계의 진단은 특수교육 적격성을 지닌 대상자를 조기에 발견하여 적절한 교육 지원을 제공하기 위함이다. 〈표 5-4〉는 우리나라 「장애인 등에 대한 특수교육법」에서 이와 같은 대상자 조기 발견을 위하여 어떠한 노력을 기울이고 있는지 그 내용을 보여 준다.

표 5-4 장애인 등에 대한 특수교육법의 대상자 조기 발견 관련 내용

장애인 등에 대한 특수교육법	동법 시행령
[제14조(장애의 조기발견 등)] ① 교육장 또는 교육감은 영유아의 장애 및 장애 가능성을 조기에 발견하기 위하여 지역주민과 관련 기관을 대상으로 홍보를 실시하고, 해당 지역 내 보건소와 병원 또는 의원에서 선별검사를 무상으로 실시하여야 한다. ② 교육장 또는 교육감은 제1항에 따른 선별검사를 효율적으로 실시하기 위하여 지방자치단체 및 보건소와 병·의원 간에 긴밀한 협조체제를 구축하여야 한다. ③ 보호자 또는 각급학교의 장은 제15조제1항 각 호에 따른 장애를 가지고 있거나 장애를 가지고 있다고 의심되는 영유아 및 학생을 발견한 때에는 교육장 또는 교육감에게 진단·평가를 의뢰하여야 한다. 다만, 각급학교의 장이 진단·평가를 의뢰하는 경우에는 보호자의 사전 동의를 받아야 한다. ④ 교육장 또는 교육감은 제3항에 따라 진단·평가를 의뢰받은 경우 즉시 특수교육지원센터에 회부하여 진단·평가를 실시하고, 그 진단·평가의 결과를 해당 영유아 및 학생의 보호자에게 통보하여야 한다. ⑤ 제1항의 선별검사의 절차와 내용, 그 밖에 검사에 필요한 사항과 제3항의 사전 동의 절차 및 제4항에 따른 통보 절차에 필요한 사항은 대통령령으로 정한다.	[제9조(장애의 조기발견 등)] ① 교육장 또는 교육감은 매년 1회 이상 법 제14조제1항에 따른 홍보를 하여야 한다. ② 교육장 또는 교육감은 장애의 조기발견을 위하여 관할 구역의 어린이집·유치원 및 학교의 영유아 또는 학생(이하 "영유아 등"이라 한다. 이하 이 조에서 같다)을 대상으로 수시로 선별검사를 하여야 한다. 이 경우 「국민건강보험법」 제52조제1항 또는 「의료급여법」 제14조제1항에 따른 건강검진의 결과를 활용할 수 있다. ③ 교육장 또는 교육감은 선별검사를 한 결과 장애가 의심되는 영유아 등을 발견한 경우에는 병원 또는 의원에서 영유아 등에 대한 장애 진단을 받도록 보호자에게 안내하고 상담을 하여야 한다. ④ 교육장 또는 교육감은 선별검사를 받은 영유아 등의 보호자가 법 제15조에 따른 특수교육대상자로 선정받기를 요청할 경우 영유아 등의 보호자에게 영유아 등의 건강검진 결과통보서 또는 진단서를 제출하도록 하여 영유아 등이 특수교육대상자에 해당하는지 여부를 판단하기 위한 진단·평가를 하여야 한다. ⑤ 교육장 또는 교육감은 제3항에 따라 진단·평가한 결과 영유아 등에게 특수교육이 필요하다고 판단되면 보호자에게 그 내용과 특수교육대상자 선정에 필요한 절차를 문서로 알려야 한다. ⑥ 제2항부터 제5항까지의 규정에 따른 선별검사 및 진단·평가에 필요한 사항은 교육부령으로 정한다. 이 경우 제2항에 따른 선별검사에 관한 사항은 보건복지부장관과 협의하여야 한다.

4. 교육진단

진단이 지니는 네 번째 기능은 교육진단(educational assessment)으로 장애 유아를 직접 가르치는 교사에게 있어서 가장 중요한 기능이라고 할 수 있다. 교사가 유아를 가르치기 위해서는 장애명(예: 다운 증후군, 뇌성마비)이나 전반적인 발달수준(예: MA = 3년 6개월)을 알려주는 진단 결과만으로는 부족하다. 유아가 현재 지니고 있는 기술과 습득하지 못한 기술이 무엇이며 또한 앞으로 반드시 습득해야 하는 기술이 무엇인지를 아는 작업이 이루어져야 한다. 결과적으로 장애진단이 유아특수교육의 필요성을 결정했다면 다음 단계의 교육진단에서는 개별화된 교육이 계획되어야 한다.

장애 유아를 위한 교육이 유아와 그 가족의 필요를 충족시키기 위해서는 교육 계획을 위한 진단과 교육과정이 밀접하게 연계되어야 한다(이소현, 2001; 이소현 외, 2007; 이소현, 박순희, 김경희, 2002; Neisworth & Bagnato, 2005; Salvia, Ysseldyke, & Witmer, 2017). 따라서 교육진단에서는 각 발달 영역의 기술 습득 정도, 강점, 요구 등이 반드시 평가되어야 하는데(Bagnato, 2007; McLean, Bailey, & Wolery, 2004), 여기서 발달 영역은 2장에서 소개한 5개 발달 영역(운동 기능, 인지, 의사소통, 사회-정서, 적응행동)과 감각/신체를 포함한 여섯 가지 영역을 반드시 포함하여야 한다. 발달 영역에 대한 정보는 유아 개개인의 교수목표를 선정하고 개별화교육계획을 작성하는 데 효과적으로 사용된다. 교육진단 및 교수계획에 대해서는 이 책의 6장에서 보다 상세히 설명하였으며, 구체적인 방법론을 알기 원하는 독자는 『교육진단 및 교수계획을 위한 장애 유아 진단 및 평가』(이소현 외, 2009)를 참조하기 바란다.

5. 진도점검

교육진단 과정을 거쳐 작성된 교수계획이 실행되기 시작하면 유아의 성취에 대한 자료 수집을 통하여 성취 수준 및 진보를 평가하게 되는데, 이러한 성취 평가를 위한 진단이 진도점검(progress monitoring)이다. 진도점검의 목적은 유아의 각 발달 영역에 대한 개별화교육계획의 교수목표가 학습되고 있는지를 점검하는 것이며, 더 나아가서는 전반적인 교육 프로그램의 효과를 평가하게 해 준다. 장애 유아 교육에 있어서 진도점검은 다음과 같은 이유로 매우 중요한 의미를 지닌다(Cook, Richardson-Gibbs, & Nielson, 2017). 첫째, 개별화교육계획에 포함된 장단기 교수목표는 반드시 성취되어야 한다. 진도점검 절차는 이러한 교수목표가 실제로 교수되었는지와 계획대로 성취되고 있는지를 알게 해 주는 중요한 역할을 한다. 둘째, 장애 유아는 학습이나 발달상의 성취가 매우 느리게 진행될 수 있기 때문에 목표한 기술이나 행동을 학습하고 있는지 판단하기 어려운 경우가 많다. 따라서 체계적이고도 주의 깊은 자료 수집이 뒤따라야 한다. 셋째, 특정 중재나 교수전략이 효과적인지 또는 유아가 꾸준한 성취를 보이고 있는지를 결정하는 것은 매우 중요하다. 만일 교수가 효과적이지 않거나 유아가 성취를 보이지 않는다면 교수방법 등의 계획을 변경해야 하기 때문에 진도점검은 정기적으로, 또한 지속적으로 수행되어야 한다.

이상에서 살펴본 바와 같이 진도점검은 장애 유아 교육에 있어서 매우 중요한 역할을 하는 교수 활동의 한 부분이다. 그러나 실제로 교육 현장에서 진도점검을 실행하기에는 여러 가지 이유로 힘든 경우가 많다. 다음과 같은 구체적인 지침은 교육 현장에서 바람직한 진도점검의 실행을 용이하게 해 준다(McLean et al., 2004; Wolery, 2004).

첫째, 진도점검은 교수계획을 근거로 이루어져야 한다. 다음 장에서 소개되는 개별화교육계획은 교사의 많은 노력과 시간을 들여서 작성된다. 이러한 교수계획에는 각각의 교수 활동에 따른 진도점검의 방법이 포함된다. 진도를 점검하는 방법은 매우 다양하기 때문에 개별 유아를 위해서 작성된 각각의 교수목표에 대해서 계획된 일정과 방법에 따라 진도점검이 이루어진다면 계획한 교수목표가 달성되었는지를 쉽게 평가할 수 있다.

둘째, 진도점검 활동은 유아의 전반적인 행동을 다루어야 한다. 이것은 앞에서 설명한 유아의 특정 교수목표에 대한 진도와 더불어 유아가 보이는 행동 전반에 대한 평가가 함께 이루어져야 함을 뜻한다. 예를 들어, 유치원 활동에 참여하는 유아가 활동 중에 습득해야 하는 특정 교수목표를 습득하였는지에 대한 평가와 함께 활동에 얼마나 잘 참여하고 어떤 행동을 보였는지에 대한 내용을 정기적으로 점검해야 한다는 것이다. 또한 사회적 행동(예: 또래와의 상호작용, 놀이)에 대한 정기적인 점검을 통해서 긍정적인 사회적 상호작용을 촉진하거나 부적절한 행동을 예방할 수도 있다.

셋째, 진도점검 활동은 사전에 계획되어야 한다. 진도점검 활동을 계획하기 위해서는 (1) 어떤 정보를 수집할 것인지, (2) 누가 정보를 수집할 것인지, (3) 어떤 상황에서 정보를 수집할 것인지, (4) 얼마나 자주 정보를 수집할 것인지, (5) 수집한 정보는 누가 어떻게 분석할 것인지를 결정해야 한다.

넷째, 진도점검 활동은 주변의 상황적인 요소를 고려해서 이루어져야 한다. 이것은 진도점검이 진정한 의미에서의 가치를 지니기 위해서는 목표행동이 발생하는 실제의 상황에서 이루어져야 하며, 또한 행동 발생에 영향을 미치는 주변 요인을 고려해야 한다는 것이다. 예를 들어, 유아의 의사소통 기술은 의사소통 대상자인 상대방의 기술이나 반응에 의존하게 된다. 그러므로 의사소통 기술 활용에 대한 자료 수집이 의사소통 대상자가 없는 상황에서 이루어진다면 상황적인 요소가 고려되지 않은 것이다.

다섯째, 진도점검은 다양한 사람의 견해를 반영해야 한다. 유아의 행동이 의미 있고 기능적이기 위해서는 행동이 발생하는 상황에 적절해야 한다. 그러나 행동이 발생하는 상황이란 매우 다양하기 때문에 가정, 유치원, 보육시설, 지역사회 등의 여러 상황에서 발생하는 행동에 대한 견해가 모두 반영되어야만 적절한 진도점검이 이루어질 수 있다. 그러므로 교사 외에도 부모나 치료사, 또래 등 다양한 사람이 포함되도록 진도점검 활동을 계획해야 한다.

여섯째, 진도점검은 정기적이면서도 자주 이루어져야 한다. 이것은 행동 발생에 대해서 수집된 정보를 통해서 타당한 결정을 도출하기 위하여 반드시 필요하다. 필요 이상으로 자주 점검할 이유는 없지만 정보가 많이 수집될수록 정확한 결정을 내릴 수 있다. 그러므로 교사는 매일, 매주, 매월 등 필요에 따라서 진도점검의 계획을 세우되 우선순위가 확실한 교수목표나 신속한 결정을 필요로 하는 교수목표에 대해서는 보다 잦은 진도점검을 해야 한다.

마지막으로, 진도점검은 목적을 가지고 행해져야 한다. 앞에서 설명한 바와 같이 진도점검은 진보를 기록하고 중재 수정 여부를 결정한다는 목적을 지닌다. 그러므로 교사는 진도점검 활동을 진행할 때 이러한 목적을 고려해야 하며, 진도점검이 이러한 목적에 맞게 유용하게 사용되기 위해서는 다른 진단 과정에서와 마찬가지로 그 과정이 타당하고 신뢰할 수 있어야 한다.

일반적으로 진도점검은 타당하고 신뢰롭고 유용한 자료를 수집하게 해 주는 다양한 방법을 통해서 수행되는데, 주로 목표행동의 직접적인 관찰, 작업 샘플(예: 사진, 동영상, 글, 그림), 부모 보고, 준거참조검사 또는 교육과정 중심 진단 등이 사용된다(Grisham-Brown & Hemmeter, 2017). 진도점검에 대한 구체적인 방법론에 대해서는 『교육진단 및 교수계획을 위한 장애 유아 진단 및 평가』(이소현 외, 2009)의 11장을 참조하기 바란다.

6. 프로그램 평가

프로그램 평가(program evaluation)는 프로그램 전반에 대한 정보를 수집하기 위한 객관적이고도 체계적인 절차로 정의된다(Gargiulo & Kilgo, 2020). 프로그램을 평가하는 주된 이유는 프로그램이 유아와 가족에게 미치는 영향을 진단하기 위해서다(Bondurant-Utz, 2002). 일반적으로 프로그램 평가를 위한 진단은 (1) 교사 관리를 포함한 프로그램 전반의 효율성과 질, (2) 유아의 전반적인 성취 결과, (3) 프로그램 의뢰자(일반적으로 부모)의 만족도 측면에서 이루어진다.

유아특수교육에 있어서 프로그램을 평가해야 하는 이유는 다음과 같다(Weatherford, 1986). 첫째, 장애 유아의 학습과 발달에 관한 지식을 얻기 위해서인데, 이는 특정 학습이나 발달 성취에 대한 중재 효과를 평가함으로써 장애 유아의 학습 과정에 대해서 더 잘 이해할 수 있게 되기 때문이다. 따라서 프로그램 평가는 중재가 효과가 있었는지를 단순히 알아내기보다는 어떻게 효과가 발생했는지에 더 큰 초점을 맞추어야 한다. 둘째, 도덕적인 이유로 평가를 실시해야 한다. 교사는 가장 효과적인 프로그램을 제공해야 할 의무를 지니며, 따라서 '효과적인' 프로그램을 제공했는지 평가해야 한다. 여기서 효과적인 프로그램이란 프로그램마다 성취 변인이 다르기 때문에 개별 프로그램의 목적과 성과를 근거로 결정되어야 한다. 셋째, 프로그램의 가치를 정당화하기 위해서 평가해야 한다. 이것은 프로그램의 책무성으로 표현되는데, 주로 비용효과(cost effectiveness)나 비용혜택(cost benefit)으로 산출되거나 사회적 타당도로 측정된다. 비용효과 분석은 프로그램에 사용된 모든 자원의 경제적인 가치를 측정하여 동일한 목적을 지닌 두 개 이상의 프로그램에 동등하게 적용시켜 비교하는 방법이며, 비용혜택 분석은 프로그램 실시 여부에 따른 결과를 비교하는 방법으로 프로그램의 성과와 혜택을 돈의 가치로 환산해야 한다는 어려움이 따른다(예: 부모-자녀 간의 관계를 경제 가치로 환산). 사회적 타당도는 사회가 특정 프로그램이나 프로그램의 결과에 부여하는 가치를 의미한다. 그러므로 사회적 타당도가 높다는 것은 사회적으로 높은 가치를 지녔다는 것이다. 사회적 타당도는 주로 프로그램의 소비자에 의해서 평가되는데, 유아가 보인 행동 변화나 사용된 교수방법에 대한 만족도로 평가되기도 하고 프로그램의 전반적인 철학, 목적, 방법 등이 측정 대상이 되기도 한다.

유아특수교육은 그 프로그램의 성격과 내용이 다양하고 대상자와 가족의 특성이 다양하기 때문에 프로그램 평가를 위한 최상의 방법 또한 유아와 프로그램의 성격에 따라 다양해질 수밖에 없다는 특성을 지닌다. 따라서 프로그램 평가를 위한 하나의 정해진 틀을 제시하기는 어렵다. 프로그램 평가를 위한 최상의 방법은 고정된 평가의 틀로서가 아니라 모든 평가 프로그램에 적용될 수 있는 공통적인 요소로 구성되어야 하는데(Snyder, 1993), 일반적으로 다음과 같은 네 가지 요소가 적용된다(Joint Committee on Standards for Educational Evaluation, 1994): (1) 활용도, (2) 실행 가능성, (3) 적절성, (4) 기술상의 적합성. 이와 같은 네 가지 기준은 유아특수교육 프로그램 평가를 위한 네 가지 구체적인 실행 단계로 적용될 수 있다(Snyder & Sheehan, 1996). 예를 들어, 먼저 평가를 수행하기 전에 평가 결과가 유용하게 사용될 수 있는지 점검하고, 두 번째 단계에서는 주어진 상황에서의 평가가 실행 가능하고 효율적인지를 결정하며, 세 번째 단계에서는 도덕성과 적법성 측면에서 적절한지 점검하고, 마지막 단계에서는 평가 방법의 기술적인 적합성에 모든 관심과 노력을 기울인다. 〈표 5-5〉는 이상의 네 가지 기본적인 틀에 따른 구체적인 방법의 예시를 보여 준다(Snyder, 1993).

프로그램 평가를 위한 구체적인 방법으로는 다음과 같은 네 가지 방법이 많이 사용된다(Jordan, Gallagher, Huntinger, & Karnes, 1988): (1) 비개입 측정, (2) 직접 관찰, (3) 면담, (4) 질문지. 비개입 측정은 유아나 가족에게 직접 개입하지 않으면서 자료를 수집하는 방법으로 자료 수집을 위해서 유아의 일과를 수정하거나 가족의 일정을 변경할 필요가 없다. 예를 들어, 가족이 자료실에서 얼마나 많은 책이나 기타 자료를 빌려갔는지, 또는 얼마나 자주 놀잇감을 빌려다 쓰는지 등을 조사하는 것이다. 직접 관찰은 목표행동을 관찰한 자료를 프로그램 평가를 위해서 활용하는 것을 의미한다. 면담은 구조화, 반구조화, 비구조화된 방법으로 관련인에게 질문하고 반응을 기록하는 방법이다. 질문지는 자료를 수집하기 위해서 필요한 질문으로 구성된 질문지에 응답하게 하는 방법으로 이미 개발되어 있거나 필요에 따라 새롭게 구성한 질문지를 사용한다. 질문지를 개발할 때에는 자료 수집의 목표를 염두에 두고 가능한 한 간단하고 쉬운 질문으로 구성하되 객관적인 자료를 수집할 수 있어야 한다. 질문하는 목적에 따라 선택형 또는 개방형 질문을 사용할 수 있으며, 필요에 따라서는 척도 형식으로 구성할 수도 있다.

프로그램 평가를 효과적으로 수행하기 위해서는 프로그램의 시작부터 평가를 위한 계획이 수립되어야 한다. 평가를 위한 계획이 체계적으로 수립되지 않으면 프로그램 전반에 걸쳐 자료 수집이 원활하게 이루어질 수 없으며, 이러한 경우 프로그램 평가 자체가 불가능해지기 때문이다. 예를 들어, 유아의 성취와 관련된 프로그램을 평가하기

표 5-5 프로그램 평가를 위한 평가 요소 및 방법론

평가 요소	방법
평가 결과의 활용도	• 평가에 포함되는 또는 영향을 받게 되는 청중이 누구인지 결정하고 이들의 요구와 기대를 살펴보고 협력을 구한다. • 평가자는 원하는 평가를 수행할 수 있는 능력을 갖추어야 하며(훈련을 받아야 하며) 신뢰할 수 있어야 한다. • 수집된 정보는 그 범위가 충분해야 하며, 특정 평가 질문을 다루기 위해서 신뢰로운 충분한 근거로부터 수집되어야 한다. • 결과를 도출하고 해석하는 데 사용되는 가정, 견해, 방법, 이론적 배경에 대해서 충분히 설명함으로써 청중으로 하여금 의사결정의 근거를 판단할 수 있게 한다. • 평가 결과는 평가의 목적과 이론적 배경, 특정 평가 질문, 평가 대상 프로그램 요소(예: 자료, 프로그램 구성 요소, 교사 수행, 부모 참여), 프로그램의 내용, 평가 절차, 결과, 결론, 권장사항에 대해 분명하게 묘사한다. • 평가 결과는 청중이 이해할 수 있는 언어로 분명하고 완전하고 공정하게 제시되어야 한다. • 여러 가지 결과나 추천사항을 중요한 순서대로 제시한다. • 평가 결과를 적시에 제공함으로써 청중이 평가 정보를 가장 잘 활용할 수 있게 한다.
평가 절차의 실행 가능성	• 프로그램이나 교사, 가족에게 최소한의 방해를 주는 한도 내에서 평가를 수행한다. • 자료를 수집하기 전에 평가자, 관리자, 또는 교사는 평가 계획이 효과적이고, 윤리적이고, 합법적이고, 자원 활용에 있어서 재정적으로 적합한지 결정한다.
평가 보고의 적절성	• 참여자와 청중의 권리와 복지를 위해서 법적/윤리적으로 적절한 방법으로 결과를 보고한다.
기술상의 적합성	• 평가의 초점(예: 프로그램, 자료)을 정확하게 설명한다. • 평가에 대한 적절한 비판과 감독 및 재실행이 가능하도록 평가의 목적, 설계, 절차를 상세하고 정확하게 설명하고 통제한다. • 다양한 근거의 정보를 수집한다. • 정보의 근거와 정보 수집 과정을 설명함으로써 정보의 적절성과 정보를 옹호할 수 있는 근거를 확보한다. • 측정 도구와 방법은 반응자의 특성(예: 장애, 성별, 언어, 문화, 발달 수준)에 적합해야 한다. • 측정 도구와 방법은 정보 해석이 계획대로 신뢰롭고 타당하게 이루어질 수 있도록 선정되고 개발되고 활용되어야 한다. • 자체 개발한 도구/방법은 기술상의 적합성과 신뢰도 및 타당도를 검증하기 위한 기초조사를 거쳐야 한다. • 평가 자료의 수집, 저장, 관리, 분석, 보고는 체계적으로 점검되고 필요한 경우 수정되어야 한다. • 자료 분석을 위해서 평가의 목적과 설계 또는 자료의 성격에 따라 가장 간단하고 체계적인 방법을 사용한다. • 질적 또는 양적 정보를 분석하기 위한 방법을 설명하고 정당화해야 한다. • 진단 보고에 있어서 평가자는 객관적인 결과(예: 정보의 통계적이고 실질적인 해석)와 의견, 판단, 추천사항 등을 구분해서 전달해야 한다.

위해서는 프로그램의 시작부터 성취를 파악하기 위하여 정기적인 간격으로 자료를 수집하는 형성평가는 물론 프로그램의 마지막에 수행되는 총괄평가에 대한 계획을 세우게 된다. 형성평가는 매일, 매주, 또는 매월과 같이 정기적인 간격으로 평가를 함으로써 프로그램의 목표와 관련해서 유아가 진보를 보이고 있는지를 결정하는 것이다. 형성평가는 주로 앞에서 설명한 진도점검의 형태로 이루어지는데, 그 목적은 프로그램이 처음 개발될 때 계획된 목표나 교수전략 등을 변경해야 할 필요가 있는지를 결정하기 위한 것으로 유아의 진도를 점검하면서 시기에 적절한 수정 계획을 세우게 된다. 형성평가를 얼마나 자주 해야 하는지는 개별 유아의 특성이나 가르치는 교수목표의 특성에 따라서 달라진다. 총괄평가는 일정 기간이 지난 후에 프로그램의 전반적인 성과를 평가하는 것이다. 예를 들어, 한 학기나 1년이 지난 후에 유아가 보이는 발달상의 진보를 평가한 후에 이러한 평가 자료를 모아서 한 학기 또는 1년간 일어난 변화가 의미 있는 변화인지를 판단하여 프로그램 전반의 효율성에 반영하는 것이다. 우리나라의 경우에는 매 학기 개별화교육계획에 따른 성취도를 평가하고 보고해야 하므로 이를 작성할 때부터 평가 계획을 수립하고 그 계획에 따라 실행하게 된다.

기관 내에서 자체적으로 실시하는 프로그램 평가 외에도 우리나라에서는 유아교육기관의 평가를 위해서 교육부 또는 보건복지부 주도의 유치원 및 어린이집 기관 평가가 이루어지고 있다. 그러나 이러한 평가의 내용에 장애 유아 교육과 관련된 세부 사항에 대한 내용은 포함되어 있지 않으며, 장애 유아 교육 프로그램을 평가하기 위한 별도의 평가 도구나 지침 등도 개발되어 있지 않은 실정이다. 그러므로 외국에서 이미 개발되어 있는 평가 도구(예: Hemmeter, Joseph, Smith, & Sandall, 2001; Soukakou, 2016)를 사용하거나 우리나라 교육 현장에 적합한 평가 지침을 개발해야 할 것이다.

〈표 5-6〉은 지금까지 설명한 진단의 여섯 단계 중 대상자 발견의 단계를 제외한 구체적인 진단 활동의 특성을 비교해서 보여 준다.

표 5-6 진단 단계에 따른 정보 수집 비교

진단 단계	정의	수집되는 정보	결정	정보 수집 시기
선별	전문적인 진단을 의뢰할 대상자 판별을 위한 절차	발달장애 또는 발달지체 가능성	전문적인 진단을 위한 의뢰 여부	프로그램 시작 전
장애진단	지체 또는 장애 유무를 확인하기 위한 절차	발달장애 또는 발달지체 여부 및 그 성격과 정도	발달장애 또는 발달지체 여부	프로그램 시작 전
적격성 판정	특수교육 적격성 기준에 해당되는지 결정하기 위한 종합적인 장애진단의 과정	표준화 검사, 규준참조검사, 비교검사 등 종합적인 장애진단을 위한 정보	적격성 기준에 따른 특수교육 적격성 여부	프로그램 시작 전
프로그램 계획	개별화교육계획의 교수목표 선정과 교수계획을 위한 절차	발달 기술 및 행동, 가족의 선호도 및 우선순위, 배치 관련 시간 및 환경	일과, 활동, 교재, 교구, 학습 스타일, 상호작용 대상자	프로그램 시작 후 몇 주간 집중적으로 실시, 주요 변화가 관찰된 즉시(진행적인 과정)
진도점검 및 프로그램 평가	유아의 진도, 가족의 만족도, 프로그램의 효과에 대한 정보 수집 과정	프로그램을 시작할 때와 비교하기 위한 발달 기술 및 행동, 가족의 만족도나 우선순위가 충족되었는지 여부, 배치 환경에서의 성취 평가를 위한 유아의 능력	개별 또는 집단 프로그램의 효과, 가족의 만족도 결정을 위한 유아의 기술 및 행동 변화, 프로그램의 전반적인 효과	중재 효과를 결정하기 위해서 필요할 때, 1년 또는 정해진 기간의 프로그램이 종료될 때, 행정적인 정책이나 재정원의 요구가 있을 때

III. 진단 방법

앞에서도 언급하였듯이 진단은 어떤 결정을 내리기 위해서 정보를 수집하는 과정을 의미한다. 다시 말해서 무엇인가를 판단하고 결정을 내리기 전에 그러한 판단과 결정을 뒷받침해 줄 수 있는 정보를 수집하는 것이다. 진단의 다양한 기능은 결정하고자 하는 내용에 따라 필요한 정보가 어떻게 달라지는지를 잘 보여 준다(〈표 5-6〉 참조). 또한 수집하고자 하는 정보에 따라서 표준화 검사, 점검표, 직접 관찰, 면담 등의 다양한 방법이 사용된다. 특히, 장애 유아를 대상으로 하는 진단은 다양한 측정 방법을 사용해서 다양한 종류의 정보를 수집하는 포괄적이고도 종합적인 진단이어야 하며, 단일 검사 점수나 한 가지 유형의 진단 결과로 중요한 결정을 내려서는 안 된다(Bagnato, Neisworth, & Frontczak, 2011; Gargiulo & Kilgo, 2020). 이를 위해서 진단은 다음과 같은 다양한 방법을 포함한다: (1) 표준화 검사 등 동일 연령 집단과의 비교가 가능한 검사 도구 사용, (2) 자연적 상황에서의 직접적인 관찰, (3) 부모 등 주변의 주요 인물 대상 면담.

1. 검사

검사는 대상 유아가 표준화된 자극이나 요구, 또는 특정 교재에 어떻게 반응하는지를 알아보기 위해서 사용하는 방법으로, 점수를 산출하거나 또래 집단 내에서 성취를 비교하거나 각 발달 영역의 기술 수행 정도를 결정하는 데 사용된다. 특히 인지 능력이나 운동 기능의 발달, 또는 수용 의사소통 기술의 발달을 알아볼 때 많이 사용된다.

일반적으로 진단은 양적 접근과 질적 접근의 두 가지 기본적인 접근으로 나누어지는데(Schwartz & Olswang, 1996), 검사는 주로 양적 접근을 기본으로 하는 전형적인 진단 도구를 사용하는 방법이다. 검사를 통해서 정보를 수집하는 경우에는 주로 미리 정해진 절차에 따라서 고도로 구조화된 과제를 수행하게 함으로써 발달의 특정 측면에 초점을 맞추어 실시하기 때문에 관찰과 측정을 용이하게 할 수 있다는 장점을 지닌다.

최근에는 표준화된 절차나 자료를 사용하는 직접 검사의 방법이 인위적인 상황에서 제한된 능력만을 알아내는 방법으로 지적되면서 많은 비판을 받고 있다. 또한 대부분의 검사가 실행 방법이나 자료를 수정하거나 보조 또는 강화를 제공하지 못하도록 제한하고 있기 때문에 특히 감각장애 등의 장애를 지닌 유아에게는 불공정한 것으로 비판받는다. 그러나 검사가 지니고 있는 한계를 이해하면서 적절하게 사용한다면 나름대로 유용한 정보를 얻을 수 있다.

장애 유아를 진단하기 위한 검사는 일반적으로 규준참조검사와 교육과정 중심 진단을 포함하는 준거참조검사의 두 가지로 나누어서 살펴볼 수 있으며, 각각에 대한 내용은 다음과 같다.

1) 규준참조검사

규준참조검사는 동일 연령 집단의 또래와 비교해서 어느 정도로 수행하고 있는지에 대한 정보를 제공해 주는 검사다. 예를 들어, 언어 검사에서 유아의 언어 수행은 비슷한 연령의 전형적인 발달을 보이는 유아(표집단)의 수행과 비교된다. 수행 결과는 연령점수, 학년 점수, 표준 점수, 발달 지수, 백분율 등의 획득한 점수 형태로 제공된다. 그러므로 언어 검사의 경우 검사 결과는 '생활연령이 5세인 유아로 현재 전형적인 발달을 보이는 3세 6개월 유아의 언어 기술을 지니고 있다.' 등으로 표시될 수 있다.

규준참조검사를 사용할 때 가장 주의해야 할 점은 검사 결과가 장애진단, 배치, 진도 평가를 위해서는 유용하게 사용될 수 있는 반면에 교수계획을 위해서는 충분하지 않다는 것이다. 일반적으로 규준참조검사의 항목을 구성하는 내용은 교육 현장에서 교수목표의 내용으로 사용되기에는 적절하지 않기 때문에(Division for Early Childhood, 2015; McLean, Hemmeter & Snyder, 2014) 검사 결과에 따라 도구의 항목으로 교수목표를 결정하는 것은 바람직하지 않다.

규준참조검사를 사용함에 있어서 또 다른 주의해야 할 사항은 표집단이 유아의 연령, 성별, 사회-경제적 배경, 문화적 배경, 언어, 지역, 유사한 장애나 위험 상태 등의 특성을 대표하고 있는가 하는 점과 표집단의 크기가 적절한 신뢰도와 타당도를 보장할 만큼 충분히 큰가 하는 점이다. 신뢰도란 검사의 일관성과 안정성을 의미한다. 즉, 대상자의 점수가 시간이 지남에 따른 측정 과정에서 거의 또는 전혀 실수가 없는 실제의 점수임을 나타내는 정도를 의미한다(Salvia, et al., 2017). 예를 들어, 검사를 실시하고 동일한 검사를 짧은 기간 내에 다시 한번 실시했을 때 그 검사 결과가 비슷하게 나와야 한다는 것이다. 나이가 어린 영유아의 경우 검사 수행에 있어서 일관적이지 못할 수 있다는 특성을 지니고 있기는 하지만 진단 과정에서 최대한의 신뢰도를 입증하기 위한 노력이 기울여져야 한다. 타당도는 검사 도구가 측정하고자 하는 것을 얼마나 충실하게 측정하는가를 의미한다(Salvia, et al., 2017). 즉, 검사가 측정하고자 하는 것을 정확하게 측정하는가를 보는 것이다. 예를 들어, 언어장애 유아에게 많은 구어 반응을 요구하는 지능검사는 유아의 잠재력을 적절하게 측정하지 못하기 때문에 타당도가 떨어진다고 할 수 있다. 이와 같이, 규준참조검사를 사용함에 있어서 그 검사 도구의 신뢰도와 타당도를 아는 것은 매우 중요하다. 현재 장애 유아 진단을 위해서 사용되고 있는 많은 규준참조검사는 충분한 신뢰도와 타당도를 지니지 못하고 있는 것으로 지적되고 있기 때문에 도구의 선정과 사용 시 충분한 주의를 기울여야 한다(McLean et al.,

2014).

〈표 5-7〉은 장애 유아 진단을 위해서 국내에서 많이 사용되고 있는 규준참조검사의 예를 보여 준다.

표 5-7 장애 유아 진단을 위한 규준참조검사 도구의 예

검사 도구	저자	연령	내용
베일리 영유아 발달검사 3판 (K-BSID-III)	방희정, 남민, 이순행 (2017)	생후 16일 ~ 42개월 15일	인지 발달(놀이 영역, 정보 처리 영역, 수 영역), 운동 발달(대근육 운동, 소근육 운동), 언어 발달(수용언어, 표현언어), 사회-정서 발달, 적응행동 발달(개념적 영역, 사회적 영역, 실제적 영역)
바인랜드적응행동 척도 2판 (K-Vineland-II)	황순택, 김지혜, 홍상황 (2014)	0세 ~ 90세 11개월	의사소통(수용, 표현, 쓰기), 생활기술(개인, 가정, 지역사회), 사회화(대인관계, 놀이여가, 대처기술), 운동(대근육, 소근육), 부적응행동
한국 웩슬러 유아지능검사 (K-WPPSI-IV)	박혜원, 이경옥, 안동현 (2016)	2세 6개월 ~ 7세 7개월	토막 짜기, 상식, 행렬추리, 동형 찾기, 그림기억, 공통성, 공통그림 찾기, 선택하기, 위치 찾기, 모양 맞추기, 어휘, 동물 짝짓기, 이해, 수용어휘, 그림명명
심리교육프로파일 개정판 (PEP-R)	김태련, 박랑규 (2007)	1세 ~ 7세 5개월 30일	발달척도(모방, 지각, 소근육 운동, 대근육 운동, 눈-손 협응, 동작성 인지, 언어성 인지), 행동척도(대인관계 및 감정, 놀이 및 검사 재료에 대한 흥미, 감각 반응, 언어)
한국 카우프만 아동 지능검사 2 (한국판 KABC-II)	문수백, 변창진 (2002)	2세 6개월 ~ 12세 6개월 (연령별 하위 검사 달라짐)	순차처리(손동작, 수회생, 단어배열), 동시처리속도(마법의 창, 얼굴기억, 그림통합. 삼각형, 시각유추, 위치기억, 사진순서), 습득도 척도(표현어휘, 인물과 장소, 산수, 수수께끼, 문자해독, 문장이해)

2) 준거참조검사/교육과정 중심 진단

준거참조검사는 유아의 수행을 표집단과 비교하는 규준참조검사와는 달리 미리 정해 놓은 기준에 의해서 특정 목표기술을 얼마나 습득하고 있는지를 검사한다. 그러므로 준거참조검사의 항목은 일반적으로 발달 영역이나 학습 주제 내에서 위계적인 순

서에 따라 구성되며, 검사 점수는 특정 발달 영역이나 학습 주제 내에서 얼마나 습득하고 있는지에 대한 비율을 보여 준다. 일반적으로 준거참조검사는 표준화된 도구가 아니기 때문에 최적의 조건에서 유아의 행동을 검사할 수 있도록 수정이 허용되며, 실제로 교육 현장에서 장애 유아를 위한 검사 도구로 사용할 때 적절하게 수정해서 사용할 것을 권장하기도 한다.

교육과정 중심 진단은 준거참조검사의 한 유형으로 교수목표의 판별과 현행수준 및 진도를 진단하기 위한 기준 역할을 하는 교육과정상의 목표가 열거된 진단으로, 진단-교수활동-평가의 연계적 운영을 지향하는 교육 프로그램에서 가장 많이 사용하는 진단 모델이다(Bagnato et al., 2011). 대부분의 교육과정 중심 진단 도구는 (하위)영역별로 계열화된 기술로 구성되어 있다. 이때 영역은 일반적으로 주요 발달 영역인 대근육 운동, 지각/소근육 운동, 인지, 의사소통, 사회-정서, 자조기술/적응행동의 여섯 영역으로 구성되며, 하위 영역으로는 주의집중, 기억, 상징놀이, 협력, 수용언어, 표현언어, 모방, 대화기술, 또래 상호작용 등의 다양한 기술이 포함된다. 특히 발달 기술은 두 가지 이상의 영역에서 중복적으로 나타날 수 있기 때문에 교육과정상의 영역 간에 반복적으로 기술되기도 한다(예: 사회적 기술이 의사소통 영역에서 나타나고 인지 기술이 놀이 영역에서 나타남).

준거참조검사와 교육과정 중심 진단은 진단에서 얻어진 자료와 교육과정 목표를 연결시켜 주기 때문에 교수계획에 유용하게 사용된다. 특히 교육 현장에서 교수목표를 결정하고 진도를 점검하고 앞으로의 교수를 위한 피드백을 제공하는 데 유용하게 사용될 수 있으며, 진단의 내용 자체가 교실 활동과 연관되기 때문에 유아특수교육 현장에서 그 사용이 권장된다(Bredekamp & Rosegrant, 1993; Grisham-Brwon & Pretti-Frontczak, 2011). 또한 이러한 검사는 상업적으로 제작되기도 하지만 교사가 직접 개발할 수도 있기 때문에 교육 현장에서 다양하게 적용될 수 있다는 장점을 지니며, 가족과 전문가로 구성된 팀이 결과를 공유하고 교수를 계획하고 진도를 평가하기 위한 공동의 기초 자료로 사용할 수 있다는 장점도 지닌다.

〈표 5-8〉은 이상에서 설명한 장애 유아를 진단하기 위한 검사 유형인 규준참조검사, 준거참조검사, 교육과정 중심 진단의 특성을 요약해서 보여 준다.

표 5-8 규준참조검사, 준거참조검사, 교육과정 중심 진단의 특성

검사	특성
규준참조검사	• 동일한 연령의 또래 집단과 비교해서 유아의 발달에 대한 정보를 제공한다. • 항목은 특정 연령대 유아가 특정 기술을 습득하는 백분율이나 그 항목이 전반적인 검사와 상관이 있는지 등의 통계학적 기준에 의해서 선정된다.
준거참조검사	• 미리 정해진 표준적인 기준에 의해서 정의되는 특정 목표행동의 습득을 측정한다. • 항목은 주로 발달 영역이나 과목 영역으로 나누어져 위계적으로 구성된다. • 점수는 유아가 습득한 특정 발달 영역이나 과목의 비율을 의미한다.
교육과정 중심 진단	• 각 진단 항목마다 교육과정상의 활동이 제공된다. • 유아의 교육 프로그램 시작 기점을 판별하고 교수를 세분화하거나 수정하기 위한 직접적인 수단으로 사용된다. • 진단과 교육과정의 내용이 동일한 기술과 능력을 다룬다. • 기술에 대한 유아의 진도를 측정하기 위해서 반복적인 검사가 지속적으로 이루어진다.

2. 관찰

유아의 능력에 대한 정보를 수집하기 위해서 사용되는 두 번째 주요 방법은 관찰이다. 관찰은 유아가 어떤 행동을 수행하였는지, 어떤 상황에서 행동이 발생하였는지, 발생한 행동은 어떤 자극과 관련되는지를 결정하는 방법으로(Bailey & Wolery, 2003), 다양한 체계적인 관찰 기록법이나 점검표, 비공식적인 기록 방법 등을 통해서 수행된다.

관찰을 통한 정보 수집은 선별부터 프로그램 평가에 이르는 진단의 전 단계를 거쳐서 검사 도구를 통해서 수집한 정보를 보충해 주는 역할을 한다. 특히, 진단에 있어서의 관찰은 다음과 같은 이유로 그 중요성이 강조된다(McLean et al., 2004, 2014): (1) 검사 도구로 측정하기 어려운 기술을 직접 관찰함으로써 진단할 수 있다, (2) 다른 측정 방법에 의해서 수집된 정보의 타당도를 높인다, (3) 진단 활동을 다른 환경과 일과로 확장시킨다, (4) 유아의 행동과 환경 자극 간의 기능적 관계를 알려준다, (5) 프로그램의 효과에 대한 진행적인 정보를 제공해 준다.

예를 들어, 관찰은 유아가 실제로 특정 기술을 사용하는지 사용하지 않는지에 대한 정보를 제공해 준다. 만일 유아가 또래의 시작행동에 반응하는 기술을 습득하고 있다

고 할지라도 실제 유치원 환경에서 자유놀이 시간에 그 기술을 사용하지 않는다면 이 유아를 위한 교수목표는 실제 환경에서 또래의 시자행동에 반응하게 하는 것이어야 한다. 그러나 구조화된 검사 상황에서는 반응행동 기술을 이미 가지고 있기 때문에 기술이 습득된 것으로 정보가 수집될 수 있으며, 이러한 경우 이미 습득된 기술이기 때문에 교수목표에 반영되지 않게 된다. 그러므로 자연적인 상황에서의 관찰을 통해서 유아의 기술 습득 여부와는 상관없이 실제 상황에서 그 기술을 사용할 수 있는지에 대한 정보를 수집하는 것은 매우 중요하다. 특히 유아기에 매우 중요하게 진단되어야 하는 놀이 기술은 실제 놀이 환경에서 또래와 놀이를 하고 있을 때에만 의미 있는 정보를 수집할 수 있기 때문에 진단하고자 하는 기술의 특성에 따라서 자연적인 관찰의 방법을 반드시 사용해야 한다. 관찰과 관련된 구체적인 방법에 대해서는 6장 교육진단 및 교수계획에서 설명하였다.

3. 면담

면담은 면담 대상자를 직접 만나서 대화를 통해 자료를 수집하는 방법으로, 필요에 따라서는 일지나 알림장 등을 통해 정보를 수집하는 간접적인 방법도 포함한다. 면담 대상자로는 부모 및 가족, 일반교사, 치료사 등 유아를 잘 아는 사람이 포함되는데, 주로 부모 또는 주 양육자가 면담의 대상자가 된다. 이는 유아를 직접 양육하는 부모나 기타 주 양육자가 가장 중요하면서도 정확한 정보를 제공할 수 있다고 가정하기 때문이다. 일반적으로 부모 면담은 유아의 행동이나 기능 수준에 대한 새로운 정보를 제공하거나 다른 진단의 방법으로 수집한 정보를 확인하는 역할을 해 준다. 또한 특정 사건이나 행동에 대한 부모의 생각을 알아내고 특수교육 서비스와 관련된 부모의 우선적인 관심 영역 등을 알아내는 데에도 유용하게 사용된다.

면담은 진행하는 방법이나 내용의 융통성에 따라서 구조화된 면담, 반구조화된 면담, 비구조화된 면담의 세 가지로 구분된다(한국교육평가학회, 2004). 구조화된 면담은 질문할 항목과 순서가 정해져 있고 정해진 형식에 따라 진행하는 면담으로 수집해야 하는 정보가 정해져 있을 때 효과적으로 사용될 수 있다. 반구조화된 면담은 면담 항목을 미리 보여 주고 대상자의 응답에 따라 질문을 심화하거나 수정하는 등 융통성 있게 조절하는 방법이다. 비구조화된 면담은 질문 내용이 미리 정해져 있지 않아 면담 주제를 중심으로 자유롭게 대화하면서 대상자의 반응에 따라 면담의 방향을 결정하는 방법이다. 부모에 따라서는 공식적이고 구조화된 면담 상황을 부담스럽게 여길 수도 있으므로 이러한 경우에는 비공식적인 자연스러운 상황에서 면담하는 것이 바람직하다. 특히, 비구조화된 면담에서 필요한 정보를 얻어내고 그 결과를 잘 해석하기 위해서는 숙련된 면담 실행 기술이 필요하다.

이 장의 뒷부분에서도 설명하였듯이, 장애 유아 진단 중 부모의 적극적인 참여는 매우 중요한 요소로 인식된다. 이것은 부모를 대상으로 하는 면담 정보가 장애 유아와 관련된 결정을 내리는 과정에서 매우 중요한 자료의 역할을 한다는 사실을 강조하는 것이다. 그러나 때로는 부모에 의해서 작성된 평가표나 점검표 등의 자료가 전문가에 의해서 작성된 결과와 일치하지 않는 것에 대한 비판이 제기되기도 한다(Lopata, Donnelly, Jordan, Thomeer, Mcdonald, & Rodgers 2016; Sexton, Miller, & Rotatori, 1985). 부모와 전문가 간의 평가 결과가 높은 상관관계를 보이는 경우도 있지만(Kamio, Moriwaki, & Inada, 2013; Sonnander, 1987) 부모가 전문가보다 유아의 능력 수준을 높게 평가하거나(Reis, Pereira, & Almeida, 2017) 서로 일관적이지 못한 평가 결과가 나타나기도 한다(Mayes & Lockridge, 2018; Handen, Feldman, & Honigman, 1987). 이렇게 부모-전문가 간 평가 결과의 일관성 결여는 아직까지 학계의 관심의 대상으로 지속적인 연구가 계속되고 있다. 그러나 부모-전문가 간 평가 결과의 일관성 부족은 반드시 바람직하지 못한 결과라고 할 수만은 없으며, 이러한 동의되지 않은 결과 자체가 서로의 행동이나 관찰 기준에 대한 견해와 상호작용 상황이 다르기 때문임을 반영하는 것이므로 오히려 여러 사람에 의한 다양한 환경에서의 관찰 결과로 받아들일 수 있다. 특히 부모-전문가 간에 동의가 이루어지지 않는 경우의 대부분이 부모의 과잉평가로 받아들여지고 있는데 실제로는 전문가의 과소평가로 인식하는 것이 옳다는 주장도 제기된다(Major, Seabra-Santos, & Martin, 2015; Strickland, Hopkins, & Keenan, 2012). 이것은 부모에 비해서 전문가가 유아와 함께 지내는 시간이나 상황의 제약으로 인해서, 또는 전문가의 역할이 유아의 강점보다는 요구에 초점을 맞추어 왔기 때문에 이들의 능력이나 기술을 과소평가할 수 있는 가능성이 인정되기 때문이다.

〈표 5-9〉는 장애진단 시 부모 면담을 통한 정보 수집에 사용할 수 있는 질문의 예를 보여 준다(Department of Education, 1994).

지금까지 진단 정보를 수집하기 위한 검사, 관찰, 면담의 세 가지 방법에 대해서 알아보았다. 이 세 가지 방법은 〈표 5-10〉에서 보는 바와 같이 각각의 장단점을 지니고

표 5-9 부모 면담 시 정보 수집을 위한 질문의 예

주제	질문의 예
생후 초기 발달	• 생후 초기와 관련된 도움이 될 만한 기억이 있습니까? • 자녀가 아주 어린 아기였을 때 어떠했습니까? • 그 당시에 보인 발달 진도에 만족했습니까? • 뭔가 이상하다는 느낌은 언제 처음 가졌습니까? • 그때 무슨 일이 있었습니까? • 누구에게서 어떤 도움이나 조언을 받았습니까?
현행수준	• 일반적인 건강: 식사 및 수면 습관, 일반적인 건강 상태, 결석, 가벼운 병(예: 감기), 심각한 질병/사고(예: 입원 기간), 복용하는 약이나 식이요법, 일반적인 민첩성(피로), 약물 복용에 대한 신호(예: 담배, 술, 본드 흡입) • 신체적 기술: 걷기, 달리기, 기어오르기, 자전거 타기, 축구나 기타 게임, 그림 그리기, 쓰기, 퍼즐 맞추기, 공작, 집안일 하기, 공구 다루기, 실 꿰기 • 자조기술: 개인적인 독립성(예: 옷입기, 침대 정리하기, 빨래하기, 방 정리하기, 일과 따르기, 용돈 관리하기), 일반적인 독립성(예: 나가서 돌아다니기) • 의사소통: 말의 수준, 설명하기, 사건과 사람 설명하기, 정보 전달하기(예: 학교로부터 정보 주고받기), 대화에 참여하기, 전화 사용하기 • 가정에서의 놀이 및 학습: 어떻게 시간을 소모하는가, TV 시청, 여가나 정보를 위해서 책 읽기, 취미 생활, 집중하기, 나누기 • 바깥 활동: 클럽 또는 스포츠 활동, 혼자 가기를 좋아하는지 • 관계: 부모, 형제, 자매, 친구, 기타 성인과의 관계, 가정이나 밖에서의 일반적인 관계(예: ○○이는 주로 혼자 지냅니까?) • 가정에서의 행동: 협력, 나누기, 요구 듣고 따르기, 집안일 돕기, 도움 제공하기, 가족의 일과와 규칙 따르기, 좋은 기분과 나쁜 기분, 화내기-탠트럼, 감정 나타내기, 애정 표현하기 • 학교에서: 또래 및 교사와의 관계, 읽기, 쓰기, 수학, 기타 과목과 활동의 진도, 학교가 어떻게 도와주(지 않)고 있는지, 학교 과제를 도와달라고 부탁받은 적이 있는지, 책 읽는 것을 들어보았는지, 그 결과는 어떠했는지(예: ○○이는 학교 가기를 좋아합니까? ○○이가 쉽게 할 수 있는 것과 어려워하는 것은 무엇입니까?)
일반적인 견해	• 자녀의 특수교육적 필요가 무엇이라고 생각합니까? • 어떻게 하면 이러한 필요가 가장 잘 충족될 수 있다고 생각합니까? • 당신의 자녀는 동일 연령 또래와 비교해서 어떻습니까? • 자녀가 잘하는 것은 무엇이며 좋아하는 것은 무엇입니까? • 자녀가 걱정하는 것은 무엇입니까? 어려움을 인식하고 있습니까? • 당신이 걱정하는 것은 무엇입니까? 관심은 무엇입니까? • 제공하고 싶은 정보가 더 있습니까?(예: 자녀에게 영향을 미칠 수도 있는 주요 사건, 다른 사람으로부터 들은 말) • 누구와 더 이야기하고 싶습니까? • 자녀의 요구가 가족 전체의 요구에 어떤 영향을 미친다고 생각합니까?

있기 때문에 개별 방법이 지니는 장점을 최대한으로 취하고 제한점을 보완하면서 포괄적인 정보를 수집할 수 있어야 한다. 이를 위해서는 세 가지 방법이 동시에 복합적으로 사용되어야 한다.

표 5-10 정보 수집 방법에 따른 장점 및 제한점

방법	장점	제한점
검사	• 표준화된 절차에 의해서 수행되기 때문에 또래와의 의미 있는 비교가 가능함 • 장애진단을 위해서 반드시 필요함 • 정보의 전환을 촉진함	• 감각이나 운동기능 손상을 지닌 유아를 위한 대안 절차를 허용하지 않음 • 검사 도구에 따라 전문적인 훈련을 필요로 함 • 교육계획을 위한 타당한 측정 도구가 부족함 • 표집되는 기술이 검사에 포함된 기술로 제한됨
관찰	• 실제 환경에서 유아의 수행을 측정함 • 시간의 흐름에 따른 변화에 민감함 • 정규 활동 중에 수행이 가능함	• 시간이 많이 소모됨 • 바람직한 관찰 체계를 고안하기 위해서 특정 기술을 필요로 함 • 수집된 자료를 해석하기 위한 지침이 부족함
면담	• 다른 사람의 견해로부터 정보를 수집함 • 시간을 효율적으로 활용함	• 행동을 직접 측정하지 못함 • 면담자가 정확하게 기술을 기록하지 못할 수도 있음

IV. 장애 유아 진단의 제한점

장애 유아의 조기 발견 및 진단은 유아특수교육에 있어서 매우 기본적이고도 필수적인 요소로 인식된다. 그러나 이러한 인식에도 불구하고 장애 유아를 진단함에 있어서 여러 가지 문제가 세기되고 있으며, 이러한 문제는 바람직한 진단과 평가를 방해하는 제한점으로 지적된다. 이 부분에서는 장애 유아의 바람직한 진단 및 평가를 방해하는 제한점을 진단 대상자, 진단자, 검사 도구와 관련해서 살펴보고 이러한 제한점이 어떻게 효율적으로 대처될 수 있는지에 대해서 설명하고자 한다.

1. 대상자 관련 제한점

1) 나이

장애 유아 진단 및 평가에서 가장 먼저 어려움으로 지적되는 제한점은 진단 대상자가 어린 유아라는 점이다. 진단 대상자의 나이가 어리면 어릴수록 행동으로 표현되는 성취가 방해받기 쉽고 일관성 없이 나타나기 때문에 이들의 정확한 기능을 진단하기가 어려워진다. 일반적으로 나이가 어린 영유아는 주의가 산만하고 주의집중력이 짧으며 환경의 변화에 민감하여 낯선 환경에서 최상의 행동을 보이지 않을 수도 있다. 특히 6~8개월부터 약 18개월 정도에 이르기까지의 특정 시기에는 낯선 사람의 접근에 불안한 반응을 보이는 경우가 많다. 이러한 이유로 인해서 실제로 친숙한 검사자가 장애 유아를 진단할 때 검사 점수가 더 높게 나온다는 결과도 보고된다(McClain, Otero, Haverkamp, & Molsberry, 2018; Szarko, Brown, & Watkins, 2013; Fuchs, 1987). 또한 대상자의 나이가 어리면 언어 부재로 인하여 진단이 어려워질 수 있다. 즉, 유아의 겉으로 드러나는 행동을 보고 특정 개념이나 인지 기술을 습득하고 있는지를 유추해서 결정해야 하기 때문에 유아의 정확한 능력을 파악하기가 어렵다는 것이다. 예를 들어, 언어로 의사소통을 하지 못하는 유아의 경우 특정 개념이나 인지 기술의 습득 여부를 겉으로 드러나는 운동 기능적인 행동에 의존해서 추측해야 한다. 특히 대상자의 나이가 어리면 진단자와의 관계 형성에 있어서도 문제를 보일 수 있으므로 부모를 동석시키거나 일정한 시간을 투자하여 유아와 진단자 간에 관계를 먼저 형성하도록 고려해야 한다. 결과적으로, 장애 유아 진단은 이들이 나이가 어리다는 특성으로 인하여 다음과 같은 세 가지 기본적인 요소를 고려해야 한다(Greenspan & Meisels, 1996): (1) 표준화 검사 도구가 진단 과정의 중심이 되어서는 안 된다, (2) 진단 시 부모나 주 양육자로부터 분리시켜서는 안 된다, (3) 낯선 검사자가 진단해서는 안 된다.

2) 장애

나이가 어리다는 사실과 더불어 이들이 지니고 있는 장애 조건 그 자체도 효과적인 진단을 방해하는 대상자의 특성으로 간주된다. 예를 들어, 진단에 사용되는 많은 검사 항목이 유아의 운동 기능상의 행동을 발달의 척도로 삼고 있기 때문에 운동 기능의 장애를 지닌 유아는 이러한 진단 절차를 통하여 자신의 능력을 정확하게 평가받지 못한다. 또한 시각, 청각 등의 감각장애를 지닌 유아도 다른 감각 통로를 통하여 기본적인 기술을 수행할 수 있기 때문에 진단 절차의 수정이 필요한 경우가 많다. 또한 이와 같은 장애 조건은 유아와 검사자 간의 관계 형성을 어렵게 하므로 효율적인 진단을 방해하는 제한점이 될 수 있다.

3) 초기 발달 특성

생애 초기에 나타나는 발달의 특성 역시 영유아기 아동의 진단에 영향을 미치는 요소라 할 수 있다. 초기 발달은 안정적이지도 못하고 지속되지도 않은 것으로 여러 학자에 의해서 보고되어 왔다(Lerner, 2018; Dunst & Rheingrover, 1981; Sandstrom & Huerta, 2013). 이러한 특성으로 인해서 성장에 따른 동일한 유형의 지적 기술을 기대할 수 없으며, 개별 항목의 수행 여부를 진단하기보다는 수행의 패턴을 검사해야 하고, 서로 다른 영역 간에 동일한 기능 수준을 기대할 수 없으며, 단일 발달 검사 점수를 근거로 전반적인 수행을 알 수 없다.

뿐만 아니라, 장애를 지닌 영유아에게서 나타나는 발달상의 위계적 순서나 속도가 장애가 없는 영유아와는 다르기 때문에 이러한 특성도 진단에 영향을 미칠 수 있다. 다운 증후군을 지닌 영유아의 경우 발달상의 순서는 전형적이면서 그 속도에서만 지체될 수 있지만 기타 장애에 있어서는 발달상의 일탈적 특성이 나타나는 경우도 있다. 이렇게 비위계적인 발달상의 특성을 보이는 유아를 진단하는 경우에는 이들의 발달을 전형적인 발달과 비교하는 것만으로는 이들이 지니는 일탈적 특성이 간과되거나 무시되기 쉽다. 발달 순서에 있어서의 일탈적 특성은 감각이나 신체적인 장애를 지닌 유아에게서 흔히 나타날 수 있으므로 이들을 진단할 때 특별한 관심을 가지고 주의를 기울여야 한다.

이상에서 보는 바와 같이 진단의 대상자가 장애를 지닌 나이가 어린 영유아라는 사실이 진단의 실행에 있어서 방해 요인이 되고 있는데, 〈표 5-11〉은 장애 유아를 진단할 때 이러한 대상자 관련 제한점을 고려한 몇 가지 일반적인 지침을 보여 준다(Bailey & Wolery, 2003).

표 5-11 장애 유아 진단에 있어서 대상자를 고려한 일반적인 지침

고려점	지침
융통성	검사 일정 계획(예: 라포 형성을 위해서 계획된 일정 이외의 추가 시간을 투자함)과 자료 수집 시(예: 필요에 따라 비표준화된 방법으로 자료 수집), 또는 개별 검사 상황(예: 자료 제시 속도나 활동의 변경)에서의 융통성이 필요하다.
계획의 중요성	유아는 검사 상황에 대한 인내도가 낮기 때문에 검사 이전의 철저한 계획을 통해서 필요한 모든 자료와 강화 등의 방법을 미리 준비해서 검사 상황이 순조롭게 진행되도록 한다.
라포 형성	유아는 새로운 검사 환경이나 검사자에게 적응할 시간을 필요로 하기 때문에 충분한 시간을 투자하여 검사 대상자와의 신뢰로운 관계를 먼저 형성한다.
부모 참여	부모 또는 친숙한 사람이 함께 참여함으로써 검사 결과를 확인하고 유아가 편안한 환경에서 최대한의 수행을 할 수 있도록 한다.
고도의 동기유발 활동	색상이 화려하고 다양한 감각을 자극하는 등 연령, 감각 선호도, 학습 스타일 등을 고려한 고도의 동기 유발 자료나 활동을 사용하여 유아의 주의를 집중시킨다.
항목의 순서 변경	동기 유발이 쉬운 조작적 항목을 먼저 실행하고 언어적 항목을 나중에 하거나 다양한 활동을 제시하는 등(예: 대근육 운동 기술과 책상 작업을 번갈아 제시함) 유아의 주의집중을 유지하기 위해서 항목의 제시 순서를 변경한다.
활동 및 충동성 다루기	활동의 다양성으로만 해결되지 않는 산만함과 충동성은 과제 사이의 간격을 최소한으로 줄이면서 검사 속도를 최대한으로 빠르게 진행하거나 필요한 자료 외의 모든 자료를 보이지 않는 곳에 두는 등의 방법으로 다룬다.
강화 절차	성공적인 과제 완수 시 주어지는 사회적 칭찬 등의 다양한 강화 제공으로 유아의 행동에 영향을 미친다. 특히 과제 실패가 지속되는 경우에는 성공 가능한 과제를 사이사이에 제시함으로써 강화의 기회를 증진시킨다.
환경적 고려	유아의 연령이나 특성, 개별 항목의 특성에 따라 앉은 자세(예: 의자에 앉기, 엄마 무릎에 앉기)나 자세 잡아주기 등의 환경 변인을 적절하게 고려한다.

2. 진단자 관련 제한점

1) 진단자 전문성

장애 유아를 진단하는 전문가 부족과 교육 현장에서 직접 유아를 진단하는 특수교사의 진단에 대한 이해 및 능력 부족은 유아특수교육에서의 효과적인 진단을 방해하는 요소가 될 수 있다. 대부분의 유아특수교사는 교수계획이나 그 점검을 위한 교육진단 및 진도점검 방법론에 대한 훈련은 많이 받지만 좀 더 전문적이고 공식적인 진단 도구 사용에 대한 지식과 기술은 부족한 편이다. 예를 들어, 표준화 검사를 사용한 진단에서 점수화하는 과정에 오류를 보이거나, 선별을 목적으로 개발된 도구를 교육진단에 사용하거나, 교사 혼자 짧은 시간 동안 한두 개의 도구를 이용해서 진단하는 등 진단에 대한 전문성 문제가 지적된다(이소현 외, 2002; Bailey, Vandiviere, Dellinger, & Munn, 1987; Johnson & Beauchamp, 1987).

또한 진단자가 특정 영역의 전문적인 진단을 위해 훈련받은 경우라 하더라도(예: 언어치료사, 물리치료사, 작업치료사) 나이가 어린 영유아를 위한 진단 기술이 부족하다면 바람직한 진단을 실시하기 어렵다. 그러므로 장애 유아 진단을 위해서는 특정 기능의 진단을 위한 전문성을 지님과 동시에 유아의 특성을 잘 파악함으로써 정확한 정보를 수집하고 평가할 수 있어야 한다.

2) 관련 영역 간 협력

진단자의 전문성 문제뿐만 아니라 전문가 간 상호 이해 및 협력 부족도 장애 유아 진단을 방해하는 요소가 될 수 있다. 진단자가 자신의 영역에 대해서 충분한 지식과 기술을 가지고 있는 경우에도 자신의 특정 영역에만 관심을 보이고 전문가 간의 폭넓은 상호 이해와 협력이 형성되지 않는다면 실제적인 의미에서의 바람직한 진단이 이루어지기 어렵다. 특히 유아특수교사는 장애 유아를 대상으로 진단할 때 다양한 영역의 전문가와 협력해야 할 뿐만 아니라 부모와도 밀접한 관계를 유지하면서 협력해야 하므로 이를 위한 기본적인 자질을 갖추어야 한다. 그러나 실제로 교사 양성 과정을 살펴보면 유아를 대상으로 하는 훈련은 많이 받는 반면에 부모나 기타 전문가와 협력적으로 일하기 위한 훈련은 상대적으로 부족한 실정이다(노진아, 2007; 박현옥, 강혜경, 2018; 이순자, 김병건, 박유정, 2017; Bailey, Simeonsson, Yoder, & Huntington, 1990; Bailey, Palsha, & Simeonsson, 1991; Jones & Peterson-Ahmad, 2017; Silverman, Hong, & Trepanier-

Street, 2010). 그러므로 교사 양성이나 연수 과정에서 전문 영역 간 협력적 접근의 중요성을 강조하고 그 실행을 위한 구체적인 방안에 대한 훈련이 이루어져야 한다.

3. 도구 관련 제한점

장애 유아 진단 과정에서 제한점으로 지적되고 있는 세 번째 요소는 적절한 진단 도구와 방법이 제한적이라는 것이다. 유아의 특정 능력과 발달 상태를 판별할 수 있는 진단 도구가 부족할 뿐만 아니라 현재 사용되고 있는 지능검사 등의 표준화 검사도 장애 유아에게 적합하지 않은 경우가 많다. 또한 이러한 도구는 장애의 유무나 종류, 또는 정도를 판별하는 장애진단에 많이 사용되고 있는데, 장애진단을 위한 검사 도구만으로는 교육 현장에서 필요로 하는 진단의 모든 기능을 얻을 수 없는 것이 사실이다. 진단이 바람직하게 이루어지기 위해서는 앞에서 살펴본 진단의 다양한 목적에 맞도록 개발된 진단 도구를 사용하여 특수교육 적격성을 결정하고 개별화교육계획을 개발해야 한다. 그러나 현재 우리나라 교육 현장에서는 다양한 진단의 목적에 따라 사용할 수 있는 적절한 진단 도구가 충분하지 않은 실정이다. 구체적으로 장애 유아 진단의 실제에서 나타나는 검사 도구와 관련된 제한점은 검사 도구의 목적, 질, 내용과 함께 검사 환경이나 장애 아동을 위한 수정 가능성과 관련해서 살펴볼 수 있다.

1) 검사 도구의 목적

지금까지 사용되어 오고 있는 전통적인 방법의 진단은 주로 검사 도구에 의존하는 진단으로 표준화된 지능검사나 발달검사 등의 도구가 사용되어 왔다. 그러나 이러한 검사 도구가 지니는 문제들이 지적되고 있다. 먼저 지금까지 개발된 많은 진단 도구가 특정 목적에 의해서 개발되었기 때문에 개발의 목적 이외의 용도로 사용되는 경우 그 효용도가 떨어진다는 제한점을 지닌다(Bailey & Wolery, 2003). 검사 도구가 유용하게 사용되기 위해서는 사용의 목적과 개발의 목적이 일치해야 한다. 진단 도구가 특정 목적하에서 개발되었다는 것 자체가 문제가 되는 것은 아니지만 다양한 목적으로 사용될 수 있는 적절한 진단 도구의 부족으로 인하여 개발의 목적에 맞지 않게 사용되는 경우가 많다는 사실은 문제가 될 수 있다. 예를 들어, 선별의 목적으로 개발된 검사 도구가 특수교육의 적격성을 결정하는 데 사용되거나 지능검사가 교육 프로그램을 계획하는 데 사용된다면 진단 도구의 사용 자체가 문제가 될 수 있다는 것이다.

2) 검사 도구의 질

검사 도구가 지니는 두 번째 문제는 이러한 도구가 측정 도구로서 갖추어야 할 기본적인 특성을 갖추고 있는가 하는 것이다. 다시 말해서, 반복적인 측정을 통해서 일관성 있는 결과를 얻게 하거나 측정하고자 하는 내용을 정확하게 측정하게 하는 수용할 만한 수준의 신뢰도 및 타당도를 갖추지 못한 진단 도구가 많이 있다는 것이다. 또한 발달연령 점수를 제시하는 검사 도구가 신뢰로운 표준화 과정을 거치지 않음으로 인하여(예: 표집단 구성의 타당성 결여) 검사 결과로 나타나는 점수를 또래 집단과 비교하는 것이 과연 신뢰로운지 알기 어려운 경우가 많다. 특히, 사회-문화적 배경을 고려한 표준화 과정을 거치지 않은 채로 외국에서 개발된 도구를 단순하게 번역해서 사용하는 경우에는 그 결과를 적용하는 데 문제가 될 수 있다. 그러므로 장애 유아에게 사용하기 위한 검사 도구는 그 질적 수준을 갖추기 위해서 〈표 5-12〉에서와 같은 기본적인 기술적 속성을 갖추어야 한다.

표 5-12 검사 도구의 질적 보장을 위한 기본적 속성

속성	내용
타당도	검사 도구가 원래 측정하고자 하는 내용을 측정하는가? 검사 대상 유아/가족과 유사한 광범위한 표집단이 포함되었는가?
신뢰도	검사자가 다르거나 시간이 흘러도 검사 결과가 일관적인가?
활용도	사용하기 쉬운가? 자료가 유아에게 매력적이고 적절한가? 절차가 분명하게 기술되어 있고 쉽게 훈련받을 수 있는가? 검사 결과가 가족 구성원이 이해하기 쉬운가?
사회-문화적 적용	모든 유아/가족을 포함하는 광범위하고 다차원적인 방식으로 기술을 유도하고 진단하는가? (Losardo & Notari-Syverson, 2011)

출처: Squires, J. (2015). Guiding principles for accurate and efficient decision making. In Division for Early Childhood, *DEC recommended practices: Enhancing services for young children with disabilities and their families* (DEC Recommended Practices Monograph Series No. 1, p. 41). Los Angeles, CA: Author.

3) 검사 도구의 내용

검사 도구가 지니는 세 번째 문제는 기존의 많은 검사 도구가 특정 기술을 측정하지 않기 때문에 실제로 교수 장면에서 다루어야 할 중요한 영역에 대한 정보를 제공하지 못한다는 것이다. 예를 들어, 대부분의 발달검사가 운동 기능, 의사소통 등의 주요 발달 영역 기술을 포함하고 있지만 유아의 구체적인 행동 특성(예: 과제 집중 행동, 과제 수

행 기술, 지속성, 목표 지향성)이나 또래 상호작용과 관련된 구체적인 사회적 기술, 또는 부적절한 행동 등에 대한 정보는 제공하지 못한다. 그러나 실제로 교육 현장에서는 이상의 정보가 중요한 교수 내용으로 포함되어야 하기 때문에 이에 대한 진단 정보를 필요로 한다.

4) 검사 환경

대부분의 검사 도구는 구조화된 환경에서 대상자의 행동을 진단하고 평가하게 한다. 그러나 최근에는 이러한 인위적인 환경에서 표집한 대상자의 행동은 자연스러운 환경에서의 잠재적인 행동과는 다를 것이라는 인식이 공통적인 견해로 받아들여지고 있으며, 인위적인 환경에서 이루어지는 전형적인 검사 도구에 의존하는 전통적인 진단에 대한 반대 입장을 표명하게 하였다. 특히 진단 대상자의 나이가 어릴수록 자연적인 환경에서 자연스러운 행동을 할 수 있는 분위기를 조성해 주어야만 아동이 지닌 최대한의 잠재적인 능력을 발휘할 수 있다. 그러므로 최근에 제시되고 있는 바람직한 진단을 위한 지침은 자연적인 환경에서의 진단을 중요한 원칙의 하나로 포함한다 (Grisham-Brown & Pretti-Frontczak, 2011; McLean et al., 2004). 자연적인 환경에서의 직접적인 진단 방법은 이 장의 뒷부분에서 좀 더 상세히 설명하였다.

5) 장애 아동을 위한 수정

마지막으로, 많은 검사 도구가 장애를 지닌 대상자에게 적용하기 어렵다는 문제점을 지닌다. 검사 도구에 따라서는 특정 장애를 위한 수정 지시 사항을 포함하고 있는 경우도 있지만 그렇지 않은 도구의 경우 장애 유아를 대상으로 진단하기에 적합하지 않을 뿐만 아니라 진단이 가능하다고 해도 그 결과를 해석하는 데 많은 주의를 기울여야 한다. 검사 도구를 제작할 때 사용한 표집단이 장애 유아를 포함하지 않은 경우 검사 결과의 해석이 제한될 수밖에 없으며, 청각이나 시각 등의 감각장애나 지체장애로 인해서 검사의 절차 자체를 수정해야 하는 경우에도 표집단의 점수에 의존해서 검사 결과를 해석하게 되면 유아의 행동을 충분히 반영하지 못한다는 제한점을 지닌다. 그러므로 장애를 지닌 유아에게 검사 도구를 적용하는 경우에는 장애의 여부로 인해서 사용 방법이나 해석 방법이 별도로 제시되어 있지 않는 한 그 결과의 적용과 해석에 상당한 주의를 기울여야 한다.

V. 장애 유아 진단 및 평가의 최상의 실제

앞에서 살펴본 바와 같이 진단이 정보를 수집하는 과정으로 정의된다는 사실은 진단이 단일 사건으로서가 아니라 진행적인 과정으로 인식되어야 함을 의미한다. 과거에는 지능검사 등 검사 도구에 의존하는 진단이 이루어지기도 했으나 이러한 진단은 장애 유아의 최상의 능력을 평가하지 못한다(Linder, 2009). 이와 같은 입장은 현재 거의 공식적인 견해로 받아들여지고 있으며, 따라서 장애 유아를 위한 진단은 종합적이고도 다차원적인 방법론이 적용되어야 한다.

유아특수교육 현장에서 실시되고 있는 진단 및 평가가 최상의 실제(best practice)의 측면에서 바람직하게 운영되기 위해서는 다음과 같은 점을 고려해야 한다(McLean et al., 2004; Gargiulo & Kilgo, 2020): (1) 모든 주요 발달 영역을 진단의 내용에 포함시킨다, (2) 진단 과정에 가족을 참여시킨다, (3) 필요하다고 판단된 여러 학문 분야의 전문가가 함께 협력하여 진단한다, (4) 다양한 근거를 통해서 정보를 수집하는 수렴적 진단을 실시한다, (5) 자연적인 환경에서 진단한다.

1. 주요 발달 영역 진단

장애 유아를 위한 바람직한 진단은 발달 영역에 대한 진단을 포함해야 한다. 이때 반드시 포함되어야 하는 주요 발달 영역은 운동 기능, 인지, 의사소통, 사회-정서, 적응행동의 다섯 가지로 장애 유아를 대상으로 하는 대부분의 진단 도구는 이들 영역 중 하나 이상의 영역에서 발달을 측정한다. 유아 발달에 있어서의 다섯 가지 주요 발달 영역에 따른 발달 특성 및 발달지표는 이 책의 2장에서 이미 설명하였다.

영유아기에 나타나는 특정 영역의 발달은 기타 발달 영역과 분리해서 독립적으로 이루어지는 것이 아니라 상호 의존적인 형태로 이루어진다. 실제로 하나의 발달 영역에서의 변화는 다른 영역에서의 변화를 초래함으로써 영역 간에 기능적인 관계가 있음이 입증되고 있다. 예를 들어, 유아가 걷기 시작하면서 운동 기능상의 발달을 보일 때 걷기를 통한 새로운 경험의 기회가 확장되면서 인지, 사회성, 언어 등의 기타 발달 영역에서의 기술 습득에 영향을 미치게 된다. 또한 유아의 언어 기술이 증가할 때 인지 기술이나 놀이 및 사회성 기술에서의 발달상의 변화를 쉽게 발견할 수 있다. 그러므로 대상 유아를 잘 이해하기 위해서는 앞에서 제시한 주요 발달 영역의 발달에 대한 전반적인 이해가 선행되어야 하며, 특히 전형적인 발달에 대한 이해를 통해서 대상 유아의 개별적인 강점이나 요구, 진도 등을 결정하고 교수계획을 세우기 위한 참고 자료로 사용할 수 있어야 한다.

2. 가족 참여

장애 유아 진단의 최상의 실제에서 강조하는 두 번째 요소는 진단 과정에 반드시 가족을 참여시켜야 한다는 것이다. 가족은 진단 팀의 어느 누구보다도 유아에 대해서 가장 잘 알고 있다. 따라서 진단 과정에 가족을 참여시킴으로써 얻을 수 있는 가장 큰 혜택은 유아의 발달 상태에 대한 정확한 정보를 수집할 수 있다는 것이다. 이것은 앞에서도 진단의 방법으로 부모 면담을 반드시 포함해야 한다고 강조한 것과 같은 맥락이라고 할 수 있다. 진단 중 가족의 참여는 유아에 대한 정확한 정보 외에도 유아가 속한 가족 단위에 대한 정보를 제공하고 유아의 교육과 가장 밀접한 관계가 있는 가족과 전문가 간의 긍정적인 관계 형성을 촉진함으로써 교육의 질적 향상을 가져올 수 있다(Slade, Eisenhower, Carter, & Blacher, 2018). 특히 선별 과정에 체계적인 방법으로 부모를 포함시킴으로써 선별의 효율성을 높이고 비용을 절감시킬 뿐만 아니라 선별 결과의 신뢰도를 높일 수 있는 것으로 보고된 바 있다(Sacrey et al., 2018; Glascoe, Martin, & Humphrey, 1990; Squires, Nickel, & Bricker, 1990). 또한 장애진단과 교육적 배치, 교육프로그램 계획 및 실시, 성취도 평가 등의 과정에서도 부모의 보고는 결정적인 역할을 한다(Berkant, OZ, & Atilgan, 2019; Bricker, Bailey, & Slentz, 1990; Diamond & Squires, 1993; Slade et al., 2018).

진단 과정에서 가족은 다양한 방법으로 참여하고 역할 할 수 있다. 예를 들어, 특정 검사 항목을 직접 실시할 수도 있고, 자녀와의 전형적인 상호작용을 실행해 보임으로써 관찰의 기회를 제공해 주기도 하며, 경우에 따라서는 진단이 진행되는 동안 유아와 함께 있는 것만으로도 유아를 안정시키는 역할을 하기도 한다. 이와 같은 가족의 역할은 전문가와의 협력을 통해서 이루어진다. 가족-전문가 협력은 유아특수교육에서의 가족 중심의 실제를 구성하는 핵심적인 요소 중 하나다(Keilty & Trivette, 2017). 따라서 진단 과정에서 전문가와 가족 간의 협력 관계가 이루어지기 위해서는 가족이 정보 제공자나 상호작용 대상자로서 단순하게 검사 상황에만 참여하는 것이 아니라 진단의 전 과정에 적극적으로 참여할 수 있어야 한다. 이것은 가족이 진단 과정 전반에 걸쳐 발생하는 모든 의사결정에 참여할 수 있어야 함을 뜻한다. 구체적으로는 진단 활동을 계획하는 것부터 시작해서 정보를 수집하고, 수집된 정보가 유아의 능력과 필요를 잘 반영하는지를 결정하며, 진단 결과를 근거로 평가하거나 프로그램을 계획하는 모든 과정에 가족이 참여하는 것을 의미한다.

가족이 진단 과정에 참여할 때에는 참여의 정도와 성격에 대한 의견이 반드시 존중되어야 한다. 따라서 가족은 진단 과정에서 어떤 역할을 할 수 있는지에 대해 미리 알고 자신이 참여하게 될 활동의 종류와 그 정도를 스스로 결정할 수 있어야 한다. 다음은 진단 중 가족 역할의 예를 보여 준다(Turnbull, Turnbull, Erwin, Soodak, & Shogren, 2015).

- 진단을 계획하는 과정에서 협력하기
- 진단 과정에 어느 정도로 참여할지 결정하기
- 자녀의 발달력, 놀이 및 상호작용 선호도, 관심 영역, 일과 등에 대한 정보 제공하기
- 자녀가 시간을 보내는 장소와 그 장소에서 요구되는 행동 관련 정보 제공하기
- 자녀가 현재 보이는 기술과 그 기술을 언제 어떻게 사용하는지와 어떤 상황에서 그러한 행동이 나타나는지 알려주기
- 다양한 환경에서 나타나는 자녀의 강점과 요구 알려주기
- 전통적인 측정 방법으로는 알기 어려운 자녀 관련 정보 공유하기
- 가족의 우선순위, 자원, 관심 공유하기
- 자녀의 미래에 대한 가족의 비전 공유하기

3. 전문 영역 간 협력

유아특수교육에 있어서의 진단을 위한 협력은 전문가와 가족 간의 협력에만 국한되지는 않으며, 다양한 영역으로부터의 전문가 간 협력이 가장 중요한 최상의 실제를 구성하는 요소로 인식된다. 이러한 인식은 다음과 같은 두 가지 이론적 배경을 근거로 한다. 첫째, 장애 유아를 진단할 때 한 사람의 검사자에 의해서 진단 결과가 확정되어서는 안 되며 반드시 유아의 각 발달 영역을 정확하게 진단하는 데 필요한 모든 영역의 전문가가 공동으로 작업해야 한다. 둘째, 사용하고자 하는 진단 도구와 방법에 대한

포괄적인 이해와 훈련 경험이 있는 사람이 진단을 실시해야 바람직한 결과를 얻을 수 있다(McLean & Crais, 2004). 미국의 장애인교육법(IDEA)은 이러한 최상의 실제에 대한 인식을 근거로 장애 영유아를 위한 진단 과정에 반드시 다양한 영역의 전문가가 참여하고 협력하도록 명시하고 있다. 이 법에서는 다학문적(multidisciplinary) 평가를 강조하는데, 이때 '다학문적'이라는 용어는 "평가와 진단 활동을 포함하는 통합적이고 협력적인 서비스 준비를 위해서 두 개 이상의 영역이나 전문가를 포함"(34 CFR Sec. 303.17)한다는 뜻이다. 여기서 말하는 전문 영역이란 유아특수교육, 유아교육, 의학, 간호학, 영양학, 사회복지학, 심리학, 작업치료, 물리치료, 언어치료 등의 영역을 포함한다. 모든 전문 영역이 모든 개별 유아의 진단에 다 참여하는 것은 아니며, 대상 유아의 필요에 따라 참여해야 하는 전문 영역이 결정된다. 이때 가족은 진단 팀의 중심적인 역할로 반드시 참여하게 된다.

다양한 영역의 전문가가 함께 참여하는 진단은 이들이 어떻게 서로 관계를 맺고 작

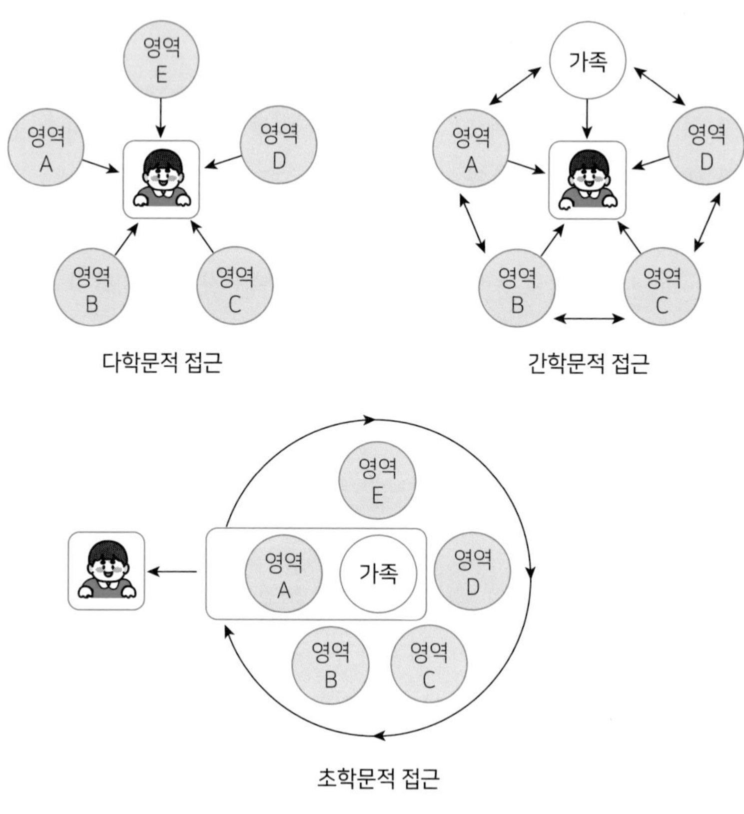

그림 5-3 협력적 접근의 세 가지 유형

업하는가에 따라서 그 과정이나 결과가 달라질 수 있다. 일반적으로 협력적 접근을 위해서는 [그림 5-3]에서 보는 바와 같이 세 가지 유형의 접근이 제시된다: (1) 다학문적 접근 (2) 간학문적 접근, (3) 초학문적 접근.

1) 다학문적 접근

다학문적 접근의 협력은 여러 영역의 전문가가 함께 작업하되 서로 독립적으로 일하는 방법의 협력 모델이다. 그러므로 각 전문가는 자신의 전문 영역을 대표하는 진단 도구나 방법을 사용해서 진단하게 되며 그 결과를 보고할 때에도 독립적으로 수행한다. 실제로 다학문적 협력 모델을 적용한 진단에서는 이러한 독립적인 작업의 특성으로 인해서 전문가 간 협력이 요구되지는 않는다. 그러므로 다학문적 접근의 진단은 팀의 구성원 모두 동일한 유아를 대상으로 일하는 하나의 협력적 모형이기는 하지만 실제로 작업 과정에서는 협력이 전혀 발생하지 않고도 일이 진행된다는 특성으로 인해서 진정한 의미에서의 협력 모델이라고 말하기가 어렵다(McLean et al., 2014). 또한 다학문적 접근의 진단은 모든 영역의 전문가와 직접 소통해야 하는 가족에게는 부담이 되고 혼동을 일으킬 수도 있으며(Benner & Grim, 2013) 수동적인 정보 수용자의 역할을 넘어서기 힘든 점으로 인하여 가족 참여를 중요한 요소로 포함하는 최근의 유아특수교육 동향과는 맞지 않는 것으로 지적된다(Dunst, Trivette, & Deal, 1999).

2) 간학문적 접근

간학문적 접근의 진단 모델은 [그림 5-3]에서 보는 바와 같이 다양한 영역의 전문가가 서로 밀접하게 의사소통을 함으로써 진단과 교육 계획이 좀 더 화합된 형태로 이루어질 수 있는 협력적 접근 방법이다. 간학문적 접근의 진단에서도 다학문적 접근에서와 같이 진단 과정에서는 각 영역의 전문가가 독립적으로 작업을 하지만 그 과정과 결과의 보고에 있어서 서로 정보를 교환하고 협력하게 된다. 그러나 많은 경우에 있어서 전문가 간 의사소통에 문제가 있는 것으로 지적되고 있는데, 이것은 각 영역의 전문가가 다른 영역의 전문성에 대해서 완전하게 이해하지 못할 뿐만 아니라 전문성에 따라서 교수의 우선순위나 방법에 대한 의견이 다를 수 있기 때문이다(Benner & Grim, 2013). 즉, 전문가 간 의사소통 체계를 갖추었다고 하더라도 그러한 의사소통 자체가 의사결정 과정에서 자동적으로 동일한 결론을 내려주지는 않는다는 것이다. 그러나 간학문적 진단에서는 다학문적 진단과는 달리 가족도 팀의 구성원으로 참여하게 되므로 가족과의 적극적인 협력을 통해서 가족이 정확한 정보를 근거로 의사결정을 할 수 있도록 안내할 수 있다.

3) 초학문적 접근

초학문적 접근의 진단은 팀 구성원 간 의사소통과 협력을 최대화하기 위한 노력으로 개발된 방법이다. 초학문적 진단은 가족과의 협력을 통해서 진단 과정의 모든 절차를 공유하며, 더 나아가서는 팀 전체가 서로 지식과 기술을 나누는 하나의 단위로 기능한다는 특성을 지닌다(Raver, 2009). 초학문적 진단이 다른 접근과 가장 크게 다른 점은 팀의 모든 구성원이 진단과 교육 계획에 함께 책임을 지고 참여하게 되지만 유아에게 주어지는 실질적인 교육 활동은 가족과 주요 서비스 제공자에 의해서 행해진다는 것이다([그림 5-3] 참조). 이와 같이 가족을 강조하고 다양한 전문 영역이 협력적으로 일한다는 특성에 의해서 초학문적 접근 모델은 특히 나이가 어린 영아에게 적절한 것으로 인식되고 있으나, 실제로 교육 현장에서는 학령기 장애 학생이나 통합 환경의 장애 유아에게도 유용하게 사용된다(Bruder, 1994; Rainforth & York-Barr, 1997). 뿐만 아니라,

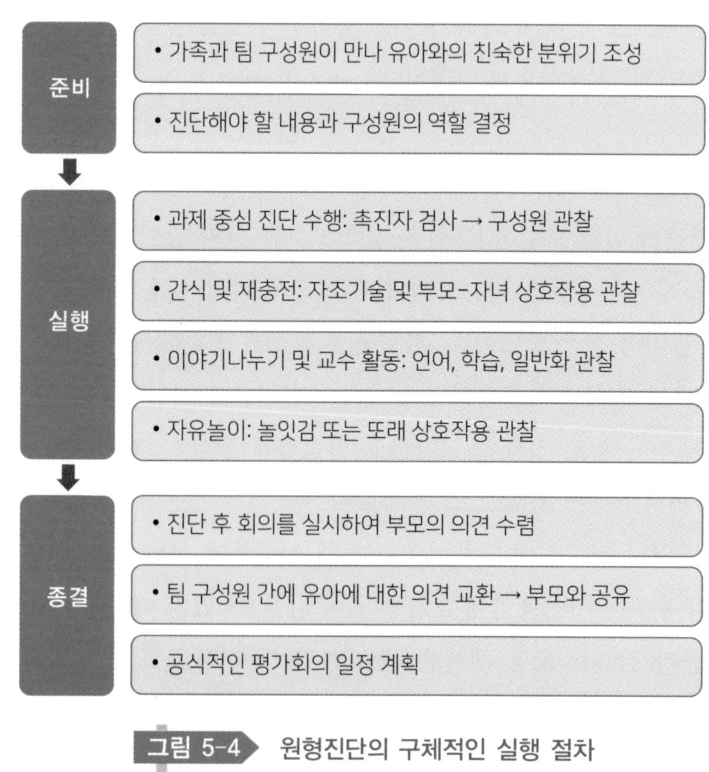

그림 5-4 원형진단의 구체적인 실행 절차

초학문적 팀 모델이 적용되는 경우 실제로 가족 구성원이 진단 및 평가로부터 중재에 이르기까지의 전 과정에 참여하는 비율이 높아지는 것으로 나타난다(Cross, 2012).

초학문적 접근의 대표적인 진단 방법으로 원형진단(arena assessment)이 있는데, 이는 다양한 영역의 전문가가 동시에 대상 유아를 진단하는 방법이다(McLean et al., 2004; Linder, 2009). 원형진단을 적용하게 되면 전문가가 각자 일하는 대신 유아를 동시에 진단함으로써 동일한 행동에 대해서 함께 평가하고 즉시 각자의 전문성에 따른 정보를 교환할 수 있다. 원형진단을 실시하는 구체적인 방법은 촉진자가 유아 및 부모와 상호작용하면서 구조화된 행동 샘플을 관찰할 수 있도록 유도하고 나머지 팀 구성원은 함께 그 행동을 관찰하면서 자신의 전문 영역과 관련된 평가를 하게 된다. 이때 각 구성원은 관찰을 통한 진단만 할 수도 있고, 필요한 경우에는 자신의 전문 영역과 관련해서 유아를 직접 진단할 수도 있다. [그림 5-4]와 [그림 5-5]는 원형진단을 수행하기 위한 구체적인 실행 절차와 장면을 보여 준다. 원형진단은 유아와 가족이 진단에 소모되는 실질적인 시간을 절약할 수 있게 해 주며, 특히 가족의 경우 여러 전문가에게 같은 정보를 반복해서 제공하지 않아도 된다는 장점을 지닌다. 또한 전문가는 다른 영역 전

그림 5-5 원형진단 실행 장면의 예

출처: McGonigel, M., Woodruff, G., & Roszmann-Millican, M. (1994). The transdisciplinary team: A model for family-centered early intervention. In L. Johnson, R. Gallagher, M. LaMontagne, J. Jordan, J. Gallagher, P. Hutinger, & M. Karnes (Eds.), *Meeting early intervention challenges: Issues from birth to three* (2nd ed.). Baltimore, MD: Paul H. Brookes.

문가의 기술과 지식을 즉각적으로 접하고 제공받을 수 있을 뿐만 아니라 동일한 행동을 함께 관찰함으로써 팀 구성원 간의 의견을 종합하고 일치시키기 쉽다는 장점을 지닌다.

지금까지 살펴본 세 가지 유형의 협력적 접근은 우열을 가리기 위한 비교 대상이기보다는 개별 유아에게 가장 적합한 방식의 협력 팀 구성을 위한 다양한 방법론적 접근으로 이해할 수 있다. 일반적으로 간학문적 접근은 다학문적 접근보다 우수한 방법으로 알려져 있지만, 초학문적 접근이 간학문적 접근보다 우수한 방법인가에 대해서는 논의가 이루어져 왔다(McLean et al., 2004). 그러나 최근에는 초학문적 접근이 진정한 의미에서의 협력을 어느 정도로 보장할 수 있는지 등의 여러 가지 고려해야 할 점이 있음에도 불구하고 가장 적절한 방법으로 인식된다(Bruder, 2010; DEC, 2015; Kilgo, Aldridge, Vogtle, Ronilo & Burton, 2017). 특히, 초학문적 접근은 (1) 서비스가 중복되는

표 5-13 협력 모형에 따른 세 가지 접근 방법의 장단점

협력 유형	장점	단점
다학문적 접근	• 서비스 계획과 제공에 하나 이상의 전문 영역이 참여한다. • 의사결정에 다양한 전문성이 반영된다.	• 통일된 접근을 실행하기 어렵다. • 팀의 결속력과 기여도가 부족하다.
간학문적 접근	• 활동과 교육목표가 서로 다른 영역끼리 보충하고 지원한다. • 하나로 통일된 서비스 계획에 기여한다. • 서비스 대표자를 통해서 정보를 공유할 수 있다.	• 전문가의 '고집'이 협력을 위협할 수도 있다. • 전문가가 융통성이 없는 경우 효율적이지 못할 수도 있다. • 서비스 대표자의 역할이 불분명하기 때문에 역할 수행에 있어서 독단적일 수 있다.
초학문적 접근	• 다양한 전문 영역 간의 상호작용을 격려한다. • 역할을 공유하도록 권장한다. • 종합적이면서 통일된 계획을 제공한다. • 유아에 대해서 좀 더 잘 이해하도록 돕는다. • 전문가의 지식 및 기술을 향상시키고 전문성을 강화한다.	• 다양한 영역의 전문가 참여가 요구된다. • 서비스 대표자의 역할을 하는 교사에게 가장 큰 책임이 주어진다. • 고도의 협력과 상호작용을 필요로 한다. • 전문가 간의 의사소통과 계획에 많은 시간이 소모된다.

것을 막을 수 있으며, (2) 유아의 발달을 통합적으로 보고 '풀 아웃' 모델이 아닌 자연적인 환경에서 서비스를 제공할 수 있으며, (3) 가족의 적극적이고 동등한 참여를 강조한다는 세 가지 측면에서 유아특수교육 분야에서의 최상의 협력 형태로 인정된다(DEC, 2015; Kilgo, 2006; McWilliam, 2016). 〈표 5-13〉은 협력 모형에 따른 세 가지 접근 방법의 장단점을 비교해서 보여 준다.

4. 수렴적 진단

앞에서도 강조하였듯이 유아특수교육에 있어서의 진단은 전문가와 부모가 하나의 팀으로 유아와 그 가족의 필요에 대해서 끊임없이 협의하고 수정하는 융통적이고 협력적인 의사결정의 과정으로 이루어진다(Bagnato et al., 2011). 그러나 실제로 교육 현장에서는 한 가지 기준에 의해서 진단 결과를 결정하는 일이 많은 것이 사실이다. 예를 들어, 심리학, 언어병리학, 작업치료 등의 특정 영역에서는 규준참조검사를 사용해야 신뢰롭고 타당한 진단 결과를 얻을 수 있다는 믿음으로 표준화 검사를 주로 사용한다. 앞에서도 지적하였듯이, 이러한 규준참조검사에 의한 측정은 대부분의 장애 유아에게 그 내용이나 방법 면에서 적절하지 않은 것으로 강조된다. 또한 검사 환경이 자연스럽지 못하다는 제한점으로 인해서 검사 결과로 나타난 유아의 행동이 실제로 그 유아를 대표할 수 있는 행동인지에 대한 의문점이 계속 남게 된다. 뿐만 아니라, 가족의 평가와 보고가 수렴되어야 한다는 이론적 주장에도 불구하고 실제로는 이러한 가족 참여가 보장되기 어렵다.

단일 기준에 의한 평가의 제한점을 극복하기 위해서 수렴적 진단(convergent assessment)이 권장된다. 수렴적 진단은 유아가 정해진 기술 또는 과제를 수행할 수 있는지 결정하기 위하여 다양한 근거, 도구, 장소, 상황, 사람을 통하여 정보를 수집하는 것을 의미한다(Bagnato & Neisworth, 1980; Division for Early Childhood, 2015; Venn, 2014). 그러므로 수렴적 진단은 포함되는 전문 영역의 다양성, 진단 대상 유아와 가족의 다차원적 측면, 진단 방법의 다양성, 정보 제공자의 다양성, 정보 수집 상황의 다양성, 문화적 배경의 다양성 등의 차원을 모두 고려한 절차로 이루어져야 한다. 예를 들어, 다양한 방법의 진단을 위해서 다양한 유형의 진단 도구(예: 표준화 검사, 준거참조검사, 교육과정 중심 진단)와 관찰 및 면담 등의 방법을 사용할 수 있으며, 이때 다양한 상황에서의 진단을 위해서 구조화된 진단 환경에서의 정보 수집과 함께 일상적인 일과나 활동 중에 이루어지는 맥락 중심의 진단이 포함될 수 있고, 다양한 정보원을 통한 진단을 위해서 가족을 포함하여 교사나 또래 등 여러 사람으로부터 정보를 수집할 수 있다.

5. 자연적 환경에서의 진단

정해진 검사 환경에서의 단일 검사 도구에 의한 진단은 "가장 짧은 시간 동안 낯선 환경에서 낯선 성인에 의해서 아동의 낯선 행동을 알아내는 과학"(Bronfenbrenner, 1977, p. 513)이라고 표현될 정도로 비판을 받는다. 실제로 이러한 진단을 통해서 얻어진 결과는 유아의 행동을 적절히 평가한 것인지에 대한 고려도 없이 특수교육 배치와 프로그램 계획에 사용되어 온 것이 사실이다. 그러나 검사 환경에서 관찰된 행동은 그 유아의 전형적인 행동을 나타내는 대표적인 행동으로 해석되어서는 안 된다(Bracken, 2007). 유아특수교육에서의 진단은 진단 대상자의 나이가 어리다는 점을 고려하여 유아가 자신의 기능을 최대한으로 발휘할 수 있는 환경을 조성해 주어야 한다. 또한 환경이나 검사자 변인이 진단 결과에 어떠한 영향을 미쳐서도 안 된다. 이것은 가능한 한 자연적인 환경 내에서 유아의 행동을 관찰함으로써 진단의 결과로 제시된 유아의 행동이 실제로 그 유아의 전형적인 행동을 대표하는 것이어야 함을 의미한다.

자연적 환경에서의 진단은 그 목적과 기능에 따라 다양한 방법으로 진행된다. 특정 상황에서 나타나는 유아의 행동을 모두 기록할 수도 있고(예: 일화 기록), 보다 구조화된 관찰 상황을 조성한 후 유아의 행동을 기록하고 수량화할 수도 있으며(예: 체계적인 관찰), 자유놀이나 반구조화된 놀이 상황에서 유아의 행동을 유도하여 관찰할 수도 있고(예: 놀이 중심 진단), 유아 행동에 영향을 미치는 환경적 요소를 관찰할 수도 있다(예: 생태학적 진단). 또한 진단 대상자의 나이가 너무 어리거나 심각한 장애로 인하여 공식적이거나 비공식적인 검사에 대한 반응이 제한되는 경우에는 전문가의 임상적인 관찰을 통하여 진단하기도 한다(예: 판단에 근거한 진단). 이 외에도 수행 및 사실진단이나 역동적 진단 등의 방법이 자연적인 상황에서의 관찰을 통한 진단 방법으로 활용되고 있다. 〈표 5-14〉는 자연적인 환경에서 이루어지는 다양한 종류의 진단 방법을 보여 준다.

표 5-14 자연적인 환경에서의 진단 방법

종류	방법	진단의 예
일화 기록	특정 상황에서의 유아의 행동을 모두 기록하는 방법으로 초기 진단의 일부로 또는 진도점검에 사용됨	• 전체 기록 • 의사소통 표집법
체계적인 관찰	가정이나 유치원 등의 자연적이거나 구조화된 환경에서 계획된 관찰을 통하여 유아의 행동을 기록하고 수량화하는 방법	• 빈도기록법 • 등간기록법 • 시간표집법 • 지속시간기록법
판단에 근거한 진단	전문가나 부모 등의 양육자가 유아 관찰을 근거로 유아의 기능에 대한 견해를 기록하는 방법	• 베일리 영유아 발달검사 3판 (K-BSID-Ⅲ) • 한국판 아동기 자폐 평정 척도 2 (K-CARS 2)
놀이 중심 진단	자연적인 환경에서의 유아의 놀이를 관찰함으로써 행동을 평가하는 방법으로 자유놀이나 반구조화된 놀이 상황에서 촉진자가 유아의 행동을 유도함으로써 관찰이 이루어짐	• 영유아를 위한 사정, 평가 및 프로그램 체계(AEPS) • 초학문적 놀이 중심 진단(TPBA)
생태학적 진단	가정, 유치원, 보육기관 등의 유아의 전형적인 환경에 대한 물리적 사회적 요소를 관찰하여 정보를 제공함	• 상호작용 진단 • 유아교육기관 환경에 대한 자체 평가 • 체크리스트를 이용한 환경 평가
수행 및 사실진단	성취도 검사와 같은 집단검사 대신 실제 수행 상황에서의 유아의 노력에 근거해서 진단하는 방법으로 수행진단은 특정 과제를 수행하게 한 후에, 사실진단은 자연적인 상황에서 관찰함. 유아의 작업 샘플, 사진, 동영상 등이 활용되며 학습의 과정과 결과물 모두에 초점을 맞춤	• 포트폴리오 진단 • 영유아를 위한 사정, 평가 및 프로그램 체계(AEPS)
역동적 진단	교수 상황에서 학습하는 능력을 평가하는 생태학적 접근으로 유아를 교수함으로써 유아가 어떻게 학습하고 반응하며, 교수로부터 무엇인가를 학습하는 능력에 방해가 되는 요인이 무엇인지를 결정하는 데 사용됨	• 진단-교수-진단의 순환적 실행

요약

유아와 그 가족에게 필요한 교육을 제공하기 위해서는 그 내용과 실행 방법을 계획하기 위한 정보 수집 과정이 선행되어야 한다. 장애 유아 진단 및 평가는 이러한 정보를 수집하고 수집된 정보를 통해서 필요한 결정을 내리는 과정이다. 그러므로 장애 유아를 위한 교육의 질적 향상을 보장하기 위해서는 진단 및 평가가 가장 우선적으로 이루어져야 하는 중요한 과정임을 알 수 있다. 장애 유아를 위한 바람직한 진단 및 평가가 이루어지기 위해서는 그 이론적 배경의 이해가 선행되어야 하며, 교육 현장에서 사용할 수 있는 다양한 기능의 진단 및 평가 도구가 개발되어 있어야 하고, 이러한 도구와 함께 적절한 정보 수집 방법을 적용할 수 있는 전문적인 능력도 갖추어야 한다.

이 장에서는 장애 유아 진단 및 평가와 관련된 구체적인 내용을 살펴보았다. 먼저 진단 및 평가가 지니는 의미부터 시작해서 관련 개념을 살펴보았으며, 장애 유아 진단이 지니는 다양한 목적과 기능을 다음과 같은 실행 단계에 따라 각각의 개념과 역할을 중심으로 알아보았다: (1) 대상자 발견, (2) 선별, (3) 장애진단 및 적격성 판정, (4) 교육진단, (5) 진도점검, (6) 프로그램 평가. 또한 진단을 실행하기 위한 구체적인 방법으로 검사, 관찰, 면담에 대하여 설명하였다.

다음으로 장애 유아를 대상으로 진단을 실행하는 과정에서 나타나는 여러 가지 어려움을 바람직한 진단을 제한하는 세 가지 요인으로 나누어 설명하였다. 첫째는 진단의 대상자가 나이가 어린 장애 유아라는 사실로 인해서 나타나는 대상자 관련 제한점을 설명하였으며, 둘째는 검사자의 전문성 및 관련 영역 간 협력의 부족으로 인해서 나타나는 진단자 관련 제한점에 대해서 설명하였고, 마지막으로 검사 도구를 사용함에 있어서 도구의 목적, 질, 내용, 검사 환경, 장애 유아를 위한 수정 가능성 등의 요인에 의해서 나타나는 도구 관련 제한점에 대해서 설명하였다. 이 장의 마지막 부분에서는 이러한 방해 요인에 의해서 어려움을 겪고 있는 장애 유아 진단 및 평가가 현장에서 최상의 실제가 되기 위해서 반드시 고려되어야 하는 요소를 살펴보았다. 장애 유아를 위한 진단은 가장 먼저 주요 발달 영역 진단을 포함해야 하며, 진단 과정에 가족이 주요 역할자로 참여해야 하고, 필요한 전문 영역이 하나의 팀으로 협력적인 접근을 해야 하며, 다양한 방법으로 다양한 근거의 정보를 포괄적으로 수집해야 하고, 자연적 환경에서의 관찰을 통하여 유아의 기능을 정확하게 평가할 수 있어야 한다.

참고문헌

교육과학기술부(2010). 2010 특수교육통계. 서울: 저자.

김정미, 신희선(2006). 아동발달검사. 서울: 인싸이트 심리연구소.

김정미, 신희선(2011). 영유아발달선별검사. 서울: 인싸이트 심리연구소.

김태련, 박랑규(2007). 심리교육프로파일 개정판. 서울: 주식회사 펑키밍키.

노진아(2007). 유아특수교사의 양성방안에 대한 고찰. 특수교육재활과학연구, 46(1), 1-20.

문수백, 변창진(2002). 한국카우프만 아동지능검사 2. 서울: 인싸이트 심리검사연구소.

박현옥, 강혜경(2018). 유아특수교사 양성을 위한 실습과정 탐색: 현장 전문가의 목소리를 중심으로. 특수교육, 17(4), 87-109.

박혜원, 이경옥, 안동현(2016). 한국 웩슬러 유아지능검사. 서울: 인싸이트 심리검사연구소.

방희정, 남민, 이순행(2017). 한국형 베일리 영유아 발달검사(3판). 서울: 인싸이트 심리검사연구소.

보건복지부(2018). 한국영유아발달선별검사(개정판). 오송: 보건복지부 질병관리본부.

신희선, 한경자, 오가실, 오진주, 하미나(2002). 한국형 덴버발달선별검사. 서울: 현문사.

이순자, 김병건, 박유정(2017). 한국과 미국의 유아교육교사 양성 교육과정 비교분석: 특수교육대상유아 통합교육을 위한 교사교육의 시사점. 유아교육학논집, 21(3), 83-113.

이소현(2001). 특수아 조기교유에 있어서의 진단과 교육과정 연계를 위한 방법론 고찰. 특수교육학연구, 36(3), 165-196.

이소현, 김선경, 김지영(2014). 지역사회 기관 중심의 자폐 범주성 장애 선별 가능성 탐색. 특수교육, 13(3), 99-117.

이소현, 김수진, 박현옥, 부인앵, 원종례, 윤선아, 이수정, 이은정, 조윤경, 최윤희(2009). 교육진단 및 교수계획을 위한 장애 유아 진단 및 평가. 서울: 학지사.

이소현, 박순희, 김경희(2002). 유아특수교육 기관에서의 장애 유아 교육진단 및 교육과정 운영 실태 조사. 특수교육학연구, 36(4), 191-212.

이소현, 최윤희, 윤선아, 이수정, 박나리, 김지영, 고동희(2007). 장애 영유아를 위한 교육과정-중심 진단도구의 질적 구성요소 분석: 한국 유아특수교육 현장에서의 활용을 위한 고찰. 유아특수교육연구, 7(1), 43-70.

한국교육평가학회(2004). 교육평가 용어사전. 서울: 학지사.

허계형, Squires, J., 이소영, 이준석(2006). K-ASQ(한국형 Ages & Stages Questionnaires) 부모작성형 유아 모니터링 체계. 서울: 서울장애인종합복지관.

황순택, 김지혜, 홍상황(2014). 바인랜드적응행동척도(2판). 대구: 한국심리 주식회사.

Bagnato, S. (2007). *Authentic assessment for early childhood intervention: Best practices*. New York, NY: The Guilford Press.

Bagnato, S., & Neisworth, J. (1980). The Intervention Efficiency Index (IEI): An approach to preschool program accountability. *Exceptional Children, 46*, 264-269.

Bagnato, S., Neisworth, J., & Frontczak, P. (2011). *Linking authentic assessment & early childhood intervention: Best measures for best practices* (2nd ed.). Baltimore, MD: Brookes.

Bailey, D. B., Palsha, S., & Simeonsson, R. J. (1991). Professional skills, concerns and perceived importance of work with families in early intervention. *Exceptional Children, 58*, 156-165.

Bailey, D., Simeonsson, R., Yoder, D., & Huntington, B. (1990). Infant personnel preparation across eight disciplines: An integrative analysis. *Exceptional Children, 57*, 26-35.

Bailey, D., Vandiviere, P., Dellinger, J., & Munn, D. (1987). The Battelle Developmental Inventory: Teacher perceptions and implementation data. *Journal of Psychoeducational Assessment, 3*, 217-226.

Bailey, D. B., & Wolery, M. (2003). 장애 영유아를 위한 교육(이소현 역). 서울: 이화여자대학교 출판부. (원저 1992년 출간)

Benner, S., & Grim, A. (2013). *A practical guide of assessing infants and preschoolers with special needs: A context-based approach* (2nd ed.). New York: Routledge.

Berkant, H., OZ, A., & Atilgan, G. (2019). Parents' and teachers' roles in parent involvement in special education: Who is responsible, to what extent? *International Online Journal of Educational Science, 11*, 20-36.

Bondurant-Utz, J. (2002). *A practical guide to assessing infant and preschoolers with special needs.* Upper Saddle River, NJ: Pearson.

Bracken, B. (2007). Clinical observation of preschool assessment behavior. In B. Bracken(Ed.), *Psychoeducational assessment of preschool children* (4th ed., pp. 95-110). New York: Routledge.

Bredekamp, S., & Rosegrant, T. (Eds.). (1993). *Reaching potentials: Appropriate curriculum and assessment for young children* (Vol. 1). Washington, DC: National Association for the Education of Young Children.

Bricker, D., Bailey, E., & Slentz, K. (1990). Reliability, validity, and utility of the Evaluation and Programming System: For infants and young children: Developmentally 1 month to 3 years and the Parent EPS-1. *Journal of Early Intervention, 14*, 147-158.

Bronfenbrenner, U. (1977). Toward an experimental ecology of human development. *American Psychologist, 32*, 513-531.

Brown, C., & Seklemian, P. (1993). The individualized functional assessment process for young children with disabilities: Lessons from the Zebley Decision. *Journal of Early Intervention, 17*, 239-252.

Bruder, M. (1994). Working with members of other disciplines: Collaboration for success. In M. Wolery & J. S Wilbers (Eds.), *Including children with special needs in early childhood programs* (pp. 45-70). Washington, DC: National Association for the Education of Young Children.

Bruder, M. (2010). Early childhood intervention: A promise to children and their families for their future. *Exceptional Children, 76*, 339-355.

Cohen, L., & Spenciner, L. (2014). *Assessment of young children with special needs* (5th ed.). Upper Saddle River, NJ: Pearson.

Cook, R., Richardson-Gibbs, A. & Nielsen, L. (2017). *Strategies for including children with special needs in early childhood settings* (2nd ed.). Boston: Cengage Learning.

Cook, R., Klein, M. D., & Tessier, A. (2008). *Adapting early childhood curricula for children with special needs* (7th ed.). Upper Saddle River, NJ: Pearson.

Cross, A. (1977). Diagnosis. In L. Cross & K. Goin (Eds.), *Identifying handicapped children: A guide to casefinding, screening, diagnosis, assessment, and evaluation* (First Chance Series). New York: Walker.

Cross, R. (2012). Parental involvement: Transdisciplinary service delivery model increases parental involvement in special education students. *Colleagues, 8*, Article 10.

Department of Education (DFE). (1994). *Code of practice on the identification and assessment of special educational needs*. UK: Author.

Diamond, K., & Squires, J. (1993). The role of parental report in the screening and assessment of young children. *Journal of Early Intervention, 17*, 107–115.

Division for Early Childhood (DEC). (2015). *DEC recommended practices monograph series No. 1: Enhancing services for young children with disabilities and their families*. Los Angeles, CA: Author.

Dunst, C., & Rheingrover, R. (1981). Discontinuity and instability in early development: Implications for assessment. *Topics in Early Childhood Special Education, 1*, 49–60.

Dunst, C., Trivette, C., & Deal, A. (1999). *Enabling and empowering families: Principles and guidelines for practice*. Cambridge, MA: Broookline Books.

Fuchs, D. (1987). Examiner familiarity effects on test performance: Implications for training and practice. *Topics in Early Childhood Special Education, 7*, 90–104.

Gargiulo, R., & Kilgo, J. (2020). An introduction to *young children with special needs: Birth through age eight* (5th ed.). Los Angeles, CA: SAGE.

Glascoe, F., & Byrne, H. (1993). The accuracy of three developmental screening tests. *Journal of Early Intervention, 17*, 368–379.

Glascoe, F., Martin, E., & Humphrey, S. (1990). A comparative review of developmental screening tests. *Pediatrics, 86*, 547–554.

Greenspan, S., & Meisels, S. (1996). Toward a new vision for the developmental assessment of infants and young children. In S. Meisels & E. Fenichel (Eds.), *New visions for the developmental assessment of infants and young children* (pp. 27–52). Washington, DC: National Center for Infants, Toddlers, and Families.

Grisham-Brown, J., & Pretti-Frontczak, K. (2011). *Assessing young children in inclusive settings: The blended practices approach*. Baltimore: Brookes.

Grisham-Brown, J., & Hemmeter, M. (2017). *Blended practices for teaching young children in inclusive settings* (2nd ed.). Baltimore: Brookes.

Handen, B., Feldman, R., & Honigman, A. (1987). Comparison of parent and teacher assessments of developmentally delayed children's behavior. *Exceptional Children, 54*, 137–144.

Hemmeter, M., Joseph, G., Smith, B., & Sandall, S. (2001). *DEC recommended practices program assessment: Improving practices for young children with special needs and their families*.

Denver, CO: Sopris West.

Hooper, S., & Umansky, W. (2013). *Young children with special needs*(6th ed.). Boston: Pearson.

Johnson, L., & Beauchamp, K. (1987). Preschool assessment measures: What are teachers using? *Journal of the Division for Early Childhood, 12*, 70-76.

Joint Committee on Standards for Educational Evaluation. (1994). *The program evaluation standards: How to assess evaluations of educational programs*. Thousand Oaks, CA: Sage.

Jones, B., & Peterson-Ahmad, M. (2017). Preparing new special education teachers to facilitate collaboration in the individualized education program process through mini-conferencing. *International Journal of Special Education*, *32*, 697-707.

Jordan, J., Gallagher, J., Huntinger, P., & Karnes, M. (Eds.). (1988). *Early childhood special education: Birth to three*. Reston, VA: Council for Exceptional Children.

Kamio, Y., Moriwaki, A., & Inada, N. (2013). Utility of teacher-report assessments of autistic severity in Japanese school children. *Autism research and treatment*, *2013*, 1-9.

Keilty, B., & Trivette, C. (2017). Working with families: Today and tomorrow. In Division for Early Childhood, *Family: Knowing families, tailoring practices, building capacity* (pp. i-xiii). Washington DC: Division for Early Childhood.

Kilgo, J. (Ed.). (2006). *Transdisciplinary teaming in early intervention/early childhood special education*. Olney, MD: Association for Childhood Education International.

Kilgo, J., Aldridge, J., Vogtle, L., Ronilo, W., & Bruton, A. (2017). Teaming, collaboration, and case-based learning: A transdisciplinary approach to early intervention/early childhood special education. *International Journal of Case Studies*, *6*, 7-12.

Lerner, R. (2018). *Concepts and theories of human development* (4th ed.). New York, NY: Routledge.

Linder, T. (2009). *Administration guide for Transdisciplinary Play-Based Assessment 2 and Transdisciplinary Play-Based Intervention 2* (2nd ed.). Baltimore, MD: Brookes.

Lopata, C., Donnelly, J., Jordan, A., Thomeer, M., Mcdonald, C., & Rodgers, J. (2016). Brief report: Parent-teacher discrepancies on the developmental social disorders scale (BASC-2) in the assessment of high-functioning children with ASD. *Journal of Autism and Developmental Disorders*, *46*, 3183-3189.

Major, S., Seabra-Santos, M., & Martin, R. (2015). Are we talking about the same child?: Parent-teacher ratings of preschoolers' social-emotional behaviors. *Psychology in the Schools*, *52*, 789-799.

Mayes, S., & Lockridge, R. (2018). Brief Report: How accurate is teacher report of autism symptoms compared to parent report?. *Journal of Autism and developmental disorders*, *48*, 1833-1840.

McClain, M., Otero, T., Haverkamp, C., & Molsberry, F. (2018). Autism spectrum disorder assessment and evaluation research in 10 school psychology journals from 2007 to 2017. *Psychology in the Schools*, *55*, 661-679.

McGonigel, M., Kaufman, R., & Johnson, B. (1991). *Guidelines and recommended practices for the individualized family service plan* (2nd ed.). Bethesda, MD: Association for the Care of Children's Health.

McLean, M., Wolery, M., & Bailey, D. (2004). *Assessing infants and preschoolers with handicaps* (3rd.

ed.). Upper Saddle River, NJ: Pearson.

McLean, M., Hemmeter, M., & Snyder, P. (2014). *Essential elements for assessing infants and preschoolers with special needs*. Upper Saddle River, NJ: Pearson.

McWilliam, R. (2016). Birth to three: Early intervention. In B. Reichow, B. Boyd, E. Barton, & S. Odom (Eds.), *Handbook of early childhood special education* (pp. 75-88). Cham, Switzerland: Springer.

Meisels, S. (1991). Dimensions of early identification. *Journal of Early Intervention*, *15*, 26-35.

Neisworth, J., & Bagnato, S. (2005). DEC recommended practices: Assessment. In S. Sandal, M. Hemmeter, B. Smith, & M. McLean (Eds.), *DEC recommended practices: A comprehensive guide to practical application in early intervention/ealry childhood special education* (pp. 45-69). Missoula, MT: Division for Early Childhood.

Peterson, N. (1987). *Early intervention for handicapped and ar-risk children: An introduction to early childhood-special education*. Denver: Love Publishing Company.

Rainforth, B., & York-Barr, J. (1997). *Collaborative teams for students with severe disabilities: Integrating therapy and educational services*. Baltimore: Brookes.

Raver, S. (2009). *Early childhood special education-0 to 8 years: Strategies for positive outcomes*. Upper Saddle River, NJ: Pearson.

Reis, H., Pereira, A., & Almeida, L. (2017). A comparison of parent and professional perceptions of children with autism spectrum disorder in Portugal. *British Journal of Special Education*, *44*, 257-272.

Sacrey, L., Bryson, S., Zwaigenbaum, L., Brian, J., Smith, I., Roberts, W., et al. (2018). The autism parent screen for infants: Predicting risk of autism spectrum disorder based on parent-reported behavior observed at 6-24 months of age. *Autism: The International Journal of Research and Practice*, *22*, 322-334.

Salvia, J., Ysseldyke, J., & Witmer, S. (2017). *Assessment in special education and inclusive education* (13th ed.). Boston: Cengage Learning.

Sandall, S., Hemmeter, M., Smith, B., & McLean, M. (Eds.). (2005). *DEC recommended practices: A comprehensive guide for practical application in early intervention/early childhood special education*. Missouri, MT: Division for Early Childhood.

Sandstrom, H., & Huerta, S. (2013). *The negative effects of instability on child development: A research synthesis*. Washington, DC: Urban Institute.

Sattler, J. (2018). *Assessment of children* (6th ed.). San Diego, CA: Jerome M. Sattler.

Schwartz, I., & Olswang, L. (1996). Evaluating child behavior change in natural settings: Exploring alternative strategies for data collection. *Topics in Early Childhood Special Education*, *16*, 82-101.

Sexton, D., Miller, J., & Rotatori, A. (1985). Determinants of professional-parental agreement for the developmental status of young handicapped children. *Journal of Psychoeducational Assessment*, 4, 377-390.

Silverman, K., Hong, S., & Trepanier-Street, M. (2010). Collaboration of teacher education and child disability health care: Transdisciplinary approach to inclusive practice for early childhood pre-service teachers. *Early Childhood Education Journal, 37*, 461–468.

Slade, N., Eisenhower, A., Carter, S., & Blacher, J. (2018). Satisfaction with individualized education programs among parents of young children with ASD. *Exceptional Children, 84*, 242–260.

Snyder, S. (1993). *Program evaluation: DEC Recommended Practices*. Alabama: Council for Exceptional Children.

Snyder, S., & Sheehan, R. (1996). Program evaluation. In S. Odom & M. McLean (Eds.), *Early intervention/early childhood special education: Recommended practices*(pp. 359–378). Austin, TX: Pro-Ed.

Soukakou, E. (2016). *Inlcusive classroom profile (ICP): Manual* (Research Edition). Baltimore, MD: Brookes.

Strickland, J., Hopkins, J., & Keenan, K. (2012). Mother-teacher agreement on preschoolers' symptoms of ODD and CD: Does context matter? *Journal of Abnormal Child Psychology, 40*, 933–43.

Squires, J. (2015). Guiding principles for accurate and efficient decision making. In Division for Early Childhood, *DEC recommended practices: Enhancing services for young children with disabilities and their families* (DEC Recommended Practices Monograph Series No. 1., pp. 37–52). Los Angeles, CA: Author.

Squires, J., Nickel, R., & Bricker, D. (1990). Use of parent-completed developmental questionnaires for child-find and screening. *Infants and Young Children, 3*, 46–57.

Szarko, J., Brown, A., & Watkins, M. (2013). Examiner familiarity effects for children with autism spectrum disorders. *Journal of Applied School Psychology, 29*, 37–51.

Tunbull, A., Turnbull, R., Erwin, E., Soodak, L., & Shogren, K. (2015). *Families, professionals, and exceptionality: Positive outcomes through partnerships and trust* (7th ed.). Upper Saddle River, NJ: Pearson.

Venn, J. (2014). *Assessing students with special needs* (5th ed.). Upper Saddle River, NJ: Pearson.

Weatherford, D. (1986). The challenger of evaluating early intervention programs for severely handicapped children and their families. In L. Bickman & D. Weatherford (Eds.), *Evaluating early intervention programs for severely handicapped children and their families*. Austin, TX: Pro-Ed.

Wolery, M. (2004). Monitoring children's progress and intervention implementaion. In M. McLeann, M. Wolery, & D. Bailey Jr. (Eds.), *Assessing infants and preschoolers with special needs* (3rd ed., pp. 545–584). Upper Saddle River, NJ: Merrill.

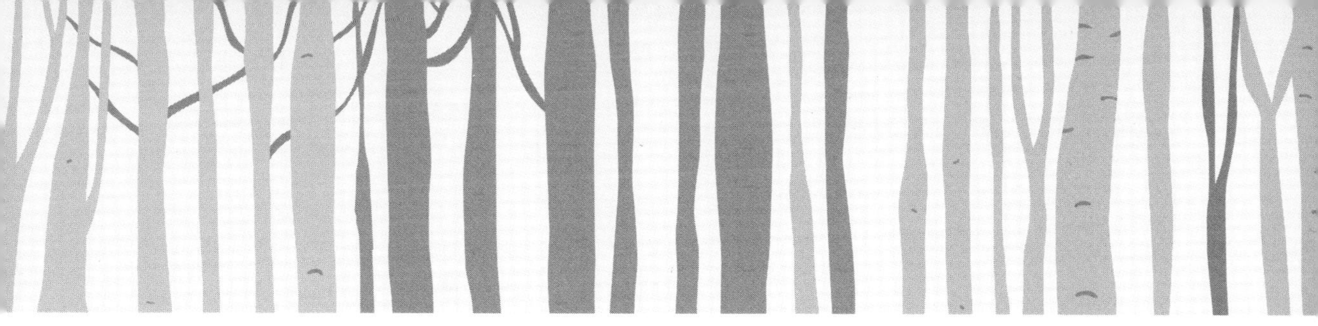

제6장

교육진단 및 교수계획

I. 교육진단

1. 교육진단의 이론적 배경

1) 교육진단의 정의 및 목적

유아특수교육에 있어서 진단은 진행적인 과정이다. 5장에서 설명한 바와 같이 진단은 그 목적에 따라서 여러 단계로 구성되며 일련의 연속적인 과정으로도 설명된다. 특히 나이가 어린 장애 유아를 교수하는 현장에서는 진단과 교수계획, 중재, 평가의 모든 단계가 서로 중복되는 단계임이 강조되며(McCormick, 2002), 이것은 [그림 6-1]에서와 같은 연계적인 관계로도 설명될 수 있다. 그러므로 교육진단은 장애 유아 교육 현장에서 이들을 가르치기 위한 교수계획의 단계이면서 또한 교수와 평가로 연결되는 매우 중요한 과정이라고 할 수 있으며, 1회적인 사건으로 끝나는 것이 아니라 교수와 연계해서 지속적으로 반복되는 과정이라고 할 수 있다.

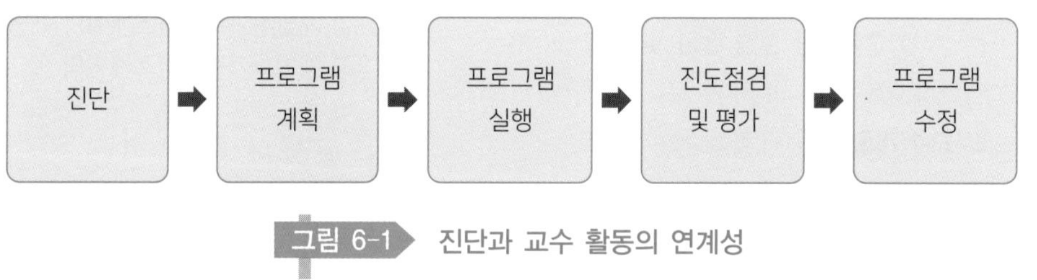

그림 6-1 진단과 교수 활동의 연계성

교육진단은 장애를 판별하고 특수교육의 적격성을 결정하기 위한 장애진단과는 매우 다르다. 다시 말해서, 장애를 판별하기 위해서 사용되는 표준화 검사의 결과만으로 교육 프로그램을 계획하고 중재를 제공해서는 안 된다. 교육 프로그램을 계획하기 위한 교육진단은 대상 유아가 자신의 자연적인 환경에서 어떻게 기능하고 있는지를 알기 위해서 정확한 강점과 요구 등을 평가하는 목적을 지닌다. 그러므로 교육진단을 통해서 얻어진 정보는 교육 현장에서의 실제적인 교수계획을 위해서 유용하게 사용될 수 있어야 한다. 〈표 6-1〉은 교육진단이 특수교육 적격성 판정을 위한 장애진단과 어떻게 다른지 보여 준다.

표 6-1 장애진단과 교육진단의 차이

적격성 판정을 위한 장애진단	프로그램 계획을 위한 교육진단
• 대상 유아를 집단과 비교한다.	• 유아의 발달 기술, 행동, 지식에 있어서의 현행 수준을 결정한다.
• 이미 정해진 항목이나 기술을 포함하고 있는 검사 도구, 관찰, 점검표 등을 사용한다.	• 유아가 자신이 생활하고 있는 환경에서 기능하기 위해서 필요한 기술과 행동을 결정한다.
• 유아의 기술이나 행동이 정해진 수준 이하인지 결정한다.	• 유아의 가족과 주 양육자가 중요하다고 생각하는 기술, 행동, 지식을 결정한다.
• 대상 유아가 다른 유아들과 어떻게 다른지를 결정하기 위해서 계획된다.	• 유아의 개별적인 강점과 학습 양식을 결정하기 위해서 계획된다.
• 진단 도구의 항목은 어린 유아의 일상적인 생활 특성을 반영하지 않는다.	• 진단 도구의 항목은 일반적으로 준거참조검사거나 유아의 일상적인 생활에서 중요한 기능적 기술에 초점을 맞춘다.

출처: Davis, M., Kilgo, J., & Gamel-McCormick, M. (1998). *Young children with special needs: A developmentally appropriate approach* (p. 81). Boston, MA: Allyn & Bacon.

2) 진단-교수 연계의 중요성

유아특수교육에 있어서의 진단은 비전형적인 발달을 보이거나 행동 문제를 보이는 유아의 잠재력을 측정해야 한다는 측면에서 매우 도전적인 과제라 할 수 있다. 이것은 만일 교사가 이와 같은 과제를 제대로 수행하지 못한다면, 즉 유아의 잠재력을 잘못 측정한다면 이제 막 학습이 시작된 생애 초기에 이들의 잠재력을 제한하는 결과를 초래할 수 있기 때문이다(Bagnato, Neisworth, & Pretti-Frontczak, 2010). 그러므로 이 시기의 정확한 정보 수집을 통하여 가장 효율적인 지원을 제공하고자 하는 노력의 일환으로 이루어지는 진단-교수 연계는 그 중요성이 크다고 할 수 있다.

이 책의 5장에서도 살펴본 바와 같이, 교육진단을 실시하는 주요 목적은 유아를 위한 최적의 교육 프로그램을 계획하기 위하여 필요한 정보를 수집하는 것이다. 장애 유아를 위한 교육과정은 전형적인 발달을 성취하게 하고 환경 내에서 잘 기능하게 한다는 목적을 지닌다. 그러나 이렇게 전형적인 발달과 환경의 요구에 부응하는 교육과정의 내용은 너무나 방대하기 때문에 특정 유아의 특정 필요에 따라 그 내용을 선정하기가 매우 어려운 것이 사실이다. 이러한 어려움 때문에 교육과정의 방대한 내용 중 유아의 필요에 부응하는 내용을 선정하기 위해서 진단 활동이 필요한 것이다. 교육 프로그램을 계획하기 위한 교육진단은 유아가 독립적으로 수행할 수 있는 기술, 독립적인 수행을 위해서 지원이나 보조 및 수정이 필요한 기술, 수행하지 못하는 기술, 효과적이고 효율적인 교수 방법, 교수 활동에 영향을 미칠 수 있는 다양한 변인을 식별해 낼 수 있어야 한다.

대부분의 교육 프로그램은 직접적인 교수 활동으로 다음과 같은 다섯 가지 기능을 포함한다: (1) 진단, (2) 프로그램 계획, (3) 프로그램 실행, (4) 진도점검 및 프로그램 평가, (5) 프로그램 수정. [그림 6-1]에서도 볼 수 있듯이, 이 다섯 가지 기능은 서로 밀접하게 연계된다. 프로그램을 계획하기 전에 진단이 이루어져야 하며, 프로그램의 계획은 그 실행과 연계되어 있고, 또 실행은 진도점검과 평가로 이어져 프로그램의 수정으로 연결된다. 그러므로 진단은 교육 프로그램의 원활한 실행을 위한 첫 단추로서 매우 중요한 역할을 하게 되는데, 이 단계에서 진단이 프로그램 계획을 위한 기본적인 정보를 제공하지 못한다면 그 이후에 연속적으로 뒤따르는 교수 활동도 원활하게 이루어질 수 없기 때문이다.

이와 같이 유아특수교육에 있어서의 진단과 교수 활동은 두 개의 분리된 활동이라기보다는 연계선상의 연속적인 활동으로 상호 보완적인 역할을 하게 된다(이소현, 2001). 진단이 무엇인가를 결정하기 위해서 정보를 수집하는 과정으로 정의된다면 그 자체가 목적이기보다는 무엇인가를 이루기 위한 하나의 수단으로 인식되어야 한다(Wolery, 2003). 이와 같은 정의와 인식을 교육과정 운영 체계 내에서 고려한다면 진단은 가르쳐야 할 내용과 방법을 결정하고 가르친 내용이 잘 학습되었는지를 평가하기 위한 수단으로 정보를 수집하는 것을 의미한다. 이것은 교수 활동보다 먼저 시행되는 진단이 교수 활동의 기초가 되어야 하며, 교수 활동의 결과와 이에 대한 평가가 재진단의 필요성을 결정하고 그 방향을 정해 주는 기초 자료로 다시 사용되어야 함을 시사한다.

이상과 같은 맥락에서 진단-교수 연계는 매우 중요한 의미를 지닌다고 할 수 있다. 그러나 교수 활동과 연계된 형태로 진단을 실시하고 진단의 결과와 연계된 형태로 교수 활동을 실행하는 것은 단순한 작업이 아니다. 진단-교수 연계가 잘 이루어지기 위해서는 교사가 먼저 이러한 연계의 중요성을 인식하고 연계적 실행을 가능하게 하는 구체적인 방법론을 습득해야 한다.

2. 교육진단의 실제

1) 교육진단을 위한 일반적인 지침

교육진단은 그 역할이 교육의 성패를 좌우할 수도 있기 때문에 그 중요성이 간과되어서는 안 된다. 교육진단은 그 결과가 실제로 교수 활동과 직접적으로 연계될 때에만 교육진단으로서의 역할을 다할 수 있으며, 이를 통해서 적절한 교육 프로그램이 운영될 수 있다. 그러므로 교사는 교육진단의 목적을 분명하게 인식하고, 교육진단의 다양한 실행 모델을 이해함과 동시에 구체적인 교육진단의 실행 방법을 알아야 한다.

유아특수교육 현장에서 교육진단이 최상의 실제로 이루어지기 위해서는 다음과 같은 네 가지 요소가 고려된다(Neisworth & Bagnato, 1996): (1) 진단 결과의 활용도, (2) 진단 과정의 사회적 타당도, (3) 정보 수집의 다양성, (4) 팀 중심의 합의된 결정.

첫째, 진단의 결과가 실제로 교수 활동을 위해서 유용하게 사용될 수 있어야 한다. 교육진단은 교육 프로그램을 계획하기 위한 목적으로 수행되기 때문에 진단을 통해서 중재를 위한 장단기 교수목표를 결정할 수 있어야 한다는 것이다. 이것은 진단이 유아의 발달 또는 행동상의 변화를 위한 교수목표를 분명하게 제시할 수 있어야 하며, 진단 과정이 교수 활동의 선정에 도움이 되어야 할 뿐만 아니라, 이후의 교수나 프로그램 효과를 평가함에 있어서도 역할 할 수 있어야 함을 의미한다. 교수 활동 계획에 유용한 결과를 가져오기 위해서 진단은 유아가 실제로 생활하는 자연적인 환경에서 이루어져야 하며, 유아를 잘 아는 가족이 참여해야 하고, 행동에 있어서의 작은 변화도 감지할 수 있도록 검사 또는 관찰 단위가 충분히 민감해야 하며, 개별 유아의 강점과 요구가 잘 측정될 수 있도록 항목이나 자료를 수정할 수 있어야 한다(Bagnato et al., 2010). 일반적으로 교육진단에서 수집된 자료와 그 결과는 이 장의 뒷부분에서 설명하게 될 개별화교육계획을 개발하는 데 사용된다. 그러므로 바람직한 진단은 유아의 전반적인 발달 영역과 행동 영역 모두를 포함하여 각 영역에 대한 유아의 기능을 진단해야 하며, 결과적으로 유아의 현재 기능에 대한 설명과 우선적인 교수목표를 제시해 줄 수 있어야 한다. 〈표 6-2〉는 이러한 두 가지 요소에 대한 설명과 교육 현장 적용의 예를 보여 준다.

둘째, 교육진단은 그 과정 자체가 사회적 타당도를 지녀야 한다. 다시 말해서 진단의 과정이 가치 있고 수용적인 것으로 판단되어야 한다는 것이다. 이것은 진단 과정을 통해서 사회적으로 가치 있고 유아에게 중요한 교수목표가 수립될 수 있어야 함을 의미하며, 또한 진단에 사용되는 자료나 방법이 사회적으로 수용적인 것이어야 함을 의미한다. 또한 더 나아가서는 진단이 사회적으로 중요한 변화를 발견해 낼 수 있어야 함을 의미한다.

셋째, 교육진단은 다양한 정보를 근거로 이루어져야 한다. 5장에서 제시한 전반적인 진단 및 평가를 위한 최상의 실제에서 수렴적 진단이 강조되었던 것과 같이 교육진단

표 6-2 교육진단 결과를 교수계획에 활용하기 위한 요소

요소	내용	적용의 예
유아의 현재 기능에 대한 상세한 설명	진단 결과는 (1) 유아의 모든 관련 영역에 대한 발달 기술, (2) 유아가 할 수 있거나 할 수 없는 것, (3) 유아의 기술/능력에 영향을 미치는 요인을 설명해야 한다.	교사는 윤희의 진단 결과를 분석하고, 윤희가 각 발달 영역에서 할 수 있는 것과 할 수 없는 것을 요약하고, 윤희의 수행에 영향을 미치는 것으로 보이는 요인(예: 윤희가 좋아하는 놀잇감, 윤희가 상호작용하는 사람, 다양한 과제를 수행하는 데 필요한 도움, 윤희의 행동에 동기를 제공하는 요소)에 대하여 설명하였다.
교수목표의 우선순위 목록	진단 활동은 교수 가능한 기술보다 더 많은 기술을 판별하기 때문에 가장 우선적으로 학습 가치가 있는 기술을 식별할 수 있어야 한다. 부모를 포함한 진단 팀의 모든 구성원이 함께 우선순위에 대한 결정을 내려야 한다. 우선순위 기술은 유아에게 유용한 기술이나 장기적인 측면에서 혜택을 주는 기술이나 가족에게 중요한 기술에 초점을 맞추어 선정되어야 한다.	진단 결과가 분석된 후에 부모를 포함한 진단 팀이 모여서 결과를 검토하였다. 진단 팀은 윤희가 학습할 필요가 있는 기술, 가장 유용한 기술, 장기적인 혜택을 가져오는 기술에 대하여 논의하였다. 논의에서 가장 중요하다고 결정된 기술은 개별화교육계획의 교수목표로 포함시켰다.

역시 다양한 유형의 진단 도구와 관찰 및 면담 등의 다양한 방법을 사용함으로써 유아의 상태나 필요, 진도에 대해서 가장 타당한 평가를 할 수 있어야 한다.

넷째, 진단을 통해서 이루어지는 결정은 팀 구성원의 동의를 기반으로 이루어져야 한다. 이것은 장애 유아를 진단할 때 한 사람의 검사자에 의해서 진단 결과가 확정되어서는 안 되며 반드시 유아의 각 발달 영역을 정확하게 진단할 수 있는 필요한 모든 영역의 전문가가 공동으로 작업해야 함을 의미한다. 이것은 다양한 영역의 전문가가 함께 작업함으로써 각 발달 영역을 최대한으로 촉진할 수 있는 적절한 교수목표를 수립하고 가장 바람직한 방법으로 교수할 수 있기 때문이다.

이상의 다양한 지침은 그 외 주요 내용과 함께 미국 조기교육분과(DEC)의 진단 관련 추천의 실제로 정리되어 방법론상의 실제로 권장되고 있는데, 그 구체적인 내용은 〈표 6-3〉에서 보는 바와 같다(DEC, 2014).

표 6-3 미국 특수교육협회 조기교육분과(DEC)의 진단 관련 추천의 실제

장애 유아를 위한 진단 관련 추천의 실제
• 가족이 진단 과정에서 원하는 것이 무엇인지 확인한다.
• 진단 정보를 수집하기 위해서 가족 및 기타 전문가와 함께 팀으로 일한다.
• 아동의 연령 및 발달 수준에 적합하고 감각, 신체, 의사소통, 문화, 언어, 사회적, 정서적 특성을 고려한 진단 자료 및 전략을 사용한다.
• 아동의 강점, 요구, 선호도, 관심을 알기 위하여 모든 발달 영역과 행동을 포함해서 진단을 실시한다.
• 아동의 주요 언어로 진단을 실시하되 한 가지 이상의 언어를 사용하는 경우 추가 언어로도 실시한다.
• 가족 및 기타 주요 인물을 포함하는 다양한 근거로부터 진단 정보를 수집하기 위하여 관찰 및 면담을 포함하는 다양한 방법을 사용한다.
• 매일의 활동, 일과, 그리고 가정, 센터, 지역사회 등의 환경에서 아동이 보이는 기술에 대한 정보를 수집한다.
• 현재의 기능 수준을 확인하기 위해서 그리고 특수교육 적격성 결정 및 교수계획을 위해서 진단 결과 외에도 임상적인 추론을 활용한다.
• 학습 목표를 확인하고, 활동을 계획하고, 필요한 경우 교수 수정을 위한 진도를 점검하기 위해 체계적이고 지속적인 진단을 실시한다.
• 진보를 확인하기 위해서, 특히 심각한 지원 요구를 지닌 아동의 진보를 확인하기 위해서 충분히 민감한 진단 도구를 사용한다.
• 가족이 이해할 수 있고 활용할 수 있도록 진단 결과를 보고한다.

2) 교육진단 실행 절차 및 방법

5장에서 이미 설명하였듯이, 교육진단은 교수계획을 위한 목적으로 실시되는 진단의 유형이다. 즉, 이 장의 뒷부분에서 설명하게 될 개별화교육계획 수립을 위해서 반드시 거쳐야 하는 과정이라고 할 수 있다. 개별화교육계획을 수립하기 위해서 실시되는 교육진단은 그 절차상 정보 수집과 교육진단보고서 작성의 단계로 나누어진다.

(1) 정보 수집

교육진단은 개별 유아의 교수계획을 위해서 실행된다. 그러므로 교육진단의 우선적인 목표는 대상 유아의 강점이나 교육적 요구에 대한 정보 수집이다. 일반적으로 교육진단은 학년 또는 학기가 시작되는 적응 기간 중에 이루어지는데, 이는 학기 시작일로부터 30일 이내에 개별화교육계획이 작성되기 때문이다. 그러나 교육진단은 1회성 사건으로 끝나는 것은 아니며, 학기가 진행되는 내내 진도점검이 이루어지면서 교수계

획 수정을 위한 교육진단의 역할을 하게 된다.

교육진단을 위한 정보 수집 과정은 일반적으로 특수교사가 담당한다. 그러나 보다 정확하고 상세한 정보를 수집하기 위해서는 교육 팀의 협력적인 역할이 매우 중요하다. 그러므로 정보 수집의 책임을 지는 교사는 교육 팀에 속한 각 구성원의 역할을 잘 안내하고 수집된 자료를 종합하고 분석하는 등의 역할을 감당해야 한다. 교육진단을 통해서 수집된 정보의 정확성과 구체성은 이후 단계에서의 교수계획에 직접적인 영향을 미치기 때문에 유아의 현재 수행수준과 우선적인 요구를 알게 해 주는 대표적인 정보를 수집할 수 있어야 한다.

교육진단을 위한 정보 수집은 5장에서 설명한 바와 같이 (1) 검사 도구, (2) 관찰, (3) 면담의 세 가지 방법을 모두 포함하는 다양한 방법에 의해서 실시되어야 한다. 검사 도구를 사용할 때에는 주로 발달점검표나 교육과정 중심 진단 도구를 사용함으로써 유아의 각 발달 영역별 현행수준에 대한 정보를 수집하게 된다. 5장에서 이미 살펴본 바와 같이 진단과 교수 활동 간의 연계를 위해서 가장 많이 사용되는 검사는 교육과정 중심 진단 도구인데, 이것은 도구 자체가 교수목표 또는 기대하는 교육 성과와 연계되는 진단 방법을 고안하기 위한 목적으로 만들어졌기 때문이다. 대부분의 교육과정 중심 진단 도구는 하위영역별로 계열화된 기술로 구성되기 때문에 진단 활동을 용이하게 해 준다는 특성을 지닌다. 특히, 진단 도구의 내용이 영역별로 구성되어 있어서 각 영역의 발달 상태에 대한 정보를 수집하는 과정에서 부모와 다양한 전문가의 의견을 통합할 수 있게 해 주며, 이를 통해서 팀 진단을 가능하게 해 준다. 또한 개별 유아에게 맞는 다양한 관찰 방법으로 각 진단 과제를 서로 다르게 접근할 수 있다는 융통성을 지니며, 이러한 절차는 팀 구성원이 함께 일하는 데 도움이 된다. 교육과정 중심 진단 도구 활용을 위한 보다 상세한 이론적 배경과 사용 방법에 대해서는 『교육진단 및 교수계획을 위한 장애 유아 진단 및 평가』(이소현 외, 2009)의 3장을 참조하기 바란다. 〈표 6-4〉는 우리나라 유아특수교육 현장에서 많이 사용되는 교육과정 중심 진단 도구의 예를 보여 준다.

관찰을 통해서는 자연적인 환경에서의 유아의 행동에 대한 정보를 수집한다. 학급 등 유아가 생활하는 환경 내에서 자연적으로 발생하는 상황에서의 행동을 관찰해야 하며, 자연적으로 관찰하기 어려운 행동에 대해서는 구조화된 관찰 상황을 조성하여 관찰하기도 한다. 이때 유아의 각 발달 영역별 행동 수행 수준이나 특성을 살펴보고 선호도나 또래 관계 등 필요한 정보를 수집하게 된다. 예를 들어, 유아의 행동에 대한

표 6-4 장애 유아 진단을 위한 교육과정 중심 진단 도구의 예

도구	저자(연도)	연령	내용
영유아 캐롤라이나 교육과정	Johnson-Martin et al. (김호연 외 공역, 2008)	0~3	다음의 발달 영역을 포함함: 개인 및 사회기술, 인지/의사소통, 소근육 운동, 대근육 운동
	Johnson-Martin et al. (한경근 외 공역, 2009)	3~6	
영유아를 위한 사정 · 평가 및 프로그램 체계 (AEPS)	Bricker (이영철 외 공역, 2015)	0~6	지침서, 검사도구, 영아교육과정, 유아교육과정의 4권으로 구성되었으며 다음의 발달 영역을 포함함: 소근육 운동, 대근육 운동, 인지, 적응행동, 사회 의사소통, 사회성
SCERTS 모델	Prizant et al. (이소현 외 공역, 2019a, 2019b)	모든 연령	1권(진단)과 2권(프로그램 계획 및 중재)으로 구성되었으며, 사회 의사소통(공동관심, 상징사용), 정서 조절(상호조절, 자기조절), 교류 지원(대인관계 지원, 학습지원)의 내용을 포함함

관찰은 다음과 같은 다섯 단계로 진행될 수 있다(McLean, Wolery, & Bailey, 2004).

- 1단계: 목표행동 및 행동과 관련된 요소를 정의한다.
- 2단계: 자료 수집 체계를 결정하고 관찰 기록지를 개발한다.
- 3단계: 관찰을 위한 시간과 상황을 결정한다.
- 4단계: 수집한 자료의 정확도를 점검한다.
- 5단계: 수집한 자료를 요약하고 결과에 근거해서 의사결정을 한다.

〈표 6-5〉는 관찰의 다양한 방법을 보여 주며, [그림 6-2]부터 [그림 6-6]까지는 이때 사용될 수 있는 관찰 기록지의 예를 보여 준다. 유아 관찰을 위한 보다 상세한 방법에 대해서는 『단일대상연구』(이소현, 박은혜, 김영태, 2000)의 3장과 『교육진단 및 교수계획을 위한 장애 유아 진단 및 평가』(이소현 외, 2009)의 4장을 참조하기 바란다.

표 6-5 관찰의 종류 및 방법

종류	방법
사건기록법	관심 있는 행동의 발생 여부를 기록하는 방법으로 가장 간단한 방법은 특정 행동이 발생할 때마다 표시해서 발생 빈도를 기록하는 것이다. 예를 들어, 정반응 횟수, 유아가 가지고 논 놀잇감의 수, 유아가 시작행동을 보인 대상자의 수 등을 기록할 수 있다. 일반적으로 시작과 끝이 분명하면서 그 지속시간이 길지 않은 행동을 관찰할 때 많이 사용된다. 행동의 결과로 나타나는 사건에 대해서도 기록할 수 있는데, 예를 들어 정리시간에 선반 위에 올려놓은 놀잇감의 수를 세어볼 수 있다.
시간표집법	행동 발생을 근거로 기록하는 사건표집법과는 달리 시간에 따라 행동 발생 여부를 기록하는 방법으로 단일 행동이나 행동 범주에 대하여 관찰하고 기록한다. 가장 간단한 방법은 미리 정해둔 시간에 특정 행동의 발생 여부를 관찰하고 기록하는 것이다. 예를 들어, 매 10분마다 유아가 놀잇감을 가지고 놀고 있는지 또는 또래와 상호작용하고 있는지 등을 관찰하여 기록할 수 있다. 빈도나 지속시간을 기록하기 어려운 행동 관찰에 유용하게 사용될 수 있다. 정해진 시간 간격 내내 행동이 발생했는지를 관찰하는 전간기록법, 정해진 시간 간격 중에 한 번이라도 행동이 발생했는지를 관찰하는 부분간격기록법, 정해진 시간에 순간적으로 행동이 발생했는지를 관찰하는 순간표집법 등의 방법이 사용된다.
범주표집법	몇 가지 행동이 하나의 범주로 분류될 수 있는 행동을 범주별로 관찰하는 방법으로 사건표집법이나 시간표집법의 형태로 기록된다. 예를 들어, 유아의 사회적 상호작용에 대한 행동을 관찰할 때 시작행동, 반응행동, 상호작용을 끝내는 종료행동의 세 가지로 범주화해서 관찰할 수 있다.
보조의 정도 기록	사건기록법의 변형으로 행동 발생 여부를 교사가 제공한 보조의 정도와 함께 기록하는 방법이다. 특정 기술을 수행할 때 언어나 신체적인 촉진을 필요로 하는 경우에 유용하게 사용된다. 최종적으로는 보조가 없는 상태에서도 독립적으로 기술을 수행하게 하는 데 목적을 둔다.
과제분석 기록	기술을 작은 단위로 나누어 각 단계마다 수행을 기록하는 방법이다. 옷 입기나 손 씻기 등 복잡한 기술을 구성하는 일련의 위계적인 기술을 단계적으로 차례차례 가르치면서 각 단계에 대한 수행을 기록함으로써 다음 단계의 교수를 결정한다.

이름 ____________ 날짜 ________

목표행동 ____________________

시간 ____ ~ ____ 총 ___시간 ___분

관찰자 ____________________

회기	정반응	오반응	무반응
1			
2			
3			
4			
5			
6			
7			
8			
9			
10			

비고 ____________________

이름 ____________ 날짜 ________

목표행동 ____________________

시간 ____ ~ ____ 총 ___시간 ___분

관찰자 ____________________

행동 발생

비고 ____________________

행동 발생 총수 ____________________

행동 발생 비율 ____________________

그림 6-2 사건기록법을 이용한 관찰 기록지의 예

이름: ____________ 날짜: ____________ 목표행동: ____________

시간									
1:00									
1:10									
1:20									
1:30									
1:40									
1:50									
2:00									
합계									
%									

비고 ____________________

그림 6-3 시간표집법을 이용한 관찰 기록지의 예

이름: ______________________ 날짜: ______________________

영역: ______________________ 활동: ______________________

시간 (10분)	놀이 형태					
	단독 놀이	방관	평행 놀이	연합 놀이	협동 놀이	놀이하지 않음
:00						
1:00						
1:30						
2:00						
2:30						
3:00						
3:30						
4:00						
4:30						
5:00						
5:30						
6:00						
6:30						
7:00						
7:30						
8:00						
8:30						
9:00						
9:30						
10:00						
합계						
%						

비고 ____

그림 6-4 범주표집법을 이용한 관찰 기록지의 예

이름: ______________________ 날짜: ______________________
시간: __________ ~ __________ 총 시간: ________시간 ________분
목표행동: ______________________ 관찰자: ______________________

지원의 정도

회기	독립 수행	언어 촉진	모델링	신체적 촉진(부분)	신체적 촉진(완전)
1					
2					
3					
4					
5					
6					
7					
8					
합계					

비고 ____

그림 6-5 보조의 정도를 기록하는 관찰 기록지의 예

이름: ______________________ 날짜: ______________________
목표행동: ______________________ 관찰자: ______________________

지원의 정도

과제 분석 단계	회기			
	1	2	3	4
	I V M PP FM	I V M PP FM	I V M PP FM	I V M PP FM
	I V M PP FM	I V M PP FM	I V M PP FM	I V M PP FM
	I V M PP FM	I V M PP FM	I V M PP FM	I V M PP FM
	I V M PP FM	I V M PP FM	I V M PP FM	I V M PP FM
	I V M PP FM	I V M PP FM	I V M PP FM	I V M PP FM
	I V M PP FM	I V M PP FM	I V M PP FM	I V M PP FM
	I V M PP FM	I V M PP FM	I V M PP FM	I V M PP FM
	I V M PP FM	I V M PP FM	I V M PP FM	I V M PP FM
	I V M PP FM	I V M PP FM	I V M PP FM	I V M PP FM

(I=독립 수행, V=언어 촉진, M=모델링, PP=부분 신체적 촉진, FM=완전 신체적 촉진)

비고 ____

그림 6-6 과제분석 수행 기록지의 예

마지막으로 면담을 통하여 추가 정보를 수집해야 하는데, 5장에서 이미 설명한 바와 같이 면담은 주로 부모 등 주 양육자를 대상으로 하며 통합유치원에서는 통합학급 유아교사나 보조인력 등 유아를 잘 아는 모든 사람을 대상으로 할 수 있다. 면담 정보는 검사와 관찰을 통하여 수집한 유아에 대한 정보를 확인하거나 보완하는 역할을 통하여 그 중요성이 강조된다. 또한 부모 면담을 통해서 유아의 교육과 관련된 가족의 요구나 우선순위 교수목표를 파악할 수 있다. 면담을 실시할 때 교사는 면담의 목적에 따라 사전 계획에 의해서 체계적으로 실시하게 된다. 구체적인 면담의 방법은 이 책의 5장에서 이미 설명한 바와 같이 구조화된 면담, 반구조화된 면담, 비구조화된 면담으로 구분된다(한국교육평가학회, 2004). 세 가지 방법의 특성과 장점 및 제한점은 〈표 6-6〉에서 보는 바와 같다. 어떤 방법을 사용할지 결정하기 위해서는 각각의 방법에 대한 차이점을 먼저 이해하고, 각 방법론의 특성에 대한 이해를 기반으로 면담 목적, 면담을 통해서 얻기 원하는 정보, 면담을 실시해야 하는 상황이나 장소, 면담 대상자가 원하는 방법 등 다양한 변인을 고려해야 한다. 즉, 교사는 면담 방법에 대한 지식 및 실행 기술을 먼저 갖추고 면담 상황과 관련된 다양한 변인을 고려하여 면담을 계획하고 실행할 때 원하는 정보를 얻을 수 있다. 면담 실행과 관련된 구체적인 방법은『교육진

표 6-6 면담 방법에 따른 특성 및 장단점

방법	특성	장점	제한점
구조화된 면담	진단 대상자에 관한 특정 정보 수집	• 질문의 항목이 미리 결정되어 있으므로 수량화가 가능함 • 정해진 질문을 순서대로 진행하기 때문에 초임교사도 쉽게 실행할 수 있음	• 부모 및 가족이 면담 상황을 부담스럽게 인식할 수 있음
반구조화된 면담	준비된 질문 항목을 중심으로 면담 대상자의 응답에 따라 질문을 변화시켜 가면서 정보 수집	• 면담 대상자의 응답에 따라 질문을 변화시킬 수 있음 • 면담 중 부모의 요구에 민감하게 반응하여 다양한 혹은 확장된 정보를 얻을 수 있음 • 응답자의 응답 내용에 따라 보다 구체적인 정보를 탐색할 수 있음	• 원하는 정보를 얻기 위해 구조화된 면담보다 많은 시간이 소요됨
비구조화된 면담	면담 주제를 중심으로 자유롭게 대화하면서 심층적인 정보 수집	• 면담 대상자와 교사가 편안한 면담 분위기에서 친숙한 관계를 형성할 수 있음 • 면담 중 부모의 요구에 민감하게 반응하여 다양한 혹은 확장된 정보를 얻을 수 있음.	• 교사의 능숙한 면담 실행 기술이 요구됨

출처: 이소현 외(2009). 교육진단 및 교수계획을 위한 장애 유아 진단 및 평가(p. 171). 서울: 학지사.

단 및 교수계획을 위한 장애 유아 진단 및 평가』(이소현 외, 2009)의 5장을 참조하기 바란다.

(2) 교육진단보고서 작성

개별 유아를 위한 정보 수집이 끝나면 교육진단보고서를 작성해야 한다. 이는 교육진단을 통하여 수집된 정보를 종합하고 분석하는 과정을 거쳐 그 결과를 문서로 작성하는 것으로, 이와 같은 문서는 교수계획에 즉각적이고 효율적으로 활용된다. 그러므로 기관 차원에서 또는 교사의 재량으로 간략한 서식을 마련해 두면 편리하게 활용할 수 있다.

교육진단보고서를 작성할 때에는 방법론적 측면에서 다음과 같은 점을 고려하도록 권장된다(DEC, 1993).

- 진단 결과를 서술할 때에는 교수목표 계획에 유용한 형태로 보고한다.
- 가족이 이해하고 유용하게 활용할 수 있도록 보고한다.
- 최적의 발달을 촉진하기 위한 우선순위와 함께 강점도 보고한다.
- 진단 과정에서의 제한점(예: 라포 형성의 문제점, 문화적 편견, 감각/반응 특이성)을 보고한다.
- 발달 영역 간 상호 관계와 관련된 결과 및 해석을 포함한다(예: 유아의 제한점이 발달에 어떠한 영향을 미치는지, 유아는 이를 보상하기 위해서 어떠한 학습을 해왔는지).
- 진단 도구에 따라서가 아니라 발달/기능적 영역이나 관심에 따라서 결과를 구성하고 보고한다.

일반적으로 교육진단보고서에는 과거 및 현재의 교육 및 관련서비스 경험을 간략하게 서술하고, 현재의 정보가 어떤 방법을 통하여 수집되었는지와 그 결과를 종합하고 분석한 내용을 제시해야 하며, 마지막으로 교육진단 전 과정과 결과를 근거로 한 결론 및 제언을 제시한다. [그림 6-7]은 교육진단보고서 작성을 위한 내용 구성의 예를 보여 준다.

교육진단보고서는 다음과 같은 내용을 포함하여 기관 및 유아의 특성에 따라 자유롭게 작성한다.

■ 교육 및 관련 서비스 경험

과거 및 현재의 교육 및 관련서비스(예: 언어치료) 경험을 간략하게 기술

기간	기관명	교육 및 관련 서비스 내용

■ 진단 정보

1. 진단 방법: 어떤 방법을 통해 정보가 수집되었는지 그 방법과 목적 기술

날짜	방법	실시자	목적	장소 및 환경

2. 진단 결과: 발달 영역별 강점과 요구를 잠재적 교수목표 관련 내용 위주로 기술

영역	강점	요구
대근육 운동		
소근육 운동		
인지		
의사소통		
사회-정서		
적응행동		

3. 가족의 우선순위 목표: 교육진단 중 파악된 가족의 우선순위 교수목표 기술

4. 기타 정보: 교수목표 및 교수방법 선정에 도움이 될 만한 유아의 선호도 또는 행동 특성

■ 결론 및 제언

개별화교육지원팀 회의의 효율성을 높일 수 있도록 진단 결과 나타난 주요 고려점이나 잠재적 교수목표 또는 교수전략에 대한 시사점 등을 제시함

그림 6-7 교육진단보고서 작성을 위한 내용 구성의 예

출처: 이소현, 이수정, 박병숙, 윤선아(2018). 통합유치원 운영 모델(p. 144). 아산: 교육부/국립특수교육원.

II. 교수계획

유아특수교육의 가장 핵심적인 요소는 장애 유아 개개인을 위한 개별화(individualization)로, 기존의 프로그램 또는 교육과정에 유아를 맞추기보다는 개별 유아의 필요에 따라 프로그램이나 교육과정 수정을 계획하고 실행하는 것이다(Gargiulo & Kilgo, 2020). 이러한 기본적인 방침을 실행할 수 있게 해 주는 통로가 개별화 교육이다. 즉, 장애 유아를 위한 교수계획은 앞에서 설명한 교육진단의 과정을 거쳐서 기존의 교육과정에 따르는 교육 프로그램을 실행하는 중에 개별 장애 유아를 위한 교수목표는 무엇이며 누가 언제 어떻게 가르칠 것인지를 결정하는 것이다. 그러므로 이 부분에서는 이와 같은 교수계획의 기초라 할 수 있는 개별화교육계획의 이론적 배경과 구체적인 실행 방안을 알아보고자 한다.

1. 개별화교육계획의 이론적 배경

1) 개별화교육계획의 정의

개별화 교육은 미국의 장애인교육법(IDEA)에서 개별화 교육 프로그램(individualized educational program: IEP)의 작성과 실행을 명시하면서 의무화되기 시작하였다. 이 법에서 규정하는 개별화 교육 프로그램은 특수교육 적격성이 인정된 3세 이상의 개별 장애 학생을 위해서 다학문적인 진단과 계획을 거쳐 작성되는 교육 프로그램을 의미한다. 우리나라에서는 「장애인 등에 대한 특수교육법」에 의해서 장애 학생에게 개별화 교육을 제공하기 위하여 개별화교육계획을 작성하도록 명시하고 있다. 즉, 개별화교육계획은 특수교육대상자의 교육적 요구에 적합한 개별화 교육을 제공하기 위하여 개별화교육지원팀에 의해서 개발된 문서를 의미한다(제22조).

2) 개별화교육계획의 기능

개별화교육계획을 작성하고 실행하는 가장 중요한 이유는 장애를 지닌 개별 유아가 필요로 하는 적절한 교육 및 관련서비스를 제공하기 위해서다. 개별화교육계획은 다음과 같은 세 가지 측면의 역할을 함으로써 이와 같은 기능을 달성하게 해 준다(이소현, 박은혜, 2011). 첫째, 개별화교육계획은 관리 도구로서의 역할을 한다. 즉, 발달 영역별 장단기 교수목표, 교수 활동을 위한 유의점, 제공되는 관련서비스, 평가 절차 및 기준 등을 명시함으로써 총체적인 교육 프로그램 제공을 위한 청사진으로서 교수의 방향과 진행을 관리할 수 있게 해 준다.

둘째, 개별화교육계획은 장애 유아의 발달과 학습상의 성취를 알게 해 주는 평가 도구의 역할을 한다. 이 책의 5장에서 이미 설명한 바와 같이 나이가 어린 장애 유아에게는 획일화된 집단 평가를 실시하기가 어렵고 또한 그러한 평가가 무의미한 경우가 많으므로 각 유아의 개별화교육계획에 명시된 목표와 평가 기준에 의해서 평가가 이루어져야 한다. 이것은 개별화교육계획 개발 시 수립된 교수목표가 개별 유아에 대한 교수 효과 및 진보를 평가해 주는 기준으로 사용될 수 있음을 의미한다.

셋째, 개별화교육계획은 의사소통 도구의 역할을 한다. 장애 유아 교육은 한 명의 교사에 의해서 제공되기보다는 다양한 전문가로 구성된 팀의 협력적 접근으로 이루어져야 한다. 따라서 팀 구성원 간에 긍정적이고 신뢰할 만한 관계 형성은 유아에게 가장 적절한 교육 프로그램을 개발하고 실행할 수 있게 해 준다. 개별화교육계획 개발을 위한 절차 자체가 교사(또는 팀)와 학부모 간 의사소통의 기회가 될 수 있으며 서로의 의견 차이를 좁히는 역할을 할 수 있다. 가족과 교사는 장애 유아의 교육적 필요와 이를 위한 서비스에 대한 의견이 다를 수 있으므로 회의나 기타 합리적인 통로를 통해서 이러한 차이에 대하여 토의하고 합의를 이룰 수 있다. 또한 전문가 간에도 개별화교육계획은 중요한 협력 매개가 될 수 있는데, 특히 통합 환경의 장애 유아의 경우 통합학급을 담당하는 유아교사와의 협력을 위한 결정적인 역할을 하게 된다.

3) 개별화교육계획의 개발 시기

개별화교육계획은 개별 유아에게 필요한 적절한 서비스를 제공하기 위해서 계획되는 총체적인 교육의 한 부분이다. 그러므로 장애진단과 함께 적격성 판정이 이루어지고 필요한 특수교육 및 관련서비스의 형태가 결정된 직후에 개발되어야 한다. 따라서 미국의 장애인교육법(IDEA)은 유아의 장애에 대한 평가와 결정이 이루어진 후 배치가 결정되기 전 30일 이내에 개발하도록 명시하고 있다. 개별화교육계획을 언제 개발하는가는 매우 중요한데, 이것은 배치와 프로그램이 모두 결정된 후에 교육계획을 수립하게 되면 그 성격이나 내용이 제한을 받을 수도 있기 때문이다(Bateman & Linden, 2006). 실제로 개별화교육계획을 개발하고 실행하는 기본적인 목적은 유아의 개별적인 필요에 가장 적합한 서비스를 계획하고 이러한 계획에 따라 교육 프로그램에 배치하고 교육하기 위한 것이다. 즉, 작성된 개별화교육계획은 특수교육 및 관련서비스를 어떤 환경에서 어떻게 제공할 것인지를 결정하는 기초 자료로 역할 할 수 있어야 한다(Burton, 2018; Strickland, 1993).

그러나 우리나라의 경우에는 「장애인 등에 대한 특수교육법 시행령」에 의해서 교육 배치가 이루어지고 학년이 시작된 후 2주 내에 개별화교육지원팀이 구성되며 매 학기의 시작일부터 30일 이내에 작성하도록 명시함으로써(제4조) 교육 현장에 배치된 후 개발하는 선 배치-후 개발의 절차로 이루어진다. 이렇게 배치가 결정된 후에 교육 프로그램을 개발하게 되면 기관이나 프로그램의 사정상 적절한 교육 서비스 제공이 어려워질 수도 있다. 즉, 배치가 먼저 이루어지고 교육 계획이 나중에 이루어지는 경우 그 내용은 학급이나 학교의 사정, 프로그램의 성격, 교사의 실행 가능성 등에 의해서 영향을 받을 수 있다는 것이다. 심지어 특수교사가 배치되지 않은 일반 유치원에 통합된 장애 유아의 경우 개별화교육계획이 개발되지 않는 사례도 다수 보고되고 있다(이소현, 윤선아, 이수정, 박병숙, 2019). 그러므로 개별화교육계획 작성의 주도적인 역할을 하는 교사는 개별화교육계획이 배치 결정 이전에 개발되어야 한다는 기본적인 가정과 배경을 잘 이해함으로써 먼저 배치하고 나중에 교육 프로그램을 개발하는 우리나라 교육 현장의 현실이 장애 유아를 위한 적절한 교육 프로그램 제공에 부정적인 영향을 미치지 않도록 최선을 다해야 할 것이다.

2. 개별화교육계획의 실제

1) 개별화교육계획의 내용

개별화교육계획은 우리나라 「장애인 등에 대한 특수교육법」에 의해서 개별화된 교육 프로그램 제공을 보장하기 위하여 작성하는 문서다. 그 내용으로는 특수교육대상자의 인적사항과 특별한 교육지원이 필요한 영역의 현재 학습수행수준, 교육목표, 교육내용, 교육방법, 평가계획 및 제공할 관련서비스의 내용과 방법 등이 포함된다. 미국의 장애인교육법(IDEA)은 이 외에도 장애 유아가 통합교육에서 배제되는 경우 일반교육에 참여하지 않는 정도와 그 이유를 명시하도록 규정하고 있으며, 주나 교육청 단위의 진단에 참여하기 위해서 필요한 수정 계획 및 기준 또한 명시하도록 규정한다. 뿐만 아니라, 이상의 주요 구성 요소 외에도 다음과 같은 사항이 해당되는 경우 그 내용을 개별화교육계획에 명시하여야 한다: (1) 행동으로 인해서 학습에 방해가 되는 경우의 행동 지원 전략, (2) 영어 능력이 제한된 경우의 언어적인 요구, (3) 농이나 난청인 경우 고려해야 할 특별한 요소와 의사소통상의 요구, (4) 시각장애의 경우 점자 준비, (5) 보조공학 도구 및 지원.

〈표 6-7〉은 「장애인 등에 대한 특수교육법」과 그 시행규칙에 나타난 개별화교육계획 관련 내용을 보여 준다. 교사가 개별화교육계획을 작성할 때 주요 내용으로 포함하게 되는 인적사항, 현행수준, 교수목표, 평가계획, 관련서비스의 내용은 다음과 같다 (이소현 외, 2018).

표 6-7 「장애인 등에 대한 특수교육법」의 개별화교육계획 관련 내용

장애인 등에 대한 특수교육법 제22조 (개별화교육)	장애인 등에 대한 특수교육법 시행규칙 제4조 (개별화교육지원팀의 구성)
① 각급학교의 장은 특수교육대상자의 교육적 요구에 적합한 교육을 제공하기 위하여 보호자, 특수교육교원, 일반교육교원, 진로 및 직업교육 담당 교원, 특수교육 관련서비스 담당 인력 등으로 개별화교육지원팀을 구성한다. ② 개별화교육지원팀은 매 학기마다 특수교육대상자에 대한 개별화교육계획을 작성하여야 한다. ③ 특수교육대상자가 다른 학교로 전학할 경우 또는 상급학교로 진학할 경우에는 전출학교는 전입학교에 개별화교육계획을 14일 이내에 송부하여야 한다. ④ 특수교육교원은 제1항부터 제3항까지의 규정에 따른 업무를 수행하기 위하여 각 업무를 지원하고 조정한다. ⑤ 제1항에 따른 개별화교육지원팀의 구성, 제2항에 따른 개별화교육계획의 수립 · 실시 등에 관하여 필요한 사항은 교육부령으로 정한다.	① 각급학교의 장은 법 제22조제1항에 따라 매 학년의 시작일부터 2주 이내에 각각의 특수교육대상자에 대한 개별화교육지원팀을 구성하여야 한다. ② 개별화교육지원팀은 매 학기의 시작일부터 30일 이내에 개별화교육계획을 작성하여야 한다. ③ 개별화교육계획에는 특수교육대상자의 인적사항과 특별한 교육지원이 필요한 영역의 현재 학습수행수준, 교육목표, 교육내용, 교육방법, 평가계획 및 제공할 특수교육 관련서비스의 내용과 방법 등이 포함되어야 한다. ④ 각급학교의 장은 매 학기마다 개별화교육계획에 따른 각각의 특수교육대상자의 학업성취도 평가를 실시하고, 그 결과를 특수교육대상자 또는 그 보호자에게 통보하여야 한다.

(1) 인적사항

개별화교육계획에는 대상 유아의 인적사항을 간략하게 기록해야 하는데, 유아의 성명, 성별, 생년월일, 소속 기관 및 학급명, 가족사항, 주소, 연락처 등이 해당된다. 이 외에도 과거 장애진단을 받았던 내용이나 결과 등 교수계획에 필요하다고 판단되는

사항을 간략하게 포함시킬 수 있다. 인적사항 관련 정보를 문서로 남길 때 주의해야 할 점은 반드시 필요한 최소한의 정보만 기록하며, 정보 수집에 대한 동의서를 서면으로 받아서 보관해야 한다.

(2) 현행수준

현행수준은 현재의 학습수행수준을 말하며, 유아의 경우에는 발달 수준을 의미한다. 따라서 현행수준을 파악하는 것은 발달을 촉진하기 위한 교수목표 수립의 첫 단계라 할 수 있다. 또한 파악된 현행수준은 이후의 진보를 비교할 수 있는 기초선의 역할을 하게 된다. 개별화교육계획 작성의 첫 번째 단계라고 할 수 있는 현행수준 서술은 평가 결과를 실제적인 교수계획을 위한 정보로 전환해서 기록하는 것을 의미한다. 그러므로 현행수준은 개별화교육계획 작성 전 단계에서 수행된 교육진단의 결과를 근거로 정확하고 분명하게 기록되어야 한다.

현행수준을 서술할 때에는 다음과 같은 점을 고려한다(이소현 외, 2018; Strickland & Turnbull, 1993). 첫째, 현행수준은 작성하는 시점을 기준으로 해야 한다. 즉, 오래전에 시행된 교육진단의 결과를 활용해서는 안 되며 작성 당시를 현재로 수행 수준을 기록한다. 둘째, 장애가 교육적 성취에 미치는 부정적인 영향에 대해서 정확하게 서술한다. 예를 들어, 유아가 장애로 인하여 일반 유아교육과정 접근이나 활동 참여에 영향을 받는다면 그러한 내용을 정확하게 서술한다. 셋째, 유아의 모든 상태를 다 서술할 수는 없으므로 교수계획과 관련된 내용에 초점을 맞춘다. 즉, 현행수준은 개별화교육계획의 기타 요소(예: 교수목표)와 직접적인 관계가 있어야 한다. 넷째, 행동을 표현할 때 명확하고 간결하게 설명하되 행위를 구체적으로 기술하는 방식으로 서술한다. 이러한 서술 방식은 이후에 관찰 가능한 교수목표를 선정할 때 참고할 수 있게 해 준다. 다섯째, 강점과 요구를 균형 있게 서술하되 강점을 보는 긍정적 관점에서 기술함으로써 유아의 강점을 교수 활동에 활용할 수 있게 한다. 예를 들어, “영호의 소근육 운동 기능은 동일한 연령의 또래에 비해서 지체되었다.”라고 서술하기보다는 “영호는 커다란 퍼즐 조각을 맞출 수 있으며, 숟가락으로 음식을 먹을 수 있고, 작은 블록을 쌓을 수 있다. 그러나 단추 잠그기와 지퍼 올리기를 할 수 없으며, 연필로 도형을 그릴 수 없고, 운동화 끈을 맬 수 없다.”라고 구체적이고 정확하게 서술함으로써 소근육 운동 기술을 사용해서 할 수 있는 것이 무엇이며 중재가 필요한 부분이 무엇인지를 알게 해야 한다. 이러한 서술은 지체된 영역의 특정 기술을 향상시키기 위해서 어떤 중재가 권장되는지 서술하는 데에도 도움이 된다.

(3) 교수목표

교수목표는 교수 활동을 통해서 유아가 앞으로 성취해야 할 내용으로 개별화교육계획의 가장 중요한 구성 요소 중 하나라 할 수 있다. 교육 현장에서 유아를 교수하기 위한 시간과 자원은 한정되어 있다. 따라서 교사는 유아가 필요로 하는 모든 교수목표를 동시에 가르칠 수 없으며, 가장 시급하게 가르쳐야 하는 기술의 우선순위를 정해야 한다. 교수목표의 우선순위는 개별화교육계획 작성 전 단계에 수행된 교육진단의 결과를 통해서 결정되는데, 일반적으로 다음과 같은 지침을 고려해야 한다(이소현 외, 2009; Bailey & Wolery, 2003; Howard, Williams, & Lepper, 2010). 첫째, 교수목표는 부모를 포함한 가족이나 기타 유아 주변의 중요한 사람들이 중요하다고 생각하는 기술이어야 한다. 둘째, 교수목표는 발달에 적합한 기술로 유아의 나이와 발달에 적합해야 한다. 셋째, 교수목표는 기능적이어야 한다. 이것은 교수목표로 선정된 기술이 유아로 하여금 좀 더 독립적으로 기능할 수 있게 해 주거나, 복잡한 기술을 학습하도록 해 주거나, 덜 제한된 환경으로 이동할 수 있게 해 주거나, 가족의 양육을 도와주는 것이어야 함을 의미한다. 넷째, 교수목표는 현실적이고 성취 가능한 것이어야 한다(예: 근접 발달 영역 내의 기술). 다섯째, 교수목표는 유아의 학습 단계(예: 습득, 숙달, 유지, 일반화)에 따라 다양하게 수립되어야 한다. 〈표 6-8〉은 장단기 교수목표의 질적 평가를 위한 점검표를 보여 주는데, 이러한 점검표의 내용은 교수목표를 선정하거나 선정된 교수목표가 적절한지를 평가하기 위한 참고 자료로 사용될 수 있다.

우선순위로 선정된 교수목표는 다음과 같은 기준에 따라 서술한다(이소현 외, 2018).

- 교수목표는 개별 유아의 필요에 따라 발달 영역별로 작성한다.
- 교수목표는 장기목표와 단기목표로 나누어 작성한다.
- 교수목표는 (1) 행동, (2) 행동 수행 조건, (3) 성취 기준을 포함한다.

먼저 장애 유아를 위한 교수목표를 작성할 때에는 특수교육 지원이 필요한 영역을 중심으로 작성하여야 한다. 『특수교육 교육과정』(교육부, 2015)에 의하면 특수교육 지원이 필요한 영역을 운동, 인지, 의사소통, 사회・정서, 적응행동 등 발달 영역을 중심으로 제시하고 있다. 이렇게 발달 영역별로 작성된 교수목표는 유아교육과정에 따른 유치원 일과 및

표 6-8 장애 유아의 장단기 교수목표 작성을 위한 점검표

	점검 내용	적용의 예
기능성	1. 선정된 기술은 환경 내 사람 및 사물과의 상호작용 능력을 증가시키는가? (자신이 속한 모든 또는 대부분의 환경에서 기술을 수행할 필요가 있음)	기술: 사물을 통 안에 넣는다. 기회: • 가정 - 서랍에 옷 넣기, 종이 봉지에 과자 넣기 • 학교 - 사물함에 도시락 넣기, 쓰레기통에 쓰레기 넣기 • 지역사회 - 시장 바구니(카트)에 곽우유 넣기, 화분에 자갈과 흙 넣기
	2. 선정된 기술은 유아가 하지 못할 때 다른 사람에 의해서 수행되어야 하는 기술인가? (일과의 완성을 위해서 결정적인 행동이나 사건임)	기술: 사물을 찾기 위해 사물이 있어야 할 자리를 살핀다. 기회: 옷걸이에서 옷 찾기, 찬장에서 음식 찾기
일반성	3. 선정된 기술은 반응의 일반적인 개념을 대표하는가? (특정 예보다는 일반적인 과정을 강조함)	기술: 정해진 공간에 사물을 놓는다. 기회: 우편함에 편지 넣기, 크레용 상자에 크레용 넣기, 수저통에 수저 넣기
	4. 선정된 기술은 다양한 장애 상태를 위해서 수정이 가능한가? (감각 장애가 기술의 수행을 최소한으로 방해함)	기술: 간단한 놀잇감을 조작한다. 기회: • 운동 기능 장애 - 불 켜기, 움직이기 쉬운 장난감 조작하기(예: 공, 흔들리는 말, 바퀴 달린 장난감, 오뚝이) • 시각장애 - 크고 밝고 소리 나는 장난감 작동하기(종, 북, 큰 딸랑이)
	5. 선정된 기술은 다양한 환경, 자료, 사람에게 일반화될 수 있는가? (의미 있는 상황에서 흥미로운 자료로 기술을 수행할 수 있음)	기술: 두 개의 사물을 동시에 조작한다. 기회: • 가정 - 작은 연결된 블록 쌓기, 운동화에 끈 끼우기 • 학교 - 연필깎이에 연필 깎기 • 지역사회 - 작은 지갑에서 동전 꺼내기
교수 상황	6. 선정된 기술은 일상적인 환경에서 사용되는 방법과 같은 방법으로 교수될 수 있는가? (자연적인 방법으로 발생할 수 있음)	기술: 사물을 얻기 위해서 다른 사물을 사용한다. 기회: 음식물을 먹기 위해서 포크 사용하기, 놀잇감을 꺼내기 위해서 빗자루 사용하기, 선반 위의 놀잇감을 갖기 위해서 의자에 올라가기
	7. 선정된 기술은 교실/가정 활동 중에 교사/부모에 의해서 쉽게 유도될 수 있는가? (일과의 한 부분으로 유아에 의해서 쉽게 시작될 수 있음)	기술: 사물을 쌓는다. 기회: 책 쌓기, 컵/접시 쌓기, 나무 조각 쌓기

〈계속〉

	점검 내용	적용의 예
측정 가능성	8. 선정된 기술은 보거나 들을 수 있는가? (다른 관찰자들이 동일한 행동을 식별할 수 있음)	측정 가능한 기술: 주의를 집중시킨 후 사물, 사람, 또는 사건을 언급한다. 측정 불가능한 기술: 자존감을 경험한다.
	9. 선정된 기술은 직접적으로 계산될 수 있는가 (예: 빈도, 지속시간, 거리 측정)? (기술은 잘 정의된 행동이나 활동을 나타냄)	측정 가능한 기술: 완두콩 크기의 사물을 집는다. 측정 불가능한 기술: 모든 손가락을 움직인다.
	10. 선정된 기술은 수행 수준을 결정할 수 있는 기준을 포함하고 있는가? (기술의 정확도가 평가될 수 있음)	측정 가능한 기술: 상황적인 단서가 주어지면 한 단계 지시를 따른다. 측정 불가능한 기술: 수용 언어 기술을 증가시킬 것이다.
장단기 목표 간 위계성	11. 단기목표는 장기목표 성취를 위해서 중요하다고 생각되는 발달상의 하위 기술이나 단계인가?	적절한 기술: • 단기목표 - 각각의 손에 잡고 있는 사물을 놓는다. • 장기목표 - 사물을 다른 사물 위에 균형 있게 놓는다. 부적절한 기술: (1) 단기목표는 장기목표와 동일한 기술에 교수적 촉진을 추가하거나(예: 단기목표 - 신체적 촉진으로 움직이는 놀잇감을 작동한다; 장기목표 - 움직이는 놀잇감을 독립적으로 작동한다) 기술의 정도를 수량적으로 제한하여(예: 단기목표 - 1인치 길이의 블록을 다섯 개 쌓는다; 장기목표 - 1인치 길이의 블록을 열 개 쌓는다) 다시 서술한 것이다. (2) 단기목표는 장기목표와 개념적으로나 기능적으로 관련되지 않는다(예: 단기목표 - 사물을 자발적으로 놓는다; 장기목표 - 둘째손가락으로 찌른다)

출처: Notari-Syverson, A., & Shuster, S. (1995). Putting real-life skills into IEP/IFSPs for infants and young children. *Teaching Exceptional Children*, *27*, 31에서 수정 발췌.

활동에 삽입된 형태로 가르치게 되며, 이를 통하여 개별화교육계획은 장애 유아를 위한 교육의 가장 큰 목적 중 하나인 유아의 발달과 학습을 촉진하는 역할을 수행하게 된다.

둘째, 교수목표는 장기목표와 단기목표로 나누어 작성한다. 일반적으로 장기목표는

1년 동안 이루어야 할 연간 교수목표를 말하며, 단기목표는 연간 교수목표를 성취하기 위해서 교수해야 할 중간 단계의 교수목표를 말한다. 「장애인 등에 대한 특수교육법」에서는 장기목표와 단기목표를 총칭하여 '교육목표'라는 용어를 사용한다. 교육부에서 개발한『특수교육가이드북』(교육부, 경기도교육청, 2015)에 제시된 NEIS의 개별화교육계획 서식은 연간목표와 학기목표 및 월별 교육목표로 구분해서 작성하게 되어 있다. 이때 연간목표는 장기목표에 해당하고 학기 및 월별 교육목표는 단기목표에 해당한다고 할 수 있다. 그러나 장애 유아를 위한 교수목표는 유아의 발달에 민감하게 반응해야 하므로 진도점검 과정에서 수정이 필요한 것으로 판단되면 즉각적으로 융통성 있게 수정할 수 있어야 한다. 장기목표를 수립할 때에는 각 발달 영역마다 포괄적인 문장으로 서술하는데, 1년 후의 성취 정도를 정확히 알기 어렵기 때문에 유아의 과거 성취 정도, 현행수준, 유아의 선호도, 교수목표의 실제적인 유용성, 유아의 필요에 대한 우선순위, 교수목표와 관련된 교수 활동에 소요되는 시간 등의 다양한 요인을 고려하여 결정하게 된다. 단기목표는 장기목표의 하위 단계 세부목표로 주로 과제분석을 통하여 수립되며, 유아의 진보를 알아보는 평가 기준의 역할도 하게 된다.

셋째, 교수목표를 작성할 때에는 구체적으로 (1) 행동, (2) 행동 발생 조건, (3) 행동의 성취 기준의 세 가지 요소를 포함해야 한다. 행동은 관찰과 측정이 가능한 행동이어야 하는데, 이것은 보거나 들을 수 있는 행동이어야 함을 의미한다. 예를 들어, '친구에게 친절하게 대한다.'는 관찰하고 측정하기 어려운 행동으로 단기목표로 적절하지 않지만 '친구에게 놀잇감을 준다.'는 관찰과 측정이 가능한 행동으로 적합한 교수목표라 할 수 있다. 행동 발생 조건이란 행동의 발생이 기대되는 상황을 의미하며, 학습 상황, 사용되는 교재, 행동 발생 장소, 행동의 대상자 등을 포함한다. 예를 들어, '빨강, 파랑 중 한 가지 색을 보여 주면 같은 색 물건을 찾을 수 있다.'와 '무슨 색인지 물어보면 빨강, 파랑의 색이름을 말할 수 있다.'의 두 개의 교수목표는 모두 색이름 알기에 대한 교수목표지만 그 발생 상황이나 조건이 매우 다름을 알 수 있다. 그러므로 교수목표를 서술할 때에는 가능한 한 정확하게 행동 발생 조건을 명시해야 한다. 또한 행동 발생 조건을 서술할 때에는 행동 발생을 위해서 필요한 보조의 정도(예: 촉진)나 제공할 단서(예: 지시, 교재) 등에 대한 설명도 포함할 수 있다. 행동의 성취 기준은 행동이 얼마나 잘 수행되어야 성취된 것으로 평가할 것인지에 대한 기준을 제시하는 것으로 빈도, 지속시간, 백분율, 숙달 정도, 형태, 또는 강도 등의 기준으로 설명된다. 예를 들어, '진희는 교사가 자신의 이름을 부르면 90% 이상 돌아서서 눈을 마주칠 것이다.' '진희는 코트의 단추를 풀어주면 5분 이내에 벗어서 사물함에 걸고 자신의 자리로 가서 앉을 것이다.' '진희는 워커를 이용해서 3m 직선거리를 독립적으로 걸을 것이다.' 등의 교수목표는 다양한 성취 기준을 보여 준다.

이 장의 [부록 6-1]에 제시한 개별화교육계획의 사례에서는 행동, 조건, 성취의 세 가지 요소를 고려해서 장기목표 및 그에 따른 단기목표를 개발한 예를 보여 준다.

(4) 평가 계획

「장애인 등에 대한 특수교육법」에 의하면 개별화교육계획에 따른 학업성취도를 평가하고 보호자에게 통보하여야 한다(〈표 6-7〉 참조). 이를 위해서 개별화교육계획을 작성할 때에는 교수목표 성취 평가를 위해서 어떻게 진도를 점검할 것인지 계획하고 그 결과를 정기적으로 부모에게 알려줄 방법 또한 계획하여야 한다. 평가 계획에는 평가 방법, 평가 기준, 평가 일정 등이 포함된다. 평가 방법이란 특정 교수목표의 성취를 측정하기 위하여 사용될 측정 도구와 방법을 말하며, 규준참조검사, 준거참조검사, 교사가 직접 제작한 검사, 관찰, 과제물 등 여러 가지 방법이 사용될 수 있다 . 평가 기준은 어느 정도의 수준까지 수행해야 특정 교수목표를 성취한 것으로 볼 것인가 하는 기준으로 단기목표에서 제시되곤 한다. 평가 일정의 계획은 얼마나 자주 평가를 할 것인가에 관한 것으로 「장애인 등에 대한 특수교육법」에서는 최소한 매 학기마다 교수목표에 관한 평가를 하도록 규정하고 있다. 그러나 유아의 진보 상태를 파악하고 필요할 경우 교육 프로그램의 수정도 가능하게 하기 위해서는 학기말 총괄평가 외에도 진도 점검의 차원에서 가능한 한 자주 평가를 실시하는 것이 바람직하다. 특히, 개별 유아의 발달 성취는 주로 활동 중 삽입교수를 통하여 이루어지므로 삽입교수계획안의 평가 계획에 따라 학기 내내 수시로 평가하게 된다.

(5) 특수교육 관련서비스

앞에서 설명한 유아의 현행수준과 교수목표는 유아가 필요로 하는 관련서비스를 결정하기 위한 기초 자료로 사용될 수 있다. 「장애인 등에 대한 특수교육법」에 의하면 개별화교육지원팀에 특수교육 관련서비스 담당 인력이 포함될 수 있으며, 개별화교육계획에 특수교육 관련서비스의 내용과 방법을 포함하도록 규정한다. 여기서 관련서비스란 가족 지원, 치료 지원, 보조인력 지원, 장애인용 각종 교구나 학습보조기나 보조공학기기 등의 설비, 취학 편의를 위한 통학 지원, 장애 유형에 따른 정보 제공 등을 말한다. 〈표 6-9〉는 「장애인 등에 대한 특수교육법」의 특수교육 관련서비스에 대한 규정을 보여 준다.

표 6-9 「장애인 등에 대한 특수교육법」의 관련서비스 내용

장애인 등에 대한 특수교육법 제28조 (특수교육 관련서비스)
① 교육감은 특수교육대상자와 그 가족에 대하여 가족상담 등 가족 지원을 제공하여야 한다. ② 교육감은 특수교육대상자가 필요로 하는 경우에는 물리치료, 작업치료 등 치료 지원을 제공하여야 한다. ③ 각급학교의 장은 특수교육대상자를 위하여 보조인력을 제공하여야 한다. ④ 각급학교의 장은 특수교육대상자의 교육을 위하여 필요한 장애인용 각종 교구, 각종 학습보조기, 보조공학기기 등의 설비를 제공하여야 한다. ⑤ 각급학교의 장은 특수교육대상자의 취학 편의를 위하여 통학차량 지원, 통학비 지원, 통학 보조 인력의 지원 등 통학 지원 대책을 마련하여야 한다. ⑥ 각급학교의 장은 특수교육대상자의 생활지도 및 보호를 위하여 기숙사를 설치 · 운영할 수 있다. 기숙사를 설치 · 운영하는 특수학교에는 특수교육대상자의 생활지도 및 보호를 위하여 교육부령으로 정하는 자격이 있는 생활지도원을 두는 외에 간호사 또는 간호조무사를 두어야 한다. ⑦ 제6항의 생활지도원과 간호사 또는 간호조무사의 배치기준은 국립학교의 경우 교육부령으로, 공립 및 사립 학교의 경우에는 시 · 도 교육규칙으로 각각 정한다. ⑧ 각급학교의 장은 각급학교에서 제공하는 각종 정보(교육기관에서 운영하는 인터넷 홈페이지를 포함한다)를 특수교육대상자에게 제공하는 경우 특수교육대상자의 장애 유형에 적합한 방식으로 제공하여야 한다. ⑨ 제1항부터 제8항까지의 규정에 따른 특수교육 관련서비스의 제공을 위하여 필요한 사항은 대통령령으로 정한다.

장애 유아 교육에 있어서 특수교육 관련서비스는 교육 경험을 통해서 최대한의 혜택을 받을 수 있도록 제공하는 추가적인 지원 서비스를 의미한다. 예를 들어, 시각장애 유아가 지팡이를 이용해서 보행해야 할 때 이동 전문가의 훈련을 제공받아야 하며, 전동 휠체어를 타는 유아가 유치원에 통학하기 위해서는 전동 휠체어를 운반해 줄 차량이 필요하고, 도뇨관 삽입 기술을 필요로 하는 유아에게는 간호사나 관련 전문가의 훈련이 필요하다. 이 외에도 필요한 경우 언어치료사, 작업치료사, 물리치료사, 사회복지사 등의 전문가로부터 특별히 계획된 서비스를 제공받을 수 있어야 한다. 관련서비스가 필요하다고 결정된 경우에는 개별화교육계획에 서비스의 유형과 더불어 제공 횟수 및 시간(예: 주 3회 30분간 물리치료) 등의 방법과 제공 책임자를 함께 명시해야 한다. 미국의 경우에는 관련서비스 제공이 학교의 책임이기 때문에 각 지역교육청 내에

여러 치료사를 두어 순회교육의 형태로 관련서비스를 제공한다(Rainforth & York-Barr, 1997). 우리나라의 경우에는 지역교육청별로 차이는 있지만 특수교육지원센터나 거점 특수학교에서 가족 지원이나 치료 지원 또는 학습교구나 보조공학기기 대여 등의 관련서비스 제공이 부분적으로 이루어지고 있다. 따라서 특수교사는 지역교육청별 자원을 확인하고 유아가 적절한 서비스를 제공받을 수 있도록 노력하여야 한다.

2) 개별화교육계획의 개발

개별화교육계획은 「장애인 등에 대한 특수교육법」과 그 시행령에 근거하여 개별 장애 유아를 위해 구성된 개별화교육지원팀에 의해서 개발된다. 여기서는 개별화교육지원팀 구성과 개별화교육계획 문서 작성에 대하여 알아보고자 한다.

(1) 개별화교육지원팀 구성

개별화교육계획을 개발하기 위해서는 가장 먼저 장애 유아의 교육과 관련된 중요한 사람들로 팀이 구성된다. 「장애인 등에 대한 특수교육법」은 학교장 또는 유치원장으로 하여금 매 학년의 시작일로부터 2주 내에 장애 유아의 교육적 요구에 적합한 교육을 제공하기 위하여 보호자, 특수교육교원, 일반교육교원, 진로 및 직업교육 담당 교원, 특수교육 관련서비스 담당 인력 등으로 개별화교육지원팀을 구성하도록 규정한다. 이때 장애 유아의 나이가 아직 어리기 때문에 진로 및 직업교육 담당 교원은 제외될 수 있으며, 통합유치원의 경우에는 통합학급을 담당하는 일반교육교원인 유아교사가 반드시 참여하여야 한다. 특수교육 관련서비스 담당 인력은 학교나 유치원 내에 상주하지 않는 경우가 많으므로 팀 구성원으로 참여시키고 지속적으로 소통하고 협력할 수 있도록 노력을 기울여야 한다.

미국의 장애인교육법(IDEA)은 팀을 구성할 때 필요한 전문가 외에도 가족에게 정서적인 도움과 실제적인 도움을 제공해 주는 서비스 제공자나 친구, 또는 다른 장애 유아의 가족과 같은 사람을 포함시킬 수 있도록 허용한다. 또한 과거나 미래의 서비스 제공 기관이나 지역사회 프로그램의 대표자도 포함시킬 수 있게 한다. 특히, 팀 구성원을 선정할 때 장애 유아의 교육에 긍정적인 영향을 미칠 수 있고 교육의 성과를 최대화하는 데 도움이 되어야 하며 팀의 구성은 전적으로 가족의 동의에 의해서 이루어져야 함을 가장 크게 강조한다. 이는 개별화교육지원팀의 구성과 역할이 단순하게 개별화교육계획 문서 작성에 제한되기보다는 장애 유아와 그 가족을 위한 포괄적인 교육 지원의 청사진을 개발하고 실행하는 것임을 보여 주는 것이다.

(2) 팀 구성원의 역할 및 책임

팀 구성원의 역할과 책임은 크게 네 가지로 분류될 수 있다. 첫 번째 역할은 각 구성원이 서로 지원적이고 비공식적인 관계를 제공하고 형성하는 것이다. 전문가는 가족과의 첫 만남부터 지원적이고 상호 존중하는 관계를 형성해야 하며, 가족이 자신이 원하는 방법으로 참여할 수 있도록 가족의 특성에 따라 지원과 정보를 제공해야 한다. 이때 가족 이외의 구성원은 가족의 반응에 따라 역할을 수정할 수도 있다. 팀 구성원 간의 의사소통과 행동, 또는 서면으로 주고받는 보고는 서로에게 정직해야 하며, 서로를 향한 존중감을 반영해야 한다. 또한 정서적 지원의 중요함을 인식하고 서로에게 이러한 지원을 제공해야 한다. 팀 구성원이 개별화교육계획 수립을 위해서 함께 작업할 때에는 각자의 전문 영역에서의 최상의 방법론을 수행할 수 있도록 충분한 시간이 제공되어야 한다. 회의를 위한 시간 및 장소를 정할 때에는 팀 구성원의 편리도 중요하지만 가족의 편리를 먼저 고려하고 각 서비스에 대한 장소 역시 가족의 선호도에 따라 결정하도록 한다.

팀 구성원의 두 번째 역할과 책임은 상호 정보 교환이다. 정보 교환의 역할과 책임에 있어서 가족은 유아와 가족에 대한 모든 보고서의 사본을 제공받아야 하며, 필요한 경우에는 보고서를 해석할 수 있도록 지원받아야 한다. 또한 가족은 자녀와 관련된 모든 회의에 참석하도록 초청되어야 한다. 가족은 팀 구성원과 무슨 정보를 나눌 것인지 스스로 결정할 수 있어야 한다.

세 번째 역할과 책임은 유아의 성취를 촉진하고 진도를 점검하는 것이다. 개별화교육계획에 따라 유아의 진보를 평가할 때에는 개별화된 기준을 적용해야 한다. 팀 구성원이 개별화교육계획을 수정할 때에는 가족의 선호도나 진단의 결과, 새롭게 발견된 유아에 대한 정보 등을 근거로 결정해야 한다. 이러한 과정에서 가족은 자신의 역할을 선택하거나 수정할 수 있는 기회를 제공받게 된다.

마지막으로, 팀의 구성원은 옹호자의 역할을 하게 된다. 개별화교육계획의 개발을 담당하는 책임자는 처음부터 가족에게 개발 과정에 있어서의 가족의 권리에 대하여 분명하게 설명해야 한다. 그러므로 팀의 구성원은 개별화교육계획과 관련된 법률, 정책, 최상의 방법론에 대하여 잘 알고 있어야 한다. 팀 구성원 중 전문가들은 유아와 그 가족의 권리보장을 위한 옹호자의 역할을 적극적으로 수행해야 하며, 지역사회 서비스에 있어서 무엇이 부족한지에 대해서 지속적으로 분석하고 관련 정책 담당자에게 인지시켜야 한다. 가족이 옹호자의 역할을 원만하게 수행하기 위해서는 가장 최근에 제시되고 있는 최상의 실제(best practice)에 대한 정보를 제공받을 수 있어야 한다.

(3) 문서 작성

개별화교육계획의 개발 과정은 진행적이고 역동적이면서 또한 개별화되어야 한다. 회의 진행뿐만 아니라 모든 문서 작성은 간결한 의사소통을 원칙으로 해야 하며, 필요한 경우에는 전문적인 정보에 대한 설명을 포함해야 한다. 개별화교육계획을 문서로 작성하는 절차는 기관이나 작성자에 따라서 다르지만 기본적으로 다음과 같은 단계가 포함된다. 실제 문서로 작성된 개별화교육계획의 예는 [부록 6-1]과 [부록 6-2]에서 볼 수 있다.

- 1단계: 유아의 배경 정보를 기록한다.
- 2단계: 유아의 현행수준을 기록한다.
- 3단계: 교수목표를 장기목표와 그에 따른 단기목표로 나누어 기록한다.
- 4단계: 교수목표 성취를 위해서 필요한 특수교육 및 관련서비스를 기록한다.
- 5단계: 유아의 부모에게 제공할 정기적인 진도 보고 방법을 설명한다.
- 6단계: 개별화교육지원팀의 구성원과 부모가 서명하고 날짜를 기입한다.

미국의 경우에는 법적인 요구에 의해서 주나 지역교육청의 점검 팀이 유아와 가족의 성취 및 가족의 만족도를 점검하게 되는데, 이를 위해서 가족과 서비스 제공자로부터 관련 정보를 수집한다. 이 과정에서 점검 팀은 서비스나 자원의 부족한 부분에 대해서 분명하게 기록하고 보고함으로써 개선의 방향을 제시하게 된다. 우리나라의 경우에는 개별 유아에 대한 개별화교육계획은 주로 특수교사 주도로 작성되며 이에 대한 전문적인 점검 팀을 별도로 두지는 않는다. 기관에 따라서 기관장이나 교육 프로그램의 담당교사(예: 부장교사, 주임교사) 등이 개별화교육계획 개발에 대한 점검 역할을 하고 피드백을 주는 경우도 있다. 그러므로 교육 현장의 상황에 맞추어 가장 바람직한 개별화교육계획이 개발될 수 있도록, 다시 말해서 교사 단독의 교육 프로그램 개발을 지양하고 가족을 포함한 관련 전문가들이 함께 정보를 주고받으면서 최상의 교육을 계획할 수 있도록 노력해야 할 것이다.

3) 개별화교육계획의 예

장애 유아를 가르치는 교사는 앞에서 설명한 절차에 따라 개별화교육계획을 개발하게 된다. 개별화교육계획의 작성과 적용이 교육 현장에서 가장 큰 실효를 거두기 위해서는 우선 교사가 소속되어 있는 교육 현장(예: 유치원, 특수학교 등)의 기관장이 이들로 하여금 개별화교육계획을 잘 개발할 수 있도록 충분한 시간을 허락하고 자원을 제공하여야 한다(Bateman, & Linden, 2006). 특히, 개별화교육계획의 양식은 정해져 있지 않기 때문에 각 기관이나 프로그램에 따라 또는 개별 교사에 따라 필요한 내용을 창의적으로 개발할 수 있다. 그러나 동일한 기관 내 교사들이 각자 개별적으로 개발하기보다는 정해진 틀을 활용할 수 있도록 기관 차원의 지원을 제공함으로써 교사가 실제로 필요한 일에만 시간을 투자할 수 있도록 배려하는 것이 좋다. 이 장의 부록은 개별화교육계획의 두 가지 예를 보여 준다. [부록 6-1]은 미국 장애인교육법(IDEA)에서 규정하는 모든 요소를 포함해서 작성한 양식이고(Gargiulo & Kilgo, 2020), [부록 6-2]는 현행수준과 교수목표를 중심으로 보다 간략하게 작성한 양식이다(Howard et al., 2010). 실제 유아의 교육진단을 거쳐 개별화교육계획을 작성한 사례는 『개별화 교육과정』(이소현, 2011)의 10장을 참조하기 바란다.

3. 개별화가족서비스계획

1) 개별화가족서비스계획의 이론적 배경

최근에 이르러서 조기특수교육 영역은 많은 변화를 겪어 왔다. 그중에서도 가장 큰 변화 중 하나는 1986년 전장애아교육법 개정법률인 PL 99-457 Part H의 통과로 장애 영유아 교육에 있어서의 가족의 중요성에 대한 인식이 법적인 절차로 제도화된 것이다. 이와 같은 가족 중심 접근의 영향(12장 참조)은 개별화가족서비스계획(individualized family service plan: IFSP)을 탄생시켰을 뿐만 아니라 개별화교육계획의 개발에도 상당히 큰 영향을 미치게 되었다.

개별화가족서비스계획 역시 개별화된 교육 프로그램을 제공하기 위해서 미국에서 개발된 것으로, 장애를 지녔거나 장애 위험에 놓인 신생아 및 영아의 조기개입 서비스 제공을 위한 청사진이라고 할 수 있다. IFSP는 처음에는 만 3세 미만의 영아를 위해서 개발되었지만 현재는 그보다 나이가 많은 유아에게 적용되기도 한다. 만 3세를 전후해서 프로그램의 계획 양식이 변경됨으로 인해서 조기개입 서비스와 유아특수교육 서비스 간의 연계가 방해받지 않도록 통일된 체계를 적용하도록 권장되며(U. S. Department of Education, 1993), 현재는 정책에 의해서 각 주의 결정에 따라 만 5세까지의 유아에게도 IFSP를 적용할 수 있도록 규정하고 있다. 최근에는 유아를 위한 개별화교육계획에 가족을 위한 목표를 수립하도록 의무화하지 않고 있는 것에 대한 비판이 제기되기도 한다(Bailey & Wolery, 2003; Gargiulo & Kilgo, 2020). 미국의 특수교육협회 조기교육분과(DEC)에서도 개별화 교육 프로그램(IEP)의 개발이 기관이나 장애 유아 중심의 우선순위보다는 가족의 우선순위가 반영되는 가족 중심 접근이어야 한다고 주장한다(DEC, 2015).

IFSP는 그 명칭에 가족이 포함된 것으로도 알 수 있듯이 장애 영아의 교육에 있어서 가족이 주 양육자의 역할을 잘 감당하게 하기 위한 의도로 개발되었다. 그러므로 IFSP의 적용은 가족을 지원하고 이들의 적극적이고도 의미 있는 참여를 촉진해야 한다. 이러한 가족 중심 접근은 최근에 강조되고 있는 가족 스스로가 자신의 문제를 해결하고 도울 수 있다고 가정하는 가족의 역량 강화(Dunst & Trivette, 1989) 이론에 의해서 영향을 받았다. 또한 아동을 바라볼 때 아동이 속해 있는 다양한 구조 내에서의 관계와 역할을 모두 고려해야 한다는 생태학적 견해(Bronfenbrenner, 1979)도 가족 중심 접근의 IFSP 개발에 영향을 미쳤다.

IFSP의 다양한 요소가 가족에 초점을 맞추고 있는데, 특히 가족 진단이 그 대표적인 예라고 할 수 있다. IFSP를 작성할 때에는 반드시 가족 진단을 수행해야 한다. PL 99-457에 의해서 처음으로 IFSP가 명시될 때에는 가족의 강점과 요구를 진단하도록 규정하였다. 그러나 그 이후에 PL 102-119로의 개정을 통해서 요구라는 용어를 자원이라는 용어로 변경하였다. 이것은 가족을 무엇인가를 필요로 하는 사람으로 부족한 점 위주로 인식하기보다는 이들이 지니고 있는 자원을 활용한다는 긍정적인 측면을 인식하면서 가족을 바라보아야 한다는 개념적 변화가 반영된 것이다. 가족이 자녀의 교육에 관심을 가지고 있다면 그와 관련된 특정 자원과 강점을 지니고 있는 것으로 추측할 수 있으며(Bailey, 1994), 전문가는 이러한 자원과 강점이 자녀의 교육에 긍정적인 영향을 미칠 수 있다는 가정하에 이를 알아내기 위해서 진단을 수행해야 한다. 또한 전문가는 가족이 자녀에 대해서 어떻게 생각하고 있으며 이들이 제공받기를 원하는 서비스가 무엇인지를 알아내는 역할도 수행해야 한다. 그러므로 현재 가족 진단은 가족의 자원과 우선순위와 관심에 대한 정보를 수집하도록 규정하고 있다. 가족 진단에 있어서 가장 중요한 것은 가족이 원하지 않는다면 가족 진단을 반드시 실시할 이유가 없다는 사실이다. 이것은 장애인교육법(IDEA)이 가족 진단을 수행하도록 권장하고 있지만 실제로 가족 진단을 수행하기 위해서는 가족의 동의가 반드시 필요하다는 것을 의미한다. 가족 진단의 구체적인 방법은 이 책의 10장에서 설명하였으며, 『교육진단 및 교수계획을 위한 장애 유아 진단 및 평가』(이소현 외, 2009)의 8장을 참조하기 바란다.

2) 개별화가족서비스계획의 개발

IFSP는 다양한 전문가에 의해서 구성된 팀에 의해서 개발되며, 이때 부모는 팀의 주요 구성원으로 개발의 핵심적인 역할을 하게 된다. IFSP 팀은 일반적으로 진단에 참여하는 다양한 영역의 전문가와 가족, 이들과 함께 일하게 될 서비스 조정자(service coordinator) 등으로 구성되며, 가족이 원하는 경우에는 다른 가족이 권리 옹호자의 역할을 위해서 참여하기도 한다. IFSP의 내용은 장애인교육법(IDEA)에 의해서 다음과 같이 구성된다.

- 영아의 신체 발달, 인지 발달, 의사소통 발달, 사회성 및 정서 발달, 적응행동 발달의 현행수준에 대한 서술
- 가족의 자원, 우선순위, 관심에 대한 서술
- 영아 및 그 가족이 성취하도록 기대되는 주요 성과에 대한 서술(진도를 점검하는 데 사용될 기준, 절차, 시간을 포함함)
- 영아 및 그 가족의 독특한 요구를 충족시키기 위해서 필요한 조기개입 서비스에 대한 서술
- 서비스의 시작일과 예상하는 기간
- 서비스 조정자의 이름
- 조기개입 서비스가 제공될 자연적인 환경에 대한 서술이나 서비스가 자연적인 환경에서 제공되지 않을 경우 그 당위성에 대한 설명
- 장애를 지닌 영아의 유아 프로그램으로의 전이 지원 계획

이상의 IFSP 내용 구성은 개별화교육계획과 몇 가지 차이점을 지닌다. 예를 들어, 서비스 조정자의 이름이 포함되며, 개별화교육계획이 개별 유아와 그 교육적 요구에 초점을 맞추는 것과는 달리 서비스의 주요 초점으로 가족을 포함한다. 또한 개별화교육계획에서의 부모 역할이 과정에 참여하거나 의사결정을 하는 것에 반해서 IFSP에서는

부모를 진단하고 부모에게 필요한 서비스를 제공해 준다는 차이점이 있다. 장애인교육법(IDEA) 규정에 의해서 나타나는 이와 같은 구성 내용에 있어서의 유사점과 차이점은 〈표 6-10〉에서 보는 바와 같다.

표 6-10 장애인교육법에 명시된 IEP와 IFSP의 내용 비교

개별화교육계획(IEP)	개별화가족서비스계획(IFSP)
• 일반 교육과정에의 참여와 진도를 포함한 교육적 성취 및 기능적 수행에 대한 현행수준 서술; 유아의 경우 장애가 연령에 적합한 활동에 어떤 영향을 미치는지 서술	• 신체, 인지, 의사소통, 사회-정서, 적응행동 발달의 현행수준 서술
• 비교 조항 없음	• 가족의 자원, 우선순위, 관심 서술
• 단기교수목표를 포함한 측정 가능한 연간 교육목표 서술, 대체진단이 필요한 경우 대안적인 성취 기준 제시	• 영아와 그 가족의 성취가 예상되는 측정 가능한 결과 또는 성과 서술
• 연간 교육목표를 향한 진도 기록과 부모에게 정기적으로 진도를 알려줄 방법	• 결과 또는 성과를 성취해 가는 진보의 정도를 결정하는 데 사용될 기준, 절차, 예상되는 시간
• 연구 기반의 특정 특수교육 및 관련서비스, 보충적인 보조 및 서비스, 프로그램 수정에 대한 설명	• 영아와 그 가족의 독특한 요구를 충족시키기 위해서 필요한 연구 기반의 조기개입 서비스에 대한 서술
• 일반교육 프로그램에 참여하지 않는 정도에 대한 설명	• 조기개입 서비스가 적절하게 제공될 자연적인 환경에 대한 서술이나 자연적인 환경이 아닌 것에 대한 당위성 설명
• 주 또는 지역 교육청 단위의 진단에 참여하기 위한 수정	• 비교 조항 없음
• 서비스 시작 날짜와 예상되는 기간, 빈도, 서비스 장소	• 서비스 시작 날짜와 예상되는 서비스의 기간
• 비교 조항 없음	• 서비스 조정자의 이름
• 16세에 측정 가능한 중등교육 목표와 더불어 학업 과정을 포함한 필요한 전환 서비스에 대한 서술	• 3세에 다른 서비스로의 전이를 지원하기 위한 단계 서술

출처: Gargiulo, R., & Kilgo, J. (2020). *Young children with special needs* (5th ed., pp. 105-106). Los Angeles, CA: SAGE.

3) 개별화가족서비스계획의 예

[부록 6-3]은 30개월인 다운 증후군 영아를 위해서 실제로 작성된 IFSP의 예(Gargiulo & Kilgo, 2020)를 보여 준다. 이 IFSP는 미국에서 작성된 예시로 개인적인 정보는 삭제하고 한국의 실정에 맞도록 이름이나 기관명 등을 변경하였다.

요약

이 책의 5장에서 우리는 장애 유아를 진단하고 평가하는 전반적인 과정을 살펴보았다. 대상자를 발견해서부터 선별의 과정을 거쳐 장애를 진단한 후에 적절한 교육 프로그램을 계획하기 위해서 교육진단을 실시하고 진도를 점검하고 마지막에는 프로그램을 평가하는 과정에 이르기까지의 일련의 진단 및 평가의 과정을 단계별로 살펴보았다. 교사가 현장에서 진단을 실시하는 대부분의 경우 교수목표를 수립하고 교수활동을 계획하고 교수의 결과를 평가하기 위한 목적을 지닌다. 이것은 교육 현장에서 이루어지는 진단 활동이 교수 활동과 연계되어야 함을 의미한다. 그러므로 진단 활동이 교육에 직접적인 영향을 미치고 그 결과가 유용하게 활용되기 위해서는 교수의 계획 및 실행과 연계되는 진단을 실시해야 한다.

이 장에서는 5장에서 설명한 다양한 유형의 진단 중 장애를 선별하거나 진단하고 적격성을 결정하는 것과는 또 다른 특성을 지닌 교육진단에 대해서 보다 구체적으로 알아보고 이러한 교육진단이 실제적인 교수 활동과 연계되어 이루어질 수 있는 방법을 제시하였다. 특히 교육진단이 교수 활동과 연계되어야 하는 중요성과 함께 이러한 진단을 구체적으로 실행할 수 있게 해 주는 일반적인 지침과 실질적인 수행 방법에 대해서 설명하였다. 마지막으로 이러한 교육진단을 통하여 다음 단계에서 수행되는 교수계획에 대하여 설명하였다. 교육진단이 교수계획으로 연계되는 과정에서 장애 유아를 위한 개별화 교육의 노력은 개별화교육계획의 작성으로 나타난다. 이 장에서는 장애 유아에게 개별화 교육을 실시해야 하는 이론적 배경을 제시하고 미국의 장애인교육법(IDEA)과 우리나라 「장애인 등에 대한 특수교육법」의 규정을 중심으로 개별화교육계획 작성을 위한 절차를 설명하였다. 또한 영아를 위한 개별화 교육 프로그램으로 개발되는 개별화가족지원계획에 대해서도 그 구성 내용과 작성 방안에 대해서 설명하였다.

참고문헌

교육부, 경기도교육청(2015). 특수교육가이드북. 수원: 경기도교육청.

이소현(2001). 특수아 조기교육에 있어서의 진단과 교육과정 연계를 위한 방법론 고찰. 특수교육학연구, 36(3), 165-196.

이소현(2011). 개별화 교육과정: 장애 유아를 위한 일반 유아교육과정 중심의 교수적 접근. 서울: 학지사.

이소현, 박은혜(2011). 특수아동교육: 일반학급 교사들을 위한 통합교육 지침서(3판). 서울: 학지사.

이소현, 김수진, 박현옥, 부인앵, 원종례, 윤선아, 이수정, 이은정, 조윤경, 최윤희(2009). 교육진단 및 교수계획을 위한 장애 유아 진단 및 평가. 서울: 학지사.

이소현, 박은혜, 김영태(2000). 교육 및 임상 현장 적용을 위한 단일대상연구. 서울: 학지사.

이소현, 윤선아, 박현옥, 이수정, 이은정, 박혜성, 서민경, 장민영 역(2019a). SCERTS 모델: 자폐 범주성 장애 아동을 위한 종합적 교육 접근-[1권 진단](수정판). 서울: 학지사.

이소현, 윤선아, 이수정, 박병숙(2019). 특수교육대상유아 통합교육 현황 및 지원 요구: 통합유치원 운영 모델 개발을 위한 기초연구. 유아특수교육연구, 19(1), 1-36.

이소현, 이수정, 박병숙, 윤선아(2018). 통합유치원 운영 모델. 아산: 교육부/국립특수교육원.

한국교육평가학회(2004). 교육평가 용어사전. 서울: 학지사.

Bagnato, S., Neisworth, J., & Pretti-Frontczak, K. (2010). *Linking authentic assessment and early childhood intervention: Best measures for best practices* (2nd ed.). Baltimore MD: Brookes.

Bailey, D. (1994). Working with families of children with special needs. In M. Wolery and J. Wilbers (Eds.), *Including children with special needs in early childhood programs* (pp. 23-44). Washington, DC: National Association for the Education of Young Children.

Bailey, D., & Wolery, M. (2003). 장애 영유아를 위한 교육(개정판, 이소현 역). 서울: 이화여자대학교 출판부. (원저 1992년 출간)

Bateman, B. & Linden, M. (2006). *Better IEPs: How to develop legally correct and educationally useful programs* (5th ed.). Verona, WC: Attainent Company.

Bricker, D. (2015). 영유아를 위한 사정・평가 및 프로그램 체계(AEPS, Vol. 1~4, 이영철, 허계형, 문현미, 이상복, 정갑순 공역). 서울: 굿에듀북. (원저 2002년 출간)

Bronfenbrenner, U. (1979). Toward an experimental ecology of human development. *American Psychologist, 32*, 513-531.

Burton, N. (2018). *Creating effective IEPs: A guide to developing, writing, and implementing plans for teachers*. Thousand Oaks, CA: SAGE.

Davis, M., Kilgo, J., & Gamel-McCormick, M. (1998). *Young children with special needs: A developmentally appropriate approach*. Boston, MA: Allyn & Bacon.

Division for Early Childhood (DEC). (1993). *DEC recommended practices: Indicators of quality in programs for infants and young children with special needs and their families*. Reston, VA: Author.

Division for Early Childhood (DEC). (2014). *DEC recommended practices in early intervention/early childhood special education 2014*. Retrieved from http://www.dec-sped.org/

recommendedpractices.

Division for Early Childhood (DEC). (2015). *DEC Recommended Practices: Enhancing services for young children with disabilities and their families*(DEC Recommended Practices Monograph Series No. 1). Los Angeles, CA: Author.

Dunst, C., & Trivette, C. (1989). An enablement and empowerment perspective of case management. *Topics in Early Childhood Special Education*, *8*, 87-102.

Gargiulo, R., & Kilgo, J. (2020). *An Introduction to young children with special needs: Birth Through Age Eight* (5th ed.). Los Angeles, CA: SAGE.

Howard, V., Williams, B., & Lepper, C. (2010). *Very young children with special need: A formative approach for the 21st century* (4th ed.). Boston, MA: Pearson.

Johnson-Martin, N., Attermeier, S., & Hacker, B. (2008). 영유아 캐롤라이나 교육과정: 0~3세(3판, 김호연, 장혜성, 박경옥, 강창욱 공역). 서울: 굿에듀북. (원저 2004년 출간)

Johnson-Martin, N., Hacker, B., & Attermeier, S. (2009). 영유아 캐롤라이나 교육과정: 3~6세(3판, 한경근, 신현기, 최승숙, 김은경 공역). 서울: 굿에듀북. (원저 2004년 출간)

McCormick, L. (2002). Ecological assessment and planning. In L. McCormick, D. Loeb, & R. Schiefelbusch (Eds.), *Supporting children with communication difficulties in inclusive settings: School-based language intervention* (2nd ed., pp. 223-256). Boston, MA: Pearson.

McLean, M., Wolery, M., & Bailey, D. (2004). *Assessing infants and preschoolers with handicaps* (3rd ed.). Upper Saddle River, NJ: Pearson.

Neisworth, J., & Bagnato, S. (1996). Recommended practices in assessment for early intervention. In S. Odom & M. McLean (Eds.), *Early intervention/early childhood-special education: Recommended practices* (pp. 23-57). Austin, TX: Pro-Ed.

Notari-Syverson, A., & Shuster, S. (1995). Putting real-life skills into IEP/IFSPs for infants and young children. *Teaching Exceptional Children*, *27*, 29-32.

Prizant, B., Wetherby, A., Rubin, E., Laurent, A., & Rydell, P. (2019a). SCERTS 모델: 자폐 범주성 장애 아동을 위한 종합적 교육 접근 1권 진단(수정판, 이소현, 윤선아, 박현옥, 이수정, 이은정, 박혜성, 서민경, 정민영 공역). 서울: 학지사. (원저 2006년 출간).

Prizant, B., Wetherby, A., Rubin, E., Laurent, A., & Rydell, P. (2019b). SCERTS 모델: 자폐 범주성 장애 아동을 위한 종합적 교육 접근 2권 프로그램 계획 및 중재(수정판, 이소현, 윤선아, 이은정, 이수정, 서민경, 박현옥, 박혜성 공역). 서울: 학지사. (원지 2006년 출간).

Rainforth, B., & York-Barr, J. (1997). *Collaborative teams for students with severe disabilities: Integrating therapy and educational services*(2nd ed.). Baltimore, MD: Brookes.

Strickland, B. (1993). Parents and the educational system. In J. Paul & R. Simeonsson (Eds.), *Children with special needs* (2nd ed., pp. 231-255). Fort Worth, TX: Harcourt Brace Jovanovich.

Strickland, B., & Turnbull, A. (1993). *Developing and implementing individualized education program* (3rd ed.). New York, NY: Macmillan Publishing Company.

U. S. Department of Education. (1993). *Fifteenth annual report to Congress on the implementation of the Individuals with Disabilities Education Act*. Washington, DC: U. S. Government Printing Office.

Wolery, M. (2003). Using assessment information to plan intervention programs. In M. McLean, D. Bailey, & M. Wolery (Eds.), *Assessing infants and preschooler with special needs* (3rd ed., pp. 519-527). Englewood Cliffs, New Jersey: Merrill.

부록 6-1 개별화교육계획의 예 (1)

개별화교육계획 (1/7쪽)

I. 배경 정보

이름 정 윤 호 성별 남 생년월일 2014-8-3 학생번호 01-206
부모(보호자) 정 규 식, 이 수 진 주소 (생략)
전화(집) (생략) 전화(직장) (생략)
학교 이화사랑유치원 학년 만 4세반

IEP 회의일 2019. 3. 15. 적격성 판정일 2015. 4. 14 IEP 점검일 2020. 3. 15.
언어 한국어 통역 ___예 ✓ 아니요 점자 ___예 ✓ 아니요
보조공학 ___예 ✓ 아니요 언어/의사소통 보조 ___예 ✓ 아니요

II. 현행 수준

윤호는 활동적이고 창의적인 만 4세 유아다. 윤호는 실외 놀이를 좋아하고 나이에 맞는 대근육 운동 기술을 보인다. 나이에 적절한 자조기술을 지니고 있다. 많은 또래와 마찬가지로 운동화 끈 매기에 어려움을 보이며 크기가 작은 단추를 잠그는 데 어려움을 보인다.

윤호는 자신의 원함과 요구를 의사소통할 수 있다. 대체로 자신의 메시지를 전달할 수 있으며, 구어를 보조하기 위해서 많은 몸짓을 사용한다. 2019년 5월 1일에 수집된 언어 샘플에 의하면 평균적으로 2~3 단어 문장을 사용한다. 교실에서 윤호는 자기에게 주어진 질문이나 지시에 반응하지 않을 때가 있다. 1년간 이루어진 학급 관찰에 의하면 윤호는 “왜” “무엇” “언제”의 질문에 대답하는 것을 가장 어려워한다. 2019년 5월 1일에 실시된 유아언어검사에 의하면 윤호는 3세 4개월의 수용언어 능력과 3세 8개월의 구어 능력을 보였다. 특별히 어려움을 보이는 영역은 어휘, 문장을 자세하게 기억하기, 언어 사용, 사물 분류 영역이다.

윤호는 성인과의 놀이를 좋아하며 칭찬에 대해서 매우 반응적이다. 윤호는 단독 놀이를 선호하며 자신이 잘할 수 있는 활동을 선택하곤 한다. 5회의 기회 중 4회 정도는 레고나 블록 같은 사물 조립하기 활동을 선택하곤 한다. 윤호는 또래와의 협력적인 놀이나 나누기에 어려움을 보인다. 언어 지체로 인해서 또래와의 갈등을 해결해야 할 때 언어적인 상호작용보다는 공격적인 행동에 의존하는 경향이 있다. 윤호는 학급 규칙을 잘 알고 있음에도 불구하고 과제에 대한 빈번한 지시를 필요로 한다. 주의집중이 짧으며 주어진 활동에 5분 이상 집중하지 않는다.

윤호는 소근육 운동 활동 중에서 시각-운동 기능의 통합에 어려움을 보인다. 도형 보고 그리기나 연필이나 크레용으로 디자인하기에 어려움을 보인다. 윤호는 가위로 1cm 정도의 직선을 자를 수 있으며 도형 모양 자르기 연습을 필요로 한다.

개별화교육계획 (2/7쪽)

Ⅲ. 프로그램 적격성

적격성 ✓ 예 ____아니요 장애 영역 (1차) 언어 (2차) 해당사항 없음

적격성 판정 근거 수용언어 및 표현언어에 있어서의 지체가 동일 연령 또래의 언어 수준보다 심각하게 지체되었음

Ⅳ. 장기 및 단기 교수목표

영역: 언어/의사소통

연간 목표: 수용언어 및 표현언어의 전반적인 향상을 보일 것이다.

	단기목표	제공자	평가	시작일	점검일	종료일
1	4~5 단어의 확장된 문장을 말할 것이다.	일반교사 언어치료사	❶ 자료 수집 ② 교사/검사 ③ 작업 샘플 ❹ 학급 관찰 ⑤ 성적 ❻ 기타: 언어 샘플	19/3/18	19/9/17 20/2/17	
	단기목표	**제공자**	**평가**	**시작일**	**점검일**	**종료일**
2	왜, 언제, 누가, 무엇을, 어디, 어떻게의 질문 문장에 정확하게 대답할 것이다.	일반교사 언어치료사	❶ 자료 수집 ② 교사/검사 ③ 작업 샘플 ❹ 학급 관찰 ⑤ 성적 ⑥ 기타:	19/3/18	19/9/17 20/2/17	
	단기목표	**제공자**	**평가**	**시작일**	**점검일**	**종료일**
3			① 자료 수집 ② 교사/검사 ③ 작업 샘플 ④ 학급 관찰 ⑤ 성적 ⑥ 기타:			

개별화교육계획

(3/7쪽)

영역: 인지/언어

연간 목표: 문해/쓰기와 관련된 언어 개념을 향상시킬 것이다.

	단기목표	제공자	평가	시작일	점검일	종료일
1	적어도 세 가지 이상의 연속적인 사건이 포함된 간단한 이야기를 듣고 말할 수 있다.	일반교사 특수교사	❶ 자료 수집 ② 교사/검사 ③ 작업 샘플 ❹ 학급 관찰 ⑤ 성적 ❻ 기타: 녹음	98/3/18	98/9/17 99/2/17	
	단기목표	**제공자**	**평가**	**시작일**	**점검일**	**종료일**
2	유치원 학급 및 교육과정과 관련된 단어를 적절하게 사용할 것이다.	일반교사 특수교사	❶ 자료 수집 ② 교사/검사 ③ 작업 샘플 ❹ 학급 관찰 ⑤ 성적 ⑥ 기타:	19/3/18	19/9/17 20/2/17	
	단기목표	**제공자**	**평가**	**시작일**	**점검일**	**종료일**
3	그림책에 있는 사물의 이름을 말하고 사물에 대해서 설명할 것이다.	일반교사 특수교사	① 자료 수집 ② 교사/검사 ③ 작업 샘플 ❹ 학급 관찰 ⑤ 성적 ⑥ 기타:	19/3/18	19/9/17 20/2/17	
	단기목표	**제공자**	**평가**	**시작일**	**점검일**	**종료일**
4			① 자료 수집 ② 교사/검사 ③ 작업 샘플 ④ 학급 관찰 ⑤ 성적 ⑥ 기타:			

개별화교육계획 (4/7쪽)

영역: 사회성/행동

연간 목표: 사회적 상호작용 시 적절한 행동을 보일 것이다.

	단기목표	제공자	평가	시작일	점검일	종료일
1	또래와의 갈등 상황에서 공격적인 행동을 보이지 않고 반응할 것이다.	일반교사 특수교사	① 자료 수집 ② 교사/검사 ③ 작업 샘플 ❹ 학급 관찰 ⑤ 성적 ❻ 기타: 행동 계약	19/3/18	19/9/17 20/2/17	
	단기목표	제공자	평가	시작일	점검일	종료일
2	두 가지 이하의 지시가 포함된 성인의 교수와 지시를 따를 것이다.	일반교사 특수교사	① 자료 수집 ② 교사/검사 ③ 작업 샘플 ❹ 학급 관찰 ⑤ 성적 ❻ 기타: 행동 계약	19/3/18	19/9/17 20/2/17	
	단기목표	제공자	평가	시작일	점검일	종료일
3	10분 동안 활동에 참여할 것이다.	일반교사 특수교사	① 자료 수집 ② 교사/검사 ③ 작업 샘플 ❹ 학급 관찰 ⑤ 성적 ❻ 기타: 행동 계약	19/3/18	19/9/17 20/2/17	
	단기목표	제공자	평가	시작일	점검일	종료일
4			① 자료 수집 ② 교사/검사 ③ 작업 샘플 ④ 학급 관찰 ⑤ 성적 ⑥ 기타:			

개별화교육계획 (5/7쪽)

영역: 소근육 운동

연간 목표: 유치원 교육과정 중 소근육 운동 활동에 독립적으로 참여할 것이다.

	단기목표	제공자	평가	시작일	점검일	종료일
1	다른 사람이 알아볼 수 있도록 자신의 이름을 쓸 것이다.	일반교사	① 자료 수집 ② 교사/검사 ❸ 작업 샘플 ④ 학급 관찰 ⑤ 성적 ⑥ 기타:	19/3/18	19/9/17 20/2/17	
	단기목표	**제공자**	**평가**	**시작일**	**점검일**	**종료일**
2	학급의 미술 활동 중에 보고 그리기, 가위로 자르기, 풀칠하기, 붙이기를 할 것이다.	일반교사	① 자료 수집 ② 교사/검사 ❸ 작업 샘플 ④ 학급 관찰 ⑤ 성적 ⑥ 기타:	19/3/18	19/9/17 20/2/17	
	단기목표	**제공자**	**평가**	**시작일**	**점검일**	**종료일**
3			① 자료 수집 ② 교사/검사 ③ 작업 샘플 ④ 학급 관찰 ⑤ 성적 ⑥ 기타:			
	단기목표	**제공자**	**평가**	**시작일**	**점검일**	**종료일**
4			① 자료 수집 ② 교사/검사 ③ 작업 샘플 ④ 학급 관찰 ⑤ 성적 ⑥ 기타:			

개별화교육계획 (6/7쪽)

V. 관련서비스

관련서비스	제공자	주당 시간	장소
교수 지원	특수교사	2	일반교육 환경
언어치료	언어치료사	2	일반교육 환경

일반 교육과정 내에서 장기교수목표 성취를 위해서 필요한 도움/교구/프로그램 수정:
해당 사항 없음

VI. 특수교육 배치

위의 학생은 최소제한환경의 원칙에 따라 아래와 같이 배치될 것이다:

장소	기간(참여 시간/전체 수업 시간)	참여 정도
일반학급	매주 35시간 / 매주 35시간	100%
특수교육 환경		
특수학교		
기숙학교		
병원학교		
가정 서비스		
기타		

일반학급에 배치되지 않는 경우의 이유: 해당 사항 없음

VII. 특수 서비스

체육: 일반 ✓ 수정 ______

통학: 일반 ✓ 특수 ______ 해당 사항 없음 ______

또래들과 함께 특별 활동 및 비학문적 활동에 참여할 기회: ✓ 예 ______ 아니요

지원의 필요성: ______ 예 ✓ 아니요 이유: ______

참여하지 않는 이유: 해당 사항 없음

개별화교육계획 (7/7쪽)

VIII. 전이

학업 과정 중심의 전이 서비스 해당 사항 없음
고용 성과 해당 사항 없음
지역사회 생활 성과 해당 사항 없음
필요한 전이 서비스 해당 사항 없음
기관 간 책임과 지역사회 연계 해당 사항 없음

IV. 진단을 위한 수정

주 또는 지역 교육청 단위의 진단에 참여할 수 있는가? ✓ 예 ____ 아니요
수정을 필요로 하는가? ____ 예 ✓ 아니요 수정 내용: 해당 사항 없음
참여하지 않는 이유 및 대체적인 진단 계획: 해당 사항 없음

X. 진도 보고

일반 학생과 동일한 방법으로 장기교수목표에 대한 성취를 부모에게 보고한다.

방법	빈도	방법	빈도
진도보고서 ✓	2개월마다	학부모-교사 회의 ✓	필요할 때마다
기타 행동계약서	매주	기타	

XI. 권리 이전

나는 18세가 되는 생일에 장애인교육법상의 권리가 나에게로 이전됨을 이해한다.
서명 ____________ 날짜 ____________

XII. 교수 및 행동 중재

또래를 향한 공격적 행동을 감소시키기 위한 행동 계약서

XIII. IEP 개발 팀

이름	서명	직위
정규식	정규식	부모/보호자
이수진	이수진	부모/보호자
윤정환	윤정환	교육청 대표
김성주	김성주	특수교사
박정민	박정민	일반교사
		학생
오윤미	오윤미	기타: 언어치료사

부록 6-2 개별화교육계획의 예 (2)

개별화교육계획 (1/4쪽)

학생의 배경 정보

이름 유 진 희 성별 여	생년월일 2016-1-19 나이 38개월
부모(보호자) 유 상 식, 임 연 우	주소 (생략)
전화(집) (생략)	전화(직장) (생략)
학교 이화사랑유치원	학년 만 3세반

의뢰 이유

진희는 조산아로 출생 시 경련장애의 증세를 보였다. 출생 후 며칠 동안 근육이 매우 긴장된 상태였으며 진전(떨림) 상태를 보였다. 진희는 지속적으로 신체 발달의 지체를 보이고 있으며 나이에 적절한 자조기술을 습득하지 못하고 있다. 진희는 매우 활동적이며, 부모가 통제하기 어렵고, 빈번한 탠트럼 행동을 보인다.

현행 수준

강점	관심 영역
진희는 지능검사에서 나이에 맞는 평균 정도의 수행을 보였는데, 지시를 따를 수 있고, 선을 보고 그릴 수 있으며, 소근육 운동 과제를 완수할 수 있다. 진희는 도형 모양을 맞출 수 있고, 책의 페이지를 넘길 수 있으며, 막대를 잘 꽂을 수 있다. 진희의 어머니는 진희가 문 손잡이를 돌리고 TV와 라디오의 스위치를 돌릴 수 있다고 하였으며 블록을 잘 다룬다고 보고하였다. 진희의 대근육 운동 기술은 발달상 적절한 수준이다. 걷기, 두발 뛰기, 달리기를 잘한다. 진희는 물건을 던지고 쳐다보기를 좋아하며 TV에서 배운 동요를 부른다. 수용언어와 표현언어가 적절하며, 전형적인 시각과 청각 기능을 보인다.	진희의 자조기술은 지체되었으며 아주 빨리 수행하지 않는 한 손 씻기와 같은 과제에 협력하지 않는다. 진희의 화장실 훈련도 지체되었으며, 젖은 상태에 대해서 표현하지 않는다. 진희는 혼자서 컵을 잡고 마시지 못하며 숟가락으로 먹여 주어야 한다. 옷을 벗을 때에도 협조하지 않는다. 진희는 인내력이 약하며 새로운 환경에 잘 적응하지 못한다. 탠트럼 행동을 자주 보이며 화가 나면 자신의 머리를 부딪치고 자신을 무는 행동을 보인다. 진희의 활동 수준은 매우 높은 편이며 과제에 지속적으로 집중하지 못한다. 진희는 감각 자극을 잘 참지 못하며, 특히 누가 자신을 만질 때나 다양한 촉각에 대해서 매우 방어적이다.

개별화교육계획			(2/4쪽)
장기교수목표	특수교육 및 관련서비스	책임자	시작일 종료일
1. 먹기, 화장실 가기, 세수/양치 등의 자조기술을 학습한다.	각 과제에 대한 상세한 과제분석으로 교수를 시작할 단계를 알아낸다. 가정과 학급의 자조기술 일과 내에서 점진적인 보조 체계를 사용한다. 각 과제의 완수나 과제분석 단계의 독립적인 수행에 대해서 칭찬을 제공하고 좋아하는 활동으로 강화한다.	작업치료사 특수교사 부모	2019/3/21 2020/2/28
2. 탠트럼 행동의 강도 및 빈도를 줄인다(매월 1회 이하).	협동적인 행동과 "싫어"라고 적절하게 말하는 것에 대해서 차별강화를 사용한다. 탠트럼을 보일 때마다 또래와의 재미있는 활동으로부터 1분간 떨어져 있도록 한다.	교실: 행동이 발생하는 때에 교실에 있는 성인 가정: 부모	2019/3/21 2020/2/28
3. 15분 동안 지속적으로 과제에 집중한다.	매일 짧은 시간의 구조화된 1:1 교수를 제공한다. 처음에는 교사나 보조교사가, 나중에는 또래가 주도한다. 아동이 선정한 고도의 동기 유발 교재를 사용하고 진희가 원할 때에는 다양한 물건과 놀잇감으로 교체해 준다. 교재를 바꾸는 시간 간격을 점진적으로 증가시킨다.	특수교사 보조교사	2019/3/21 2020/2/28

개별화교육계획				(3/4쪽)
장기 교수목표	단기교수목표			평가
	행동	조건	기준	
1. 자조 기술	진희는 코트의 단추를 풀어서 벗고 모자를 벗어서 자신의 사물함 옷걸이에 걸 것이다.	매일 학급이 시작할 때와 실외 놀이가 끝난 후 언어 지시가 주어지면 교사의 도움 없이	매일 적어도 2회 이상 교실에 들어온 후 3분 이내에	사물함에 비치한 기록지를 이용해서 매일 아침은 부모가, 실외 놀이 후에는 보조교사가 과제의 완수에 대해서 기록한다. 매월 재평가한다.
	진희는 팬티를 내리고 변기에 소변을 볼 것이다.	간식, 점심, 낮잠 시간 후와 진희가 요구하는 필요한 때에 화장실에 데리고 가면	화장실에 데리고 간 후 5분 이내에	화장실에 비치한 기록지를 이용해서 보조교사가 시간과 성공 여부를 기록한다. 2개월마다 재평가한다.
	진희는 수도를 틀고 비누를 사용해서 손을 씻은 후 수건에 닦을 것이다.	용변 후와 간식 및 점심 시간 전 등의 필요한 때에 언어 지시와 신체적 촉진이 주어지면	1회 이하의 신체적 촉진과 2회 이하의 언어 지시로	보조교사는 사용한 언어 및 신체적 촉진의 횟수를 기록한다. 2개월마다 재평가한다.
2. 탠트럼 감소	진희는 "싫어"라고 말할 것이다.	활동에 참여하고 싶지 않을 때	울거나 때리거나 도망가지 않고	교사는 매일 이야기나누기에 참여할 기회와 "아니" 라고 대답한 횟수 및 울기, 때리기, 도망가기 행동을 관찰하고 기록한다. 매월 재평가한다.
	진희는 참여할 것이다.	교사가 이야기나누기 활동에 참여하라고 부를 때	교사가 요구한 적절한 노래와 말하기와 손동작을 하면서	교사는 참여하라고 말하고 적절하게 반응하는지 기록한다. 매월 재평가하고 가능하면 테이블 활동도 평가한다.

개별화교육계획				(4/4쪽)
장기 교육목표	단기교수목표			평가
	행동	조건	기준	
3. 집중력 증가	진희는 놀잇감을 조작하거나 쳐다보거나 소리를 들을 것이다.	15분 동안의 교사나 보조교사나 또래와의 1:1 상황에서 자신이 선택한	다른 놀잇감으로 변경하기 전에	교사나 보조교사는 10초 등간기록법을 이용해서 참여 여부를 기록한다. 매월 재평가한다.
	진희는 조용히 앉아 있을 것이다.	이야기나누기 시간에	3분 동안 자리를 이탈하지 않고	보조교사는 10초 등간기록법을 이용해서 조용히 앉아 있기 행동을 관찰하고 기록한다.

배치 결정의 당위성

진희는 헤드 스타트와 저소득층 3~5세 유아를 위한 교육청 인가 유아교육 프로그램에 통합될 것이다. 이러한 배치는 진희가 적절한 또래 모델을 관찰할 수 있게 해 주며, 유치원을 준비하기 위한 사회적, 학문적 기술을 학습할 수 있는 기회를 제공할 것이며, 나이에 적절한 활동에 참여할 수 있게 해 줄 것이다. 특수교사가 진희와 직접 일하게 될 것이며 행동 문제와 자조기술에 대해서 조언을 할 것이다. 헤드 스타트와 유아교육 프로그램의 두 가지 프로그램을 혼합함으로써 부모 훈련과 가족을 위한 지원을 제공할 수 있을 것이다.

개별화교육지원팀 구성원 및 부모 서명

개별화교육계획 회의일: 2019. 3. 20

참석자(이름/직위): 김순미 / 특수교사

홍은아 / 작업치료사

최형우 / 학교 심리사

김상진 / 교육청 대표

부모 서명: 유상식, 임연우

부록 6-3 개별화가족서비스계획의 예

개별화가족서비스계획 (1/4쪽)

I. 아동 및 가족 정보

이름 김민희 성별 여	생년월일 2016-9-16 나이(개월) 30
부모(보호자) 김 상 철, 이 수 연	주소 (생략)
전화(집) (생략)	전화(직장) (생략)
언어 한국어	통역 예 ✓ 아니요

II. 서비스 조정자

이름 김 수 진	소속기관 이화조기교육센터
주소 (생략)	전화 (1) (생략)
예약일 (생략)	전화 (2) (생략)

III. IFSP 팀 구성원

이름	기관	연락처	직위/역할
김 수 진	이화조기교육센터	(생략)	서비스 조정자
김상철, 이수연		(생략)	부모
이 유 진	이화언어치료센터	(생략)	언어치료사
박 영 희	이화사랑유치원	(생략)	유치원 교사

IV. 점검일

작성일 2019-3-21	중간(6개월) 점검 2019-9-21	연말 평가 해당사항 없음

V. 가족의 강점과 자원

민희의 부모는 대학교육을 받았으며 민희의 교육적 성취에 대한 현실적인 목표를 지니고 있다. 조부모를 포함하는 가족 구성원 모두가 민희를 도와주기 위해서 노력한다. 집의 위치상 현재 제공 가능한 서비스 자원이 제한되어 있다.

VI. 가족의 관심과 우선순위

관심	민희의 의학적 진단이 다운 증후군이기 때문에 민희의 발달지체를 개선할 수 있는 적절한 조기개입 서비스에 대한 관심을 가지고 있다. 또한 현재 자연적인 환경에서 제공되고 있는 서비스를 통합이 아닌 기관 중심 프로그램으로 변경하는 것에 대해서 거부감을 보였다.
우선순위	민희에 대한 우선순위는 의사소통 기술, 숟가락 사용, 소변 가리기이며, 동네 유치원에 일반 또래와 함께 다니게 된다는 목표를 가지고 가정에서 서비스 받기 원한다. 민희의 부모와 조부모 모두 자연적인 환경에서 민희의 발달을 촉진하도록 도와줄 수 있는 방법을 배우기 원한다.

개별화가족서비스계획	(2/4쪽)
VII. 발달 및 능력의 현행수준	
대근육 및 소근육 운동 기술	〈움직임〉 민희는 돌아다니기를 좋아하며, 잘 걷는다. 그러나 근육의 강도와 지구력의 향상을 필요로 한다. 음악에 맞춰 움직이기를 좋아한다. 아무렇게나 낙서하기를 할 수 있으며, 커다란 사물을 잡을 수 있고, 책장을 넘길 수 있으며, 오른손의 사용을 선호한다. 숟가락과 쓰기 도구의 사용 능력을 배울 필요가 있다.
인지 기술	〈사고력, 추리력, 학습〉 민희의 인지 능력은 20개월 수준이다. 민희는 매우 호기심이 강하고 단순한 사물의 개념을 이해하고 모방 놀이를 보인다. 그러나 사물, 사람, 개념의 식별을 위해서 도움이 필요하다.
의사소통 기술	〈이해력, 다른 사람과의 의사소통, 의사 표현하기〉 의사소통/언어 능력은 18개월 수준으로 수용언어가 표현언어보다 더 발달되어 있다. 의사소통의 주요 수단으로 초보적인 몸짓을 사용한다. 다른 사람과 상호작용하기를 원하고 관심을 보인다. 언어 반응은 소리를 내거나 한 단어 발성을 주로 한다(예: 마마, 바바, 다다).
자조기술/적응기술	〈목욕, 식사, 옷입기, 용변〉 컵으로 마시기와 손으로 집어먹기와 같은 식사 기술은 대체로 적절한 편이다. 옷입기와 용변 가리기를 위해서는 아직까지 많은 도움을 필요로 한다.
사회-정서 발달	〈감정, 협력하기, 다른 사람과 잘 지내기〉 민희는 매우 행복하고 사랑스럽고 사회성 좋은 아동이다. 관심 받기를 좋아하며 상호적인 게임을 좋아한다. 그러나 혼자 놀 때가 많고 의사소통이 잘 안 될 때 성질을 부린다. 나누기와 차례 주고받기가 잘 안 된다.
건강/신체적 발달	〈청력, 시력, 건강〉 민희의 전반적인 건강 상태는 양호하다. 만성 중이염과 호흡기 감염 병력이 있다. 시력과 청력은 자주 검사하고 있다.

개별화가족서비스계획 (3/4쪽)

VIII. 교수목표

1. 의사소통 능력의 향상을 위해서 모든 언어 통로(시각, 청각, 촉각)의 자극에 참여한다.

전략/활동	책임자	시작	종료	교수 빈도	장소	평가 기준
1.1 민희는 두 가지 서로 다른 환경에서 세 명의 사람에게 다섯 가지 다른 요구를 위해서 일관성 있는 몸짓과 함께 한 음절 (유사)단어를 사용할 것이다.	SLP	3/21	9/21	주1회	가정	유아 언어 검사
1.2 민희는 두 가지 서로 다른 환경에서 세 명의 사람에게 다섯 가지 다른 요구를 위해서 수어와 함께 단어를 사용할 것이다.	부모	3/21	9/21	주1회	가정	관찰 샘플

2. 옷입기와 용변 가리기 자조기술을 향상시킨다.

전략/활동	책임자	시작	종료	교수 빈도	장소	평가 기준
2.1 민희는 속옷 하의를 최소한의 도움으로 혼자 올리고 내릴 것이다.	부모 SC	3/21	9/21	주1회	가정	관찰
2.2 민희는 규칙적으로 대소변을 볼 것이다.	부모 SC	3/21	9/21	주1회	가정	빈도 기록
2.3 민희는 몸짓과 발성을 이용해서 자발적으로 화장실에 가고 싶다는 의사 표현을 할 것이다.	부모 SC	3/21	9/21	주1회	가정	관찰 샘플

3. 시각/청각 자극을 식별하는 능력을 향상시킨다.

전략/활동	책임자	시작	종료	교수 빈도	장소	평가 기준
3.1 민희는 사물의 같음과 다름을 가리키기와 발성으로 표시할 것이다.	부모 SC	3/21	9/21	주1회	가정	관찰
3.2 민희는 몇 가지 색깔과 모양을 일관성 있게 분류할 것이다.	부모 SC	3/21	9/21	주1회	가정	관찰 샘플
3.3 민희는 모델을 제시하면 노래에 나오는 단어와 율동을 모방할 것이다.	부모 SC	3/21	9/21	주1회	가정	관찰 샘플

개별화가족서비스계획 (4/4쪽)

IX. 전이 계획

가능하다면 다음의 단계에 따라 (언제) 2020-3-2 (이름) 민희 를 유아교육 프로그램으로 전이시킬 것이다.

1. 서비스 조정자는 전이 과정과 이유에 대해서 설명하기 위해서 부모를 만날 것이며, 이들의 권리를 검토하고 우선순위와 필요한 지원을 확인할 것이다.

2. 서비스 조정자는 민희와 부모(및 조부모)가 기관을 방문해서 교사와 다른 아동을 만날 수 있도록 계획할 것이다.

3. 서비스 조정자는 적어도 전이 1개월 전에 3회(서로 다른 상황) 이상 민희가 자신이 다니게 될 학급을 방문하도록 계획할 것이다.

4. 만 3세가 되는 생일의 최소한 90일 전에 서비스 조정자는 민희의 전이 계획을 개발하기 위해서 회의를 소집할 것이다.

X. 자연적인 환경

가정환경이 민희의 자연적인 환경으로 판단됨.

자연적인 환경에서 서비스를 제공하지 않는 정당성: 해당 사항 없음

XI. 가족 서명

김민희 의 부모(들)인 김상철/이수연 는 나(우리)의 아들/딸의 개별화가족서비스계획의 개발에 참여할 기회를 가졌음을 확인한다. 또한 이 계획은 나(우리)의 자녀와 가족에 대한 나(우리)의 관심과 우선순위를 정확하게 반영하였음을 확인한다. 나(우리)는 이 계획이 실행되도록 동의한다. 예 ✓ 아니요 ______

부모 서명 (날짜) 김상철 (2019-3-21)

부모 서명 (날짜) 이수연 (2019-3-21)

제3부

교육과정 운영의 실제

제7장

장애 유아를 위한 교육과정

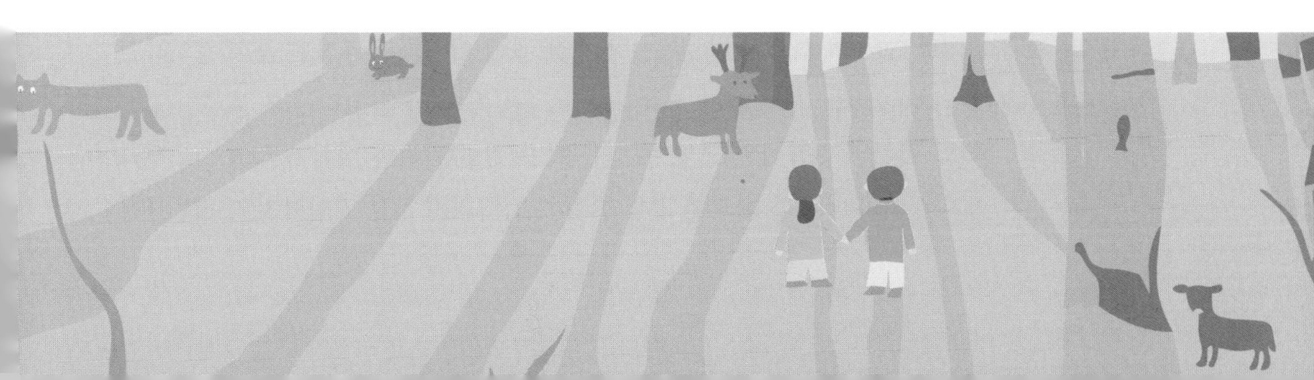

Ⅰ. 교육과정 개발의 이론적 배경

1. 교육과정의 정의

교육과정은 무엇을 왜 어떻게 가르치는가와 관련된다. 따라서 교육 프로그램의 중요한 구성 요소라 할 수 있으며, 교육학의 모든 분야에서 가장 큰 관심이 주어지는 체계적인 전문 영역이라고 할 수 있다. 그러나 교육과정은 아직까지 그 개념을 한마디로 규정하기 어려운 것이 사실이다. 이것은 교육과정의 개념에 대한 철학적, 심리적, 사회적 기반의 다양성으로 인하여 서로 다른 시각과 관점이 형성될 수 있기 때문이며, 또한 교육과정을 어떻게 보는가에 따라 그 개념이 달라질 수도 있기 때문이다. 예를 들어, 교육과정은 교사를 중심으로 보면 가르치는 내용 또는 이를 가르치기 위한 계획으로 볼 수 있지만 학생을 중심으로 보면 학습 경험 또는 그 결과로 볼 수 있다(이귀윤, 2001). 특히, 출생부터 8세까지의 영유아를 대상으로 하는 교육과정에 대해서는 유아교육 분야에서 활발한 논의가 이루어지고 있으면서도 그 개념화는 아직까지 미흡한 단계라 할 수 있는데, 이는 앞에서도 설명한 바와 같이 개념에 대한 다양한 시각과 관점 때문이기도 하지만 영유아기 아동의 교육적 특성이 반영되기 때문이기도 하다. 즉, 유아교육에서는 교육과정을 운영하는 과정에서 나타나는 유아의 반응과 상황을 고려하여 적절하게 운영해야 한다는 인식으로 교육과정을 형식적으로 규정짓는 것 자체를 꺼려왔기 때문일 수도 있다는 것이다(이기숙, 2013).

실제로 유아교육 분야에서의 교육과정은 가르쳐야 하는 내용과 순서에 대한 이론적 배경에 의해서 다양하게 정의되어 왔는데, 그 내용을 살펴보면 잘 계획된 경험과 활동을 제공함으로써 유아로부터 교육적인 성과를 기대한다는 내용을 공통적으로 포함한다. 예를 들어, Spodek(1991)은 교육과정을 프로그램의 교육 목적에 따라 계획되고 조직된 학습 경험의 목록이라고 정의하였으며, 전미유아교육협회(NAEYC, 1997)는 교육과정을 유아가 학습할 내용, 목표를 성취해 나가는 과정, 이러한 목표 성취를 돕기 위한 교사의 역할, 교수와 학습이 발생하는 상황에 관해 서술한 조직화된 틀로 정의하였다. Copple과 Bredekamp(2009)는 교육과정을 "유아가 습득해야 하는 지식, 기술, 능력, 및 이해와 이러한 습득이 발생할 수 있는 학습 경험을 위한 계획"(p. 20)으로 정의하였다. 학자에 따라서는 잘 계획된 경험과 함께 계획되지 않은 경험까지도 교육과정의 범위에 포함시키기도 한다. 그러므로 교육과정이란 유아교육 프로그램 내에서 하루 일과를 통해서 발생하는 모든 것을 의미한다고 할 수 있으며, 구체적으로는 교육의 목표와 내용과 교수방법을 총체적으로 포함시키는 개념으로 이해할 수 있다.

과거에는 교육과정을 언급할 때 이미 개발되어 있는 교수목표와 활동을 위한 상업용 자료 패키지를 지칭하는 경우가 많았지만 최근에는 이러한 제한된 의미에서 벗어나 좀 더 넓은 의미로 사용된다(Gargiulo & Kilgo, 2020). 이것은 교육과정이 미리 정해진 내용에 의해서 제한될 수밖에 없는 것이 아니라 가르치고자 하는 대상 유아와 그 가족 각자가 지니는 독특한 필요와 관심에 의해서 수정되거나 조정될 수 있음을 의미한다. 즉, 교육과정을 이해한다는 것은 모든 유아에게 적합한 하나의 최상의 교육과정을 알아내는 것이 아니라 각 상황 내에서의 성과를 위하여 가장 효과적일 수 있는 교육과정의 요소를 이해한다는 것이다(NAEYC & NAECS/SDE, 2003). 결과적으로, 교육과정은 우리가 어디로 가고 있으며 어떻게 목적지까지 갈 수 있는지를 알게 해 주는 '지도'와 같은 역할을 한다(Vincent, 1988). 이 지도에서는 유아와 그 가족에게서 기대할 수 있는 바람직한 성취가 최종 목적지가 된다. 그러므로 바람직한 교육과정은 최종 목적지인 '유아의 성취'에 도달하기 위해서 그 과정에 제공되는 적절한 전략을 함께 제시한다.

2. 장애 유아를 위한 교육과정의 필요성

발달상의 지체를 경험하는, 또는 비전형적인 행동이나 발달로 인해서 특별한 교육적 도움을 필요로 하는 유아를 교육할 때 이들을 위한 교육과정상의 배려 없이 일반 프로그램에 배치하여 교육하는 것은 비전문적이고 비윤리적이라고 할 수 있다. 특히 유아특수교육은 학령기 아동을 위한 특수교육이나 전형적인 발달을 보이는 유아를 위한 일반 유아교육과는 달리 자체적인 교육과정과 활동에 우선순위를 두는 영역이라고 할 수 있다(Peterson, 1987). 이것은 유아특수교육에서는 학령기 특수교육에서와 같이 학업 교과의 학습에 초점을 맞추기보다는 발달 촉진에 그 우선적인 순위를 둘 뿐만 아니라 일반 유아가 자연적인 발달 단계를 거치면서 스스로 습득하는 기술까지도 직접 가르쳐야 하는 경우가 많기 때문이다. 장애 유아의 발달을 촉진하고 특정 기술을 가르치기 위해서는 교육과정이 특별히 계획되어야 하고 좀 더 구조화되고 개별적인 활동과 목표 지향적인 중재에 초점을 맞추게 된다.

장애 유아 교육에 있어서 좀 더 구조화되고 목표 지향적인 중재에 초점을 맞춘다는 것은 이들의 개별적인 요구와 필요에 따라서 학습과 발달을 최대한으로 촉진할 수 있는 가장 적절하고도 기능적인 활동을 선정하여 체계적으로 교수하는 것을 의미한다. 여기서 말하는 활동이란 교육과정을 통해서 제공되는, 유아의 학습과 발달을 촉진하기 위한 일련의 경험을 의미하며, 이것이 바로 교육과정인 것이다. 앞에서 설명한 교육과정의 정의에서도 알 수 있듯이 잘 계획된 교육과정은 폭넓은 다양한 활동을 통해서 유아의 학습 경험을 자극할 수 있어야 하며, 결과적으로는 그러한 경험을 통해서 기대하는 교육적 성과를 얻을 수 있어야 한다. 그러므로 장애 유아를 위한 교육과정이란 개별 장애 유아를 대상으로 무엇을 가르칠 것인지, 즉 교수의 내용과 방법을 구체적으로 제시함으로써 이들을 위한 직접적인 교수 활동의 가장 중심적인 역할을 하게 된다.

3. 교육과정 개발을 위한 이론적 접근

일반적으로 기존에 출판되어 사용되고 있는 교육과정의 내용과 그 적용 방법을 살펴보면 특정 이론적 배경을 바탕으로 구성되어 있음을 알 수 있다. 뿐만 아니라, 교육과정이 사용될 대상 유아의 장애나 필요의 정도와 성격에 따라서 그 내용이나 방법이 달라지기도 한다. 다시 말해서, 교육과정은 유아 발달에 대한 이론적 배경과 대상 유아의 필요에 따라서 그 내용과 교수방법이 구성된다. 지금까지 장애 유아를 위해서 개발되어 있는 교육과정을 살펴보면 그 내용 개발에 있어서 다양한 이론적 견해가 적용되고 있는 것을 알 수 있다. 특히 심리학, 응용행동분석, 발달과학의 이론적 배경이 주를 이루고 있으며 그 외에도 사회학이나 구조 이론, 또는 신경과학도 영향을 미친다(Odom, 2016). 이와 같이 교육과정 개발과 관련된 다양한 이론적 견해를 이해한다면 사용하고자 하는 특정 교육과정을 개발하거나 선정하고 적용하는 데 도움이 될 수 있다. 그러므로 이 장에서는 지금까지 장애 유아를 위한 교육과정 개발에 영향을 미친 이론적 견해로 발달주의, 행동주의, 인지발달, 기능주의, 학문적 접근의 다섯 가지 이론적 견해를 살펴보고자 한다.

1) 발달주의 이론

(1) 정의 및 특성

지금까지 개발되어 온 대부분의 전통적인 유아교육 교육과정의 대부분이 발달주의 이론을 반영한다. 발달주의 이론은 아동 발달 이론을 근거로 하며 성숙주의 이론으로도 불린다. 발달주의 교육과정에서는 정해진 발달 단계에 따라 유아의 발달을 지원하는 것을 기본적인 목적으로 한다. 발달에 관한 수많은 임상연구를 통하여 연령에 따른 발달 영역별 발달지표가 제시되어 왔으며(Bayley, 1968; Gesell, 1923; Gesell & Amatruda, 1947), 이러한 지표에 포함된 기술은 발달주의 교육과정의 기본적인 내용으로 포함되어 왔다. 발달주의 이론에 의하면 유아의 발달은 유전학적으로 이미 정해져 있으므로 전형적인 발달을 보이는 유아는 예측이 가능한 순서로 기술을 습득한다고 가정한다. 예를 들어, 언어 발달의 경우 단어를 사용하기 전에 옹알이를 먼저 하고 운동 기능 발달의 경우 뒤집기, 기기, 서기, 걷기 등의 정해진 순서에 의해서 발달한다고 가정하는 것이다. 그러므로 장애 유아 교육에 있어서 발달주의 이론을 적용한다는 것은 이와 같은 이미 정해져 있는 기술을 순서대로 가르치는 것을 의미한다.

(2) 장점 및 제한점

장애 유아를 교육함에 있어서 그 가르쳐야 하는 내용을 구성할 때 발달주의 이론을 강조하는 것은 특수교육대상자를 선정할 때 유아의 생활연령과 발달 능력 간의 차이에 많은 초점을 두기 때문인 것으로 해석할 수 있다. 이것은 발달주의 이론이 적용된 교육과정을 사용하게 되면 장애 유아를 교육할 때 또래 규준 집단과의 비교가 가능하고 기존의 전통적인 진단 도구와 연계해서 사용하기 쉽다는 장점을 지닌다(Bagnato, Neisworth, & Pretti-Fronczak, 2010). 실제로 발달주의 교육과정은 이러한 장점으로 인해서 많은 장애 유아에게 적절한 교육과정으로 사용되어 왔다. 그러나 최근에는 발달주의 교육과정이 지니는 몇 가지 제한점이 지적되고 있는데, 먼저 전형적인 발달 순서를 근거로 또래 규준 집단의 발달과 비교하여 다음 단계의 기술을 가르치는 것은 특정 장애 유아의 자연적인 환경이나 그 환경에서 필요로 하는 자연스러운 기술을 포함하지 못하는 경우가 많다는 것이다(Noonan & McCormick, 2015; Odom, 2016). 예를 들어, 유치원에 통합된 장애 유아의 경우 손들고 대답하기나 차례 지키기와 같은 기술은 환경이 요구하는 매우 중요한 기술임에도 불구하고 발달주의 교육과정에서는 이러한 기술을 포함하지 않는다. 이 외에도 개별 장애 유아가 보이는 개인적인 차이나 가족의 우선적인 요구 등이 반영되지 않는다는 점이 큰 제한점으로 지적될 수 있다. 이것은 개별화 교육과 가족 참여를 지향하는 최근 특수교육의 기본적인 방향과 맥을 달리함으로써 갈등 상황을 초래할 수도 있다.

장애가 심한 유아의 경우, 발달주의 교육과정 모형을 적용하여 전형적인 발달의 유형과 순서에 지나치게 의존한다면 개별 아동에게 필요한 기능적인 기술의 학습이 배제될 수 있다. 실제로 많은 교사와 치료사가 중등도 및 중도 장애 유아에게 전형적인 발달 순서의 다음 단계를 가르치기 위해서 오랜 시간을 소비하고 있으며(Rainforth, York, & Macdonald, 1997), 이러한 경우 결국은 개별 장애 유아에게 좀 더 유용하고 기능적인 기술은 발달 순서상의 다음 기술이 아니라는 이유로 교수 내용에 포함되지 못하는 결과가 초래될 것이다.

이상의 이론을 종합해 보면 발달주의 교육과정은 경도 발달지체를 보이는 유아의 교육 프로그램을 계획하는 데에는 유용하게 사용될 수 있는 반면에, 중도 장애 유아에게는 적합하지 않을 수도 있음을 알 수 있다. 특히, 감각이나 신경학적인 손상을 지닌 유아에게는 환경과 상호작용하기 위한 대체 감각이나 반응 유형을 필요로 하기 때문에 더욱 부적합 것으로 지적된다(Haley, Hallenborg, & Gans, 1989). 그러므로 이들을 위한 좀 더 기능적인 교육과정 모형의 필요성이 강조되어 왔으며, 특히 일반 유아교육에서도 발달주의 교육과정에서 채택하는 전형적인, 또는 평균적인 발달 유형을 개별 유아에게 적용하는 것이 과연 적합한가 하는 의문이 제시된다(Pellegrini & Dresden, 1991; Zelazo & Barr, 1989).

2) 행동주의 이론

(1) 정의 및 특성

행동주의 이론은 Skinner, Bijou, Baer 등의 학자를 통해서 체계화된 행동주의 심리학의 학습 이론을 기초로 아동의 학습이 환경 내 사건을 통제함으로써 촉진될 수 있다는 가정을 근거로 한다. 그러므로 행동주의 이론이 반영된 교육과정은 기능적이고도 연령에 적합한 유용한 기술을 교수하는 것을 목표로 한다. 행동주의는 특수교육의 기초를 구성하는 가장 전통적인 이론 중 하나라고 할 수 있다(Odom, 2016). 행동주의 견해에 의하면 효과적인 학습을 위해서는 환경이 구조화되고 잘 통제되어야 하기 때문에 응용행동분석(applied behavior analysis: ABA)을 기반으로 하는 직접교수가 가장 많이 사용된다. 일반적으로 행동주의 교육과정에서는 유아가 필요로 하는 기술을 판별한 후에 구조화된 교사 주도의 교수를 하게 되는데 그 단계는 다음과 같다(Maag, 1999): (1) 행동 목표나 기술 결함을 판별한다, (2) 판별된 기술을 과제분석하여 작은 단계의 연속적인 행동으로 나눈다, (3) 유아가 목표한 기술이나 행동을 성취할 때까지 각각의 필요한 행동 단계를 교수한다, (4) 기술을 습득했는지 확인하기 위해서 평가한다.

최근에는 행동주의 교육과정에 대한 몇 가지 변화된 경향이 나타나고 있는 것을 볼 수 있다. 먼저 교수 맥락의 중요성을 강조함으로써 좀 더 자연적인 방법의 교수적 접근이 강조된다(Noonan & McCormick, 2015; Odom & Haring, 1994). 즉, 고립된 인위적인 상황에서 개별 기술을 가르치는 대신에 기술이 발생하는 자연적인 상황과 활동을 통해서 교수해야 한다는 것이다. 예를 들어, 과거의 구조화된 행동주의 교육과정에서는 일대일 대응 기술을 가르치기 위해서 개별 학습실과 같은 분리된 공간에서 블록 등의 사물을 사용해 왔지만 좀 더 자연적인 접근의 교육과정에서는 간식 시간에 식탁 차리기 활동을 통해서 각각의 접시에 과자를 하나씩 놓게 함으로써 일대일 대응 기술을 가르칠 수 있다. 이와 같이 행동의 습득을 위한 교육과정 측면에서 자연적인 교수 맥락을 강조하는 것 외에도 행동주의 교육과정은 문제행동을 다루기 위한 행동 전략 체계로 긍정적 행동 지원(positive behavior support: PBS)을 강조하게 되었다(Dunlap et al. 2006).

(2) 장점 및 제한점

행동주의 교육과정 모형에서는 발달상의 순서에 의한 기술을 교육과정의 내용으로 구성하는 대신에 특정 행동의 증가나 감소를 위해서 특별히 고안된 직접교수의 방법을 적용함으로써 목표행동을 결정한다. 그러므로 유아의 특정 행동을 증가시키거나 감소시키기 위해서 체계적인 방법을 적용할 수 있다는 장점을 지닌다. 또한 기술의 습득을 평가하기 위해서 빈번하게 자료를 수집하고 평가를 하게 되며, 이러한 과정을 통해서 교사는 유아의 현행수준을 파악하고 평가된 진도를 기초로 프로그램의 수정 여부를 결정할 수 있다는 장점을 지닌다. 그러나 이러한 경우 환경을 얼마나 잘 구조화하고 통제하는가에 따라서, 또한 교수를 얼마나 정확하게 진행하는가에 따라서 그 성과가 달라질 수 있으므로 교사의 전문적인 지식과 주의 깊은 실행이 뒤따라야 한다는 것이 하나의 제한점이 될 수 있다. 또한 행동주의 이론은 대부분의 일반 유아교육 프로그램에서 채택하고 있는 이론적 견해와 합성되기 어려운 접근 방법으로, 특히 통합교육 현장에서 적용하기 위해서는 자연적인 교수 맥락을 강조하고 긍정적인 접근의 중재를 중심으로 하는 등의 최근 경향을 잘 반영하여야 한다.

3) 인지발달 이론

(1) 정의 및 특성

인지발달 이론은 유아교육과정 개발에 영향을 미친 또 하나의 주요 이론적 접근으로 Piaget의 연구에 의해서 정립된 인지발달 이론을 근거로 한다. Piaget는 1952년에 출간한 『아동 지능의 기원(The Origins of Intelligence in the Children)』이라는 책과 그 이후의 연구(예: Piaget, 1971, 1987)를 통하여 진단 및 교육의 실제적인 적용을 위한 이론적 근거를 정립하였으며, 이는 많은 유아교육 학자에 의해서 교육과정상의 발달 목표를 개발하는 기초 이론으로 적용되어 왔다(예: Brazelton, 1973; Bricker, 1993; Dunst, 1981; Uzgiris & Hunt, 1975). Piaget의 인지발달 이론을 살펴보면 유아기 아동의 사고는 성인의 사고와는 다르다. 이들은 인지발달을 반영하는 일련의 단계에 따른 발달을 통해서 성인의 사고에 이르게 된다. 이때 유아는 학습을 위해서 적극적인 참여를 필요로 하는데, 여기서 말하는 적극적인 참여를 통한 학습은 구성주의 학습 이론(theory of constructive learning)으로 연결된다. 구성주의 학습이란 유아가 자신의 생각과 개념을 형성하고 문제해결에 참여하도록 격려하는 환경 내에서 학습하는 것을 의미한다(Mahoney & Wheatley, 1994). 발달 이론으로서의 구성주의는 앞에서 살펴본 행동주의와 그 이론적 견해가 유사해 보이는데, 이것은 유아의 물리적 및 사회적 환경과의 상호작용이 학습과 발달의 기초가 된다는 기본적인 가정 때문이다. 그러나 구성주의에서는 세상에 대한 보다 새롭고 성숙한 이해를 위해서는 인지 구조 발달과 함께 유아의 적극적인 참여에 초점을 맞춘다는 점에서 행동주의와는 다르다(Odom, 2016).

이상의 인지심리학 이론에서 알 수 있듯이, 인지발달 중심의 교육과정에서는 유아에게 사고를 교수해야 한다고 강조하며, 특히 다음과 같은 원칙을 적용한다(Mahoney, Robinson, & Powell, 1992; Resnick & Klopfer, 1989). 첫째, 교수 활동은 유아가 자신의 사고를 개발할 수 있도록 허용한다. 둘째, 교사는 유아의 발달 단계를 잘 인식하여 그 발달 단계에 맞는 활동을 할 수 있도록 배려한다. 셋째, 유아가 지니고 있는 개념과 학습은 직접적인 행동과 경험을 통해서 개발된다.

(2) 장점 및 제한점

인지발달 이론도 기타 이론과 마찬가지로 교육과정 적용의 측면에서 몇 가지 장점과 제한점을 지닌다(Bagnato, Neisworth, & Munson, 1997). 먼저, 인지발달과 같이 발달 이론을 근거로 하는 교육과정의 가장 큰 장점은 교수목표가 논리적으로 서로 연결되고 일관성 있게 구성되기 때문에 일련의 순서적인 단계에 따라서 교수할 수 있는 구체적인 내용을 분명히 제시해 준다는 것이다. 특히 인지발달 교육과정 모형은 임상적인 관찰을 근거로 구성한 발달지표를 통한 접근과는 달리 이론적 배경을 근거로 한다는 장점을 지닌다. 발달주의 교육과정에서는 임상 관찰에 의한 발달상의 기술이 연령 집단을 구분하기 위한 심리측정 기준으로 사용되지만 이러한 기술이 반드시 교수를 위한 중요한 기술이 아닐 수도 있다. 그러나 이와는 달리 인지발달 교육과정에서는 연령상의 습득보다는 발달의 단계를 적용하고 있다는 차이점을 보인다. 그러므로 이 모형에서는 유아가 예상 가능한 단계를 거쳐 발달하도록 돕게 되며, 일단 한 단계의 발달이 성취되면 다음 단계가 교수목표가 된다.

인지발달을 적용한 교육과정이 지니는 가장 큰 제한점은 인지발달 이론이 개념 발달과 더불어 언어 및 사회성 발달 영역을 위한 지침은 제공하고 있는 반면에 기타 중요한 교육과정상의 내용에 대해서는 고려하지 않는다는 것이다. 다시 말해서, 운동 기능의 발달이나 적응행동 발달 등의 영역에 대해서 적절한 지침을 제공하지 않기 때문에 종합적인 교육과정 개발에 한계를 지닌다는 것이다. 또한 인지발달 교육과정은 발달주의 교육과정과 마찬가지로 기능적인 기술에 대해서 다루지 않기 때문에 장애 유아를 위한 교육과정으로 사용하기에는 한계가 있다(Cook, Klein, & Chen, 2020; Noonan & McCormick, 2015; Brown, McDonnell, & Snell, 2019).

4) 기능주의 이론

(1) 정의 및 특성

기능주의 이론에 근거한 교육과정은 앞에서 설명한 행동주의 교육과정과도 관련되는데(Carta & Kong, 2007; Brown et al., 2019), 이는 교수 활동이 유아의 현재와 미래 상황에서 기능적이고도 의미 있어야 한다는 전제를 배경으로 하기 때문이다. 기능주의 이론을 근거로 하는 교육과정은 두 가지 독특한 특성을 지닌다(Bagnato et al., 1997). 첫째는 유아에게 즉각적인 활용성과 동기를 부여하는 기술 학습을 강조함으로써 주로 주요 생활 기술과 적응행동이 그 내용으로 포함된다. 둘째는 행동의 형태보다는 기능을 중요시한다. 그러므로 기능주의 교육과정에서는 유아의 발달연령은 크게 고려하지 않는 대신에 생활연령에 적합한 기술을 강조하며, 학업 기술이나 발달상의 순서에 의한 기술보다는 일상생활에서 나타나는 기능적인 행동이나 활동을 과제분석한 기술에 초점을 맞춘다. 예를 들어, 신경학적 손상을 지니고 있는 유아의 경우에 발달상의 기술인 눈과 손의 협응이나 집게 쥐기 등의 기술을 교수하기보다는 실제 생활에 필요한 기능적인 기술인 손잡이를 돌려 문을 여는 행동을 가르치게 된다. 이와 같이 유아의 일상생활 기술을 강조하는 기능주의 이론은 최근에 들어서 장애 유아의 교육과정 개발을 위한 접근으로 많은 관심을 받고 있으며, 특히 중도 장애의 경우 더욱 적절한 것으로 인식된다(Gargiulo & Kilgo, 2020).

(2) 장점 및 제한점

기능주의 접근의 교육과정은 주로 장애가 심한 중등도 및 중도 장애 유아의 교육에 많이 적용되는데, 발달주의나 기타 이론이 적용된 교육과정과 비교해서 다음과 같은 장점을 지니기 때문이다(Carta & Kong, 2007; Brown et al., 2019; Ryndek & Alper, 1996). 먼저, 교육과정의 내용이 유치원이나 가정, 또는 그 외의 지역사회 환경에서 유아가 필요로 하는 기능적이고도 연령에 적합한 기술로 구성되기 때문에 기술의 학습을 통해서 다양한 환경에서의 보다 독립적인 행동과 능력을 보일 수 있도록 돕는다는 것이다. 또한, 교육과정에 포함된 목표 기술의 대부분이 장애를 지니지 않은 일반 유아가 일상생활에서 수행하는 기술이기 때문에 기능주의 교육과정의 적용은 일반 유아와의 사회적 상호작용 기회를 증진하고 통합을 촉진한다는 장점을 지닌다. 마지막으로, 기능적 기술의 교수를 위해서 가르쳐야 할 내용을 분석하고 특정 교수 단계를 정할 때 유아의 개별적인 강·약점을 근거로 하기 때문에 교육의 개별화를 촉진할 수 있다는 장점을 지닌다.

그러나 이상의 장점에도 불구하고 기능주의 교육과정이 지니는 제한점이 매우 큰 것으로 지적되는데, 이것은 이러한 교육과정이 분명하게 정리된 조직적인 체계를 갖추지 못하고 있기 때문이다(Noonan & McCormick, 2015; Rainforth et al., 1997). 다시 말해서, 특정 개인에 대한 기능적인 기술을 결정하기 위한 절대적인 기준이 없기 때문에 개별 유아를 위한 너무나도 독특한 내용으로 교육과정이 구성될 수 있으며, 이로 인해서 모든 유아의 필요에 따라 각각의 독특한 기술을 가르쳐야 하는 어려움을 겪게 된다는 것이다.

5) 학업 중심 접근

(1) 정의 및 특성

장애 유아를 위한 교육과정 개발에 있어서 학업 중심의 접근이란 앞에서 설명한 발달주의 또는 인지발달 교육과정과도 밀접하게 관련된다. 학업 중심으로 접근하는 교육과정은 기본적으로 발달이 유아기에 습득해야 하는 주요 기술(전학문 기술)과 초등학교 저학년에 학습하는 학업 기술에 근거한다고 전제한다. 그러므로 이러한 교육과정에서는 읽기, 쓰기, 셈하기, 돈 계산하기, 시계 읽기 등의 기술을 전학문 또는 학업 기술의 구성 요소로 분석하고 가르치게 된다.

(2) 장점 및 제한점

학업 중심 교육과정은 장애 유아를 위한 교육 현장에 적용하기에 장점보다는 제한점을 더 많이 지닌다. 첫째, 학교 교육과정의 내용이 주로 읽기, 쓰기, 수학과 같은 전통적인 교과 영역을 중심으로 구성되기 때문에 장애 유아가 습득해야 하는 비학업적인 내용은 포함하지 않는다. 다시 말해서, 또래와 상호작용을 하기 위해서 필요한 적절한 사회적 기술이나 옷 입기, 화장실 가기 등의 자조기술 등은 장애 유아가 학습해야 하는 중요한 기술임에도 불구하고 교수 내용으로 다루어지지 않는다.

둘째, 학업 중심 교육과정에서 가르치는 학업 기술은 자연적인 환경에서의 활동을 통해서 교수되기보다는 하루 일과의 특정 시간에 분리된 장소에서 분리된 교재를 사용해서 교수되곤 한다. 그러나 유아는 자연적인 환경에서 진행되는 활동에 참여함으로써 활동 수행을 위해서 필요한 다양한 기술을 습득할 수 있기 때문에 분리된 학업 교수보다는 활동 참여가 더욱 강조되어야 한다. 또한 분리된 교수를 통해서 습득한 기술은 자연적인 환경으로 일반화되지 않는 경우가 많기 때문에 목표 기술이 기능적으로 사용되는 상황에서 교수하는 것이 중요하다.

셋째, 일반 유아에게 교수하는 기본적인 학업 기술은 장애를 지닌 유아가 필요로 하는 학업 기술과는 다를 수 있다. 예를 들어, 인위적인 학습 환경에서는 돈 계산을 잘하는 유아가 실제로 가게에서 물건을 살 때에는 돈을 계산하지 못할 수도 있다. 그러므로 학업 기술을 가르칠 때에는 자연적인 환경에서의 유용성을 고려해서 기술 그 자체의 습득에 초점을 맞추기보다는 기능적인 기술이 될 수 있도록 교수해야 한다.

지금까지 장애 유아를 위한 교육과정 개발에 영향을 미친 다섯 가지 이론적 견해를 살펴보았다. 이들 이론적 견해는 각기 서로 다른 특성과 장단점을 지니고 있으며, 실제로 장애 유아를 위한 교육과정 개발 및 적용에 있어서 하나만을 선택해야 하는 것은 아니다. 이것은 이들을 구분해 주는 다양한 요소가 서로 배타적이지 않으며, 가르치고자 하는 장애 유아의 특별한 필요에 따라 복합적으로 또는 선택적으로 적용될 수 있기 때문이다(Sandall & Schwartz, 2019). 그러므로 교사는 다양한 이론적 견해를 이해함으로써 교육과정의 적절한 개발과 바람직한 운영에 도움을 받을 수 있다. 〈표 7-1〉은 지금까지 살펴본 여섯 가지 교육과정 모형에 대한 이론적 배경과 그에 따른 교수를 위한 기본적인 원리를 비교해서 보여 준다.

표 7-1 교육과정 개발에 영향을 미친 이론적 배경 및 교수 원리

이론적 견해	배경 이론	교수 원리
발달주의 이론	전형적인 발달 순서를 근거로 하며, 이러한 능력은 풍부한 환경에서 자연스럽게 발달한다고 가정한다.	풍부한 환경을 통해서 운동기능, 인지, 의사소통, 사회-정서, 적응행동 기술의 학습 기회를 제공한다.
행동주의 이론	환경 내 사건을 통제함으로써 행동을 변화시킬 수 있다.	직접교수, 행동형성법, 촉진, 강화 등의 행동교정 기법을 사용한다.
인지발달 이론	직접적인 경험과 활동을 통해서 사고 기술을 발달시킨다.	학습 환경은 사고 기술을 발달시킬 수 있는 기회를 제공한다.
기능주의 이론	유아의 개별적인 환경(예: 가정, 학교, 지역사회)이 발달에 영향을 미친다.	중재 활동은 기능적이어야 하며 유아가 유아교육기관 환경에 잘 적응하도록 제공된다.
학업 중심 접근	발달은 기본적인 학업(전학문) 기술의 학습을 통해서 이루어진다.	학업(전학문) 기술을 구성하는 하위 기술을 학습시킨다.

II. 교육과정 개발 및 적용

1. 교육과정 개발 및 선정

1) 장애 유아를 위한 교육과정 구성

유아특수교육에 있어서 교육과정은 프로그램의 중심적인 요소라 할 수 있다. 앞에서 살펴본 바와 같이, 교육과정은 그 이론적 배경과 철학이 다양한 만큼 그 구성이나 내용에 있어서도 교육과정마다 서로 다를 수 있다. 그러나 분명한 사실은 모든 교육과정이 장애를 지닌 유아가 습득해야 하는 중요한 기술, 행동, 능력, 상호작용 양식 등을 공통적으로 포함한다는 것이다.

장애 유아를 위한 교수 활동의 목표가 되는 교육과정의 내용을 결정하는 일은 진행적이라고 할 수 있다. 이것은 교육과정이 교사로 하여금 개별 장애 유아에게 가르쳐야

할 가장 중요한 기술을 선정할 수 있도록 도와주는 교육진단의 방법과 내용을 포함하고 있어야 함을 의미한다. 다시 말해서, 지속적인 진단 과정을 통해서 유아의 특성을 파악하고 환경의 요구를 분석하고 유아가 환경 내에서 성공적으로 기능하기 위해서 필요로 하는 기술을 결정해 낼 수 있어야 하며, 더 나아가서는 선정한 기술을 가르칠 수 있는 적절한 방법까지도 선택할 수 있어야 한다. 그러므로 교육과정은 구체적으로 (1) 가르쳐야 할 교수 내용, (2) 교수해야 할 내용을 결정하기 위한 방법, (3) 결정된 내용을 교수하기 위한 방법, (4) 가르친 결과 성과가 나타났는지 점검하는 방법의 네 가지 요소로 구성된다(DEC, 2007; Grisham-Brown & Hemmeter, 2017). 이것은 유아특수교육 현장에서 장애나 발달지체를 경험하는 유아를 위하여 특정 교육과정을 운영하는 것이 개별 유아에 대해 교수할 내용을 선정하고 가장 효과적인 방법으로 그 내용을 교수하는 일련의 과정을 모두 포함하는 것임을 시사한다. 물론 교육과정의 핵심은 그 정의상 진단이나 교수방법, 또는 일련의 활동 자체가 아니라 유아가 학습해야 하는 내용인 것이 사실이다(McCormick, 2003). 그러나 유아가 학습해야 하는 내용을 성공적으로 교수하기 위해서는 교육과정 자체가 위에서 말하는 기본적인 요소를 잘 갖추도록 개발 및 선정 단계에서부터 고려되어야 한다. 실제로 장애 유아 교육 현장에서 많이 사용되고 있는 상업용 교육과정의 하나인 진단 평가 프로그램 시스템(AEPS)(Bricker, 2015)을 살펴보면 교육의 내용인 교수목표와 함께 구체적인 활동 중심 교수전략, 환경 구성 방법, 교수 활동의 순서 및 기타 고려사항을 포괄적으로 포함하고 있는 것을 볼 수 있다.

이상에서 살펴본 바와 같이, 장애 유아를 위한 교육과정을 단순하게 가르쳐야 할 교수의 내용으로 보기보다는 일련의 진행적인 교육 활동을 모두 포함하는 종합적인 체계로 본다면 [그림 7-1]과 같은 절차와 요소로 구성된다고 할 수 있다(DEC, 2007; Grisham-Brown & Hemmeter, 2017).

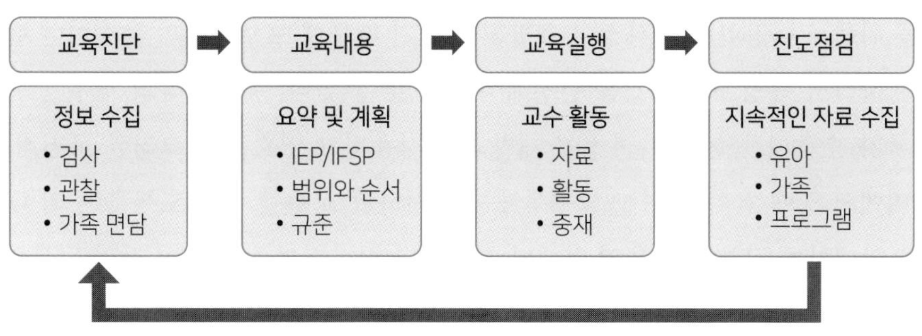

그림 7-1 장애 유아를 위한 교육과정 체계

2) 국가 수준의 교육과정 및 상업용 교육과정

교육과정을 구성함에 있어서 이미 개발되어 있는 국가 수준의 교육과정이나 다양한 상업용 교육과정을 참고할 수 있다. 우리나라에서는 장애 유아가 취학하는 유치원 또는 특수학교에서 편성·운영해야 하는 교육과정의 공통적이고 일반적인 기준을 제시하는 국가 수준의 교육과정이 『특수교육 교육과정』(교육부, 2015)으로 개발되어 있다. 이 교육과정에 의하면 장애 유아를 위한 교육과정은 일반 유아교육과정인 누리과정을 기본으로 하도록 한다. 따라서 누리과정 운영 중 장애 유아의 참여와 사회적 통합을 증진하고 개별화교육계획을 실행하도록 돕는 교육과정 지원 자료집(예: 박현옥 외, 2015; 이소현 외, 2015)이 개발되어 사용되고 있다. 그러나 2019년에 누리과정이 개정되면서 이에 따른 특수교육 교육과정 개정 및 자료 개발의 필요성이 대두되고 있다. 〈표 7-2〉는 『2019 개정 누리과정』이 추구하는 성격과 구성 방향 및 운영의 전반적인 내용을 보여 준다.

일반적으로 상업용 교육과정은 교육과정 중심 진단(curriculum-based assessment)으로 불리는데, 이것은 이러한 교육과정이 진단 도구와 함께 연계적으로 구성되기 때문이다(Bagnato, Neisworth, & Pretti-Fronczak, 2010). 우리나라에서는 자체적으로 개발되어 사용되는 상업용 교육과정이 매우 부족한 실정이다. 통합 환경에서 장애 유아의 사회성 발달을 촉진하기 위한 활동집(예: 이소현, 박은혜, 2001) 등 소수의 활동 자료가 개발되어 있으나, 교육과정의 핵심 내용으로 발달 영역 전반에 걸친 발달 기술을 제시하는 교육과정은 거의 개발되어 있지 않다. 현재 교육 현장에서 사용되고 있는 상업용 교육과정은 주로 외국의 교육과정을 그대로 번역한 것으로 『장애 유아를 위한 캐롤라이나 교육과정』(Johnson-Martin, Hacker, & Attermeier, 2004, 한경근, 신현기, 최승숙, 김은경 공역, 2009)과 『영유아를 위한 사정·평가 및 프로그램 체계(AEPS)』(Bricker, 2002, 이영철, 허계형, 문현미, 이상복, 정갑순 공역, 2015) 등이 사용된다. 미국의 경우 장애를 지닌 유아를 위해서 다양한 교육과정이 개발되어 있기 때문에 프로그램의 특성이나 유아의 필요에 따라서 특정 교육과정을 선정해서 활용할 수 있다. 우리나라의 경우는 유아를 위한 국가 수준의 공통 교육과정이 개발되어 적용되고 있으므로 그러한 보편적 교육과정 내에서 장애 유아를 위한 교수목표를 선정하고 교수할 수 있도록 교수의 내용과 방법을 안내하는 교육과정 운영 안내가 요구된다(이소현 외, 2007). 이 장의 뒷부분에서는 장애 유아를 위한 교육과정 운영을 안내하기 위한 방법론적 예시를 소개하였다.

표 7-2 누리과정 성격 및 총론

요목		내용
성격		누리과정은 3~5세 유아를 위한 국가 수준의 공통 교육과정이다. 가. 국가 수준의 공통성과 지역, 기관 및 개인 수준의 다양성을 동시에 추구한다. 나. 유아 중심과 놀이 중심을 추구한다. 다. 유아의 전인적 발달과 행복을 추구한다. 라. 유아의 자율성과 창의성 신장을 추구한다. 마. 유아, 교사, 원장(감), 학부모 및 지역사회가 함께 실현해 가는 것을 추구한다.
구성 방향	추구하는 인간상	누리과정이 추구하는 인간상은 다음과 같다. 가. 건강한 사람 나. 자주적인 사람 다. 창의적인 사람 라. 감성이 풍부한 사람 마. 더불어 사는 사람
	목적과 목표	누리과정의 목적은 유아가 놀이를 통해 심신의 건강과 조화로운 발달을 이루고 바른 인성과 민주 시민의 기초를 형성하는 데에 있다. 이를 실현하기 위한 목표는 다음과 같다. 가. 자신의 소중함을 알고, 건강하고 안전한 생활 습관을 기른다. 나. 자신의 일을 스스로 해결하는 기초능력을 기른다. 다. 호기심과 탐구심을 가지고 상상력과 창의력을 기른다. 라. 일상에서 아름다움을 느끼고 문화적 감수성을 기른다. 마. 사람과 자연을 존중하고 배려하며 소통하는 태도를 기른다.
	구성의 중심	누리과정 구성의 중점은 다음과 같다. 가. 3~5세 모든 유아에게 적용할 수 있도록 구성한다. 나. 추구하는 인간상 구현을 위한 지식, 기능, 태도 및 가치를 반영하여 구성한다. 다. 신체운동 · 건강, 의사소통, 사회관계, 예술경험, 자연탐구의 5개 영역을 중심으로 구성한다. 라. 3~5세 유아가 경험해야 할 내용으로 구성한다. 마. 0~2세 보육과정 및 초등학교 교육과정과의 연계성을 고려하여 구성한다.
운영	편성 · 운영	다음의 사항에 따라 누리과정을 편성 · 운영한다. 가. 1일 4~5시간을 기준으로 편성한다. 나. 일과 운영에 따라 확장하여 편성할 수 있다.

〈계속〉

요목		내용
		다. 누리과정을 바탕으로 각 기관의 실정에 적합한 계획을 수립하여 운영한다. 라. 하루 일과에서 실외 놀이를 포함하여 유아의 놀이가 충분히 이루어지도록 편성하여 운영한다. 마. 성, 신체적 특성, 장애, 종교, 가족 및 문화적 배경 등으로 인한 차별이 없도록 편성하여 운영한다. 바. 유아의 발달과 장애 정도에 따라 조정하여 운영한다. 사. 가정과 지역사회와의 협력과 참여에 기반하여 운영한다. 아. 교사 연수를 통해 누리과정의 운영이 개선되도록 한다.
	교수 · 학습	교사는 다음 사항에 따라 유아를 지원한다. 가. 유아가 흥미와 관심에 따라 놀이에 자유롭게 참여하고 즐기도록 한다. 나. 유아가 놀이를 통해 배우도록 한다. 다. 유아가 다양한 놀이와 활동을 경험할 수 있도록 실내외 환경을 구성한다. 라. 유아와 유아, 유아와 교사, 유아와 환경 간에 능동적인 상호작용이 이루어지도록 한다. 마. 5개 영역의 내용이 통합적으로 유아의 경험과 연계되도록 한다. 바. 개별 유아의 요구에 따라 휴식과 일상생활이 원활히 이루어지도록 한다. 사. 유아의 연령, 발달, 장애, 배경 등을 고려하여 개별 특성에 적합한 방식으로 배우도록 한다.
	평가	평가는 다음 사항에 중점을 두고 실시한다. 가. 누리과정 운영의 질을 진단하고 개선하기 위해 평가를 계획하고 실시한다. 나. 유아의 특성 및 변화 정도와 누리과정의 운영을 평가한다. 다. 평가의 목적에 따라 적합한 방법을 사용하여 평가한다. 라. 평가의 결과는 유아에 대한 이해와 누리과정 운영 개선을 위한 자료로 활용할 수 있다.

출처: 교육부(2019). 교육부 고시 제2019-189호 유치원 교육과정. 세종: 저자.

2. 장애 유아를 위한 교육과정 내용

앞에서도 설명하였듯이, 장애 유아를 위한 교육과정은 유아가 학습해야 할 내용을 핵심으로 하되 이를 교수하기 위한 계획과 실행에 필요한 방법론적 내용도 함께 구성하도록 권장된다. 이 부분에서는 교육과정의 내용으로 장애 유아가 학습해야 하는 구체적인 내용에 초점을 맞추고자 한다. 장애 유아를 위한 교육과정은 일반 유아를 위한 교육과정에서와 마찬가지로 전인적 측면에 초점을 맞추고 특정 학습 영역만이 아닌 발달의 모든 측면을 강조한다(Morrison, 2015). 따라서 이들을 위한 교육과정을 개발할 때에는 모든 발달 영역에 초점을 맞추게 된다. 일반적으로 장애 유아를 위한 교육과정의 내용은 운동 기능, 인지, 의사소통, 사회-정서, 적응행동의 다섯 가지 주요 발달 영역을 중심으로 구성된다. 각 발달 영역을 구성하는 주요 기술에 대해서는 이 책의 2장에서 발달지표와 함께 간략하게 소개하였으며, 이 부분에서는 각 발달 영역에 따른 교육과정상의 내용 구성과 교수방법에 대한 기본적인 원칙을 간략하게 소개하고자 한

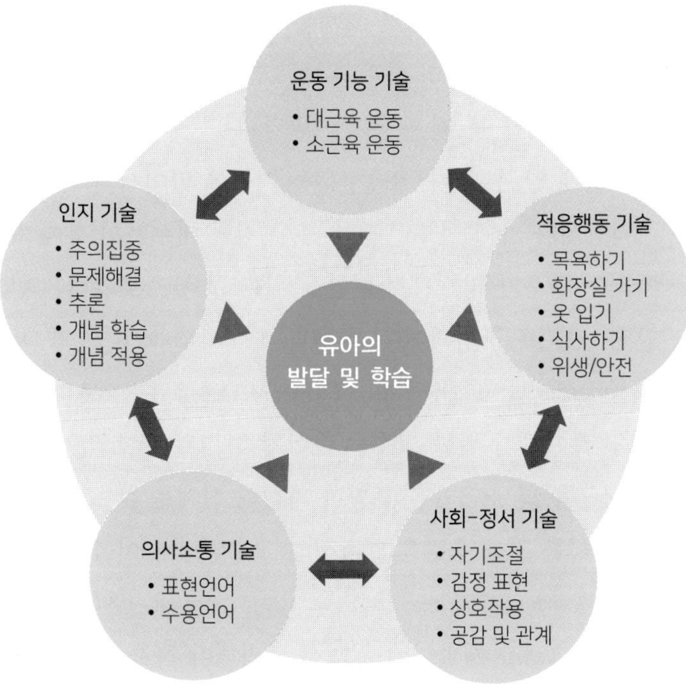

그림 7-2 장애 유아를 위한 교육과정에서의 발달 영역 간 관계

출처: Gargiulo, R., & Kilgo, J. (2020). *An introduction to young children with special needs: Birth through age eight* (5th ed., p. 160). Los Angeles, CA: SAGE에서 수정 발췌.

다. [그림 7-2]는 이상의 다섯 가지 발달 영역이 교육과정 내에서 어떻게 서로 관련되는지 보여 준다.

1) 운동 기능 발달

운동 기능의 발달은 그 자체로도 중요성을 지니지만 언어, 사회성, 인지 등 기타 발달 영역과 밀접하게 관련됨으로써 유아의 발달에 전반적인 영향을 미친다는 점에서도 매우 중요하다(Iverson, 2010). 운동 기능 발달은 크게 대근육과 소근육 운동 발달의 두 가지로 분류된다. 대근육 운동은 환경 내에서 이동하고 돌아다니는 신체적인 능력을 말하며, 구체적으로는 구르기, 앉기, 기기, 서기, 걷기, 던지기, 뛰기를 위한 움직임과 근육의 조절 및 신체의 협응, 강도, 균형, 민첩함을 포함한다. 소근육 운동은 손, 발, 얼굴 등의 작은 근육을 움직이는 능력으로, 뻗기, 쥐기, 놓기, 쌓기, 가위로 자르기, 쓰기 등에 사용되는 움직임을 말한다.

운동 기능의 발달은 출생 이전 태내에서의 움직임으로부터 시작된다. 출생 후 신생아의 움직임을 관찰해 보면 움직임은 학습과 서로 밀접한 연관 관계에 있음을 알 수 있다. 예를 들어, 음성이 들리는 방향으로 고개를 돌린다거나, 흥미로운 놀잇감을 탐구하기 위해 손을 움직인다거나, 좀 더 자란 후에는 기기나 걷기를 위해서 몸 전체를 움직이는 등의 움직임을 생각해 볼 때 운동기능 발달이 모든 학습의 기초를 형성하는 데 기여한다는 사실을 쉽게 알 수 있다. 또한, 운동 기능에 있어서의 특정 장애를 지니지 않은 경우에도 지적장애나 자폐 범주성 장애 등을 지닌 대부분의 장애 유아는 운동 기능의 발달이 지체되는 경우가 많으므로 이들을 위한 교육 프로그램은 반드시 운동 기능 발달을 촉진할 수 있도록 구성되어야 한다(Emck, Bosscher, Beek, & Doreleijers, 2009; Hartman, Houwen, Scherder, & Visscher, 2010; Lloyd, MacDonald, & Lord, 2013).

운동 기능 발달을 촉진하기 위한 교수는 유아가 환경과 상호작용하고 이동하기 위해서 필요로 하는 대근육 및 소근육을 포함한 자신의 신체를 잘 조절하도록 촉진해 주는 것을 의미하는데, 이를 위한 수많은 효과적인 교수방법과 이를 지지하는 이론적 근거가 제시되고 있다(Bobzien, Childress, & Raver, 2015; Fewell, 1996). 운동 기능 촉진을 위한 적절한 교수 프로그램을 개발하기 위해서 고려해야 하는 여러 가지 중요한 이론적 근거 중에서 교수와 직접적인 관계가 있는 몇 가지 이론을 살펴보면 다음과 같다.

첫째, 질적인 움직임을 위한 결정적인 요소는 움직임과 함께 감각 정보를 활용하는 능력임을 인식해야 한다. 시각 정보는 놀잇감이 얼마나 멀리 또는 가까이 있는지에 대한 정보를 제공해 주며, 이를 통해서 유아는 놀잇감을 갖기 위해 손을 뻗칠 것인지 아니면 기어가야 하는지에 대한 인지적 사고를 하게 된다. 이것은 시각장애를 지닌 영아가 운동 기능 발달에 있어서 지체를 보이며 이러한 지체는 이후에 도움 없이 상체를 일으키거나 주위를 돌아다니거나 걷고 계단 오르기 등의 움직임에서도 지속적으로 나타난다는 사실에서 입증된다(Brambring, 2006; Ferell, 2011).

둘째, 운동 기능 발달에 있어서 적절한 교수 프로그램은 움직임의 모든 요소를 다 포함해야 한다. 다시 말해서, 교수 프로그램은 움직임의 강도, 체격 발달, 자세 조절, 눈과 손의 협응, 사물 조작, 자세 잡기, 이동 능력, 수정 능력, 일반화, 감각 운동 기능의 통합, 공간 지각 등을 위한 교수를 모두 포함해야 한다는 것이다.

셋째, 움직임이 정해진 신체 활동인 경우에는 질적인 움직임을 촉진하기 위해서 매일의 일과에 포함시켜 교수해야 한다. 예를 들어, 일직선상에서 똑바로 걷기도 중요하지만 식사를 하기 위해서 식탁까지 걸어가는 것은 그 기능상 더 중요할 수 있다. 유아가 습득한 움직임을 모든 자연적인 상황으로 일반화하지 못한다면 이러한 기술을 학습시킬 이유가 없게 되는 것이다.

넷째, 운동 기능상의 움직임은 교재나 도구와 연계되어야 하며, 모든 환경에서 사용될 수 있어야 한다. 이것은 유아가 자신의 물리적 공간을 잘 조절할 수 있도록 각 개별 유아를 위한 교재나 도구, 환경 배치나 수정 등을 고려해야 한다는 것이다.

다섯째, 운동 기능 발달을 촉진하기 위한 교수 프로그램은 유아의 요구에 대한 진단을 근거로 해야 한다. 진단 내용은 교육과정이 미치는 영향을 결정할 수 있도록 측정 가능한 방법으로 서술되어야 한다. 뿐만 아니라, 교육과정상의 수정이나 변경은 유아의 운동 기능 수행에 있어서의 변화를 근거로 해야 한다.

마지막으로, 유아의 운동 기능 발달에 있어서의 교육 프로그램과 교수목표는 가족의 우선순위를 반영해야 한다. 교육 프로그램과 가족 모두에게 있어서 가장 중요한 관심사는 유아의 발달이다. 그러므로 프로그램 관련인과 가족이 함께 작업하면서 양방간의 협력이 순조롭게 이루어질 때 유아의 발달이 가장 잘 이루어질 수 있다.

결론적으로, 장애 유아의 운동 기능 발달을 촉진하기 위한 최상의 방법론은 이상의 여섯 가지 이론적 배경을 근거로 해야 하며, 다음의 두 가지 사실을 기본적인 가정으로 해야 한다: (1) 운동 기능 발달은 모든 학습의 기초를 구성하는 주요 요소다, (2) 운동 기능 교수는 유아특수교육의 모든 유아를 대상으로 필수적으로 포함되어야 한다.

2) 인지 발달

표준국어대사전에 의하면 인지란 자극을 받아들이고, 저장하고, 인출하는 일련의 정신 과정으로, 지각, 기억, 상상, 개념, 판단, 추리를 포함하여 무엇을 안다는 것을 나타내는 포괄적인 용어로 사용된다. 장애 유아를 위한 교육 현장에서 인지란 자극에 주의를 기울이거나, 자극 간의 유사점과 차이점을 주목하거나, 또는 기억하고 생각하고 추론하고 문제를 해결하는 등의 정신적 능력과 같은 기술을 의미한다(Bailey & Wolery, 2003). 그러므로 인지 발달은 이와 같은 능력을 독립적인 활동과 사회적인 상호작용을 위하여 매일의 일과 중에 사용하는 데 있어서의 점진적인 변화를 의미하며, 구체적으로는 집중하기, 기억하기, 계획하기, 결정하기, 식별하기, 사고하기 등의 행동으로 나타난다(Dunst, Mahoney, & Buchan, 1996). 결과적으로, 인지 발달을 촉진한다는 것은 유아가 이와 같은 인지 능력을 개발하는 속도와 양상을 촉진하고, 습득한 인지 능력을 다양한 환경적인 요구에 맞게 효과적이고 효율적으로 사용하게 하는 것이다.

인지 발달 촉진을 위한 교수방법을 완전히 이해하기 위해서는 먼저 학습과 발달, 능력과 수행, 유도된 경험과 강화된 경험 등의 몇 가지 선행되는 개념을 이해해야 한다(Dunst, 1993). 학습이란 "경험의 결과로 나타나는 행동에 있어서의 비교적 영속적인 변화"(Tarpy, 1975, p. 4)로 정의되며, 발달이란 경험의 결과로 나타나는 정보의 습득, 저장, 활용에 사용되는 적응 과정에 있어서의 비교적 영속적인 변화로 정의된다(Dunst, 1981). 학습과 발달의 차이는 변화가 측정되는 방법에 있어서의 차이로 이해된다. 학습은 일반적으로 행동 발생의 빈도나 지속시간, 비율 등의 단위로 측정되는 반면에(예: 주어진 상황에서 일정 시간 동안 나타나는 특정 어휘의 발화 횟수), 발달은 정보를 습득하고 활용하는 방법에 있어서의 변화로 측정된다(예: 시행착오 식의 문제해결, 계획된 문제해결).

능력(competence)은 기능의 수준과 형태에 있어서의 성취와 가능성으로 정의되며, 수행(performance)은 아동이 다양한 요구와 도전에 적응하게 만드는 경험의 결과로 나타나는 능력의 활용으로 정의된다(Davidson & Sternberg, 1985). 다시 말해서, 능력이란 주어진 시점에서 유아가 할 수 있는 가장 높은 형태의 기능을 의미하며, 수행이란 유아가 특정 수준의 능력을 성취했는가를 확인하기 위해서 사용되는 개념이다. 그러므로 "능력 있다"라고 말하는 것은 특정 수준의 기능을 나타내기 위해서 필요로 하는 행동을 수행할 수 있다는 것을 의미한다.

유도된 경험(elicited experiences)은 유아의 행동에 있어서의 영속적인 변화를 일으키지는 않지만 유아로 하여금 행동하도록 유도하는 환경적인 사건을 의미하며, 강화된 경험(enabling experiences)은 행동에 있어서의 영속적인 변화를 일으킴으로써 유아의 수행을 강화하고 능력을 촉진하는 기회를 의미한다(Dunst, 1993). 유도된 경험에 의한 행동은 학습과 발달의 개념을 설명하는 영속적인 변화를 일으키지는 못한다. 예를 들어, 유아의 관심을 끌거나 반응을 일으키기 위한 자극은 장애 유아를 위한 교육 현장에서 가장 많이 사용되는 유도된 경험의 예인데, 이러한 경험에 의한 행동의 수행은 외부적/강화적 후속결과에 의해서 유지된다. 그러나 반면에, 강화된 경험은 학습과 발달을 일으키며, 특히 행동이 외부적인 영향에 의해서 유지되게 하는 것이 아니라 사회적/비사회적 환경과의 상호작용 경험을 통해서 자신감을 습득하게 만든다. 결과적으로 유도된 경험과 강화된 경험 간의 이와 같은 차이는 교수 활동에 있어서 중요한 시사점을 제시하는데, 적절한 수행을 촉진하기 위해서 사용되는 모든 경험은 행동에 있어서의 관찰 가능하고 영속적인 변화만을 일으키는 데서 끝나서는 안 되며 행동의 영속성에 가장 큰 영향을 미치는 요소로 인식되고 있는 유아의 자기효능감을 촉진시켜야 한다는 것이다.

결론적으로, 앞에서 설명한 개념의 이해를 통해서 인지 발달을 촉진하기 위한 몇 가지 지침을 제시할 수 있다. 첫째, 학습의 강화만을 강조하기보다는 발달 촉진에 더 큰 강조점을 두어야 한다. 이것은 발달의 개념이 학습의 개념을 내포할 뿐만 아니라 발달이 행동의 변화에 더 큰 영향을 미치기 때문이다. 둘째, 적절한 수행은 학습 경험이 유아의 능력 수준과 일치할 때 가장 잘 이루어진다. 이렇게 함으로써 흥미를 유지시키고 보다 진보된 발달의 가능성을 증진시킬 수 있다. 셋째, 적절한 발달과 수행은 능력과 자기효능감을 촉진하는 강화된 경험을 사용할 때 가장 잘 일어난다. 그러므로 유아특수교육 현장에서 발달을 장기목표로 설정하고, 적절한 수행을 단기목표로 수립한 후, 행동 변화를 일으키기 위한 방법으로 강화된 경험을 사용한다면 교수를 통해서 나타나는 효과는 장기적으로 유지될 것이다.

3) 의사소통 발달

의사소통이란 두 사람 이상의 사람 간에 이루어지는 정보 교환을 의미한다. 이와 같은 정보 교환을 위해서는 정보를 전달하는 사람과 수용하는 사람이 공유하는 체계가 있어야 한다. 유아는 이와 같은 체계를 통하여 자신의 요구, 바람, 흥미, 감정을 전달한다. 이때 정보 전달을 위해 사용되는 방식을 의사소통 형태라고 한다. 의사소통 형태란 유아가 자신의 내적 상태를 다른 사람에게 표현하기 위하여 사용하는 행동을 말한다. 의사소통 형태로는 말을 포함해서 수어, 몸짓, 글, 그림, 음성 출력기 사용 등 다양한 방식이 있다. 유아가 보이는 모든 의사소통 행동은 그 형태가 무엇인가와는 상관없이 고유의 기능을 지니게 되는데, 즉 유아는 특정 목적을 위해서 행동을 한다는 것이다(Cooper, Heron, & Heward, 2019). 예를 들어, 유아는 전형적으로 자신이 원하는 물건이나 사회적 상호작용을 얻기 위해서 또는 원하지 않는 상황을 피하기 위해서 의사소통을 한다(Halle, Ostrosky, & Hemmeter, 2006). 결과적으로, 의사소통 형태는 유아가 어떻게 의사소통을 하는가를 말하며 의사소통 기능은 유아가 왜 의사소통을 하는지를 말한다.

유아특수교육에 있어서의 의사소통 교수는 교수의 대상자를 선정하는 것에서부터 논란이 제기된다. 의사소통 발달이 일반적인 지적 기능에 비해서 지체되었는지 알아보는 평가를 통하여 해당되는 대상자만을 교수해야 한다는 주장(Lyngaas, Nyberg, Hoekenga, & Gruenewald, 1983; Miller, 1991; Owens & House, 1984)이 제시되는 반면에, 또 한편으로는 모든 장애 유아를 대상으로 교수해야 한다고 주장된다(Goldstein, Kaczmarek, & Hepting, 1996). 실제로 모든 장애 유아는 의사소통 기술을 향상시킬 수 있는 가능성을 지니고 있다. 특히 언어 기술은 학업 기술 및 생활 기술과 삼각관계를 형성하기 때문에 의사소통 기술을 최대화하려는 노력 없이는 모든 발달 영역에 있어서의 유아의 잠재력을 최대한으로 끌어낼 수가 없는 것이 사실이다. 그러므로 장애 유아를 교육함에 있어서 의사소통 기술의 교수는 그 중요성이 간과되어서는 안 된다.

장애 유아를 위한 의사소통 기술을 중재할 때 중재의 목표가 이해력인지 표현력인지에 따라 교수가 달라질 수 있음을 고려해야 한다. 여기서 이해란 유아가 다른 사람의 의사소통 행동이 의미하는 바를 안다는 것이며, 표현이란 다른 사람에게 자신의 원하는 바를 알리는 것이다. 의사소통의 이와 같은 두 가지 요소는 수용언어와 표현언어로 불린다(Owens, 2019).

의사소통 발달을 촉진하기 위한 효과적인 교수는 유아와 가족, 지역사회나 문화에 대해서 친숙하고 잘 아는 사람을 필요로 한다. 특히 의사소통 교수에 있어서 진단, 목표 선정, 교수방법의 적용은 전문성과 기타 전문가와의 협력을 필요로 하는데, 교사, 보조교사, 언어치료사, 기타 관련서비스 전문가, 부모, 기타 가족 구성원, 또래 등이 효과적인 교수를 위해서 참여할 수 있다. 또한 효과적인 진단과 교수를 위해서는 유아가 의사소통할 수 있는 다양한 상황에서 이루어져야 한다.

4) 사회-정서 발달

2장에서 이미 살펴본 바와 같이 사회적 기술이란 다른 사람과의 사회적 관계와 관련된 일련의 행동을 의미한다(Brown, Odom, & McConnell, 2008). 또한 정서적 기술은 감정을 이해하고 소통할 수 있는 능력과 함께 다른 사람의 권리를 존중하면서 그들의 정서에 반응하는 능력을 의미한다(Gargiulo & Kiogo, 2020). 그러므로 사회-정서 기술은 자신의 행동이나 감정을 적절한 방법으로 표현하거나 조절하게 해 주고 충동성이나 화를 참을 수 있게 해 주며 갈등 상황을 원만하게 해결할 수 있게 해 준다. 일반적으로 이와 같은 사회-정서 기술은 다른 사람과의 관계 또는 상호작용을 통해서 나타나는데, 영아기에는 양육자가 상호작용의 주 대상자였다면 유아기로 들어서면서 점차 또래와의 관계와 상호작용이 중요해진다.

인간은 사회적인 존재로 출생하며 성장하면서 사회의 한 구성원으로 역할하고 협력함으로써 인간다운 생활을 영위하게 된다. 신생아는 출생 시 양육자의 사회적 반응에 선별적으로 관심을 기울일 수 있는 '하드웨어'(신경학적 구조)를 지니고 태어난다. 이들은 처음에는 무의식적으로 사회적 반응을 일으키는 행동(예: 울기, 미소 짓기)을 하지만 신경학적 구조가 발달함에 따라 양육자의 사회적인 반응은 사회적 행동의 예측 가능성을 인지하고 학습할 수 있게 하는 '소프트웨어'(인지적 과정)를 형성시킨다(McEvoy & Odom, 1996). 이때 학습되는 행동의 예측 가능성은 이들로 하여금 주 양육자에 대한 안정감과 애착을 형성하게 하고, 궁극적으로는 양육자가 없는 상황에서도 사회적인 참여를 할 수 있게 해 준다. 이와 같은 발달 과정은 아주 초기부터도 양육자와 아동이 서로의 행동에 역동적이고도 상호적인 영향을 미치는 관계로 구성되며, 아동의 사회적 발달은 상호 교류적인 형태로 이루어지게 된다(Sameroff & Chandler, 1975; Yoder, Warren, Kim, & Gazdag, 1994).

일반적으로 양육자와의 애착 관계는 유아기에 변화를 보이기 시작하면서 부모로부터 분리된 상황에서도 기능하게 만들며, 안정된 애착 관계를 보이는 사회적으로 유능한 유아는 또래와의 관계에서 보다 진보된 인지, 의사소통, 사회적 기술을 보이기도 한다(Guralnick, 1981; Odom, McConnell, & McEvoy, 1992). 다시 말해서, 유아가 사회적으로 유능하기 위해서는 사회적 기술뿐만 아니라 폭넓은 범위의 인지, 의사소통, 운동 기능을 함께 지녀야 한다는 것이다(Guralnick, 1999). 이것은 유아기 학습 활동의 대부분이 또래를 포함하는 사회적 경험을 통하여 이루어지기 때문에 모든 발달 영역에 걸친 지식 습득은 유아의 사회적 능력에 의존할 수밖에 없음을 보여 주는 것이다(Joseph,

Strain, Olszewski, & Goldstein, 2016). 유아가 성장함에 따라 이들의 상호작용은 점점 더 복잡해지고 다양해지는데, 특히 상호작용의 양적 또는 질적 성장에 있어서 또래와의 상호작용이나 또래 관계의 발달이 차지하는 비중이 점점 더 커지게 된다. 따라서 또래 상호작용은 유아기 발달의 주요 과제 중 하나로 인식된다.

이와 같이 사회-정서 발달은 그 중요성이 무시될 수 없는 매우 중요한 발달 영역의 하나다. 대부분의 유아는 양육자와 상호작용하고 또래와 즐겁게 놀이하는 기술을 자연적인 발달 과정의 한 부분으로 성취해 간다. 그러나 장애를 지닌 유아는 사회적인 상호작용 기술을 자연스럽게 발달시키지 못하기도 한다(이소현, 2003; Goldstein, Lackey, & Schneider, 2014; Odom, McConnell, & Chandler, 1994). 그러므로 이와 같은 발달 과정을 이해하고 사회적 상호작용을 촉진하기 위한 적절한 교수방법을 적용하는 것은 유아특수교육에 있어서의 필수적인 요소라 할 수 있다. 즉, 장애 유아를 가르치는 교사는 이들이 속한 사회적 환경을 적절하게 구성하고 또래로부터 긍정적으로 수용되는 문화를 조성해야 할 뿐만 아니라 필요한 경우 장애 유아나 유아가 속한 집단을 대상으로 직접적인 교수 활동을 진행해야 한다.

5) 적응행동 발달

성인이 되어 독립적으로 기능하며 산다는 것은 다른 사람의 도움 없이 혼자 살면서 의식주의 기초적인 필요를 스스로 충족시킬 수 있는 것을 의미하며, 더 나아가서는 직장에서의 인간관계나 친구 관계 등을 포함하는 여러 가지 사회적 상황에서 다른 사람과 상호작용할 수 있는 것까지도 포함한다(Horn, 1996). 이때 요구되는 능력은 자기 자신을 돌보고 일상생활에 필요한 가치 있는 일을 스스로 수행하는 것이다. 이와 같이 성인으로서 사회에서의 독립적인 기능을 위한 능력을 갖추기 위해서 습득해야 하는 중간 단계의 행동이 적응행동이다. 그러므로 적응행동은 유아가 자신의 일상적인 삶에서 사용하는 개념적, 사회적, 실제적 기술을 지니는 것으로 정의된다(Horn, Snyder, & McLean, 2014).

장애 유아를 위한 교육에 있어서, 특히 교육 프로그램을 계획함에 있어서 적응행동이라는 용어는 좀 더 좁은 개념의 용어인 자조기술(self-care, self-help skills)로 많이 사용되어 왔다(Horn, 1993). 일반적으로 자조기술은 옷 입고 벗는 기술, 식사 기술, 대소변 가리기, 몸단장하기(예: 세수, 양치) 등을 포함한다. 그러나 적응행동은 그 개념이 보다 폭넓은 내용을 모두 포함하기 때문에 자조기술 외에도 유아의 다양하면서도 독특한 환경의 요구를 충족시켜 주는 생활연령에 적합한 기술을 모두 포함한다. 예를 들어, 식당이나 이웃집 등 지역사회 환경에서 성인의 감독하에 나이와 문화에 맞는 적절한 기능을 수행한다거나(예: 교회나 극장에서 조용히 앉아 있기), 책임 있는 행동을 수행한다거나(예: 안전에 대한 규칙 따르기, 자신의 물건 관리하기), 규칙적인 일과를 수행하는(예: 식사, 수면) 등의 행동도 넓은 범위에서 적응행동에 포함된다(Bailey & Wolery, 2003).

적응행동 교수가 장애 유아를 위한 교육과정에 포함되어야 하는 데에는 다음과 같은 네 가지 이론적 배경을 전제로 한다(Horn, 1996). 첫째, 전형적인 환경에서의 독립적인 참여는 유아특수교육에서 성취하고자 하는 예상되는 성과기 때문이다. 스스로 옷을 입고 밥을 먹고 대소변을 가리는 유아는 그렇지 않은 유아보다 훨씬 더 독립적이라고 말할 수 있다. 유아가 이러한 기술을 습득하게 되면 양육자에게 주어지는 부담도 훨씬 줄어든다. 장애의 여부와 관계없이 모든 유아가 양육을 필요로 하는 것이 사실이지만 장애 유아는 더 많은 양육 요구를 지니고 있기 때문에 이와 같은 기술의 습득은 유아가 지역사회에서 보다 전형적인 모습으로 적응할 수 있도록 도와줄 것이다. 둘째, 적응행동은 행동 자체가 지니는 고유의 특성에 의해서 유아특수교육의 교육과정에 포함되어야 한다. 여기서 말하는 특성이란 (1) 적응행동에 속하는 많은 행동이 유아기에 습득되어야 하는 행동이며, (2) 기술 습득을 위해서 장시간을 필요로 하는 복잡한 반응 연속적인 행동이라는 것이다. 셋째, 적응행동의 습득은 가족의 입장에서 볼 때 즉각적이고도 구체적인 영향을 미친다. 성취감을 분명하게 느낄 수 있는 눈에 보이는 기술(예: 스스로 식사하기)이나 안전과 관계된 기술(예: 길 건너기), 경제적인 혜택을 가져다주는 기술(예: 대소변 가리기)이 이에 속한다. 마지막으로 적응행동 영역은 기술의 습득을 통해서 유아의 자신감과 자아개념에 영향을 미치게 되므로 그 중요성이 더욱 강조된다.

적응행동의 발달을 촉진하기 위해서는 그 교수계획 및 실행에 지금까지 설명한 적응행동이 지니는 특성을 반영해야 한다(Horn, 1993). 예를 들어, 적응행동 교수는 유아가 습득한 기술을 다양한 환경에서 독립적으로 사용할 수 있도록 가정, 학교, 지역사회의 일상적인 상황에서 실시해야 하며, 교수의 내용으로는 다른 사람의 도움에 협력하는 기술부터 특정 사회적 상황과 장소에 적절한 독립적인 의사결정에 이르기까지의 일련의 연속적인 기술을 모두 포함해야 한다. 특히, 장애 유아의 경우에는 적응행동 교수를 위한 활동, 교재, 교수전략이 유아의 발달 수준, 감각 장애 또는 특성, 신체 움직임의 특성, 의료적 도구나 지원을 필요로 하는지 등의 건강 상태 등에 따라 수정을 필요로 할 수도 있다.

3. 장애 유아를 위한 교육과정 운영

지금까지 살펴본 바와 같이, 장애 유아를 위한 교육과정은 전인적인 발달의 측면에서 모든 영역의 발달을 촉진하기 위한 내용으로 구성된다. 그러므로 교육과정을 운영한다는 것은 이러한 발달을 촉진하기 위한 구체적인 교육 활동을 계획하고 진행하는 것을 의미한다. 장애 유아를 위한 교육 활동을 진행할 때 가장 중요한 것은 일반 유아교육과정을 기반으로 해야 한다는 것이다. 이것은 장애를 지닌 유아는 장애가 없는 유아에게 제공되는 어떤 교육 활동에서도 배제되지 않아야 하기 때문이다. 즉, 장애를 지닌 유아가 장애가 없었다면 제공받았을 일반적인 경험으로부터 제한되지 않아야 하며, 이를 위해서는 이들을 위한 교육과정이 장애가 없는 일반 유아가 경험하는 모든 교육 경험과 환경을 기반으로 해야 한다는 것이다. 또한 장애를 지닌 유아를 위한 교육과정은 장애가 없는 대부분의 유아가 학습하는 모든 기술을 포함해야 한다(DEC, 2007; Wolery & Sainato, 1996). 그러므로 장애 유아는 일반 유아교육과정의 범위와 순서에 따른 광범위한 기술 습득을 촉진하는 교육 활동 중에 자신의 특별한 요구를 기반으로 하는 개별화된 교수목표를 가지게 되는데, 이와 같은 과정은 유아교육과 유아특수교육의 협력을 통한 방법론적 병합으로 이루어질 수 있다(이소현, 2007). 특히, 우리나라의 경우 『특수교육 교육과정』(교육부, 2015)에서 장애 유아를 위한 유치원 교육과정은 일반 유아교육과정을 중심으로 편성하고 운영하도록 명시한다. 그러므로 장애 유아를 교육하는 교사는 일반 유아교육과정과 장애 유아를 위한 교육과정을 병합해야 한다는 과제를 안게 된다.

1) 유아교육과 유아특수교육의 교육과정 병합

장애 유아를 위한 교육과정을 운영하기 위해서는 교육 활동의 기반이 되는 일반 유아교육과정에 대한 이해가 필수적이다. 유아교육과정 운영에 가장 많이 적용되는 최상의 실제는 발달에 적합한 실제(developmentally appropriate practice: DAP)로 알려져 있다. 최상의 실제가 적용된 유아교육과정 운영이란 무슨 의미이며, 이러한 운영 중에 장애 유아를 교수한다는 것은 어떤 의미인지에 대하여 먼저 살펴봄으로써 유아교육과 유아특수교육의 교육과정 병합에 대한 이해를 돕고자 한다.

(1) 발달에 적합한 실제

발달에 적합한 실제는 1987년 전미유아교육협회(National Association for the Education of Young Children: NAEYC)에서 제시한 일련의 지침으로 유아교육 현장에서 적용되어야 하는 적절한 실천의 방법을 다룬다(Bredekamp, 1987). 이는 개발 당시 지나치게 교사 주도의 접근을 강조하고 성과 중심의 특정 기술 학습에 초점을 맞추던 유아교육 현장의 동향에 반하여 학습 환경이나 기대는 유아의 발달 수준에 적합해야 한다는 개념을 반영하기 위한 지침으로 개발되었다. 이후 기존의 내용 중 잘못 이해되고 있거나 논의의 대상이 되었던 부분을 수정해서 『유아교육 프로그램의 발달에 적합한 실제(Developmentally Appropriate Practice in Early Childhood Programs: Serving Children From Birth Through Age 8)』(Bredekamp & Copple, 1997)라는 책으로 출간되었으며, 2009년에 3판(Copple & Bredekamp, 2009)으로 개정되었다.

발달에 적합한 실제의 기본적인 개념은 학습 환경 내에서 유아와 교사가 수행하는 역할이 (1) 연령에 적합하고, (2) 개별적으로 적합하고, (3) 사회-문화적으로 적합해야 한다는 것이다(Copple & Bredekamp, 2009). 연령에 적합하다는 것은 인간 발달의 공통적인 속성을 강조하는 개념으로, 생후 9년 정도의 발달이 예측 가능한 것으로 인식되고 있으므로 이에 따라 연령과 발달에 적합한 학습 환경과 경험을 계획하고 제공해야 한다는 것이다. 개별적으로 적합하다는 것은 유아의 독특한 특성을 강조하는 개념으로, 성장 발달의 개별적인 형태와 시간이 모두 다르고 성격이나 관심 영역, 성장 배경, 경험, 강 · 약점 등이 모두 다르기 때문에 학습 환경과 교육과정은 개별적인 차이에 따라 구성되어야 한다는 것이다. 마지막으로, 사회-문화적으로 적합하다는 것은 개별 유아의 사회-문화적 상황을 이해하고 이러한 배경에 따라서 교육과정과 학습 경험이 구성되어야 한다는 것이다. 결론적으로, 발달에 적합한 실제에 맞는 교육과정은 일반 유아의 발달 순서를 잘 알고 연령과 발달에 따라 구성되며, 동시에 발달, 성격, 능력, 관심, 학습 양식, 문화 등에 있어서의 유아 개개인의 차이를 존중한다.

일반적으로 발달에 적합한 실제를 근거로 구성되는 유아교육 프로그램은 다음과 같은 세 가지 전제를 근거로 한다(Gargiulo & Kilgo, 2020). 첫째, 학습의 과정은 학습을 통해서 성취하는 결과만큼 중요하다. 둘째, 유아는 놀이를 통해서 학습하고 자신의 삶과 관련된 구체적인 직접 활동을 통해서 학습한다. 이것은 다른 사람과 상호작용하고 실제 사물을 가지고 노는 경험이 학습을 위한 상황을 제공한다는 것을 의미한다. 셋째, 다양한 유아가 포함된 이질적인 집단을 구성하는 적절한 교육 경험을 통하여 다양한 능력과 문화적 배경과 관심을 지닌 유아의 개별적인 필요를 충족시킨다. 그러므로 교육 경험은 유아가 자신의 수준에 맞는 활동을 할 수 있도록 융통성 있게 제공되어야 하며, 프로그램은 유아가 다양하다는 사실을 인식하는 것으로 끝나는 것이 아니라 다양성에 대한 고정적인 개념이나 편견에 도전할 수 있어야 한다.

우리나라 유아교육 현장에서도 발달에 적합한 실제의 개념은 널리 활용되고 있다. 물론 유아의 발달적 적합성보다는 아직도 학문적 성취와 기술 습득을 강조하는 교육 현장의 문제가 지적되기도 하며, 발달에 적합한 실제를 적용하는 경우에도 적절성을 결정하는 기준에 대한 의문과 함께 지나치게 심리적 발달이론에 기초하여 발달적 측면만을 강조하는 것이 아닌가 하는 비판이 제기되기도 한다(이기숙, 2013; 이기숙, 김정원, 이현숙, 전선옥, 2018). 그러므로 발달에 적합한 실제는 고정된 교육 내용으로서가 아니라 연령적 적합성, 개별적 적합성, 사회-문화적 적합성의 원리가 적용된 교육과정을 설계하기 위한 기초 자료로 활용되거나 기존의 교육과정 운영을 검토하기 위한 자료로 융통성 있게 사용될 수 있어야 한다.

발달에 적합한 실제에 대한 이와 같은 비판과 함께 최근에는 유아의 흥미와 경험을 교육내용 선정의 주요 근거로 삼고 교과지식보다는 발달에 기초한 교수방법에 관심을 기울여 온 경향에 대해 반성적 고찰이 이루어지고 있으며, 이를 통해 유아교육과정의 재개념화와 질적 차원의 개선이 함께 논의되고 있다(이기숙, 2015; 이기숙 외, 2018), 예를 들어, 전 생애능력의 기초가 되는 핵심역량의 중요성을 강조하는 세계적인 동향에 따라 역량 중심 유아교육과정이 구성되어야 한다는 주장이 이루어지고 있다(박은혜, 신은수, 조형숙, 2012). 여기서 핵심역량이란 인간이 전 생애에 걸쳐 필요로 하는 기본 능력으로, OECD(2005)에서는 다양한 도구를 상호작용적으로 사용하는 능력, 사회적으로 이질적인 집단과 상호작용하는 능력, 자율적으로 행동하는 능력 등으로 제시하였다. 우리나라에서도 이와 같은 핵심역량 중심의 교육과정을 강조하는 세계적인 동향에 따라 2015 초등학교 교육과정 개정에 반영되었으며, 유아교육과정의 경우에도 관련 개정을 위한 지속적인 관심과 노력이 기울여진 끝에(교육과학기술부, 2009, 2010; 양옥승, 2018) 2019년에 누리과정을 개정하기에 이르렀다. 2019 개정 누리과정은 국가 수준의 공통 교육과정으로의 체계를 확립하고 미래 핵심역량을 반영한 교육과정으로 유아중심 · 놀이중심의 특성을 지니며, 이는 교사 주도의 활동을 지양하고 유아가 충분한 놀이 경험을 통해 몰입과 즐거움 속에서 자율 · 창의성을 신장하고 전인적 발달과 행복을 추구하도록 구성되었다(교육부, 2019).

(2) 장애 유아와 발달에 적합한 실제

유아교육과정 운영을 위한 발달에 적합한 실제는 특수교육 현장에서 장애 유아에게 적용하기에는 부적합한 면이 있는 것으로 지적되어 왔다(Atwater, Carta, Schwartz, & McConnell, 1994; Carta & Kong, 2007; Gregg, 2011). 대부분의 유아특수교육 전문가는 교육과정 운영에 있어서 발달에 적합한 실제 적용이 바람직한 방향이기는 하지만 장애 유아의 개별적인 요구를 충족시키기 위해서는 수정이나 그 이상의 교수적 접근이 반드시 고려되어야 함을 강조한다(Carta & Kong, 2007; Odom, 2016; Sandall, Schwartz, & Gauvreau, 2016; Sandall, Hemmeter, Smith, & McLean, 2005). 이것은 발달에 적합한 실제가 장애 유아를 위한 적용에 있어서 전적으로 부적합하다거나 잘못되었다는 주장이 아니며, 오히려 기본적인 철학에는 동의를 하지만 그것만으로는 불충분하기 때문에 적용에 있어서 그 이상의 배려가 제공되어야 함을 의미한다. 이와 같은 내용은 실제로 장애 유아를 위한 추천의 실제가 발달에 적합한 유아교육 환경에서 사용되도록 고안되었으며 발달에 적합한 실제를 보충하거나 확장하기 위한 것으로 설명된다는 점을 통해서도 충분히 이해된다(Sandall et al., 2005).

장애 유아를 위한 교육과정 운영에 있어서 발달에 적합한 실제만을 적용하기 어려운 이유 중 하나는 유아교육과 유아특수교육 간에 나타나는 교수 활동이 지니는 목표상의 차이 때문이다. 일반적으로 전형적인 발달을 보이는 유아를 위한 교육은 인지적이고 사회적인 상호작용을 할 수 있도록 잘 계획된 안전한 환경을 구성한다(Carta, Schwartz, Atwater, & McConnell, 1991). 반면에 장애 유아를 위한 교육은 이러한 구성주의적 입장보다는 환경주의적 입장을 취하면서 직접적인 중재나 교수 없이는 성취될 수 없는 발달상의 진보와 새로운 기술의 습득을 강조해 왔다. 이것은 장애 유아 교육 현장에서 서로 협력해야 하는 두 영역이 한쪽에서는 현재를 중심으로 교사가 촉진하고 유아가 주도하는 철학을 강조하는 반면에 다른 한쪽에서는 미래의 성과를 중심으로 구조화되고 교사가 주도하는 기술 교수 중심의 철학을 강조해 왔음을 의미한다.

유아교육과 유아특수교육의 교육과정 운영의 실제가 이렇게 서로 다른 철학적 배경과 방법론을 근거로 하고 있다는 사실은 장애 유아 교육 현장에서의 교육과정 운영상의 어려움으로 이어질 수 있다. 그러나 교육 현장에서 제기되는 이와 같은 어려움은 두 영역 간의 근본적인 방법론적 차이 때문이기보다는 오히려 발달에 적합한 실제에 대한 잘못된 이해와 해석으로 인한 것이라는 비판이 제기된다. 특히, 최근에는 발달에 적합한 실제의 지침이 장애 유아를 위한 실제로서도 상충하지 않는 것으로 강조되며(DEC, 2014; Grisham-Brown & Hemmeter, 2017), 이러한 지침을 교사가 지혜롭고 융통성 있게 사용하는 경우 개별 유아 모두에게 적절하게 적용될 수 있는 것으로 강조된다(Copple & Bredekamp, 2009; Kostelnik, Soderman, Whiren, & Rupiper, 2018). 예를 들어, 발달에 적합한 실제의 지침에 의하면 "대부분의 시간을 대집단의 형태로 고도로 구조화된 교사 주도의 교수"를 하는 것은 부적절하다고 명시한다(Bredekamp, 1987, p. 54). 그러나 이러한 명시는 교사가 직접 교수해서는 안 되며 학급은 전적으로 유아에 의해서 주도되어야 한다는 의미가 아니다. 프로그램 전반에 걸쳐서 교사 주도의 교수가 중심이 되는 것은 적절하지 않다는 의미다. 장애 유아의 경우에도 이러한 교수 활동은 이들에게 중요한 또래 상호작용 기회를 방해할 수 있기 때문에 부적절할 수 있다. 그러므로 장애 유아 통합교육 현장에서는 이러한 발달에 적합한 실제를 적용하면서 필요한 경우에 교사 주도의 교수를 적절하게 포함시킴으로써 융통성 있게 운영할 필요가 있다.

장애 유아를 위한 교육에서 유아교육과 유아특수교육의 교육과정이 병합되기 위해서는 다음과 같은 단계적인 절차를 거쳐야 한다. 첫째, 두 영역의 전문가가 각자 자신과 상대방 영역의 최상의 실제가 어떻게 구성되어 있는지를 분명하게 이해해야 한다. 둘째, 두 영역의 철학과 방법론에 있어서의 차이와 공통점을 분명하게 이해해야 한다.

표 7-3 유아교육과 유아특수교육 영역의 실제에서 제시하는 주요 강조점

유아교육: 발달에 적합한 실제	유아특수교육: 추천의 실제
• 자연적인 환경, 특히 놀이 맥락을 강조함 • 유아 주도 활동의 중요성을 강조함 • 표준화 진단을 강조하지 않으며, 진단과 교육과정 통합을 강조함 • 하루 전반에 걸쳐 자연적으로 발생하는 일과와 활동 중에 이루어지는 적극적인 참여의 중요성을 강조함 • 사회적 상호작용을 강조함 • 문화적 민감성 및 능력의 중요성을 강조함	• 가족 및 기타 전문가와의 협력에 보다 큰 강조점을 둠 • 개별 유아의 특별한 요구를 지원하는 데에 보다 큰 강조점을 둠 • 3세 미만 영아기에 보다 큰 강조점을 둠 • 교사 중심 접근과 유아 중심 접근을 이분법적 견해로 보지 않고 연속적인 개념으로 이해함, 즉 유아 주도 접근이 특정 상황에서의 교사 주도 전략 사용을 배제하는 것이 아님을 이해함 • 전이 계획에 보다 큰 강조점을 둠 • 유아의 특정 학습 요구를 다루기 위하여 발달에 적합한 실제와 개별적으로 적절한 실제를 통합함

이렇게 함으로써 서로 간의 차이점은 조정해서 극복할 수 있으며 유사점은 더욱 강화할 수 있다. 예를 들어, 〈표 7-3〉은 유아교육과 유아특수교육 영역이 각자 더 많이 강조하는 실제에 대한 예를 보여 준다(Chandler, et al., 2012). 두 영역의 강조점이 지니는 공통점과 차이점을 보다 잘 이해한다면 교육과정 운영에 도움이 될 수 있을 것이다. 셋째, 발달에 적합한 실제의 철학에 따른 유아교육과정 내에서 장애 유아의 개별적인 요구에 따라 유아특수교육의 최상의 방법론을 적용한다. 이상의 절차를 거쳐서 결과적으로 유아교육 프로그램은 모든 유아와 그 가족의 필요를 충족시키는 질적으로 우수한 프로그램이 될 수 있으며, 이를 위해서는 두 영역 간 협력적 접근이 선행되어야 한다.

2) 교육과정 운영을 위한 협력적 접근

앞에서도 언급하였듯이, 장애 유아를 위한 교육과정 운영에 있어서 모든 주요 영역의 발달을 균등하게 지원하고 포괄적인 서비스를 제공하기 위해서 다양한 전문 영역의 협력적인 접근을 필요로 한다(Grisham-Brown & Hemmeter, 2017; Peterson, 1987). 다시 말해서, 유아특수교육은 유아의 신체적인 발달을 포함하는 운동 기능, 인지, 의사소통, 사회-정서, 적응행동 등의 전반적인 발달 과정과 상태를 고려하여 다양한 영역의 전문가가 함께 협력하고 접근해야 하는 영역이다. 장애 유아의 발달에 있어서 한 영역에서의 발달지체나 일탈은 다른 영역의 발달에 영향을 미치게 된다. 그러므로 이들을 위한 교육에서 다양한 전문 영역의 협력은 교육적 성과의 보장을 위해서 매우 중요한 의미를 지닌다. 실제로 미국 특수교육협회(CEC)의 조기교육분과(DEC)에서 발표한 장애 유아 교육에 있어서의 추천의 실제(DEC, 2014) 8개 영역 중 하나가 팀 구성 및 협력이라는 사실은 전문가 간 협력적 접근의 중요성을 잘 보여 준다고 할 수 있다(9장의 [부록 9-1] 참조). 그러므로 이 부분에서는 장애 유아를 위한 전문가 간 협력이 어떠한 형태로 이루어질 수 있는지에 대한 이론적 배경을 살펴보고, 실제로 유아교육기관에서의 교사 간 협력을 중심으로 협력의 구체적인 방안에 대하여 알아보고자 한다.

(1) 협력적 접근의 이론적 배경

전문 영역 간 협력적 접근은 다양한 형태로 이루어질 수 있다. 장애 유아를 위한 교육 현장에서 많이 사용되는 협력적 접근은 5장의 진단 과정에서 이루어지는 협력에서와 마찬가지로 다음과 같은 세 가지로 구분된다(Turnbull, Turnbull, Erwin, Soodak, &

Shogren, 2015): (1) 다학문적 접근, (2) 간학문적 접근, (3) 초학문적 접근.

다학문적 접근(multidisciplinary approach)은 용이에서 시사하는 바와 같이 다양한 영역의 전문가가 대상 유아를 진단하고 교수하는 것을 의미한다. 이때 각 영역의 전문가는 서로의 전문성에 따라 독립적으로 작업하기 때문에 서로 간의 협력은 거의 일어나지 않는다. 다학문적 접근의 협력이 적용된 프로그램에서는 다양한 영역의 전문가가 동일한 대상자를 상대로 작업한다는 것 외에는 서로 관련되는 것이 거의 없기 때문에 진정한 의미에서의 협력적 접근이 아니라고도 할 수 있다(Bagnato, 2007; McLean et al., 2014). 예를 들어, 우리나라의 경우 장애를 지닌 많은 유아가 교육기관에서 교사로부터 교육을 받음과 동시에 언어치료실에서 언어치료사에게, 복지관에서 작업치료사 및 사회복지사에게 개별적인 서비스를 받곤 한다. 또는 동일한 기관 내에서 동시에 여러 전문 영역의 서비스를 받기도 한다. 이러한 경우 각 영역의 전문가 간에 밀접한 상호작용과 협력이 전제되지 않는다면 다학문적 접근에 의한 다양한 전문 영역의 서비스가 제공되는 것은 사실이지만 진정한 의미에서의 협력적 프로그램이라고 할 수는 없다.

간학문적 접근(interdisciplinary approach)이란 말 그대로 영역 간 협력을 강조한다. 간학문적 접근은 다양한 영역의 전문가가 진단과 중재는 독립적으로 진행하지만 대상 유아를 위한 교육 활동을 실행하기 위해서 서로 수집한 정보를 공유하고 함께 계획한다. 이때 부모는 팀 구성원과 함께 만나기도 하고 팀의 대표와 만나 정보를 공유하기도 한다. 간학문적 접근의 협력 모델에서는 팀을 구성하는 모든 전문가와 가족이 진단과 중재의 모든 과정에서 함께 의논하고 협력한다는 공식적인 협력을 기초로 하기는 하지만, 때로는 전문가 각자가 지니는 자신의 '전문 영역'에 대한 폐쇄적인 성향으로 인해서 진정한 의미에서의 팀 구성원 간의 협력이 이루어지지 않을 수도 있다(Bailey, 1996). 이것은 다양한 영역의 전문가가 동일한 유아를 대상으로 각자 독립적으로 일을 하게 됨으로써 자신의 전문 영역에 초점을 맞추게 되며 이로 인해서 다른 영역의 전문성을 존중하거나 이해하지 못하는 등의 결과를 가져올 수도 있기 때문이다(Benner & Grim, 2013).

초학문적 접근(transdisciplinary approach)은 앞에서 설명한 간학문적 접근의 강점을 기초로 생성된 접근 방법으로, 간학문적 접근이 가지고 있는 가장 큰 장점인 다양한 영역의 전문가들 간의 협력을 기초로 이루어진다. 그러나 초학문적 접근은 간학문적 접근이 지니는 제한점을 극복하기 위해서 역할 공유와 주 서비스 제공자의 개념을 도입하였다. 먼저 초학문적 접근에서는 다양한 영역의 전문가가 서로의 역할을 공유하게 되는데, 이것은 각 전문가가 자신의 영역에 대한 초기 평가를 실시한 후에 대표 중재자인 주 서비스 제공자에게 자신의 전문 영역의 교수 기술을 가르침으로써 역할을 방출하는 것을 의미한다. 이때 대표 중재자는 각 전문가에게서 전달받은 교수전략을 대상 유아를 상대로 실행하게 된다. 유아교육기관의 간식 시간에 적용된 초학문적 협력 기반의 교육 활동의 예를 살펴보자. 언어치료사의 경우 유아가 우유를 더 달라고 요구하는 기술을 교수함으로써 의사소통 영역의 목표를 달성하게 할 수 있으며, 작업치료사는 우유팩에 들어 있는 우유를 컵에 따르는 기술을 가르침으로써 자조기술의 목표를 성취하게 할 수 있고, 물리치료사는 간식 시간 동안 적절한 자세로 앉아 있도록 가르침으로써 대근육 운동 영역의 목표를 교수할 수 있다. 이때 모든 치료사가 각자 개별적으로 유아를 대상으로 교수하는 것이 아니라 학급 일과 중 자연스러운 환경 내에서 주 서비스 제공자인 유아교사 또는 특수교사가 교수를 실행한다. 이때 교사는 치료사와 함께 하는 활동 계획을 통하여 교수목표를 가장 적절한 방법으로 가르칠 수 있게 된다. 이와 같이 초학문적 접근의 협력은 장애 유아를 위한 서비스가 여러 개의 조각으로 나뉘어서 제공되거나 중복되는 것을 방지하고 보다 협력적이고 종합적인 형태로 제공될 수 있게 할 뿐만 아니라, 가족을 팀의 동등한 구성원으로 인정하고 의사결정의 모든 과정에서 모든 정보를 공유하게 함으로써 참여를 증진시킨다는 특성을 지닌다 (Cross, 2012; Guillen & Winton, 2015; Turnbull et al., 2015).

지금까지 살펴본 세 가지 유형의 협력적 접근은 각각의 특성에 따른 장점과 제한점을 지닌다(5장의 〈표 5-13〉 참조). 그러나 이렇게 서로 다른 유형의 협력적 접근이 배타적으로 선택의 대상이 되는 것은 아니다. 오히려 교사는 각 접근 방식에 대한 올바른 이해를 기반으로 교육 프로그램의 특성이나 교육기관의 사정 등을 고려하여 가장 적절한 협력의 방식을 선택하고 융통성 있게 적용할 수 있어야 할 것이다.

(2) 협력적 접근의 실제

장애 유아를 가르치는 교사는 교육과정 운영을 위한 적절한 협력의 방안을 마련하고 진정한 의미에서의 실질적인 협력이 이루어지도록 노력을 기울여야 한다. 이를 위해서는 먼저 협력 팀을 구성해야 하며, 팀 구성원의 역할을 정하고, 정해진 역할 수행을 통하여 교육과정 운영 전반에 걸쳐 서로 협력해야 한다. 일반적으로 장애를 지닌 신생아나 영유아에게 서비스를 제공하기 위해서 필요한 전문 영역은 특수교육, 일반교육, 의학, 간호학, 영양학, 작업치료, 물리치료, 언어치료, 청각학, 심리학, 사회복지 등 매우 다양하다. 우리나라의 경우 관련 통계 자료가 제시되지 않고 있지만 미국의 경우에는 조기특수교육 현장에서 가장 많이 제공되는 관련서비스는 언어치료, 작업치료, 물리치료인 것으로 나타났다(Raspa, Hebbeler, Bailey, & Scarborough, 2010). 또한 이와 같은 전문 영역은 일반 영유아교육이나 유아특수교육에 있어서의 지원의 실제와 협력이 가능한 것으로 분석될 뿐만 아니라 전문가 양성 과정에서부터 협력을 위한 교육과정이 고려되어야 함이 강조된다(Bruder et al., 2019).

교육 현장에서의 협력 팀은 개별화교육지원팀과 동일하게 구성되고 운영될 수도 있다. 그러나 실제로 협력 팀 구성은 기관의 사정이나 유아가 지니는 지원의 내용 및 정도에 따라서 달라진다. 예를 들어, 일반교사와 특수교사 두 명이 될 수도 있고 필요에 따라서는 외부 전문가까지 포함한 확장 팀이 구성될 수도 있다. 〈표 7-4〉는 유아교육기관에서 협력 팀 구성에 포함될 수 있는 기본적인 인력 구성과 함께 교육과정 운영과 관련된 각 구성원의 잠재적인 역할의 예를 보여 준다(이소현, 윤선아, 이명희, 김미영, 허수연, 박병숙, 2017; 이소현, 박은혜, 2011).

개별 장애 유아를 중심으로 협력 팀이 구성되면 팀 구성원 간에 서로 소통하면서 교육과정을 운영하게 된다. 이를 위해서는 구성원 간에 소통을 수월하게 해 주는 의사소통 체계를 마련해야 한다. 일반적으로 유아교육기관에서의 협력 팀 구성원 간 의사소통은 통합교육 협의회의 형태로 이루어지는 경우가 많으며, 주로 학기 초에 시간과 장소를 정해 학기 내내 정기적으로 진행된다. 이때 필요한 경우 관리자 또는 보조인력 등 모든 구성원이 참여해야 하지만 교육과정 운영을 위해서는 핵심 구성원인 일반교사와 특수교사가 참여하는 소규모의 협의회를 이용하여 잦은 의사소통을 할 수도 있다. [그림 7-3]은 교육과정 운영에 있어서 계획, 실행, 평가에 이르는 전 과정에서 일반교사와 특수교사가 어떻게 협력할 수 있는지에 대한 예를 보여 준다.

교사 간 협력 체계의 효율적인 적용은 일과 및 활동 운영 시 효과적인 협력교수를 가능하게 해 준다. 협력교수는 일과나 활동이 진행될 때 누가 주도적인 역할을 하는지 또는 활동 중에 직접적인 개입을 통한 교수는 누가 진행하는지 등에 의하여 다양한 형태로 이루어질 수 있는데, 주로 다음과 같은 방법이 사용된다(이소현 외, 2017; 이소현, 박은혜, 2011). 먼저 스테이션 교수는 교실 내에 세 개 이상의 학습 스테이션을 마련하고 수업 내용에 따라 전체 유아를 몇 개의 집단으로 나누어 자연스럽게 이동하면서 모든 스테이션에 준비된 활동에 참여하게 하는 방법이다. 평행 교수는 두 교사가 함께 수업을 계획하고 전체 유아를 수준별로 골고루 섞이도록 두 집단으로 나누어 같은 활동을 각

표 7-4 장애 유아를 위한 협력 팀의 잠재적인 구성원 및 역할

구성원	역할
관리자	• 통합교육에 대한 신념 정립 • 기관 내 협력 및 의사소통 체계 마련을 위한 중추적인 역할 • 교사 교육 및 연수 지원 • 교육과정 운영 중 교사 간 협력 지원 • 가족 지원을 포함한 연간 일정에 대한 총체적인 관리 및 지원 • 교육 성과 지표 마련 및 평가 • 자료 기반의 의사결정 • 구성원과의 효율적인 관계 형성 및 유지 • 책임 공유
일반교사	• 유아교육과정에 대한 계획과 실행 내용 협의 • 장애 유아의 사회적 통합을 위한 유아교육과정 운영 • 장애 유아의 활동 참여를 위한 교수 및 평가 방법 논의 및 실행 • 교육 활동 운영 중 장애 유아를 위한 삽입교수 실행 • 통합학급 내에서 특수교육 보조인력에 대한 지도 및 관리 감독 • 장애 유아 필요에 따른 다양한 지원(예: 행동 지원, 진학 지원, 가족 지원)을 위한 협의와 실행
특수교사	• 유아교육과정을 기반으로 한 교수적 수정에 대한 제안과 협의 • 장애 유아의 사회적 통합을 위한 구성원 관리 및 유아교육과정 운영 지원 • 장애 유아의 활동 참여를 위한 교수 및 평가 방법 논의 및 실행 • 교육 활동 운영 중 장애 유아를 위한 삽입교수 지원 및 직접교수 실행 • 특수교육 보조인력에 대한 지도 및 관리 감독 • 장애 유아 필요에 따른 다양한 지원(예: 행동 지원, 진학 지원, 가족 지원)을 위한 협의와 실행
보조인력	• 필요한 경우 장애 유아를 위한 협력 팀 구성원으로 협의회 참여 • 필요한 경우 연수 및 교육 참여 • 유아교사 및 특수교사의 지도에 따른 교육 활동 보조 • 유아교사 및 특수교사의 지도에 따른 행정 업무 보조
관련서비스 제공자	• 장애 유아에게 필요한 치료 및 교육 지원(예: 서비스 제공, 역할 방출) • 필요한 경우 장애 유아를 위한 협력 팀 구성원으로 협의회 참여 • 치료 및 교육 관련 경과의 공유
부모	• 장애 유아 관련 정보(예: 발달, 강점, 요구, 자원) 제공 • 개별화교육계획 등 자녀의 교육 관련 주요 의사결정 • 가정과의 연계를 위한 가정지도 실행 및 평가 결과 공유

구분	절차	교수 활동	일반교사	특수교사
학급 교육과정	계획	연간, 월간교육계획	○	△
		주간교육계획	○	○(수정)
		일일교육계획	○	○(수정)
	⬇			
	실행	교육활동 실행	○	○
	⬇			
	평가	연간, 월간교육계획	○	△
		주간교육계획	○	○(수정)
		일일교육계획	○	○(수정)
개별화 지원	교육 진단	관찰	○	○
		교육진단검사/학부모 면담	△	○
		교수목표 수립 및 개별화교육계획 작성	△	○
	⬇			
	실행	참여 및 상호작용 증진 계획 및 실행	△	○
		활동 중심 삽입교수 계획 및 실행	△	○
		진도점검 및 개별화교육계획 수정	△	○
	⬇			
	평가	월별/학기별 평가	△	○

○ 주도, △ 협력

그림 7-3 교육과정 운영을 위한 일반교사와 특수교사의 협력 체계의 예

출처: 이소현, 이수정, 박병숙, 윤선아(2018). 통합유치원 운영 모델(p. 87). 천안: 교육부/국립특수교육원.

집단에서 동시에 진행하는 방법이다. 팀티칭은 두 교사가 전체 유아를 대상으로 동등한 책임과 역할을 지니고 함께 수업을 하는 동안 번갈아가면서 다양한 역할(예: 개념 교수, 시범, 역할놀이)을 수행함으로써 전체 유아를 위한 교수 역할을 공유하는 방법이다. 교수-관찰은 한 교사가 수업을 진행하는 동안 다른 교사는 유아의 참여를 관찰하여 수업 종료 후 두 교사가 함께 장애 유아의 참여와 습득 정도를 평가하기 위한 논의를 진행하는 방법이다. 교수-지원은 두 교사의 역할이 전체 수업과 개별 지원으로 구분되는

협력교수로 한 교사가 전체 활동에 우선적인 책임을 지고 다른 교사는 유아들 사이를 순회하면서 개별적으로 지원이 필요한 유아를 지도한다. 대안적 교수는 한 교사가 대집단을 상대로 전체적인 수업에 책임을 지고 학급을 지도하는 동안 다른 교사는 도움이 필요한 소집단의 유아에게 추가적인 심화학습이나 보충학습 등의 부가적인 지원을 제공하는 방법이다. 〈표 7-5〉는 이상의 다양한 유형의 협력교수가 실제 장애 유아를 위한 교육 현장에 적용되었을 때의 예시를 보여 주며, 〈표 7-6〉은 유아교육기관의 일과에 따라 협력교수를 적용한 사례를 보여 준다.

표 7-5 다양한 유형의 협력교수 적용의 예

협력교수 유형	적용의 예(예시 활동: '한복을 입어요')	
스테이션 교수	일반교사는 한복을 입는 방법을 알아보는 활동을 진행하고 특수교사는 실제로 한복을 입는 활동을 동시에 진행하여 유아들이 각 활동에 정해진 집단별로 이동하며 참여하게 함	
평행 교수	이야기나누기 활동 시 전체 유아를 두 집단으로 나누어 한 집단은 일반교사와 (일반학급에서), 다른 한 집단은 특수교사와 (특수학급에서) 동일한 교수-학습 자료를 활용하여 진행함	
팀티칭	이야기나누기 활동 시 일반교사 또는 특수교사가 방법을 설명하고 특수교사 또는 일반교사가 옆에서 실제 한복을 제시하거나 구체적으로 입는 시범을 보임	

〈계속〉

협력교수 유형	적용의 예(예시 활동: '한복을 입어요')	
교수-관찰	이야기나누기 활동 시 일반교사 또는 특수교사가 방법을 소개한 후 다함께 한복을 입어 보는 동안 특수교사 또는 일반교사가 각 유아를 관찰하여 한복 입는 방법에 대한 이해와 실행 정도를 평가함	
교수-지원	이야기나누기 활동 시 일반교사 또는 특수교사가 방법을 소개한 후 다함께 입는 동안 특수교사 또는 일반교사가 학생들 사이를 순회하며 개별적으로 도움이 필요한 유아를 지도함	
대안적 교수	이야기나누기 활동 전에 한 교사가 어제 학습한 한복에 대해 회상하도록 슬라이드를 보여 주는 동안 다른 교사는 복습이 필요한 유아에게 보충 설명을 하거나 이미 알고 있는 유아에게 깃, 섶, 고름, 배래 등 심화된 내용을 설명함	

출처: 이소현 외(2017). 유치원 통합교육 가이드북(pp. 81-82). 인천: 인천광역시교육청.

표 7-6 일과에 따른 협력교수 적용의 예

시간	일과	협력교수		
		유형	역할 예시	
			일반교사	특수교사
08:50 ~ 09:00	등원	교수-지원	• 이 교사는 등원하는 유아를 맞이하면서 인사를 나눈다.	• 김 교사는 자신의 사물함을 찾는 데 어려움을 보이는 현주에게 사물함 문에 붙어 있는 현주의 사진을 가리키며 도움을 제공한다.

〈계속〉

<table>
<tr><th rowspan="3">시간</th><th rowspan="3">일과</th><th colspan="3">협력교수</th></tr>
<tr><th rowspan="2">유형</th><th colspan="2">역할 예시</th></tr>
<tr><th>일반교사</th><th>특수교사</th></tr>
<tr><td>09:00
~
09:20</td><td>대/소집단활동</td><td>팀티칭</td><td>• 이 교사는 전체 유아를 대상으로 다양한 가족에 대한 이야기 나누기를 진행한다.</td><td>• 김 교사는 이 교사가 이야기하는 내용과 관련된 다양한 가족사진이나 영상자료를 컴퓨터와 연결된 프로젝션 TV로 보여 준다.
• 김 교사는 이 교사가 가족명을 이야기할 때 화이트보드에 적어서 보여 준다.</td></tr>
<tr><td>09:20
~
09:30</td><td>화장실 다녀오기</td><td>팀티칭</td><td colspan="2">• 전체 유아를 반으로 나누어 한 집단을 이 교사가 데리고 화장실 지도를 하는 동안 교실에 남은 다른 집단의 유아들과 김 교사는 지난 시간에 배웠던 노래를 부른다.
• 전체 유아를 한 줄로 세우고 이 교사와 김 교사가 각각 앞뒤에 서서 줄 서서 이동하기, 차례대로 용변보기 등을 함께 지도한다.
• 김 교사는 화장실 밖에서 줄 서서 이동하기를 지도하고, 이 교사는 화장실 안에서 용변 후 손 씻기를 지도한다.</td></tr>
<tr><td>09:30
~
09:40</td><td>간식</td><td>팀티칭</td><td colspan="2">• 전체 유아에게 자신이 마실 우유를 앞에 놓고 기다리기, 우유 입구 열어 마시기, 흘린 우유 닦기 등을 함께 지도한다.</td></tr>
<tr><td rowspan="3">09:40
~
10:40</td><td rowspan="3">자유선택활동</td><td>팀티칭</td><td colspan="2">• 전체 유아에게 놀이 계획하고 시작하기와 또래와 함께 놀이하기 등을 함께 지도한다.</td></tr>
<tr><td>교수-지원</td><td>• 이 교사는 전체 유아의 놀이를 지도한다.</td><td>• 김 교사는 작은 사물을 잡는 데 어려움을 보이는 민수에게 수·조작 영역에서 친구에게 주사위를 건네주는 역할을 부여하여 ‘우리집 완성하기’ 게임을 하는 친구들과 함께 놀이하면서 사물을 자주 잡도록 기회를 제공한다.
• 김 교사는 눈·손 협응에 어려움을 보이는 민수에게 쌓기놀이 영역에서 블록을 잡고 쌓는 또래의 시범을 보고 다시 시도해 보도록 격려하거나 또래의 지원을 받아 함께 쌓도록 지도한다.</td></tr>
<tr><td>스테이션 교수</td><td>• 이 교사는 미술 영역에서 우리집 모형 만들기 활동을 진행하며 모둠별로 자연물을 활용하여 함께 집 모형을 만들고 소개하도록 지도한다.</td><td>• 김 교사는 언어 영역에서 ‘가족 나무’ 만들기 활동을 진행하며 모둠별로 유아들이 가족 나무를 만들고 서로 소개하도록 지도한다.</td></tr>
</table>

〈계속〉

<table>
<tr><th rowspan="3">시간</th><th rowspan="3">일과</th><th colspan="3">협력교수</th></tr>
<tr><th rowspan="2">유형</th><th colspan="2">역할 예시</th></tr>
<tr><th>일반교사</th><th>특수교사</th></tr>
<tr><td>10:40 ~ 11:00</td><td>정리 · 정돈 및 평가</td><td>팀티칭</td><td colspan="2">• 전체 유아가 정리하도록 격려하고 자발적으로 정리하는 데 어려움을 보이는 현주에게는 현주에게 호감을 보이는 사회성이 좋은 윤호와 함께 정리하도록 유도하며 함께 지도한다.</td></tr>
<tr><td rowspan="3">11:00 ~ 12:00</td><td rowspan="3">실외 놀이</td><td>팀티칭</td><td>• 이 교사는 김 교사와 유아들이 주워온 자연물을 수합하여 전체 유아를 대상으로 '자연물을 이용한 행복한 우리 가족 꾸미기' 활동을 진행한다.</td><td>• 김 교사는 유아들과 함께 산책하며 '자연물을 이용한 행복한 우리 가족 꾸미기' 활동 시 필요한 자연물을 줍는다.</td></tr>
<tr><td>평행 교수</td><td colspan="2">• 전체 유아를 두 집단으로 나누어 한 집단은 이 교사와 함께, 다른 한 집단은 김 교사와 함께 '자연물을 이용한 행복한 우리 가족 꾸미기' 활동을 진행한다.</td></tr>
<tr><td>교수-지원</td><td>• 이 교사는 전체 유아가 안전하게 놀이하도록 지도한다.</td><td>• 김 교사는 걷기가 어려운 민수가 좋아하는 친구 민지와 손을 잡고 천천히 바깥놀이터 주변을 걸으며 주변의 자연물을 줍거나 식물을 관찰하도록 지도하다.</td></tr>
<tr><td>12:00 ~ 13:00</td><td>점심 및 휴식</td><td>교수-지원</td><td>• 이 교사는 전체 유아의 식습관을 지도한다.</td><td>• 김 교사는 식사도구 사용이 어려운 민수에게 잡기 쉽게 수정된 숟가락을 사용하도록 돕는다.</td></tr>
<tr><td>13:00 ~ 13:20</td><td>대/소 집단활동</td><td>팀티칭</td><td>• 이 교사는 전체 유아를 대상으로 '옛날 이야기' 새노래를 소개하고 함께 부른다.</td><td>• 김 교사는 노래 음원을 들려주거나 유아들이 노래할 때 피아노로 반주한다.</td></tr>
<tr><td>13:20 ~ 13:30</td><td>평가 및 귀가</td><td>교수-지원</td><td>• 이 교사는 전체 유아들과 하루 일과를 평가하고 귀가 준비를 한다.</td><td>• 김 교사는 평가 활동 시 자신의 일과를 지낸 느낌이나 기분을 나타내는 데 어려움을 보이는 유아들(현주 포함)이 표정 카드를 제시하여 자신의 느낌을 나타내도록 돕는다.
• 김 교사는 가방이나 옷의 지퍼를 올리는 데 어려움을 보이는 유아들(민수 포함)에게 지퍼 올리는 시범을 보이고 다시 한번 시도하도록 격려하는 등의 도움을 제공한다.</td></tr>
</table>

출처: 이소현 외(2017). 유치원 통합교육 가이드북(pp. 84-85). 인천: 인천광역시교육청.

3) 교육과정 운영의 방법론적 실제

지금까지 장애 유아를 위한 교육과정 운영에 있어서 유아교육과 유아특수교육의 실제가 어떻게 다른지 설명하고 그 병합의 필요성을 강조하였으며, 이를 실행하기 위한 영역 간 협력에 대해서도 설명하였다. 장애 유아에게 최상의 교육을 제공하기 위하여 유아교육과 유아특수교육을 어떻게 병합할 것인지에 대한 구체적인 방법론은 두 영역 모두의 주요 관심사라고 할 수 있으며, 실질적인 지원 요구로 표출되어 왔다(김성애, 이병인, 허계형, 김윤태, 이미선, 박주연, 2006; 김태영, 엄정애, 2010; 류영지, 노진아, 2016; 안도연, 2010; 이소현, 윤선아, 이지연, 박병숙, 2018; 이소현, 이수정, 박현옥, 윤선아, 2012). 이와 같은 지원 요구에 부합하여 최근에는 교육과정 병합을 위한 방법론으로 새로운 개념 모델이 개발되기도 하였다(예: 이소현, 2007, 2011; Udell, Peters, & Templeman, 1998). 이러한 모델에서는 유아교육과 유아특수교육의 최상의 방법론이 하나의 교육 현장에 공존함으로써 장애 유아에게도 또래가 경험하는 발달상 적합한 환경을 제공하면서 개별적인 요구를 충족시켜 주는 교육 서비스가 제공될 수 있음을 보여 준다. 이 부분에서는 이와 같은 교육과정 병합의 방법론을 안내하기 위한 목적으로 개발된 개별화 교육과정(이소현, 2007, 2011)에 대하여 간략하게 소개하고자 한다.[1]

(1) 개별화 교육과정의 개발 배경

장애 유아의 가장 큰 두 가지 특징은 발달적으로 유아기에 속하는 아동이라는 점과 장애로 인하여 개인적인 경험과 발달 촉진을 위한 지원 요구를 지니고 있다는 점이다. 이와 같은 두 가지 특징은 개별화 교육과정 개발의 기본적인 두 가지 원리로 작용한다. 첫 번째 원리는 장애 유아가 발달적으로 유아기에 속하는 아동이라는 특징으로부터 도출된 원리로, 장애를 지닌 유아는 장애가 없는 또래가 경험하는 일반적인 경험에서 배제되지 않아야 한다는 것이다. 이것은 우리나라 『특수교육 교육과정』(교육부, 2015)이 장애 유아를 위한 교육과정을 일반 유아교육과정 중심으로 운영하도록 규정한 이론적 배경이라 할 수 있다. 뿐만 아니라, 국가 수준의 공통 교육과정인 개정 누리과정에서도 교육과정을 편성 · 운영함에 있어서 발달과 장애 정도에 따라 조정하여 운영하도록 하였으며 유아의 장애를 고려하여 개별 특성에 적합한 방식으로 배울 수 있도

1) 이 절의 개별화 교육과정 관련 내용은 학지사에서 출간한 『개별화 교육과정: 장애 유아를 위한 일반 유아교육과정 기반의 교수적 접근』(이소현, 2011)을 요약한 것으로, 별도의 인용 표시 없이 동일한 내용을 부분적으로 차용하였음.

록 규정한다(교육부, 2019). 두 번째 원리는 장애를 지닌 유아는 자신이 지닌 장애로 인하여 특별한 요구를 지니고 있기 때문에 이에 따른 적절한 지원을 제공받아야 한다는 것이다. 다시 말해서, 장애를 지닌 유아는 개별적인 지원의 요구를 지니고 있으며 이러한 요구를 충족시키기 위한 개별적인 접근을 필요로 한다는 것이다. 이것은 「장애인

표 7-7 개별화 교육과정 개발 관련 연구

연구 유형	연구 내용	지원 부서
선행연구	• 이소현, 부인앵(2004). 장애 유아의 유치원 통합교육 현황 및 프로그램 지원 욕구. 특수교육학연구, 39(1), 189-212. • 이소현, 김수진(2005). 유치원 특수학급의 장애 유아 통합교육 프로그램 운영 실태 및 교사 인식. 아시아교육연구, 6(1), 145-172. • 이소현(2005). 장애 유아 통합교육 활성화를 위한 정책적 방향 고찰. 유아교육연구, 25(6), 277-305. • 이소현, 최윤희, 오세림(2007). 장애 유아 통합교육의 성공적인 실행을 위한 질적 구성요소: 국내 문헌에 나타난 요소들을 중심으로. 유아특수교육연구, 7(3), 1-27. • 이소현(2007). 유치원 통합교육을 위한 개별화 교육과정의 개발 및 실행 방안 고찰. 유아특수교육연구, 7(2), 111-135.	학술진흥재단
개발	• 이소현(2011). 개별화 교육과정: 장애 유아를 위한 일반 유아교육과정 기반의 교수적 접근. 서울: 학지사.	아산사회복지재단
현장 적용 및 타당화	• 이소현, 이수정, 박현옥, 윤선아(2012). 장애 유아를 위한 일반 유아교육과정 기반의 개별화교육계획 실행에 대한 유아특수교사의 인식: 개별화 교육과정 운영 지원 프로그램 개발을 위한 기초 연구. 유아특수교육연구, 12(1), 59-90. • 이소현, 윤선아, 이수정, 박현옥(2012). 장애 유아를 위한 일반 유아교육과정 기반의 개별화교육계획 실행 요소 타당화. 유아특수교육연구, 12(3), 207-228.	한국연구재단
프로그램 적용	• 이소현, 이창미, 최윤희, 김지영(2007). 장애아 보육프로그램 운영 매뉴얼. 서울: 여성가족부.	여성가족부
	• 이소현, 김미영, 노진아, 윤선아, 이명희, 이수정(2015). 장애 유아를 위한 3세 누리과정 교사용 지도서. 세종: 교육부.	교육부
	• 이소현, 윤선아, 이명희, 김미영, 허수연, 박병숙(2017). 유치원 통합교육 가이드북. 인천: 인청광역시교육청.	인천광역시교육청
	• 이소현, 이수정, 박병숙, 윤선아(2018). 통합유치원 운영 모델. 천안: 교육부/국립특수교육원.	교육부/ 국립특수교육원

등에 대한 특수교육법」에서 모든 장애 유아를 위하여 개별화교육계획을 수립하고 실행하게 한 이론적 배경이라 할 수 있다. 이 두 가지 원리를 종합하면 장애 유아를 위한 교육은 일반 유아교육과정 중심의 교육 활동 내에서 개별적인 지원이 체계적으로 제공되는 교육이어야 한다.

개별화 교육과정(이소현, 2007, 2011)은 이상의 두 가지 원리를 기초로 유아기 아동을 위한 일반 유아교육과정과 장애 유아를 위한 개별화교육계획을 병합하여 운영하게 하기 위한 방법론적 접근으로 개발되었으며, 구체적으로 "유아교육 현장에서 일반 교육과정에 따라 운영되는 일련의 교수 활동이 개별 장애로 인한 요구에 따라 개별화되는 과정"(이소현, 2011, p. 15)으로 정의된다. 개별화 교육과정은 우리나라 유아교육기관에서의 장애 유아 교육에 대한 현장의 요구를 기반으로 이론 및 현장 적용 연구를 통하여 개발되었다는 점에서 현장 적용의 시사점을 지니며, 〈표 7-7〉은 개별화 교육과정 개발과 관련된 연구의 흐름을 보여 준다.

(2) 개별화 교육과정의 구조

앞에서도 설명한 바와 같이 개별화 교육과정은 일반 유아교육과정과 개별화교육계획을 병합하여 운영하기 위한 방법론적 접근이다. 즉, 장애 유아가 기존의 일반 유아교육과정에서 정하고 있는 교수의 범위와 순서에 따라 진행되는 모든 교육 활동을 기반으로 일과 및 활동에 참여하고 또래와 상호작용을 하며 개별 교수목표를 성취할 수 있도록 개별화된 지원이 제공되는 과정을 말하는데, 이러한 과정은 유아교사와 특수교사의 긴밀한 협력을 통해서 이루어진다. [그림 7-4]는 이와 같은 과정으로 구성되는 개별화 교육과정의 전반적인 구조를 보여 준다.

[그림 7-4]에서도 볼 수 있듯이, 개별화 교육과정의 구조는 다음과 같은 세 가지 주요 요소로 구성되어 있다: (1) 일과 및 활동 참여를 증진시킴으로써 일반 유아교육과정에 접근하게 한다, (2) 또래 수용도 및 상호작용을 향상시킴으로써 사회적 통합을 증진시킨다, (3) 장애 유아 중심의 발달 및 학습 지원을 통하여 유아 개개인의 개별적인 교수목표를 성취하게 한다. 여기서 일반 교육과정 접근, 사회적 통합, 개별 교수목표 성취는 개별화 교육과정을 통해서 이루고자 하는 세 가지 궁극적인 목표라 할 수 있으며, 일과 및 활동 참여, 또래 상호작용, 발달 및 학습 지원은 이를 성취하는 과정에서 추구하는 과정적 목표라 할 수 있다. 개별화 교육과정의 이와 같은 과정적인 목표를 거친 궁극적인 목표 달성을 위해서는 사전에 주의 깊게 계획된 구체적인 실행 체계가 적용되어야 한다.

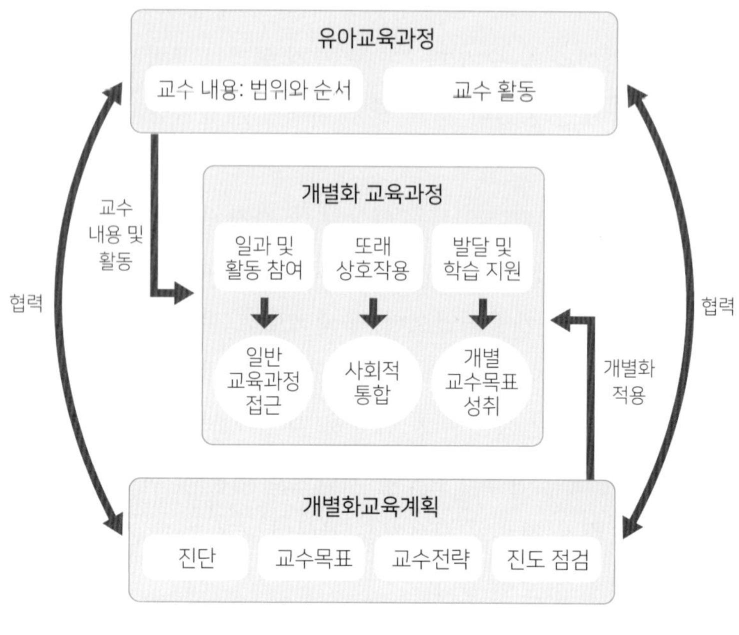

그림 7-4 개별화 교육과정의 구조

출처: 이소현(2007). 유치원 통합교육을 위한 「개별화 교육과정」의 개발 및 실행 방안 고찰. 유아특수교육연구, 7(2), 119.

(3) 개별화 교육과정의 실행

개별화 교육과정을 실행하기 위해서는 구체적인 방법론을 필요로 한다. [그림 7-5]는 개별화 교육과정을 통해서 이루고자 하는 세 가지 주요 목표가 궁극적으로 어떻게 성취되어 가는지 보여 준다. 이 실행 체계에서 사용되는 구체적인 교수방법인 (1) 교육과정 수정, (2) 활동 중심 삽입교수, (3) 유아 중심 직접교수의 세 가지 방법론적 실행 요소는 유아특수교육 현장에서 보편적으로 많이 사용되는 전략이다(9장 참조). 즉, 장애 유아를 교육하는 교사는 누구나 손쉽게 적용할 수 있는 방법이라는 것이다. 결과적으로 개별화 교육과정은 이를 위한 특별한 별도의 교수방법론을 필요로 하는 것은 아니며, 오히려 장애 유아 교육을 위하여 일상적으로 사용하는 교수적 접근을 일반 유아 교육과정의 운영 중에 병합할 수 있도록 유아교사와 특수교사의 협력을 통한 보다 체계적인 계획과 실행이 가능하게 하는 방법론적 접근임을 알 수 있다.

개별화 교육과정의 실행 체계에 따라 이 세 가지 교수적 접근을 적용할 때에는 다음과 같은 두 가지 지침을 고려하는 것이 좋다. 첫째, 세 가지 교수적 접근은 순차적으로 적용되는 위계적인 관계는 아니지만 필요에 따라 최소한의 개입적인 전략의 순으

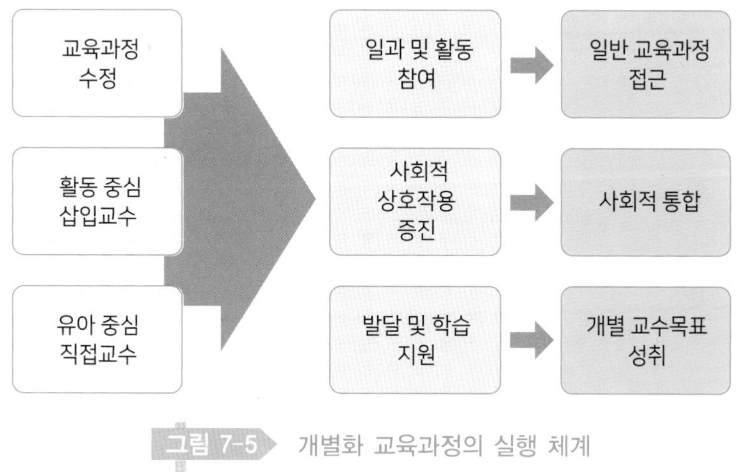

그림 7-5 개별화 교육과정의 실행 체계

출처: 이소현(2011). 개별화 교육과정: 장애 유아를 위한 일반 유아교육과정 기반의 교수적 접근(p. 77). 서울: 학지사.

로 적용한다. 예를 들어, 교육과정 수정 전략만으로 일과 및 활동 참여나 또래 상호작용 등의 원하는 목표를 달성할 수 있다면 그 이상의 개입적인 교수전략을 추가적으로 사용하지 않아도 된다. 특히, 유아 중심 직접교수는 장애 유아를 대상으로 활동에 참여시키고 상호작용을 증진시키고 특정 기술을 성취하게 하는 목적으로 사용되는 모든 교수전략을 의미하며, 이러한 교수전략은 가능한 한 일과와 활동 중에 삽입교수의 형태로 사용되는 것이 좋으나 필요에 따라서는 활동을 벗어나서 개별적으로 적용될 수도 있다. 둘째, 개별화 교육과정에 따른 세 가지 교수적 접근은 각기 별개의 교육 활동으로 구성되기보다는 참여, 상호작용, 개별 교수목표 성취라는 세 가지 교육과정상의 목표를 포함하는 전반적인 교육과정 내에서 함께 이루어져야 한다. 따라서 교사는 교육 활동 계획에서부터 이와 같은 교수계획을 함께 수립해야 하며, 이는 [그림 7-6]에서와 같은 점검을 통해서 보다 쉽게 이루어질 수 있다.

지금까지 살펴본 개별화 교육과정의 구체적인 내용과 상세한 적용 방안은 이를 위해 출간된 저서 『개별화 교육과정: 장애 유아를 위한 일반 유아교육과정 기반의 교수적 접근』(이소현, 2011)을 참조하기 바란다. 또한 개별화 교육과정이 실제 유아교육 현장에서 어떻게 적용될 수 있는지를 보여 주는 방법론적 사례는 『유치원 통합교육 가이드북』(이소현 외, 2017)과 『통합유치원 운영 모델』(이소현 외, 2018)을 참조할 수 있다. [그림 7-7]은 『유치원 통합교육 가이드북』에서 제시한 실제 개별 장애 유아를 중심으로 실시된 교육과정 운영 사례를 보여 준다.

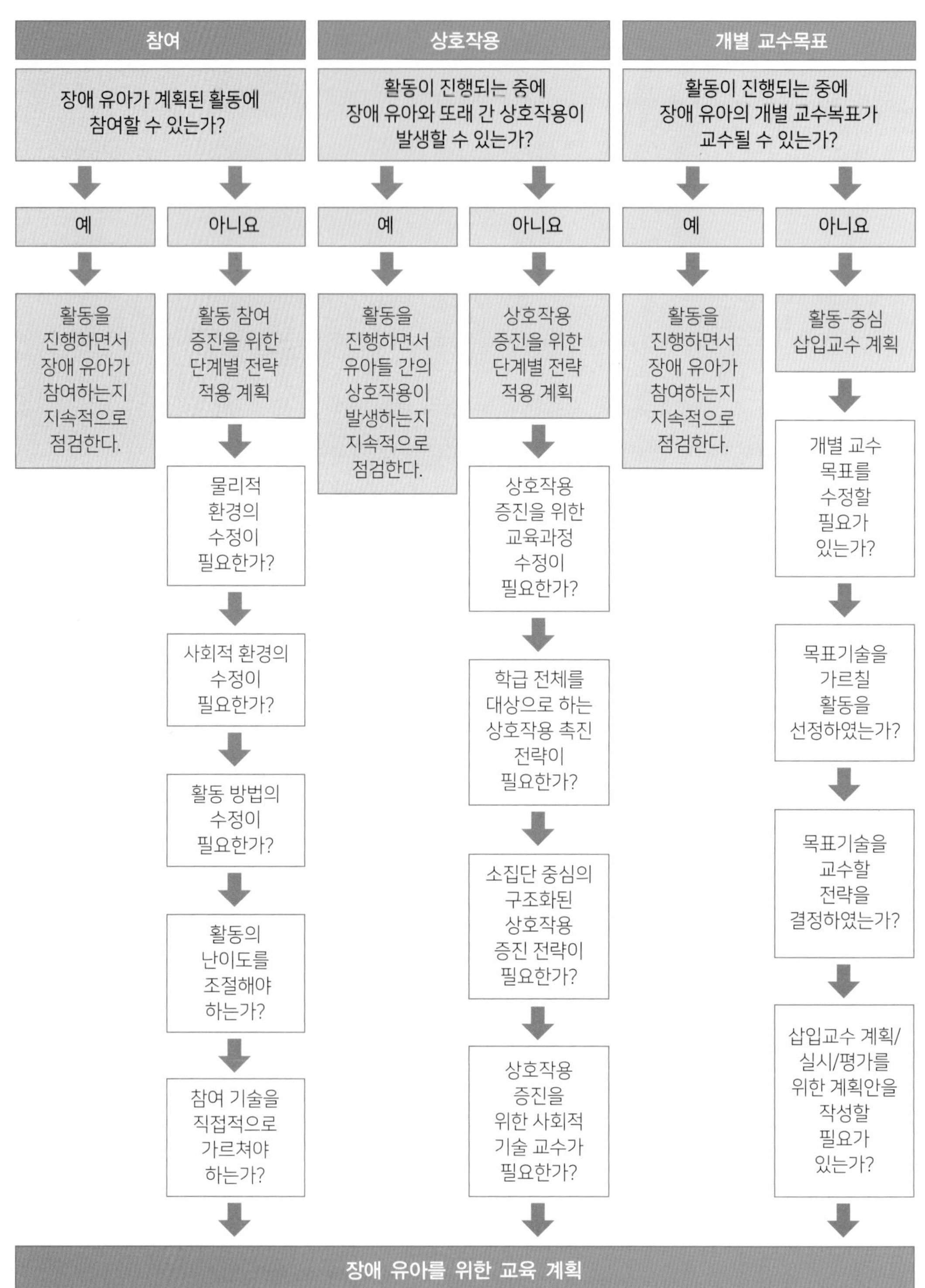

그림 7-6 개별화 교육과정 적용을 위한 단계별 진행점검표

출처: 이소현 외(2017). 유치원 통합교육 가이드북(p. 139). 인천: 인천광역시교육청에서 수정 발췌.

■ 장애 유아를 위한 개별화 교육과정 적용 사례 ■

지유는 하늘 유치원 별빛반에 다니는 만 3세 여아다. 출생 시 특별한 문제는 없었으나 생후 28개월경 '영유아건강검진'을 받은 후 전반적으로 발달이 지체된 것으로 진단되어 특수교육대상유아로 선정되었다. 발달지체 진단을 받은 후 지유는 개인적으로 치료 프로그램을 받다가 36개월이 되면서 하늘 유치원에 다니게 되었다. 지유의 반에는 지유 외에 한 명의 장애 유아가 더 있고, 특수교사는 지유가 있는 별빛반과 다른 2명의 장애 유아가 있는 달빛반을 오가며 교육과정 운영을 지원한다. 별빛반의 담임교사는 유치원 교사 경력이 3년이고 이전에는 장애 유아를 맡아본 경험이 없다.

지유의 하늘 유치원 입학이 결정된 직후 개별화교육계획 수립과 실행을 위하여 특수교사, 유아교사, 원감, 부모로 구성된 개별화교육지원팀이 구성되었다. 특수교사와 유아교사는 지유의 개별화교육계획을 수립하기 위해 교육진단을 실시하였다. 교육진단에서 지유의 참여 정도, 사회적 상호작용, 발달 영역별 현행수준을 알아보기로 하였다. 참여 정도를 파악하기 위하여 학급 차원의 참여 진단, 일과 참여 진단 척도를 활용하였다. 또한 사회적 상호작용을 관찰하기 위하여 또래 상호작용 관찰 기록지를 작성하였다. 마지막으로 지유가 학급의 일과 및 활동에 참여하고 있는 자연스러운 상황에서 발달과 관련된 자료를 수집하기 위해 '일화기록'을 기록하여 지유가 보여 주는 발달상 중요한 기술을 객관적으로 서술하고, 캐롤라이나 교육과정을 이용하여 교육과정 중심 진단을 실행하였으며, 지유 부모님과의 면담을 통해 정보를 수집하였다. 이상의 진단결과를 바탕으로 개별화교육지원팀은 학기가 시작된 지 30일이 되기 전에 지유를 위한 개별화교육계획을 수립하였다.

지유의 담임교사와 특수교사는 매주 화요일 일과를 마친 후 회의를 하면서 주간교육계획안을 작성하고 작성된 주간교육계획안의 내용을 검토하면서 지유의 참여 목표, 사회적 상호작용 목표, 개별교수목표를 위해 환경을 구성하고 교수 기회를 확인하였다. 먼저 지유의 참여 및 사회적 상호작용을 촉진할 수 있는 환경을 구성하기로 하였다. 참여를 촉진하기 위해서는 환경 수정(물리적, 사회적, 시간적 환경 수정)을 계획하였고, 사회적 상호작용을 촉진하는 환경 구성을 위한 다양한 전략(놀이 공간 구성, 놀잇감 및 교재 수정, 활동 유형 수정 및 구조화)을 수립하였다.

그 후 참여, 사회적 상호작용, 개별 교수목표를 교수하기 위해 활동을 중심으로 교수 삽입 기회를 확인하였다. 또한 사회적 상호작용을 위한 학급 분위기 형성을 위하여 대집단 및 소집단 활동을 언제 어떻게 실행할 것인지도 함께 계획하였다.

특수교사와 유아교사는 함께 특수교사가 별빛반에 언제 들어갈 것인지를 계획하였다. 지유는 대집단활동 시간보다는 자유선택활동 시간에 더 많은 도움을 필요로 한다는 판단하에 그 시간에 집중적으로 들어가기로 결정하였다. 이 외의 시간은 일반교사가 지유의 교수계획을 주도적으로 실행하기로 하였다.

지유의 담임교사는 매주 수요일에 다음 주 일일교육계획안을 작성하여 특수교사에게 전달하였다. 특수교사는 일반교사가 작성한 일일교육계획안의 내용을 검토하면서 하루 일과와 활동에 따라 교수목표 삽입이 가능한 모든 학습기회를 다시 한번 확인하고 각 학습 기회를 구성하기 위한 구체적인 계획을 세웠다. 예를 들어, 지유의 개별화교육계획 중 자조기술 교수목표인 '실내화에 발을 넣은 후 교사가 "지유야, 실내화 신자."라고 지시하면 뒤축 안쪽에 손가락을 넣어 뒤꿈치를 넣을 수 있다.'라는 목표는 등원시간과 실외 놀이 시간에 삽입하여 교수하기로 계획하였다. 또한 이 목표는 자연스러운 학습 기회만으로는 충분한 연습이 되기 어렵기 때문에 역할놀이 영역에 실내화를 놓아두고 활동 중에 실내화를 신는 행동을 반복해서 자연스럽게 연습할 수 있도록 추가 기회를 만들었다.

별빛반의 담임교사와 특수교사는 지유의 참여, 사회적 상호작용, 개별 교수목표의 성취를 정기적으로 점검하였다. 참여의 경우 일과 참여 진단 척도를 1주일에 한 번 작성하였고, 사회적 상호작용을 관찰하기 위해 또래 상호작용 관찰 기록지도 꾸준히 작성하였다. 또한 정해진 일정대로 삽입교수를 실행하면서 지유의 참여, 사회적 상호작용, 개별 교수목표 수행 정도를 '수정된 일일교육계획안'에 표시하였다. 예를 들어, 지유에게 언어적 촉진으로 기술을 수행할 것을 요구하는 것으로 계획하였는데, 지유가 언어적 촉진으로 기술 수행을 하지 못하여 신체적 촉진을 제공하여 기술 수행을 했다면 다음번 일일교육계획안에는 언어적 촉진이 아닌 신체적 촉진을 제공하는 것으로 계획을 수정하였다.

그림 7-7 장애 유아를 위한 개별화 교육과정 적용 사례

출처: 이소현 외(2017). 유치원 통합교육 가이드북(pp. 140-141). 인천: 인천광역시교육청.

4. 교육과정 운영 평가

교육과정의 적용은 지속적으로 사용할 것인지 아니면 수정할 것인지를 결정하기 위하여 반드시 평가가 뒤따라야 한다. 질적으로 우수한 교육 프로그램은 교육과정 운영 전반에 걸쳐서 정기적으로 그 효과를 평가해야 하며, 평가의 결과에 의해서 교육과정이 유아와 그 가족을 위해서 목표한 성과를 가져 왔는지 또는 수정이 필요한지를 결정하게 된다. 교육과정 운영 평가를 위해서는 [그림 7-1]에서와 같이 개별 유아, 가족, 프로그램 측면에서 자료를 수집하고 그 성과를 측정해야 한다. 예를 들어, 유아의 개별화교육계획에 따른 진보가 나타났는지, 가족이 프로그램을 통하여 자녀의 교육과 관련된 원하는 성과를 얻고 만족하는지, 프로그램이 목표로 하는 성과를 얻었는지 확인하게 된다. 특히, 프로그램의 경우에는 국가 수준 교육과정과 기관 차원의 교육과정이 수립한 목적과 목표를 달성하고 있는지와 학급 차원 및 개별 유아를 대상으로 하는 교육 활동이 계획한 성과를 나타내고 있는지 점검해야 한다. 교육과정 운영 평가를 위해서는 다양한 평가의 틀을 사용할 수 있는데, 그 예로 다음과 같은 기준이 사용될 수 있다(Bricker, 1998; Richey & Wheeler, 2000).

- 교육과정 활동이 이론과 철학을 잘 반영하였는가?
- 유아의 전반적인 발달을 잘 다루었는가?
- 개별 유아의 특정 교수목표를 잘 다루었는가?
- 소집단과 대집단 학습 및 1:1 상호작용을 위한 기회를 제공하였는가?
- 폭넓은 범위의 능력과 발달 수준에 적용되었는가?
- 다양한 문화적 및 경제적 배경을 지닌 유아를 위한 활동을 포함하였는가?
- 적응 기술과 독립성을 촉진하였는가?
- 다양한 범위의 자연적인 환경으로 기술의 일반화가 이루어졌는가?
- 활동의 기능성이나 유용성을 강조하였는가?

교육과정 운영 전반에 관한 성과를 평가할 때에는 개별 유아의 진보를 보여 주는 포트폴리오 평가나 직접 관찰 등의 다양한 방법과 함께 가족의 의견을 잘 반영해야 한다(5장, 6장 참조). 이를 위해서 프로그램 전반에 걸쳐 유아의 발달과 행동에 대하여 가족과 정기적으로 의사소통하면서 유아의 진보에 대한 정보를 제공하고 가정에서의 행동이나 발달 특성에 대한 정보를 수집하는 것이 중요하다. 또한 유아가 장애가 없는 유아와 함께 통합되는 경우에는 대상 유아의 또래가 되는 일반 유아 및 그 부모와도 소통해야 하며, 대상 유아가 참여하는 모든 프로그램의 전문가와도 정기적인 대화를 나눔으로써 유아가 자신이 속해 있는 환경에서 얼마나 잘 수행하고 있는지에 대한 정보를 수집하는 것이 좋다.

요약

유아특수교육은 자체적인 교육과정에 우선순위를 두는 영역이다. 다시 말해서, 장애가 없는 유아를 위한 유아교육에서 유아가 자연적인 발달 단계를 거치면서 스스로 습득하도록 기대되는 기술을 직접 교수해야 한다는 목표를 지닌다. 그러므로 장애 유아를 위한 교육은 유아가 필요로 하는 특정 기술을 교육하기 위해서 체계적으로 계획되어야 하고 좀 더 구조화되고 개별적인 활동과 목표 지향적인 교수 활동에 초점을 맞추어야 한다.

이 장에서는 유아특수교육에서 차지하는 교육과정의 중요성을 인식하고 장애 유아에게 최상의 교육을 제공하기 위해서 교육과정 개발의 이론적 배경과 실질적인 개발 및 적용의 두 가지로 나누어 설명하였다. 먼저 교육과정의 이론적 배경과 관련해서 교육과정이 무엇인지 구체적으로 정의하였으며, 특별히 장애 유아를 위한 교육과정이 필요한 이유를 설명하였다. 또한 장애 유아를 위한 교육과정은 그 이론적 배경에 따라서 구성 원리나 내용이 달라지는데, 이 장에서는 발달주의, 행동주의, 인지발달, 기능주의, 학업 중심 접근의 이론적 배경을 제시하고 각각의 이론이 지니는 특성과 함께 장점과 제한점을 설명하였다.

다음으로는 실제로 교육과정을 개발함에 있어서 장애 유아를 위한 교육의 내용을 어떻게 구성해야 하는지에 대한 기본적인 원리와 지침을 설명하였으며, 장애 유아를 위한 교육과정에 반드시 포함되어야 하는 다섯 가지 발달 영역별 교육과정의 내용과 교수방법을 간략하게 설명하였다. 또한 교육과정의 실질적인 운영과 관련해서 유아교육과 유아특수교육의 교육과정 병합에 대한 이론적 배경을 설명하고, 이러한 병합에 따른 방법론적 실행을 위한 유아교사와 특수교사의 협력적 접근에 대하여 설명하였다. 교육과정 운영의 방법론적 실제의 예시로 개별화 교육과정에 대해서도 간략하게 소개하였다. 마지막으로 교육과정 운영 평가에 대하여 설명하였다.

참고문헌

교육과학기술부(2009). 유아교육 선진화 추진 계획. 서울: 저자.

교육과학기술부(2010). 선진화 기반 조성사업 교육과정 T/F 보고서. 서울: 저자.

교육부(2015). 특수교육 교육과정 총론. 세종: 교육부.

교육부(2019). 교육부 고시 제2019-189호 유치원 교육과정. 세종: 저자.

김성애, 이병인, 허계형, 김윤태, 이미선, 박주연(2006). 유아교사와 유아특수교사의 통합교육에 관한 연수 요구조사. 정서행동 장애연구, 22(4), 411-428.

김태영, 엄정애(2010). 장애 유아 통합교육 실행 과정 속에서 생기는 사립유치원 교사의 고민. 한국교원교육연구, 27(3), 269-290.

류영지, 노진아(2016). 통합교육 연수에 대한 공립유치원 교사의 인식 및 지원 요구. 특수아동교육연구, 18(2), 229-250.

박은혜, 신은수, 조형숙(2012). 세계유아교육과정 동향에 미추어 본 국가수준 교육과정의 개정 방향: 영국, 뉴질랜드, 미국의 유아교육과정 비교를 기반으로. 유아교육학논집, 16(5), 487-514.

박현옥, 김미영, 김은주, 김진희, 박혜준, 백유순, 정길순(2015). 장애 유아를 위한 4세 누리과정 교사용 지도서. 세종: 교육부.

안도연(2010). 유치원 원장과 교사의 장애 유아 통합교육에 대한 준비도 및 인식 조사 연구. 통합교육연구, 5(1), 47-65.

양옥승(2018). 예측 불가능 미래사회와 유아교육과정. 예측 불가능한 미래사회와 유아교육과정 재설계 I(pp. 19-31). 한국유아교육학회 2018년 춘계정기학술대회.

이귀윤(2001). 교육과정. 조경원, 이기숙, 오욱환, 이귀윤, 오은경 공저. 교육학의 이해(개정판, pp. 210-266). 서울: 이화여자대학교 출판부.

이기숙(2013). 유아교육과정(5판). 서울: 교문사.

이기숙(2015). 한국 유아교육과정의 과거, 현재, 미래에 대한 조망. 한국 유아교육 연구와 정책의 변화와 향후 전망(pp. 19-47). 한국유아교육학회 2015년 춘계정기학술대회.

이기숙, 김정원, 이현숙, 전선옥(2018). 영유아교육과정(4판). 서울: 공동체.

이소현(2003). "활동-중심의 통합유치원 교육과정"이 장애 유아의 사회적 통합에 미치는 영향. 특수교육학연구, 37(4), 97-122.

이소현(2005). 장애 유아 통합교육 활성화를 위한 정책적 방향성 고찰. 유아교육연구, 25(6), 277-305.

이소현(2007). 유치원 통합교육을 위한 「개별화 교육과정」의 개발 및 실행 방안 고찰. 유아특수교육연구, 7(2), 111-135.

이소현(2011). 개별화 교육과정: 장애 유아를 위한 일반 유아교육과정 기반의 교수적 접근. 서울: 학지사.

이소현, 김미영, 노진아, 윤선아, 이명희, 이수정(2015). 장애 유아를 위한 3세 누리과정 교사용 지도서. 세종: 교육부.

이소현, 김수진(2005). 유치원 특수학급의 장애 유아 통합교육 프로그램 운영 실태 및 교사 인식. 아시아교육연구, 6(1), 145-172.

이소현, 박은혜(2001). 장애 유아 통합유치원 교육과정: 사회적 통합 촉진을 위한 활동-중심의 교육과정. 서울: 학지사.

이소현, 박은혜(2011). 특수아동교육: 통합학급 교사들을 위한 특수교육 지침서(3판). 서울: 학지사.

이소현, 부인앵(2004). 장애 유아의 유치원 통합교육 현황 및 프로그램 지원 욕구. 특수교육학연구, 39(1), 189-212.

이소현, 윤선아, 이명희, 김미영, 허수연, 박병숙(2017). 유치원 통합교육 가이드북. 인천: 인천광역시교육청.

이소현, 윤선아, 이수정, 박현옥(2012). 장애 유아를 위한 일반 유아교육과정 기반의 개별화교육계획 실행 요소 타당화. 유아특수교육연구, 12(3), 207-228.

이소현, 윤선아, 이지연, 박병숙(2018). 유치원 통합교육 가이드북 개발을 위한 기초연구: 완전통합 실행교사의 경험과 기대. 유아특수교육연구, 18(3), 33-58.

이소현, 이수정, 박병숙, 윤선아(2018). 통합유치원 운영 모델. 천안: 교육부/국립특수교육원.

이소현, 이수정, 박현옥, 윤선아(2012). 장애 유아를 위한 일반 유아교육과정 기반의 개별화교육계획 실행에 대한 유아특수교사의 인식: 개별화 교육과정 운영 지원 프로그램 개발을 위한 기초 연구. 유아특수교육연구, 12(1), 59-90.

이소현, 이창미, 최윤희, 김지영(2007). 장애 유아 보육프로그램 운영 매뉴얼. 서울: 여성가족부.

이소현, 최윤희, 오세림(2007). 장애 유아 통합교육의 성공적인 실행을 위한 질적 구성요소: 국내 문헌에 나타난 요소들을 중심으로. 유아특수교육연구, 7(3), 1-27.

이소현, 최윤희, 윤선아, 이수정, 박나리, 김지영, 고동희(2007). 장애 영유아를 위한 교육과정-중심 진단도구의 질적 구성요소 분석: 한국 유아특수교육 현장에서의 활용을 위한 고찰. 유아특수교육연구, 7(1), 43-70.

Atwater, J., Carta, J., Schwartz. I., & McConnell, S. (1994). Blending developmentally appropriate practices and early childhood special education: Redefining best practices to meet the needs of all young children. In B. Malloy & S. New (Eds.), *Diversity and developmentally appropriate practice challenges for early childhood education*(pp. 185-201). New York: Teachers College Press.

Bagnato, S. (2007). *Authentic assessment for early childhood intervention: Best practices*. New York, NY: The Guilford Press.

Bagnato, S., Neisworth, J., & Munson, S. (1997). *Linking assessment and early intervention: An authentic curriculum-based approach*. Baltimore, MD: Brookes.

Bagnato, S., Neisworth, J., & Pretti-Fronczak, K. (2010). *Linking authentic assessment & early childhood intervention: Best measures for best practices* (2nd ed.). Baltimore, MD: Brookes.

Bailey, D. (1996). An overview of interdisciplinary training. In D. Bricker & A. Widerstrom (Eds.), *Preparing personnel to work with infants and young children and their families*(pp. 3-22). Baltimore: Paul H. Brookes.

Bailey, D., & Wolery, M. (2003). 장애 영유아를 위한 교육(개정판, 이소현 역). 서울: 이화여자대학교 출판부. (원저 1992년 출간).

Bayley, N. (1968). *Bayley infant scales of development*. New York, NY: Psychological Corporation.

Benner, S., & Grim, A. (2013). *A practical guide of assessing infants and preschoolers with special needs: A context-based approach* (2nd ed.). New York: Routledge.

Bobzien, J., Childress, D., & Raver, S. (2015). Infants and toddlers with cognitive and/or motor disabilities. In S. Raver & D. Childress (Eds.), *Family-centered early intervention: Supporting infants and toddlers in natural environments* (pp. 255-283). Balatimore, MD: Brookes.

Brambring, M. (2006). Divergent development of gross motor skills in children who are blind or sighted. *Journal of Blindness & Visual Impairment, 101*, 749-762.

Brazelton, T. (1973). *Neonatal Behavioral Assessment Scale*. London: Spastics International Medical Publications.

Bredekamp, S. (1987). *Developmentally appropriate practice in early childhood programs serving children from birth through age 8*. Washington, DC: NAEYC.

Bredekamp, S., & Copple, C. (Eds.). (1997). *Developmentally appropriate practice in early childhood programs* (Rev. ed.). Washington, DC: NAEYC.

Bricker, D. D. (1993). Assessment for IFSP development and intervention planning. In S. J. Meisels & E. Fenichel (Eds.), *New visions for the developmental assessment of infants and young children* (pp. 169-192). Washington, DC: Zero to Three National Center for Infants, Toddlers, and Families.

Bricker, D. (2015). 영유아를 위한 사정・평가 및 프로그램 체계(AEPS Vol. 1~4, 이영철, 허계형, 문현미, 이상복, 정갑순 공역). 서울: 굿에듀북. (원저 2002년 출간)

Brown, F., McDonnell, J., & Snell, M. (2019). *Instruction of students with severe disabilities: Meeting the needs of children and youth with intellectual disabilities, multiple disabilities, and autism spectrum disorders* (9th ed.). Upper Saddle River, NJ: Pearson.

Brown, W., Odom, S., & McConnell, S. (2008). *Social competence of young children: Risk, disability, and intervention*. Baltimore: Brookes.

Bruder, M., Catalino, T., Chiarello, L., Mitchell, M., Deppe, J., Gundler, D., et al. (2019). Finding a common lens: Competencies across professional disciplines providing early childhood intervention. *Infants and Young Children, 32*, 280-293.

Carta, J., & Kong, N. (2007). Trends and issues in interventions affecting preschoolers with developmental disabilities In S. Odom, R. Horner, M. Snell, & J. Blacher (Eds.), *Handbook of developmental disabilities* (pp. 181-198). New York, NY: The Guilford Press.

Carta, J., Schwartz, I., Atwater, J., & McConnell, S. (1991). Developmentally appropriate practice: Appraising its usefulness for young children with disabilities. *Topics in Early Childhood Special Education, 11*, 11-20.

Chandler, K., Cochran, D., Christensen, I., Dinnebeli, L., Gallagher, P., Lifter, K., et al. (2012). The alignment of CEC/DEC and NAEYC personnel preparation standards. *Topics in Early Childhood Special Education, 32*, 52-63.

Cook, R., Klein, M., & Chen, D. (2020). *Adapting early childhood curricula for children with special needs* (10th ed.). Upper Saddle River, NJ: Pearson.

Cooper, J., Heron, T., & Heward, W. (2019). *Applied behavior analysis* (3rd ed.). Boston, MA: Pearson.

Copple, C., & Bredekamp, S. (2009). *Developmentally appropriate practices* (3rd ed.). Washington, DC: NAEYC.

Cross, R. (2012). Parental involvement: Transdisciplinary service delivery model increases parental involvement in special education students. *Colleagues, 8*, Article 10.

Davidson, J., & Sternberg, R. (1985). Competence and performance in intellectual development. In E. Neimark, R. DeLisa, & J. Newman (Eds.), *Moderators of competence* (pp. 43-76). Hillsdale, NJ: Erlbaum Publishers.

Division for Early Childhood (DEC). (2007). *Promoting positive outcomes for children with disabilities: Recommendations for curriculum, assessment, and program evaluation*. Missoula, MT: Author.

Division for Early Childhood (DEC). (2014). *DEC recommended practices in early intervention/early childhood special education 2014*. Retrieved from http://www.dec-sped.org/recommendedpractices.

Dunlap, G., Strain, P., Fox., L., Carta, J. Conroy, M., Smith, B., et al. (2006). Prevention and intervention with young children's challenging behavior: Perspectives regarding current knowledge. *Behavioral Disorders, 32*, 29-45.

Dunst, C. J. (1981). *Infant learning*. Allen, TX: DLM Publishers.

Dunst, C. J. (1993). Interventions to promote cognitive skills. In Division for Early Childhood (Ed.), *DEC recommended practices: Indicators of quality in programs for infants and young children with special needs and their families* (pp. 61-67). Reston, VA: Author.

Dunst, C. J., Mahoney, G., & Buchan, K. (1996). Promotion the cognitive competence of young children with or at risk for developmental disabilities. In S. L. Odom, S. R. McConnell, & M. A. McEvoy (Eds.), *Social competence of young children with disabilities* (pp. 159-196). Baltimore: Paul H. Brookes.

Emck, C., Bosscher R., Beek, P., Doreleijers, T. (2009). Gross motor performance and self-perceived motor competence in children with emotional, behavioral, or pervasive developmental disorders: A review. *Developmental Medicine & Child Neurology, 51*, 501-517.

Ferell, K. (2011). *Reach out and teach: Helping your child who is visually impaired learn and grow*. New York, NY: AFB Press.

Fewell, R. F. (1996). Intervention strategies to promote motor skills. In S. L. Odom & M. E. McLean (Eds.), *Early intervention/early childhood special education: Recommended practices* (pp. 245-258). Austin, TX: Pro-Ed.

Folio, M. R. (1974). *Assessing motor development in multiply handicapped children*. Paper presented at the annual meeting of the Council for Exceptional Children. New York.

Fraiberg, S. (1977). *Insights from the blind*. New York: Basic Books.

Gargiulo, R. M., & Kilgo, J. (2020). *Young children with special needs: Birth through age eight* (5th ed.). Los Angeles, CA: Sage.

Gesell, A. (1923). *The preschool child: From the standpoint of public hygiene and education*. Boston, MA: Houghton Mifflin.

Gesell, A, & Amatruda, C. S. (1947). *Developmental diagnosis*. New York, NY: Harper & Row.

Goldstein, H., Kaczmarek, L. A., & Hepting, N. H. (1996). Indicators of quality in communication intervention. In S. L. Odom & M. E. McLean (Eds.), *Early intervention/early childhood special education: Recommended practices* (pp. 197–222). Austin, TX: Pro-Ed.

Goldstein, H., Lackey, K., & Schneider N. (2014). A new framework for systematic reviews: Applications to social skills interventions for preschoolers with autism. *Exceptional Children, 80*, 262–286.

Gregg, K. (2011). A document analysis of the National Association for the Education of Young Children's Developmentally Appropriate Practice Position Statement: What does it tell us about supporting children with disabilities? *Contemporary Issues in Early Childhood, 12*, 175–186.

Grisham-Brown, J., & Hemmeter, M. (2017). *Blended practices for teaching young children in inclusive settings* (2nd ed.). Baltimore, MD: Brookes.

Guillen, C., & Wintin, P. (2015). Teaming and collaboration: Thinking about how as well as what. In Division for Early Childhood (DEC). *DEC recommended practices: Enhancing services for young children with disabilities and their families* (DEC Recommended Practices Monograph Series No. 1, pp. 99–108). Los Angeles, CA: Author.

Guralnick, M. (1981). The social behavior of preschool children at different developmental levels: Effects of group composition. *Journal of Experimental Child Psychology, 31*, 115–130.

Guralnick, M. (1999). The nature and meaning of social integration for young children with mild developmental delays in inclusive setting. *Journal of Early Intervention, 22*, 70–86.

Haley, S., Hallenborg, S., & Gans, B. (1989). Functional assessment in young children with neurological impairments. *Topics in Early Childhood Special Education, 9*, 106–126.

Halle, J., Ostrosky, M., & Hemmeter, M. (2006). Functional communication training. In R McCauley & M. Fey (Eds.), *Treatment of language disorders in children: Conventional and controversial treatments* (pp. 509–545). Baltimore, MD: Brookes.

Hartman, E., Houwen, S., Scherder, E., & Visscher, C. (2010). On the relationship between motor performance and executive functioning in children with intellectual disabilities. *Journal of Intellectual Disability Research, 54*, 468–477.

Horn, E. (1996). Interventions to promote adaptive behavior skills. In S. L. Odom & M. E. McLean (Eds.), *Early intervention/early childhood special education: Recommended practices* (pp. 259–286). Austin, TX: Pro-Ed.

Horn, E. (1993). Interventions to promote adaptive behavior skills. In Division for Early Childhood (Ed.), *DEC recommended practices: Indicators of quality in programs for infants and young children with special needs and their families* (pp. 84–89). Reston, VA: Author.

Horn, E., Snyder, P., & McLean, M. (2014). Assessment of adaptive behavior. In M. McLean, M. Hemmeter, & P. Snyder (Eds.), *Essential elements for assessing infants and preschoolers with special needs* (pp. 316–354). Boston, MA: Pearson.

Iverson, J. (2010). Developing language in a developing body: The relationship between motor development and language development. *Journal of Child Language, 37*, 229–261.

Johnson-Martin, N., Hacker, B., & Attermeier, S. (2009). 영유아 캐롤라이나 교육과정: 3-6세(3판, 한경근, 신현기, 최승숙, 김은경 공역). 서울: 굿에듀북. (원저 2004년 출간)

Joseph, J., Strain, P., Olszewski, A., & Goldstein, H. (2016). A consumer reports-like review of the empirical literature specific to preschool children's peer-related social skills. In B. Reichow, B. Boyd, E. Barton, & S. Odom (Eds.), *Handbook of early childhood special education* (pp. 179-197). Swizerland: Springer.

Kostelnik, M., Soderman, A., Whiren, A., & Rupiper, M. (2018). *Developmentally appropriate curriculum: Best practices in early childhood education* (6th ed.). Upper Saddle River, NJ: Peasonl.

Lloyd, M., MacDonald, M., & Lord, C. (2013). Motor skills of toddlers with autism spectrum disorders. *Autism, 17*, 133-146.

Lyngaas, K., Nyberg, B., Hoekenga, R., & Gruenewald, L. (1983). Language intervention in the multiple contexts of the public school setting (ASHA report 12). In J. Miller, K. Yoder, & R. Schiefelbusch (Eds.), *Contemporary issues in language intervention* (pp. 239-252). Rockville, MD: American Speech-Language and Hearing Association.

Maag, J. (1999). Why they say no: Foundational precises and techniques for managing resistance. *Focus on Exceptional Children, 32*, 1-16.

Mahoney, G., Robinson, R., & Powell, A. (1992). Focusing on Parent-Child Interaction: The Bridge to Developmentally Appropriate Practices. *Topics in Early Childhood Special Education, 12*, 105-120.

Mahoney, G., & Wheatley, A. (1994). Reconceptualizing the individual education program: A constructivist approach to educational practice for young children with disabilities. In P. Safford, B. Spodek, & O. Saracho (Eds.), *Early childhood special education: Yearbook in early childhood education* (Vol. 5). New York, NY: Teachers College Press.

McCauley, R., & Fey, M. (2006). *Treatment of language disorders in children*. Baltimore, MD: Brookes.

McCormick, L. (2003). Ecological assessment and planning. In L. McCormick, D. Loeb, & R. Schiefelbusch (Eds.), *Supporting children with communication difficulties in inclusive settings: School-based language intervention* (pp. 223-256). Boston: Allyn & Bacon.

McEvoy, M. A., & Odom, S. L. (1996). Strategies for promoting social interaction and emotional development of infants and young children with disabilities and their families. In S. L. Odom & M. E. McLean (Eds.), *Early intervention/early childhood special education: Recommended practices* (pp. 223-244). Austin, TX: Pro-Ed.

McLean, M., Hemmeter, M., & Snyder, P. (2014). *Essential elements for assessing infants and preschoolers with special needs*. Upper Saddle River, NJ: Pearson.

Miller, J. (1991). *Assessing language production in children: Experimental procedures*. Boston, MA: Allyn & Bacon.

Morrison, G. (2015). *Early childhood education today* (13th ed.). Upper Saddle River, NJ: Pearson.

National Association for the Education of Young Children (NAEYC). (1997). NAEYC position statement. Developmentally appropriate practice in early childhood programs serving children from birth through age 8. In S. Bredekamp & C. Copple (Eds.), *Developmentally appropriate practices in early childhood programs* (Rev. ed., pp. 10-15). Washington DC: Author.

NAEYC & NAECS/SDE. (2003). *Early childhood curriculum, assessment, and program evaluation. Building an effective, accountable system in programs for children birth through age 8. Position statement.* Washington, DC: NAEYC.

Noonan, M., & McCormick, L. (2015). *Teaching young children with disabilities in natural environment* (2nd ed.). Baltimore, MD: Brookes.

Odom, S. (2016). The role of theory in early childhood special education and early intervention. In B. Reichow, B. Boyd, E. Barton, & S. Odom, *Handbook of early childhood special education* (pp. 21-36). Cham, Switzerland: Springer.

Odom, S., & Haring, T. (1994). Contextualism and applied behavior analysis: Implications for early childhood special education. In R. Gardner, D. Sainato, W. Heward, J. Cooper, & T. Herron (Eds.), *Behavior analysis in education* (pp. 87-100). San Francisco, CA: Brookes/Cole Publishers.

Odom, S. L., McConnell, S. R., & Chandler, L. K. (1994). Acceptability and feasibility of classroom-based social interaction interventions for young children with disabilities. *Exceptional Children, 60*, 226-237.

Odom, S., McConnell, S., & McEvoy, M. (1992). Peer-related social competence and its significance for young children with disabilities. In S. Odom, S. McConnell, & M. McEvoy (Eds.), *Social competence of young children with disabilities* (pp. 3-35). Baltimore, MD; Brookes.

OECD. (2005). *The definition and selection of key competences: Executive summary.* Paris, France: Author.

Owens, R. (2019). *Language development: An introduction* (10th ed.). Boston, MA: Pearson.

Owens, R., & House, L. (1984). Decision-making processes in augmentative communication. *Journal of Speech and Hearing Disorders, 49*, 18-25.

Pellegrini, A. D., & Dresden, J. (1991). The concept of development in the early childhood curriculum. In B. Spodek & O. N. Saracho (Eds.), *Issues in early childhood curriculum* (pp. 46-63). New York: Teachers College Press.

Peterson, N. (1987). *Early intervention for handicapped and at-risk children: An introduction to early childhood-special education.* Denver: Love Publishing Co.

Piaget, J. (1952). *The origins of intelligence in children*, New York, NY: International Universities Press.

Piaget, J. (1971). *Biology and knowledge.* Chicago, IL: University of Chicago Press.

Piaget, J. (1987). *Possibility and necessity: The role of necessity in cognitive development.* Minneapolis, MN: University of Minnesota Press.

Raspa, M., Hebbeler K., Bailey D., Scarborough A. (2010). Service provider combinations and the delivery of early intervention services to children and families. *Infants & Young Children, 23*, 132-144.

Rainforth, B., York, J., & Macdonald, C. (1997). *Collaborative teams for students with severe disabilities. Baltimore* (2nd ed.). Baltimore, MD: Brookes.

Resnick, L., & Klopfer, L. (1989). *Toward the Thinking Curriculum: Current Cognitive Research.*

1989 ASCD Yearbook. Alexandria, VA: Association for Supervision and Curriculum Development.

Ryndek, D. L., & Alper, S. (1996). *Curriculum content for students with moderate and severe disabilities in inclusive settings*. Boston, MA: Allyn & Bacon.

Sameroff, A., & Chandler, M. (1975). Reproductive risk and the continuum of caretaking casualty. In F. Horowitz, M. Hetherington, S. Scarr-Salapatek, & G. Siegel (Eds.), Review of child development research (Vol. 4, pp. 187-244). Chicago, IL: University of Chicago Press.

Sandall, S., Hemmeter, M., Smith, B., & McLean, M. (2005). *DEC recommended practices: A comprehensive guide for practical application in early intervention/early childhood special education*. Missoula, MT: Division for Early Childhood.

Sandall, S., & Schwartz, I. (2019). *Building blocks for successful early childhood program: Strategies for including all children* (3rd ed.). Baltimore, MD: Brookes.

Sandall, S., & Schwartz, I., & Gauvreau, A. (2016). Using modifications and accommodations to enhance learning of young children with disabilities: Little changes that yield big impacts. In B. Reichow, B. Boyd, E. Barton, & S. Odom (Eds.), *Handbook of early childhood special education* (pp. 349-362). Cham, Switzerland: Springer.

Spodek, B. (1991). Early childhood curriculum and cultural definitions of knowledge. In B. Spodek & O, Saracho (Eds.), *Issues in early childhood curriculum* (pp. 1-20). New York, NY: Teacher College Press.

Tarpy, R. (1975). *Basic principles of learning*. Glenview, IL: Scott, Foresman and Co.

Trunbull, A., Turnbull, H., Erwin, E., Soodak, L., & Shogren, K. (2015). *Families, professionals and exceptionality: Positive outcomes through partnership and trust* (7th ed.). Upper Saddle River: Pearson.

Udell, T., Peters, J., & Templeman, T. P. (1998). From philosophy to practice in inclusive early childhood programs. *Teaching Exceptional Children, 30*, 44-49

Uzgiris, I., & Hunt, J. M. (1975). *Assessment in infancy: Ordinal scales of psychological development*. Urbana, IL: University of Illinois Press.

Vincent, L. (1988, March). *Curriculum development. Inservice training for early childhood special education teachers*, Los Angeles Unified School District.

Wolery, M., & Sainato, D. (1996). General curriculum and intervention strategies. In S. Odom & M. McLean (Eds.), Early intervention/early childhood special education: Recommended practices (pp. 125-158). Austin, TX: Pro-Ed.

Yoder, P. J., Warren, S. F., Kim, K., & Gazdag, G. (1994). Facilitating prelinguistic communication skills in young children with developmental delays II: Systematic replication and extension. *Journal of Speech and Hearing Research, 37*, 841-851.

Zelazo, P., & Barr, R. (Eds.). (1989). *Challenges to developmental paradigms: Implications for theory, assessment, and treatment*. Hillsdale, NJ: Lawrence Erlbaum Associates.

제8장

장애 유아를 위한 환경 구성

I. 환경의 중요성

유아특수교육에 있어서 가장 중요한 과제 중 하나는 효과적인 교수 프로그램이 전달되고 구현될 수 있도록 환경을 구성하는 '환경 설계(environmental engineering)'라 할 수 있다(Neisworth & Buggey, 2009). 교사는 환경이 유아의 행동에 어떻게 영향을 미치는지 이해해야 하며, 발달과 학습을 촉진하기 위해서 학습 환경을 어떻게 구성하고 조작해야 하는지를 잘 알아야 한다. 지난 수십 년간 연구되어 온 행동주의, 구성주의, 사회적 학습 이론 등의 많은 이론적 학습 모델은 교수-학습에 있어서의 환경적 중요성을 강조해 왔다(Bredekamp, 2017). 예를 들어, 몬테소리 프로그램에서는 '준비된 교실'이라는 개념을 통하여 학습 과정에서의 환경적 요소를 강조하였으며, 레지오 에밀리아 유치원의 경우 프로그램의 세 가지 핵심 요소 중 하나로 '아름다운 환경'을 포함시켰다(Gargiulo & Kilgo, 2020). 이 외에도 많은 프로그램이 환경을 '제3의 교사'라는 개념으로 그 중요성을 강조한다(Bredekamp, 2017; New, & Kantor, 2013).

유아특수교육에 있어서도 환경의 중요성은 이미 많은 연구와 문헌을 통해서 제시되고 있다. 즉, 환경이 어떻게 구성되는가에 따라 장애 유아에게 긍정적인 영향을 미치기도 또는 부정적인 영향을 미치기도 한다. 예를 들어, 장애 유아의 새로운 기술 학습과 일반화, 또는 문제행동의 예방이나 감소를 위해서 가장 우선적으로 환경적 요인을 고려해야 함이 강조되고 있으며(Bailey & Wolery, 2003), 또래나 활동 구성 등의 환경적 요인이 이들의 참여를 촉진하는 데 주요 역할을 하는 것으로 나타난다(Erickson, Welander & Granlund, 2007; Michelson et al., 2009). 반면에 환경적 요인이 제대로 갖추어지지 않은 경우에는 유아의 참여에 부정적인 영향을 미침으로써 발달과 학습을 저해하고 문제행동을 일으키게 될 가능성이 높아지는 것으로 보고된다(Coster et al., 2013; Diez, 2010). 이것은 교사가 최상의 교육 환경을 제공한다는 것은 유아가 학습 활동에 접근하고 참여할 수 있게 한다는 단순한 의미라기보다는 교실 환경 내에서 증거 기반의 실제에 따른 최상의 중재가 제공된다는 것을 의미하기 때문이다(McLeod, Sutherland, Martinez Conroy, & Snyder, 2017). 이와 같은 연구 결과를 기반으로 최근에는 장애 유아 교육을 위한 추천의 실제에 환경이 포함되면서 교육 현장에서 환경적인 요소를 어떻게 구성하고 다루어야 하는지에 대한 지침이 제시되었다(DEC, 2016).

결론적으로, 지금까지의 많은 연구를 통해서 환경은 유아의 학습을 촉진하고 교수

계획을 용이하게 하며 바람직하지 못한 행동을 최소화할 수 있게 해 주는 조건임이 강조되었다. 그러므로 장애 유아를 교육하는 교사는 환경이 유아의 발달과 학습에 미치는 영향을 이해하기 위해서 그 배경지식을 먼저 습득해야 하며, 이러한 이론적 배경을 근거로 유아가 지니고 있는 장애 특성에 따라서 또는 이들에게 교수하고자 하는 학습 영역이나 교수목표에 따라서 적절한 학습 환경을 구성할 수 있어야 한다.

II. 환경 구성

환경 구성은 앞에서 설명한 환경의 중요성에서도 알 수 있듯이 유아특수교육 현장에서 유용하게 사용할 수 있는 교수전략이라 할 수 있다. 여기서 말하는 교수전략으로서의 환경 구성은 공간이나 교재 · 교구, 시간표 등의 물리적 환경 구성만을 의미하는 것은 아니며, 보다 넓은 개념으로 또래나 교사의 태도나 상호작용을 포함하는 사회적 환경과 일과 및 활동이 진행되는 학습 환경을 모두 포함한다. 즉, 환경 구성이란 모든 발달 영역에 걸쳐 유아의 학습을 지원하는 공간, 교재, 교구, 일과, 시간표, 가족 및 교사의 활동 등의 모든 측면을 의도적으로 변경하는 것을 의미한다(DEC, 2014). 실제로 장애 유아를 위한 교육 현장에서 학습 환경을 물리적 환경이나 사회적 환경으로부터 분리하기가 쉽지 않은 것이 사실이다. 왜냐하면 교수-학습 환경이란 그 정의상 공간 구성 및 교재 등의 물리적 환경과 또래 및 성인 인력으로 구성되는 사회적 환경을 모두 포함하기 때문이다. 그러나 이 부분에서는 장애 유아를 위한 교육 프로그램 계획 및 운영의 편의를 위하여 물리적 환경, 사회적 환경, 교수-학습 환경의 세 가지로 나누어 각각의 환경 구성에 대하여 가능한 한 중복되지 않는 범위에서 설명하고자 한다.

1. 물리적 환경

장애 유아를 위한 교육에 있어서 물리적 환경이란 공간과 공간을 구성하는 시설 · 설비 및 교재 · 교구 등을 모두 포함한다. 여기서는 (1) 학급의 실내외 공간에 대한 물리적인 구성, (2) 활동 진행을 위한 시간표 구성, (3) 교재 · 교구 구성에 대하여 알아보고자 한다.

1) 공간 구성

장애 유아를 위한 교육 현장에서의 교실 공간을 구성할 때에는 여러 가지 변인을 고려해야 한다. 무엇보다 먼저 유아가 지내기에 안전하고 건강한 환경인지 살펴보아야 하며, 학급 내 모든 공간과 활동에 모든 유아가 접근할 수 있는지도 살펴보아야 한다.

(1) 안전하고 건강한 환경

유아의 안전과 건강을 지키는 것은 유아가 속한 모든 환경에서 가장 우선적으로 이루어져야 하는 환경적인 요소다. 그러므로 교사는 안전하고 건강한 환경을 제공해야 하는 책임을 지게 된다. 장애 유아를 위한 안전하고 건강한 환경은 다음과 같은 몇 가지 특성을 지닌다: (1) 안전사고를 예방하며, (2) 개별 유아의 장애 등의 특성을 고려하고, (3) 질서를 유지하며, (4) 청결하고, (5) 유아 및 교사의 개인위생도 고려한다.

안전사고 예방 최근에는 환경을 구성하는 건축학적 자재나 교재·교구 등의 안전성에 대한 배려로 예전보다 안전한 환경을 구성하기가 쉬워졌다. 그러나 안전사고는 언제 어디서나 발생할 수 있으므로 철저한 준비와 대책이 필요하다. 특히, 입에 넣기 쉬운 작은 물건, 뾰족하거나 날카로운 사물, 미끄러지기 쉬운 바닥, 부딪치기 쉬운 높이의 가구 배치, 놀이 기구에서의 추락, 노출된 콘센트나 전선, 감전의 가능성이 있거나 건전지를 사용하는 놀잇감, 너무 복잡한 이동 통로 등 안전사고의 가능성을 지닌 위험 요소는 유아교육기관의 구석구석에 존재한다. 이러한 안전사고를 방지하기 위해서 교사는 우선적으로 예방적 차원에서 위험 요소를 사전에 제거할 수 있도록 노력해야 하며, 특히 활동이 진행되는 동안 모든 유아에 대한 시야를 확보해야 한다. 〈표 8-1〉은 장애 유아를 위한 교육 환경이 안전하게 유지될 수 있도록 도와주는 몇 가지 실천적 방안을 보여 준다.

개별 유아의 특성 고려 장애를 지닌 대부분의 유아는 전형적인 발달을 보이는 또래에 비해서 사고나 손상의 위험을 더 많이 지니고 있다. 운동 기능의 발달지체나 장애로 인해서 균형을 유지하기 어려울 수 있으며, 경련장애를 지닌 경우, 또는 시각이나 청각의 손상으로 보고 들을 수 없는 경우, 과잉행동이 심한 경우에는 이러한 위험 요인이 증가한다고 할 수 있다. 교사는 환경 전반의 안전 관련 요소를 확인함과 동시에 개별 장애 유아가 지니는 특성에 따른 안전 관련 요인에도 관심을 기울여야 한다. 예를 들어, 시각장애 유아가 있는 교실에서 환경 구성을 변경할 때에는 새로운 환경에서 안전하게 이동하고 활동할 수 있도록 충분한 사전교육과 이동 훈련을 제공해야 한다.

표 8-1 안전한 환경을 위한 점검 목록

안전 점검표
• 실내 및 실외 환경에 위험요소가 있는지 점검한다(예: 콘센트 및 전선 확인하기, TV나 컴퓨터 등 전선을 잡아당길 수 있는지 확인하기, 날카로운 모서리나 표면이 덮여 있는지 확인하기, 마음대로 교실 또는 유치원 밖으로 나갈 수 있는지 확인하기, 유아의 안전을 위협하는 모든 요소가 다 제거되었는지 확인하기).
• 비상 상황에 대한 훈련을 정기적으로 실시한다(예: 소방 훈련, 지진 대피 훈련).
• 교실 내에 소화기가 있는지 확인하고 교직원 모두가 잘 사용할 수 있는지 확인한다.
• 모든 특수교사 및 기타 성인은 응급조치 및 심폐소생술 훈련을 받는다. 최소한 한 명 이상의 훈련받은 성인이 유아들과 항상 함께 있어야 한다. 영아를 대상으로 하는 교육기관의 경우 영아를 위한 특별 심폐소생술 훈련을 받아야 한다.
• 모든 비상구와 비상구를 향한 통로를 보여 주는 지도를 게시한다.
• 모든 교실의 정해진 장소에 구급상자를 비치하여 필요한 경우 신속하게 찾을 수 있게 한다. 실외놀이나 현장학습을 위한 여유분도 준비한다.
• 세정제, 살충제, 의약품 등은 유아의 손이 닿지 않도록 잠금장치가 있는 곳에 보관한다.
• 모든 유아의 비상연락망(예: 부모, 기타 가족 구성원, 의사, 병원)이 최신의 정확한 정보인지 확인한다. 건강장애 유아의 경우 건강 관리 계획이 있을 수 있으므로 적절하게 대처한다. 현장학습이나 기타 야외 활동의 경우 관련 정보를 복사해서 가지고 간다.
• 전화기 옆에 독극물 통제 센터 등 비상 시 연락할 수 있는 번호를 붙여 둔다.
• 특정 음식이나 곤충 등에 과민반응 증세가 있는 유아의 이름을 게시판에 붙이고, 음식 관련 활동이나 야외 활동을 계획할 때 점검한다.
• 출입문 가까이에 모든 유아의 하원을 책임지는 성인의 명단을 붙이고, 명단에 없는 사람이 유아를 데리고 가지 못하게 한다.
• 게시된 모든 주요 정보는 대체교사나 보조교사 등 기타 성인 인력이 쉽게 접근할 수 있어야 한다.

출처: Brewer, J. (2007). *Introduction to early childhood education* (6th ed., pp. 98-100). Boston, MA: Pearson Education에서 수정 발췌.

질서 있고 정돈된 환경 일반적으로 안전한 환경은 환경 내에 질서가 유지되고 모든 것이 잘 정돈되어 있음을 의미한다(Allen & Cowdery, 2015). 질서 있고 정돈된 안전한 환경은 사고의 위험을 줄일 뿐만 아니라 유아에게 환경에 대한 안정감을 제공한다. 유아는 자신의 환경 내에서 안정감을 느낄 때 더욱 활발하게 탐구하고 상호작용을 하게 된다. 때때로 부모나 교사는 환경 내의 모든 위험 요소를 없애고 완벽하게 안전한 환경을 제공하기 위해서 노력하곤 한다. 그러나 위험 요소가 전혀 없는 환경은 장애 유아의 새로운 경험을 제한하는 빈약한 환경일 수 있다. 그러므로 안전한 환경을 구성함에 있어서 물리적으로 위협적인 요소와 건설적인 위험 요소를 구분할 수 있어야 하며, 유아가 극복할 수 있는 일상적인 장해물을 적절히 배치함으로써 이를 해결하는 경험을 하게 하는 것도 필요하다.

청결한 환경 장애 유아를 위한 교육 환경이 건강하게 유지되기 위해서는 환경이 청결해야 한다. 여기서 청결이란 교실 등의 공간과 교재 · 교구 등을 깨끗하게 유지하는 것과 유아 개개인의 위생 관리를 모두 포함한다. 청소가 필요한 바닥은 매일 청소하고, 소독이 필요한 교재나 교구는 정기적으로 소독하며, 세탁이 필요한 교재(예: 가장놀이를 위한 옷, 천으로 만든 인형, 개인 담요)는 자주 세탁해야 한다. 특히, 교재 · 교구를 청결하게 유지하고 관리하는 것은 교사의 주된 의무 중 하나라 할 수 있다. 기저귀 가는 공간이나 화장실 변기, 휠체어에 부착된 테이블, 음식을 먹는 테이블 등은 특별한 관심을 기울여야 한다. 사용한 교재는 반드시 씻거나 소독해야 하며, 특별히 아프거나 그런 징후(예: 기침하기, 코 흘리기)를 보이는 유아가 사용한 후에는 더욱 주의해야 한다. 유아가 입에 넣었던 교재는 즉시 소독하는 것이 좋다.

개인위생 유아 개인의 위생을 위해서는 교사가 제공하는 환경 외에도 스스로 연령에 적합한 위생 관리(예: 양치질하기, 손 씻기, 세수하기, 화장실 사용하기)를 할 수 있도록 교수를 제공해야 한다. 유아 개인의 위생 관리를 잘하는 것은 유아들 간에 자주 전염되는 질병을 예방하는 데에도 효과적이다. 손을 제대로 잘 씻는 것만으로도 전염성 질병이 가장 효과적으로 예방되는 것으로 알려져 있다(Aronson & Shope, 2017). 장애 유아의 경우에는 개인의 상태에 따라 특정 감염의 위험에 더 민감할 수 있으므로 좀 더 각별한 주의를 기울여야 한다. 유아뿐만 아니라 교사도 손을 자주 씻어야 하며, 손 소독제나 항균 물휴지 등을 교실에 비치하고 사용하는 것도 좋은 방법이다.

(2) 접근 가능한 환경

장애 유아를 위한 환경은 환경으로 인해서 유아의 장애가 불이익이 되지 않도록 주의 깊게 설계되어야 한다. 즉, 장애 유아도 장애가 없는 유아가 접근하는 모든 환경에 독립적으로 접근할 수 있어야 한다는 것이다. 교육 현장에서 사용되는 접근 가능성이라는 용어는 동등한 교육 기회를 제공한다는 맥락으로 해석될 수 있다(Gargiulo & Kilgo, 2020). 이것은 접근 가능성이 보장됨으로써 유아가 교육 활동에 참여할 수 있게 되며 참여가 보장됨으로써 교수목표가 성취될 수 있기 때문이다. 이때 접근 가능성은 환경 내 물리적 공간뿐만 아니라 교재 · 교구 또는 진행되는 활동을 모두 대상으로 한다. 다시 말해서, 환경상의 특성으로 인해서 장애 유아의 활동 참여나 탐구 행동이 제한되는 등 부정적인 영향을 받아서는 안 된다는 것이다. 환경에 접근하지 못함으로 인해서 활동에 참여하지 못한다면 좌절을 경험함과 동시에 학습의 기회를 상실하게 된다. 그러므로 교사는 장애 유아를 위한 환경을 구성함에 있어서 이들이 환경의 모든 측면에 접근할 수 있는지를 반드시 점검해야 한다.

환경의 물리적 측면에서의 공간 구성은 실내 환경과 실외 환경으로 나눌 수 있다. 그러므로 접근 가능성을 고려할 때에는 이 두 가지 환경을 모두 포함해야 한다. 실내 환경의 경우 유아가 환경 내에서 자유롭게 돌아다니고 교실 내 모든 공간에 접근할 수 있어야 한다. 예를 들어, 교실 내에 바닥의 높이를 달리하는 공간이 있다면 지체장애 유아나 휠체어를 타는 유아가 접근할 수 있도록 수정되어야 한다. 또한 선반이나 테이블 등의 높이가 모든 유아가 접근할 수 있는지 확인해야 한다. 실내 환경을 수정할 때에는 불필요하게 많은 수정을 하지 않도록 주의를 기울이는 것이 좋다. 다시 말해서, 장애 유아가 접근할 수 있기 위한 최소한의 수정만을 함으로써 장애가 있는 유아와 장애가 없는 유아의 차이가 크게 드러나지 않도록 하는 것이 바람직하다는 것이다.

실외 환경의 경우에도 설계에서부터 모든 유아의 접근 가능성을 고려하여 구성하거나 이미 구성된 환경의 경우에는 장애 유아의 필요에 따라 수정할 수 있다. 특히, 실외 놀이를 위해 바깥으로 나가거나 현장체험학습을 위해 이동해야 하는 경우 이동 통로 및 장소에 대한 접근 가능성을 사전에 탐색할 필요가 있다. 또한 지체장애 유아는 실외 놀이 시간의 적극적인 참여가 어려울 수 있으므로 실외 환경을 구성할 때 이에 대한 배려가 있어야 한다. 예를 들어, 자갈 바닥인 경우에는 휠체어가 다니기 어려우며 특히 다리 사용이 불편한 유아가 넘어져 다치기 쉬우므로 보다 적절한 마감재로 바닥을 변경하는 등의 배려가 필요하다. 또한 실외 놀이터 역시 장애 유아가 접근할 수 있도록 설계되어야 한다. 그네에 벨트를 달거나 의자 모양의 그네를 설치함으로써 자세잡기나 균형에 어려움을 보이는 유아가 그네를 탈 수 있으며, 경사진 바닥에 미끄럼틀을 설치함으로써 장애 유아가 쉽게 접근하고 계단으로 인한 위험 요인도 줄일 수 있다. [그림 8-1]과 [그림 8-2]는 휠체어가 탈 수 있도록 수정된 그네와 벨트 의자를 부착한 그네를 보여 주며, [그림 8-3]은 운동장 바닥에 설치한 미끄럼틀의 예를 보여 준다.

그림 8-1 휠체어를 타고 탈 수 있는 그네의 예

출처: Fun & Achievement (2002). *Professional's catalog* (p. 84). Gibsonia, PA: Shop On Line.

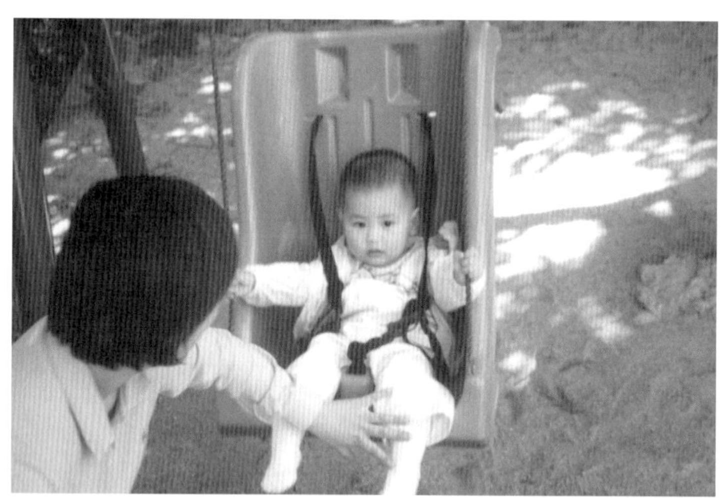

그림 8-2 벨트가 달린 그네의 예

2) 활동 시간표 구성

활동 시간표란 활동의 순서와 각 활동에 배정된 시간을 의미한다. 즉, 유아교육기관의 시간적 환경이라 할 수 있다. 장애 유아를 위한 학습 환경은 일과의 구성에 따라 그 효율성이 달라진다. 교사는 학급 내 모든 유아가 어느 영역에서 어떤 활동을 하고 있는지 알아야 하며, 그러한 활동을 통해서 이들이 무엇을 학습하고 있는지 또한 알아야

그림 8-3 바닥 경사면에 설치한 계단 없는 미끄럼틀

출처: Wilson, R. (1998). *Special needs in the early years: Teaching and leaving in the first three years of school* (p. 233). New York, NY: Rutledge.

한다. 이를 위해서는 활동 시간을 미리 계획해서 적용하는 것이 좋다. 또한 체계적으로 구조화된 활동 간 이동 역시 전체적인 프로그램의 진행과 학습에 영향을 미치게 된다. 그러므로 여기서는 활동 시간을 계획할 때 장애 유아를 위하여 고려해야 하는 기본적인 원칙과 구체적인 방법을 알아보고 활동 간 이동을 어떻게 효율적으로 진행할 수 있는지에 대해서 알아보고자 한다.

(1) 활동 시간표 계획의 일반적인 지침

유아교육기관의 활동 시간표는 하루, 주, 월, 학기, 학년 단위로 계획될 수 있다. 하루 단위로 계획된 활동 시간표를 일과표라고 한다. 유치원에 따라서는 일과표와 함께 한 주나 한 달을 단위로 주간계획안과 월간계획안을 작성하기도 한다. 활동 시간표를 작성할 때에는 다음과 같은 네 가지 기본적인 원칙을 고려해야 한다(Allen & Cowdery, 2015).

먼저 활동의 순서를 결정할 때 유아 간 개인 차이를 반영해야 한다. 일반적으로 장애 유아는 지니고 있는 장애로 인하여 특별한 요구나 선호도를 보일 수 있다. 그러므로 교사는 활동의 순서를 정할 때 하루 전체 일과를 고려함과 동시에 활동의 장소(예: 교실, 운동장)나 학습 기회 등의 요소가 개별 장애 유아의 필요와 잘 맞는지 살펴보아야 한다. 또한 활동 순서나 길이는 계절에 따라서도 변할 수 있다. 특히 실외 놀이의 경우에는 계절에 따라 그 시간의 길이도 달라져야 할 뿐만 아니라 하루 중 시간 배정도 달라져야 한다.

둘째, 활동 시간표를 계획할 때 교사는 다양한 종류와 수준의 활동이 균형을 이루도록 고려해야 한다. 예를 들어, 성인 주도의 계획된 활동과 유아 주도의 활동이 균형을 이루어야 하는데, 특히 교사는 유아 주도의 활동 중에 다양한 우발교수의 기회를 포착함으로써 의사소통 및 참여 등 유아의 다양한 요구에 반응할 수 있다(Curiel & Sainato, 2016). 유아의 참여도가 낮은 경우 구조화된 활동을 짧고 융통성 있게 진행하는 것이 좋으며, 유아의 참여가 점차 길어지기 시작하면 활동 시간도 점차 늘리는 것이 좋다. 이렇게 계획된 활동과 계획되지 않은 유아 주도의 활동 간의 균형 있는 구성은 유아가 원하지 않는 활동으로부터 벗어나서 자신의 흥미나 강점 기반의 학습 기회를 가지게 된다는 장점을 지닌다(Cunconan-Lahr & Stifel, 2013). 또한 신체적인 움직임이 많이 필요한 활동과 조용한 활동이 균형을 이루어야 하는데, 이것은 대부분의 유아가 적극적인 활동을 통해서 지칠 정도의 에너지를 소비하기 때문이다. 그러므로 특정 활동을 통하여 주의집중이 필요한 학습 경험을 기대한다면 그 활동은 실외 놀이와 같이 움직임이 많은 활동 다음에 배정되어서는 안 된다. 에너지를 많이 쓰는 활발한 활동을 하고 난 후에는 반드시 짧은 시간 동안 안정을 취할 수 있어야 한다. 예를 들어, 교사 주도의 학습 활동을 시작하기 전에 모든 유아가 모일 때까지 두세 명씩 짝을 지어 책을 보게 하는 등의 방법을 사용할 수 있다. 특히, 장애 유아를 위한 일과는 조용한 활동 또는 휴식을 위한 시간을 반드시 포함하는 것이 좋다.

셋째, 활동은 정확하게 예측할 수 있는 순서대로 진행되는 것이 좋다. 장애 유아를 위한 교육에 있어서 일관성 있고 예측 가능한 환경은 그렇지 못한 환경보다 더 바람직한 학습 환경을 구성해 준다. 예측 불가능한 환경은 유아로 하여금 다음에 일어날 사건이나 활동이 무엇인지 알지 못하게 함으로써 불안감을 증가시키는 반면에 예측 가능한 환경은 안정된 학습 환경을 제공해 준다. 또한 활동의 반복은 친숙한 활동의 수행으로 편안함을 느끼게 해 줄 뿐만 아니라 수행에 대한 자신감을 제공해 줌으로써 자아개념의 발달에 긍정적인 영향을 미친다. 대부분의 장애 유아는 규칙적이고 일관성 있는 환경을 통해서 가장 성공적인 수행을 보인다. 이를 위해서 대부분의 학급에서는 그림이나 사진, 또는 구체물을 이용하여 일과표를 만들고 유아가 볼 수 있게 게시하곤 한다. 대부분의 유아는 익숙한 환경에서 편안함을 느끼기 때문에 예고 없이 활동의 순서나 내용을 바꾸는 것은 좋지 않다. 특히 장애를 지닌 유아의 경우에는 일과의 변화가 문제행동을 유발할 수도 있다는 사실을 고려해야 한다. 자폐적 성향이나 주의력결핍 문제를 지닌 유아는 일과의 순서에 집착하는 경우가 많으며 이러한 집착이 방해를 받을 때에는 심각한 행동 문제를 보이기도 한다. 그러므로 장애 유아를 포함한 모든 유아가 다음에 발생할 사건이나 활동이 무엇인지를 알게 함으로써 환경에 대한 안정감을 느끼게 하는 것이 중요하다. 그러나 활동의 순서가 절대적으로 고정되어야 하는 것은 아니다. 일과는 불가피하게 변경될 수도 있음을 인지하게 하고 변화에 대해 미리 알려서 대처하게 하는 등 적당히 융통성 있게 운영함으로써 현장학습 등의 특별활동 계획이나 낯선 사람의 방문 등 계획하지 않은 사건의 발생을 점차 수용할 수 있도록 지도해야 한다.

넷째, 시간표에 따른 활동의 진행을 미리 알려주어야 한다. 일반적으로 유아는 특정 활동에 집중하게 되면 다른 것에 관심을 돌리기가 쉽지 않다. 그러므로 활동이 끝나기 몇 분 전에 다음 활동으로의 이동을 미리 예고하는 것이 좋다. 유아는 과제를 완수함으로써 만족감을 얻고 자기 자신에 대한 자존감을 발달시키곤 한다. 특히 장애 유아의 경우 과제를 적절하게 완성하는 경험을 통해서 많은 혜택을 얻을 수 있다. 그러나 활동을 위한 충분한 시간이 주어지지 않는다면 이들이 과제를 완수할 수 있는 기회를 상실하게 되며 다음 활동으로의 이동이 방해를 받게 된다. 교사는 장애 유아의 장애 특성이나 필요에 따라서 이러한 활동 완수의 기회를 경험할 수 있도록 시간표를 잘 구성하고 그 진행에 대하여 미리 알려줌으로써 준비할 수 있게 해 주는 것이 좋다. 예를 들어, 충분한 시간을 주면 혼자 이동할 수 있는 유아를 이동 시간이 짧다는 이유로 번쩍 안아 들어 영역 활동에서 간식 테이블로 옮긴다면 이 유아는 독립적인 과제 수행의 기회를 잃게 될 뿐만 아니라 자존감에도 부정적인 영향을 받게 된다. 모든 활동과 이동 시간은 학급 내 모든 유아가 자신의 속도로 충분히 참여할 수 있도록 계획되어야 한다.

(2) 활동 시간표 계획

활동 시간표는 프로그램의 유형이나 교사의 수, 유아의 수와 장애 정도에 따라서 달라진다. 반일반과 종일반의 시간표가 다르며, 오전 이른 시간과 오후 시간에 하는 활동이 달라지기 때문에 시간 배정 또한 달라진다. 그러므로 시간표를 계획할 때 다른 프로그램의 시간표를 단순히 모방하거나 시간 배정에만 의존해서 계획해서는 안 된다(Wein & Kirby-Smith, 1998). 하나의 특정 시간표가 모든 프로그램에 적절할 수는 없으며, 개별 프로그램의 목적이나 대상 유아의 특성에 따라서 시간표를 계획해야 한다. 〈표 8-2〉는 오전에만 운영되는 프로그램의 활동 시간표 계획의 예를 보여 주고 있으며, 각 시간에 배정된 활동에 따른 학습 기회 촉진 방법을 제안한다(Allen & Cowdery, 2015).

표 8-2 활동 시간표 계획의 예

시간	활동	활동 내용 및 특성
8:30 ~ 9:15	등원	유아가 유치원에 도착하는 시간으로 교사는 모든 유아가 다 도착할 때까지 이들을 맞이한다. 이때 교사는 개별 유아의 건강 상태를 점검할 수 있고 인사를 나누며 부모와 간단한 대화를 나눈다. 유아는 자신의 물건을 사물함에 정리하고 코트를 벗고 신발을 벗는 등의 자조기술을 학습한다. 유치원 일과가 유아에게 친숙해지기 시작하면 유아는 도착해서 자신의 첫 번째 활동을 선택한다.
8:30 ~ 9:45	자유선택 활동	유아가 도착해서 첫 번째 탐구 활동을 하는 시간으로 유아의 도착 시간에 따라 그 길이는 달라질 수 있다. 유아 스스로 활동의 영역과 종류를 선정한다. 프로그램에 따라서는 실외 놀이를 먼저 시작할 수도 있다. 교사는 유아가 모든 영역에서 목표하는 학습 활동을 할 수 있도록 모든 준비를 잘 갖추어 두어야 한다.
9:45 ~ 10:00	이동	하던 활동을 정리하고 치우는 시간으로 교재나 놀잇감 등을 모두 제자리에 가져다 놓는다. 이때 장애 유아도 참여하도록 배려한다(예: 휠체어를 탄 유아가 들고 있는 상자에 다른 유아들이 작은 블록을 넣는다). 치우기 활동에 함께 참여하면서 유아들은 소속감을 느끼고 교재 · 교구에 대한 소중함을 배운다. 또한 자신이 사용한 교재를 정돈함으로써 다음에 사용할 다른 사람에 대한 배려하는 마음을 학습한다. 정리하기가 끝나면 간식 영역으로 이동한다. 이때 필요한 유아는 화장실에 가며, 모든 유아는 손을 씻는다. 이동 시 개별 유아가 필요로 하는 이동 방법과 시간을 배려한다.
10:00 ~ 10:20	간식/ 소집단 상호작용	성인과 유아들이 소집단으로 나누어 간식을 먹는다. 식사 도구 사용하기나 독립적으로 식사하기 등의 교수목표를 지닌 유아에게 계획에 따른 교수를 진행한다. 특히 이 시간은 교사가 사회적 기술의 모델 역할을 할 수 있는 좋은 기회다. 또한 나누기, 정중하게 요구하기, 감사 인사하기 등의 예의범절에 대해서도 교수할 수 있는 기회다. 간식 시간은 소집단 내에서 대화를 나누고 상호작용할 수 있는 좋은 기회이므로 특히 언어 기술이 부족한 장애 유아가 몸짓이나 음성을 통해서 대화에 참여할 수 있도록 촉진한다. 상호작용이 발생하지 않으면 교사가 먼저 대화를 시작하거나 대화를 시작하도록 촉진한다.

〈계속〉

시간	활동	활동 내용 및 특성
10:20 ~ 10:50	전학문 활동	지각 운동 기술, 언어 기술, 기본적인 인지 및 문제해결 기술을 촉진하는 학습 기회를 제공한다. 전학문 활동을 지필 과제의 수행으로 잘못 인식하는 경우가 많은데 발달적으로 부적절한 지필 과제의 수행보다는 분류 활동이나 개념 학습 게임 등 발달적으로 적절한 형태의 전학문 활동으로 구성해야 한다. 전학문 활동의 주요 목표는 모든 학습의 기본이 되는 과제 지향 기술(과제를 수행하면서 초점을 맞춤)을 개발하고 주의집중 시간을 증가시키는 것이다. 특히 행동 문제나 주의력결핍, 인지 발달의 지체를 보이는 유아의 경우 흥미롭고 발달상 적절한 과제를 제공함으로써 이러한 기술을 개발해야 한다.
10:50 ~ 11:00	이동	전학문 활동에서 사용한 모든 교재와 교구 등을 정리한다. 필요한 유아는 화장실에 간다. 화장실 사용에 대한 교수목표를 교수한다.
11:00 ~ 11:35	자유선택 활동	두 번째 탐구 학습 시간으로 개별 유아나 유아들이 구성한 소집단 단위로 선택한 미술, 컴퓨터, 간단한 공작 활동이나 흥미로운 다양한 영역 활동을 포함한다. 한 주일을 단위로 모든 유아가 하나 이상의 영역에서 미리 계획된 창의적인 교재로 활동할 수 있도록 유도한다. 장애가 심한 유아도 교재를 사용해서 학습할 수 있으므로 모든 유아가 참여할 수 있도록 배려해야 한다. 특히 활동을 시작할 때 특별한 관심을 필요로 하는 유아에게는 교사의 촉진이 제공되어야 한다. 장애 유아는 이러한 활동에 참여하고 과제를 완수하는 경험을 통해서 독립심을 키운다.
11:35 ~ 11:50	대집단 활동 (음율, 이야기 나누기)	유아가 모두 함께 하는 대집단 활동으로 주로 노래와 율동 활동으로 시작하며, 음악에 맞추어 뛰고 구르는 등의 활동을 하기도 한다. 대집단에서 주의집중을 길게 할 수 없는 유아의 경우에는 소집단 이야기 시간에 먼저 참여하게 한다. 두세 개의 소집단 이야기 활동이 차례대로 진행된 후에 함께 모여 교사 주도의 이야기 듣기 시간을 갖는다. 이야기 시간이 끝나면 오늘 유치원에서 있었던 일과 내일 할 일 등에 대해서 이야기한다. 날씨가 좋은 날에는 실외에서 진행할 수도 있다.
11:50 ~ 12:00	하원	이야기나누기가 끝나면 한 번에 한 명 또는 소수가 자신의 사물함으로 가서 집으로 돌아갈 준비를 한다. 옷을 입고 자신의 물건을 챙기는 등의 활동에 개별 유아의 필요에 따라 충분한 시간을 제공한다. 특히 모든 유아가 동시에 집으로 돌아가기 때문에 교사는 도움이 필요한 유아에게 관심과 보조를 적절하게 배분해야 하며, 모든 유아와 데리러 온 부모와의 적절한 인사 및 대화를 위해서 미리 계획된 체계적인 방법에 의해서 지도하고 진행한다.

장애 유아를 가르치는 교사는 활동을 준비하고 계획하기 위한 자신의 시간을 별도로 설정하고 사용해야 한다. 때때로 교사는 자신을 위해서 시간을 할애하는 것을 사치스럽다고 생각하는 경향이 있는데 이것은 사치스러운 것이 아니라 반드시 필요한 시간이다. 교사는 활동 시간 중에는 교수에만 관심을 기울여야 하며, 활동을 준비하거나 교재를 만들거나 정리하는 등의 작업을 해서는 안 된다. 그러므로 교사는 유아가 도착하기 전에 모든 영역의 활동을 준비해 두어야 하며, 마지막 정리는 이들이 집으로 돌아간 후에 해야 한다.

교사 회의 또한 매우 중요한 일정으로 계획되어야 한다. 종일반 프로그램에서는 별도의 시간을 할애하기 힘들다는 이유로 회의를 회피하는 경우가 많다. 또한 그렇지 않은 때에도 계획과 준비를 위한 교사 회의의 필요성을 인식하지 못하는 경우가 종종 있다(Daniel, 1990). 유능한 교사의 경우에도 유아의 필요와 환경 및 교수 수정 등에 대한 여러 가지 이야기를 나눌 수 있는 계획된 시간을 갖지 못하면 교수의 효율성이 점점 떨어질 수밖에 없다. 그러므로 교사는 함께 모여 계획하고 준비하면서 예기치 못한 상황에 대한 의견을 주고받을 수 있는 간단한 형태의 회의를 정기적으로 자주 갖도록 해야 한다.

(3) 활동 간 이동

질적으로 우수한 유아교육 프로그램이 지니는 특성 중 하나는 하나의 활동에서 다른 활동으로 이동하는 시간에 교사와 유아들이 매우 분주하게 움직이면서도 편안하게 상호작용을 한다는 것이다(Bailey & Wolery, 2003). 순조롭게 진행되는 이동은 사전의 주의 깊은 계획과 노력이 없으면 이루어지기 어려우며, 특히 개별 유아에 대해서 잘 알아야 할 뿐만 아니라 각 집단이 어떻게 구성되고 진행되는지에 대해서도 잘 알아야만 가능하다. 이렇게 사전에 주의 깊게 계획된 이동은 개별 유아의 행동 문제를 감소시키는 데에도 효과적이다.

순조로운 이동을 위해서는 교사-유아 간 비율이 적절해야 한다. 성인 인력이 충분한 프로그램에서는 이동 시간에 누가 어느 영역에서 어떤 역할을 맡을 것인지를 결정하는 등 상세한 계획을 세워야 한다. 특히 장애 유아의 경우에는 이동 시간에 개별적으로 서로 다른 보조나 지원을 필요로 하기 때문에 적절한 성인이나 또래의 도움이 제공될 수 있도록 보조교사 등의 충분한 인력을 준비하고 이동 시간을 미리 계획해야 한다. 전미유아교육협회(NAEYC)에서는 교사-유아 간 적절한 비율과 관련해서 "발달상

적절한 유아교육 프로그램을 실행하기 위해서는 집단의 크기를 제한하고 충분한 성인 인력을 포함시킴으로써 연령에 적합하고 개별화된 교육을 제공할 수 있어야 한다. 아무리 유능한 교사라고 할지라도 너무 많은 유아로 구성된 큰 집단을 가르치게 되면 모든 유아를 적절하게 감독할 수도, 교육을 개별화할 수도 없다."고 주장하였다(Copple & Bredekamp, 2009). 특히 유아의 나이가 어릴수록 학급의 크기는 더 작아야 하며, 초등학교에 들어가는 시기가 될 때까지 점진적으로 교사-유아 비율을 증가시키는 것이 좋다.

적절한 성인 인력의 배치 외에도 구체적인 이동 전략을 통하여 활동 간 이동을 보다 매끄럽고 순조롭게 진행시킬 수 있다. 특히, 언제 이동해야 하는지를 알지 못할 때 순조로운 이동이 어려울 수 있으며, 현재 하고 있는 활동을 좋아해서 이동을 거부할 수도 있다. 또한 이동 시간의 어수선함과 복잡한 분위기 때문에 잘 적응하지 못할 수도 있다. 이러한 경우에는 이동 시간을 분명히 알려주는 단서를 통해서 이동 시간을 규칙적인 활동의 일부로 만들 수 있다. 예를 들어, 학급 게시판에 시간표 또는 일과표를 게시함으로써 유아가 활동의 순서를 미리 알고 다음 활동이 무엇인지 예측할 수 있게 한다. 이때 일과표는 다양한 수준의 유아가 이해할 수 있도록 단어, 그림, 사진, 구체물 등 다양한 표상을 사용할 수 있다. 또한 하나의 활동에서 다른 활동으로의 활동 간 이동을 알려주는 분명한 단서를 사용할 수 있다. 예를 들어, 활동을 시작하거나 종료할 때 유아가 알 수 있도록 분명한 신호를 제시할 수 있는데, 이때 활동의 종류에 따라서 또는 유아의 특성에 따라서 소리, 몸짓, 그림 카드 등 다양한 신호를 사용할 수 있다. 활동의 시작이나 종료에 맞춰 종이나 차임벨 소리를 활용할 수도 있고 다 함께 노래를 부를 수도 있다. 단순하게 게시판에 부착된 일과표를 가리키며 현재 활동의 종료와 다음 활동의 시작을 예고할 수도 있고, 특별히 이동을 어려워하는 활동에 대해서는 별도의 시각적 지원을 제공할 수도 있다. [그림 8-4]는 활동 간 이동을 어려워하는 유아를 위하여 특별히 제작된 시각적 지원 자료로, 이와 같은 자료를 사용할 때에는 각 활동이 시작될 때 현재 활동과 다음 활동을 직접 붙이게 함으로써 이동에 대한 이해를 돕고 이동 시 보다 적절하게 행동할 수 있도록 지원할 수 있다. 장애 유아의 경우 학급의 모든 유아를 대상으로 사용하는 단서 외에도 활동 종료 몇 분 전에 '알림' 단서를 추가로 사용할 수 있는데, 이때 남은 분 수 만큼의 손가락을 들어서 보여 주거나(예: 5분 남았을 때 손가락 다섯 개를 모두 펴서 활동을 끝마쳐야 할 시간이 다가오고 있음을 알려줌) 그림 또는 타이머 등의 시각적 단서를 사용할 수도 있다.

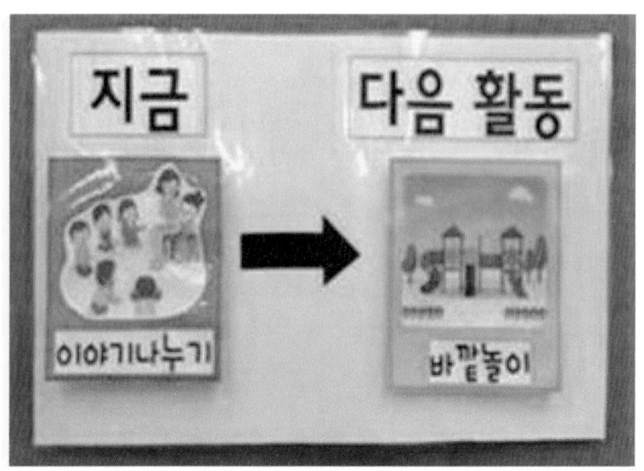

활동 간 이동을 어려워하는 유아를 위해 다음 활동을 예측하고 준비할 수 있도록 시각적 자료를 제작하여 지원할 수 있다.

그림 8-4 활동 간 이동을 지원하는 시각적 지원의 예

출처: 이소현 외(2017). 유치원 통합교육 가이드북(p.159). 인천: 인천광역시교육청.

장애 유아를 위한 교육 프로그램에서 이동 시간은 유아의 학습을 촉진하는 교수 활동으로도 진행될 수 있다(Sainato & Carta, 1992). 활동 간 이동 시간에 유아들은 아무런 하는 일 없이 기다리거나 조용히 하도록 강요되어서는 안 된다. 이동 시간이 순조롭게 이루어지기 위해서는 개별 유아의 장애 정도나 특성에 따라 적절한 시간이 주어져야 한다. 유아마다 요구하는 시간이 서로 다른 경우에는 한 번에 모든 유아가 다 이동하지 않고 필요에 따라 소집단으로 나누어 차례대로 이동을 시작할 수도 있다. 특히 이동 전에 참여하고 있는 활동의 종류가 모두 다를 수 있으며, 이에 따라 유아마다 활동을 완수하고 정리하는 시간이 다를 수 있으므로 주의 깊은 계획을 통해 이동을 진행해야 한다. 일반적으로 활동 간 이동 시간을 통하여 유아는 다음과 같은 기술을 학습할 수 있다(Cook, Richardson-Gibbs, & Dotson, 2018).

- 1단계 또는 2단계의 간단한 지시 따르기
- 연속적인 수행을 필요로 하는 좀 더 복잡한 지시 따르기(예: 손 씻기)
- 놀잇감이나 교재를 이용한 짝짓기, 분류하기, 찾기
- 위, 아래, 뒤 등의 전치사구 이해하기
- 교실에 대한 책임감 및 관리

- 다른 사람, 또는 놀잇감이나 가구와 연계해서 신체 움직이기
- 기다리기, 차례 지키기, 협력하기

3) 교재 · 교구 구성

교재를 사용하는 궁극적인 목적은 유아로 하여금 교재에 관심을 가지고 사용 또는 조작하게 함으로써 기대한 발달과 학습을 성취하게 하는 것이다. 그러므로 교재를 선정함에 있어서 가장 중요한 것은 유아의 눈높이로 교재를 바라봄으로써 유아에게 가장 매력적인 교재를 선정할 수 있어야 한다는 것이다. 특히 교재 구입은 그에 따른 비용이 필요하며 교재를 직접 제작하는 경우에도 교사의 중요한 시간을 투자해야 하기 때문에 교재의 적절한 선정을 통해서 유아의 학습 촉진과 더불어 교사의 노력과 비용을 절약하는 이중적인 효과를 가져올 수 있다. 이 부분에서는 교재를 선정하는 일반적인 지침과 장애 유아에게 적용할 때 고려해야 할 점에 대해서 알아보고자 한다.

(1) 교재 선정의 일반적인 지침

교재를 구입하거나 제작하는 데 있어서 가장 중요한 점은 교재의 견고성이라고 할 수 있다. 유아, 특히 장애 유아의 경우 교재를 사용함에 있어서 험하게 다룰 수 있기 때문에 교재를 오랫동안 양호한 상태로 유지하는 것은 교사의 중요한 관심사가 아닐 수 없다. 그러므로 종이로 만든 교재를 코팅해서 사용하는 등의 노력을 기울여야 한다.

교재는 크게 교사가 제작한 교재와 상업용 교재의 두 가지로 분류된다. 대부분의 상업용 교재는 비용이 많이 든다는 단점이 있다. 그러므로 교사는 자신이 제작한 교재를 잘 관리하여 지속적으로 사용함으로써 교재 구입에 드는 비용을 절감할 수 있다. 교사가 제작한 교재는 상업용 교재보다 개별 유아의 필요에 더 적절하게 활용될 수 있다. 이것은 교사가 제작하는 교재는 그 제작 단계에서부터 특정 유아의 필요나 특정 교수목표에 맞도록 제작될 뿐만 아니라, 일단 제작된 교재도 쉽게 수정하거나 보충할 수 있기 때문이다. [그림 8-5]는 이야기나누기 시간에 진행되는 날씨에 대한 이야기를 보다 잘 이해하고 참여할 수 있도록 시각적으로 지원해 주는 날씨판과 역할놀이 시 자신과 친구의 역할을 상기할 수 있는 역할 목걸이, 적절한 방법으로 '좋아요/싫어요'를 표현하도록 학습하고 있는 유아가 사용할 수 있는 표정 카드를 보여 준다. 교사가 직접 제작한 교재를 성공적으로 사용하게 되면 자기 만족감이나 자부심을 향상시킬 수 있는 좋은 기회가 된다. 교재의 일부분으로 교실 환경을 꾸미는 것 역시 유아나 부모의 관

	**〈날씨판〉** 이야기나누기 시간에 진행되는 날씨 관련 활동에서 보다 잘 이해하고 참여하도록 시각적으로 보여 주고 직접 조작할 수 있게 제작된 교재
	〈역할 목걸이〉 역할놀이에서 각자의 역할을 정할 때 사용하거나 역할이 진행될 때 서로의 역할을 상기할 수 있도록 제작된 교재
 	**〈표정 카드〉** 선택하거나 제시하는 방법으로 '좋아요/싫어요'의 감정이나 '예/아니요'의 의사를 소통하게 해주는 교재

그림 8-5 유아의 특정 장애를 고려한 교재 제작의 예

출처: 이소현 외(2015). 장애 유아를 위한 3세 누리과정 교사용 지도서 제10권 봄 · 여름 · 가을 · 겨울(pp. 53, 160, 251). 세종: 교육부에서 수정 발췌.

심과 참여를 증진시키는 좋은 방법이다.

상업용 교재를 구입하는 경우에는 교재의 개발 과정과 현장 적용에 대한 충분한 정보를 포함하고 있는지 살펴보아야 한다. 이러한 정보를 살펴봄으로써 교재가 특정 목적에 적합한 교재인지 또는 특정 집단에 적합한 교재인지 등의 구체적인 정보를 얻을 수 있다. 특히 교재의 적절성은 교재를 사용하는 대상자의 연령과 능력에 따라 결정되어야 하며, 특히 장애 유아에게 적용할 때에는 특정 장애 상태가 교재의 활용에 방해되지 않는지, 장애 상태에 따라 수정이 가능한지 등의 관련 정보를 먼저 살펴보아야 한다. 일반적으로 교재를 선정하기 위해서 고려해야 할 지침은 〈표 8-3〉에서 보는 바와 같다.

표 8-3 교재 선정을 위한 일반적인 지침

일반적 고려	교수 활동을 위한 고려
• 안전한가? • 가격이 적절하고 견고한가? • 누가 사용할 것인가? • 어떤 기술이 요구되는가? • 심미성 및 매력을 지녔는가? • 성인의 감독이 필요한가? • 유아의 개별적인 차이를 반영하였는가? • 문화적 편견을 배제하는가?	• 발달적으로 적합한가? • 적용을 위한 다양성과 융통성을 지녔는가? • 교정 피드백을 제공하는가? • 특정 학습 목표/성과 및 교수목표와 관련되는가? • 개인 또는 집단 작업이 가능한가?

출처: Gargiulo, R., & Kilgo, J. (2020). *An introduction to young children with special needs: Birth through age eight* (5th ed., p. 212). Los Angeles, CA: SAGE에서 수정 발췌.

(2) **교재 사용을 위한 지침**

교재를 구입하거나 제작할 때 교사는 시간, 교육과정, 특정 유아의 필요 등을 고려해서 어떻게 사용할 것인가를 잘 생각해야 한다. 교재에 따라서는 다양한 대상을 위해서 다양한 목적으로 사용될 수도 있는 반면에, 어떤 교재는 특정 상황에서만 제한적으로 사용된다. 교재의 구입이나 제작은 비용이나 교사의 노력을 필요로 하기 때문에 구입하고 제작할 때부터 용도를 잘 고려해서 최소한의 투자로 최대한의 교수적 효과를 얻을 수 있도록 노력해야 한다.

교재의 사용은 대상 유아의 교수목표에 적절해야 한다. 그러나 교수목표에 적합한 교재의 경우에도 유아의 관심을 끌어내지 못한다면 교재로서의 가치를 상실할 수 있다. 그러므로 교재를 사용하게 될 대상 유아의 학습 동기를 유발할 수 있도록 흥미나 선호도를 고려한 교재를 사용하는 것이 좋다. 실제로 교재는 유아의 발달 수준이나 흥미와 일치할 때 더 높은 참여를 유도할 수 있다. 특히, 장애를 지닌 유아는 자신의 관심이나 선호도에 맞는 교재를 사용할 때 높은 참여도를 보이며(Dunst, Trivette, & Masiello, 2011; Kaiser, Yoder, & Keetz, 1992; Koegel, Singh, & Koegel, 2010), 부적절한 행동 발생률이 낮아지는 것으로 보고된다(Aldosari, 2017; Dyer, Dunlap, & Winterling, 1990).

일반적으로 교재는 색깔, 크기, 소리 등의 특성을 통해서 참여를 촉진하는데, 대부분의 유아는 어두운 색보다는 밝은 색을 선호하며 평면적인 교재보다는 입체적인 교재를 선호하고 즉각적인 반응을 보이는 교재를 선호하기도 한다. 그러나 교재에 대한 선호도는 유아마다 다를 수 있으며 특정 장애로 인하여 독특한 선호도를 보이는 경우도 있다. 예를 들어, 자폐 범주성 장애 유아의 경우 일반 유아가 보편적으로 보이는 관심과는 다른 관심을 지니는 경우가 많으며, 특정 교재에 대해서도 기능적인 방법으로 사용하기보다는 의미 없는 반복적인 행동을 보이기도 한다(예: 자동차를 굴리는 대신 거꾸로 들고 바퀴를 돌림). 인지 발달이 지체된 유아의 경우에는 자신의 생활연령보다 훨씬 낮은 연령의 아동이 보이는 행동(예: 빨기, 두드리기, 던지기)에 관심을 갖기도 한다. 또한 주의집중 시간이 짧아 특정 교재를 지속적으로 조작하거나 가지고 놀지 못하기도 한다. 특히, 장애가 심한 유아의 경우에는 이들이 어떠한 관심을 가지고 있는지, 또는 교재에 관심을 보이는지 알기 어려울 때가 많다. 예를 들어, 시선을 중앙에 집중하는 대신 주변시력(peripheral vision)을 사용하는 유아의 경우에는 시각적인 주의집중이 이루어지고 있는지를 알기 어려우며, 손을 뻗어 잡거나 가리킬 수 없는 유아의 경우에는 특정 교재에 대해서 흥미를 가지고 있을 때에도 교사가 그러한 관심을 알아내기 어렵다. 또한 근긴장도가 아주 낮거나 시각이 손상된 유아, 또는 정서적인 문제를 지닌 유아는 얼굴 표정이 평이하고 잘 웃지 않기 때문에 이들의 관심을 알아내기 어려울 수 있다.

장애 유아의 관심이나 흥미를 알기 어렵다는 것은 교사가 이들의 관심을 알아내기 위해서 특정 방법을 사용해야 함을 의미한다. 즉, 관찰이나 부모 면담 등을 통해서 또는 선호도 조사를 위한 특정 절차를 통해서 유아가 관심을 보이는 교재나 놀잇감을 먼저 파악하는 것이 좋다. 장애 유아의 선호도를 조사할 때 주의해야 할 점은 앞에서도 설명하였듯이 이들이 일반 유아가 보이는 보편적인 반응과는 다른 반응을 보일 수 있다는 사실이다. 예를 들어, 좋아하는 물건이나 활동이 주어질 때 시선을 집중하지는 않지만 굉장히 조용해지는 유아가 있는 반면에, 팔과 손을 뻗어 아래위로 흔들면서 매우 흥분하는 유아가 있고, 팔다리를 뻗고 고개를 뒤로 젖히는 경직된 반응을 보임으로써 마치 피하는 것과 같은 행동을 취할 수도 있다. 그러므로 이들이 보이는 반응을 해석할 때에는 유아의 장애 특성이나 상태를 고려하여 주의를 기울여야 한다.

교재의 사용은 또한 교수에 할당된 시간과도 맞아야 한다. 교재를 사용하는 데 너무 긴 시간이 든다면 교재를 사용하기 전에 충분한 시간을 할애할 수 있는지를 먼저 점검해야 한다.

마지막으로 교재의 사용은 교육기관의 전체적인 일과 및 물리적인 환경에 적합해야 한다. 예를 들어, 교재 사용을 위해서 물이 필요한데 물을 자유롭게 사용할 수 있는 시설이 마련되어 있지 않다면 이러한 교재는 사용하기 어려울 것이다. 또한 실외에서 사용해야 하는 교재의 경우에는 비가 오는 날은 사용할 수 없다. 마찬가지로 학급 일과에 따라 교재 사용이 시간이나 기타 일과와의 관계 등에 의해서 부적합할 수 있으므로 이에 대한 고려가 선행되어야 한다.

2. 사회적 환경

사회적 환경이란 다른 사람과의 관계나 상호작용을 통해서 조성된다. 그러므로 장애 유아를 위한 사회적 환경은 유아가 속한 자연적인 환경 내에서 다른 사람과 어떠한 관계를 맺고 어떻게 상호작용을 하는가에 따라서 결정된다. 즉, 유아가 함께 지내게 되는 성인 및 또래와의 관계를 통하여 결정된다는 것이다. 그러므로 이 부분에서는 장애 유아를 위한 바람직한 사회적 환경 구성의 중요성을 살펴보고 이들에게 가장 중요한 사회적 환경으로서의 또래와 관련된 환경 구성의 구체적인 방법으로 장애이해교육의 실행 방안을 알아보고자 한다. 장애이해교육과 관련된 보다 상세한 내용은 『통합유치원 운영 모델』(이소현, 이수정, 박병숙, 윤선아, 2018)의 3장 통합학급 운영 지원을 참조하기 바란다.

1) 사회적 환경 구성의 중요성

모든 유아는 자신이 속한 집단 내에서 온전한 소속감을 느끼면서 사회-정서적인 삶을 향한 동등한 접근권과 구성원 자격을 지닐 수 있어야 한다(Conn-Powers, Cross, Traub, & Hutter-Pishgahi, 2006). 일반적으로 장애 유아가 자신이 속한 유아교육기관 내에서 동등한 접근권과 구성원 자격을 지니기 위해서는 교사를 포함하는 성인 인력의 태도와 또래의 수용도가 가장 중요하다. 특히, 또래의 수용도는 이들과의 놀이 및 상호작용으로의 초대 또는 거부의 결과를 가져다주는 매우 중요한 사회적 환경이라 할 수 있다.

실제로 장애 유아와 함께 지내는 또래의 장애 수용도는 양면적인 현상을 보인다. 즉, 장애 유아를 놀이 및 상호작용 대상으로 수용하기도 하고 거부하기도 한다는 것이다(Odom, Zercher, Shouming, Marquart, Sandall, & Brown, 2006). 유아는 3~4세가 되면 상호적인 우정을 보이기 시작하고 4~5세경에는 장애인에 대한 인식과 태도를 형성하게 되는데(Favazza & Odom, 1996, 1997; Vaughn, Colvin, Azria, Caya, & Krzysik, 2001), 이때 이러한 인식과 태도는 주변 성인이나 사회의 잘못된 영향을 받아 부정적으로 형성되는 경우가 종종 있는 것으로 보고된다(Baglieri & Shapiro, 2012; Shapiro, 1999). 그러므로 장애 유아를 이해하고 수용하도록 도와주는 성인의 배려가 없는 상태에서 장애 유아를 일반 유아와 함께 배치하는 것만으로는 또래의 긍정적인 수용을 기대하기에 충분하지 않을 수 있다. 결과적으로, 장애 유아를 위한 바람직한 사회적 환경을 구성하기 위해서는 교육 프로그램이 또래 수용도를 증진시킬 수 있어야 하며, 더 나아가서는 긍정적인 또래 상호작용을 강화하고 이들 간의 우정까지도 형성시킬 수 있어야 한다.

2) 사회적 환경 구성의 실제: 장애이해교육

장애 유아가 또래로부터 수용되고 함께 놀이하고 상호작용을 할 수 있도록 기반을 마련해 주는 사회적 환경 조성을 위한 가장 핵심적인 교육과정은 장애이해교육이라고 할 수 있다. 우리나라의 경우「장애인복지법」에 의해서 모든 유치원과 어린이집에서는 해마다 장애 인식 개선을 위한 프로그램을 운영하여야 하며, 이에 따라 각 시도교육청에서는 장애 유아가 또래에게 긍정적으로 수용될 수 있도록 연 2회 이상 장애이해교육을 의무적으로 실시하도록 요구한다.

현재 교육 현장에서 진행되고 있는 장애이해교육을 살펴보면 단편적인 행사 또는 활동으로 운영되는 경우가 많은 것이 사실이다. 그러나 가장 효과적이고 효율적인 장애이해교육은 유아교육기관의 전반적인 분위기와 구성원의 태도에 의해서 이루어진다. 그러므로 교사는 장애 또는 장애 유아에 대한 자신의 인식이나 태도를 점검하고 이들을 학급의 동등한 구성원으로 인식하고 대하고 있는지에 대해 스스로 점검해 볼 필요가 있다. 또한, 일반 유아의 장애 수용도 및 상호작용 증진을 위해서 체계적인 계획을 필요로 한다. 1~2회로 그치는 행사나 활동은 나이가 어린 유아에게 장애에 대한 긍정적인 분위기나 문화를 조성해 주기 어려울 뿐만 아니라 유아의 인식이나 상호작용을 증진시키기에도 충분하지 않다. 그러므로 장애이해교육은 연간 교육과정에 자연스럽게 포함되어 학급의 전반적인 분위기를 주도하며 운영되어야 한다. 이를 위해서는 유치원의 교육과정이나 학급의 교육 활동을 계획하는 단계에서부터 장애이해교육을 언제 어떻게 어떤 방식으로 포함시킬 것인지 결정하는 것이 좋다. 〈표 8-4〉는 유아교육기관에서 장애이해교육을 계획하고 실행할 때 고려해야 할 주요 원칙 및 전략을 보여 준다(이소현 외, 2018).

기존의 교육과정 내에 장애이해교육을 자연스럽게 포함시켜서 운영하기 위한 구체적인 방법으로 유아교육기관의 교육과정 운영 차원과 학급의 교육 활동 운영 차원의 두 가지 측면에서 실행 방안을 살펴볼 수 있다. 기관 차원에서는 교육과정 전반에 걸쳐

표 8-4 장애이해교육 계획 및 실행을 위한 주요 원칙

원칙	내용
교사는 아이들의 모델!	유아기는 특히 교사의 행동을 통해 관계와 상호작용 방법을 배운다. 따라서 교사가 먼저 장애 유아를 학급의 동등한 구성원으로 대하고 긍정적으로 상호작용한다면 그 어떤 장애이해교육보다 효과적인 방법이 될 수 있다.
다양성 존중!	사람들은 여러 가지 측면에서 서로 다르지만 서로 돕고 조화를 이루며 살 수 있다. 장애 또한 이러한 다양성의 한 측면임을 기억하고 모든 활동 내에서 다양한 선택의 기회를 제공하고 다양한 특성을 가진 유아들이 존중받는 경험을 제공한다. 장애에 대해 굳이 설명하려고 하지 않아도 '다름'의 차원에서 세상을 바라보는 관점을 학습하면서 자연스럽게 장애를 지닌 친구를 수용하게 된다.
분리는 차별의 시작!	유아는 하루 일과를 같이 보내면서 같은 반 친구라는 유대감을 형성한다. 따라서 장애 유아가 분리된 공간에서 별도로 지내는 모습으로 인하여 학급의 구성원으로 수용되는 데 방해가 되지 않도록 한다.
긍정적인 이미지 부여!	장애이해교육은 장애 유아에 대한 이미지 형성에 결정적인 영향을 미친다. 교사가 유아에 대해 어떤 이미지를 가지고 있는지에 따라 그 유아를 향한 교수의 시작점이 달라지듯이, 또래가 특정 유아에 대한 어떤 이미지를 가지고 있는지는 이들을 향한 수용도와 상호작용 행동에 큰 영향을 미치게 된다. 그러므로 모든 교육 활동은 장애 또는 장애 유아에 대한 긍정적인 이미지를 형성하도록 계획되어야 한다.
장애가 초점이 아니에요!	장애이해교육은 장애 자체에 초점을 맞추기보다는 장애를 지니고 있는 사람을 다름 또는 다양성의 측면에서 이해할 수 있게 해 주어야 한다. 결함이나 무능력 등 부정적인 측면보다는 좋아하는 것과 할 수 있는 것 등에 초점을 맞춤으로써 장애가 있는 친구도 서로 다른 여러 명의 친구 중 한 명이라는 인식을 갖게 하는 것이 중요하다. 이를 위해서 장애이해교육은 장애에만 초점을 맞춰 설명하는 등의 별도의 활동으로 구성되기보다는 유치원 교육과정에 자연스럽게 포함된 형태로 운영되는 것이 가장 좋다.
발달이 느리다면!	발달이 느리거나 무엇인가를 잘하지 못할 때 '장애 때문에'라고 생각하기보다는 '○○이의 특성'이라고 수용할 수 있는 문화를 조성할 수 있다면 더불어 사는 세상의 시민으로 성장해 가기 위한 바람직한 교육의 장이 될 수 있을 것이다.

장애에 대한 수용과 상호작용을 증진시키는 데 도움이 되는 특정 프로그램 또는 활동을 다양하게 포함시키도록 사전에 계획할 수 있다. 예를 들어, 〈표 8-5〉는 이와 같은 목적으로 개발된 프로그램인 『유아를 위한 장애 이해 및 통합교육 활동 자료』(이소현,

표 8-5 장애이해교육을 위하여 개발된 프로그램의 예

주제	활동명	활동 유형	활동 내용	교육과정 관련요소
모두 특별해요	오늘의 주인공은 누구일까요?	일과계획 및 평가	'오늘의 주인공'을 정하고 특별하게 대해줌으로써 모든 유아가 소외되지 않고 서로에게 관심을 갖도록 돕는 활동	• 유사성 찾기 • 다른 점 존중하기 • 자신과 타인 존중하기 • 우정 형성하기
	내 손에 비밀이 있어요	자유선택 (과학)	손의 지문과 손바닥 등을 관찰하고 서로의 독특한 특성에 대해 이야기함으로써 우리가 모두 세상에 단 하나뿐인 특별한 존재라는 것을 알도록 돕는 활동	• 다른 점 존중하기 • 자신과 타인 존중하기
	단 하나뿐	음률	나와 내 친구가 이 세상에 단 하나뿐인 특별한 존재라는 내용의 노래를 통해 친구의 소중함을 생각하게 하는 활동	• 다른 점 존중하기 • 자신과 타인 존중하기 • 다양한 친구와 상호작용하기 • 우정 형성하기
	다양한 모습으로 우리 반을 꾸며요	자유선택 (조형)	각자 자신을 표현한 작품을 모아서 교실을 꾸밈으로써 서로 다른 개성을 가진 친구들이 우리 반을 이루고 있다는 것을 느끼게 하는 활동	• 유사성 찾기 • 다른 점 존중하기 • 공동체 의식 높이기 • 자신과 타인 존중하기
	우리가 달라도	동화	각자 다른 능력과 특징을 가진 사람들이 모여 서로 다른 방법으로 공동체에 기여할 수 있다는 것을 깨닫게 도와주는 동화	• 다른 점 존중하기 • 공동체 의식 높이기 • 자신과 타인 존중하기 • 다른 사람의 느낌 이해하기
	특별한 나, 특별한 나의 몸	동화	사람들은 다양한 외모와 신체를 갖고 있고 이들은 모두 가치 있다는 내용의 동화	• 유사성 찾기 • 다른 점 존중하기 • 다른 사람의 느낌 이해하기 • 장애 이해하기
	너에 대해 알고 싶어 (나의 책)	일과 계획 및 평가	나의 책을 만들고 동시에 친구가 만든 '나의 책'을 함께 보면서 서로의 비슷한 점과 다른 점을 찾아보는 활동	• 자신과 타인 존중하기 • 다른 사람의 느낌 이해하기 • 다양한 친구와 상호작용하기 • 우정 형성하기
	어떤 도구가 필요할까요?	자유선택 (수조작)	'장애'를 무엇인가를 할 수 없는 것으로 이해하는 대신 특별한 도구를 이용하여 여러 가지 일을 할 수 있는 것으로 이해하도록 돕는 활동	• 유사성 찾기 • 다른 점 존중하기 • 장애 이해하기 • 문제해결력 증진하기

〈계속〉

주제	활동명	활동 유형	활동 내용	교육과정 관련요소
	말 전달 놀이	게임	상대방에 따라 다른 방법으로 의사소통을 해야 한다는 것을 알고 다양한 방법으로 말을 전달해 보는 활동	• 다른 점 존중하기 • 다양한 사람들과 의사소통하기 • 다양한 친구와 상호작용하기 • 문제해결력 증진하기
	내 친구 은찬이	동화	자폐를 지닌 친구에 대해 이해할 수 있도록 손인형과 이야기 자료를 이용하여 '자폐'의 특징을 소개하는 활동	• 유사성 찾기 • 다른 점 존중하기 • 장애 이해하기 • 우정 형성하기 • 문제해결력 증진하기
친구가 되어요	친구가 되어요	자유선택 (언어)	친구의 좋은 점에 대해 생각하고 친구에게 어떻게 해야 하는지를 이야기하면서 장애를 지녔거나 다양한 이유로 또래로부터 고립되는 유아가 자연스럽게 수용될 수 있게 하는 활동	• 공동체 의식 높이기 • 자신과 타인 존중하기 • 다른 사람의 느낌 이해하기 • 또래 관련 사회적 기술 학습하기 • 문제해결력 증진하기
	친구	동시	친구를 기쁘게 하는 일과 슬프게 하는 일들을 생각해 보고 다른 사람의 느낌에 대한 민감성을 키우는 활동	• 유사성 찾기 • 자신과 타인 존중하기 • 다른 사람의 느낌 이해하기 • 또래 관련 사회적 기술 학습하기 • 우정 형성하기
	기쁨나무 만들어요	자유선택 (언어)	친구를 기쁘게 하는 말과 슬프거나 화나게 하는 말을 알아보고 친구에게 하고 싶은 말을 적어 우리 반 기쁨 나무를 만드는 활동	• 공동체 의식 높이기 • 자신과 타인 존중하기 • 다른 사람의 느낌 이해하기
	도와줄 수 있어요	이야기 나누기	사람은 누구나 서로 다른 능력을 갖고 있기 때문에 서로 도울 수 있는 기회가 있으며 다른 사람을 돕는 것은 언제나 좋은 일이라는 것을 알게 하는 활동	• 자신과 타인 존중하기 • 다른 사람의 느낌 이해하기 • 또래 관련 사회적 기술 학습하기 • 장애 이해하기 • 다양한 친구와 상호작용하기
	기다릴 수 있어요	이야기 나누기	동화와 노래를 통해 서로 다른 특성과 능력을 지닌 친구들이 함께 놀고 활동할 때에는 때로 참고 기다려 주는 것이 필요하다는 것을 가르치기 위한 활동	• 다른 사람의 느낌 이해하기 • 또래 관련 사회적 기술 학습하기 • 문제해결력 증진하기

〈계속〉

주제	활동명	활동 유형	활동 내용	교육과정 관련요소
함께 놀아요	함께 놀아요	이야기 나누기	친구와 놀고 싶을 때 어떻게 말하거나 행동해야 하는지, 함께 놀자고 말하는 친구가 있을 때 어떻게 해야 하는지에 대한 구체적인 방법을 함께 이야기해 보는 활동	• 다른 사람의 느낌 이해하기 • 또래 관련 사회적 기술 학습하기 • 다양한 친구와 상호작용하기 • 우정 형성하기 • 문제해결력 증진하기
	여러 가지 방법으로 놀아요	이야기 나누기	일반적인 방법으로 놀이를 하기 어려운 친구가 있을 때 어떻게 문제를 해결하고 함께 놀 수 있는지 그 구체적인 방법에 대해 생각해 보는 활동	• 다양한 친구와 상호작용하기 • 우정 형성하기 • 문제해결력 증진하기
	사라진 친구를 찾아요	게임	술래가 보자기로 친구를 숨겨놓고 누가 사라졌는지 알아맞히는 놀이 활동	• 다양한 친구와 상호작용하기 • 우정 형성하기 • 문제해결력 증진하기
	같이 놀자고 말해요	이야기 나누기	장애를 지닌 친구와 놀이를 하기 위해 어떻게 해야 하는지 이야기하고 구체적인 방법을 연습하는 활동	• 다양한 친구와 상호작용하기 • 우정 형성하기 • 문제해결력 증진하기
	달라도 똑같아요	음률	다양한 능력과 신체적 조건을 가진 친구들과 여러 가지 상호작용을 하면서 함께 놀면 즐겁다는 것을 알게 하는 활동	• 유사성 찾기 • 다른 점 존중하기 • 다양한 친구와 상호작용하기 • 우정 형성하기

출처: 이소현, 이승연, 이명희, 원종례, 이수정(2007). 유아를 위한 장애 이해 및 통합교육 활동 자료(pp. 44-46). 서울: 교육인적자원부.

이승연, 이명희, 원종례, 이수정, 2007)를 보여 준다. 이 자료는 '모두 특별해요' '친구가 되어요' '함께 놀아요'의 세 가지 주제에 따른 20개 활동을 연간 교육과정 전반에 걸쳐 적절하게 분산해서 운영함으로써 또래 수용도와 상호작용을 증진시킬 수 있도록 구성되었다. 실제로 이 프로그램을 교육 현장에 적용하였을 때 일반 유아와 장애 유아 모두의 사회적 수용도 및 사회적 참여가 증진된 것으로 나타났다(이수정, 이소현, 2011a, 2011b). 또는 연간 교육과정을 계획할 때 인성교육이나 독서교육 등 특화된 교육과정으로 강조할 수도 있다. [그림 8-6]은 어느 유치원에서 독서 프로그램을 통하여 장애이해교육을 강조한 사례를 보여 준다. 이 유치원에서는 독서 활동 계획에 장애이해교육을 위한 도서 목록을 예시로 포함시켜 도서선정위원회 검토 자료로 활용할 수 있게 하였다.

3-2. 독서활동의 강화

(… 중략 …)

다. 세부추진계획

추진과제	추진내용	시기	대상
	(… 중략 …)		
인성과 창의성 함양을 고려한 체계적인 도서 선정	• 연령, 생활주제, 인성덕목과 관련된 도서를 선정하여 구비(도서선정위원회 개최)	연중	유아
	(… 중략…)		

인성 및 장애 이해 관련 도서 선정 예시			
1	내 귀는 짝짝이. 히도 반 헤네흐텐 [웅진출판]	11	깃털 없는 기러기 보르카. 존 버닝햄 [비룡소]
2	눈을 감고 느끼는 색깔여행. 메네다 코틴 [고래이야기]	12	내가 앞에 설래! 나딘 브랭 코즈므 [아름다운 사람들]
3	목 짧은 기린 지피. 고정욱 [맹앤맹]	13	내 기분은 말이야. 고영이 [점자]
4	검은색만 칠하는 아이. 김현태 [맹앤맹]	14	신발 밑의 꼬마 개미. 필립 후스 [문공사]
5	프리다. 조나윈터 [문학동네]	15	점 점 점으로 무엇을 만들까? 고영이 [점자]
6	우리는 친구. 앤서니 브라운 [웅진주니어]	16	누구 소리일까? 우은경 [점자]
7	못난이 아기잠자리. 이규원 [동화사랑]	17	내 귀는 레몬빛. 카챠 라이더 [문학동네]
8	귀 없는 토끼. 클라우스 바움가르트 [아이세움]	18	따뜻한 햇빛 은은한 달빛. 하늘땅 [점자]
9	괜찮아. 최숙희 [웅진주니어]	19	용기를 내, 무지개물고기. 마르쿠스 피스터 [시공주니어]
10	까만 양 이야기. 김유강 [알라딘북스]	20	너를 사랑해. 엠마도드 [키즈엠]

그림 8-6 독서 활동을 활용한 장애이해교육의 예

출처: 이소현, 이수정, 박병숙, 윤선아(2018). **통합유치원 운영 모델**(p. 111). 천안: 교육부/국립특수교육원.

학급 차원의 장애이해교육은 학급의 환경 및 활동 영역을 구성하거나 연간 교육과정 계획에 포함되지 않은 다양한 활동을 추가하는 등 교사의 재량으로 실행된다. 장애유아에 대한 또래 수용도는 학급 환경을 적절하게 구성하는 것만으로도 증진될 수 있는데, 이것은 환경을 구성할 때 장애에 대한 지식을 경험하고 접촉할 수 있는 기회를 제공함으로써 장애를 자연스러운 현상으로 받아들이고 수용할 수 있게 하기 때문이다. 예를 들어, 놀잇감이나 책, 학급 게시물 등을 이용하여 다양한 유형의 장애를 경험하게 하고 장애 유아의 자연스러운 활동 참여를 암시함으로써 장애인의 존재와 특성을 긍정적인 관점으로 수용하게 되는 것이다. 〈표 8-6〉은 장애이해교육에 도움이 되는 환경 구성의 예를 보여 준다.

표 8-6 장애이해교육에 도움이 되는 환경 구성의 예

영역	교재의 예	
쌓기놀이	• 점자 및 유도블록(일반 블록에 뽕뽕이 부착) • 촉감블록 및 점자 레고블록 • 경사로 블록 • 다양한 장애인 편의시설 사진	〈점자레고블록〉 출처: www.braillebricks.com.br
역할놀이	• 다양한 장애를 나타내는 인형(다운 증후군, 휠체어, 보청기, 안경, 흰 지팡이, 안내견, 얼굴에 있는 몽고반점, 배에 매달린 인슐린 펌프) • 회전식 스푼 및 포크, 빨대 부착 컵, 끼워서 쓰는 컵, 양손잡이 컵 등 다양한 주방도구	〈장애를 나타내는 인형〉 출처:www.facebook.com/OfficialMakies
조형	• 다양한 종류의 가위(2인용 가위, 잡기 쉬운 가위, 잡기 쉬운 긴 끈가위, 긴 날가위, 자동열림 긴 날가위, 자동열림가위, 스프링가위 등) • 모양 스탬프 및 롤러 • 손가락 붓	〈다양한 가위〉 출처: isorimall.com/main

〈계속〉

영역	교재의 예	
음률	• 터치 피아노 • 음악매트 및 진동 음악 의자 • 스피치 마이크 및 헤드폰	〈터치 피아노〉 출처: www.ycmall.kr
과학	• 요술거울(반전거울, 오목거울, 볼록거울 등) • 다양한 안경(두꺼운 안경, 곤충눈 안경, 뱀눈 등) • 돋보기, 휠체어, 흰 지팡이 등 보조도구	〈요술거울〉 출처: www.dawonmontessori.co.kr
수 · 조작 놀이	• 촉각놀이도구(촉각 도미노, 촉각선 그리기 등) • 점자라벨러 및 점자용지 • 닷워치(점자출력 신호장치) • 3D프린터로 인쇄한 퍼즐 및 교재	〈촉각놀이도구〉 출처: isorimall.com/main/
언어	• 장애와 관련되거나 장애를 지닌 사람들이 나오는 동화책 • 점자 촉각그림책 • 사운드북, 음성펜 등 책 읽어주는 도구 • 독서대 및 확대 독서기 • 다양한 쓰기 보조도구(그립퍼) • 보완대체의사소통 도구(그림 또는 보조공학기기)	〈점자 촉각그림책〉 출처: www.kyobobook.co.kr

출처: 이소현, 이수정, 박병숙, 윤선아(2018). **통합유치원 운영 모델**(p. 115). 천안: 교육부/국립특수교육원.

그러나 많은 유아교육기관이 학급 환경을 구성할 때 장애와 관련된 내용을 잘 갖추지 못하고 있는 것이 사실이다(Favazza, LaRoe, Phillipsen, & Kumar, 2000; Favazza & Odom, 1997). 그러므로 장애 수용 환경이 잘 구성되었는지 점검할 필요가 있다. 〈표

표 8-7 장애이해교육 환경 점검을 위한 장애 표현 검사

	교실 환경 점검 내용	예	아니요
시청각 환경	1. 장애를 나타내는 자료가 있는가? (예: 다양한 장애를 나타내는 사진이나 그림, 학급 게시판)		
	2. 자료의 내용이 오래된 이미지가 아닌 요즘 시대의 생활을 반영하는가? (사진이나 그림을 최근 자료로 변경하였는가?)		
	3. 자료가 적절하게 균형을 이루고 있는가? (장애 관련 자료가 다양하게 비치되어 있는가?)		
	4. 자료가 서로 다른 다양한 사람의 다양한 활동을 나타내고 있는가? (예: 인종 배경, 연령, 직업, 여가활동, 가족과 함께 있는 모습, 적극적이고 독립적인 모습)		
	5. (과거나 현재의) 잘 알려진 사람에 대한 자료를 소개할 때 다양한 배경의 사람을 포함시키고 있는가?		
	6. 다양한 직업을 소개할 때 다양한 장애를 지닌 사람이 포함된 자료를 활용하고 있는가?		
도서	7. 교실 내에 장애와 관련된 또는 장애를 지닌 인물이 등장하는 책을 비치하였는가?		
	8. 수어나 점자와 같은 다양한 언어를 반영한 책을 비치하였는가?		
역할놀이	9. 특별한 도움을 필요로 하는 사람이 사용하는 다양한 도구를 만져보고 경험할 수 있는가? (예: 목발, 보장구, 휠체어, 워커, 흰 지팡이, 두꺼운 안경 등)		
	10. 다양한 능력의 사람을 나타내는 인형이 있는가?		
	11. 인형은 남녀 두 성별을 모두 갖추었는가?		
	12. 인형은 다양한 인종을 대표하는가?		
교실 언어	13. 현재 교육과정에 수어와 점자를 포함한 다양한 언어를 보고 들을 수 있는 기회가 포함되어 있는가? (예: 이름표, 철자 및 숫자, 노래, 손가락 게임)		
프로그램	14. 일반 유아와 장애 유아의 상호작용을 촉진하고 격려하는 활동이 있는가?		
	15. 장애 또는 장애 유아에 대한 정보를 제공해 주는 활동(수업)이 있는가?		

출처: Favazza, P., LaRoe, J., & Odom, S. (1999). *Special Friends*. Boulder, CO: Roots & Wings.

8-7〉의 장애 표현 검사(Inventory of Disability Representation: IDR)(Favazza & Odom, 1997)는 학급의 환경이 장애를 잘 묘사하고 있는지 점검할 수 있도록 도와준다. 특히, 도서 등의 교재를 선정할 때에는 특별한 주의를 기울여야 한다. 교재에서 장애인을 표현하는 내용이 다른 사람과의 다른 점을 강조하기보다는 비슷한 점을 강조하고, 무능력을 강조하기보다는 능력이나 장점을 강조하는 내용이어야 한다. 장애와 관련된 내용으로 구성된 책을 선정하기 위한 기준이 개발되어 있으며 이러한 기준을 적용해서 개별 그림책이나 동화책의 적절성을 평가할 수 있다(Favazza, LaRoe, & Odom, 1999)(〈표 8-8〉 참조). 이와 같이, 장애와 관련된 내용을 포함하는 환경 구성을 통하여 일반 유아의 장애 유아에 대한 긍정적인 태도와 수용도를 증진시킬 수 있다. 그러나 단순한 환경 구성만으로는 부족한 경우가 많으며, 좀 더 적극적인 교수 활동을 통하여 또래 수용도 및 상호작용을 증진시켜야 한다.

표 8-8 장애를 묘사하는 도서 선정 기준

선정 기준
1. 장애를 지닌 등장인물이 주인공이나 주변인물의 역할을 한다.
2. 장애를 지닌 등장인물을 잘 표현한다.
3. 장애를 지닌 등장인물의 전인적인 측면을 묘사한다(감정, 장애, 일상생활 등).
4. 모든 등장인물의 강점과 약점을 묘사한다.
5. 장애를 지닌 등장인물이 다양한 환경에서 등장한다.
6. 장애를 지닌 등장인물에 대한 동정심을 유발하지 않는다.
7. 그림은 실제에 입각해서 분명하고 사실적으로 표현한다.
8. 현재 사용되고 있는 적절한 용어를 사용한다.
9. 모든 사람의 차이에 대해서 수용하고 존중하도록 격려한다.
10. 일반 유아와 장애 유아 간의 유사점을 강조한다.

출처: Favazza, P., LaRoe, J., & Odom, S. (1999). *Special Friends*. Boulder, CO: Roots & Wings.

3. 교수-학습 환경

교수-학습 환경은 모든 유아의 교육에서 중요한 역할을 한다. 특히, 장애 유아 교육에 있어서는 더욱 결정적인 영향을 미칠 수 있는데, 이것은 교수-학습 환경이 어떻게 구성되고 실행되는가에 따라 유아의 참여 정도가 달라지기 때문이다. 실제로 유아교육기관에서는 물리적 환경이나 사회적 환경을 포함한 모든 환경이 유아의 교육과정 접근 및 참여 증진을 목표로 한다. 이것은 앞에서도 설명하였듯이 유치원의 모든 환경은 유아의 참여를 전제로 이들의 발달과 학습을 촉진해야 하기 때문이며, 따라서 유아교육기관의 모든 환경은 유아를 위한 학습 환경이라고 말할 수 있다. 9장에서도 살펴보겠지만 장애 유아를 위한 교수-학습 환경은 궁극적으로 개별 유아의 특성에 따른 교육과정 수정이나 특정 교수전략의 적용이라 할 수 있다. 그러나 가장 우선적으로는 하루의 일과와 활동이 진행되는 학습 환경이 어떻게 구성되는가가 기초가 된다고 할 수 있다([그림 9-6] 참조). 그러므로 이 부분에서는 장애 유아를 포함한 모든 유아에게 바람직한 가장 기본적인 교수-학습 환경으로서 보편적 학습 설계에 대해 알아보고자 한다. 장애 유아를 위한 보다 구체적인 교수-학습 환경으로서의 교수방법에 대해서는 이 책의 9장에서 소개하였다.

1) 보편적 학습 설계의 중요성

유치원이나 어린이집 등의 유아교육기관에서 모든 유아가 교육과정에 참여하도록 촉진하는 교수-학습 환경의 구성은 보편적 학습 설계(universal design for learning: UDL)의 원칙을 반영함으로써 시작된다고 할 수 있다. 보편적 학습 설계란 개인적인, 문화적인, 언어적인 측면에서의 차이를 조정해 주는 융통성 있는 교수방법과 교재를 통하여 다양한 수준의 능력과 필요를 지닌 유아 개개인 모두가 학습 활동에 접근할 수 있게 해 주는 학습 설계의 원칙을 말한다(Lohmann, Hovey, & Gauvreau, 2018). 보편적 학습 설계는 건축학에서 사용되는 보편적 설계라는 개념을 기반으로 한다. 보편적 설계란 건물이나 공간 또는 물건이 특별한 수정을 거치지 않고도 가능한 한 모든 사람에 의해서 사용될 수 있어야 한다고 제안하는 기본적인 원칙이다(Mace, Hardie, & Place, 1996). 예를 들어, 건물을 지을 때 보편적 설계를 적용한다는 것은 다양한 사람들의 필요를 충족시키기 위하여 건물이 완성된 후에 개별적으로 수정하기보다는 설계 단계에서부터 이러한 요구를 반영한다는 것이다.

이와 같은 보편적 설계의 원칙은 교육 현장에 적용되면서 보편적 학습 설계의 개념으로 확장되었으며, 특히 장애 학생의 교육에 있어서 반드시 적용되어야 하는 기본적인 원칙으로 강조되기 시작하였다. 즉, 장애 유아를 위한 교육에 있어서도 다양한 요구를 지닌 모든 유아가 접근하고 참여할 수 있는 교육 환경을 구성하기 위한 필수적인 조건으로 보편적 학습 설계의 원칙이 강조되기 시작하였으며, 이를 통하여 개별 유아에게 적합한 학습 환경에 초점을 맞추는 수정이나 적합화 등의 방법보다는 처음부터 다양한 학습자의 요구를 충족시키는 학습 환경을 설계하도록 강조하게 되었다(DEC, 2007, 2014; Dinnebeil, Boat, & Bae, 2013; Hanna, 2005).

2) 보편적 학습 설계의 실제

보편적 학습 설계에서 보편적이라는 용어는 모두를 위한 하나의 궁극적인 해결책을 의미하는 것이 아니다. 오히려 개별 학습자의 고유한 특성과 이들에게 적절한 학습 경험을 구성해 주고자 하는 필요를 반영함으로써 모든 학습자에게 접근 가능하고 적절한 대안을 포함한다는 것이다(Rose & Meyer, 2006). 즉, 교수-학습 환경을 계획하는 단계에서부터 이러한 원칙을 반영함으로써 모든 유아가 자신에게 적합한 방법으로 자료를 사용하고 참여하고 표현할 수 있도록 다양한 유형의 자료를 제시하고 다양한 방식으로 참여하게 하며 다양한 방식의 표현을 허용하는 것이다. 따라서 보편적 학습 설계가 반영된 교수-학습 환경은 기본적으로 다음과 같은 세 가지 주요 요소로 구성된다: (1) 학습자가 다양한 방식으로 정보와 내용에 접근할 수 있게 해 주는 제시 방법, (2) 학습자의 동기를 유발하고 지속시키는 참여 방법, (3) 학습자가 다양한 방식으로 자신이 알고 있는 것을 나타내게 해 주는 표현 방법(Center for Applied Special Technology, 2016).

보편적 학습 설계의 첫 번째 요소인 제시 방법은 학습 과정에 있어서 '무엇'에 해당하는데, 즉 학습해야 하는 내용을 어떻게 제시할 것인지를 의미한다(DEC, 2007). 대부분의 유아는 보고 듣고 만지는 행동을 통하여 정보를 습득한다. 그러나 모든 유아는 개별적으로 정보를 습득하는 방식에 차이를 보일 수 있으며, 특히 선호하는 방식 자체가 다를 수도 있다. 따라서 교사가 교수 내용을 제시하는 방법은 정보 습득 방식에 있어서의 다양성을 고려해야 한다. 결과적으로, 보편적 학습 설계에서의 제시 방법은 유아가 정보를 수용할 수 있도록 소통하는 방법을 의미한다(Horn et al., 2016). 이를 위해서 교사는 모든 유아가 자신에게 보다 적절한 방법으로 정보를 습득할 수 있도록 다양한 방식(예: 말, 그림 카드, 구체물)으로 내용을 제시해야 하며, 이러한 내용을 제시할 때에는 유아의 수준에 맞도록 의사소통할 수 있어야 한다.

보편적 학습 설계의 두 번째 요소는 참여 방법으로, 학습 과정에 있어서의 '왜'에 해당한다(DEC, 2007). 교사는 유아가 계획된 일과와 활동에 왜 참여하려고 하는지 또는 교실 내의 사람이나 교재와 왜 상호작용을 하려고 하는지에 대하여 고민해야 한다. 일반적으로 나이가 어린 유아의 경우에는 활동에 참여하고 학습에까지 이르게 되는 동기가 다양하고 서로 다를 수 있다. 따라서 교사가 유아의 참여를 확보하기 위해서는 모든 유아의 서로 다른 관심사를 기반으로 이들의 동기를 유발할 수 있어야 하며, 더 나아가서는 활동이 진행되는 중에 그러한 동기가 지속될 수 있도록 해야 한다. 이를 위해서 교사는 유아의 참여 증진을 위한 다양한 전략을 사용할 수 있는데, 예를 들어 연령, 성별, 경험, 문화, 관심 주제나 놀잇감 등 다양한 요소를 반영한 교재나 활동을 준비하거나 스스로 선택하게 함으로써 참여율을 높일 수도 있다(Gay, 2013; Ainley, 2006; Shogren, Faggella-Luby, Bae, & Wehmeyer, 2004). 또한 참여를 의무가 아닌 특권으로 만들거나 참여하는 중에 특정 역할을 수행하게 하는 방법 등을 사용할 수도 있다. 실제로 활동이 시작되기 전에 유아 스스로가 선택하는 기회를 제공하거나 역할을 부여하는 단순한 방법으로도 활동 참여율이 높아지는 것으로 보고되었다(박혜진, 이소현, 2002; Dunlap et al., 1994). 예를 들어, 이야기나누기 시간에 유아들 스스로 두 줄로 앉을 것인지 한 줄로 앉을 것인지를 결정하게 하거나 달리기를 할 때 직선으로 왕복달리기를 할 것인지 원형으로 크게 돌아올 것인지를 결정하게 하는 것만으로 활동 참여에 영향을 미칠 수 있다는 것이다. 뿐만 아니라, 교사는 활동 내내 참여하고자 하는 동기가 유지될 수 있도록 활동이 유아에게 너무 지루한지 또는 너무 어려운지 등의 요소를 잘 고려해야 한다. 활동의 형태나 종류 또는 활동의 길이 등 활동을 구성하는 다양한 요소 역시 유아의 참여를 지속시키는 영향을 미칠 수 있으므로 이에 대한 특별한 관심을 기울여야 할 것이다.

마지막으로, 보편적 학습 설계의 세 번째 요소는 표현 방법으로, 학습 과정에 있어서의 '어떻게'에 해당한다(DEC, 2007). 유아는 자신이 학습한 것을 나타내는 방식에 있어서도 매우 다양하고 서로 다를 수 있다. 긴 문장으로 말하거나 짧은 단어로 말할 수도 있으며, 수어로 표현할 수도 있고, 그림이나 글로 나타낼 수도 있으며, 몸짓으로 표현할 수도 있다. 따라서 교사는 유아가 각자에게 적합한 방식으로 표현할 수 있도록 다양한 형태와 수준의 소통 방법을 허용해야 하며, 이들의 표현 방법과 수준이 점차 향상될 수 있도록 체계적인 교수를 통하여 도와주어야 한다.

지금까지 살펴본 보편적 학습 설계의 원칙을 적용하기 위한 세 가지 구성 요소는 교육과정을 계획하는 단계에서부터 고려해야 하는 교수-학습 환경의 기초로, 교사는 [그림 8-7]과 같은 점검표를 활용해서 체계적으로 검토하고 준비할 수 있다.

제시 방법		
요소	고려점	Y/N
의사소통 양식	1. 자료와 내용을 전달할 때 시각, 청각, 촉각을 포함한 다양한 형태 등 모든 가능한 양식을 고려하였는가? 2. 한 가지 이상의 형태를 동시에 제공하였는가?	
의사소통 복잡성	1. 다양한 수준의 복잡성을 다루기 위하여 주요 개념을 확인하고 비계교수 계획을 수립하였는가? 2. 나 스스로의 교수, 질문, 기대 등을 점검하고 유아의 이해를 돕기 위하여 동시에 다양한 기회를 제공하도록 계획을 세웠는가?	
참여 방법		
요소	고려점	Y/N
유아의 참여 동기 유발	1. 학급 유아들이 현재 관심을 보이는 다양한 형태의 자료와 활동을 확인하고 그 중 몇몇을 나의 활동 계획에 체계적으로 적용하였는가? (주의: 계획 시 성별, 기후, 생활경험, 가족의 문화적 배경 등을 고려한다.) 2. 유아가 선택할 수 있는 기회를 확인하고 그 중 몇몇을 나의 활동 계획에 체계적으로 적용하였는가? 3. 새로움과 익숙함이 균형을 이루도록 새로움을 병합하고 익숙함 또는 이전의 경험에 연계할 수 있는 기회를 확인하고 계획하였는가?	
유아의 관심 유지	1. 활동 전반에 걸쳐서 폭넓은 범위의 도전적인 그러나 좌절시키지는 않는 난이도를 제공하기 위하여 활동/개념/자료의 어려운/복잡한 정도를 고려하고 융통성을 계획하였는가? 2. 활동 전반에 걸쳐 유아에게 피드백, 격려, 비계교수를 제공하기 위한 다양한 형태와 기회를 계획하였는가? 3. 유아의 하루 일과 또는 특정 개념 학습 전반에 걸쳐 활동 계획이 대집단, 소집단, 개별 활동 등 다양한 학습 상황을 포함하는지 확인하였는가?	
표현 방법		
요소	고려점	Y/N
수용 가능한 반응 양식	1. 유아가 적절하게 반응할 수 있도록 다양하고 수용 가능한 양식을 확인하였는가? • 구어 • 신체(예: 가리키기, 고개 끄덕이거나 가로젓기, 몸짓, 실연) • 성인이 제시하는 비구어 상징(예: 사진, 그림, 상징, 문자) • 유아가 제시하는 비구어 상징(예: 사진, 그림, 상징, 문자)	
수용 가능한 반응 수준	1. 유아가 적절하게 반응할 수 있도록 다양하고 수용 가능한 수준을 확인하였는가? • 비구어 • 단일 반응 • 복합적인 요소의 반응 2. 유아의 반응에 대한 다양하고 수용 가능한 비계교수 또는 독립성을 확인하였는가? • 성인의 촉진 또는 부분적 단서 따르기 • 성인 또는 또래 시범 따르기 • 함께 대답하기 • 독립적으로 반응하기 • 독립적이고 자기 주도적인 행동 또는 의사소통	

그림 8-7 보편적 학습 설계 점검표의 예

출처: Horn, E., Palmer, S., Butera, G., & Liber, J. (2016). *Six steps to inclusive preschool curriculum: A UDL-based framework for children's school success*. Baltimore, MD: Brookes.

III. 활동 영역 구성

1. 활동 영역 구성의 일반적인 지침

활동 영역이란 "유아와 성인을 위해서 여러 가지 다른 유형의 활동을 할 수 있도록 고안된 교실 내의 공간"(Bailey & Wolery, 2003, p. 299)을 의미한다. 활동 영역은 학급의 모든 유아가 함께 활동하는 대집단 활동 등의 예외를 제외하고는 주로 소규모의 유아에게 맞게 고안된다. 장애를 지닌 유아를 위한 활동 영역은 일반 유아를 위한 활동 영역과 다르지 않으며 대부분의 환경이 유사하게 구성된다. 그러나 장애의 특성이나 유아의 개별적인 필요에 따라서 특정 영역에 대한 수정이 필요한 경우도 있다. 장애 유아를 위한 활동 영역을 구성함에 있어서 고려해야 할 몇 가지 일반적인 지침을 살펴보면 다음과 같다(Cook, Klein, & Chen, 2020; Cook et al., 2018; Gargiulo & Kilgo, 2020).

첫째, 조용한 공간을 포함한다. 일반적으로 조용한 공간은 언어 영역, 사적인 공간, 휴식 공간 등을 말한다. 장애를 지닌 유아는 시끄럽고 복잡하거나 분주한 환경에 대한 인내심이 낮은 경우가 많다. 그러므로 유아가 혼자 있고 싶을 때나 휴식을 취해야 할 때 그렇게 할 수 있는 안전하고 편안한 공간이 있어야 한다. 특히 감정이 격해지거나 흥분하기 쉬운 행동적 특성을 보이는 장애 유아는 그러한 행동적 특성이 나타나기 시작할 때 사전에 계획된 조용한 공간에서 안정을 취할 수 있도록 지도해야 하며, 교사는 혼자 있는 유아의 행동을 잘 관찰하고 필요한 경우에는 자기조절 능력을 발달시킬 수 있도록 지원해야 한다.

둘째, 너무 큰 열린 공간은 피한다. 장애를 지닌 유아는 정돈되지 않고 산만한 환경에서 어쩔 줄 모르고 당황하는 경우가 많다. 교실 공간을 특정 활동을 위한 공간으로 분리해서 카펫이나 테이프, 천정의 표시, 가구 등으로 각 활동 영역의 경계를 분명하게 구분하여 정돈된 느낌을 주면서도 공간의 전체적인 측면을 한눈에 볼 수 있게 해 주는 것이 좋다. 유아에 따라서는 작은 닫힌 공간을 선호하거나 필요로 하기도 한다. 이러한 경우에는 작은 영역 하나를 닫힌 공간으로 정하고 적어도 세 면 정도를 막아줄 수 있다. 이때 사용하는 칸막이 등은 너무 높지 않아서 교사가 유아를 관찰할 수 있어야 한다. [그림 8-8]은 공간 사용과 관련해서 활동 영역 구성의 예를 보여 준다. 왼쪽 사진의 경우 책꽂이와 교구장으로 교실을 여러 개의 활동 영역으로 나눈 것을 볼 수 있다.

바람직한 활동 영역 구성의 예

바람직하지 않은 활동 영역 구성의 예

그림 8-8 활동 영역을 위한 공간 구성의 예

출처: 미국 IRIS센터 홈페이지(https://iris.peabody.vanderbilt.edu)

그러나 오른쪽 사진의 예는 완전히 열린 공간에 바닥의 색도 한 가지로 통일되어 영역의 경계가 불분명한 것을 볼 수 있다. 이러한 공간에서는 유아가 어디서 무엇을 해야 하는지에 대해 혼동할 수 있다. 휠체어를 사용하는 유아를 위하여 열린 공간으로 구성하는 경우라고 할지라도 학급의 모든 유아를 고려해서 최소한의 통로는 확보하되 영역의 경계와 역할이 분명하게 보이도록 구성하는 것이 좋다.

셋째, 소음을 고려한다. 소리가 울리거나 시끄러운 환경은 장애 유아에게 스트레스를 줄 수 있다. 이러한 환경은 과제나 활동에 대한 주의집중을 방해하고 산만하게 만들 수 있다. 또한 심한 경우에는 행동 문제나 공격성이 증가할 수도 있다. 특히 주의가 산만하거나 청각 손상을 지닌 유아를 가르치는 교사에게는 소음을 적당한 정도로 조절하는 것이 매우 중요한 과제이므로 카펫이나 천 등을 사용하고 방음 타일을 사용하는 등의 방법을 통해서 가능한 한 소음을 줄일 수 있어야 한다. 소음이 많이 발생하는 영역은 조용한 영역과 분리해서 배치하는 것도 특정 영역의 소음을 조절하는 좋은 방법이다. 교사에 따라서는 놀이 중에 배경 음악을 사용하기도 하는데, 유아에 따라서는 음악으로 인하여 활동에 집중하기 어려워하기도 하고 불안해하거나 흥분하기도 한다. 교사는 주의 깊은 관찰을 통하여 음악 소리가 개별 유아에게 미치는 영향을 파악할 수 있어야 하며, 소리를 조절하거나 끄는 등의 방법을 사용해야 한다.

넷째, 앞에서 설명한 공간의 물리적 측면에서의 접근 가능성에 더하여 영역 내에서 이루어지는 모든 활동은 모든 유아에게 접근 가능해야 한다. 장애 유아의 경우 장애로 인한 다양한 특성이 특정 활동에 참여하기 어렵게 만들 수도 있다. 예를 들어, 유아의 감각 문제나 활동의 난이도 등이 활동 참여를 방해할 수 있으므로 활동이나 교재 · 교

그림 8-9 서기 보조도구를 이용해서 책상 활동을 하는 모습

출처: Cook, R., Richardson-Gibbs, A., & Dotson, L. (2018). *Strategies for including children with special needs in early childhood settings* (2nd ed., p. 43). Boston, MA: Cengage Learning.

그림 8-10 앉기 자세의 안정감을 높이기 위한 간단한 수정

출처: Klein, M. D., Cook, R. E., & Richardson-Gibbs, A. M. (2001). *Strategies for including children with special needs in early childhood settings* (p. 39). Albany, New York: Delmar.

구에 대한 수정 또는 보완이 필요할 수 있다. 활동 참여를 촉진하는 이와 같은 수정은 9장에서 교육과정 수정의 다양한 방법으로 설명하였다. 장애가 심한 유아나 자세잡기 및 균형을 유지하기 어려운 유아의 경우에는 활동에 참여하기 위해서 특별한 보조도구를 필요로 할 수도 있다. 이러한 도구는 앉기나 서기 자세를 보조함으로써 독립적인 활동을 가능하게 하거나 균형을 유지하게 하며 결과적으로 활동 참여를 촉진하게 되는데, 수건을 말아서 쓰거나 스티로폼 등을 사용해서 간단하게 제작할 수도 있고 전문적인 도구를 구입해서 사용할 수도 있다. [그림 8-9]는 유아가 설 수 있도록 보조해 주는 적응 보조도구인 스탠더를 이용해서 책상 활동을 하고 있는 유아의 모습을 보여 주며, [그림 8-10]에서는 간단한 수정을 통해서 앉기 자세를 안정되게 유지해 준 것을 볼 수 있다. 이 책의 9장에서 지체장애 유아를 위한 교수전략으로 제시한 〈표 9-13〉은 이들의 활동 접근을 가능하게 해 주는 자세 유지, 보조도구 활용, 환경적 수정의 다양한 예를 보여 준다.

다섯째, 사진, 라벨, 교재, 놀잇감 등을 포함하는 모든 자료의 시각적 제시는 단순하고 매력적이어야 한다. 학급 내에 게시되거나 비치된 모든 자료는 유아가 주시하고 선택하고 사용하게 하기 위한 목적으로 선정된 것이다. 그러나 이러한 자료의 제시가 너무 혼잡스럽고 정돈되어 있지 않다면, 또는 매력적이지 않다면 유아 스스로 주의를 기울이고 선택하기 어려울 수 있다. 예를 들어, 시지각에 문제가 있거나 저시력 유아의 경우 물건들이 다닥다닥 붙어 있으면 각각의 사물을 잘 인식하지 못할 수도 있기 때문에 물건 사이에 빈 공간을 적당히 둠으로써 이러한 어려움을 막아줄 수 있다. 또한 잘 정리되고 예측 가능한 환경을 필요로 하는 자폐 범주성 장애 유아의 경우에도 산만하고 정돈되지 않은 환경은 참여를 방해할 수 있다. 자기조절이 어렵거나 과잉행동의 특성을 보이는 유아의 경우에도 활동 영역의 경계와 사용 가능한 자료의 시각적 제시가 분명하고 일관성 있어야 안정감을 느끼고 보다 활발하게 참여할 수 있다. 그러므로 교재와 놀잇감을 항상 정해진 자리에 비치하고 유사한 교재나 놀잇감은 같은 장소에 함께 제시하는 등의 방법으로 잘 정돈하는 것이 중요하다. 작은 놀잇감이나 교재는 종류별로 통에 저장하고 각각의 통에 사진이나 그림으로 라벨을 부착함으로써 항상 제자리에 잘 정리될 수 있는 단서를 제공할 수 있으며, 특히 유아가 직접 정리에 참여하게 함으로써 소근육 운동 기능을 증진시키는 기회로도 활용할 수 있다.

여섯째, 치료나 특별한 중재를 위한 영역을 별로도 구성하지 않는다. 과거에는 장애 유아의 치료나 중재가 별도의 영역에서 분리된 채로 진행되기도 하였으나 이러한 분

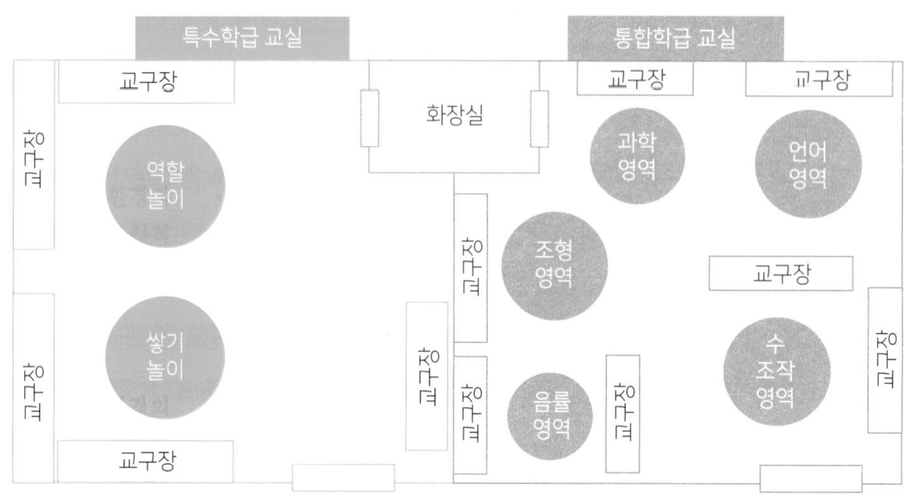

그림 8-11 통합학급과 특수학급 두 교실에 활동 영역을 나누어 구성한 예

출처: 이소현, 이수정, 박병숙, 윤선아(2018). **통합유치원 운영 모델**(p. 56). 천안: 교육부/국립특수교육원.

리된 영역 구성에 대한 비판이 제기되어 왔다. 지금까지 이루어진 많은 연구에 의하면 장애 유아를 위한 치료와 중재는 분리된 공간에서 실시되는 것보다 교실 내 자연적인 환경에서 활동 중 삽입 형태로 진행될 때 가장 효과적인 것으로 보고된다(DEC, 2014, 2016; Kaiser & Warren, 1988; Kayser, Billingsley, & Neel, 1986; Keefe & Hoge, 1996; Noonan & McCormick, 2014; Peck, 1985). 이러한 경향은 장애 유아를 통합하는 교육 현장에서도 동일하게 나타난다. 예를 들어, 언어치료의 경우 최소한의 수정을 통해서 활동 중에 손쉽게 삽입될 수 있으며, 물리치료의 경우에는 보조도구 사용을 위한 추가적인 공간을 확보해서 이루어질 수 있다. 우리나라의 경우에도 유치원에 설치된 특수학급 공간을 장애 유아의 개별적인 치료나 중재의 목적으로 사용하기보다는 통합학급과 함께 일과와 활동을 운영하기 위한 공간으로 사용하는 사례가 증가하고 있다. 예를 들어, 특수학급 공간을 모든 유아가 모여서 대집단 활동을 할 수 있는 공간으로 운영하거나 활동 영역을 나누어 배치하는 등의 방법이 사용된다(이소현 외, 2018). [그림 8-11]은 인접한 통합학급과 특수학급을 함께 활용하여 활동 영역을 구성한 사례를 보여 준다.

마지막으로, 활동 영역을 구성할 때에는 유아가 도착했을 때 맞이하는 공간이나 개인 소지품을 보관하는 공간, 또는 교사의 사적인 공간 등 기타 필요한 공간을 마련한다. 등원 시 유아를 맞이하는 영역은 유아와 부모가 유치원에 처음 도착했을 때 따뜻한 환영을 경험하게 하는 영역이다. 이 영역은 인사를 주고받는 것 외에도 여러 가지 기능적인 역할을 할 수 있는데, 유아의 작품이나 소식 등을 게시하여 부모가 볼 수 있게 하거나 개인 사물함을 비치하여 유아의 자조기술과 물건 소유에 대한 학습을 가능하게 해 준다. 또한 사물함에 부착된 자신의 사진이나 이름을 통해서 자기에 대한 학습뿐만 아니라 글자와 색깔 등을 변별하는 학습을 할 수도 있다. 교사를 위한 공간 역시 매우 중요한 공간으로, 유아에게 사적인 공간을 제공해야 한다는 개념과 같은 맥락에서 교사에게도 사적인 공간을 제공해야 한다는 가정을 전제로 한다. 교사는 자신만의 공간에 유아들의 개인 파일과 같은 서류를 보관할 수 있으며, 때로는 부모와의 회의를 위해서 공간을 사용할 수도 있다. 작은 냉장고나 소파 등의 가구를 비치함으로써 좀 더 편안한 공간을 만들 수도 있으며, 결과적으로 교직 생활의 스트레스를 감소시킬 수 있다.

2. 장애 유아를 위한 활동 영역 구성

지금까지 활동 영역을 구성하기 위한 일반적인 지침을 살펴보았다. 일반적으로 활동 영역의 선정은 프로그램의 특성이나 학급의 크기 등 다양한 요소에 의해서 달라질 수 있는데, 이 부분에서는 실내 환경과 실외 환경으로 나누어 살펴보고자 한다.

1) 실내 환경

교실 내 활동 영역은 기본적으로 쌓기놀이, 역할놀이, 조형, 음률, 과학, 수·조작, 언어 영역을 포함하며(NAEYC, 2017), 이 외에도 컴퓨터, 감각·탐구, 물·모래놀이, 목공놀이, 대근육 활동 등 다양한 활동을 위한 영역을 추가로 구성할 수 있다. 각 영역을 어떤 교재·교구로 어떻게 구성하는가는 영역별 특성, 계절의 특성, 유아의 연령이나 흥미 등에 따라 달라진다. 이때 필요하다면 장애 유아의 개별적인 특성이나 교수목표를 반영하게 되는데, 여기서는 먼저 각 활동 영역의 특성을 간략하게 살펴보고 장애 유아의 특성에 따라 고려해야 할 점을 알아보고자 한다.

(1) 쌓기놀이 영역

쌓기놀이 영역은 많은 유아에게 인기 있는 영역으로 장애 유아의 경우에도 블록으로 탑을 쌓거나 부수는 활동에 즐겁게 참여하곤 한다. 쌓기놀이는 그 성격상 소음이 발생하는 영역으로 바닥에 카펫을 깔아 소음을 줄이고 언어 영역과 같이 조용한 영역으로부터 가능한 한 멀리 배치하는 것이 좋으며, 공간이 충분해야 하고, 놀이 확장을 위하여 놀이 소품을 함께 제공하거나 역할놀이 영역 가까이에 배치하는 것이 좋다. 쌓기놀이는 운동 기능 발달뿐만 아니라 차례를 주고받거나 친구의 창작물을 존중하는 경험을 통하여 사회적 기술의 발달에도 긍정적인 영향을 미치는 활동이다. 유아에 따라서는 쌓기보다는 부수기를 더 좋아하여 친구가 쌓은 탑을 부수는 등의 행동을 보이는 경우도 있는데, 이러한 경우에는 갈등 상황을 사회적으로 적절하게 잘 해결할 수 있도록 교수가 필요하다. 장애 유아의 경우 놀이에 잘 참여하는지 세밀하게 관찰함으로써 비치된 다양한 유형의 블록과 소품을 조작하는 데에 어려움이 없는지 점검해 주어야 한다. 예를 들어, 조작하기 쉽게 크기나 모양 또는 색상 등 보다 다양한 블록을 제공하거나 안정된 구조물을 만들 수 있도록 블록에 벨크로를 부착할 수 있다.

(2) 역할놀이 영역

역할놀이는 창의적인 표현과 실제 생활에 대한 가상놀이를 촉진하는 활동이다. 그러므로 이 영역에 비치된 교재는 역할 의상, 거울, 인형, 소꿉놀이, 가게놀이 등의 역할놀이를 자극하는 다양한 소품을 포함하는 교재와 놀잇감으로 구성된다. 역할놀이 영역은 창의적인 놀이를 증진시키기 위한 목적으로 구성되지만 새로운 언어 및 의사소통 기술이나 사회성 기술, 옷 입기 등의 자조기술을 학습할 수 있는 좋은 영역이며, 특히 나누기와 협동 놀이를 경험할 수 있는 많은 학습 기회를 제공해 주는 영역이다. 장애 유아의 경우에는 개별적인 요구에 따라 입고 벗기 쉬운 의상을 준비하거나 벨크로나 지퍼 고리를 달아주는 등의 수정이 필요할 수도 있다. 또한 다양한 장애를 묘사하는 인형이나 도구(예: 휠체어)를 비치할 수도 있다. 역할놀이 영역은 소음이 발생할 수 있으므로 쌓기놀이 영역과 가까이 배치하기도 한다.

(3) 조형 영역

조형 영역은 유아가 다양한 자료로 그림을 그리거나 만들기를 통하여 자신의 생각과 경험 등을 표현하도록 구성되는 영역이다. 주로 색칠하기나 그리기, 오리기나 붙이기, 빚어 만들기나 구성하기 등의 활동이 진행되는데, 그 외에도 목공, 바느질/뜨개질, 콜라주, 염색 등의 다양한 활동을 포함할 수 있다. 조형 영역은 예산에 의해서 밀접하게 영향을 받기 때문에 교사의 창의적인 아이디어를 많이 필요로 한다. 이 영역은 가능하다면 물을 사용하거나 치우기 쉽도록 화장실이나 개수대 가까이에 배치하는 것이 좋다. 또한 물을 사용하는 경우 바닥이 미끄러워지지 않도록 주의해야 한다. 조형 활동을 위한 모든 자료는 유아의 특성에 맞아야 하며, 자신의 작품을 볼 수 있도록 게시하는 공간도 필요하다. 운동 기능이나 신체적인 장애를 지닌 유아가 있는 경우에는 이들의 개별적인 특성에 따라 원하는 활동에 접근할 수 있도록 배려해야 한다. 특히 특정 조형 활동에 스스로 참여하지 못하는 유아가 있는 경우에는 협동 작품을 만들면서 자신의 능력에 맞는 부분에 참여하게 함으로써 활동에서 제외되지 않도록 배려해야 한다. 장애 유아의 활동 참여 증진을 위해서는 이들의 다양한 요구에 따른 추가 자료를 제시하거나 수정할 필요가 있다. 예를 들어, 붓이나 크레용 등의 그리기 도구를 크기나 굵기별로 다양하게 제공하거나 손잡이를 크게 하거나 모양을 변형해 주는 등의 수정이 가능하다(9장의 〈표 9-13〉 참조). 또한 종이 등의 자료가 움직이지 않도록 고정해 주거나 팔의 움직임이 세밀하지 않은 유아를 위해 커다란 보드와 종이를 제공할 수도 있다. 특히, 손가락 그림을 그리거나 점토, 풀 등 촉감이 다양한 재료를 만져서 활동하는 경우 감각적으로 회피하는 유아가 있을 수 있으므로 이에 대한 세밀한 관찰과 배려가 필요하다.

(4) 음률 영역

음률 영역은 음악과 관련된 활동이 진행되는 영역으로, 노래를 부르고 음악을 감상하고 여러 가지 악기를 탐색하거나 연주하고 음악에 따라 신체를 움직여 보는 등의 활동이 포함된다. 음률 영역은 소음이 발생하는 영역이므로 다른 영역에 방해되지 않도록 공간 배치 시 주의를 기울여야 한다. 다양한 종류의 악기(예: 피아노, 실로폰, 탬버린, 북)와 방울이나 종과 같이 악기 용도로 사용할 수 있는 도구와 음악 관련 책 등을 함께 비치할 수 있다. 또한 음악 감상 활동을 위한 기자재와 다양한 곡을 준비하고 음악에 맞춰 리듬이나 신체 표현 활동을 할 때 사용할 수 있는 소품을 비치할 수도 있다. 장애 유아의 경우 장애의 특성에 따라 악기 연주나 율동 동작의 난이도를 조절해 줄 수 있으며, 특히 청각장애 유아의 경우 소리와 시각적인 자극이 함께 제시되는 수정된 악기(예: 색공이 들어 있는 투명 북, 바람이 나오는 끝부분에 색 테이프를 붙여 불 때마다 움직임을 볼 수 있는 나팔)를 사용할 수 있다(9장의 〈표 9-12〉 참조). 손이나 팔을 사용하지 못하는 경우에도 신체의 다른 부분을 움직여 음악과 동작을 경험해 볼 수 있도록 배려한다.

(5) 과학 영역

과학 영역은 탐구 활동을 위한 영역으로 진행 중인 교육과정의 주별 또는 월별 주제나 프로젝트에 따라 다양하게 구성된다. 유아가 직접 관찰과 실험에 참여하거나 동식물을 키우는 경험을 해 볼 수 있는 공간으로, 관찰력이나 탐구력, 또는 객관적인 사고력을 발달시키는 데 도움이 된다. 이 영역에서는 유아가 직접 관찰하고 실험하는 경험을 하게 되므로 집중할 수 있도록 밝고 조용하면서 안정된 공간에 배치하는 것이 좋다. 교사가 미리 준비한 자료뿐만 아니라 유아가 주변에서 수집한 자료를 함께 제시할 수 있으며, 학급의 교육과정 진행에 따라 또는 유아의 흥미를 고려해서 변화를 줄 수 있다. 다양한 자료를 직접 관찰하거나 제작하고 실험이 진행될 수도 있으므로 장애 유아가 활동에 참여할 때에는 주의를 기울여야 한다. 무엇보다 활동 영역에 대한 관심을 가지고 탐구 활동에 참여할 수 있도록 동기를 유발하는 것이 중요하며, 실제로 활동이 진행될 때에는 섬세하지 못한 움직임 등으로 인하여 실험 등이 어렵지 않은지 잘 살펴보고 필요한 도움을 제공해야 한다. 특히, 살아 있는 동식물을 대할 때 어떻게 해야 하는지에 대한 구체적인 교육도 제공하도록 한다.

(6) 수 · 조작놀이 영역

수 · 조작놀이는 조용하게 진행되는 활동으로 이 영역에는 주로 퍼즐, 작은 놀잇감, 조작이 가능한 다양한 교재가 비치된다. 교재는 잘 정리될 수 있도록 라벨을 부착하고 유아가 내용을 쉽게 볼 수 있도록 투명한 용기에 넣어 비치하는 것이 좋다. 유아는 놀이를 통하여 기본적인 수 개념을 형성시키기도 하고 조작하는 행동을 통하여 소근육 운동 기능이나 눈과 손의 협응력 등을 발달시킨다. 장애 유아의 경우 처음에는 교재를 적절하게 사용하지 못하고 던지는 등의 행동을 보일 수도 있다. 특히, 작은 놀잇감을 입에 넣을 수도 있으므로 특별한 주의를 기울여야 한다. 대체로 수 · 조작놀이 영역에는 테이블과 의자를 활용하거나 카펫에 앉아서 활동하게 되는데 장애 유아의 경우에는 이 두 가지 상황 모두에서 적절하고 안정된 자세를 유지하면서 활동을 할 수 있는지 점검해 줄 필요가 있다. 특히, 의자에 앉아서 활동하는 경우에는 테이블에 경계를 만들어 교재가 떨어지지 않게 해 줄 수 있으며, 바닥에 앉아서 활동하는 경우에는 테이프나 카펫의 경계 등을 이용해서 활동할 수 있는 영역을 분명하게 구분해 주는 것이 좋다. 결론적으로, 장애 유아가 퍼즐을 맞추거나 교재를 조작하는 등의 적절한 놀이 행동을 보이는지 세밀하게 관찰할 필요가 있으며, 필요한 경우 교재 수정이나 촉진 등의 교수가 제공되어야 한다. 시각장애 또는 저시력 유아나 지체장애 유아의 경우에는 활동에 참여할 수 있도록 개별적인 필요에 따라 자료를 수정해 주어야 한다.

(7) 언어 영역

언어 영역은 주로 읽기, 쓰기, 듣기, 말하기 활동을 위한 자료로 구성되는 공간이다. 언어 영역은 주의집중이 필요한 활동이 진행되므로 교실 내 조용한 공간에 배치하는 것이 좋다. 조용하고 편안하게 머물면서 활동을 할 수 있도록 카펫을 깔아 소음을 줄이고 커다랗고 푹신한 의자나 쿠션 등을 비치해 주는 것이 좋다. 영역의 특성상 유아가 혼자 있고 싶을 때나 휴식을 원할 때 사용하기도 한다. 장애 유아의 다양한 언어적 특성과 수준을 고려하여 소리 나는 책, 촉각책, 팝업책, 큰 글자 책 등 다양한 유형의 도서를 준비하고 조명이 적절한지 점검할 필요가 있다. 책을 게시할 때에는 선반에 표지가 보이게 나열하는 방식으로 유아가 한눈에 게시된 책들을 파악할 수 있게 해 주는 것이 좋다. 이 영역에서는 점자나 수어를 경험하게 수 있으며 녹음 자료나 쓰기 도구 등을 비치하여 듣기나 쓰기 활동을 촉진할 수도 있다. 특히 지체장애 등 유아의 장애로 인한 필요에 따라 책을 고정하거나 페이지를 넘기기 위한 보조도구가 필요할 수도 있으며 태블릿을 제공할 수도 있다. 발달이 지체되었거나 책의 그림만으로는 동기 유발이 힘든 유아의 경우에는 함께 사용할 수 있는 인형이나 융판자료 등을 통하여 책에 대한 관심을 유도할 수도 있다.

(8) 컴퓨터 영역

컴퓨터 영역은 컴퓨터 하드웨어와 각종 소프트웨어를 비치하는 영역으로 어떤 프로그램을 선정하고 제시하는가가 매우 중요하다. 전미유아교육협회(NAEYC)에서는 2012년 유아교육기관에서의 테크놀로지 사용에 대한 입장을 발표하였는데, 이 성명서에 따르면 컴퓨터와 미디어는 잘 사용되기만 한다면 유아의 학습과 사회적 관계 발달을 지원할 수 있는 것으로 여겨진다. 예를 들어, 스크린을 주시하며 활동하는 시간을 제한하고(예: 반일 프로그램에서는 30분 이하, 종일 프로그램에서는 1시간 이하), 교사의 심사숙고한 계획으로 양질의 소프트웨어를 선정하도록 주의를 기울이며, 두 명 이상의 유아가 함께 활동하게 함으로써 대화나 차례 주고받기 등의 사회적 기술이나 상호작용을 증진시키는 등의 배려가 필요하다(NAEYC & Fred Rogers Center for Early Learning and Children's Media, 2012). 시각장애나 청각장애를 지닌 유아 또는 키보드를 사용하기 어러운 지체장애 유아의 경우에는 컴퓨터를 사용을 위해서 보조공학을 통한 지원을 필요로 할 수도 있다.

(9) 모래 · 물놀이 영역

모래놀이나 물놀이 영역은 사회적 기술이나 다양한 학습 목표를 성취할 수 있는 유용한 활동을 제공해 준다. 특히 모양, 촉감, 무게, 양 등에 대한 기본적인 과학 개념을 학습하게 해 주며 다양한 감각 자극을 경험할 수 있게 해 준다. 또한 언어 발달과 함께 문제 해결력(예: 감추고 찾기)과 협동 놀이를 촉진한다. 이 영역은 모래와 물을 사용하기 때문에 바닥의 소재에 신경을 써야 한다. 화장실에 가까이 배치하는 것이 좋으며 이동이 쉬우면서도 고정할 수 있는 잠금쇠가 있는 바퀴 테이블을 사용하는 것이 좋다. 여건이 허락한다면 실외에서 진행할 수도 있다. 물이나 모래 등의 재료를 쌀, 콩, 톱밥, 다양한 모양의 파스타 등의 재료로 대치하면 좀 더 다양한 경험을 제공할 수 있다. 이렇게 재료를 대치할 때에는 유아의 안전을 먼저 고려해야 하며, 특히 교사가 활동 중에 항상 가까이 대기하면서 재료를 입에 넣는 등의 사고를 방지해야 한다.

2) 실외 환경

실외 환경은 유아의 자연적인 환경의 일부분으로 햇볕과 신선한 공기를 접하게 함으로써 건강상의 필요를 충족시킬 뿐만 아니라 계속되는 실내 활동에 대한 휴식을 제공하는 공간이다. 또한 유아가 자신을 둘러싼 자연스러운 세상과의 관계를 형성해 가는 기회를 제공하는 이상적인 교수-학습 맥락으로 역할 한다. 이와 같은 이유로 실외 놀이 영역은 유아에게 중요한 학습 환경으로 강조된다. 그러므로 모든 유아교육기관은 실외 놀이를 위한 공간을 갖추어야 한다. 실외 놀이 영역은 건물의 앞, 특히 남쪽이나 남동쪽에 위치하도록 구성하고 실내와의 연결이 용이하여 이동이나 화장실 사용이 편리해야 한다. 실외 놀이는 자체적으로 지니는 몇 가지 장점이 있는데, 예를 들어 실내에서는 하기 어려운 자전거나 그네 타기 등의 운동놀이를 할 수 있으며, 소리 자극에 예민한 유아의 경우 실외로 나오는 것만으로도 청각 자극을 감소시킬 수 있다. 주의집중장애를 지닌 유아의 경우에는 실외 놀이 영역의 자연적인 환경과 신선한 공기를 통하여 주의집중 문제가 감소했다는 결과도 보고되었다(Kuo & Taylor, 2004; Taylor, Kuo, & Sullivan, 2001).

실외 놀이 영역은 실내 환경과 상호 보완적인 경험을 제공하기 때문에 실내에서와 같이 활동 유형에 따라 구역별로 구분하는 것이 좋다. 실외 놀이를 위한 활동 영역은 공간의 크기 등 여러 가지 요인에 의해서 영향을 받을 수 있지만, 대체로 운동놀이 영역, 모래 · 물놀이 영역, 자연탐구 및 관찰 영역, 작업 영역, 휴식 영역, 보관 창고 등으로 구성된다.

실외 놀이 영역을 계획할 때 가장 중요한 것은 안전에 대한 배려다. 또한 장애를 지닌 유아가 장애로 인해서 접근하지 못하는 영역이 없도록 구성해야 한다. 앞에서도 환경 내 접근 가능성의 중요성을 설명하였듯이, 실외 놀이 영역에 비치된 모든 놀이 기구나 놀이 활동에 모든 유아가 참여할 수 있도록 수정하거나 보조도구를 사용하는 등의 배려가 뒤따라야 한다. 다음은 실외 놀이 환경에서 장애 유아가 안전하게 최대한으로 참여할 수 있도록 배려한 구체적인 수정의 예를 보여 준다(Cook et al., 2018).

- 그네에 안전띠를 부착한다.
- 바닥은 부드럽고 탄력이 있어야 한다.
- 저시력 유아를 위해서 영역에 대한 구분을 명확하게 한다. 특정 영역에 인조 잔디를 깔거나, 영역마다 바닥을 달리하거나, 영역 사이에 범퍼를 설치하는 등의 방법으로 그네 타는 영역과 모래놀이 영역을 구분하고 모래놀이 영역과 미끄럼틀 영역을 구분할 수 있다.
- 기어 올라가는 놀이 기구에 낮고 잡기 쉬운 손잡이를 설치한다.
- 키가 작거나 다리 운동 기능이 약한 유아를 위해서 바퀴가 달린 놀잇감의 페달에 벨크로 끈을 부착하거나 발 디딤대를 놓는 등의 수정을 한다.
- 자전거 트랙을 분명하게 구분하고 자전거가 다니는 방향을 표시한다.

[그림 8-12]는 지금까지 설명한 다양한 활동 영역으로 학급을 설계한 청사진의 예를 보여 준다. 그러나 이 그림은 하나의 예시로 모든 프로그램에 적합한 것은 아니며, 프로그램마다 독특한 특성과 필요에 따라 달리 구성된다.

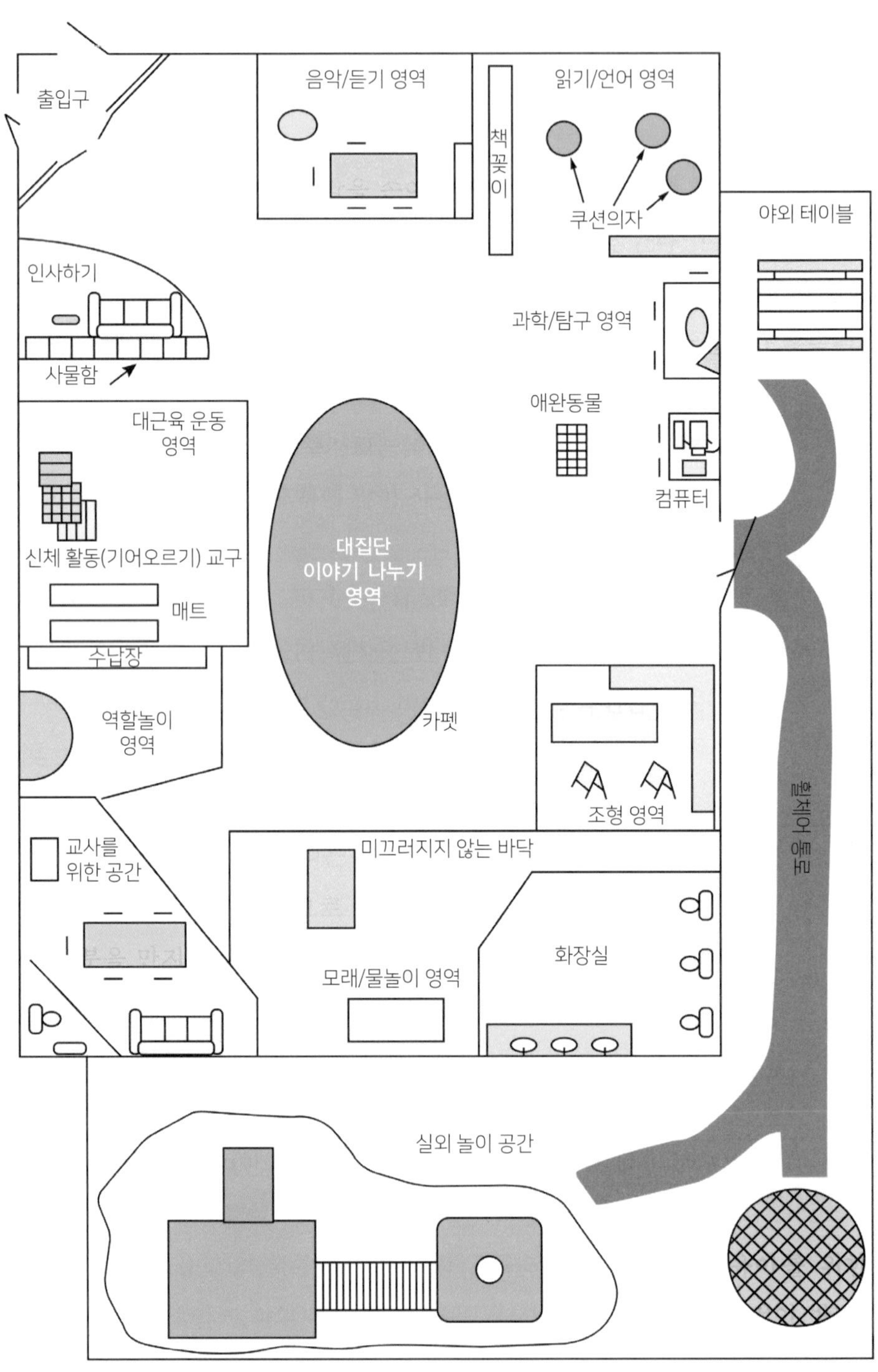

그림 8-12 유치원 학급 설계의 예

출처: Gargiulo, R. M., & Kilgo, J. (2020). *Young children with special needs* (p. 198). Albany, NY: Delmar.

요약

장애 유아 교육에 있어서 교육 환경이나 교재 및 교구 등의 다양한 환경적 요소는 매우 중요한 역할을 한다. 환경의 여러 가지 요소는 유아의 경험에 영향을 미치면서 환경에의 참여와 학습 및 발달에 긍정적이거나 부정적인 영향을 미친다. 유아를 위한 학습 환경을 조성할 때에는 일반적으로 고려해야 할 점이 있으며, 또한 이들이 장애를 지니고 있는 경우에는 장애의 유형이나 특성에 따라 적절한 환경적 배려가 이루어져야 한다. 이 책에서는 장애 유아를 교육함에 있어서 환경 구성이 얼마나 중요한지를 먼저 강조하였으며, 교실 환경의 전반적인 구성과 활동 영역 구성을 나누어 설명하였다.

장애 유아를 위한 전반적인 교실 환경에 대해서는 물리적 환경, 사회적 환경, 교수-학습 환경의 세 가지로 나누어 설명하였다. 먼저 물리적 환경은 교실 환경의 물리적 속성으로 공간 구성과 활동 시간표 계획 및 교재 · 교구 구성을 모두 포함한다. 사회적 환경은 장애 유아가 자신이 속한 환경 내에서 다른 사람으로부터 수용되고 구성원 자격이 인정되는지의 측면을 의미한다. 그러므로 이 부분에서는 일반 유아에 대한 장애이해교육의 중요성을 강조하고 이를 위한 실질적인 실행 방안에 대하여 설명하였다. 마지막으로 교수-학습 환경에 대해서는 일반 유아교육기관의 환경 설계에 기본적으로 적용되어야 하는 보편적 학습 설계의 원칙과 그 적용 방안에 대하여 간략하게 설명하였다.

장애 유아를 위한 활동 영역을 구성할 때에는 조용한 영역을 포함하고, 너무 큰 열린 공간은 피하며, 소음을 고려하고, 모든 영역 활동에 모든 유아가 접근할 수 있어야 하며, 각 영역의 시각적 제시는 단순하고 매력적이어야 하며, 장애 유아만을 위한 분리된 치료 또는 중재 공간을 구성하지 않는다. 또한 유아를 맞이하거나 교사 개인의 시간을 보낼 수 있는 기타 공간도 마련한다. 활동 영역을 어떻게 선정하고 구성해야 하는지에 대해서는 유아교육기관의 실내 환경과 실외 환경으로 나누어 설명하였다. 특히 실내 환경의 경우 쌓기놀이, 역할놀이, 조형, 음률, 과학, 수 · 조작놀이, 언어, 컴퓨터, 모래 · 물놀이 영역으로 나누어 각 영역의 특성과 함께 장애 유아를 위하여 특별히 배려 또는 주의해야 할 사항에 대하여 알아보았다.

참고문헌

교육과학기술부/보건복지부(2012. 7. 10.). 3~5세 연령별 누리과정 고시문.

박혜진, 이소현(2002). 학급도우미 역할 부여가 장애 유아의 사회적 상호작용과 사회적 지위에 미치는 영향. 특수교육학연구, 37(1), 237-257.

이소현, 김미영, 노진아, 윤선아, 이명희, 이수정(2015). 장애 유아를 위한 3세 누리과정 교사용 지도서: 교사용 지도서 활용 지침서. 세종: 교육부.

이소현, 이수정, 박병숙, 윤선아(2018). 통합유치원 운영 모델. 천안: 교육부/국립특수교육원.

이소현, 이승연, 이명희, 원종례, 이수정(2007). 유아를 위한 장애 이해 및 통합교육 활동 자료(pp. 44-46). 서울: 교육인적자원부.

이수정, 이소현(2011a). 유치원 일과와 활동에 삽입된「장애 이해 및 통합교육 활동」이 일반 유아와 장애 유아의 사회적 수용도 및 사회적 참여에 미치는 영향. 유아특수교육연구, 11(2), 1-32.

이수정, 이소현(2011b). 학급 차원의 사회적 통합 증진 활동이 장애 유아와 또래 간 개별 사회적 행동에 미치는 영향. 특수교육학연구, 46(1), 197-222.

Ainley, M. (2006). Connecting with learning: Motivation, affect, and cognition in interest processes. *Educational Psychology Review, 18*, 391-405.

Aldosari, M. (2017). Efficacy of choice of preferred engagement stimuli on escape-maintained disruptive behavior. *International Journal of Special Education, 32*, 472-484.

Allen, K., & Cowdery, G. (2015). *The exceptional child: Inclusion in early childhood education*(8th ed.). Stamford, CT: Cengage Learning.

Aronson, S., & Shope, T. (Eds.). (2017). *Managing infectious diseases in child care and schools*(4th ed.). Elk Grove Village, IL: American Academy of Pediatrics.

Baglieri, S., & Shapiro, A. (2012). *Disability studies and inclusive classroom: Critical practices for creating least restrictive attitudes*. New York, NY: Routledge.

Bailey, D., & Wolery, M. (2003). 장애 영유아를 위한 교육(개정판, 이소현 역). 서울: 이화여자대학교 출판부. (원저 1992년 출간)

Bredekamp, S. (2017). *Effective practices in early childhood education* (3rd ed.). Upper Saddle River, NJ: Pearson.

Brewer, J. (2007). *Introduction to early childhood education* (6th ed.). Boston, MA: Perason Education.

Center for Applied Special Technology (CAST). (2006). The universal design of early education: Moving forward for all children. *Beyond the Journal*. Retrieved from http://www.journal.naeye.org/btg/200609/.

Conn-Powers, M., Cross, A., Traub, E., & Hutter-Pishgahi, L. (2006). The universal design of early education: Moving forward for all children. *Beyond the Journal: Young Children on the Wep.*

Cook, R., Klein, M., & Chen, D. (2020). *Adapting early childhood curricula for children with disabilities and special needs* (10th ed.). Hoboken, NJ: Pearson.

Cook, R., Richardson-Gibbs, A., & Dotson, L. (2018). *Strategies for including children with special needs in early childhood settings* (2nd ed.). Boston, MA: Cengage Learning.

Copple, C., & Bredekamp, S. (2009). *Developmentally appropriate practices* (3rd ed.). Washington DE: National Association for the Education of Young Children.

Coster, W., Law, M., Bedell, G., Liljenquist, K., Kao, Y., Khetani, M., et al. (2013). School participation, supports and barriers of students with and without disabilities. *Child: Care, Health & Development, 39*, 535-543.

Cunconan-Lahr, R., & Stifel, S. (2013). *Universal design for learning(UDL) checklist for early childhood environments.* Bethlehem, PA: Building Inclusive Child Care Project.

Curiel, E., & Sainato, D. (2016). Teaching your tot to talk: Using milieu teaching strategies. *Young Exceptional Children, 19*, 9-47.

Daniel, J. (1990). Child care: An endangered industry. *Young Children, 45*, 23-26.

Diez, A. (2010). School memories of young people with disabilities: An analysis of barriers and aids to inclusion. *Disability and Society, 25*, 163-175.

Dinnebeil, L., Boat, M., & Bae, Y (2013). Integrating principles of universal design into the early childhood curriculum. *Dimensions of Early Childhood, 41*, 3-13.

Division for Early Childhood (DEC). (2007). *Promoting positive outcomes for children with disabilities: Recommendations for curriculum, assessment, and program evaluation.* Missoula, MT: Author.

Division for Early Childhood (DEC). (2014). *DEC recommended practices in early intervention/ early childhood special education 2014.* Retrieved from http://www.dec-sped.org/ recommendedpractices.

Division for Early Childhood (DEC). (2016). *Environment: Promoting meaningful access, participation, and inclusion* (DEC Recommended Practices Monograph Series No. 2). Washington, DC: Author.

Dunlap, G, dePerczel, M., Clarke, S., Wilson, D., Wright, S., White, R., & Gomez, A. (1994). Choice making to promote adaptive behavior for students with emotional and behavioral challenges. *Journal of Applied Behavior Analysis, 27*, 505-518.

Dunst, C., Trivette, C., & Masiello, T. (2011). Exploratory investigation of the effects on interest—based learning on the development of young children with autism. *Autism: The International Journal of Research and Practice, 15*, 295—305.

Dyer, K., Dunlap, G., & Winterling, V. (1990). Effects of choice making on the serious problem behaviors of students with severe handicaps. *Journal of Applied Behavior Analysis, 23*, 515-524.

Erickson, L., Welander, J., & Granlund, M. (2007). Participation in everyday school activities for children with and without disabilities. *Journal of Developmental and Physical Disabilities, 19*, 485-502.

Favazza, P., LaRoe, J., & Odom, S. (1999). *Special Friends.* Boulder, CO: Roots & Wings.

Favazza, P., LaRoe, J., Phillipsen, L., & Kumar, P. (2000). Representing young children with disabilities in classroom environments. *Young Exceptional Children, 3*, 2-8.

Favazza, P., & Odom, S. (1996). Use of the Acceptance Scale with kindergarten-age children. *Journal of Early Intervention, 20*, 232-248.

Favazza, P., & Odom, S. (1997). Promoting positive attitudes of kindergarten-age children toward children with disabilities. *Exceptional Children, 63*, 405-418.

Fun & Achievement (2002). *Professional's catalog* (p. 84). Gibsonia, PA: Shop On Line.

Gargiulo, R. M., & Kilgo, J. (2020). *An introduction to young children with special needs: Birth to age eight* (5th ed.) Los Angeles, CA: Sage.

Gay, G. (2013). Teaching to and through cultural diversity. *Curriculum Inquiry, 43*, 48-70.

Hanna, E. (2005). *Inclusive design for maximum accessibility: A practical approach to universal design* (PEM Research Report No. 05-04). Upper Saddle River, NJ: The Blue Sky Press.

Horn, E., Kang, J., Classen, A., Butera, G., Palmer, S., Lieber, J., Friesen, A., & Mihai, A. (2016). Role of universal design for learning and differentiation in inclusive preschools. In Division for Early Childhood, *Environment: Promoting meaningful access, participation, and inclusion* (DEC Recommended Practices Monograph Series No. 2). Washington, DC: Author.

Horn, E., Palmer, S., Butera, G., & Liber, J. (2016). *Six steps to inclusive preschool curriculum: A UDL-based framework for children's school success*. Baltimore, MD: Brookes.

Joint Committee on Standards for Educational Evaluation. (1994). *The program evaluation standards: How to assess evaluations of educational programs*. Thousand Oaks, CA: Sage.

Kaiser, A., Yoder, P., & Keetz, A. (1992). Evaluating milieu teaching. In S. Warren & J. Reichle (Eds.), *Causes and effects in communication and language intervention* (pp. 9-47). Baltimore, MD: Paul H. Brookes.

Kaiser, A., & Warren, S. (1988). Pragmatics and generalization. In R. Schiefelbush & L. Lloyd (Eds.), *Language perspectives: Acquisition retardation and intervention* (pp. 392-442). Austin, TX: Pro-Ed.

Kayser, J., Billingsley, F., & Neel, R. (1986). A comparison of in-context and traditional instructional approaches: Total task, single trial versus backward chaining, multiple trials. *Journal of Association for Persons with Severe Handicaps, 11*, 28-38.

Keefe, C. Y., & Hoge, D. (1996). In-class intervention for students identified as behaviorally disordered. *Intervention in School and Clinic, 31*, 218-224.

Klein, M. D., Cook, R. E., & Richardson-Gibbs, A. M. (2001). *Strategies for including children with special needs in early childhood settings*. Albany, New York: Delmar.

Koegel, L., Singh, A., & Koegel, R. (2010). Improving motivation for academics in children with autism. *Journal of Autism and Developmental Disorders, 40*, 1057-1066.

Kuo, G., & Taylor, A. (2004). A potential natural treatment for attention deficit hyperactivity disorder: Evidence from a national study. *American Journal of Public Health, 94*, 1580-1586.

Lohmann, M., Hovey, K., & Gauvreau, A. (2018). Using a universal design for learning framework to enhance engagement in the early childhood classroom. *Journal of Special Education Apprenticeship, 7*, 1-12.

Mace, R., Hardie, G., & Place, J. (1996). *Accessible environments: Toward universal design*. Raleigh,

NC: The Center for Universal Design, North Carolina Sate University.

McLeod, B., Sutherland, K., Martinez, R., Conroy, M., & Snyder, P. (2017). Identifying common practice elements to improve social, emotional, and behavioral outcomes of young children in early childhood classrooms. *Prevention Science, 18*, 204-213.

Michelsen, S., Flachs, E., Uldall, P., Eriksen, E., McManus, V., Prakers, J., et al. (2009). Frequency of participation of 8-12 year-old children with cerebral palsy: A multi-centre cross-sectional European study. *European Journal of Paediatric Neurology, 13*, 165-177.

National Association for the Education of Young Children (NAEYC) & Fred Rogers Center for Early Learning and Children's Media. (2012). Technology and interactive media as tools in early childhood program serving children from birth through age 8. *Joint Position Statement* Washington, DC: NAEYC.

National Association for the Education of Young Children (NAEYC). (2017). *NAEYC early learning standards and accreditation criteria and guidance for assessment*. Washington, DC: Author.

Neisworth, J., & Buggey, T. (2009). Behavior analysis and principles in early childhood education. In J. Roopnarine & J. Johnson (Eds.), *Approaches to early childhood education* (5th ed., pp. 185-210). New York: Merrill.

New, R., & Kantor, R. (2013). Reggio Emilia in the 21st century. In J. Roopnarine & J. Johnson (Eds.), *Approaches to early childhood education* (6th ed., pp. 331-353). Upper Saddle River, NJ: Pearson.

Noonan, M., & McCormick, L. (2014). *Young children with disabilities in natural environments* (2nd ed.). Upper Saddle River, NJ: Pearson.

Odom, S. L., Zercher, C., Li, S., Shouming, L., Marquart, J., Sandall, S. R., & Brown, W. H. (2006). Social acceptance and rejection of preschool children with disabilities: A mixed method analysis. *Journal of Educational Psychology, 98*, 807-823.

Peck, C. (1985). Increasing opportunities for social control by children with autism and severe handicaps: Effects on student behavior and perceived classroom climate. *Journal of the Association for the Severely Handicapped, 10*, 183-193.

Rose, D., & Meyer, A. (Eds.). (2006). *A practical reader in universal design for learning*. Cambridge, MA: Harvard Education Press.

Sainato, D., & Carta, J. (1992). Classroom influences on the development of social competence in young children with disabilities. In S. Odom, S. McConnell, & M. McEvoy (Eds.), *Social competence of young children with disabilities: Issues and strategies for intervention* (pp. 93-109). Baltimore, MD: Paul H. Brookes.

Shapiro, A. (1999). *Everybody belongs: Changing negative attitudes toward classmates with disabilities*. New York, NY: Routledge.

Shogren, K., Faggella-Luby, M., Bae, S., & Wehmeyer, M. (2004). The effect of choice-making as an intervention for problem behavior: A meta-analysis. *Journal of Positive Behavior Interventions, 6*, 228-237.

Taylor, A., Kuo, F. & Sullivan, W. (2001). Coping with ADD: The surprising connection to green play settings. *Environment and Behavior*, *33*, 54-77.

Vaughn, B. F., Colvin, T N., Azrin, M. R., Caya, L., & Krzysik, L. (2001). Dyadic analyses of friendship in a sample of preschool-age children attending Head Start: Correspondence between measures and implications for social competence. *Child Development*, *72*, 862-878.

Wein, C. A., & Kirby-Smith, S. (1998). Untiming the curriculum: A case study of removing clocks from the program. *Young Children*, *53*, 8-13.

Wilson, R. A. (1998). Special educational needs in the early years: Teaching and leaving in the first three years of School (p. 233). New York: Rutledge.

제9장

장애 유아를 위한 교수방법

Ⅰ. 장애 유아를 위한 교수방법

1. 교수적 접근의 기본적인 원리
   1) 증거 기반의 실제
   2) 놀이 중심 접근
   3) 일과 및 활동 중심의 자연적 접근
   4) 근접 발달 영역과 비계교수
   5) 과제분석에 따른 단계적 교수
   6) 예방 중심의 행동 지원
2. 장애 유아를 위한 교수전략
   1) 교육과정 수정
   2) 활동 중심 삽입교수
   3) 자연적 교수전략
   4) 교사 주도 교수전략
   5) 또래 중개 교수전략

Ⅱ. 장애 특성에 따른 교수방법

1. 시각장애
2. 청각장애
3. 자폐 범주성 장애
4. 운동 기능 발달의 지체
5. 인지 발달의 지체
6. 의사소통 발달의 지체
7. 사회-정서 발달의 지체

요약

참고문헌

부록

I. 장애 유아를 위한 교수방법

1. 교수적 접근의 기본적인 원리

장애 유아를 가르치는 교사의 주된 관심은 유아가 학습할 수 있도록 계획된 교수 활동에 최대한으로 참여하게 하는 것이다. 이 책의 전반에 걸쳐 강조하고 있듯이 유아특수교육의 철학적 배경은 장애를 지닌 유아가 최소한의 제한된 환경에서 발달에 적합한 경험을 통하여 발달을 성취하도록 촉진하는 것이다. 그러나 이러한 발달상의 성취가 일반 유아교육에서와 같이 구조화된 경험의 제공만으로는 어려운 것이 사실이다. 그러므로 교사는 장애 유아에게 제공하는 학습 경험이 이들의 최대한의 참여를 촉진할 수 있도록 배려해야 하며, 필요하다면 활동에 참여하는 중에 학습과 발달이 이루어지도록 특정 교수전략을 사용할 수 있어야 한다. 교수는 유아나 교수목표의 특성 또는 교수 맥락에 따라 다양한 방법으로 이루어질 수 있다. 특정 교수전략을 선정하고 언제 어떻게 사용하는지를 결정하기 위해서는 기본적으로 교수적 접근의 기초 원리가 적용된다. 〈표 9-1〉은 일반적으로 장애 유아를 위한 교수적 접근 시 고려해야 하는 기본적

표 9-1 장애 유아를 위한 교수적 접근의 기본 원리

원리	설명
증거 기반의 실제	장애 유아에게 사용하는 교수방법은 그 성과가 과학적으로 입증된 것이어야 한다.
놀이 중심 접근	장애 유아를 위한 교수적 접근은 주요 교수목표로 놀이 행동을 포함시킴과 동시에 기타 발달 영역의 기술 습득을 촉진하기 위한 장으로 놀이를 활용한다.
일과 및 활동 중심의 자연적 접근	일반 유아교육과정의 가장 자연적인 환경인 일과와 활동을 기반으로 하되 필요한 경우 개입의 정도가 가장 작은 교수전략부터 위계적으로 사용한다.
근접 발달 영역과 비계교수	유아의 발달 수준을 파악하고 약간의 도움으로 과제 수행이 가능한 근접 발달 영역 내에서 성인 및 또래의 지원을 통한 다양한 학습 기회를 제공한다.
과제분석에 따른 기술 교수	복잡한 기술을 작은 단계로 나누어 수행과 학습을 쉽게 한 후 한 단계씩 점진적으로 교수한다.
예방 중심의 행동 지원	부적절한 행동이 발생한 후에 교정적 접근을 하기보다는 행동의 기능을 파악하여 부적절한 행동 대신 적절한 대안적 행동을 학습하도록 지원한다.

인 원리의 몇 가지 예를 보여 주며, 각 원리에 대한 설명은 다음과 같다.

1) 증거 기반의 실제

장애 유아를 위한 교육에 있어서 증거 기반의 실제(evidence-based practices: EBP)를 적용한다는 것은 과학적 기반의 연구 결과를 통하여 그 성과가 입증된 교수전략을 사용해야 함을 의미한다(Buysse, Wesley, Snyder, & Winton, 2006; Cook & Odom, 2013). 즉, 장애 유아에게 사용하는 교수방법은 이미 질적으로 우수한 많은 연구에 의해서 유아에게 의미 있는 성과를 가져다줄 수 있는 효과적인 방법으로 입증된 것이어야 한다. 그러므로 교사는 단일 교수전략 적용에서부터 교육 프로그램의 실질적인 운영 전반에 걸쳐 효과적인 방법을 선정하고 사용할 수 있는 지식을 갖추어야 한다.

유아특수교육 영역에서는 장애 영유아 지원을 위한 최상의 실제를 제시하기 위하여 1993년 미국 특수교육협회(Council for Exceptional Children: CEC)의 조기교육 분과(Division for Early Childhood: DEC)에서 프로그램 운영 지침으로 추천의 실제(recommended practices)를 발표하였다(DEC Task Force on Recommended Practices, 1993). 이 내용은 1996년에 『조기개입/유아특수교육: 추천의 실제(Early Intervention/Early Childhood Special Education: Recommended Practices)』(Odom & McLean, 1996)라는 책으로 출간되었으며, 2000년에는 구체적인 방법론을 제시하는 『조기개입과 유아특수교육에 있어서의 DEC 추천의 실제(DEC Recommended Practices in Early Intervention/Early Childhood Special Education)』(Sandall, McLean, & Smith, 2000)로 개정되었다. 그 후 2005년과 2014년 두 차례에 걸쳐서 최신의 과학적 지식과 경험을 반영하여 최종 8개 영역(관리자 리더십, 진단, 환경, 가족, 상호작용, 팀 구성 및 협력, 전이)과 그에 따른 66개 항목으로 개정되었으며, 2015년에 그 지침서(DEC, 2015)가 발간되었다. 그 후로 환경, 가족, 교수, 상호작용, 팀 구성 및 협력 등 각 주제별로 추천의 실제를 적용하기 위한 지침서가 차례대로 발간되었다(DEC, 2016, 2017, 2018a, 2018b, 2019).

사실상 DEC 추천의 실제는 증거 기반의 실제와 동일한 개념이라고 할 수는 없다. 그러나 오랜 시간에 걸쳐 이론 및 현장 적용 연구와 전문가 의견 수렴 및 조사연구 등 다양한 과학적인 방법을 통하여 장애 유아를 위한 최상의 실제적 방법론을 도출하기 위한 노력을 기울였다는 사실은 추천의 실제가 교육 현장에서 증거 기반의 실제로 적용될 수 있는 근거라 할 수 있다(Reichow, 2016; Snyder & Ayankoya, 2015). 특히, 최종적으로 그 내용을 결정하는 과정에서 다음과 같은 원칙을 반영하였다는 사실은 추천의 실제가 증거 기반의 실제로 적용될 수 있음을 더욱 잘 보여 준다. 첫째, 추천의 실제는 장애 유아와 그 가족을 대상으로 일하는 전문가에게 상호작용과 중재에 대한 도움을 줄 수 있어야 한다. 둘째, 추천의 실제는 발달에 적합한 실제(Copple & Bredekamp, 2009)를 포함해서 유아교육 현장에서 사용하는 기본적인 방법론에 기초하거나 이를 확장한 것이어야 한다. 셋째, 추천의 실제는 특별히 장애 또는 장애위험 유아의 성과를 촉진하고 그 가족을 지원하는 것으로 알려진 방법론을 강조해야 한다. 넷째, 추천의 실제는 장소(예: 교실, 가정, 지역사회)나 맥락이나 연령 집단(예: 3세 미만, 3~5세)과 상관없이 적용될 수 있어야 한다. 다섯째, 추천의 실제 항목은 실행 경험 및 현장 타당화를 통하여 축적된 최상의 연구 결과, 지식, 지혜를 기반으로 해야 한다. 결론적으로, 추천의 실제는 전문가와 가족이 이를 적절히 실행할 수 있는 지식과 기술과 의도를 지닐 때 장애 또는 장애위험 유아로부터 긍정적인 성과를 끌어내고 잠재력을 성취하도록 도와줄 수 있는 항목으로 구성되었다(DEC, 2014). 8개 영역별로 구체적인 항목의 내용은 [부록 9-1]에서 보는 바와 같다.

2) 놀이 중심 접근

모든 유아에게 있어서 놀이는 매우 중요한 의미를 지닌다. 그러므로 유아교육 환경은 장애가 있거나 없는 모든 유아가 점점 더 복잡한 놀이에 지속적으로 참여하도록 다양한 기회를 제공할 수 있어야 한다(NAEYC, 2009). 특히 장애 유아에게 있어서 놀이는 다음과 같은 두 가지 측면에서 그 중요성이 더욱 강조되는데, 즉 놀이가 그 자체로서도 유아기 발달의 핵심적인 발달지표일 뿐만 아니라 놀이 행동 및 맥락은 기타 영역의 발달과 학습에 기여한다는 것이다(Lifter, Mason, & Barton, 2011).

먼저, 장애 유아에게 있어서 놀이는 주요 교수목표로 교수계획에 반드시 포함되어야 한다. 놀이는 그 정의가 다양하게 제시되고 있지만 대체로 사물을 가지고 노는 대상 놀이와 사람과 함께 노는 사회적 놀이의 두 가지 유형으로 분류된다(Barton, 2010). 장애가 없는 유아는 성장하면서 이와 같은 대상 놀이나 사회적 놀이 행동을 자연스럽게 발달시킨다. 그러나 장애를 지닌 유아의 경우 적절한 놀이 행동 자체를 습득하도록 체계적인 교수를 필요로 할 수도 있다. 예를 들어, 대부분의 유아는 비구조화된 놀이 시간을 제공하는 것만으로도 다양한 놀이에 참여하곤 하지만 장애 유아의 경우에는 동일한 환경과 놀잇감이 주어지는 상황에서도 또래에 비해 놀이 행동의 빈도나 복잡성이 낮은 것으로 보고된다(Barton, 2015; Wilson et al., 2017). 그러므로 장애 유아를 위한 교육과정은 놀이와 관련해서 다음과 같은 교수목표가 성취되도록 체계적인 교수를 제공해야 한다(Barton & Pokorski, 2018): (1) 놀이의 빈도와 지속시간 증가, (2) 보다 복잡한 놀이에 참여, (3) 또래와 함께하는 놀이 빈도와 지속시간 증가.

놀이는 또한 증거 기반의 실제에 해당하는 다양한 교수전략을 실행할 수 있는 장을 제공한다. 실제로, 유아의 놀이 행동이 점점 더 증가하고 복잡해진다는 것은 운동 기능, 의사소통, 사회-정서 등 기타 발달 영역의 주요 기술이 습득되고 증가되고 있음을 의미한다고 할 수 있다. 뿐만 아니라, 놀이는 다양한 상황에서 다른 사람과의 의미 있는 상호작용을 가능하게 해 주고, 독립적인 참여를 촉진하며, 문제행동과 양립할 수 없다는 특성을 지니는 등 교수적 측면에서의 다양한 실질적인 성과를 가져다준다(심세화, 이귀남, 신수진, 2010; 심세화, 이소현, 2020; Yu, Ostrosky, & Fowler, 2015). 다시 말해서, 놀이가 진행되는 중에 여러 발달 영역의 특정 기술을 학습시키고 발달을 촉진하기 위한 다양한 교수전략이 삽입될 수 있다는 것이다. 놀이가 영유아기 아동에게 가장 자연스럽고 중요한 사건이라는 사실은 우리나라 국가 수준의 공통교육과정인 누리과정이 놀이 중심으로 이루어져야 함을 규정하고 있다는 사실을 통해서도 잘 알 수 있다(7장의 〈표 7-2〉 참조). 그러므로 장애 유아를 위한 교수적 접근이 놀이 중심이어야 한다는 것은 다음 부분에서 설명하는 활동 중심의 자연적인 접근의 원칙과도 상통한다고 할 수 있다.

결론적으로, 놀이가 지니는 의미와 그 중요성을 고려한다면 장애 유아 교육에 있어서 이들을 위한 교수적 접근은 (1) 주요 놀이를 교수목표 중 하나로 반드시 포함시켜야 하고, (2) 다양한 영역의 발달과 학습을 촉진하고 특정 교수목표를 성취시키기 위한 교수 활동은 놀이를 기반으로 이루어져야 한다. 〈표 9-2〉는 교수목표로서 또한 교수 활동의 장으로서 교육과정 내에 포함되어야 하는 놀이 행동의 유형과 발달적 연계성을 보여 준다.

3) 일과 및 활동 중심의 자연적 접근

교사는 특정 활동을 위하여 주의 깊게 계획한 학습 환경 내에 유아가 성취하기를 바라는 학습 목표와 교수전략을 의도적으로 포함시키는 역할을 하게 된다(Epstein, 2014). 대부분의 유아는 이와 같은 학습 환경으로 구성된 놀이 중심의 일과와 활동에 참여하면서 교사가 의도한 대로 학습과 발달을 성취해 간다. 그러나 앞에서도 설명한 바와 같이 장애 유아는 이러한 환경에 적극적으로 참여함으로써 자연스럽게 학습과 발달을

표 9-2 놀이의 유형 및 연계적 구조

<table>
<tr><th colspan="3">대상 놀이</th><th colspan="2">사회적 놀이</th></tr>
<tr><td>감각운동 놀이</td><td colspan="2">만지고, 입에 넣고, 깨물고, 냄새 맡고, 두드리고, 발로 차고, 들어 올리고, 잡아당기는 등 자료를 탐색한다.</td><td>비점유놀이</td><td>함께 놀이한다기보다는 순간적인 흥미로 사람이나 사물을 쳐다본다.</td></tr>
<tr><td rowspan="2">관계탐색 놀이</td><td colspan="2" rowspan="2">여러 가지 방법으로 쌓고, 분류하고, 연관 지으면서 대상의 속성 간의 관계를 발견한다.</td><td>단독놀이</td><td>가까이 있는 또래가 가지고 노는 것과는 다른 놀잇감을 가지고 혼자 논다.</td></tr>
<tr><td>방관놀이</td><td>서로 놀이하는 것을 쳐다보며 간혹 서로에게 말을 하기도 한다.</td></tr>
<tr><td>기능적 놀이</td><td colspan="2">대상을 원래의 용도대로 사용한다.</td><td>평행놀이</td><td>서로 가까운 거리에서 비슷한 놀잇감으로 놀이하지만 상호작용은 거의 하지 않는다.</td></tr>
<tr><td>기능적 가상놀이</td><td colspan="2">실물이나 모형을 현실에 기반한 결과 없이 원래의 용도가 아닌 다른 방법으로 사용한다.</td><td>연합놀이</td><td>서로 가까운 거리에서 같은 자료를 가지고 놀이하면서 자신들의 놀이나 자료에 대하여 이야기를 나누기도 하지만, 대체로 자신의 놀이 행동에 몰두한다.</td></tr>
<tr><td rowspan="3">상징놀이</td><td>대상 대치</td><td>대상을 마치 다른 물건인 것처럼 사용한다.</td><td rowspan="3">협동놀이</td><td rowspan="3">동일한 목적으로 같은 놀잇감을 가지고 함께 놀이한다. 놀이 활동은 공동의 목표 또는 주제를 기반으로 이루어진다.</td></tr>
<tr><td>없는 대상 상징하기</td><td>대상이 없는데도 그 대상을 사용하는 모습의 행동을 수행한다.</td></tr>
<tr><td>없는 속성 부여하기</td><td>자신, 대상, 또는 다른 사람에게 역할, 정서, 속성을 부여한다.</td></tr>
</table>

출처: Barton, E., & Pokorski, E. (2018). Teaching complex play to young children with disabilities using recommended practices. In Division for Early Childhood (DEC), *Instruction: Effective strategies to support engagement, learning, and outcomes* (DEC Recommended Practices Monograph Series No. 4, p. 2). Washington, DC: Author. (원저 출처: Barton, 2010; Parten, 1932; Piaget, 1962)

이루어 가는 데 어려움을 경험할 수 있다. 따라서 장애 유아를 가르치는 교사는 이들이 계획된 활동에 적극적으로 참여하고 자신의 개별적인 교수목표를 성취할 수 있도록 특별히 고안된 교수전략을 적용해야 한다.

이 책의 8장에서 이미 설명한 바와 같이, 장애 유아를 위한 교육과정은 일반 유아교육과정을 기반으로 하되 개별 유아를 위한 지원을 동시에 제공하는 방식의 운영을 원칙으로 한다(이소현, 2011). 장애 유아를 위해서 선정된 교수목표나 활동은 기존의 일반 유아교육과정을 대체해서는 안 되며 학급 활동에의 적극적인 참여를 제한해서도 안 된다는 것이다. 그러므로 이들을 위한 학습 기회는 기존의 일과 및 활동의 맥락 내에서 발생해야 한다. 이와 같은 원칙을 교수전략에 적용한다면 교수전략을 사용할 때에는 모든 유아를 위한 보편적 교수전략의 사용을 우선적으로 하되 필요한 경우 개별 교수목표 성취를 지원하는 특정 교수전략을 사용한다. 즉, 보편성과 개별성을 모두 다 고려한다는 것이다. 여기서 말하는 교수전략의 보편성이란 모든 유아를 위하여 사용되는 교수전략, 즉 자연적인 접근을 의미한다. 교수전략의 적용에 있어서 보편성을 고려하는 이유는 모든 유아를 위하여 계획된 자연적인 일과와 활동 중에 장애 유아의 학습과 발달이 충분히 성취될 수 있다면 이들을 위한 특별한 교수전략이 추가로 필요하지 않을 수도 있기 때문이다. 결과적으로, [그림 9-1]에서 보는 바와 같이 모든 유아를 위한 보편적 학습 설계 원칙에 의한 교수적 접근은 모든 교수계획의 기초라 할 수 있다. 보편적 학습 설계에 대해서는 이 책의 8장에서 설명하였다.

그러나 만일 장애 유아가 보편적 학습 환경만으로 학습과 발달을 성취하는 데 어려움을 경험한다면 그러한 유아를 위해서는 보다 집중적인 교수를 계획하게 된다. 즉, 장애 유아의 개별적인 요구에 따라 일과와 활동에 참여할 수 있도록, 또한 그 가운데 특정 교수목표를 성취할 수 있도록 계획된 교수전략이 적용되어야 한다는 것이다. 이때 교수전략은 자연적인 접근의 위계적 적용 원칙에 따라 교사의 직접적인 개입이 가

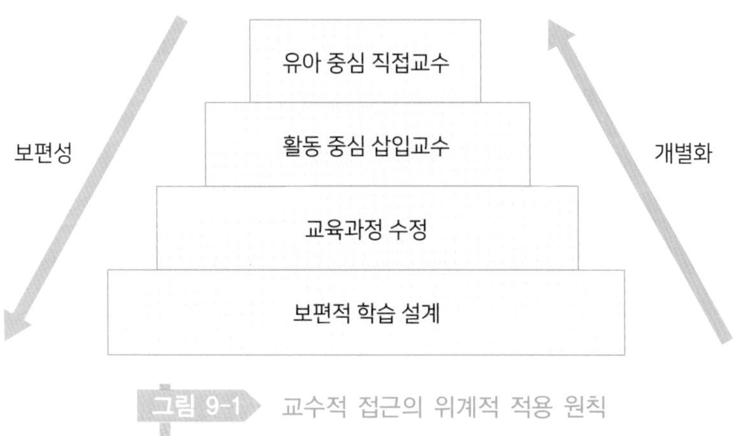

그림 9-1 교수적 접근의 위계적 적용 원칙

장 작은 순서로 적용되어야 하는데, [그림 9-1]에서와 같이 환경을 수정하는 교육과정 수정 전략을 먼저 사용하고 일과와 활동이 진행되는 중에 교수전략을 삽입하는 활동 중심 삽입교수를 사용하고 유아를 중심으로 직접적인 교수전략을 적용하는 유아 중심 직접교수를 사용하게 된다. 그러나 이러한 교수전략이 서로 배타적으로 위계적인 순서에 의해서만 적용되는 것은 아니며 상황에 따라 동시에 또는 순서를 달리하여 융통성 있게 적용될 수 있다. 단, 일과 및 활동 중심의 자연적 접근 원칙을 적용함에 있어서 가장 중요한 것은 특정 기술의 교수를 위하여 일과나 활동에서 벗어난 분리된 상황에서 기술의 습득만을 목표로 이루어지는 교수 활동은 바람직하지 않다는 것이다. 이는 실제로 교사가 주도하는 유아 중심 직접교수가 유아교육에서 표방하는 발달에 적합한 실제와 양립할 수 없다는 비판을 받고 있으며(Strain & Joseph, 2004) 기술 교수 측면에서의 효과가 있음에도 불구하고 유아교육 현장에서의 활용도나 사회적 타당도 측면에서는 그 당위성이 낮게 평가되고 있다는 사실(Schwartz, 1999; Walsh & Petty, 2006)을 통해서도 잘 알 수 있다. 그러므로 일과나 활동에서 벗어난 유아 중심 직접교수의 적용은 가장 효율적인 대안으로 인정될 때에만 사용되어야 하며, 가능한 한 개별화된 지원이 필요한 정도 내에서 보편성을 고려한 가장 자연적인 접근이 우선적으로 적용될 수 있도록 해야 할 것이다.

4) 근접 발달 영역과 비계교수

근접 발달 영역(zone of proximal development: ZPD)은 러시아 심리학자인 비고츠키가 제시한 개념으로, 유아가 다른 사람의 도움을 받아 기능할 수 있는 수행 범위를 의미한다(Vygotsky, 1980). [그림 9-2]에서 볼 수 있듯이, 유아가 독립적으로 기능할 수 있는 영역과 너무 어려워서 성인의 완전한 도움 없이는 수행할 수 없는 영역 사이에 약간의 도움으로 효과적으로 기능할 수 있는 근접 발달 영역이 존재한다. 이 영역에서는 성인의 도움이나 보다 유능한 또래와의 협력으로 문제 해결이 가능하며, 이와 같은 경험의 누적으로 궁극적으로는 독립적으로 수행할 수 있게 되면서 좀 더 어려운 수준의 기능으로 옮겨가게 되는 것이다.

근접 발달 영역 내에서 적절한 지원을 제공하는 것을 비계교수(scaffolding)라고 한다(Bruner, 1982). 비계(飛階)라는 용어는 건축물의 외벽을 칠하거나 창문을 닦을 때 설치하는 구조물을 칭하는 용어에서 유래한 것으로, 일을 성공적으로 할 수 있도록 필요한 지원을 제공한다는 의미를 지닌다. 유아가 보이는 단서를 정확하게 이해하는 교사

그림 9-2 비고츠키의 근접 발달 영역

출처: Gargiulo, R., & Kilgo, J. (2020). *An introduction to young children with special needs: Birth through age eight* (p. 12). Los Angeles, CA: SAGE.

는 유아가 과제를 수행하는 데 필요한 적절한 양과 형태의 지원을 제공할 수 있다. 지원이 제공되기 시작하면 점진적으로 그 양을 감소시켜 독립적인 수행을 촉진해야 한다. 교사를 포함하는 대부분의 성인은 유아와의 관계에 있어서 이러한 비계교수 전략을 자연스럽게 사용하곤 한다. 뿐만 아니라, 또래와의 자연적인 놀이 상황은 근접 발달 영역 내에서 또래의 도움을 경험할 수 있는 다양한 학습 기회를 제공한다. 즉, 특별한 계획에 의하지 않더라도 일상적인 상호작용 내에서 근접 발달 영역과 비계교수의 원리가 적용된 학습과 발달의 기회가 자연스럽게 제공될 수 있다는 것이다. 또한 주의 깊은 계획을 통해서 유아의 현행 기술을 고려한 비계교수의 적용은 장애 유아에게 효과적인 교수전략으로 사용될 수 있다. 예를 들어, 교사가 특정 기술을 수행하도록 제공하는 다양한 종류의 촉진이나 또래와 함께 과제를 수행하게 되는 협동학습 또는 또래교수 등은 비계교수의 개념이 적용된 교수전략이라 할 수 있다. 그러므로 교사는 비계교수를 효과적으로 적용하기 위해서 유아의 현행 발달 수준을 정확하게 파악할 수 있어야 하며, 근접 발달 영역 내에서 다음 단계 발달을 촉진할 수 있도록 적절한 교수 목표 수립의 기초가 되는 발달 관련 지식을 갖추어야 한다. [그림 9-3]은 비계교수를 적용한 교수의 예를 보여 준다.

민호의 퍼즐 맞추기와 비계교수

민호는 동그라미, 네모, 세모의 세 조각으로 구성된 도형 퍼즐을 혼자서 완성할 수 있다. 민호는 비슷한 도형으로 구성되어 있으면서 나무, 사람, 자동차 등의 단순한 모양으로 구성된 다른 퍼즐에 관심을 보이기 시작하였다. 민호는 새로운 퍼즐을 시도하지만 퍼즐 조각 간의 관계를 이해하지 못하여 퍼즐 조각을 제자리에 정확하게 넣지 못한다. 교사는 민호의 좌절감을 이해하고 다음과 같은 보조를 제공하기 시작하였다.

- 퍼즐 조각을 조금씩 돌리도록 도와줌으로써 과제 수행 경험을 제공한다.
- 동일한 보조를 여러 차례 반복하면서 매번 보조가 필요한 시점까지 기다린다.
- 새로운 퍼즐을 독립적으로 수행할 수 있도록 점진적으로 보조를 줄인다.

그림 9-3 비계교수 적용의 예

5) 과제분석에 따른 단계적 교수

장애가 없는 유아에게는 단순해 보이는 기술이나 과제도 장애를 지닌 유아에게는 어렵고 복잡할 수 있다. 이것은 이들이 그러한 기술이나 과제를 학습할 수 없음을 의미하는 것이 아니라 기술이나 과제를 학습이 가능한 작은 단계로 나누어야 함을 의미한다. 이러한 전략을 과제분석이라고 하는데 관찰이 가능한 작은 단계로 나누어질 수 있는 기술을 교수할 때 가장 효과적으로 사용될 수 있는 방법이다. 예를 들어, 대부분의 유아는 간식을 먹은 후에 쓰레기를 버리고 식기와 수저를 싱크대에 가져다 놓는 일을 그다지 어려워하지 않는다. 그러나 이러한 과제를 수행하기 어려운 유아도 있으며, 매일의 반복 활동만으로는 과제 수행 기술을 성공적으로 습득하지 못할 수도 있다. 이때 교사는 간식 후 치우기 활동을 연속적인 작은 단계의 과제로 나누어 한 단계씩 교수할 수 있다. [그림 9-4]는 이러한 과제분석의 내용을 보여 준다. 이때 과제의 크기는 유아의 능력에 따라서 더 작게 나누어질 수도 있다. 예를 들어, 2단계의 경우 한 번에 물건 하나씩만을 가져가게 함으로써 좀 더 세분화된 단계로 나눌 수 있다.

과제분석을 적용하는 경우 교사는 한 번에 한 단계씩 교수하게 되며, 이때 앞에서 설명한 근접 발달 영역과 비계교수의 원리가 적용된다. 또한 분석된 과제의 각 단계를 사진이나 그림으로 보여 주는 시각적 지원을 활용하거나(예: 윤현숙, 이소현, 1999), 각 단계의 습득을 보조하기에 적합한 다양한 유형의 교사 촉진을 사용할 수도 있다. 과제분석에 의한 교수의 경우 때로는 첫 단계부터 가르치는 것이 유용할 수도 있고 마지막

1. 의자에서 일어난다.
2. 의자 뒤로 돌아와 의자를 탁자 밑으로 밀어 넣는다.
3. 빈 접시 위에 컵과 포크와 냅킨을 올려놓는다.
4. 3단계의 접시를 들고 싱크대 앞의 쓰레기통으로 간다.
5. 냅킨과 남은 음식물 등의 쓰레기를 쓰레기통에 버린다.
6. 싱크대 앞으로 가서 선다.
7. 설거지가 필요한 물건(접시, 컵, 포크)을 싱크대 안에 넣는다.
8. 화장실로 걸어간다.

그림 9-4 간식 후 치우기 과제분석표

단계부터 가르치는 것이 유용할 수도 있다. 이때 마지막 단계부터 거꾸로 가르치는 것을 역순 과제분석이라고 한다. [그림 9-4]의 과제분석을 역순으로 교수하는 경우에는 먼저 유아가 1단계부터 7단계까지의 과제를 수행할 수 있도록 보조나 촉진을 제공하고 마지막 8단계의 화장실 가기 기술만을 독립적으로 수행하도록 교수한다. 8단계의 기술 수행이 성취 기준에 도달하면 다음에는 7단계부터 독립적으로 수행할 수 있도록 교수한다. 이러한 방법을 반복함으로써 마지막에는 1단계부터 독립적으로 수행할 수 있게 된다.

과제분석된 기술 중에는 유아의 장애 특성 등의 개별적인 상황에 따라 보조나 환경적인 수정을 제공해도 독립적으로 수행할 수 없는 기술이 있을 수 있다. 이러한 경우에 교사는 최소한의 도움으로 최대한의 독립적인 과제 수행이 가능하도록 과제를 수정해야 하며, 필요한 경우 부분참여의 원리를 적용한다.

6) 예방 중심의 행동 지원

행동 문제는 장애 유아를 교육하는 모든 교사가 관심을 기울이는 영역이다. 유아는 누구나 행동 문제를 보일 수 있다. 그중에서도 장애를 지닌 유아는 그렇지 않은 또래에 비해서 행동 문제를 보일 가능성이 더 높다. 특정 장애의 경우에는 장애의 특성으로 인한 요구가 효과적으로 충족되지 않아 심각한 문제행동으로 나타날 수도 있기 때문에 특별한 주의를 기울여야 한다. 예를 들어, 자폐 범주성 장애 유아의 경우에는 지나치게 자극적인 환경이나 특정 소리에 민감해서 달아나거나 공격행동 또는 탠트럼 등의 심각한 문제행동을 보일 수 있으며, 신경학적인 손상이나 주의력결핍장애를 지닌 유아의 경우에는 충동이나 공격성을 조절하기 힘들어 문제행동을 보이기도 한다. 유아가 이와 같은 문제행동을 보이는 경우 이들에 대한 부정적인 인식이 생길 수 있으며, 이로 인하여 교사의 기대감을 낮추거나 또래와의 통합에 어려움을 초래할 수 있을 뿐만 아니라 유아 스스로도 놀이나 활동에 참여하지 못하여 학습과 발달을 위한 기회가 감소되는 결과로 이어질 수 있다(Artman-Meeker & Hemmeter, 2012; Stormont, Lewis, Beckner, & Johnson, 2008; Stormont, Smith, & Lewis, 2007).

문제행동은 행동의 발생 후에 주어지는 교정적인 대처보다는 예방적인 측면에서의 접근을 필요로 한다. 즉, 문제행동은 발생한 후에 많은 노력을 기울이는 것보다 발생하기 전에 예방을 위한 적은 노력을 기울이는 것이 더 효과적일 수 있다는 것이다. 문제행동을 예방하기 위해서는 행동 발생의 원인을 포괄적으로 이해하고 발생하기 전에 이를 위한 적절한 중재를 제공해야 한다. 특히, 장애 그 자체가 문제행동을 일으키는 것이 아니라 장애로 인하여 부딪치게 되는 특정 환경적 사건이나 조건이 문제행동의 원인이라고 보는 생태학적인 관점은 문제행동에 대한 예방적 접근을 강조한다(Bambara & Kern, 2008). 이러한 맥락에서 문제행동을 다룰 때에는 유아의 행동에만 초점을 맞추기보다는 행동이 발생하는 생태학적인 상황을 강조함으로써 유아의 환경 전체에 초점을 맞추어서 그 발생을 예방한다는 개념의 긍정적 행동 지원(positive behavioral support: PBS)의 방법이 적용된다.

긍정적 행동 지원이란 문제행동을 보이는 아동을 위한 효과적이면서 개별화된 중재를 개발하기 위해서 진단을 근거로 협력적으로 접근하는 방법이다(Lucyshyn, Horner, Dunlap, Albin, & Ben, 2002). 긍정적 행동 지원은 장애 유아가 보이는 문제행동을 감소시키고 예방할 뿐만 아니라 사회적이고 학습적인 성취를 이루도록 지원하는 체계적이고 종합적인 개별화 전략으로, 새로운 바람직한 행동의 지도를 통해서 유아의 기능을 확장시키는 교육적 측면과 그 유아가 속한 다양한 환경의 재구성을 시도하는 체제 개선의 측면을 동시에 포함한다(Carr et al., 2000; Turnbull et al., 2002). 긍정적 행동 지원에서의 지원 계획은 유아에게 의미 있고 지속적으로 유지될 수 있는 행동과 삶의 형태를 성취하게 하는 친화적이고 교육적이며 강화를 중심으로 하는 전략을 강조한다(Horner, Albin, Sprague, & Todd, 2000; Koegel, Koegel, & Dunlap, 1996). 그러므로 긍정적 행동 지원은 과거에 사용되던 신체적인 고통을 가하거나 개인의 존중감을 손상시키는 혐오적인 방법의 사용을 제한한다(Scotti & Meyer, 1999). 〈표 9-3〉은 긍정적 행동 지원을 구체적으로 설명해 주는 주요 요소를 보여 준다(Bambara & Kern, 2008).

표 9-3 긍정적 행동 지원의 주요 요소

요소	설명
생태학적 접근	행동은 사람과 환경 간 상호작용에 의한 것이며, 특정 행동은 그 행동이 발생한 환경 내에서 특정 기능을 지니므로 행동 변화를 위해서는 환경에 먼저 초점을 맞추어야 함
진단 중심 접근	중재가 효과적이기 위해서는 행동의 기능을 알기 위한 진단이 먼저 이루어져야 함
맞춤형 접근	중재가 효과적이기 위해서는 개별 유아의 문제행동 원인을 고려하고, 그 유아의 관심과 선호도를 중심으로 계획되어야 함
예방 및 교육 중심 접근	행동의 환경적인 측면을 이해함으로써 환경을 변화시키고 필요 기술을 가르쳐 처벌 중심이 아닌 예방과 교수 중심의 중재를 제공해야 함
삶의 방식 및 통합 중심 접근	중재는 전반적인 삶의 방식에 변화를 가져다주는 폭넓은 성과에 초점을 맞춤으로써 통합을 촉진하고 삶의 질을 강화해야 함
종합적인 접근	단일 중재로 구성된 전통적인 행동 중재를 지양하고 예방, 대체기술 교수, 문제행동에 대한 반응, 삶의 방식 개선을 모두 포함하는 종합적인 특성을 지녀야 함
팀 접근	중재가 효과적이기 위해서는 부모, 교사, 관리자, 행동 지원 전문가 등 다양한 인력으로 구성된 팀의 노력이 필요함
대상을 존중하는 접근	문제행동을 개인의 입장에서 이해하고 접근하며, 특히 개인에게 낙인이나 고통을 주지 않고 오히려 항상 나이에 적절하고 긍정적인 이미지를 촉진하기 위한 목적으로 이루어져야 함
장기 성과 중심 접근	장애를 지닌 경우 일생에 걸친 지원을 필요로 할 수 있다는 사실에 근거하여 삶의 방식에서 변화가 나타나는지를 확인하는 등 장기적인 측면에 초점을 맞추어야 함

장애 유아 교육에 있어서 긍정적 행동 지원은 다음과 같은 네 가지 이론적 전제를 근거로 한다(Richey & Wheeler, 2000). 첫째, 어린 유아의 행동은 처벌의 대상이 될 수 없다. 둘째, 개별 유아의 발달적인 능력에 맞는 행동을 기대할 때 문제행동을 감소시키거나 예방할 수 있기 때문에 개별 유아에 대한 발달상 적합하다는 개념을 이해하는 것이 중요하다. 셋째, 유아의 놀이나 학습 환경은 이들의 바람직한 행동을 촉진하도록 계획되고 조절될 수 있다. 넷째, 유아의 부적절한 행동에 대한 반응은 긍정적이어야 하며, 행동 자체에 초점을 맞추어야 하고, 교수와 양육을 위한 노력이어야 한다. 유아의 행동에 영향을 미치는 이와 같은 접근 원리는 결과적으로 긍정적 행동 지원의 실

행을 뒷받침한다. 실제로 우리나라의 경우에도 유아교육기관에서 긍정적 행동 지원의 개념과 방법론이 적용되기 시작하면서 장애 유아뿐만 아니라 대부분의 일반 유아에게서도 문제행동이 감소하고 활동 참여율이 증가하며 친사회적 기술이 증가하고 긍정적인 학급 분위기가 조성되는 등의 효과가 보고되고 있다(노진아, 2014; 배선화, 이병인, 조현근, 2016; 이수정, 2016; 최미점, 2014, 2016; 허수연, 이소현, 2019).

2. 장애 유아를 위한 교수전략

장애 유아가 교수 활동에 참여하고 학습과 발달을 성취해 갈 수 있도록 교사는 다양한 종류의 교수전략을 사용하게 된다. 6장에서 설명한 바와 같이 주의 깊은 교육진단을 통하여 개별화교육계획에 수립된 교수계획은 특정 교수 상황에서 특정 교수목표의 성취를 지원하기 위하여 특별히 사용하게 될 교수전략을 명시한다. 이때 적용될 수 있는 구체적인 교수전략에 대해서 (1) 교육과정 수정, (2) 활동 중심 삽입교수, (3) 자연적 교수전략, (4) 교사 주도 교수전략, (5) 또래 중개 교수전략의 다섯 가지로 나누어 설명하고자 한다.

1) 교육과정 수정

교육과정 수정은 유아가 기존의 일과와 활동에 참여할 수 있도록 촉진하기 위해서 진행 중인 학급 활동이나 교재를 변경하는 것을 의미한다(Odom, Zercher, Marquart, Li, Sandall, & Wolfberg, 2002). 유아의 활동 참여가 증가하면 자연적으로 학습 기회도 증가한다. 여기서 말하는 참여는 유아가 자신의 환경과 적절하게 상호작용하는 데 보내는 시간의 양으로 정의된다(McWilliam, 1991). 따라서 일과와 활동을 계획하고 유아가 그 계획된 일과와 활동에 따라 하루의 일정을 보낸다고 하더라도 실제로 일과와 활동이 진행되는 중에 환경과의 적절한 상호작용이 이루어지지 않는다면 진정한 의미에서의 참여가 발생했다고 말하기 어렵다(이소현, 2007). 참여는 유아의 발달과 학습을 위한 결정적인 요소로 실제로 참여를 통하여 행동이 숙달되는 긍정적인 발달 성취가 이루어지기 때문에 참여 그 자체로도 유아특수교육에 있어서 매우 중요한 목표 중 하나로 인식된다(Bailey & Wolery, 2003). 물론, 활동이나 상호작용 참여가 자동적으로 유아의 발달과 학습을 보장하는 것은 아니지만 참여를 통해서만 발달과 학습의 기회를 제공받기 때문에 교사는 우선적으로 장애 유아가 학급 활동에 최대한 참여할 수 있도록 지원하고 보조해야 한다.

교육과정 수정이 활발하게 적용되기 위해서는 두 가지 측면에서 교사의 이해가 선행되어야 한다. 먼저, 교육과정 수정 전략은 앞에서 설명한 바와 같이 교수적 접근의 위계적 순서에서 자연적이고 덜 개입적인 방법으로 우선적으로 적용해야 하는 전략임을 이해할 필요가 있다([그림 9-1] 참조). 또한 교사는 교육과정 수정이 특별한 자료나 추가적인 노력을 크게 필요로 하지 않는 적용하기 쉬운 중재임을 인식하고 적절한 때에 적절한 수정 전략을 사용할 수 있어야 한다. 실제로 많은 교사가 교육 현장에서 간단한 수정을 통해서 유아의 활동 참여를 유도하곤 하는데, 특히 장애 유아가 진행 중인 활동이나 상호작용에 관심을 보이면서도 완전히 참여하지 못할 때(예: 또래를 쳐다보고 있을 때, 참여를 시도하였으나 실패하였을 때, 참여하기 시작했으나 지속적이지 못해 학습의 기회를 얻지 못할 때) 교육과정 수정 전략을 사용하게 되면 가장 효과적인 학습을 유도할 수 있다. 교육과정 수정 전략은 장애 유아뿐만 아니라 기타 일반 유아의 참여를 증진시키는 데에도 손쉽게 활용될 수 있다. 또한 교육과정 수정 전략은 참여뿐만 아니라 또래와의 상호작용 증진을 위해서도 유사하게 적용되는데, 그 구체적인 방법은 〈표 9-4〉에서와 같으며, 보다 상세한 내용은 『개별화 교육과정』(이소현, 2011)의 7장을 참조하기 바란다.

예를 들어, 장애 유아가 또래 가까이 접근하여 놀이하기를 어려워한다면 집단을 소규모로 구성하고 고도의 동기 유발이 가능한 자료를 이용해서 소집단 활동을 하게 함으로써 장애 유아가 쉽게 또래 가까이에서 놀이 활동에 참여할 수 있는 기회를 제공할 수 있다. 또한 요구하기 기술을 학습하고 있는 유아의 경우 간식 시간에 대상 유아의 요구하기 행동을 이해하는 또래가 같은 탁자에 앉게 하는 방법을 사용하거나 탁자에 함께 앉은 모든 유아가 한 가지씩의 음식을 가지도록 하여 서로 요구하고 반응하는 기술을 사용하게 함으로써 또래의 의사소통 기술을 모방하고 적용할 수 있는 기회를 제공할 수도 있다. 실제로 유치원에서의 자유선택활동 중에 이루어진 환경적 수정과 교수적 수정이 장애 유아의 참여에 긍정적인 영향을 미친 결과가 보고되었으며(김지영, 이소현, 2010), 수학 활동 중에 이루어진 교수 환경, 교수 활동, 교수방법의 수정이 장애 유아의 수학 능력에 유의한 영향을 미친 것으로 보고되었다(박나리, 이소현, 2012). [그림 9-5]는 교재를 조작하기 쉽게 수정하여 활동 접근성을 높이거나 모양이나 단서 등을 이용하여 활동의 난이도를 조절함으로써 독립적으로 활동을 완수할 수 있게 도와주는 다양한 방법의 교수적 수정 전략을 보여 준다.

표 9-4 교육과정 수정 전략의 유형 및 예

유형	수정 요소	수정 대상	수정의 예
환경적 수정	환경의 물리적 요소	• 학급 환경 • 활동 영역 • 특수 교구	• 쉽게 산만해지는 유아를 위하여 읽기 영역이 충분히 조용한지 점검하고 배려함 • 활동 영역을 유아가 좋아하는 주제로 구성함 • 독립적인 선택 활동 및 정리하기 활동을 위하여 교재와 선반에 라벨을 붙임 • 이젤을 사용할 때 스탠더를 사용하게 함
	환경의 시간적 요소	• 일과 및 활동 시간표 • 활동 내 과제의 순서	• 오후에 집중력이 떨어지는 유아를 위하여 집중력이 필요한 활동을 오전에 배치함 • 활동 중에 선호하는 과제를 수행하기 위해서 선호하지 않는 과제를 먼저 수행하게 함
	환경의 사회적 요소	• 성인 • 또래	• 대집단 활동에 참여하지 않는 유아 옆에서 성인이 참여를 촉진하고 지원함 • 간식 시간이나 정리하기 시간에 또래와 짝을 지어 간식을 나누어 주거나 정리할 수 있게 함 • 놀잇감을 적절하게 가지고 놀지 못하는 유아가 모델링이 가능한 또래와 같은 소집단에서 활동하게 함
교수적 수정	활동	• 활동 방법 • 활동 난이도	• 이야기나누기 시간에 잘 참여하지 않는 유아를 위하여 유아가 좋아하는 동물인형을 손에 끼고 진행함 • 복잡하고 어려운 과제를 여러 개의 작은 단계로 나누어 수행하게 함 • 종이 한 장을 모두 색칠하기 어려워하는 유아에게 색지를 이용해서 색칠하는 양을 줄여줌 • 색종이를 오려 붙이는 활동 중 색종이 크기를 크게 잘라줌
	교재	• 교재(놀잇감)	• 걸음걸이가 불안정하고 잘 넘어지는 유아가 워커 사용을 거부할 때 워커에 좋아하는 말 인형을 부착하여 사용하게 함 • 활동 영역에 유아가 좋아하는 주제의 놀잇감을 비치함 • 사회적 가치가 높은 놀잇감을 활동 영역에 비치하고 또래와의 상호작용에 참여하게 함 • 숟가락을 자주 떨어뜨리는 유아에게 손목 벨트가 달린 숟가락을 제공함

출처: 이소현(2011). 개별화 교육과정: 장애 유아를 위한 일반 유아교육과정 기반의 교수적 접근(p. 247). 서울: 학지사.

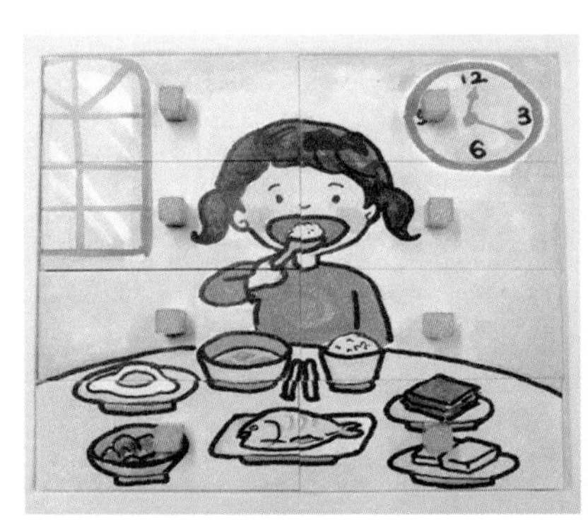

〈꼭지를 달아 쥐기 쉽게 수정한 퍼즐〉

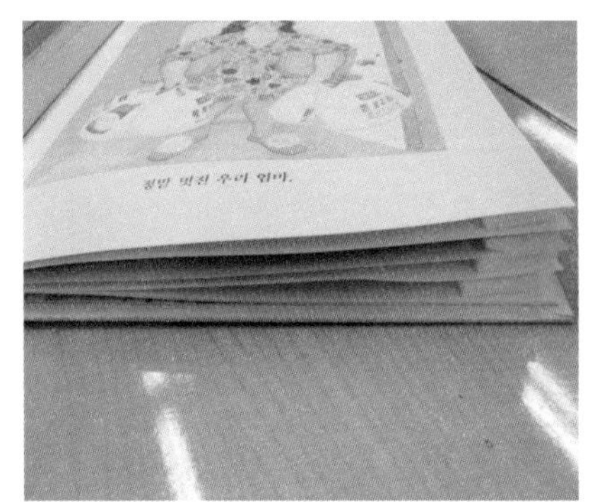

〈스티로폼을 붙여 넘기기 쉽게 수정한 책〉

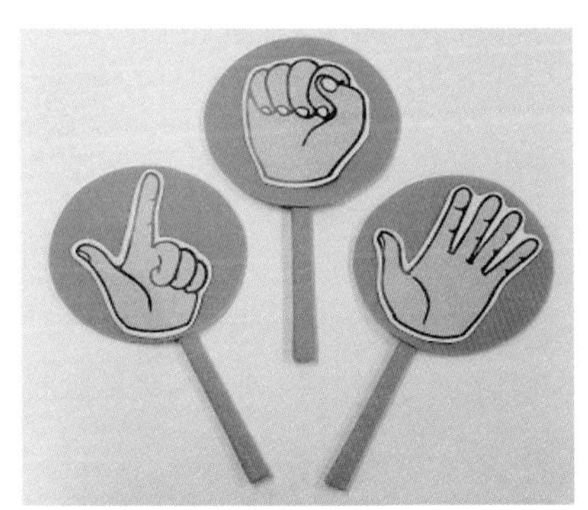

〈손 대신 사용하는 가위바위보 막대〉

〈조작하기 쉽게 수정한 퍼즐 조각〉

〈밑그림 또는 색깔 단서로 난이도 조절〉

〈모양과 색깔로 난이도 조절〉

그림 9-5 다양한 방법의 교육과정 수정 전략의 예

사진 출처: 이소현 외(2015). 장애 유아를 위한 3세 누리과정 교사용 지도서. 세종: 교육부.

2) 활동 중심 삽입교수

활동 중심 삽입교수는 '활동 중심 중재(activity-based intervention: ABI, Bricker & Woods-Cripe, 1992)'와 '삽입 학습 기회(embedded learning opportunity: ELO; Horn, Lieber, Li, Sandall, & Schwartz, 2000)'의 두 가지 유사한 교수전략의 개념을 혼합한 용어로(이소현, 2002), 유치원의 하루 일과에 따라서 진행되는 활동에 교수 활동을 삽입하여 장애 유아의 교수목표가 성취되게 하는 교수전략이다. 실제로 활동 중심 삽입교수는 교사의 단일 교수 행동을 의미하는 교수전략이기보다는 그러한 교수 행동을 어떤 방식으로 어떻게 적용할 것인지에 대한 교수적 접근이라고 할 수 있다. 그러나 장애 유아를 대상으로 활동 중심 삽입교수를 실행하기 위해서는 구체적인 계획과 실행의 방법론이 필요하기 때문에 이 부분에서는 교수전략에 포함시켜 설명하고자 한다.

[그림 9-6]에서 보는 바와 같이, 대부분의 학습은 일과와 활동이 운영되는 중에 유아가 자신의 흥미와 선호도를 기반으로 활동에 참여하게 될 때 이러한 참여가 학습 기회로 연계되면서 발생한다. 그러나 장애 유아는 일반 교육과정에 참여하는 것만으로는 자신에게 필요한 모든 학습 기회를 제공받을 수 없으며, 활동 중심 삽입교수는 이와 같은 사실을 전제함으로써 그 중요성이 강조된다. 즉, 대부분의 유아교육 프로그램이 하루 일과 전체를 통해서 학습의 기회를 제공하는 것은 사실이지만 장애 유아에게는 이러한 기회를 인식하고 학습할 수 있도록 구체적인 보조와 지원을 필요로 한다는 것이다(Odom et al., 2002). 그러므로 장애 유아를 교육함에 있어서 교사의 가장 중요한 역할 중 하나는 개별화교육계획에 포함된 교수목표를 습득할 수 있도록 학습 기회를 제공하는 것이다. 이를 위해서는 기존의 교육과정이 운영되는 중에 특별히 계획된 교수 장면을 포함시켜야 한다(Horn et al., 2000). 교육과정 운영 중에 사전에 계획된 교수 장면을 포함시키는 것은 넓은 의미에서 교수적 수정이라고 할 수 있으나, 여기서 말하는 활동 중심 삽입교수는 단순한 수정을 넘어서는 교수전략의 개념으로 유아 주도의 활동 중에 교사가 직접적으로 개입하는 구체적인 교수를 계획하고 진행한다는 측면에 더 큰 강조점을 둔다(이소현, 2011).

활동 중심 삽입교수를 실행하기 위해서는 앞에서도 강조하였듯이 교육과정을 구성하는 활동 자체가 질적으로 우수해야 한다. 잘 계획된 보다 우수한 활동은 그 속성상 장애 유아에게 더 많은 학습 기회를 제공하며, 삽입교수와 같은 교수적 개입이 이루어지는 경우에도 그 교수 효율성을 높여주기 때문이다. 그러므로 교사는 활동 중심 삽입교수를 실행하기 전에 우선적으로 질적으로 우수한 활동을 계획하고 진행할 수 있어

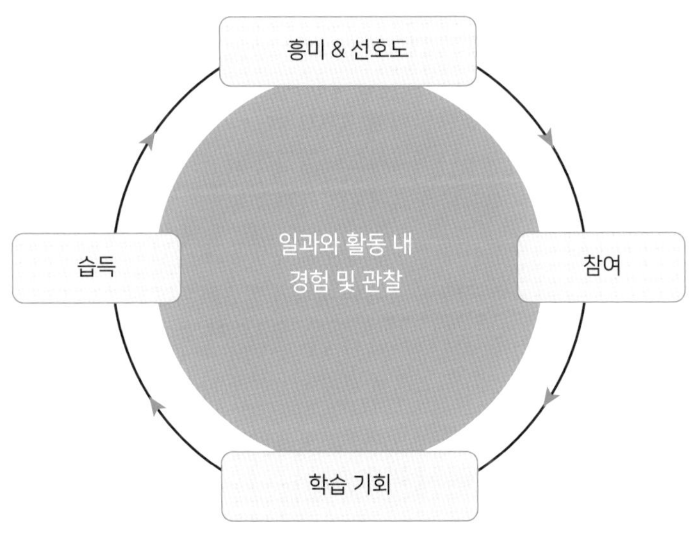

그림 9-6 일과와 활동 중에 발생하는 학습의 순환적 특성

출처: Dunst, C., Bruder, M., Trivette, C., Hmy, D., Raab, M., & McLean, M. (2001). Characteristics and consequences of everyday natural learning opportunities. *Topics in Early Childhood Special Education, 21*, 70.

야 하는데, 〈표 9-5〉는 질적으로 우수한 활동의 특성과 각 특성을 검토하도록 도와주는 질문의 예를 보여 준다.

활동 중심 삽입교수는 유아교육기관의 하루 일과나 활동 중에 장애 유아가 개별화 교육계획의 교수목표를 연습할 수 있도록 특정 시간을 선정하고 짧지만 체계적인 교수를 실행함으로써 유아로 하여금 필요한 기술을 자연적인 환경에서 성공적으로 사용할 수 있게 도와주는 방법이다. 예를 들어, 사물 명명하기 기술을 교수하는 경우 1:1의 분리된 교수 환경에서 가르치기보다는 활동 중에 인형놀이를 통한 신체 부위 명명하기, 상징놀이나 극놀이를 통한 다양한 옷과 부위 명명하기, 간식 시간을 통한 음식과 식사 도구 명명하기 등의 활동을 활용하여 교수할 수 있다. 이와 같은 교수가 효율적으로 이루어지기 위해서는 구체적인 방법론에 의한 체계적인 계획과 실행이 필요한데, 일반적으로 다음과 같은 세 단계로 이루어진다(Horn, Lieber, Li, Sandall, Schwartz, & Wolery, 2002; Sandall, Schwartz, Joseph, & Gauvreau, 2019).

- 1단계: 유치원 교육과정에 따라 장애 유아의 교수목표를 수정한다.
- 2단계: 교수목표를 학습할 수 있는 학습 기회를 구성한다.

표 9-5 질적으로 우수한 활동의 특성

특성	검토 질문
발달에 적합한 실제	• 활동이 나이에 적절한가? • 활동이 개별적으로 적절한가? • 활동이 문화적으로 관련 있는가?
학습목표에 대한 분명한 기대	• 유아가 활동의 일부로 무엇을 해야 하는지 알고 있는가? • 이 활동을 통하여 유아가 학습하도록 기대하는 것은 무엇인가?
역동성 및 융통성	• 활동이 유아의 다양한 기술을 통합하는가? • 교사는 유아의 특성과 요구에 따라 활동을 어떻게 수정하는가?
유아의 흥미 기반	• 이 활동에서 대부분의 유아가 가장 흥미로워하는 것은 무언인가? • 이 활동에서 특정 유아가 흥미로워하는 것은 무엇인가? • 유아의 선호도를 어떻게 병합하는가?
사실적 교재 및 상호작용 파트너 사용	• 교재가 유아에게 적절하게 사용되는가? • 교재가 유아에게 익숙하게 사용되는가? • 유아는 자신의 상호작용 파트너를 알고 있는가?
사회적 상호작용 기회 제공	• 유아는 이 활동에 누구와 함께 참여하는가? • 또래와 함께 놀이/작업할 기회가 주어지는가?
선택하도록 격려	• 이 활동에서 유아는 어떤 선택을 할 수 있는가? • 유아가 선택할 수 있는 기회가 얼마나 많은가?
"근접 발달 영역" 내에서의 적절한 도전	• 활동이 유아에게 너무 쉬운가? • 활동이 유아에게 너무 어려운가? • 유아의 성취를 위해서 얼마나 많은 교사 지원이 요구되며, 개별화를 위한 요구는 무엇인가?

출처: Snyder, P., McLaughlin, T., & Bishop, C. (2018). Maximizing contextually relevant learning opportunities through embedded instruction. In Division for Early Childhood (DEC), *Instruction: Effective strategies to support engagement, learning, and outcomes* (DEC Recommended Practices Monograph Series No. 4, p. 57). Washington, DC: Author.

- 3단계: 삽입교수를 계획하고 실시하고 평가한다.

〈표 9-6〉은 이상의 세 단계 구체적인 방법론의 단계별 절차 및 실행 내용을 보여준다. 표에서 보는 바와 같이 활동 중심 삽입교수를 적용하는 교사는 1단계에서 먼저 무엇을 가르칠 것인지를 확인하기 위하여 교수목표를 점검해야 한다. 즉, 유아의 개별화교육계획 교수목표를 검토하여 활동 중에 가르칠 수 있는 형태의 목표인지를 확인

표 9-6 활동 중심 삽입교수의 실행 단계별 절차 및 내용

단계	절차	주요 실행 내용
1단계	교수목표 점검 및 수정	개별 장애 유아의 개별화교육계획 교수목표와 학급에서 진행될 일과와 활동의 교수목표를 검토하여 유아의 개별 교수목표를 기존의 일과와 활동 중에 삽입하여 교수할 수 있는 형태로 재서술한다.
2단계	학습 기회 구성	일과와 활동 계획을 분석하여 개별 장애 유아의 교수목표를 삽입하여 교수할 수 있는 적절한 학습 기회를 판별한다. 이때 활동-기술 도표를 활용하면 학습 기회를 효율적으로 판별할 수 있을 뿐만 아니라 하루 전반에 걸친 학습 기회를 한눈에 파악할 수 있다.
3단계	삽입교수 계획	개별 장애 유아의 교수목표를 판별된 학습 기회에 삽입하여 교수할 수 있도록 교수전략 및 평가 계획을 포함한 구체적인 교수계획을 작성한다. 이때 교사 또는 학급에서 정한 특정 양식의 활동 중심 삽입교수 계획표를 사용하면 보다 편리하고 일관성 있는 교수계획이 가능하다.
	삽입교수 실시	전 단계에서 수립한 계획에 따라 삽입교수를 실시한다. 일과와 활동이 진행되는 중에 활동 중심 삽입교수가 성공적으로 실시되기 위해서는 교수계획에 대한 교사(들)의 숙지가 반드시 필요하며, 교수 실시에 대한 중재 충실도를 점검하는 것이 좋다.
	삽입교수 평가	삽입교수 실시에 대한 평가를 실시한다. 즉, 유아가 자신의 교수목표를 성취하였는지에 대하여 교수계획에 포함된 평가 계획에 따라 진도점검을 실시한다. 이때 진도점검은 계획에 따라 정기적으로 실시하는 것이 좋으며, 그 결과는 이후에 교수계획을 수정하기 위한 기준 자료로 활용된다.

한 후 그렇지 않은 경우 활동 중에 교수할 수 있는 형태로 수정하게 된다. 2단계는 교수목표를 언제 가르칠 것인지를 결정하는 단계로, 기존의 일과 전반을 검토하여 1단계에서 수정된 교수목표를 학습하기에 적합한 활동을 선정하게 된다. 이때 활동-기술 도표 등의 체계적인 방법을 사용하면 효율적으로 계획할 수 있다(이수정, 이소현, 2005; Gauvreau & Sandall, 2018). 마지막으로, 3단계에서는 1단계에서 수정한 교수목표를 2단계에서 선정한 활동 중에 가르치기 위한 구체적인 교수방법을 계획하고 실시하고 평가하게 된다. 즉, 교사가 직접적으로 사용하게 될 교수전략과 진도점검의 방법 등을 구체적으로 계획하고 실행한 후 실제로 학습이 발생했는지 평가하게 된다. 활동 중심 삽입교수는 우리나라에서도 장애 유아의 특정 기술 학습이나 또래 상호작용 증진 등에 효과적인 전략으로 그 성과가 인정된다(김지현, 2010; 윤신명, 이소현, 2015; 원종례,

2007; 원종례, 이소현, 2006; 이수정, 이소현, 2005; 이지연, 이소현, 2008; 허수연, 이소현, 이수정, 2008). 활동 중심 삽입교수의 실행을 위한 구체적인 방법론은 『개별화 교육과정』(이소현, 2011)의 8장, 『유치원 통합교육 가이드북』(이소현 외, 2017)의 4장, 『통합유치원 운영 모델』(이소현 외, 2018)의 3장 등 기존의 다양한 자료를 통하여 확인할 수 있다.

활동 중심 삽입교수는 유아교육기관의 자연적인 일과와 활동 중에 진행된다는 성격상 일과 중심 교수전략(routine-based strategies), 놀이 중심 중재(play-based intervention), 이동 중심 교수(transition based instruction) 등 다양한 유사 개념의 전략으로도 소개되고 있다. 일과 중심 교수전략은 이야기나누기 시간이나 간식 시간 등 기존의 예상 가능한 일과 중에 교수를 삽입한다는 의미로 사용되며(Johnson, Rahn, & Bricker, 2015; Schwartz & Woods, 2015), 놀이 중심 중재는 유아가 놀이하는 중에 기술을 습득하도록 교수를 제공하거나 촉진하는 것을 말한다(Linder, 2008). 이동 중심 교수는 일과 중 한 활동에서 다른 활동으로 넘어가는 중에 학습 기회를 제공하는 방법이다(Johnson et al., 2015; Vaiouli & Ogle, 2015).

3) 자연적 교수전략

자연적 교수전략은 특정 기술을 가르치기 위하여 학급이나 기타 자연적인 환경 내에서 일상적으로 발생하는 사건이나 활동을 활용하는 교수전략으로 정의된다(Deer, Rowland, & Rule, 1994; Macy & Bricker, 2006). 주로 환경 구성, 촉진, 반응적 상호작용 등의 구체적인 방법을 통하여 장애 유아의 언어나 사회적 상호작용 등의 기술을 교수하는 데 사용된다(Grisham-Brown & Hemmeter, 2017b). 자연적 교수전략은 환경 교수(milieu teaching) 또는 강화된 환경 교수(enhanced milieu teaching)라고도 불리며, 통합교육 현장에서 이상적인 교수전략으로 여겨진다. 이것은 자연적 교수전략이 유아가 주도하고 교사가 안내하는 절차를 사용함으로써 발달에 적합한 실제를 반영하기 때문이다(Copple & Bredekamp, 2009). 실제로 자연적 교수전략은 다양한 유형의 장애를 지닌 유아에게 효과적인 전략으로 알려져 있으며(박혜성, 이소현, 2012), 우리나라에서도 구체적인 실행을 통하여 그 교수적 성과가 보고되고 있다(김기옥, 2007; 박나리, 채수정, 2007; 박지은, 김정민, 노진아, 2014; 윤혜준, 이소현, 2017; 이지현, 조광순, 2005).

자연적 교수전략으로 가장 많이 사용되는 대표적인 교수전략으로는 우발교수(Hart & Risley, 1968), 요구모델(Rogers-Warren & Warren, 1980), 시간지연(Halle et al., 1979)의 방법이 있다. 우발교수는 장애 유아의 의사소통 및 기타 기술을 촉진하기 위한 효과적인 방법으로 알려져 있다(Schwartz & Woods, 2015). 우발교수는 주로 의사소통 기술을 촉진하기 위하여 자유선택활동 등의 비구조화된 상황에서 자연적으로 발생하는 장면을 이용하는 전략으로, 유아가 선호하는 물건을 의도적으로 손에 닿지 않으면서 잘 보이는 곳에 두어 시작행동이 요구되는 환경을 조성하거나 유아의 기대에 어긋나는 행동을 하거나 도움이 필요한 상황을 만드는 등의 방법을 사용한다. 이때 교사는 요구하기, 확장하기, 기다리기, 시범, 강화 등의 전략을 사용한다.

요구모델은 우발교수가 유아 주도 교수전략인 것과는 달리 유아의 시작행동을 기다리지 않고 교사가 먼저 특정 반응을 요구하는 교사 주도의 방법이다. 즉, 우발교수에서는 유아의 주도로 시작행동이 발생하는 경우에만 교사가 요구하기나 시범 보이기를 사용하지만 요구모델에서는 유아의 주도와는 상관없이 교사가 먼저 특정 반응을 요구하는 교수를 하게 된다. 이때 교사는 유아의 관심을 활용해서 특정 반응을 요구하는 질문을 하게 되며, 이를 통하여 사물 요구하기 행동이나 발성, 발화, 어휘력 증가 등 다양한 기술 학습이 효과적으로 이루어진다.

시간지연은 앞에서 설명한 우발교수나 요구모델을 사용할 때 교사의 구어 촉진에 의존하는 것을 막기 위하여 유아의 반응을 기다리는 시간을 체계적으로 조절하여 촉진 의존성을 감소시키고 자발적인 반응을 증진시키는 전략이다. 자연적 시간지연이라는 용어로도 불리며, 자발적인 요구하기나 명명하기 기술 습득에 효과적이다. 특히 옷 입기나 손 씻기와 같이 연속적으로 이루어지는 활동을 교수할 때 많이 사용된다. 시간지연의 형태에 따라 정해진 시간을 기다리는 고정 시간지연과 기다리는 시간을 점차 변동시키는 점진적 시간지연의 두 가지로 분류된다.

이상의 우발교수, 요구모델. 시간지연 등 자연적 교수전략의 구체적인 실행 방법에 대해서는 『개별화 교육과정』(이소현, 2011)의 9장을 참조할 수 있다.

4) 교사 주도 교수전략

교사 주도 교수전략은 사회적 상호작용을 증진시키거나 특정 기술을 가르치기 위한 목적으로 교사가 직접 실행하는 중재를 의미한다(Gargiulo & Bouck, 2018). 그러므로 이 장의 앞부분에서 설명한 교육과정 수정이나 활동 중심 삽입교수, 자연적 교수전략, 또는 8장에서 설명한 환경 구성을 통한 교사의 모든 교수 활동은 엄격히 말해서 교사 주도 교수전략이라고 할 수 있다. 그러나 여기서는 교사 주도 교수전략을 교사가 특정 기술이나 행동 발생 등을 목적으로 유아에게 제공하는 직접적인 교수 행동으로 정의하고자 하며, 따라서 이와 같은 교사의 교수 행동은 앞에서 설명한 활동 중심 삽입교수나 자연적 교수전략 내에서도 핵심적으로 사용된다.

일반적으로 유아의 행동은 그 행동과 연관된 선행사건 및 후속결과와의 관계 속에서 발생한다. 예를 들어, 앞에서 설명한 자연적 교수전략 적용 사례 중 유아가 요구하기 행동을 하도록 좋아하는 놀잇감을 손이 닿지 않는 곳에 두거나 친구하고 같이 놀자고 말하라고 지시하는 등의 교사의 행동은 선행사건에 해당한다. 이러한 선행사건을 통해서 발생한 유아의 요구하기 행동은 원하는 놀잇감을 갖게 되거나 친구와 함께 놀게 되는 자연적인 결과에 의해서 영향을 받는데, 이러한 자연적인 결과가 후속결과라 할 수 있다. 이렇게 특정 행동이 기대되는 상황에서 유아의 행동이 나타나지 않는다면 교사의 직접적인 교수 행동이 추가되는데, 주로 특정 행동이 발생하도록 지원하는 촉진과 행동 후에 주어지는 피드백이 많이 사용된다.

(1) 촉진

촉진은 유아로 하여금 교사가 원하는 반응을 하도록 도와주는 모든 방법을 의미한다(Wolery, Bailey, & Sugai, 1988; Vargas, 2013). 그러므로 촉진은 유아가 특정 반응을 하도록 돕거나 특정 반응을 하는 과정에서 시행착오 없이 정확한 반응을 하도록 돕기 위해 사용된다. 촉진은 그 주어지는 형태에 따라서 다양한 유형으로 분류된다. 유아특수교육 현장에서 가장 많이 사용되는 촉진에는 말로 지시하는 구어 촉진, 몸짓으로 지시하는 몸짓 촉진, 말 또는 몸짓으로 직접 과제 수행을 보여 주는 시범 촉진, 행동과 관련되는 부분을 만지거나 사물을 만지게 하는 접촉 촉진, 부분적이거나 완전하게 행동을 안내하는 신체 촉진, 사물의 위치를 활용하는 공간 촉진, 그림이나 사진 등의 시각적 단서를 활용하는 시각적 촉진, 과제 수행과 관련된 단서를 활용하는 단서 촉진 등이 있다(Gargiulo & Kilgo, 2020; Noonan & McCormick, 2014; Grisham-Brown & Hemmeter, 2017a). 〈표 9-7〉은 이러한 촉진이 각각 어떻게 사용될 수 있는지를 설명하고 각 촉진이 실제로 적용된 예를 보여 준다.

촉진은 행동주의 학습 이론에서 출발한 교수전략이지만 장애 유아를 위한 교육 현장에서 자연적인 일과와 활동 중에 손쉽게 사용될 수 있는 효과적인 방법이다(Grisham-Brown & Hemmeter, 2017b). 촉진이 보다 효율적인 교수전략으로 사용되기 위해서는 가장 적절한 촉진의 형태와 방법을 선정할 수 있는 교사의 이해와 주의 깊은 계획이 선행되어야 한다. 예를 들어, 새로운 기술을 습득하는 과정에서는 실수 또는 시

표 9-7 촉진의 종류에 따른 수행 방법 및 적용의 예

종류	방법	적용의 예
구어 촉진	주어진 과제를 수행하도록 직접적으로 또는 간접적으로 지원하는 단순한 지시 또는 설명으로, 이때 사용되는 말은 유아가 이해하기 쉽도록 짧고 간결해야 한다.	• 도형 맞추기 교재를 쳐다보고 있는 유아에게 "어떤 도형이 구멍에 맞을까?"라고 말한다. • 손을 씻기 위해서 수도 손잡이를 잘못된 방향으로 돌리고 있는 유아에게 "다른 쪽으로 돌려 봐."라고 말한다.
몸짓 촉진	과제를 수행하도록 안내해 주는 가리키기 등의 몸짓으로, 단독으로 사용되기도 하지만 주로 구어 촉진과 함께 사용된다.	• 위의 손 씻기 예에서 구어 촉진과 함께 손가락으로 수도꼭지를 틀어야 하는 방향을 가리킨다. • 퍼즐놀이를 끝낸 유아에게 치우라고 말하면서 퍼즐을 가리키고 곧이어 선반을 가리킨다.
시범 촉진	구어나 신체 촉진, 또는 두 가지를 함께 사용해서 과제의 일부 또는 전체를 수행하는 모습을 보여 주는 방법으로, 주로 유아가 기대하는 행동을 수행할 수 있을 때 사용된다.	• 놀잇감의 이름을 말하고 따라 하게 한다. • 한 발 뛰기나 구르기 등의 신체 활동을 직접 수행하면서 보여 주고 따라 하게 한다. • 한쪽 운동화를 신겨 주면서 "이쪽은 선생님이 도와줄 테니 저쪽은 혼자 신어 보렴."이라고 말한다.
접촉 촉진	접촉을 활용하는 방법으로, 유아의 특정 신체 부위를 만지거나 유아가 특정 사물을 만지게 하는 두 가지 형태로 사용된다. 사물을 만지게 하는 방법은 특히 시각장애 유아나 수용언어의 발달이 지체된 유아에게 유용하게 사용될 수 있다.	• 식사시간에 숟가락을 입으로 가져가면서 입을 벌리라는 뜻으로 턱을 살짝 건드린다. • 식사시간을 알리기 위해서 숟가락을 만지게 한다. • 이야기나누기 시간에 의자에 앉으라는 뜻으로 어깨를 지그시 누른다.
신체 촉진	과제를 수행하도록 신체적으로 보조하는 방법으로 부분적이거나 완전한 보조의 형태로 주어진다.	• 식사시간에 숟가락을 사용하도록 팔꿈치에 가만히 손을 대고 있는다(부분적인 신체 촉진). • 물을 마실 때 컵을 잡은 유아의 손을 잡고 마시도록 보조한다(완전한 신체 촉진).
공간 촉진	행동 발생 가능성을 높이기 위해서 사물을 특정 위치(예: 과제 수행을 위해서 필요한 장소, 유아에게 더 가까운 장소)에 놓아 과제 수행을 상기시키는 방법이다.	• 손을 씻을 때 수건을 세면대 가까이에 가져다 놓아 손을 닦도록 보조한다. • 숟가락을 그릇에 꽂아두어 손가락이 아닌 숟가락으로 음식을 먹도록 보조한다.

〈계속〉

종류	방법	적용의 예
시각적 촉진	그림이나 사진, 색깔, 그래픽 등의 시각적인 단서를 사용해서 과제 수행의 주요 요소를 보여 주는 방법으로, 정기적으로 수행되거나 순서대로 수행되는 활동을 보조하기 위하여 많이 사용된다.	• 교재 선반이나 보관함에 사진을 붙여 독립적으로 정리할 수 있도록 돕는다. • 화장실 개수대 위에 손 씻는 순서를 사진으로 붙여 적절한 방법으로 손을 씻도록 보조한다. • 사진 또는 그림으로 만든 시간표를 붙여 하루 일과와 활동의 진행을 알고 따르게 한다.
단서 촉진	과제 수행의 특정 측면에 대한 직접적인 관심을 유도하기 위한 방법으로, 구어 또는 몸짓으로 단서를 제공한다. 이때 사용되는 단서는 과제를 가장 잘 대표할 수 있는 것이어야 한다.	• "자, 식사시간이다."라고 말하면서 손가락으로 숟가락을 가리키거나, 식사시간에 "숟가락을 들자."라고 말한다(식사의 특성을 가장 잘 나타내는 숟가락이라는 단서를 사용해서 독립적인 식사 기술을 촉진한다).

행착오를 막기 위해서 개입이 큰 촉진의 형태부터 사용하고 점차 교사의 개입 정도가 낮은 촉진으로 변경할 수 있다(Collins, 2012). 이미 수행이 가능한 행동 발생을 위해서는 가장 개입의 정도가 낮은 촉진부터 사용함으로써 최소한의 필요한 지원만 제공할 수 있어야 한다(Grisham-Brown, Schuster, Hemmeter, & Collins, 2000). 또한 촉진을 통하여 습득된 기술이 자연적인 환경에서 촉진이 없어도 발생할 수 있게 하기 위해서는 제공되던 촉진을 점차 소거해야 한다. 이를 위해서 앞부분의 자연적 교수전략에서 설명한 시간지연의 방법을 사용할 수 있다. 시간지연은 촉진 제공까지의 시간을 다양하게 조절함으로써 습득된 행동은 유지하면서 촉진의 양은 점차 줄여갈 수 있게 해 주는 전략이다. 실제로 미리 정해진 시간만큼 촉진을 지연하는 고정 시간지연이나 지연 시간을 점차 변동시키는 점진적 시간지연을 통하여 다양한 유형의 장애를 가진 유아들이 다양한 기술을 습득한 것으로 보고된다(Aldemir & Gursel, 2014; Clark & McDonnell, 2008; Ledford & Wolery, 2013). 마지막으로, 교사가 촉진을 사용할 때에는 중재 충실도를 반드시 고려해야 한다. 중재 충실도란 교수전략을 사용할 때 그 절차가 얼마나 정확하게 이루어지는지를 의미한다. 최근에 강조되는 실행 과학(implementation science)에 의하면 교사가 중재 충실도에 대한 훈련을 받고 실제로 충실하게 실행할 때 유아의 학습 가능성이 높아지는 것으로 보고된다(Odom, 2009; Odom et al., 2010). 그러므로 교사는 중

재 충실도 수준이 학습 성과로 이어진다는 사실을 명심하고 철저한 계획과 준비를 거쳐 성실하게 전략을 사용해야 할 것이다.

(2) 피드백

피드백은 유아의 행동 후에 주어지는 교사의 행동을 의미한다. 주로 유아가 수행한 행동과 관련된 정보를 제공하게 되는데, 특정 교수 상황에서 유아가 자신이 수행한 행동에 대하여 바르게 행동했는지 그렇지 않은지를 알게 하기 위하여 제공하는 교사의 행동을 말한다. 피드백은 유아의 행동에 따라 두 가지로 나누어지는데, 유아가 기대하는 행동을 보이는 경우에는 강화가 주어지며 부적절하거나 부정확한 반응을 보이는 경우에는 교정 피드백이 주어진다.

강화란 유아의 행동에 뒤따라 제공됨으로써 그 행동의 발생률을 높이는 보상적인 물건, 사건, 또는 활동으로 정의된다(Alberto & Troutman, 2012). 즉, 강화는 유아가 정반응을 보인 후에 주어지는 긍정적인 피드백으로 유아가 좋아하는 음식이나 놀잇감일 수도 있고, 좋아하는 활동일 수도 있으며, 칭찬 등의 사회적 보상일 수도 있다. 특히, 칭찬이나 격려 등의 언어적 강화는 장애 유아 교육 현장에서 유용하게 사용되는 교수전략으로 대부분의 교사가 손쉽게 사용하고 있다. 최근에는 교사가 칭찬을 사용하는 경우 교사에게 유아의 행동을 통제하는 권위가 부여된다는 측면에서 바람직하지 않다는 주장이 제기되면서 칭찬보다는 격려의 형태로 강화를 사용하도록 권장되기도 한다(Brummelman et al., 2014). 그러나 칭찬은 적절한 상황에서 적절한 방법으로 사용된다면 격려와 다를 바 없으며 그러한 부정적인 우려보다는 교수적 성과가 더 우선되는 것으로 강조되기도 한다(Bayat, 2015).

장애 유아에게 칭찬을 사용할 때에는 최대한의 교수적 성과가 뒤따를 수 있도록 교사의 각별한 관심이 기울여져야 한다. 먼저 칭찬을 사용할 때에는 체계적인 계획을 먼저 세워야 한다. 계획 없이 또는 불필요할 때 이와 같은 전략을 사용하게 되면 효과적인 교수가 될 수 없으며, 성인에게 의존하게 만듦으로써 내적 동기보다는 외적 동기에 의존하게 될 수 있다. 그러므로 칭찬은 적절한 상황에 적절한 빈도로 사용되어야 하며, 유아의 독립성을 증진시키기 위해서 적당한 때에 소거되어야 한다. 즉, 행동 발생을 위해서 필요한 칭찬의 양을 잘 판단해서 체계적인 방법으로 그 양을 줄여가야 하며, 제공된 칭찬이 효과적이지 않다고 판단될 때에는 다른 방법으로 즉시 수정하는 것이 좋다. 특히, 상황에 따라서는 칭찬 자체가 활동에 방해가 될 수도 있기 때문에 칭찬이 진행 중인 활동을 방해하지 않는지 주의를 기울여야 한다. 또한 칭찬을 제공할 때 교사는 유아가 교사에게 주의를 기울이고 있는지를 먼저 확인해야 한다. 유아가 주의를 기울이고 있지 않을 때 주어지는 칭찬은 기대한 효과를 얻을 수 없기 때문이다. 뿐만 아니라 칭찬의 내용이 유아의 행동을 구체적으로 설명하는 것이어야 한다. 이것은 유아로 하여금 자신의 어떤 행동이 칭찬을 받았는지 분명히 알게 함으로써 이후의 행동에 영향을 미치기 때문이다. 예를 들어, "잘했어." "좋아." "멋지다." 등의 표현은 구체적으로 어떤 행동을 칭찬하는지 알기가 어렵다. 행동 발생을 기대하면서 주어지는 칭찬은 "혼자 지퍼를 올렸구나. 참 잘했다." "친구랑 함께 사이좋게 노는 모습이 참 보기 좋구나." 등 교수 대상 행동을 직접적으로 언급하는 표현이어야 한다. 마지막으로, 체계적인 계획에 의해서 칭찬을 사용하는 경우에 유아의 교육에 참여하는 모든 사람과 그 정보를 공유하는 것이 좋다. 교사나 부모, 기타 전문가가 동일한 반응으로 일관성 있는 교수를 진행한다면 유아의 행동 습득과 유지 및 일반화에 보다 긍정적인 영향을 미칠 수 있을 것이다.

유아의 바람직한 행동에 주어지는 강화와는 달리 교정 피드백은 유아가 상황에 적절하지 않은 행동을 보이거나 부정확한 반응을 보일 때 사용되는 교수전략으로, 유아로 하여금 자신의 행동이 부정확하거나 수용할 수 없다는 사실을 알게 하고 보다 적절하게 행동하도록 보여 주는 방법이다. 예를 들어, 지나가는 고양이를 보면서 "강아지."라고 말하는 유아에게 강아지가 아니라 고양이라고 교정해 주지 않는다면 고양이와 강아지가 어떻게 다른지 학습할 수 있는 기회를 놓치게 된다. 교정 피드백을 제공할 때 가장 주의해야 할 점은 체벌과 같은 부정적인 형태로 제공되어서는 안 되며, 유아가 스스로 어떻게 행동해야 하는지 알 수 있도록 정보를 제공하고 행동을 안내하는 차원에서 제공되어야 한다(Sandall et al., 2019). 따라서 교정 피드백은 중립적인 톤의 음성으로 제공하는 것이 좋다. 예를 들어, 블록 영역에서 친구가 들고 있는 공룡 인형을 빼앗은 영호에게 "영호야, 공룡은 민수가 먼저 가지고 놀고 있었어. 너도 놀고 싶으면 민수한테 먼저 물어보자." "민수한테 말하고 차례를 기다리자." "민수한테 나도 같이 놀자고 말하자." 등 영호의 요구 내용이나 상황에 맞추어 행동을 교정하도록 피드백을 줌으로써 이후의 유사한 상황에서 요구하기, 차례 지키기, 함께 놀이하기 등의 행동을 할 수 있도록 교수하는 기회로 삼을 수 있다.

5) 또래 중개 교수전략

또래 중개 교수전략은 장애 유아의 학습과 발달을 촉진하기 위하여 또래를 활용하는 전략을 모두 포함한다(Grisham-Brown & Hemmeter, 2017b). 예를 들어, 또래가 특정 행동을 시범 보이게 한다거나 놀이 중에 상호작용을 주도하게 하는 등의 방법을 말한다. 즉, 또래 중개 교수전략에서 또래는 교사의 훈련에 따라 장애 유아의 행동을 변화시키고 전학문 기술이나 사회 의사소통 및 놀이 기술을 증진시키는 역할을 하게 된다(Strain & Bovey, 2015). 이와 같이 또래가 중개하는 지원 전략은 유아뿐만 아니라 초등 및 중등까지 포함하는 전 연령대 학생에게 그 효과가 입증된 증거 기반의 실제로 알려져 있다(Carter, Sisco, & Chung, 2017; Guralnick, 2010; Meyer & Ostrosky, 2014).

또래 중개 교수전략은 장애 유아를 위한 교육 현장에서 다양한 혜택을 가져다준다(Milam, Velez, Hemmeter, & Barton, 2018). 첫째, 습득된 기술의 일반화를 촉진한다. 즉, 또래 중개 교수전략은 학급의 일과와 활동 중에 자연스럽게 포함되는 또래를 대상으로 자연적인 환경에서 기술을 연습할 수 있는 기회를 제공받기 때문에 다양한 사람과 상황으로의 일반화를 가능하게 해 준다. 둘째, 또래 중개 교수전략은 유아에게 양질의 사회적 상호작용을 위한 기회를 제공해 준다. 이것은 교수전략 자체가 또래를 포함하기 때문이며, 교사가 점차 이들의 상호작용 중에 제공하던 촉진이나 개입을 소거시킨 후에도 또래의 지원이 계속되면서 질적으로 우수한 사회적 상호작용이 지속될 수 있다는 것이다. 셋째, 또래 중개 교수전략은 발달지체, 언어지체, 다운 증후군, 자폐 범주성 장애 등 다양한 유형의 장애를 지닌 유아와 정서적 고립 등의 장애위험 유아에게도 효과적인 교수전략으로 보고된다(Goldstein, Schneider & Thiemann, 2007; Smith, Simon, & Bramlett, 2009; Strain & Bovey, 2015). 이상의 교육적 성과를 통한 혜택에 기반하여 미국 조기교육분과(DEC)의 추천의 실제(recommended practices)에서는 유아에게 기술을 가르치고 학습과 참여를 촉진하기 위한 방법으로 또래 중개 교수를 사용하도록 권장한다(DEC, 2014).

이와 같이 또래 중개 교수전략은 장애 유아를 위한 교육 현장에서 효과적이고 실행 가능한 전략으로 알려져 있지만 나이가 어린 유아를 대상으로 실시하는 데에는 어려움이 따르는 것 또한 사실이다(Katz & Girolametto, 2013). 그러므로 교사는 중재자의 역할을 하게 될 또래를 선정하고 교육시키고 전략을 실시하도록 지원하는 전 과정에 걸쳐 그 방법론적 내용을 잘 알고 주의 깊게 계획하고 실행해야 한다. 또래 중개 교수전략의 구체적인 방법은 일반적으로 그 지향하는 성과에 따라 사회적 지원과 학업 지원으로 나눌 수 있는데, 사회적 지원은 사회적 상호작용 증진을 목표로 하며 학업 지원은 특정 과제의 수행이나 기술의 습득을 목표로 한다(Carter et al., 2017). 그러나 장애 유아의 경우 교육과정 운영상 이와 같은 구분이 불명확한 경우가 많으므로, 이 부분에서는 중재가 지향하는 성과보다는 지원의 형태에 따라 또래 주도 중재와 협동학습으로 구분하여 살펴보고자 한다.

(1) 또래 주도 중재

또래 주도 중재는 또래로 하여금 다른 유아의 학습이나 참여를 촉진하게 하는 방법이다. 장애 유아를 위한 또래 주도 중재는 특히 시작하기 및 반응하기와 나누기 등의 사회적 행동과 상호작용을 증진시키는 가장 효과적인 전략으로 알려져 있다(Odom, Hoyson, Jamieson, & Strain, 1985; Hughett, Kohler, & Raschke, 2013; Stanton-Chapman & Hadden, 2011).

일반적으로 또래 주도 중재를 위해서는 전형적인 발달을 보이는 같은 학급의 유아 중에서 사회성이 우수하고 장애 유아와 부정적인 상호작용의 경험이 없으면서 출석률이 높고 교사의 교수에 잘 집중할 수 있고 지시를 잘 따르는 유아를 또래로 선정하게 되며, 선정된 또래는 교수의 중요한 부분을 역할하게 된다. 그러나 이때 교사는 교수 활동을 또래에게 전적으로 맡기는 것이 아니라 교사의 주의 깊은 계획과 감독에 의해서 진행되어야 함을 인식해야 한다(Kohler & Strain, 1990). 또래 주도 중재가 성공적으로 이루어지기 위해서는 교사가 또래를 훈련하고 역할을 수행하도록 안내할 때 다음과 같은 점을 특별히 고려해야 한다(Pretti-Fonczak, Grisham-Brown, & Hemmeter, 2017): (1) 장애 유아가 필요로 하는 최소한의 지원만 제공하게 한다, (2) 장애 유아가 가능한 한 독립적으로 수행하도록 허용하게 한다, (3) 학급의 모든 일과와 활동에 적극적으로 참여하게 한다. 또한 학급 내 모든 유아에게 또래가 될 수 있는 기회를 제공하고, 또래와 대상 유아의 관심이 유사한지 확인하며, 한 명의 또래에게 과중한 부담이 가지 않도록 복수의 또래를 활용하며, 적절한 훈련과 피드백을 제공하는 등 다양한 측면의 방법론적 실행을 고려하는 것이 좋다(〈표 9-8〉 참조).

또래 주도 중재를 위하여 많이 사용되는 방법에는 또래 감독, 또래 교수, 또래 시범, 또래 상호작용 훈련, 집단 강화 등이 있다. 또래 감독은 주로 장애 유아의 문제행동을 감소시키기 위한 방법으로 많이 사용된다. 또래 교수는 학업 기술의 증진을 위해서 또래가 직접 학업 내용을 교수하게 하는 방법으로 장애 유아가 특정 과제를 완수하거나

표 9-8 또래 주도 중재 시 고려할 점

고려점	중요성
모든 유아에게 또래로 참여할 기회를 제공한다.	모든 유아는, 심지어 장애를 지닌 유아까지도 또래로 역할 할 수 있다. 또래 주도 전략에서 중요한 것은 다른 유아가 목표한 성과를 성취할 수 있도록 도울 수 있는 또래를 찾아내는 것이다. 장애 또는 발달지체 유아는 학급에서 '아기'처럼 여겨지는 경우가 종종 있다. 그러나 이들은 무엇인가를 해 주어야 하는 존재가 아니라 무엇인가를 함께 할 수 있는 존재로 여겨져야 한다.
공동의 흥미를 기반으로 집단을 구성한다.	공동의 흥미를 지닌 유아들은 함께 지속적인 놀이와 상호작용에 참여할 가능성이 높다.
복수의 또래 조합을 활용한다.	한 명의 유아가 또래로 역할을 하게 되는 경우에는 쉽게 지칠 수 있으며, 또한 한 명에게만 너무 의존하게 되므로 복수의 유아가 함께 참여할 수 있도록 기회를 제공할 필요가 있다.
또래에게 훈련과 지원과 긍정적이고 설명적인 피드백을 제공한다.	실행 충실도를 확인하고 참여에 대한 동기 수준이 잘 유지되고 있는지 확인한다.

출처: Pretti-Fonczak, K., Grisham-Brown, J., & Hemmeter, M. (2017). Focused instructional strategies. In J. Grisham-Brown & M. Hemmeter (Eds.), *Blended practices for teaching young children in inclusive settings* (p. 135). Baltimore, MD: Brookes.

특정 기술을 수행하도록 또래가 교수하는 방법이다. 또래 시범은 또래를 바람직한 행동의 시범자로 활용하는 방법인데 또래 모방 훈련과 따라하기 훈련의 두 가지 방법이 사용된다. 또래 모방 훈련의 경우에는 또래의 행동을 모방시키기 위해서 언어와 신체 촉진 및 칭찬을 사용하는데, 주로 자연적인 환경에서 또래가 보이는 단순한 행동을 모방하도록 지시한 후에 촉진을 하거나 칭찬을 해 주는 방법으로 비교적 행동의 유지와 일반화 효과가 큰 것으로 보고된다. 따라하기 훈련은 이미 모방 기술을 지니고 있는 장애 유아를 대상으로 또래가 먼저 복잡한 기술을 보이게 한 후 따라하게 하는 방법으로 주로 구조화된 상황에서 실시된다. 또래 상호작용 훈련은 직접교수, 역할놀이, 촉진 등의 방법으로 또래를 먼저 훈련한 뒤에 상호작용 증진을 위한 구조화된 놀이 상황에서 장애 유아와의 상호작용을 시작하게 하는 방법으로, 유아의 사회적 행동(예: 시작하기, 반응하기, 나누기)을 증가시키는 가장 효과적인 방법으로 알려져 있다. 또래 상호작용 훈련은 또래와의 상호작용 증진과 관련된 실험연구에서 가장 많이 사용되는 방법으로, 우리나라에서도 또래 훈련을 통하여 장애 유아의 또래 상호작용을 증진시킨 많은 연구 결과가 보고되었다(김지연, 최윤희, 2009; 김지현, 2012; 신수진, 이소현, 2014; 이명희, 박은혜, 2007; Cho & Lee, 2006). 일반적으로 또래 상호작용 훈련은 몇 회기에 걸쳐서 나누기, 놀이 제안하기, 도와주기, 칭찬하기(또는 애정 표현하기) 등의 사회적 기술의 개념을 소개하고 각 기술을 사용할 수 있도록 훈련하는 절차로 진행되는데, 각 훈련 회기는 주로 대상 친구와 함께 놀아야 하는 이유 또는 중요성에 대해 이야기를 나눈 후 특정 기술을 사용해서 친구를 놀이로 끌어들이고 유지하는 방법을 학습시키기 위해서 연습, 역할놀이, 피드백 등의 전략이 사용된다(Lee & Odom, 1996; Lee, Odom, & Loftin, 2007; Strain & Odom, 1986). 마지막으로 집단 강화는 한 집단 내에 있는 모든 유아가 일정 기준에 도달했을 때 집단 전체를 강화하거나, 장애 유아가 특정 기준에 도달했을 때 집단 구성원 모두를 강화하는 방법이다.

(2) 협동학습

이상의 또래 주도 중재 외에도 또래가 참여하여 장애 유아의 참여와 학습을 촉진하는 방법으로 협동학습이 있다. 협동학습은 다양한 학습자로 구성된 소규모의 집단이 적극적으로 참여하여 함께 활동을 성취하는 것으로 정의된다(Gargiulo & Bouck, 2018). 협동학습은 참여하는 유아들 간의 협력적인 상호작용을 증진시키고, 협력적인 학습 기술을 교수하며, 긍정적인 자존감을 형성시키는 등의 효과가 있는 것으로 알려져 있다. 협동학습을 적용하기 위해서는 일반적으로 다음과 같은 네 가지 기본적인 요소가 필요한데, 이러한 요소가 어떻게 사용되는지는 〈표 9-9〉에서 보는 바와 같다(Gargiulo & Kilgo, 2020): (1) 구성원 간에 상호 의존한다, (2) 구성원 간에 서로 의사소통한다, (3) 구성원 모두가 자신의 책임을 수행한다, (4) 집단화 과정이 나타난다.

협동학습은 일반학급에서 장애 유아를 포함시키기 위한 매우 효과적인 전략으로 강조된다(Gargiulo & Bouck, 2018). 장애 유아가 포함된 집단을 대상으로 협동학습을 적용할 때에는 이상의 기본적인 요소 외에도 다음과 같은 점에 유의해야 한다(Noonan & McCormick, 2014). 첫째, 협동학습을 통해서 교수해야 하는 목표를 분명하게 정하고 필요한 협동 기술의 목록을 작성한다. 둘째, 목표한 기술을 학습시키기 위해서는 일련의 교안이나 활동이 계획되어야 한다. 셋째, 활동 중에 유아에게 기대하는 행동을 분명하게 설명해 주어야 한다(예: "친구 옆에 앉도록 하자." "풀은 차례대로 나누어 쓰자."). 넷째, 협동학습이 진행되는 동안 교사는 주의 깊게 관찰하고 필요한 경우에 촉진과 칭찬 등의 방법으로 보조한다. 마지막으로 협동학습이 끝난 후에는 유아에게 피드백을 제공하고 평가한다(예: "친구와 같이 작품을 만드니까 기분이 어땠니?" "제일 어렵거나 제일 좋았던 점을

표 9-9 협동학습의 구성 요소 및 전략

구성 요소	방법	전략
긍정적인 상호 의존성	공동의 목표 달성을 위해서 서로에게 상호 의존하게 만든다.	• 활동 중에 과제와 능력이 서로 맞도록 자료, 역할, 과제를 분담한다. • 유아들을 주의 깊게 짝을 지어서 한두 명이 보조와 모델의 역할을 하게 한다. • 짝이나 집단 내에서 장애 유아가 '주도자'의 역할을 할 수 있도록 적절한 과제를 포함시킨다.
의사소통	공동의 목표 달성을 위해서 전략적으로 자료를 분산시킴으로써 구성원 간의 상호작용과 의사소통이 발생하게 한다.	• 의도적으로 자료를 흩쳐놓음으로써 또래에게 요구하게 만든다. • 의도적으로 도구(예: 풀, 가위)를 부족하게 제공함으로써 서로 나누어 쓰게 한다. • 좌석 간격을 충분히 넓게 하여 자료를 서로 요구하게 만든다. • 필요한 경우에는 촉진을 제공한다(예: "영미한테 도와달라고 말하렴." "네가 필요한 것이 무엇인지 동호한테 말하렴.").
책임 수행	과제의 완성을 위해서 모든 구성원이 각자의 능력에 맞도록 책임을 나누게 한다. 활동 중에 장애 유아의 교수목표를 삽입한다.	• 모든 유아가 자신의 역할이 무엇인지 말하게 한다. • 모든 유아에게 다른 친구가 무엇을 잘했는지 말하게 한다(기여도를 높이고 '팀'에 대한 느낌을 갖게 하며 기억력과 자존감을 증진시킴).
집단화 과정	두 사람 이상이 함께 작업할 때 기대되는 차례 주고받기, 듣기, 시작하기, 반응하기 등의 기본적인 행동을 하게 한다.	• 위에서 설명한 의사소통 전략을 사용해서 나누기, 차례 주고받기, 듣기, 도움 청하기, 도움 제안하기 등 집단 내에서의 기본적인 기술을 촉진한다.

이야기해 볼까?" "친구를 도와줄 때 기분이 어땠니?" "누가 너를 도와주었니?").

협동학습은 너무 어린 아동보다는 유치원 상급반 유아나 초등학교 저학년 학생에게 더 유용하게 사용될 수 있으며, 특히 처음 시작할 때에는 유아가 협동적인 활동의 특성과 과정을 잘 이해할 수 있도록 도와주어야 한다.

II. 장애 특성에 따른 교수방법

3장에서 우리는 다양한 유형의 발달장애의 정의와 특성에 대해서 살펴보았다. 이 부분에서는 유아기에 정확한 진단이 가능한 장애 또는 주요 발달 영역의 지체를 보이는 유아에게 적용할 수 있는 교수방법을 Gargiulo와 Kilgo(2020) 및 Allen & Cowdery(2015)가 이들의 저서에서 제시한 내용을 중심으로 환경 구성, 교재 · 교구, 교수전략의 세 가지 측면으로 나누어 설명하고자 한다.

1. 시각장애

시각장애는 유아의 사회성이나 언어 발달, 인지 및 지각 운동 발달에 부정적인 영향을 미칠 수 있다. 시각장애의 출현 시기나 잔존 시력의 기능 정도에 따라 그 영향의 정도가 달라질 수 있지만 교사는 모든 시각장애 유아의 교육에 있어서 이동 기술, 소근육 운동 기술, 개념 발달 및 분류, 사회적 상호작용, 언어 및 의사소통, 감각 운동 기능의 협응 등의 영역에 특별한 관심을 기울여야 한다.

시각장애 유아를 위한 환경 구성에 있어서는 특히 조명에 많은 관심을 기울여야 한다. 눈이 보이지 않는다는 단순한 생각으로 적절한 조명에 대한 관심을 기울이지 않는다면 잔존 시력을 충분히 활용하지 못하거나 시력의 악화를 초래할 수도 있기 때문에 교실의 전체적인 조명과 함께 각 활동 영역에 대한 부분 조명이 적절하게 이루어질 수 있도록 고려해야 한다. 유아의 자리를 배치할 때에도 그림자가 생기거나 반사되는 곳은 피하도록 한다. 시각장애 유아는 청각 자극을 통해서 환경과 상호작용하는 경우가 많으므로 소음의 수준을 잘 조절해서 청각 단서 인식에 방해받지 않도록 배려해야 한다. 또한 교실 내 모든 영역에 접근이 가능하도록 환경을 구성해야 하며, 특히 환경 내에서 이동할 수 있는 능력인 이동성(mobility)과 환경 내 사물과 관련해서 자신의 위치를 알 수 있도록 감각을 사용하는 능력인 방향정위(orientation) 훈련이 반드시 제공되어야 한다.

시각장애 유아를 위해서 교재나 교구를 선택할 때에는 색상이나 명암을 대비시키는 등의 시각적인 자극에 주의를 기울여야 한다. 예를 들어, 저시력 유아를 위한 교재는 너무 상세한 정보를 피하고 가장자리를 잘 마무리해서 교재의 경계를 분명히 해 주는 것이 좋다. 시각적 정보 입력이 제한되기 때문에 청각이나 촉각 등의 기타 감각적 자극을 제공하는 교재를 활용하는 것이 좋다. 특히 점자책이나 점자 타자기, 촉각 지도책 등의 촉각을 활용하는 교재와 말하는 이야기책, 오디오 테이프, 소리 나는 놀잇감이나 시계 등의 청각을 활용하는 교재 및 다양한 감각을 활용하는 놀잇감을 제공해야 한다. 〈표 9-10〉은 손으로 탐색하며 읽을 수 있는 점자 촉각그림책을 보여 준다.

직접적인 교수 활동과 관련해서 교사는 다음과 같은 몇 가지 사항을 고려해야 한다 (Bishop, 2004). 첫째, 학습해야 하는 특정 기술을 표현할 때에는 항상 일관성 있게 명명한다. 예를 들어, 코트를 표현할 때 상의, 웃옷, 파카, 재킷 등의 다양한 용어를 사용하

표 9-10 점자 촉각그림책의 예

제목 (저자, 출판사)	표지 및 내용 예시
나무를 만져 보세요 (송혜승, 창비)	나무를 만져 보세요
염소똥 가나다 (이나래, 반달)	눈을 감으면 '가나다'가 보여요! 염소똥 가나다
점이 모여 모여 (엄정순, 창비)	점이 모여 모여

〈계속〉

제목 (저자, 출판사)	표지 및 내용 예시	
눈을 감고 느끼는 색깔여행 (메네다 코틴 글, 유아가다 옮김, 로사나 파리아 그림, 고래이야기)		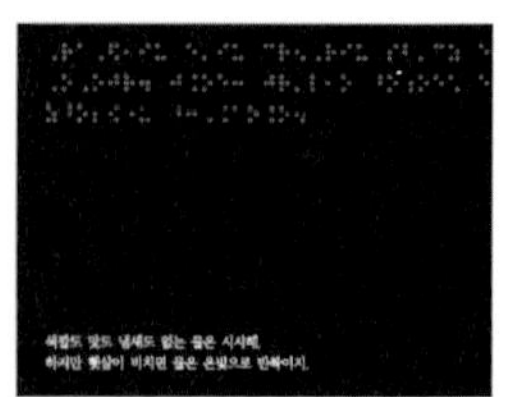
손으로 몸으로 ㄱ ㄴ ㄷ (전금하, 문학동네)	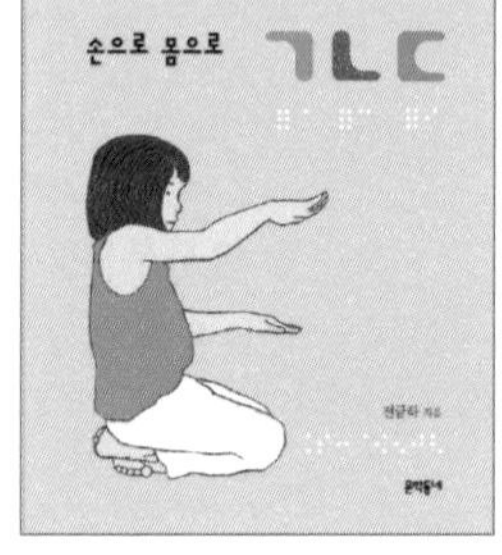	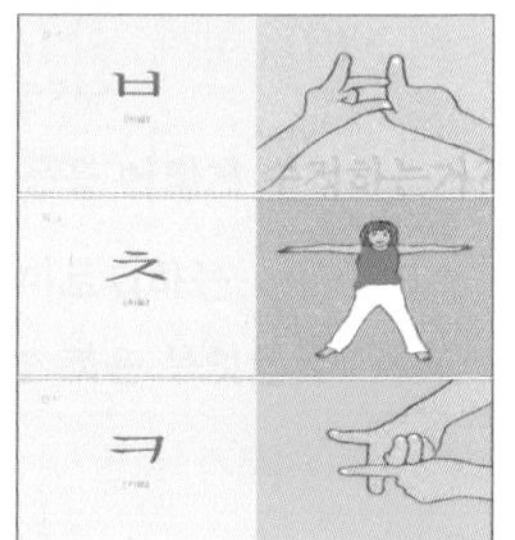
손으로 읽는 그림책 시리즈 (보드북) 1. 내 기분은 말이야 2: 동그라미, 네모, 세모가 모여서 3. 점 점 점으로 무엇을 만들까 4. 누구 소리일까 5. 구멍 속으로 손가락을 쏘옥 6. 내가 좋아하는 자국 7. 따뜻한 햇빛 은은한 달빛		

사진 출처: 인터넷 교보문고.

게 되면 보지 못하는 유아에게 혼동될 수 있으므로 한 가지 용어를 일관성 있게 사용하는 것이 좋다. 둘째, 유아가 환경을 탐구할 수 있도록 적극적으로 지원한다. 특히 새로운 환경을 탐색할 때에는 성인의 도움이 주어져야 하며, 무엇인가 장해물에 부딪친 경우에는 뒤로 물러서서 장해물이 어떤 것인지 탐색할 기회를 제공하고 소음이 발생하는 경우에는 소리가 어디서 왜 나는지 탐색하게 한다. 셋째, 교사는 유아의 뒤에서 움직임을 직접 경험할 수 있게 해 주면서 적절한 반응을 제공한다. 일반적으로 유아는 다른 사람의 움직임을 관찰하면서 자신의 움직임을 조절하지만 시각장애 유아의 경우에는 움직임을 볼 수 없기 때문에 직접 움직임을 경험하면서 학습할 수 있도록 도와주어야 한다. 이때 교사는 유아의 뒤에서 손을 잡고 움직이게 함으로써 자연적인 움직임의 흐름을 느낄 수 있도록 해 주는 것이 좋다. 넷째, 일상적으로 발생하는 환경음이나

표 9-11 시각장애 유아를 위한 다양한 교수전략의 예

교수전략	적용의 예
이동 및 방향정위 지원하기	• 현재 위치와 이동해야 할 목표 지점에 대하여 말로 설명하기 • 이동할 목표 지점을 향해 방향 잡아주기 • 이동할 목표 지점까지의 상황(예: 몇 발 걷기) 설명하기 • 소리 나는 방향 인지를 돕기 위해 다양한 방향에서 이름 불러 쳐다보게 하기 • 친구(또는 교사)와 손잡고 이동하기 • 핸드레일 잡고 계단 오르내리기 • 안전을 고려한 접근성 확인하고 보장하기
시각 외 기타 감각 (예: 청각, 촉각, 고유수용감각) 활용하기	• 진행 중인 교수 장면이나 상황에 대하여 말로 설명하기 • 시각 자료(예: 그림, 사진)에 대하여 말로 설명하기 • 오디오북이나 녹음 자료 활용하기 • 주사위 등 활동 자료에 방울이나 소리 나는 장치하기 • 그림/사진 자료 중 가능한 경우 실물 또는 모형으로 대체하기 • 양각화 프린터를 이용하여 그림/사진 자료를 입체화하기 • 입체 스티커, 부직포, 벨크로 테이프, 모래, 모루, 글루건 등을 이용하여 촉감을 느낄 수 있도록 자료 수정하기  <입체 주사위의 예> 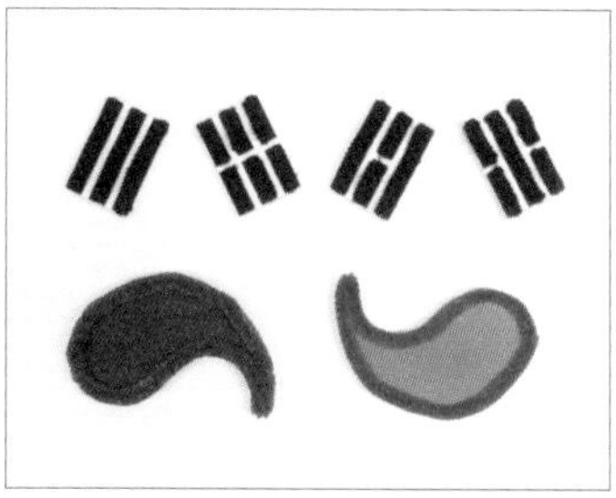 <촉각 자료로 수정한 예> • 그림/사진 자료를 모양대로 오려 만져서 알게 하기 • 동작을 경험할 수 있도록 교사나 친구의 동작을 손으로 만지게 하기 • 손 위의 손(hand-over-hand) 또는 손 아래 손(hand-under-hand) 촉진으로 손의 움직임 경험하게 하기 • 유아의 뒤에서 양팔을 둘러 잡고 움직이기
잔존 시력을 활용할 수 있도록 자료 수정하기	• 그림(사진) 자료 확대하기 • 플래시나 PPT 자료를 사용하는 경우 가까이에서 탐색할 수 있도록 개별 자료로 출력하기 • 사물이나 그림의 배경색 대비를 명확하게 하기

〈계속〉

교수전략	적용의 예
	<배경색 대비를 명확히 한 모양 카드>
보조도구 사용하기	• 실물화상기 사용하기 • 돋보기나 확대경 이용하기
환경 요소 배려하기	• 주변 소음 및 조명을 고려하여 자리 배치하기 • 청각 및 촉각 또는 잔존시력을 활용하여 탐색할 수 있도록 충분한 시간 제공하기 • 동화책 등 활동에 사용되는 자료를 활동 전후로 흥미 영역에 비치하여 탐색할 기회 제공하기 • 흥미 영역 또는 교구장마다 구별되는 촉감(예: 스티커의 모양이나 수를 달리하여 부착)을 제공해 자신의 위치나 원하는 장소를 확인하도록 지원하기

출처: 이소현, 김미영, 노진아, 윤선아, 이명희, 이수정(2015). 장애 유아를 위한 3세 누리과정 교사용 지도서 활용 지침서(pp. 43-44). 세종: 교육부.

시각적 정보를 설명함으로써 환경 내에서 일어나는 사건을 인지하게 해 준다. 예를 들어, 누군가가 교실에 들어오면서 문을 여닫는 소리가 났다면 문으로 누가 들어왔는지 설명하고, 운동화 끈이 풀린 경우에 설명 없이 유아를 세우기보다는 운동화 끈을 매자고 설명한 후 세우는 것이 좋다. 특히 교사가 칠판이나 그림 자료 등을 사용할 때에는 무엇을 쓰고 있는지, 무슨 그림을 보여 주고 있는지 항상 자세하게 설명한다. 다섯째, 기술(특히 자조기술)을 학습할 때에는 기술이 자연적으로 발생하는 시간과 장소에서 교수한다. 예를 들어, 대소변 가리기를 학습할 때 이동 변기를 사용해서 교실이나 방에서 훈련하는 경우와 화장실에서 훈련하는 경우는 환경적인 자극(예: 냄새, 소리)이 서로 다르기 때문에 보지 못하는 유아에게 혼동될 수 있다. 그러므로 모든 기술의 학습은 앞에서 설명한 활동 중심 중재를 통해서 자연적인 행동 발생이 이루어지는 활동 중에 교수되어야 한다. 마지막으로, 수업 중에 사용할 놀잇감이나 도구 등은 수업이 시작하기 전에 미리 탐색할 수 있게 한다. 이렇게 미리 경험을 하게 되면 수업 중에 교재 그 자체보다 그러한 교재를 통하여 학습해야 할 개념에 집중할 수 있기 때문이다. 이상의 전략 외에도 시각장애 유아를 가르치는 교사는 교수 활동을 할 때 항상 시각 이외의 기타 감각을 이용해서 정보를 제공해야 하며, 학습을 위하여 더 많은 시간과 연습, 또는 언어적 중재나 격려를 필요로 한다는 사실을 인지해야 한다. 〈표 9-11〉은 시각장애 유아에게 적용할 수 있는 다양한 교수전략의 예를 보여 준다.

2. 청각장애

청각장애를 지닌 유아의 경우에도 시각장애의 경우와 마찬가지로 청력 손상 시기나 잔존 청력의 정도 등에 의해서 학습 활동에 영향을 받는 정도나 성격이 달라진다. 청각장애 유아를 위해서는 말하는 사람이나 시각적 단서가 가려지지 않도록 조명이나 좌석 배치 및 위치 등을 고려해야 한다. 특히 양쪽 귀의 상태에 따라서 교사의 정면이나 좌우에 배치해야 하므로 유아의 청력 손상에 대한 정보를 잘 활용해야 하며, 교사의 움직임에 따라 유아가 시선을 따라올 수 있는지 확인하고 등을 돌리거나 입술이 가려지지 않도록 배려한다. 청각장애를 지닌 유아와 대화할 때에는 눈높이를 맞추도록 노력한다. 또한 남아 있는 청력을 잘 활용할 수 있도록 주변 소음의 정도를 잘 조절한다. 보청기를 착용하는 유아의 경우에는 교실 내 모든 소리가 확대해서 들리기 때문에 불필요한 소음이나 배경 소리에 의해서 방해받지 않도록 주의를 기울인다. 교사는 보청기 사용 방법이나 작동 기술 등을 미리 알고 있어야 하며, 보청기를 위한 여분의 건전지를 준비해 두고 잘 작동되고 있는지 수시로 점검해야 하며, 유아의 귀 상태가 괜찮은지도 잘 살펴보아야 한다. 최근에는 인공와우 수술을 한 유아가 늘어나면서 이들을 위한 적절한 지원 요구도 늘어나고 있다. 유아가 언제 수술을 받았는지, 수술 후 어떤 훈련을 받고 있는지, 수술 전에 어느 정도로 말을 습득했는지 등 개인적인 특성에 따라 지원의 요구가 달라질 수 있으므로 교사는 이에 대한 정확한 정보를 기반으로 하기 위해서 부모 또는 의료진과 긴밀하게 협력할 수 있어야 한다.

청각장애 유아를 가르치는 교사는 이들의 언어 발달의 지체가 기타 영역(예: 사회성, 인지)의 발달에도 영향을 미칠 수 있음을 인식하여 적절한 교수를 제공해야 하며, 청각 이외의 기타 감각 통로를 이용해서 학습의 기회를 제공해야 한다. 특히 청각장애 유아는 또래와 협동놀이를 하기보다는 사회적으로 고립되거나 단독놀이를 하는 경우가 많기 때문에(Gargiulo & Bouck, 2018) 시각이나 촉각 탐색이 필요한 교재를 제공하는 등 사회적 상호작용의 기회를 제공하기 위하여 노력해야 한다. 필요한 경우에는 언어치료사의 도움을 받아 유아가 적절한 의사소통 방법을 학습할 수 있도록 도와주고 주변의 성인이나 또래가 같은 방법으로 의사소통을 할 수 있도록 해 주어야 한다. 수어로 의사소통을 하는 유아의 경우에는 의사소통 방법의 차이로 인해서 좌절하지 않도록 특별한 주의를 기울인다. 청각장애 유아는 소리가 들리지 않음으로 인해서 쉽게 좌절하기도 하고 무감각한 것으로 오해받을 수도 있으므로 이들이 다양한 학습 경험을 할 수 있도록 교사의 특별한 배려가 필요하다. 때로는 교사가 과도한 몸짓을 사용하기도 하는데 이러한 과도한 몸짓은 유아로 하여금 지나치게 몸짓 단서에 의존하게 함으로써 구어를 이해하는 데 방해가 될 수 있으므로 의사소통 중에는 일반적인 음성과 몸짓 등을 사용하는 것이 보다 효율적이다(Heward, Alber-Morgan, & Konrad, 2017). 〈표 9-12〉는 청각장애 유아에게 적용할 수 있는 다양한 교수전략의 예를 보여준다.

표 9-12 청각장애 유아를 위한 다양한 교수전략의 예

교수전략	적용의 예
청각 외 기타 감각 (예: 시각, 진동) 활용하기	• 활동 중 말 대신 몸짓이나 그림 자료(예: 표정 카드) 등의 시각적 자료를 사용하여 표현하기     <표정 카드> • 활동 중 소리 단서를 시각적 단서로 대체하기(예: 게임에서 출발신호 소리 대신 깃발 흔들기로 대체함) • 노래의 가사나 활동 설명을 돕기 위하여 표정이나 몸동작 함께 사용하기 • 노래 가사판이나 활동 자료를 볼 때 손가락이나 지시봉으로 진행 정도 알려주기 • 노래 음의 높낮이, 셈여림, 빠르기 등을 손동작으로 시각화하기 • 박자를 맞출 수 있도록 메트로놈을 시각적 단서로 사용하기 • 타악기나 리듬악기를 두드리거나 흔들며 음의 진동 느끼기 • 시각적 단서가 있는 리듬악기나 타악기를 사용하여 시각적인 단서와 함께 진동을 느끼며 소리 경험하기(예: 두드리면 진동에 의해 색공이 튀어 오르는 난타북) • 스피커에서 나오는 음악을 들을 때 스피커에 손을 대고 진동 느끼기

〈계속〉

교수전략	적용의 예
	<유아용 난타북> <스피커 옆에 자리 배치>
보조도구 사용하기	• 무선 마이크나 FM 보청기 사용하기 • 이어폰이나 헤드셋 사용하기
환경 요소 배려하기	• 주변 소음 및 조명을 고려하여 자리 배치하기 • 교사의 말소리를 잘 듣고 입 모양을 잘 볼 수 있는 곳에 자리 배치하기 • 소리 나는 방향으로 잘 들리는 귀를 향하게 하기 • 유아가 잘 보고 들을 수 있도록 마주 보고 말하도록 또래 지도하기 • 교사가 말할 때 조용히 하도록 또래 지도하기 • 보청기나 인공와우 착용 유아가 신체적인 충격(예: 활동 중 유아끼리 부딪치기)을 받지 않도록 배려하기 • 동화책 등 활동에 사용되는 자료를 활동 영역에 비치하여 탐색할 기회 제공하기
청능 훈련 삽입하기	• 활동과 관련된 특정 발음의 발성 훈련 기회 제공하기(예: 교사의 입 모양을 보고 모방해서 발성하기) • 활동과 관련된 호흡 훈련 기회 제공하기(예: 꽃잎 불기, 생일케이크 촛불 불기) • 발음 교정을 위하여 설압자 등 사용하기 • 유아를 쳐다보며 크고 분명한 발음으로 또박또박 말하기 • 말할 때 분명한 표정이나 몸짓을 활용하여 말의 내용 보충하기 • 단어 또는 문장 단위로 듣기 기회 제공하기

출처: 이소현, 김미영, 노진아, 윤선아, 이명희, 이수정(2015). 장애 유아를 위한 3세 누리과정 교사용 지도서 활용 지침서(pp. 45-46). 세종: 교육부.

3. 자폐 범주성 장애

자폐 범주성 장애는 그 이름에서도 알 수 있듯이 행동의 특성과 정도가 매우 다양하게 나타나는 범주성 장애다. 그러나 이와 같은 다양성이 존재하면서도 장애로 인한 특징적인 결함으로 인한 공통적인 특성을 보이는 것이 사실이다. 자폐 범주성 장애 유아가 보이는 가장 대표적인 결함은 사회적 상호작용 및 의사소통 기술에 있어서의 지체나 일탈적인 특성에서 나타나며, 그 외에도 반복적이고 제한적인 행동이나 관심, 짧은 주의집중, 과잉행동이나 충동성, 공격행동, 자해행동 등의 행동상의 문제를 보이곤 한다(APA, 2013; Hughes & Henderson, 2017). 이렇듯이 명백히게 드러나는 사회 의사소통 및 행동상의 특성을 보이는 자폐 범주성 장애는 2세 정도에 신뢰로운 진단이 가능한 것으로 보고되며(National Institute of Mental Health, 2016), 따라서 유아교육기관에서 조기에 제공되는 효과적인 교수적 접근은 이들을 위한 교육의 핵심적인 요소라 할 수 있다.

자폐 범주성 장애 유아를 위한 학습 환경은 이들이 보이는 동일성에 대한 고집이나 변화에 대한 저항, 특정 사물이나 활동에 대한 지나친 집착, 지속적이고도 반복적인 행동, 특정 감각 자극에 대한 지나치게 민감하거나 둔감한 반응, 사회 의사소통 기술의 부족 또는 결함 등의 행동 특성으로 인하여 특별한 수정을 필요로 할 수 있다. 특히 학급의 물리적 환경 구성에 있어서는 (1) 감각적 속성을 고려하여 편안한 환경을 조성하고, (2) 예측이 가능하고 참여를 증진시킬 수 있도록 환경을 구조화하며, (3) 변화와 이동에 적응하게 하는 융통성 있는 환경을 구성하는 것이 좋다(이소현, 윤선아, 박현옥, 이효정, 이영선, 2016). 또한 사회적 환경 구성에 있어서도 사회 의사소통 기술의 학습과 또래 상호작용을 증진시키기 위해서 또래 문화를 지원하는 환경을 제공해야 한다.

교재 및 교구의 경우에도 자폐 범주성 장애가 지니는 장애의 특성을 고려하여 비치하거나 사용한다면 이들의 학습을 돕고 행동 문제를 예방하는 데 도움이 된다. 예를 들어, 그림이나 사진으로 제작한 일과표 등의 시각적 지원은 학급 내에서의 기대행동을 이해하고 규칙을 따르고 부적절한 행동을 줄이고 활동 간 이동에 보다 쉽게 적응하도록 돕는 것으로 나타났다(Cohen & Gerhardt, 2016; Meadan, Ostrosky, Triplett, Michna, & Fettig, 2011; Travers & Nunes, 2017). 상업용으로 개발된 상황이야기(Social Stories™, Gary, 2011)나 파워카드(Power Cards, Gagnon, 2001), 그림교환의사소통체계(Picture Exchange Communication System: PECS, Bondy & Frost, 1994) 역시 바람직한 행동을 가르치고 적절한 의사소통을 증진시키기 위한 교수전략으로 사용될 수 있다. 또한 다양한 그림과 사진을 제공함으로써 시각적 지원 자료를 손쉽게 만들 수 있도록 도와주는 소프트웨어(예: Boardmaker Software Family, Mayer-Johnson Picture Communication SymbolsTM)를 활용해서 교사가 직접 다양한 시각적 교수 자료를 제작할 수 있다. 또한 특별한 관심 영역(special interest area: SIA)에 흥미를 보이는 자폐 범주성 장애 유아에게 이러한 흥미 기반의 교재를 활용한다면 보다 효율적인 학습 기회를 제공할 수 있다.

자폐 범주성 장애 유아를 위한 교수전략을 선정함에 있어서는 특별히 증거 기반의 실제가 강조된다. 이는 장애가 지니는 독특한 특성으로 인하여 수많은 교수방법이 제시되고 있으며, 그 중에서는 효과가 입증되지 않았거나 해가 되는 전략도 있기 때문이다(Simpson, 2006). 최근에는 자폐 범주성 장애 유아를 위한 증거 기반의 실제를 규명하는 노력이 적극적으로 이루어지면서 많은 연구가 그 결과를 보고하였다(National Autism Center, 2015; Wong et al., 2014). 이들을 종합해 보면 응용행동분석의 다양한 교수전략이 효과적인 것으로 나타났으며, 이러한 전략은 유아의 일상적인 환경에서 자연적 교수전략으로 실시되어야 하고, 특히 교수 활동이 유아의 관심 또는 흥미를 기반으로 할 때 더 효과적인 것으로 나타났다. 또한 놀이와 또래 상호작용을 지원하기 위한 교수전략으로는 다양한 형태의 또래 주도 중재가 효과적으로 사용될 수 있다.

4. 운동 기능 발달의 지체

운동 기능 발달이 지체된 유아를 교수할 때에는 가장 먼저 이들이 독립적으로 이동할 수 있는 공간이나 이동로가 확보되어 있는지와 교실 내 모든 영역으로의 접근이 가능한지를 확인해야 한다. 특히 휠체어를 타는 유아의 경우 휠체어를 탄 상태에서 독립적으로 유치원이나 교실의 모든 장소로 이동이 가능해야 하며, 테이블 활동에 참여할 수 있어야 하고, 독립적으로 교재를 사용하고 치울 수 있어야 한다. 또한 교사는 앉기와 자세잡기에 특별한 관심을 기울여야 하는데, 적절한 앉기와 자세잡기가 이루어지지 않으면 혈액 순환 장애, 근육 경직, 저림 현상이 나타날 수 있으며 소화, 호흡, 신체적 발달에도 부정적인 영향을 미치게 된다. 적절한 앉기와 자세잡기를 통하여 신체적인 안전과 안정감을 높이고 상체를 활용하여 학습 활동에 참여할 수 있게 하며 부수적인 기형이 생기지 않도록 예방할 수 있다(Long & Brady, 2017). 이를 위해서 필요한 경우에는 다양한 보조도구나 발받침 등을 사용할 수 있다.

운동 기능 발달이 지체된 유아를 위한 교재나 교구 선택을 위해서는 물리치료사나 작업치료사와의 긴밀한 협조가 필요하다. 유아의 근육 긴장도에 따라서 보조도구나 보장구 및 보철구를 적절하게 사용해야 하며, 이러한 도구를 사용하고 있는 유아에게는 그 상태를 정기적으로 점검하여 움직임을 제한하거나 혈액 순환을 방해하는 등의 부작용이 발생하지 않도록 항상 주의를 기울여야 한다. 특히 휠체어를 사용하는 유아의 경우에는 정기적으로 휠체어 상태를 점검해 주어야 한다.

일반적으로 운동 기능 발달의 지체를 보이는 유아는 신체적으로 허약하거나 쉽게 피로를 느끼기 때문에 교수 활동과 관련해서 교육과정, 시간표, 활동의 길이나 성격 등을 잘 조절해야 한다. 이들은 운동 기능 발달이 지체됨으로 인해서 환경 탐구가 결여되고 이로써 관련 발달 영역의 지체를 보일 수도 있다. 그러므로 교사는 언어가 풍부한 환경을 조성해야 하며, 가정과 학교의 환경 내에서 가능한 한 많은 이동과 접근을 보장하고 모든 활동과 학습에 언어를 통합시킴으로써 자극적이고 풍부한 환경을 구성해 주는 것이 좋다. 운동 기능 발달이 지체된 유아는 항상 보조와 지원을 받게 되기 때문에 책임감이나 지도력, 독립심, 긍정적인 자존감 등을 형성하기 어려울 수도 있으므로 적절한 활동에 참여하게 하고 역할을 부여하는 등의 배려를 해야 한다. 특히, 다양한 질병이나 장애에 대한 적응 문제(예: 진행성 장애나 질병, 외모나 기형, 입원에 의한 장기 결석, 통원 치료에 대한 스트레스, 과잉보호, 죽음)와 관련해서 상담이 필요한 경우가 많으며, 친구의 장애로 인해서 또래에게 상담을 제공해야 하는 경우도 있으므로 교사는 이에 따른 적절한 대처를 할 수 있어야 한다. 교사가 직접 전문적인 상담을 할 수 없는 경우에는 상담의 필요성을 잘 인식하고 적절한 지원을 받을 수 있도록 지원한다. 〈표 9-13〉은 지체장애 유아에게 적용할 수 있는 다양한 교수전략의 예를 보여 준다.

표 9-13 지체장애 유아를 위한 다양한 교수전략의 예

교수전략	적용의 예
접근 가능성 확보하기	• 실외 놀이나 현장체험학습 등 밖으로 이동하는 경우 사전에 이동 통로 및 장소에 대한 접근 가능성을 탐색하기 • 이동을 위한 보조도구(예: 휠체어, 이동형 보조의자, 워커) 사용하기 • 상향자세 유지를 위한 자세 지지용 보조도구(예: 스탠더, 피더시트, 코너의자) 사용으로 활동 참여 가능성 확보하기  <코너의자> 출처: www.isorimall.com 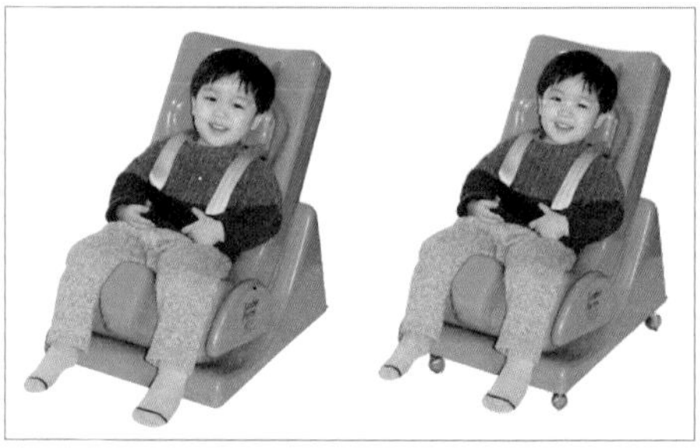 <피더시트> 상향자세 유지 및 이동도구로 사용

〈계속〉

교수전략	적용의 예
	• 상향 자세가 어려운 유아의 양손과 팔의 자유로운 사용을 통한 활동 참여 가능성 확보하기(예: 경사용 지지대) <경사지지대를 사용해서 활동하는 유아의 모습>
보조도구 사용하기	• 독립적인 자조기술을 위한 적응보조도구(예: 컵, 숟가락, 포크) 사용하기 <끼워서 드는 컵> 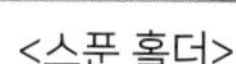  <flex 스푼> 출처: www.isorimall.com • 활동보조도구(예: 쥐기 보조도구, 쓰기/그리기 보조도구, 레인보우 집게, 수정 가위) 사용하기 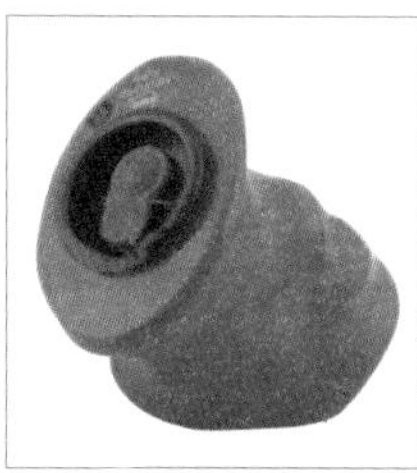 <2구멍 홀더> 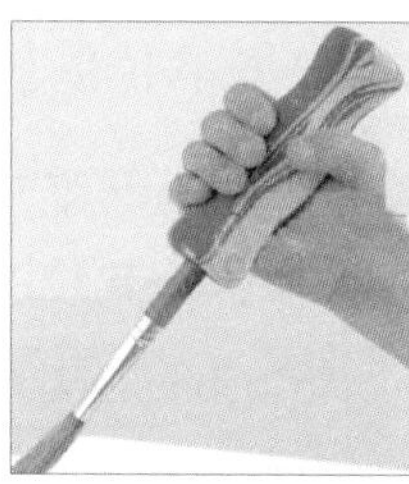 <에이블 그립> 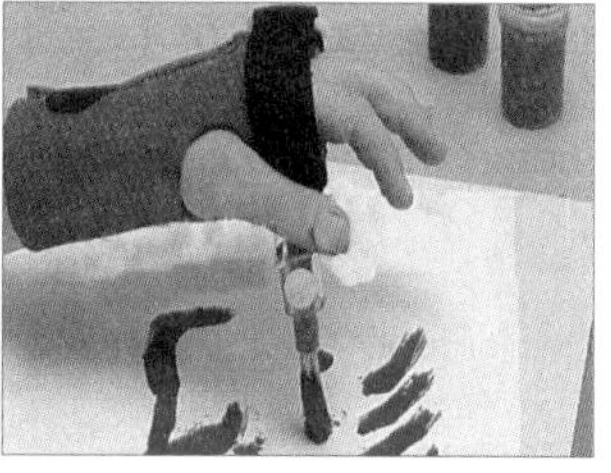 <유니버설 홀더> 출처: www.isorimall.com  <2인용 가위> 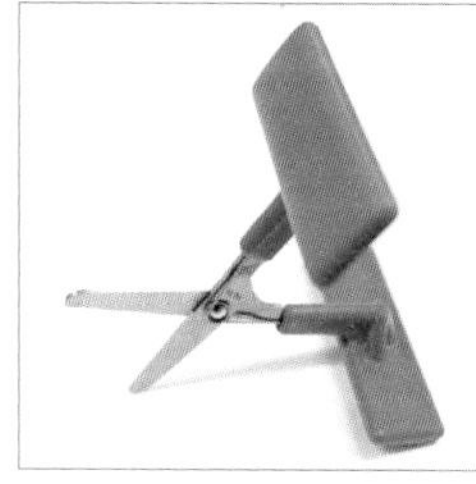 <스프링 가위>  <자동 열림 가위>

〈계속〉

교수전략	적용의 예
환경 수정하기	• 보조도구 이용 시 충분한 공간 확보하기 • 신체 움직임이 방해되지 않도록 충분한 공간 확보하기 • 의자에서 미끄러지지 않도록 또는 자료가 움직이지 않도록 고정하기(예: 종이 테이프로 붙이기, 용기를 책상에 고정하기, 의자나 책상에 논슬립 매트 깔기) 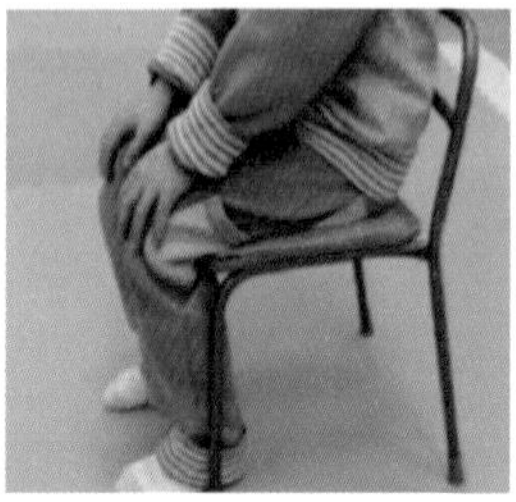  <미끄럼 방지용 의자매트> 출처: www.isorimall.com <책상이나 바닥에서 사용할 수 있는 다용도 미끄럼 방지 패드> • 환경수정 보조도구(예: 팔의 움직임이 자유롭지 못한 유아를 위한 연장수도꼭지) 사용하기 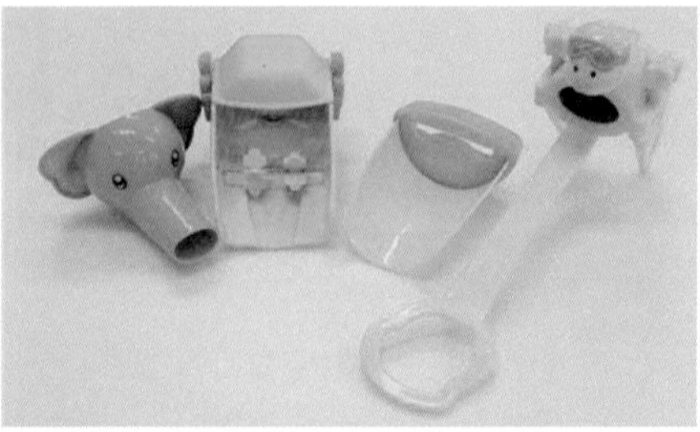  <물줄기를 몸 가까이 오게 해 주는 수도꼭지> • 반응할 수 있는 충분한 시간 제공하기 • 책상 또는 흥미 영역 내 활동 공간에 경계 만들기 • 활동 규칙 수정하기 • 손으로 쥐기 쉽도록 자료 수정하기(예: 책장에 스티로폼 붙이기, 퍼즐 조각 두툼하게 만들거나 꼭지 붙이기, 숟가락이나 리듬악기에 손목끈 부착하기, 크레용이나 붓에 그립 끼우기)  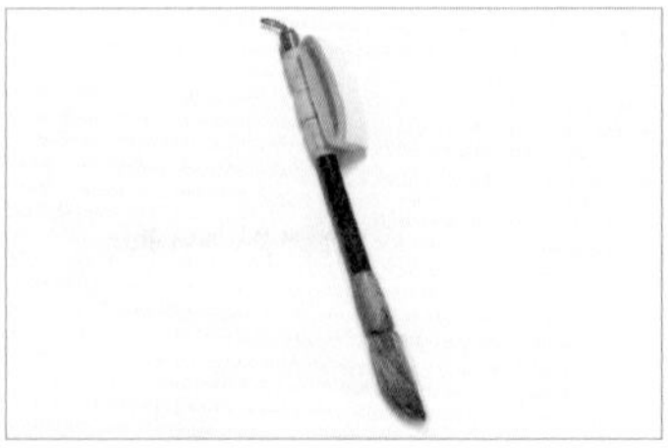 <폼 그리퍼> 출처: www.isorimall.com <벨크로 테이프를 부착해서 쥐기 쉽게 수정한 붓>

출처: 이소현, 김미영, 노진아, 윤선아, 이명희, 이수정(2015). 장애 유아를 위한 3세 누리과정 교사용 지도서 활용 지침서(pp. 47-49). 세종: 교육부.

5. 인지 발달의 지체

인지 발달에 있어서의 지체를 보이는 유아는 학습 속도가 느리고 기억력이 빈약하며 행동 통제의 어려움을 보이거나 일반화 문제를 보이는 등 다양한 학습상의 문제를 보이곤 한다(Hallahan & Kauffman, 2018). 그러므로 유아의 흥미에 따른 학습 기회를 제공하고 발달을 촉진하기 위해서는 풍부하고 자극적인 환경을 구성해 주어야 한다. 일과를 운영함에 있어서도 일관성 있는 운영을 통해서 안정감과 자신감을 증진시키고 기억력에 도움을 줄 수 있다. 인지 발달이 지체된 유아는 일반 유아와는 달리 사회적 상호작용이나 놀이 중에 언어나 사회성, 인지 발달을 자연스럽게 이루지 못하기 때문에 특별한 지원을 필요로 할 수 있다(Hollingsworth & Buysse, 2009; Odom, McConnell, & Brown, 2008). 예를 들어, 일반 또래와의 구조화된 놀이를 통해서 언어 및 의사소통, 사회성 발달을 촉진할 수 있으며, 활동 중심의 삽입된 학습 기회를 충분히 활용함으로써 다양한 영역의 발달을 촉진할 수 있다.

인지 발달이 지체된 유아를 위해서는 가능한 한 구체적이고 직접적인 조작이 가능한 교재를 사용하는 것이 좋다. 특히 추상적인 개념(예: 위, 아래, 안, 밖)이나 전학문 기술(예: 숫자 및 글자의 인식, 색깔, 모양)의 학습을 위해서 교사는 다양한 방법의 구체적인 실례를 통하여 개념을 소개하는 것이 좋다. 예를 들어, 유아의 경우에는 돈이나 음식물 등의 실제 사물을 활용할 수 있으며 영아의 경우에는 예측 가능한 게임이나 선호하는 놀잇감 등을 교재로 활용할 수 있다. 이렇게 구체적이고 실제적인 사물을 사용하거나 예측 가능한 일과나 활동을 사용함으로써 기술 학습을 촉진하고 기술의 일반화를 증진시킬 수 있다(Copple & Bredekamp, 2009; Warren & Kaiser, 1988). 특히 교재나 놀잇감을 사용할 때에는 활동의 시작과 진행을 독립적으로 할 수 있도록 시각적 단서 등을 사용하는 것이 좋으며, 퍼즐의 크기나 스위치 모양 등의 조정을 통해서 다양한 인지적 능력을 보이는 유아에게 맞도록 활동의 난이도와 경험을 조절할 수도 있다. 사회적 상호작용을 증가시키는 교재나 놀잇감을 선택함으로써 환경이나 또래와의 상호작용을 통해서 학습할 기회를 가질 수 있도록 해 주어야 한다(McLean, Bailey & Wolery, 2004; Mastrangelo, 2009).

교수 활동과 관련해서 교사는 유아의 강점을 활용하여 흥미를 유지시키고 성공률을 높임으로써 긍정적인 자존감을 촉진하고 좌절감을 낮추도록 노력해야 한다. 예를 들어, 인지 발달의 지체를 보이는 유아는 대체로 대근육 운동 기능상의 강점을 보이는

데, 이러한 경우에는 대근육 운동 활동과 언어 교수를 통합함으로써 강점을 이용한 흥미로운 언어 교수 활동이 이루어질 수 있도록 한다. 특히 인지 발달 지체 유아는 어휘나 언어의 사용이 제한되고 의사소통과 사회성 기술이 제한되기 때문에 전형적인 발달을 보이는 또래와 원만하게 상호작용하기 힘든 경우가 많다(Gargiulo & Bouck, 2018; Owens, 2014). 그러므로 또래와의 통합 환경은 이와 같은 지체된 기술을 학습할 수 있게 해 주는 매우 중요한 맥락을 제공한다. 교사는 또래와의 구조화된 놀이에 참여하도록 지원하고, 이때 사회성과 의사소통 기술이 최대한으로 발달할 수 있도록 촉진과 칭찬 등의 교수전략을 적용해야 한다. 인지 발달 지체 유아의 기술 학습을 위해서는 앞에서 설명한 과제분석이나 근접 발달 영역에 따른 비계교수 등의 방법이 유용하게 사용될 수 있으며, 특히 학습한 기술의 일반화를 반드시 고려해야 한다. 〈표 9-14〉는 일반화를 촉진하기 위한 몇 가지 전략을 보여 준다(Gargiulo & Kilgo, 2020).

표 9-14 일반화 촉진 전략

전략	방법
다양한 성인의 참여	보조교사나 자원봉사자 등 다양한 성인이 동일한 기술의 교수에 참여함으로써 유아가 여러 사람을 대상으로 기술을 사용할 수 있게 한다. 이때 참여하는 성인 간에 일관성 있는 교수가 이루어질 수 있도록 의사소통이 잘 이루어져야 한다.
자연적으로 발생하는 활동에 삽입	옷을 입고 벗는 기술을 교수할 때 실제로 옷을 입고 벗어야 하는 일과 중에 교수하고, 손가락으로 작은 물건 쥐기 기술을 교수할 때 간식시간에 작은 과자를 먹게 하거나 미술 활동 중에 구슬을 붙이게 하는 등 자연적인 상황에서 교수한다.
일반화 상황과 유사한 학습 환경	교수 환경을 가능한 한 실제 환경과 유사하게 구성하다. 예를 들어, 컵으로 마시기 기술을 학습하고 있는 유아가 가정에서도 동일한 기술을 보이기 위해서는 유치원에서 사용하는 손잡이 달린 컵을 가정에서도 사용하게 함으로써 일반화를 촉진할 수 있다.
교수 환경의 다양화	목표 기술을 사용할 수 있는 장소나 활동, 대상자를 다양하게 함으로써 또 다른 환경에서의 기술 사용 가능성을 높인다.

6. 의사소통 발달의 지체

3장에서 이미 살펴본 바와 같이 의사소통 발달의 지체는 다양한 원인에 의해서 다양

표 9-15 의사소통 발달 지체 유아를 위한 교수전략

영역	전략	방법
환경 구성	언어가 풍부한 환경을 구성한다.	대화, 음악, 문자 등 언어가 풍부한 환경을 제공함으로써 언어 산출, 언어 구조, 사회적 교환의 모델을 제공한다.
	구어/비구어 시도에 항상 반응한다.	몸짓, 울음, 눈맞춤, 발성, 단어 등 유아의 모든 의사소통적 행동에 적절하게 반응한다.
	차례 주고받기 게임을 사용한다.	까꿍놀이 등의 간단한 게임을 통해서 의사소통의 필수적인 요소인 차례 주고받기를 학습시킨다.
	환경 내 모든 사물을 명명하고 행동을 설명한다.	신발을 신길 때 "신발 신어요"라고 말하면서 "신발"과 "신어요"라는 언어 자극을 제공하는 등 유아가 참여하는 모든 행동을 설명하고 사물을 명명함으로써 언어 발달을 촉진한다.
교재 교구	유아의 관심을 고려한다.	동물에 흥미를 보이는 유아의 경우에 동물과 관련된 교재를 사용하고 동물 소리와 관련된 언어 자극을 제공함으로써 언어 발달 촉진을 위한 동기를 유지한다.
	볼 수 있지만 만질 수 없는 곳에 둔다.	유아가 원하거나 필요로 하는 사물을 손이 닿지 않는 곳에 둠으로써 의사소통을 시작할 수 있는 기회를 제공한다.
	교재/교구의 수를 제한한다.	간식 시간에 유아가 좋아하는 과자를 부족하게 제공하는 등 교재나 교구의 수를 의도적으로 제한함으로써 요구하기 기술을 사용할 기회를 제공한다.
	선택의 기회를 제공한다.	일과나 활동을 통해서 다양한 선택의 기회를 줌으로써 환경을 통제하고 의사소통을 할 수 있는 기회를 제공한다.
교수 활동	유아의 행동과 발성을 모방한다.	유아의 행동과 발성을 모방함으로써 움직임과 발성을 강화하고 언어 습득의 기초가 되는 모방 기술을 촉진한다.
	유아가 사용하는 언어를 확장한다.	공을 떨어뜨린 유아가 "밑에."라고 말할 때 "공이 밑으로 떨어졌다."라고 말함으로써 유아의 시작행동에 반응하고 유아의 발성을 모방하여 강화하고 언어 구조를 확장한다.
	필요한 경우 음성과 함께 몸짓을 사용한다.	고개를 끄덕이거나 손가락으로 가리키는 등의 몸짓을 사용함으로써 언어 산출에 대한 시각적 단서를 함께 제공한다.
	말을 멈추고 기다린다.	언어 기술이 제한된 유아와 말할 때 교사가 너무 많은 말을 하기보다는 말을 멈추고 잠시 기다려 줌으로써 유아가 말할 수 있는 기회를 제공한다.
	언어치료사 등 관련 전문가와 협력한다.	개별화된 언어 목표를 교수함에 있어서 모든 사람이 동일한 전략과 반응을 사용해야 하므로 효과적인 전략을 일관성 있게 사용하기 위해서는 관련 전문가와 협력한다.

한 형태로 나타난다. 의사소통 발달의 지체는 인지 발달의 지체, 시각이나 청각 등의 감각 손상, 뇌성마비 등의 운동 기능 손상, 정서적인 문제, 자폐 범주성 장애 등 기타 장애와도 관련되며, 이러한 다양한 관련 요인과 원인에 따라 발달의 속도가 단순하게 지체될 수도 있고 반향어를 보이는 등의 일탈적 형태로 나타나기도 한다. 의사소통 발

표 9-16 장애 유아를 위한 보완대체 의사소통 지원의 예

지원 전략	지원 도구의 예
고갯짓 또는 시선으로 선택하도록 지원하기	
그림 또는 음성출력장치를 활용한 상업용 의사소통 도구 (예: 칩톡, 빅맥, 알파토커, 이트랜)를 이용해서 표현언어 지원하기	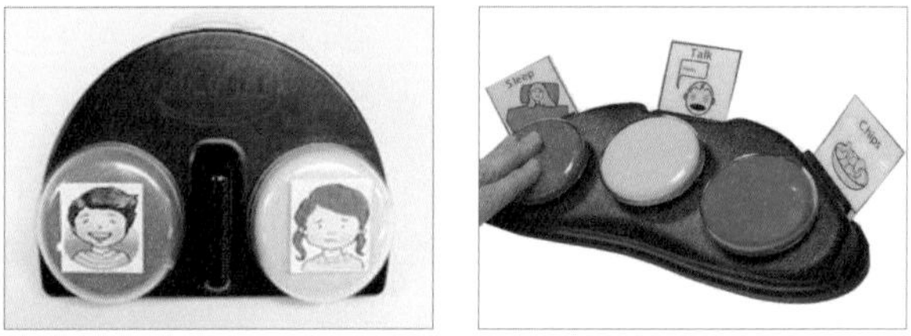 <에이블 토커 사용 예시> 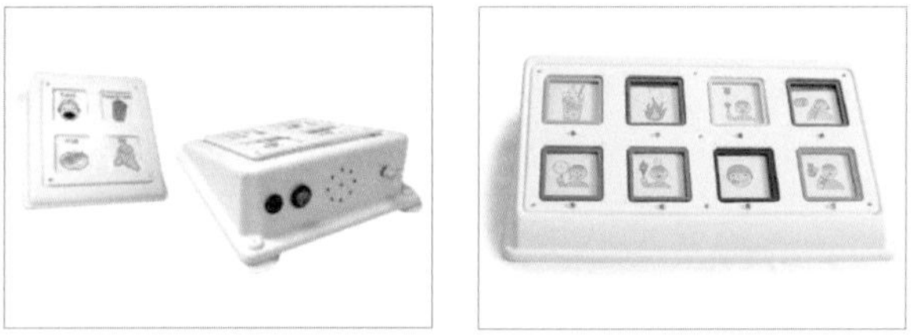 <칩톡 사용 예시>
교사가 제작한 그림 의사소통판 사용하기	

출처: 이소현, 김미영, 노진아, 윤선아, 이명희, 이수정(2015). 장애 유아를 위한 3세 누리과정 교사용 지도서 활용 지침서(p. 50). 세종: 교육부.

달의 지체는 이렇게 다양한 요인과 상호 영향을 미치기 때문에 초기에 나타나는 행동 특성을 주의 깊게 살펴보아야 하며, 이러한 다양성에 따라서 교수 활동도 달라져야 한다. 의사소통 발달 지체를 보이는 유아에게 공통적으로 적용할 수 있는 환경 구성, 교재 · 교구, 교수전략의 구체적인 예는 〈표 9-15〉와 같다(Gargiulo & Kilgo, 2020).

최근에는 의사소통을 위한 보조도구를 필요로 하는 유아에게 도구를 통하여 의사소통을 지원하는 경우가 증가하고 있으며, 이러한 경우에는 학급 내 성인이나 또래가 이와 같은 지원 도구를 매개로 자유롭게 의사소통을 할 수 있도록 도와주어야 한다. 〈표 9-16〉은 장애 유아를 위한 의사소통 보조도구 사용의 예를 보여 준다.

7. 사회-정서 발달의 지체

사회-정서 발달에 있어서의 지체를 보이는 유아는 매우 다양한 행동적인 특성을 보이기 때문에 교수적 접근에 있어서 개별화된 전략을 사용해야 한다. 그러므로 이 부분에서는 사회성이나 정서적인 발달에 있어서 문제나 지체를 보이는 유아에게 공통적으로 적용될 수 있는 교수전략을 중심으로 살펴보고자 한다.

먼저 환경 구성과 관련해서 사회-정서 문제를 지닌 유아는 행동 문제를 보이는 경우가 많기 때문에 이러한 행동 문제가 발생하는 시간이나 장소 등에 대한 기록을 남김으로써 문제에 대한 정확한 분석이 이루어져야 한다. 행동 문제에 대한 상세한 기록은 행동을 일으키는 환경적인 사건이 무엇인지를 알게 해 주기 때문에 행동의 예방이나 교정을 위해서 반드시 필요하다. 유아는 과제의 난이도, 활동의 길이, 관심 요구, 공간의 적절성, 기대 수준의 적합성, 교재의 수 등 여러 가지 환경적인 요인에 의해서 행동 문제를 보일 수 있다. 특히 행동 문제를 보이는 유아에게는 환경의 예측 가능성과 일관성이 결정적으로 중요한 역할을 하기 때문에 자신의 행동에 대한 반응을 예측할 수 있도록 기대행동을 미리 알리고 교수하는 것이 좋다. [그림 9-7]은 유아가 어떻게 행동해야 하는지를 알게 해 주는 시각적 지원 자료를 보여 주며, [그림 9-8]은 실제로 유치원 학급에서 유아의 기대행동을 정한 학급 규칙과 이를 교수하기 위한 방법을 보여 준다.

사회-정서 문제를 보이는 유아를 위해서는 교재가 안전한지, 교재의 수가 충분한지, 동기를 유발하는지 등을 점검해야 하며, 특히 자신을 표현할 수 있는 교재(예: 그림 그리기를 통해서 자신의 감정을 표출함)를 준비함으로써 적절한 방법으로 감정을 표현할 수 있게 도와주어야 하며, 필요한 경우에는 자신과 타인의 감정을 인식하고 적절하

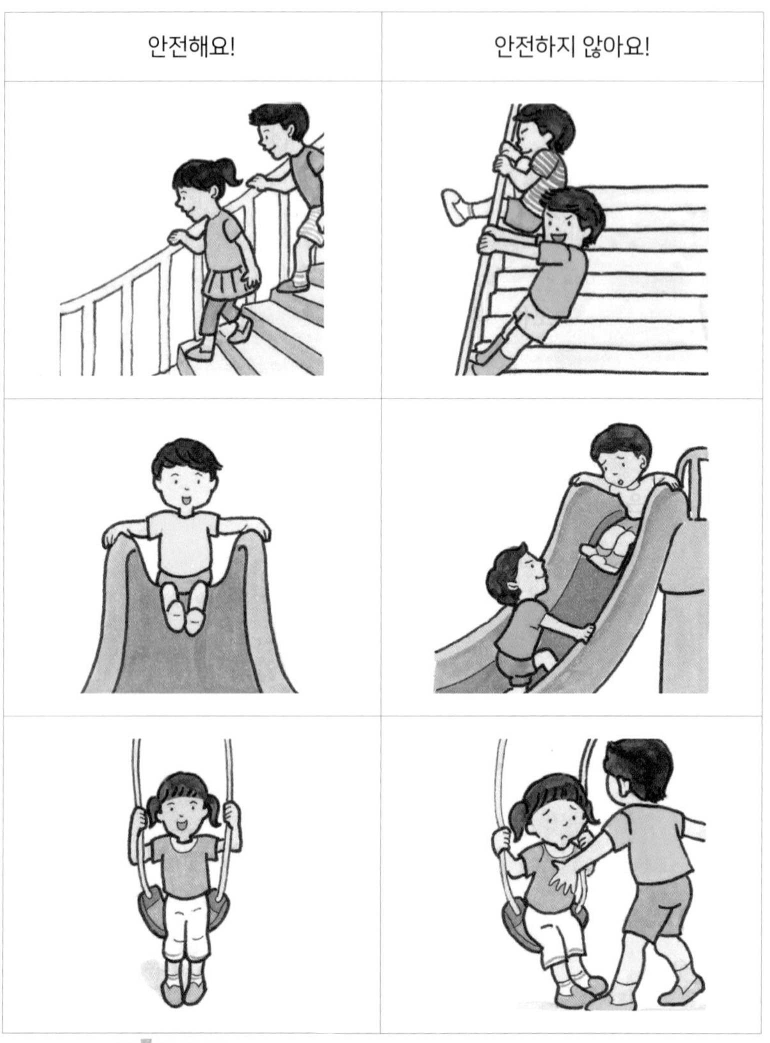

그림 9-7 안전한 행동과 관련된 상황 그림 자료

출처: 이소현, 김미영, 노진아, 윤선아, 이명희, 이수정(2015). 장애 유아를 위한 3세 누리과정 교사용 지도서 활용 지침서(p. 51). 세종: 교육부.

게 표현하거나 조절할 수 있도록 교재를 제공하고 이를 활용한 교수 활동을 진행할 수 있다. 〈표 9-17〉은 실제로 유치원에서 감정을 인식하고 조절하도록 지원하는 교재를 제작하여 활동을 진행한 사례를 보여 준다. 공격적인 주제와 관련된 놀잇감(예: 놀이용 총이나 칼)이나 공격행동이 표현되는 책은 유아의 공격행동을 증가시킬 수 있다(Slaby, Roedell, Arezzo, & Hendrix, 1995). 그러나 사회적 상호작용을 촉진하는 교재(예: 둘이 타는 그네, 시소)는 또래와의 자연스러운 상호작용 참여를 촉진할 수 있으므로 교사는 놀이 시간에 나타나는 행동 문제와 관련되는 교재가 있는지 잘 관찰하고 적절한 교재를

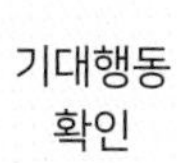

단계	내용
기대행동 확인	• 유아와 함께 오늘 배울 기대행동을 알아본다(예: "나는 ~할 때 한 줄 서기를 할 수 있어요."). • 기대행동과 관련된 내용의 그림책, 노래, 플래시, 동영상 등으로 도입한다.
기대행동 시범	• 기대행동의 바람직한 예시를 시범 보인다. • 기대행동의 바람직하지 않은 예시를 시범 보인다. • 시범 보이기를 한 후 유아와 함께 소감을 나눈다. • 기대행동을 수행하였을 때와 수행하지 않았을 때 교사가 어떤 강화와 반응을 제공할지 미리 이야기 나눈다.
연습 및 피드백 제공	• 유아에게 기대행동을 다시 한번 상기시킨다(예: "나는 교실에서 강당으로 이동할 때 한 줄로 서서 이동할 수 있어요."). • 상황을 설정하여 기대행동을 시연하거나 역할극을 통해 연습하고 구체적인 피드백을 제공한다. • 기대행동을 해야 하는 실제 장소에서 연습하고 구체적인 피드백을 제공한다.
일반화를 위한 연습	• 가정 연계 활동으로 가정과 지역사회 등의 다양한 장소와 상황에서도 기대행동을 자주 연습할 수 있도록 기회를 제공한다.

모든 유아가 쉽게 보고
상기할 수 있도록
잘 보이는 곳에 게시한다.

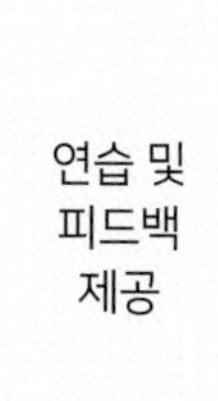

그림 9-8 유치원 학급 규칙 및 교수 방법의 예

출처: 이소현, 윤선아, 이명희, 김미영, 허수연, 박병숙(2017). **유치원 통합교육 가이드북**(p. 154, 163). 인천: 인천광역시교육.

제공할 수 있어야 한다.

사회-정서 문제를 지닌 유아를 교수할 때에는 다음과 같은 단계적인 절차를 적용하게 된다. 먼저 부적절한 행동이 발생하는 시간이나 장소, 대상자 등의 상세한 내용을 관찰하고 부모와의 면담 등을 통해서 행동 문제의 원인을 파악한다. 이러한 과정을 기능적 행동 분석이라고 한다(Walker & Hott, 2017). 이렇게 행동의 기능을 분석한 후에는 행동의 기능에 따른 개별화된 교수계획을 세우고 교수전략을 적용하게 된다. 이때 행동 문제를 위한 교수적 접근은 앞에서 설명한 바와 같이 예방 중심의 긍정적 지원의

표 9-17 감정 인식 및 조절을 위한 교재 및 교수 활동의 예

활동명	활동 내용	교재 예시
감정 콜라주 (소집단 활동)	교사가 한 가지 감정(예: 기쁨)을 제시하고 유아들은 잡지나 그림 자료를 함께 살펴보며 그 감정을 표현하는 사진이나 그림을 모아 잘라 붙인다.	나는 기뻐요
감정 주사위 놀이 (게임)	순서를 돌아가며 주사위를 던진다. 주사위에 나온 감정이 무엇인지 말하고 표정을 따라 한다. 어떨 때 이런 기분이 드는지 이야기 나눈다.	
기분 온도계 (이야기나누기)	1. '화남'과 '기분 좋음' 기분을 설명하고 기분 온도계를 제시한다. 빨간색은 '많이 화남', 주황색은 '화남', 노란색은 '화가 나려고 함', 연두색은 '좋음', 초록색은 '아주 좋음'으로 정한다. 2. 최근에 화가 나서 했던 행동, 말, 생각 등을 떠올려보고 온도계에서 어디에 위치하는지 이야기 나눈다. 3.. 화날 때 진정할 수 있는 방법(행동, 말, 생각 등)에 대해 이야기 나눈다. 4. 화나는 상황에서 화를 내지 않고 다 같이 정한 진정하기 방법(예: 세 번 심호흡하기)을 사용하도록 알려준다.	기분 온도계 나의 기분은 난 이렇게 해요 많이 화남 잠시 쉬어요 숨을 크게 세 번 쉬어요 열하고 다섯까지 세요 물 한잔 마셔요 아주 좋음

출처: 이소현, 윤선아, 이명희, 김미영, 허수연, 박병숙(2017). 유치원 통합교육 가이드북(pp. 172-173). 인천: 인천광역시교육청.

형태이어야 한다. 즉, 문제행동을 감소시키거나 예방함과 동시에 바람직한 행동을 촉진하는 긍정적 행동 지원(positive behavior supports: PBS)이 적용되어야 한다(Dunlap & Fox, 2009). 긍정적 행동 지원 내에서 사용되는 구체적인 교수전략으로는 바람직한 행동 강화하기, 선택하기 기회를 반복적으로 제시함으로써 환경에 대한 통제력 학습시키기, 자기표현의 기회(예: 미술, 음악, 사회극놀이)를 제공함으로써 적절한 방법으로 자

신을 표현하게 하기, 소집단을 구성할 때 행동 모델이 될 수 있는 또래와 같은 집단에 포함시키기 등의 다양한 방법이 사용될 수 있다. 특히 사회-정서 문제를 보이는 유아는 사회적 상호작용이나 의사소통 문제를 보일 가능성이 매우 크기 때문에 이에 대한 교수도 함께 제공한다.

요약

장애 유아 교육의 성과에 직접적인 영향을 미치는 가장 중요한 요소는 교수방법이라고 할 수 있다. 장애 유아를 교육하기 위해서는 다양한 교수방법이 사용된다. 일반 유아나 학령기 장애 학생을 위해서 사용되는 방법이 동일하게 적용될 수도 있고 장애 유아의 독특한 특성에 의해서 특정 방법이 선호되기도 한다. 기본적으로 장애 유아 교육에 있어서 교수방법의 적용은 대상 장애 유아의 특성이나 요구에 의해서, 또는 가르치고자 하는 기술에 의해서 개별화되어야 한다. 그러므로 이 장에서는 장애 유아 교육에 있어서 기본적으로 적용되는 교수적 접근의 기본적인 원칙을 알아보고, 일반적인 교수전략과 특정 장애에 따른 교수전략을 설명하였다.

교육 전반에 걸쳐서 학생을 가르치기 위한 효과적인 교수방법이 많이 제시되고 있지만 이 책에서는 특별히 장애 유아에게 효과적으로 적용되는 구체적인 교수전략을 설명하였다. 먼저 장애 유아 교육에 있어서 기본적으로 적용되는 교수적 접근의 원리를 다음과 같이 여섯 가지로 설명하였다: (1) 증거 기반의 실제, (2) 놀이 중심 접근, (3) 일과 및 활동 중심의 자연적 접근, (4) 근접 발달 영역 및 비계교수, (5) 과제분석에 따른 단계적 교수, (6) 예방 중심의 행동 지원. 또한 장애 유아에게 사용되는 구체적인 교수전략을 교육과정 수정, 활동 중심 삽입교수, 자연적 교수전략, 교사 주도 교수전략, 또래 중개 교수전략의 다섯 가지로 나누어 설명하였다. 장애 유형별로 그 특성에 따른 구체적인 교수방법 또한 설명하였는데, 특히 유아기에 장애 판별이 가능한 시각장애 및 청각장애 유아와 자폐 범주성 장애 유아를 위한 교수방법과 운동 기능, 의사소통, 인지, 사회-정서 발달에 있어서의 지체를 보이는 유아를 위한 교수방법을 환경 구성, 교재·교구의 선정 및 활용, 교수전략 측면에서 구체적인 방안과 적용 사례를 제시하였다.

참고문헌

김기옥(2007). 통합 상황에서 실시한 강화된 환경중심 언어중재가 자폐 유아의 자발화에 미치는 효과. 특수교육, 6(1), 97-121

김지연, 최윤희(2009). 장애 유아와의 상호작용을 위한 또래 중재가 발달지체 유아와 일반 유아의 사회적 상호작용에 미치는 영향. 유아특수교육연구, 9(4), 163-179.

김지영, 이소현(2010). 통합 유치원에서의 교육과정 수정이 장애 유아의 자유선택활동 참여에 미치는 영향. 특수교육학연구, 45(3), 295-316.

김지현(2010). 사회-의사소통 촉진을 위한 활동-중심 삽입교수가 장애 유아의 언어 및 상호작용에 미치는 영향. 유아특수교육연구, 10(3), 69-88.

김지현(2012). 학급 차원의 짝 활동을 통한 또래교수가 장애 유아의 사회적 상호작용에 미치는 영향. 유아특수교육연구, 12(2), 129-145.

노진아(2014). 보편적 차원 긍정적 행동 지원의 실행 수준과 유아교사의 배경변인과의 관계. 지체·중복·건강장애연구, 57(3), 159-183.

박나리, 이소현(2012). 순환학습모형에 따른 유치원 수학활동의 교육과정 수정이 통합된 장애 유아의 수학능력에 미치는 영향. 유아교육연구, 32(6), 53-82.

박나리, 채수정(2007). 시간지연 및 요구모델 방법을 이용한 AAC 중재가 뇌성마비 아동의 의사소통 행동과 통문자 습득에 미치는 효과. 유아특수교육연구, 7(2), 137-158.

박지은, 김정민, 노진아(2014). 강화된 환경중심 언어 중재가 언어발달지체 유아의 자발화에 미치는 영향. 특수아동교육연구, 16(3), 165-192.

박혜성, 이소현(2012). 자폐 범주성 장애 유아를 위한 자연적 교수전략의 중재 요소 고찰. 자폐성장애연구, 12(20), 37-58.

배선화, 이병인, 조현근(2016). 통합학급에서 학급 차원의 보편적 지원과 개별화된 긍정적 행동 지원이 유아의 문제행동과 사회적 유능감에 미치는 효과. 유아특수교육연구, 16(2), 131-159.

신수진, 이소현(2014). 통합유치원에서 실시한 학급 차원의 단짝친구 기술 중재가 장애 유아의 또래 상호작용에 미치는 영향. 유아특수교육연구, 14(3), 221-241.

심세화, 이귀남, 신수진(2010). 자폐 범주성 장애 유아의 놀이 기술 교수 중재에 관한 고찰. 자폐성장애연구, 10(1), 75-108.

심세화, 이소현(2020). 비디오 상황이야기 중재가 통합된 자폐 범주성 장애 유아의 또래 놀이로의 전이 행동과 또래 놀이에 미치는 영향. 특수교육연구, 19(1), 145-173.

윤신명, 이소현(2015). 특수교육 지원으로 일반교사가 실행하는 활동 중심 삽입교수가 통합된 장애 유아의 수세기 기술에 미치는 영향. 유아특수교육연구, 15(4), 173-199.

윤현숙, 이소현(1999). 계열화된 사진앨범을 이용한 자기 관리 중재가 자폐 아동의 자립적인 일상생활 행동에 미치는 효과에 대한 연구. 자폐성장애연구, 1(1), 139-172.

윤혜준, 이소현(2017). 어머니가 실행하는 반응적인 의사소통 전략을 적용한 환경 중심 중재가 자폐 범주성 장애 영아의 공동관심 행동에 미치는 영향. 유아특수교육연구, 17(3), 147-171.

원종례(2007). 교사 간 협력에 의한 활동 중심 삽입교수 중재가 통합된 장애 유아의 유형별 참여 행동에 미치는 영향. 유아특수교육연구, 7(1), 175-195.

원종례, 이소현(2006). 교사 간 협력을 통한 활동-중심 삽입교수 중재가 발달지체 유아의 활동 참여와 발달에 미치는 영향. 특수교육학연구, 41(2), 121-143.

이명희, 박은혜(2007). 보완대체 의사소통 체계를 통한 또래 중재가 중도 지체장애 유아의 의사소통 행동에 미치는 효과. 언어청각장애연구, 12(2), 317-333.

이소현(2002). 장애 유아의 사회-의사소통 능력 증진: 유치원 교육과정 내에서의 적용을 위한 이론과 실제. 제7회 이화특수교육학술대회: 장애 학생과 일반 학생의 상호작용 및 의사소통 증진을 위한 지원 방안(pp. 3-49). 서울: 이화여자대학교 특수교육학과.

이소현(2007). 유치원 통합교육을 위한 「개별화 교육과정」의 개발 및 실행 방안 고찰. 유아특수교육연구, 7(2), 111-135.

이소현(2011). 개별화 교육과정: 장애 유아를 위한 일반 유아교육과정 기반의 교수적 접근. 서울: 학지사.

이소현, 김미영, 노진아, 윤선아, 이명희, 이수정(2015). 장애 유아를 위한 3세 누리과정 교사용 지도서. 세종: 교육부.

이소현, 윤선아, 박현옥, 이효정, 이영선(2016). 자폐성 장애 특성을 반영한 특수교육 운영 모델 개발 연구. 인천: 인천광역시교육청.

이소현, 윤선아, 이명희, 김미영, 허수연, 박병숙(2017). 유치원 통합교육 가이드북. 인천: 인천광역시교육청.

이소현, 이수정, 박병숙, 윤선아(2018). 통합유치원 운영 모델. 천안: 교육부/국립특수교육원.

이수정(2016). 유아교육환경에 적용된 보편적 수준 긍정적 행동 지원의 실행 및 교사 지원 요소 분석. 특수교육학연구, 50(4), 199-226.

이수정, 이소현(2005). 활동-기술 도표를 이용한 사회적 시작행동 중재가 발달지체 유아의 또래 상호작용에 미치는 영향. 정서행동장애연구, 21(2), 213-237.

이지연, 이소현(2008). 자연적 중재를 이용한 활동-중심 삽입교수가 통합된 장애 유아의 기능적 의사소통 발화에 미치는 영향. 유아특수교육연구, 8(1), 189-211.

이지현, 조광순(2005). 환경중심 언어중재가 전반적 발달장애 유아의 사물요구하기와 어휘 습득에 미치는 효과. 유아특수교육연구, 5(1), 46-78.

최미점(2014). 장애 유아를 대상으로 한 긍정적 행동 지원에 관한 중재 고찰: 국내 실험연구를 중심으로. 유아특수교육연구, 14(4), 81-104.

최미점(2016). 보편적 차원의 긍정적 행동 지원이 통합학급 유아들의 수업행동과 사회적 상호작용에 미치는 효과. 유아특수교육연구, 16(4), 1-21.

허수연, 이소현(2019). 학급 차원의 긍정적 행동 지원이 통합학급 유아의 사회성 기술과 활동 참여에 미치는 영향. 정서·행동장애연구, 35(2), 1-30.

허수연, 이소현, 이수정(2008). 사회적 기술 습득을 위한 활동-중심 삽입교수가 장애 유아의 사회적 상호작용에 미치는 영향. 유아특수교육연구, 8(2), 151-172.

Alberto, P., & Troutman, A. (2012). *Applied behavior analysis for teachers*(9th ed.). Boston, MA: Pearson.

Aldemir, O., & Grusel, O. (2014). The effectiveness of the constant time delay procedure in teaching preschool academic skills to children with developmental disabilities in a small group teaching arrangement. *Educational Sciences: Theory and Practice, 14*, 733-740.

Allen, K., & Cowdery, G. (2015). *The exceptional child: Inclusion in early childhood education.* Stamford, CT: Cengage Learning.

American Psychiatric Association (APA). (2013). *Diagnostic and statistical manual of mental disorders: DSM-5* (5th ed.). Washington, DC: Author.

Artman-Meeker, K. M., & Hemmeter, M. L. (2012). Effects of training and feedback on teachers' use of classroom preventive practices. *Topics in Early Childhood Special Education, 33*, 112-123.

Bailey, D., & Wolery, M. (2003). 장애 영유아를 위한 교육(이소현 역). 서울: 이화여자대학교 출판부. (원저 1992년 출간)

Bambara, L., & Kern, L. (2008). 장애 학생을 위한 개별화 행동 지원: 긍정적 행동 지원의 계획 및 실행(이소현, 박지연, 박현옥, 윤선아 공역). 서울: 학지사. (원저 2005년 출간)

Barton, E. (2010). Development of a taxonomy of pretend play for children with disabilities. *Infants & Young Children, 23*, 247-261.

Barton, E. (2015). Teaching generalized pretend play and related behaviors to young children with disabilities. *Exceptional Children, 81*, 489-506.

Barton, E., & Pokorski, E. (2018). Teaching complex play to young children with disabilities using recommended practices. In Division for Early Childhood (Ed.), *Instruction: Effective strategies to support engagement, learning, and outcomes* (DEC Recommended Practices Monograph Series No. 4). Washington, DC: Author.

Barton, E., Reichow, B., Wolery, M., & Chen, C. (2011). We can all participate? Circle time for children with autism. *Young Exceptional Children, 14*, 2-21.

Bayat, M. (2015). *Addressing challenging behaviors and mental issues in early childhood.* New York, NY: Routledge.

Bishop, V. (2004). *Teaching visually impaired children* (3rd ed.). Springfield, IL: Charles C. Thomas.

Bondy, A., & Frost, L. (1994). The picture exchange communication system. *Focus on Autistic Behavior, 9*, 1-19.

Bricker, D., & Woods-Cripe, J. (1992). *An activity-based approach to early intervention.* Baltimore, MD: Brookes.

Brummelman, E., Thomaes, S., Overbeek, G., Orobio de Castro, B., van den Hout, M., et al. (2014). On feeding those hungry for praise: Person praise backfires in children with low self-esteem. *Journal of Experimental Psychology: General, 143*, 9-14.

Bruner, J. (1982). The organization of action and the nature of the adult-infant transaction. In E. Tronick (Ed.), *Social interchange in infancy: Affect, cognition and communication* (pp. 23-35). Baltimore, MD: University Park Press.

Buysse, V., Wesley, P., Snyder, P., & Winton, P. (2006). Evidence-based practice: What does it really mean for the early childhood field? *Young Exceptional Children, 9*, 2-10.

Carr, J., Coriaty, S., Wilder, D., Gaunt, B., Dozier, C., et al. (2000). A review of "noncontingent" reinforcement as treatment for the aberrant behavior of individuals with developmental disabilities. *Research in Developmental Disabilities*, *21*, 377-391.

Carter, E., Sisco, L., & Chung, Y. (2017). 또래 중개 지원 중재. In 자폐 범주성 장애: 의사소통 및 사회적 상호작용을 위한 증거 기반의 중재(pp. 321-365, 이소현, 박혜진, 윤선아 공역). 서울: 학지사. (원저 2012년 출간)

Cho, Y., & Lee, S. (2006). The effects of multiple peer-mediated interventions across activities on social competence of young children with developmental disabilities in the inclusive preschool classroom. *International Journal of Early Childhood Education*, *12*(1), 53-72.

Clark, C., & McDonnell, A. (2008). Teaching choice making to children with visual impairments and multiple disabilities in preschool and kindergarten classrooms. *Journal of Visual Impairment and Blindness*, *102*, 397-409.

Cohen, M., & Gerhardt, P. (2016). *Visual supports for people with autism* (2nd ed.). Bethesda, MD: Woodbine House.

Collins, B. (2012). *Systematic instruction for students with moderate and severe disabilities*. Baltimore, MD: Brookes.

Cook, B., & Odom, S. (2013). Evidence-based practices and implementation science in special education. *Exceptional Children*, *79*, 135-144.

Copple, C., & Bredekamp, S. (2009). *Developmentally appropriate practice in early childhood programs: Serving students from birth through age 8*. Washington DC: NAEYC.

DEC Task Force on Recommended Practices (1993). *DEC Recommended Practices: Indicators of quality in programs for infants and young children with special needs and their families*. Reston, VA: DEC.

Deer, M., Rowland, C., & Rule, S. (1994). *Strategies for instruction in natural environment*. Logan: Utah State University, Center for Persons with Disabilities.

Division for Early Childhood (DEC). (2014). *DEC recommended practices in early intervention/early childhood special education 2014*. Retrieved from http://www.dec-sped.org/recommendedpractices.

Division for Early Childhood (DEC). (2015). *DEC recommended practices: Enhancing services for young children with disabilities and families* (DEC Recommended Practices Monograph Series No. 1). Los Angeles, CA: Author.

Division for Early Childhood (DEC). (2016). *Environment: Promoting meaningful access, participation, and inclusion* (DEC Recommended Practices Monograph Series No. 2). Washington, DC: Author.

Division for Early Childhood (DEC). (2017). *Family: Knowing families tailoring practices, building capacity* (DEC Recommended Practices Monograph Series No. 3). Washington, DC: Author.

Division for Early Childhood (DEC). (2018a). *Instruction: Effective strategies to support engagement, learning, and outcomes* (DEC Recommended Practices Monograph Series No. 4). Washington, DC: Author.

Division for Early Childhood (DEC). (2018b). *Interaction: Enhancing children's access to responsive interactions* (DEC Recommended Practices Monograph Series No. 5). Washington, DC: Author.

Division for Early Childhood (DEC). (2019). *Teaming and collaboration: Building and sustaining partnerships* (DEC Recommended Practices Monograph Series No. 6). Washington, DC: Author.

Dunst, C., Bruder, M., Trivette, C., Hmy, D., Raab, M., & McLean, M. (2001). Characteristics and consequences of everyday natural learning opportunities. *Topics in Early Childhood Special Education*, *21*, 68-92.

Epstein, A. (2014). *The intentional teacher: Choosing the best strategies for young children's learning*. Washington, DC: National Association for the Education of Young Children.

Gagnon, E. (2001). *Power cards: Using special interests to motivate children and youth with Asperger syndrome and autism*. Shawnee Mission, KS: Autism Asperger Publishing Co.

Gargiulo, R., & Bouck, E. (2018). *Special education in contemporary society: An introduction to exceptionality* (6th ed.). Thousand Oaks, CA: Sage.

Gargiulo, R., & Kilgo, J. (2020). *An introduction to young children with special needs: Birth through age eight*. Los Angeles, CA: SAGE.

Gauvreau, A., & Sandall, S. (2018). Activity matrices: Tools for planning, organizing, and implementing instruction in early childhood settings. In Division for Early Childhood, *Instruction: Effective strategies to support engagement, learning, and outcomes* (DEC Recommended Practices Monograph Series No. 4, pp. 37-50). Washington, DC: Author.

Gray, C. (2011). *The new Social Story™ book: 10th anniversary edition*. Arlington, TX: Future Horizons.

Grisham-Brown, J., & Hemmeter, M. (2017a). Recommended instructional practices. In J. Grisham-Brown & M. Hemmete (Eds.), *Blended practices for teaching young children in inclusive setting* (2nd ed., pp. 63-90). Baltimore, MD: Brookes.

Grisham-Brown, J., & Hemmeter, M. (2017b). Systematic instructional practices. In J. Grisham-Brown & M. Hemmete (Eds.), *Blended practices for teaching young children in inclusive setting* (2nd ed., pp. 145-169). Baltimore, MD: Brookes.

Grisham-Brown, J., Schuster, J., Hemmeter, M., & Collins, B. (2000). Using an embedding strategy to teach preschoolers with significant disabilities. *Journal of Behavior Education*, *10*, 139-162.

Goldstein, H., Schneider, N., & Theimann, K. (2007). Peer-mediated social communication intervention: When clinical expertise informs treatment development and evaluation. *Topics in Language Disorders*, *27*, 182-199.

Guralnick, M. (2010). Early intervention approaches to enhance the peer-related social competence of young children with developmental delays: A historical perspective. *Infants and Young Children*, *23*, 73-83.

Hallahan, D., & Kauffman, J. (2018). *Exceptional learners: An introduction to special education* (14th ed.). Boston, MA: Pearson.

Halle, J., Marshall, A., & Spradlin, J. (1979). Time delay: A technique to increase language use and facilitate generalization in retarded children. *Journal of Applied Behavior Analysis, 1*, 109-120.

Hart, B., & Risley, T. (1968). Establishing use of descriptive adjectives in the spontaneous speech of disadvantaged preschool children. *Journal of Applied Behavior Analysis, 1*, 109-120.

Heward, W., Alber-Morgan, S., & Konrad, M. (2017). *Exceptional Children* (11th ed.). Upper Saddle River, NJ: Pearson Education.

Hollingsworth, H., & Buysse, V. (2009). Establishing friendships in early childhood inclusive settings: What roles do parents and teacher play? *Journal of Early Intervention, 31*, 287-305.

Horn, E., Lieber, J., Li, S., Sandall, S., & Schwartz, I. (2000). Supporting young children's IEP goals in inclusive settings through embedded learning opportunities. *Topics in Early Childhood Special Education, 20*, 208-223.

Horn, E., Lieber, J., Li, S., Sandall, S., Schwartz, I., & Wolery, R. (2002). Classroom models of individualized instruction. In S. Odom (Ed.), *Widening the circle: Including children with disabilities in preschool programs* (pp. 46-60). New York, NY: Teachers College Press.

Horner, R., Albin, R., Sprague, J., & Todd, A. (2000). *Positive behavior support for students with severe disabilities*. In M. Snell & F. Brown (Eds.), I*nstruction of students with severe disabilities* (5th ed., pp. 207-243). Columbus, OH: Merrill.

Hughes, C., & Henderson, L. (2017). Addressing the autism spectrum disorder "epidemic" in education. In W. Mrawski & K. Scott (Eds.), *What really works with exceptional learners* (pp. 225-243). Thousand Oaks, CA: Corwin.

Hughett, K., Kohler, F., Raschke, D. (2013). The effects of a buddy skills package on preschool children's social interactions and play. *Topics in Early Childhood Special Education, 32*, 246-254.

Johnson, J., Rahn, N., & Bricker, D. (2015). *An activity based approach to early intervention* (4th ed.). Baltimore, MD: Brookes.

Katz, E., & Girolametto, L. (2013). Peer-mediated intervention for preschoolers with ASD implemented in early childhood education settings. *Topics in Early Childhood Special Education, 33*, 133-143.

Koegel, L., Koegel, R., & Dunlap, G. (Eds.). (1996). *Positive behavior support: Including people with difficult behavior in the community*. Baltimore, MD: Brookes.

Kohler, F., & Strain, P. (1990). Peer-assisted interventions: Early promised, notable achievements and future aspirations. *Clinical Psychology Review, 10*, 441-452.

Ledford, J., & Wolery, M. (2013). Peer modeling of academic and social behaviors during small group direct instruction. *Exceptional Children, 79*, 439-458.

Lee, S., & Odom, S. (1996). The relationship between stereotypic behavior and peer social interactions for children with severe disabilities. *The Journal of the Association for Persons with Severe Handicaps, 21*, 88-95.

Lee, S., Odom, S., & Loftin, R. (2007). Social engagement with peers and stereotypic behavior of children with autism. *Journal of Positive Behavior Interventions, 9*, 67-79.

Lifter, K., Mason, E., & Barton, E. (2011). Children's play: Where we have been and where we could go. *Journal of Early Intervention, 33*, 281-297.

Linder, T. (2008). *Transdisciplinary play-based intervention* (2nd ed.). Baltimore, MD: Brookes.

Long, T., & Brady, R. (2017). Educating students with physical disabilities. In F. Orelove, D. Sobsey, & D. Gilles (Eds.), *Educating students with severe and multiple disabilities: A collaborative approach* (5th ed., pp. 61-88). Baltimore, MD: Brookes.

Lucyshyn, J., Horner, R., Dunlap, G., Albin, R., & Ben, K. (2002). Positive behavior support with families. In J. Lucyshyn, G. Dunlap, & R. Albin (Eds.), *Families and positive behavior support: Addressing problem behavior in family contexts* (pp. 3-43). Baltimore, MD: Brookes.

Macy, M., & Bricker, D. (2006). Practical applications for using curriculum based assessment to create embedded learning opportunities for young children. *Young Exceptional Children*, *9*, 12-21.

Mastrangelo, S. (2009). Harnessing the power of play: Opportunities for children with autism spectrum disorders. *Teaching Exceptional Children*, *42*, 34-44.

McLean, M., Bailey, D., & Wolery, M. (2004). *Assessing infants and preschoolers with special needs* (3rd ed.). Saddle River, NJ: Pearson.

McWilliam, R. (1991). Targeting teaching at children's use of time: Perspectives on preschoolers' engagement. *Teaching Exceptional Children*, *23*, 42-43.

Meadan, H., Ostrosky, M., Triplett, B., Michna, A., & Fettig, A. (2011). Using visual supports with young children with autism spectrum disorder. *Teaching Exceptional Children*, *43*, 28-35.

Meyer, L., & Ostrosky, M. (2014). An examination of research on the friendships of young children with disabilities. *Topics in Early Childhood Special Education*, *34*, 186-196.

Milam, M., Velez, M., Hemmeter, M., & Barton, E. (2018). Implementing peer-mediated interventions in early classrooms. In Division for Early Childhood, *Instruction: Effective strategies to support engagement, learning, and outcomes* (DEC Recommended Practices Monograph Series No. 4, pp. 77-90). Washington, DC: Author.

National Association for the Education of Young Children (NAEYC). (2009). Developmentally appropriate practice in early childhood programs serving children from birth through age 8. In C. Copple & S. Bredekamp (Eds.), *Developmentally appropriate practice in early childhood programs* (3rd ed., pp. 1-32). Washington, DC: Author.

National Autism Center. (2015). *Findings and conclusions: National Standards Project phase 2*. Randolph, MA: Author.

National Institute of Mental Health. (2016). *Autism spectrum disorder*. Retrieved October 30, 2019, from http://www.nimh.nih.gov/health/topics/autism-spectrum-disorders-asd/index.shtml#part_145439.

Noonan, M., & McCormick, L. (2014). *Young children with disabilities in natural environments* (2nd ed.). Baltimore, MD: Brookes.

Odom, S. (2009). Evidence-based practice implementation science, and outcomes for children. *Topics in Early Childhood Special Education*, *29*, 53-61.

Odom, S., Fleming, K., Diamond, K., Lieber, J., Hanson, M., Butera, G., et al. (2010). Examining different forms of implementation and in early childhood curriculum research. *Early Childhood*

Research Quarterly, 25, 314-328.

Odom, S., Hoyson, M., Jamieson B., & Strain, P. (1985). Increasing handicapped preschoolers' social interactions: Cross-setting and component analysis. *Journal of Applied Behavior Analysis, 18*, 3-16.

Odom, S., McConnell, S., & Brown, W. (2008). Social competence of young children: Conceptualization, assessment, and influences. In S. Odom, S. McConnell, & W. Brown (Eds.), *Social competence of young children: Risk, disability, & intervention* (pp. 3-30). Baltimore, MD: Brookes.

Odom, S., & McLean, M. (Eds.). (1996). *Early intervention/early childhood special education: Recommended practices*. Austin, TX: Pro-Ed.

Odom, S., Zercher, C., Marquart, J., Li, S, Sandall, S., & Wolfberg, P. (2002). Social relationships of children with disabilities and their peers in inclusive preschool classrooms. In S. Odom(Ed.), *Widening the circle: Including children with disabilities in preschool programs* (pp. 61-80). New York, NY: Teachers College Press.

Owens, R. (2014). *Language disorders: A functional approach to assessment and intervention* (6th ed.). Boston, MA: Pearson.

Parten, M. (1932). Social participation among preschool children. *Journal of Abnormal and Social Psychology, 27*, 243-269.

Piaget, J. (1962). *Play, dreas, and imitation in childhood* (C. Gattengno & F. Hodgson, Trans.). New York, NY: Norton.

Pretti-Fonczak, K., Grisham-Brown, J., & Hemmeter, M. (2017). Focused instructional strategies. In J. Grisham-Brown & M. Hemmeter (Eds.), *Blended practices for teaching young children in inclusive settings*. Baltimore, MD: Brookes.

Reichow, B. (2016). Evidence-based practice in the context of early childhood special Education. In B. Reichow, B. Boyd, E. Barton, & S. Odom (Eds.), *Handbook of early childhood special education* (pp. 107-121). Switzerland: Springer.

Richey, D., & Wheeler, J. (2000). *Inclusive early childhood education*. Albany, NY: Delmar.

Rogers-Warren, A., & Warren, S. (1980). Facilitating the display of newly trained language in children. *Behavior Modification, 4*, 361-382.

Sandall, S., McLean, M., & Smith, B. (2000). *DEC recommended practices in early intervention/early childhood special education*. Longmont, CO: Sopris West.

Sandall, S., Schwartz, I., Joseph, G., & Gauvreau, A. (2019). *Building blocks for teaching preschoolers with special needs* (3rd ed.). Baltimore, MD: Brookes.

Schwartz, I. (1999). Controversy or lack of consensus? Another way to examine treatment alternatives. *Topics in Early Childhood Special Education, 19*, 189-198.

Schwartz, I., & Woods, J. (2015). Making the most of learning opportunities. In Division for Early Childhood (Ed.), *DEC Recommended Practices: Enhancing services for young children with disabilities and their families* (DEC Recommended Practices Monograph Series No. 1, pp. 77-86). Los Angeles, CA: Division for Early Childhood.

Scotti, J., & Meyer, L. (Eds.). (1999). *Behavioral intervention: Principles, models, and practices.* Baltimore, MD: Brookes.

Simpson, R. L. (2006). 자폐 범주성 장애: 중재와 치료(이소현 역). 서울: 시그마프레스. (원저 2006년 출간)

Slaby, R., Roedell, W., Arezzo, D., & Hendrix, K. (1995). *Early violence prevention: Tools for teachers of young children.* Washington, DC: National Association for the Education of Young children.

Smith, S., Simon, J., & Bramlett, R. (2009). Effects of positive peer reporting (RPR) on social acceptance and negative behaviors among peer-rejected preschool children. *Journal of Applied School Psychology, 25*, 323-341.

Snyder, P., & Ayankoya, B. (2015). Revising the Division for Early Childhood recommended practices: When, who, and how. In Division for Early Childhood, *DEC recommended practices: Enhancing services for young children with disabilities and families* (DEC Recommended Practices Monograph Series No. 1, pp. 11-24). Los Angeles, CA: Author.

Snyder, P., McLaughlin, T., & Bishop, C. (2018). Maximizing contextually relevant learning opportunities through embedded instruction. In Division for Early Childhood, *Instruction: Effective strategies to support engagement, learning, and outcomes* (DEC Recommended Practices Monograph Series No. 4, pp. 51-64). Washington, DC: Author.

Stanton-Chapman, T., & Hadden, D. (2011). Encourage peer interactions in preschool classrooms: The role of the teacher. *Young Exceptional Children, 14*, 17-28.

Stormont, M., Lewis, T., Beckner, R., & Johnson, N. (2008). *Positive behavior support system: In early childhood and elementary settings.* Thousand Oaks, CA: Corwin Press.

Stormont, M., Smith, S., & Lewis, T. (2007). Teacher implementation of precorrection and praise statements in head start classrooms as a component of a program-wide system of positive behavior support. *Journal of Behavioral Education, 16*, 280-290.

Strain, P., & Bovey, E. (2015). The poser of preschool peers to influence social outcomes for children with special needs. In K. Harris & L. Meltzer (Eds.), *The power of peers in the classroom: Engancing learning and social skills* (pp. 288-316). New York, NY: Guilford Press.

Strain, P., & Joseph, G. (2004). Engaged supervision to support recommended practices for young children in challenging behavior. *Topics in Early Childhood Special Education, 24*, 39-50.

Strain, P., & Odom, S. (1986). Effective interventions for social skills development of exceptional children. *Exceptional Children, 52*, 543-551.

Travers, J., & Nunes, L. (2017). Environmental arrangement to prevent contextually inappropriate behavior. In A. Boutot (Ed.), *Autism spectrum disorders* (2nd ed., pp. 59-78). Upper Saddle River, NJ: Pearson Education.

Turnbull, A., Edmonson, H., Griggs, P., Wickham, D., Sailor, W., Freeman, R., et al. (2002). A blueprint for schoolwide positive behavior support: Implementation of three components. *Exceptional Children, 68*(3), 377-403.

Vaiouli, P., & Ogle, L. (2015). Music strategies to promote engage and academic growth of young children with ASD in the inclusive classroom. *Young Exceptional Children, 18*, 19-28.

Vargas, J. (2013). *Behavior analysis for effective teaching*. New York, NY: Routledge.

Vygotsky, L. (1980). Becoming partners with children: From play to conversation. San Antonio, TX: Special Press.

Walsh, B., & Petty, K. (2006). Frequency of six early childhood education approaches: A 10-year content analysis of early childhood education journals. *Early Childhood Education Journal, 34*, 301-315.

Warren, S., & Kaiser, A. (1988). Generalization of treatment effects by young language-delayed children: A longitudinal analysis. *Journal of Speech and Hearing Disorders, 51*, 239-251.

Wilson, K., Carter, M., Wiener, H., DeRamus, M., Bulluck, J., Watson, L., et al. (2017). Object play in infants with autism spectrum disorder: A longitudinal retrospective video analysis. *Autism & Developmental Language Impairments, 2*, 1-12.

Wolery, M., Bailey, D., & Sugai, G. (1988). *Effective teaching: Principles and procedures of applied behavior analysis with exceptional students*. Boston, MA: Allyn & Bacon.

Wong, C., Odom, S. L., Hume, K., Cox, A. W., Fettig, A., Kucharczyk, S., et al. (2014). *Evidence-based practices for children, youth, and young adults with autism spectrum disorder*. Chapel Hill: The University of North Carolina Frank Porter Graham Child Development Institute, Autism Evidence-Based Practice Review Group.

Yu, S., Ostrosky, M., & Fowler, S. (2015). The relationship between preschoolers' attitudes and play behaviors toward classmates with disabilities. *Topics in Early childhood Special Education, 35*, 40-51.

부록 9-1 DEC 추천의 실제 영역 및 항목

영역	항목
리더십 (관리자)	L1. 리더는 교사가 소속감을 느끼고 기관의 미션과 목표를 지원하고자 하는 마음을 갖도록 분위기와 문화를 형성한다. L2. 리더는 DEC의 윤리강령, 입장성명, 추천의 실제를 지키고 모범이 되도록 노력한다. L3. 리더는 교사 및 가족과 공동의 의사결정을 하기 위한 정책, 구조, 방법론을 개발하고 실행한다. L4. 리더는 전문 학협회에 소속되어 지속적인 증거 기반의 전문성 개발에 참여한다. L5. 리더는 DEC의 입장성명과 추천의 실제를 실행하기 위한 정책과 자원을 주창한다. L6. 리더는 서비스와 잘 조정된 통합적인 지원 체계를 수립하기 위하여 중앙 및 지역의 교육부서와, 그리고 기타 기관 및 체계의 담당자와 파트너십을 형성한다. L7. 리더는 교사가 추천의 실제를 실행하는데 필요한 조건을 구성해 주는 정책과 절차를 개발하고 개선하고 실행한다. L8. 리더는 추천의 실제를 성공적으로 실행하기 위한 재원 및 인적자원 확보를 위하여 다양한 수준 및 분야에 걸쳐 일한다. L9. 리더는 교사가 지식과 기술을 갖출 수 있도록 다양한 지원을 제공해 주는 증거 기반의 전문성 신장 체계 또는 방법을 개발하고 실행한다. L10. 리더는 교사가 전문직 기준을 잘 알고 따르는지와 서비스 제공과 관련된 모든 법과 규정을 준수하는지 확인한다. L11. 리더는 특수교육협회(CEC), 조기교육분과(DEC), 기타 국가 수준의 전문직 기준에 부합하는 주 차원의 역량 기준을 개발하고 수정하기 위하여 고등교육기관, 자격증 관련 기관, 교사, 학협회, 및 기타 관련인들과 협력한다. L12. 리더는 프로그램 관리 및 지속적인 향상을 위해서, 그리고 아동 및 가족 성과를 향상시키기 위한 서비스와 지원의 효과를 검토하기 위해서 자료를 수집하고 활용하는 일에 관련인과 협력한다. L13. 리더는 다양한 분야의 전문가가 함께 일하고 가족이 한 팀으로 일하게 함으로써 아동과 가족을 위한 효율적이고 협동적인 서비스 전달을 촉진한다. L14. 리더는 평가와 서비스를 필요로 하는 아동을 확인하고 의뢰하기 위한 목적으로 지속적인 지역사회 전반에 걸친 선별 절차를 개발하고 실행하기 위하여 다른 기관 및 프로그램과 협력한다.
진단	A1. 가족이 진단 과정에서 원하는 것이 무엇인지 확인한다. A2. 진단 정보를 수집하기 위해서 가족 및 기타 전문가와 함께 팀으로 일한다. A3. 아동의 연령 및 발달 수준에 적합하고 감각, 신체, 의사소통, 문화, 언어, 사회적, 정서적 특성을 고려한 진단 자료 및 전략을 사용한다. A4. 아동의 강점, 요구, 선호도, 관심을 알기 위하여 모든 발달 영역과 행동을 포함해서 진단을 실시한다.

〈계속〉

영역	항목
	A5. 아동의 주요 언어로 진단을 실시하되 한 가지 이상의 언어를 사용하는 경우 추가 언어로도 실시한다. A6. 가족 및 기타 주요 인물을 포함하는 다양한 근거로부터 진단 정보를 수집하기 위하여 관찰 및 면담을 포함하는 다양한 방법을 사용한다. A7. 매일의 활동, 일과, 그리고 가정, 센터, 지역사회 등의 환경에서 아동이 보이는 기술에 대한 정보를 수집한다. A8. 현재의 기능 수준을 확인하기 위해서 그리고 특수교육 적격성 결정 및 교수 계획을 위해서 진단 결과 외에도 임상적인 추론을 활용한다. A9. 학습 목표를 확인하고, 활동을 계획하고, 필요한 경우 교수 수정을 위한 진도를 점검하기 위해 체계적이고 지속적인 진단을 실시한다. A10. 진보를 확인하기 위해서, 특히 심각한 지원 요구를 지닌 아동의 진보를 확인하기 위해서 충분히 민감한 진단 도구를 사용한다. A11. 가족이 이해할 수 있고 활용할 수 있도록 진단결과를 보고한다.
환경	E1. 아동의 학습 경험 접근 및 참여를 촉진하기 위해서 매일의 일과와 활동 중에 자연적인 통합 환경에서 서비스와 지원을 제공한다. E2. 접근 가능한 환경을 만들기 위해서 보편적 학습 설계의 원칙을 고려한다. E3. 개별 아동의 학습 경험 접근 및 참여를 촉진하기 위해서 가족 및 기타 성인과 함께 물리적, 사회적, 시간적 환경을 수정한다. E4. 아동의 학습 경험 접근 및 참여를 촉진하기 위해서 가족 및 기타 성인과 함께 개별 아동의 보조공학적 필요를 확인한다. E5. 개별 아동의 학습 경험 접근 및 참여를 촉진하기 위해서 가족 및 기타 성인과 함께 적절한 보조공학을 취하거나 만들어낸다. E6. 건강과 안녕과 영역별 발달을 유지하거나 향상시키기 위해서 움직임과 정기적인 신체 활동의 기회를 제공하는 환경을 조성한다.
가족	F1. 문화적, 언어적, 사회-경제적 다양성에 민감하고 반응적인 상호작용을 통하여 가족과 서로 신뢰하고 존중하는 파트너십을 형성한다. F2. 가족이 이해할 수 있고 선택과 결정에 사용할 수 있는 종합적이고 편견이 없는 최신의 정보를 제공한다. F3. 가족의 관심, 우선순위, 변화하는 생활환경에 반응적이어야 한다. F4. 교사와 가족은 가족의 우선순위와 관심, 아동의 강점과 요구를 다루기 위해서 성과 또는 목표를 정하고 개별화된 계획을 세우고 교수를 실행하는 일에 함께 한다. F5. 가족의 강점과 역량을 인식하고 기반으로 함으로써 가족 기능을 지원하고 자신감과 능력을 촉진하며 가족-아동 관계를 강화한다. F6. 융통성 있고 개별화되고 가족의 선호도에 맞춘 방식으로 양육 지식 및 기술과 양육 효능감 및 자신감을 지원하고 강화하는 기회에 참여시킨다. F7. 교사는 가족이 원하는 성과 또는 목표를 성취하기 위해서 공식적인 또는 비공식적인 자원과 지원을 확인하고 접근하고 활용할 수 있도록 가족과 함께 일한다.

〈계속〉

영역	항목
	F8. 발달지체/장애를 지녔거나 위험에 놓인 이중언어 아동의 가족에게 복수언어 학습이 아동의 성장과 발달에 미치는 혜택에 대한 정보를 제공한다. F9. 가족이 자신의 권리를 알고 이해하도록 돕는다. F10. 가족에게 리더십과 옹호 기술을 갖추기 위한 기회에 대하여 알려주고 참여를 원하는 경우 격려한다.
교수	INS1. 가족과 함께 적극적인 학습에 참여하기 위한 개별 아동의 강점, 선호도, 관심을 확인한다. INS2. 가족과 함께 아동이 적응적이고 유능하고 사회적이고 참여하는데 도움이 되는, 그리고 자연적인 통합 환경에서의 학습을 촉진하는 목표기술을 확인한다. INS3. 개별화 교수와 관련된 결정을 알리기 위한 자료를 수집하고 활용한다. INS4. 아동이 활동과 일과 중에 접근하고 참여하고 학습하기 위해 필요로 하는 지원, 조정, 적합화의 수준을 계획하고 제공한다. INS5. 맥락과 관련된 학습 기회를 제공하기 위하여 일과와 활동과 환경 전반에 걸쳐 교수를 삽입한다. INS6. 기술을 가르치고 아동의 참여와 학습을 촉진하기 위한 체계적인 교수전략을 충실하게 사용한다. INS7. 아동의 참여와 놀이와 기술을 증진시키기 위하여 분명한 피드백과 후속결과를 사용한다. INS8. 기술을 가르치고 아동의 참여와 학습을 촉진하기 위하여 또래 주도 중재를 사용한다. INS9. 문제행동을 예방하고 다루기 위하여 환경 전반에 걸쳐 기능진단과 관련 예방, 촉진, 중재 전략을 사용한다. INS10. 아동의 학습 단계와 속도를 고려하고 가족이 아동의 성과 또는 목표를 성취하도록 지원하는데 필요한 정도의 빈도, 강도, 지속시간에 따른 교수를 실행한다. INS11. 이중언어 학습자가 영어를 배우도록 도와주고 모국어를 사용하여 지속적으로 기술을 개발하도록 도와주는 교수 지원을 제공한다. INS12. 장애 아동에게 영어를 가르칠 때 이중언어 학습자에게 효과적인 특정 교수전략을 사용하고 조정한다. INS13. 긍정적인 성인-아동 상호작용을 촉진하기 위하여 주양육자 또는 기타 성인에게 지도 또는 자문 전략을 사용하고 특별히 아동 학습 및 발달을 촉진하도록 고안된 교수를 사용한다.
상호작용	INT1. 아동의 다수의 정서 표현을 관찰하고 해석하고 후속적으로 반응함으로써 사회-정서 발달을 촉진한다. INT2. 모델링, 교수, 피드백, 또는 기타 유형의 지원을 통하여 아동이 다른 아동이나 성인과 일과 및 활동 중에 긍정적인 상호작용을 시작하거나 지속하도록 격려함으로써 사회적 발달을 촉진한다.

〈계속〉

영역	항목
	INT3. 아동의 구어 및 비구어 의사소통을 관찰하고 해석하고 반응하며 자연적인 후속결과를 제공함으로써, 그리고 아동의 요구, 필요, 선호도, 관심에 대하여 명명하고 확장하기 위한 언어를 사용함으로써 의사소통 발달을 촉진한다. INT4. 아동의 초점과 행위와 의도에 참여하거나 확장하는 방법으로 아동의 탐구, 놀이, 사회적 활동을 관찰하고 해석하고 의도적으로 반응함으로써 인지 발달을 촉진한다. INT5. 아동의 자율성 및 자기조절 수준에 따라 관찰하고 해석하고 스캐폴딩함으로써 문제해결 행동을 촉진한다.
팀 구성 및 협력	TC1. 개별 아동과 가족의 독특한 필요를 충족시키기 위하여 다양한 영역을 대표하는 전문가와 가족이 지원과 서비스를 계획하고 실행하는 팀으로 함께 일한다. TC2. 전문가와 가족은 팀의 역량을 수립하고 함께 문제를 해결하고 중재를 계획하고 실행하기 위하여 체계적이고 정기적으로 전문성과 지식과 정보를 교환한다. TC3. 전문가는 팀의 기능과 구성원 간의 대인관계를 강화하기 위하여 의사소통과 그룹 촉진 전략을 사용한다. TC4. 팀 구성원은 가족이 확인한 아동의 요구나 가족의 요구를 충족시키기 위하여 지역사회 기반의 서비스와 기타 공식적이거나 비공식적인 자원을 발견하고 접근할 수 있도록 서로를 보조한다. TC5. 전문가와 가족은 팀 구성원 중 한 명이 아동과 가족의 우선순위와 요구에 따라 가족과 팀 구성원을 연계해 주는 주요 연결자로 역할 하도록 함께 협력해서 결정할 수 있다.
전이	TR1. 졸업 및 입학 기관 교사는 아동의 성공적인 적응과 긍정적인 성과를 가장 잘 지원할 수 있는 방법론에 대해서 전이 전, 중, 후에 정보를 교환한다. TR2. 아동과 가족의 성공적인 적응과 긍정적인 성과를 지원하기 위해서 전이 전, 중, 후에 아동과 가족을 대상으로 계획된 적절한 전략을 다양하게 사용한다.

제10장

장애 유아 가족 지원

I. 가족 지원의 이론적 배경
  1. 가족의 개념
  2. 가족 지원의 개념
    1) 가족 지원의 정의
    2) 가족 지원의 중요성

II. 장애 유아의 가족
  1. 장애 유아의 부모
    1) 장애 자녀에 대한 정서적 반응
    2) 장애 자녀로 인한 스트레스
  2. 장애 유아의 형제자매

III. 가족 중심 프로그램
  1. 가족 구조 이론
    1) 가족 구조 이론의 개념
    2) 가족 구조 이론의 구성 요소
  2. 가족 중심 접근
    1) 가족 중심 접근의 이론적 배경
    2) 가족 중심 프로그램의 특성

IV. 가족 지원의 실제
  1. 가족 진단
    1) 가족 진단의 필요성
    2) 가족 진단 내용
    3) 가족 진단 방법
  2. 가족 지원 프로그램의 종류
    1) 정보 제공
    2) 교육 및 훈련
    3) 사회 · 정서적 지원
    4) 주간 단기 보호 프로그램
  3. 가족-교사 간 협력
  4. 가족 강화

요약

참고문헌

I. 가족 지원의 이론적 배경

1. 가족의 개념

가족의 개념은 지금까지 수많은 정의가 제시되어 온 것처럼 보는 시각에 따라서 다양하게 이해된다. 부모와 자녀로 구성된 핵가족의 개념으로 볼 수도 있고, 우리나라의 전통적인 대가족에서와 같이 조부모나 가까운 친척까지도 모두 가족의 개념으로 포함시키기도 한다. 최근에는 사회적인 현상으로 다양한 형태의 가정이 많아지기 시작하였으며, 주변의 가까운 이웃이나 친구까지도 가족의 단위로 통합시키는 경우도 생겨나고 있다. 그러므로 현대의 가족은 그 형태(구성)나 크기에 있어서 매우 다양하다고 할 수 있으며, 이에 따라 가족의 개념을 특정 특성을 지닌 단일 개념이기보다는 서로 소속되어 있는 한 집단의 사람들을 가리키는 총체적인 명칭으로 개념화하기에 이르렀다(Lynch & Hanson, 2011). 예를 들어, 가족이란 "적어도 한 사람 이상의 성인과 한 사람 이상의 아동으로 구성된 출생, 입양, 양육권 등을 통해서 서로가 법적으로 연계되어 있는 두 명 이상의 사람"으로 정의된다(Widerstrom, Mowder, & Sandall, 1991, p. 116). 보다 최근에는 가족이란 혈연이나 혼인에 의해 자신의 삶을 서로 공유하는 사람들로 정의되기도 하고(Hanson & Lynch, 2013), 혈연과 상관없이 매일의 삶 속에서 서로를 지원하고 돌보면서 스스로를 가족이라고 여기는 모든 단위를 가족으로 정의하기도 한다(Park, Turnbull, & Turnbull, 2002). 즉, 가족이란 "혈연이나 상황에 의해서 연결되어 스스로를 가족이라고 여기면서 서로에게 의존하고 가족의 기능을 수행하는 집단"(Turnbull, Turnbull, Erwin, Soodak, & Shogren, 2015, p. 6)으로 정의된다. 이렇게 최근에 제시되고 있는 정의를 살펴보면 가족의 외형적인 구성 형태뿐만 아니라 구성원 간의 서로를 향한 지원과 헌신을 포함하는 가족의 기능에 대해서도 언급하고 있는 것을 알 수 있다.

장애 유아를 교육하는 유아특수교육에 있어서의 가족의 개념은 전통적인, 또는 현대적인 의미의 가족이 어떻게 구성되는가에 초점을 맞추기보다는 유아의 삶에 포함되어 직접적인 영향을 미치는 사람이 누구인가에 초점을 맞추게 된다. 여기서 말하는 영향을 미치는 사람이란 전통적으로 부모가 수행해 온 양육의 역할을 담당하는 사람을 의미한다. 이 책의 전반에 걸쳐서 부모 및 가족이라는 용어와 함께 주 양육자라는 용어가 사용되기도 하는데, 이것은 개별 가족의 다양한 상황에 따라서 때로는 유아를 양육하는 주된 의무가 부모가 아닌 다른 사람에게 맡겨지는 경우가 많아지고 있는 현실적인 상황을 고려한 것이다. 특히 여성이 자녀 양육의 주된 역할을 수행하던 과거와 달리, 이들의 취업률이 증가하고 미혼모/부나 이혼 가정이 많아지면서 양육의 주된 의무가 어머니 또는 부모로부터 다른 사람에게로 옮겨지는 경우가 증가하고 있다.

유아특수교육 교사는 장애를 지닌 유아에게 적절한 교육을 제공함에 있어서 이러한 가족의 개념적 변화에 의한 영향을 받게 된다. 예를 들어, 교사는 부모의 역할을 다른 사람도 수행할 수 있음을 인식하고 가족의 정의를 확장해야 한다. 특히 주변의 많은 사람들이 유아의 행동과 발달에 큰 영향을 미칠 수 있으며, 또한 이들 역시 장애 유아의 출현으로 인해서 자신의 삶에 직접적인 영향을 받을 수도 있음을 인식해야 한다.

가족의 개념이 어떻게 변하고 있는 지와는 상관없이 가족과 관련된 가장 중요한 사실은 유아는 누구나 자신을 진심으로 사랑하는 사람을 필요로 한다는 것이다. 누군가가 유아의 주변에 존재하면서 이들을 사랑으로 양육하고 돌보아 주어야만 한다. 유아교육 및 발달 전문가는 이미 많은 연구를 통해서 사랑으로 양육해 주는 성인의 존재가 유아기 성장 발달에 얼마나 큰 영향을 미치는지를 강조해 왔다(Bronfenbrenner, 1979; Erickson & Kurz-Reimer, 1999). 그러므로 장애 유아의 교육을 담당하는 전문가는 가족의 개념이 시대에 따라, 또는 사회적인 현상에 따라 어떻게 변해 왔는지를 인식함과 동시에 유아의 주변에 가족의 의미로 존재하면서 그 역할을 수행하고 있는 성인이 있는지를 반드시 확인해야 한다.

2. 가족 지원의 개념

1) 가족 지원의 정의

가족 지원은 1980년대부터 사용되기 시작한 용어로 가족 구조를 강화하고 유지시키기 위해서 제공되는 모든 활동, 특히 가족이 아동의 장애를 이해하고 조정할 수 있도록 도와주는 것을 의미한다. 그러므로 가족 지원은 단순히 가족의 요구를 충족시켜 주는 것이 아니라 그러한 요구를 충족시키는 과정을 더욱 중요하게 여기는 개념이라 할 수 있다(Dunst, Trivette, & Deal, 1988). 가족은 가족 지원의 과정을 통해서 스스로의 필요를 충족시킬 수 있는 환경을 구성할 수 있게 되고 자기 스스로가 독립적인 문제해결 능력을 지니고 있음을 깨닫게 된다. 즉, 능력 부여(enabling)와 역량 강화(empowering)가 이루어진다는 것이다(Turnbull et al., 2015). 결론적으로 가족 지원은 장애 유아 가족이 자녀의 양육 및 교육과 관련해서 자신에게 필요한 정보를 제공받아 적절하게 활용하고 사회적 지원을 받을 수 있는 관계망을 만드는 등의 능력을 지니도록 도와줌으로써 이들의 삶에 질적인 향상을 가져올 뿐만 아니라 궁극적으로는 장애 자녀의 교육과 삶에 긍정적인 영향을 미치게 하는 것을 의미한다.

2) 가족 지원의 중요성

자녀 교육에 있어서 부모를 포함한 가족의 참여와 역할은 그 교육의 성패를 좌우하는 결정적인 요인의 하나로 여겨진다. 특히 하루의 많은 시간을 집에서 지내는 어린 나이의 영유아나 장애로 인하여 부모 참여의 필요성이 더욱 커지는 아동을 교육하기 위해서는 부모 지원의 중요성이 더욱 강조된다. 즉, 가정은 유아의 성장 발달을 촉진하는 가장 효과적이고도 경제적인 '구조(system)'로 가족 구성원의 적극적인 참여는 교육 프로그램의 성공에 결정적인 역할을 한다(Bronfenbrenner, 1975).

유아특수교육에 있어서 가족 지원의 중요성은 다음과 같은 이론적 배경에 의해서 주장된다(Bailey, Winton, Rouse, & Turnbull, 1990): (1) 유아를 독립된 개인이 아닌 그 유아가 속한 고유한 가족 단위의 한 부분으로 바라보는 견해, (2) 교육과정상의 모든 결정에 있어서의 부모 참여의 중요성, (3) 장애 유아의 가족도 장애 유아 못지않게 해결해야 할 문제를 지니고 있으며 다양한 형태의 도움을 필요로 한다는 인식.

먼저, 유아를 가족 구조에 속한 하나의 단위로 인식하기 시작하면서 장애 유아 교육에 있어서의 가족 지원의 중요성이 강조되기 시작하였다. 부모-자녀 관계에 있어서 부모가 자녀에게 일방적으로 영향을 미친다는 과거의 이론적 믿음이 사라지고 부모와 자녀가 양방향으로 서로에게 영향을 미친다는 현재의 이론적 논리가 보편화되면서 장애 유아 교육에 있어서의 가족 지원은 더욱 중요한 개념으로 등장하였다. 유아를 바라보는 견해에 있어서 부모와 자녀를 넘어서는 더 넓은 구조의 이웃과 지역사회 안에서의 영향력을 강조하는 생태학적 모델(Bronfenbrenner, 1977)이 제시되었으며, 가족은 하나의 조직적인 단위로 존재하면서 서로 균형을 이루기 위해서 갈등하고 시간이 지남에 따라 점점 더 복잡해질 뿐만 아니라 구성원은 서로에게 지속적으로 영향을 미친다는 구조 이론(system theory, Bronfenbrenner, 1979; Steinglass, 1984)이 등장하게 되었다. 즉, [그림 10-1]에서와 같이 가족은 유아의 생태학적 환경 내에서 가장 중요한 영향력을 미칠 뿐만 아니라 유아의 성장 발달에 따라 영향을 미치는 수많은 요인과 상호작용하는 구조로 존재하면서, 동시에 가족 그 자체로도 하나의 구조로 구성원 간의 영

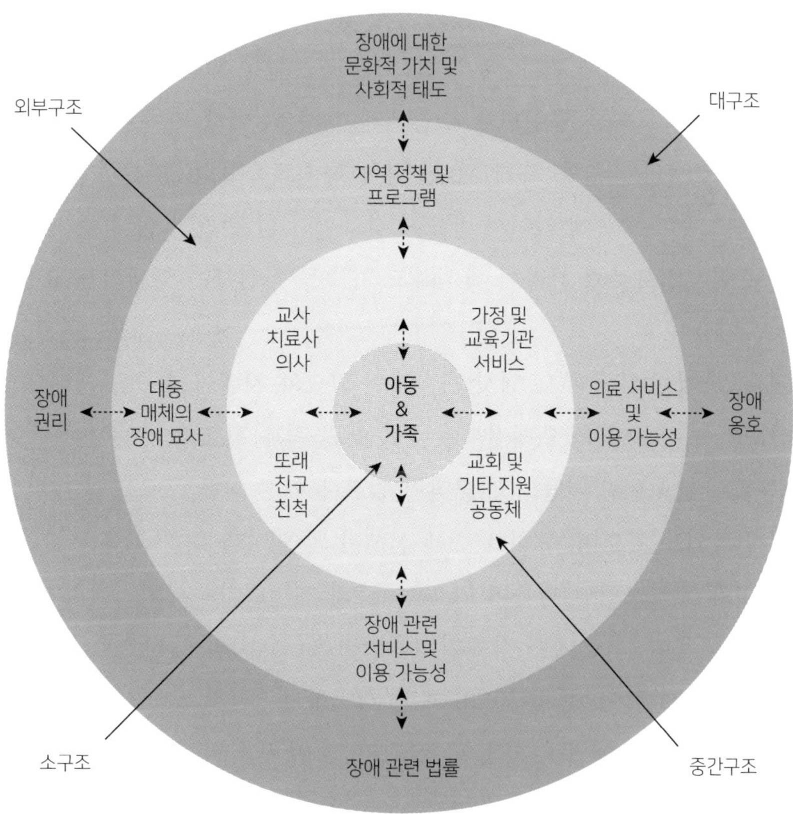

그림 10-1 Bronfenbrenner 구조 이론의 장애 유아 가족에 대한 적용

출처: Bayat, M. (2017). *Teaching exceptional children: Foundations and best practices in inclusive early childhood special classrooms* (2nd ed., p. 110). New York, NY: Routledge.

향력이 존재한다는 것이다(Bronfenbrenner, 1979). 유아특수교육 영역에서는 이러한 새로운 견해로 인하여 유아를 대상으로 하는 모든 중재가 가족에게 영향을 미칠 뿐만 아니라 가족 구성원 중 한 사람에게 제공되는 중재나 지원은 장애 유아를 포함하는 기타 가족 구성원에게도 영향을 미친다는 사실을 재인식하게 되었으며, 이를 통해서 장애 유아 교육에 있어서의 가족 지원의 중요성이 더욱 강조되기 시작하였다(Bailey & Simeonsson, 1988; Thomlison, 2016). 현재는 가족 지원이 장애 유아 교육의 주요 목표의 하나로 포함되기에 이르렀다(Bailey & Wolery, 2003).

둘째, 가족이 장애 유아를 교육함에 있어서 전문가로 인식되기 시작하였다. 가족은 유아의 발달과 함께 장애 또는 장애위험 요인과 직접적으로 관련된 영향력을 지닌다(Guralnick, 2006). 실제로 가족은 자녀의 출생으로부터 시작해서 현재에 이르는 모든 생육사와 발달 및 학습의 양상 등을 가장 잘 아는 전문가로서 자녀의 교육과 관련된 결정적인 영향을 미치게 된다. 특히 진단 및 교수 활동 계획 시 장애 유아가 속해 있는 환경 내의 가장 친숙한 구성원으로 참여해야 하며, 이때 가족은 전문가와 함께 동등한 구성원으로서의 역할을 하게 된다. 미국 특수교육협회(CEC) 조기교육분과(DEC)에서는 장애 영유아 교육에 있어서 반드시 갖추어야 할 추천의 실제 8개 영역 중 하나로 가족을 포함시킴으로써 가족이 참여하고 가족을 지원하는 실제의 중요성을 강조하였다(DEC, 2014).

셋째, 장애 유아의 부모 역시 개별적인 필요와 지원의 요구를 지니고 있다는 사실이 인식되기 시작하였다. 오래전부터 부모의 능력과 필요의 다양성이 강조되어 온 미국의 경우를 살펴보면 이들의 개별적인 필요에 따른 교육 프로그램 개별화에 대한 중요성이 인정되고 있으며, 특히 0~2세 신생아 및 영아를 위한 교육 프로그램에서는 이러한 개별화 프로그램의 적용이 PL 99-457의 개별화가족서비스계획(IFSP)에 의해서 보장된다. 더욱이, 최근에는 장애인교육법(IDEA 2004)의 개정으로 부모가 원하는 경우 만 5세까지 개별화교육계획(IEP) 대신 개별화가족서비스계획(IFSP)을 수립할 수 있게 하였다. 실제로 장애 유아의 발달 상태와 그 가족들 각자의 독특한 필요에 맞는 개별화된 교육 계획을 수립하지 않은 채 모든 유아에게 일률적으로 실시되는 프로그램은 최대한의 성과를 가져오지 못한다. 따라서 유아특수교육 교사는 개별 가족에게 적절한 지원과 서비스를 제공하기 위한 가장 효율적인 방법을 알아내기 위하여 노력을 기울여야 하며, 궁극적으로는 이러한 노력을 통하여 개별 가족의 우선순위를 성취할 수 있게 해 주어야 한다.

우리나라의 경우에도 2007년 「장애인 등에 대한 특수교육법」에 의해서 특수교육대상자와 그 가족에게 가족상담 등 가족 지원을 제공하도록 규정하였으며(제28조 1항), 동법 시행령(제23조)을 통하여 가족상담, 양육상담, 보호자 교육, 가족 지원 프로그램 운영 등과 같은 방법으로 가족을 지원하도록 규정하였다. 따라서 장애 유아를 가르치는 교육 현장의 관리자와 교사는 기관에서 실행되는 모든 프로그램에 장애 유아뿐만 아니라 가족이 소외되지 않고 적극적으로 참여할 수 있도록 가족 지원 프로그램을 실행하기 위한 노력을 기울여야 할 것이다(이소현, 2000).

II. 장애 유아의 가족

한 가정에 있어서 자녀의 출생은 그 가족에게 큰 영향을 미친다. 부모 및 다른 자녀들은 새로운 식구의 탄생으로 인하여 자신의 의지와는 상관없이 많은 변화를 경험하게 된다. 장애를 지닌 자녀의 출생은 그 가족에게 훨씬 더 큰 영향을 미치게 된다. 장애 자녀로 인해서 가족은 자신의 전체적인 삶에서뿐만 아니라 정기적으로 생활해 오던 매일매일의 일과 수행에서도 어려움을 겪을 수 있다. 예를 들어, 이사를 가거나 집의 구조를 고쳐야 하는 경우도 발생하며, 장애 자녀를 돌보아야 하는 책임과 의무로 인하여 가사를 비롯한 많은 일에서 시간의 부족함을 느끼게 될 수도 있고, 부모 중 한 사람이 직장을 그만두어야 하는 등 전체적인 삶의 모습에 결정적인 영향을 미칠 수 있다. 장애 자녀가 그 가족에게 미치는 영향은 대상에 따라 다양하게 나타날 수 있으며 개별 가족이 갖게 되는 관심도 다양하게 나타난다.

1. 장애 유아의 부모

1) 장애 자녀에 대한 정서적 반응

지금까지 많은 전문가는 장애 자녀를 둔 부모가 자신의 자녀가 장애를 지녔다는 사실을 알고 난 후에 일련의 정해진 순서로 반응한다고 주장해 왔다. 이들은 이러한 반응이 대부분의 사람들이 사랑하는 사람의 죽음을 맞을 때 경험하는 반응인 충격, 불신, 거부, 분노, 타협, 우울, 수용의 단계(Kubler-Ross, 1969)와 유사하다고 보고한다(Moses, 1987). 이것은 단계 이론(stage theory)으로, 중도 지체장애를 지닌 영아의 부모가 자녀의 장애를 안 후에 충격과 혼란, 거부, 슬픔, 불안 및 두려움, 분노, 적응의 순서로 반응을 보인 것으로 보고한 한 연구(Drotar, Baskiewicz, Irvin, Kennell, & Klaus, 1975)에 의해서 시작되었다. 그러나 이와 같은 단계 이론은 많은 연구에 의해서 비판을 받기도 한다(Ferguson, 2002; Seligman & Darling, 2009). 실제로, 많은 부모가 거부의 단계를 거치지 않으며, 처음에는 충격보다는 오히려 의심하는 반응을 보이는 것으로 보고된다. 또한 부모에게 주어지는 자원과 압력, 즉각적인 환경의 특성 등에 의해서 차이가 나타나는 것으로도 보고된다(Kasterbaum & Moreman, 2018). 결과적으로, 현재는 단계 이론 자체가 가족에게 해가 될 수도 있을 뿐만 아니라 가족이 경험하는 복잡한 과정을 지나치게 단순화시켰다는 비판을 받고 있다(Gallagher, Fialka, Rhodes, & Arceneaux, 2003; Turnbull et al., 2015).

이와 같은 일련의 정서적 반응 단계가 모든 부모에게서 정해진 순서대로 나타나는 것은 아니지만 많은 부모가 이와 같은 다양한 반응을 보이는 것은 사실이다. 이것은 자녀의 장애가 가족의 생태계에 영향을 미치는 것 또한 사실이기 때문이다. 따라서 유아특수교육 현장에서 교사가 이러한 영향에 대해 이해하는 것은 매우 중요하다. 장애에 대한 가족의 정서적인 반응과 그에 뒤따르는 수용 및 적응 과정은 다양한 요인에 의해서 영향을 받는 것으로 보고되고 있으며, 이러한 요인으로는 개별 가족의 특성, 가족 간의 상호작용 방식, 문화적인 배경, 건강이나 안전 상태 등이 포함된다(Gargiulo & Kilgo, 2020). 특히, 문화적 배경에 따라서 장애를 바라보는 견해가 달라질 수 있기 때문에 타문화권 내에서 이루어진 연구결과를 적용할 때에는 특별히 주의를 기울여야 한다(Hanson & Lynch, 2013).

장애 자녀를 둔 부모의 정서적인 반응을 이해하는 데 있어서 가장 중요한 점은 부모나 가족 구성원이 장애에 대해서 반응할 때 각자 자신만의 독특한 방법으로 반응한다는 사실이다(Umansky & Hooper, 2013; Winzer & Mazurek, 1998). 이것은 장애 유아를 교육할 때 개별화를 강조하는 것과 같이 가족도 개별적인 존재로 인정하고 개별 부모나 가족 구성원이 보일 수 있는 감정이나 행동이 모두 다를 수 있다는 사실을 인정해야 함을 뜻한다. 따라서 전문가는 부모가 보일 수 있는 다양한 유형의 반응에 대해서 이해하고 그러한 반응이 나타나는 경우 교육 프로그램이나 교사의 입장에서 적절한 지원을 제공할 수 있어야 한다. 〈표 10-1〉은 부모가 보일 수 있는 잠재적인 정서 반응과 그에 따른 교사의 바람직한 역할의 예를 보여 준다.

2) 장애 자녀로 인한 스트레스

장애 자녀의 출현이 가족에게 미치는 영향은 긍정적일 수도 있고 부정적일 수도 있으며 또한 중립적일 수도 있다(Singer & Nixon, 1996; Turnbull et al., 2015; Young & Roopnarine, 1994). 예를 들어, 결혼생활의 위기나 이혼의 비율이 장애 자녀를 둔 가정에서 더 높게 나타나기도 하고(Gath, 1977; Murphy, 1982) 그렇지 않기도 하며(Benson & Gross, 1989) 때로는 장애 자녀에 대한 공동의 기여를 통해서 구성원 간의 결속력이 더욱 커지고 개인적으로도 보다 성장하는 등 가족의 기능이 강화되기도 한다(Collings, 2008). 다시 말해서, 장애 자녀로 인한 특수성은 부부관계를 강화하기도 하고 동시에

표 10-1 부모의 잠재적인 정서 반응 및 그에 따른 교사의 역할

감정	부모 반응	교사 역할
충격 불신 거부	• 수치심, 죄책감, 무가치함, 과잉 보상을 보인다. • 불신한다. • "아빠 어릴 때와 똑같아." • "걱정하지 마. 괜찮아질 거야." • 진단을 위해 여러 의사를 찾아다닌다. • 다른 사람과는 대화하지 않고 모든 정보를 탐색한다.	• 공감하며 듣는다. • 적극적으로 듣는다. • 아동을 위해서 함께 일한다. • 인내심을 갖는다. • 필요한 경우 자원을 제공한다(예: 부모 자조모임, 진단 의뢰). • 문화적으로 다양한 견해를 이해한다.
화 분노	• 교사나 다른 사람을 향해 분노를 표출한다. • 욕한다. • 다른 사람을 비난한다. • 건강한 또는 장애가 없는 자녀를 둔 사람을 향하여 분노한다.	• 부모의 반응을 개인적으로 받아들이지 않는다. • 자녀와의 성공적인 상호작용을 통해 자신감을 갖게 해 준다. • 긍정적인 부모-자녀 상호작용을 보여 주고 지원하며, 성공적인 방법을 제안한다. • 이해, 연민, 배려의 마음을 전한다.
타협	• 발달상의 지체를 불가피한 것으로 수용한다. • 각오(또는 열심)를 다짐한다. • "내가 (이렇게) 하면 (이렇게) 될 거야." • 생각대로 진행되지 않으면 좌절한다.	• '공감하는 이해'를 보여 준다(가족의 감정을 수용한다). • 부모가 그러한 감정을 느끼는 것이 당연하고 괜찮다는 것을 이해하도록 돕는다. • 정직하게 소통한다(예: "매우 좌절되는 일일 거예요.")
우울 좌절	• "무슨 소용이야?" "상관없어." • 무기력함과 절망감을 보인다. • '완벽한' 또는 건강한 자녀 상실에 대한 슬픔을 보인다.	• 해야 할 일을 작게 나누도록 돕는다. • 자녀의 요구에 초점을 맞추는 대신 강점을 발견하도록 돕는다. • 성공적인 활동이나 중재를 보장해 준다. • 양육 기술에 자신감을 느끼도록 돕는다. • 전문 상담이나 기타 지원 서비스에 의뢰해 준다.
적응 조정	• 무엇인가 이루어질 수 있다고 이해한다. • 삶의 방식을 조정한다. • 자녀의 요구에 적응한다. • 기꺼이 실행한다.	• 다른 부모로부터 격려 받을 수 있도록 지원 체계에 연결시킨다. • 인내심을 갖도록 격려한다. • 긍정적인 상호작용 방법을 보여 준다. • 자녀가 진보를 보일 때 부모를 칭찬한다. • 개방적이고 정기적인 의사소통을 유지한다. • 기타 서비스 제공자와 협력하고, 이들이 프로그램에 방문하도록 초청한다. • 특수교육 회의에 참여할 수 있도록 가족에게 초청을 부탁하고, 정보를 요청한다.

출처: Cook, R., Klein, M. D., & Chen, D. (2020). *Adapting early childhood curricular for children with special needs* (10th ed., p. 42). Upper Saddle River, NJ: Pearson에서 수정 발췌.

손상시킬 수도 있으며 아무런 영향을 미치지 않을 수도 있다는 것이다.

그러나 일반적으로 장애 자녀를 둔 부모는 일반 부모에 비해서 훨씬 더 큰 스트레스를 경험하는 것이 사실이다(Duis, Summers, & Summers, 1997; Dyson, 1997). 이들이 겪는 스트레스는 장애 자녀의 출현으로 인한 것일 수도 있지만 양육과 관련된 일과로 인해서 가중된다. 그러므로 장애 자녀로 인해서 가족이 겪을 수 있는 스트레스를 이해하고 잘 극복할 수 있도록 지원함으로써 장애 자녀가 가족에게 미치는 부정적인 영향을 최소화해야 한다.

부모가 경험하는 스트레스는 여러 가지 요인에 의해서 다양하게 나타날 수 있다. 예를 들어, 장애 원인이 분명한 경우에 스트레스를 덜 받으며(Ricci & Hodapp, 2003) 자녀의 행동 문제(Hastings, Daley, Burns, & Beck, 2006), 자녀의 수(Orsmond, Ling-Yi, & Seltzer, 2007), 양육 일과의 정도(Keller & Honig, 2004)에 의해서도 스트레스의 정도가 달라질 수 있다. 또한 아버지의 경우에는 배우자의 우울감이 스트레스를 일으키는 주요 요인이 되기도 한다(Hastings et al., 2005). 아버지는 가족의 사회적 이미지에 영향을 미친다는 이유로 더 큰 스트레스를 받는 것으로 알려지고 있으며, 특히 딸보다는 아들이 장애를 지니고 태어나는 경우 더 큰 스트레스를 경험하게 되면서 자녀의 양육에 전적으로 참여하거나 전적으로 회피하는 등의 극단적인 반응을 보이기도 한다(Bristol & Gallagher, 1984). 가정 밖의 일에 더 많이 몰두하는 아버지일수록 자녀가 장애를 지녔다는 사실에 의해서 많은 스트레스를 경험하게 되며, 자녀가 학교에 입학하거나 또래가 학교 축구팀에 입단하는 등의 특정 시기에는 자존감에 위협을 받을 정도로 심각한 스트레스를 경험하면서 위기의 시간을 맞이하게 된다. 그러나 아버지가 자녀의 강점과 요구를 정확하게 이해하는 경우 정서적인 어려움도 줄어들고 과잉보호나 비현실적인 기대 설정 등의 어려움도 줄어드는 것으로 보고되었다(Auer & Blumberg, 2006).

장애 정도에 따라서도 스트레스의 양상이 다르게 나타날 수 있는데, 장애의 정도가 심한 경우에는 양육의 일과가 과중해질 수 있으므로 이에 따른 스트레스가 생기는 반면에, 장애가 경한 경우에는 일반 부모가 경험하는 스트레스(예: 학업 성취, 친구 관계)를 추가적으로 경험할 수도 있다. 예를 들어, 자녀의 장애 정도가 심한 경우에 가족은 다음과 같은 문제에 직면하게 된다(Allen & Cowdery, 2015).

- 의학적인 치료, 수술, 양육뿐만 아니라 특수 음식, 장비, 이동수단 등의 필요에 따른 과도한 경비의 경제적인 부담

- 경련장애나 때로는 생명을 위협하는 상황에 직면하는 등의 위기로 인한 두려움
- 밤낮으로 지속되는 어려운 양육 일과
- 지속적인 피로감, 수면 부족, 다른 가족의 필요를 돌보거나 여가활동에 참여하기 위한 시간적인 여유의 부족
- 양질의 보육이나 주간보호 확보의 어려움으로 인하여 직장과 사회적 활동에서 온전하게 능력을 발휘하기 어려움
- 가족의 모든 관심과 자원이 장애를 지닌 자녀에게 집중된다고 느끼는 형제자매의 질투 또는 분노
- 경제적 부담, 피로, 시간 부족 등으로 인한 부부관계에서의 스트레스

장애 유아 부모가 장애 자녀의 출현으로 인한 스트레스를 얼마나 잘 극복할 수 있는지는 다음과 같은 세 가지 요소에 의해서 어느 정도 추측이 가능하다: (1) 장애 자녀가 태어나기 이전의 심리적 상태 및 결혼생활의 행복한 정도, (2) 다른 사람에게서 받는 지원의 정도 및 질, (3) 스트레스 대처를 위해서 사용하는 전략. 물론 예외가 없는 것은 아니지만, 장애 자녀가 출현하기 전에 행복하게 생활하고 잘 적응했던 부모가 이미 결혼생활이나 심리적인 면에서 문제를 지니고 있던 부모보다 더 잘 적응한다고 말할 수 있다. 이는 장애를 지닌 자녀를 양육함에 있어서 부모가 서로 간에 주고받는 지원이나 친척, 친구로부터 받는 사회적 지원은 스트레스에 대처하고 잘 적응하게 해 주는 결정적인 역할을 하기 때문이다(Duis et al., 1997; Gavidia-Payne & Stoneman, 1997). 이때 부모가 받는 지원은 직접적으로 양육의 일과를 도와주는 물리적 지원일 수도 있고 정서적 지원일 수도 있는데, 이와 같은 지원과 가족의 내적 요인이 상호작용하면서 결과적으로 가족의 안녕과 자녀의 교육 성과에까지 영향을 미치게 된다(Dunst, & Trivett, 2005).

부모에 따라서는 장애 자녀의 출현이 예상하지 못했던 긍정적인 결과를 가져다주기도 한다. 예를 들어, 가족 구성원 간에 좀 더 가까운 관계를 유지하게 되거나 사회 문제에 관심을 가지게 됨으로써 전체적인 삶의 모습이 변하기도 한다. 또한 장애 자녀를 둔 부모는 장애가 없는 자녀를 둔 부모에 비해서 스트레스를 더 많이 경험하는 것이 사실이지만 실제적인 가족의 기능에 있어서는 큰 차이를 보이지는 않는 것으로 보고되기도 한다(Dyson, 1997). 그러나 이러한 긍정적인 측면이 장애 자녀로 인한 스트레스를 자동적으로 해결해 주는 것은 아니며, 가족의 생활에 장애 자녀가 미치는 영향은 그

대로 남아 있게 된다. 그러므로 이러한 긍정적인 변화를 보이는 부모라 할지라도 장애 자녀로 인한 스트레스 대처를 위한 적절한 지원이 제공되어야 한다.

2. 장애 유아의 형제자매

비교적 많은 문헌에서 장애 유아 부모의 정서적 반응이나 스트레스에 대해서 다루고 있는 것에 비해 이들의 형제자매에 대해서는 그다지 많이 다루지 않는다. 그러나 현재까지 알려져 있는 내용을 정리해 보면, 장애 유아의 형제자매도 장애를 지닌 형제자매로 인해서 영향을 받는 것으로 보고된다(Fisman, Wolf, Ellison, & Freeman, 2000; Meyer & Vadasy, 2007; Strohm, 2009). 예를 들어, 죄책감, 수치심, 고립감, 분노, 지나친 책임감, 성취에 대한 압박 등 부정적인 감정을 가지게 될 수도 있고, 장애가 있는 형제자매와 함께 성장함으로 인해서 더욱 성숙해지거나 사회적 능력, 통찰력, 인내심, 자존감, 주창력, 성실함 등의 장점을 보이는 등 긍정적인 영향을 받기도 한다. 또한 부정적인 영향도 긍정적인 영향도 받지 않는 중립적인 경우도 보고된다. 〈표 10-2〉는 형제자매와 관련된 이와 같은 연구 결과를 18세 전후로 나누어서 보여 준다(Sibling Leadership Network, 2013a, 2013b).

형제자매의 경우 대체로 나이가 어리기 때문에 부모보다 더 힘들어할 수도 있다. 이들은 부모보다 덜 성숙하며, 이로 인해서 장애나 장애 형제자매에 대한 부정적인 느낌을 갖게 되는 경우에 적절한 방법으로 해소하기 어려울 수도 있다. 따라서 장애 유아의 형제자매는 특정 지원을 필요로 한다. 아동은 아주 어렸을 때부터 형제자매의 장애에 대해서 인식할 수 있는데, 장애에 대한 정확한 지식은 없더라도 남과는 다르다는 사실을 인지하곤 한다. 이들은 성장하면서 장애의 원인이나 자신에게 미치는 영향 등에 대한 관심을 보이기 시작하며, 좀 더 성장해서는 자신이나 자신의 장애 형제자매에 대한 사회의 시각에 대해서 관심을 갖게 된다. 그러므로 장애 유아의 형제자매는 성장함에 따라서 나이에 적절한 지원을 제공받을 수 있어야 한다. 예를 들어, 어린 시기에는 형제자매의 장애가 자신에게는 발생하지 않을 것이라는 것을 확인시켜 주어야 하며, 학령기에는 형제자매의 장애에 대한 질문에 답해 주고 또래와의 관계에서 발생할 수 있는 여러 가지 질문이나 사건에 대해서 관심을 보여 주어야 하고, 청소년기에는 장애 형제자매의 장래에 대한 추가적인 정보를 제공해 주어야 하며, 또한 성인기에 자신이 어떠한 역할을 하게 되는지에 대한 관심에 응해 주어야 한다(Berry & Hardman,

표 10-2 형제자매 관련 연구결과

연령	연구결과
아동기 (18세 미만)	• 장애가 없는 아동의 형제자매에 비해 보다 긍정적인 자아상을 보이며, 장애인에 대한 보다 높은 공감력과 이해를 보인다. • 부정적인 경험과 관련된 연구의 결과는 상반된다. 장애가 없는 아동의 형제자매에 비해 행동 문제, 불안, 우울이 증가하는 결과를 보이기도 하고 이러한 차이가 전혀 나타나지 않기도 한다. • 형제자매 간 관계는 친밀하고 긍정적이다. 갈등과 관련해서는 상반된 결과를 보이는데, 장애가 없는 아동의 형제자매에 비해 더 많이 싸우거나 차이가 없는 것으로 나타난다. • 장애가 없는 아동의 형제자매에 비해 보다 큰 양육의 의무를 지닌다. 증가된 양육 의무는 다른 사람에 대한 보다 깊은 이해로 연결되기도 하고 높은 불안감이나 친구와의 시간 부족으로 연결되기도 한다. • 개별화가족서비스계획(IFSP)이나 나이가 많은 아동의 전환 계획에 형제자매가 포함되지 않는 경우가 많다.
성인기 (18세 이상)	• 장애를 지닌 형제자매와 긍정적인 관계를 유지한다. • 이러한 경험은 자신의 삶 속의 결정(예: 결혼, 취업)에 영향을 미친다. • 남성보다 여성이 장애를 지닌 형제자매와 더 가까운 관계를 유지하는 경향이 있다. • 형제자매의 약 60% 정도가 스스로 주 양육자가 될 것이라고 예견하며, 실제로도 가장 가까운 관계를 유지하는 경향이 있다.

2008). 〈표 10-3〉은 장애가 있는 형제자매를 둔 아동이 흔히 보이는 질문을 보여 준다(Gallagher, Powell, & Rhodes, 2007).

장애 유아의 형제자매는 부모나 전문가를 통해서 도움을 받을 수도 있지만 유사한 장애 형제자매를 둔 다른 또래와의 만남을 통해서도 상호적인 지원을 주고받을 수 있다. 또한 장애 형제자매와 함께 활동에 참여함으로써 이들을 좀 더 잘 이해하게 되고 직접교수를 통해서 교사의 역할도 할 수 있다. 실제로 형제자매 교육을 통하여 장애를 이해하고 사회적 기술을 학습했을 때 이들의 장애 형제자매와의 상호작용이 긍정적으로 변화한 것으로 나타났다(김수지, 이소현, 2020). 이러한 과정을 통해서 상호 긍정적인 관계를 형성함으로써 서로에게 긍정적인 혜택을 줄 수 있다. 그러나 이러한 경우 형제자매에게 양육이나 교수의 과도한 책임을 맡기게 되면서 이들에게 적절하지 않은 성인의 역할을 강조하게 될 수도 있으므로 주의를 기울여야 한다. 장애 유아의 형제자매

표 10-3 장애 아동 형제자매의 장애 관련 관심 영역 및 내용

관심 영역	관련 질문
장애 형제자매 관련 관심	• 장애의 원인은 무엇일까? • 왜 내 동생은 저렇게 이상하게 행동할까? • 누나는 과연 혼자 살 수 있을까?
부모 관련 관심	• 왜 부모님은 형이 저렇게 자주 방해하도록 놔두실까? • 왜 항상 나한테 언니를 돌보라고 하는 걸까?
본인 관련 관심	• 나는 왜 누나에 대해서 이렇게 혼란스러운 감정을 가지게 될까? • 나도 장애를 갖게 되는 것이 아닐까? • 우리가 형제(자매) 관계를 제대로 유지할 수 있을까?
친구 관련 관심	• 가장 친한 친구에게 오빠에 대해서 어떻게 설명해야 할까? • 친구가 학교의 모든 사람에게 말하지는 않을까? • 어떤 사람이 장애인을 놀리면 어떻게 해야 하지?
학교 및 지역사회 관련 관심	• 특수학급에서는 무슨 일이 진행되고 있을까? • 혹시 나도 언니하고 비교되는 것은 아닐까? • 낯선 사람에게 뭐라고 말해야 하지?
성인기 관련 관심	• 부모님이 돌아가시면 내가 오빠를 책임져야 하는 것은 아닐까? • 나도 유전상담을 받아야 하나? • 장애인 형제자매 그룹에 가입해야 할까?

를 보다 잘 이해하기 위해서는 이들의 직접적인 경험과 성장 과정을 서술한 『장애아의 형제자매』(Strohm, 2009, 전혜인, 정평강 공역)를 참조하기 바란다.

III. 가족 중심 프로그램

특수교육의 역사를 살펴보면 상당히 오랜 시간 동안 장애를 지닌 아동의 부모에 대해서 잘못 인식해 온 것을 알 수 있다. 이러한 잘못된 인식은 부모가 자녀의 장애를 일으킨다는 잘못된 믿음으로부터 시작되었다. 그러나 이후의 지속적인 변화를 거쳐 현재 부모는 장애 자녀의 교육 과정에 협력하는 완전한 파트너로 인식된다(Turnbull et al., 2015). 이와 같은 가족에 대한 견해 변화는 유아나 가족을 독립된 하나의 개체로 보기보다는 상호작용적인 구조로 보는 이론적 정립을 통해서 점진적으로 가시화되었으

며, 이러한 이론적 배경은 장애 유아에 대한 접근을 가족 중심 접근으로 변화시켰다. 그러므로 이 부분에서는 가족을 하나의 구조적 단위로 보는 가족 구조 이론과 가족 중심 접근의 이론적 배경에 대해서 알아보고자 한다.

1. 가족 구조 이론

1) 가족 구조 이론의 개념

장애를 지닌 유아의 교육에 있어서 가족 구조를 통한 접근은 최근에 들어서 가장 권장되는 모델로 인식된다. 가족 구조 이론(family system theory)은 가족은 하나의 조직적인 단위로 존재하면서 서로 균형을 이루기 위하여 갈등하고 시간이 지남에 따라 점점 더 복잡해지면서 구성원들은 서로에게 지속적으로 영향을 미친다는 구조 이론(system theory, Steinglass, 1984)에 근거한다. 가족 구조 이론에 의하면 가족은 상호 연결되어 있으면서 서로에게 의존적인 단위로 존재하기 때문에 특정 구성원에게 미치는 영향은 가족 내의 다른 구성원에게까지도 영향을 미치게 된다(Minuchin, 1974).

한 가족 내의 모든 구성원은 각자 자신만의 독특한 요구와 필요를 지니고 있으며 이러한 요구와 필요는 다른 가족 구성원과 일치하지 않을 수도 있다. 그럼에도 불구하고 이들은 서로 관계를 맺고 유지해야 하는 하나의 단위로 존재한다. 가족의 이와 같은 구조적 특성은 장애 유아를 교육하는 전문가가 가족의 구성원에게 개별적으로 관심을 가지고 관계를 맺어야 함을 시사한다. 이것은 장애를 지닌 유아에게 개별적으로 접근해야 함과 같이 가족과도 개별적인 관계 형성을 통해서 개별화된 접근을 해야 함을 의미한다. 유아특수교육에 있어서 가장 먼저 가족 구조 이론을 도입한 Turnbull 등(1984)은 다음과 같은 네 가지 주요 구성 요소가 서로 얽혀 있는 개념적 틀을 소개하였다: (1) 가족의 특성, (2) 가족 상호작용, (3) 가족 기능, (4) 가족의 생애 주기. [그림 10-2]는 이러한 개념적 틀의 구성 요소들이 어떻게 상호 연관되는지를 보여 준다.

2) 가족 구조 이론의 구성 요소

(1) 가족 특성

가족 구조 이론의 첫 번째 요소인 가족의 특성은 개별 가족을 독특하게 해 주는 속성을 의미한다. 예를 들어, 모든 가족은 그 구성 형태나 크기, 문화적 배경, 사회-경제적 지위, 주거하는 지역 등의 속성에 의해서 그 특성이 달라진다. 또한 개별 구성원의

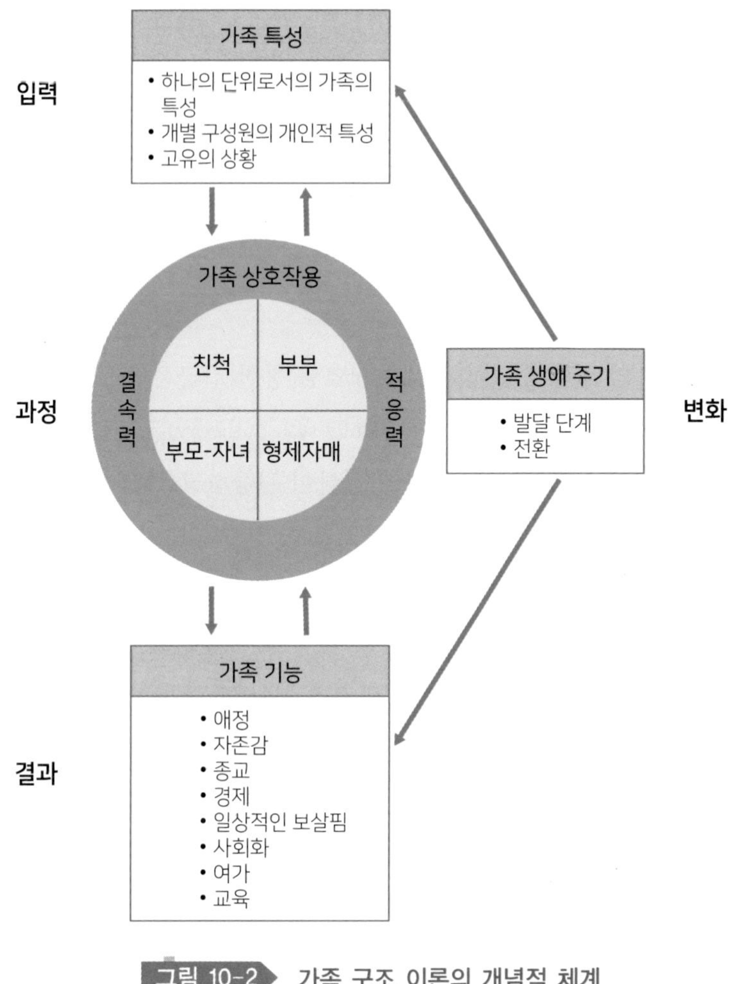

그림 10-2 가족 구조 이론의 개념적 체계

출처: Turnbull, A. P., Summers, J. A., & Brotherton, M. J. (1984). *Working with families with disabled members: A family systems approach* (p. 60). Lawrence, KS: University of Kansas, Kansas Affiliated Facility.

건강 상태나 서로 간에 협응하는 방식, 지니고 있는 장애의 성격이나 정도 등의 속성도 가족 구성원의 개인적인 특성으로 포함되며, 가난이나 약물 중독 등 생활에서 나타나는 속성도 가족의 특성으로 포함된다. 이상의 모든 속성은 개별 가족이 다른 가족과는 다른 독특한 특성을 지니도록 만들 뿐만 아니라, 구성원 간의 상호작용에 영향을 미치게 된다. 결과적으로, 장애 유아의 출현은 개별 가정의 이러한 특성으로 인해서 서로 다른 반응을 초래하게 된다. 예를 들어, 빈민 지역에 거주하는 다섯 명의 자녀를 둔 대가족에서 태어난 장애 유아와 한적한 소도시의 독자로 태어난 장애 유아가 받는 가족의 관심과 태도는 매우 다를 수 있다. 물론 두 가정 모두 장애를 지닌 가족 구성원에 대해서 똑같이 수용하고 받아들일 수 있지만 이들의 반응이나 대처 전략, 또는 필요로 하는 것들은 매우 다를 수 있다. 그러므로 교사는 유아의 가족이 지니는 특성이 모두 다를 수 있음을 인식하고 이에 따른 개별적인 접근을 시도해야 한다.

(2) 가족 상호작용

가족 구조 이론의 두 번째 요소는 가족 구성원 간의 상호작용이다. 가족 상호작용은 가족 내의 다양한 하위구조 간에 발생하는 관계로 구성된다. 여기서 말하는 하위구조란 부부, 부모-자녀, 형제자매, 확대가족(주로 친척을 의미하며 경우에 따라서는 친구나 이웃, 전문가 등을 포함)을 말하며, 모든 가족 구성원은 서로 다른 하위구조에 소속되어 구조 내에서 서로 영향력을 미치면서 특정 역할을 수행하게 된다(Seligman & Darling, 2009). 가족 상호작용은 주로 가족 구성원 간의 결속력(cohesion)과 적응력(adaptability)의 두 가지 특성에 의해서 영향을 받는다(Turnbull et al., 2015).

결속력이란 가족 내에 존재하는 정서적인 결속의 형태를 의미하는 용어로 가족 구성원의 자유 및 독립의 정도를 결정해 준다. 결속력이 지나치게 높은 경우에는 개별 구성원의 독립에 손상을 입히게 되며, 결속력이 지나치게 낮은 경우에는 가족 구성원 간의 독립성이 강해지면서 가족을 분산시키게 된다. 결속력에 있어서 균형을 보이는 가장 바람직한 가족 상호작용은 가족 구성원 간의 경계가 분명하면서도 서로 간에 결속감을 느낌과 동시에 자율성을 지니고 있을 때 이루어진다(Seligman & Darling, 2009).

적응력이란 변화가 필요할 때 그 변화를 기꺼이 받아들이는 정도를 의미한다(Reiger & McGrail, 2013). 모든 가족은 일생에 걸쳐 다양한 변화에 직면한다. 예를 들어, 자녀가 출생하고 학교에 입학하고 성장해서 집을 떠나는 등의 다양한 사건 속에서 가족 구성원은 각자의 역할에서의 변화를 요구받게 된다. 이때 자신의 역할 변화를 얼마나 기꺼이 수용하는가가 그 가족의 적응력을 보여 준다. 결속력과 마찬가지로 적응력도 높고 낮은 정도로 나타나며, 특히 가족의 문화적인 배경에 의해서 많은 영향을 받게 된다. 어떤 사건이 발생했을 때 적응력이 낮은 가족은 정해져 있는 역할과 책임에 의해서만 반응하려고 하고 새로운 상황의 필요에 따라 이러한 것들을 수정하려고 하지 않는다. 예를 들어, 장애가 심한 자녀가 출생하였는데 가족의 문화적인 배경에 의해서 양육의 의무를 어머니에게만 맡기고 아버지는 조금도 도와주려고 하지 않는다면 이 가족은 새로운 상황에 대한 적응력이 매우 낮다고 할 수 있다. 한편으로 적응력이 너무 높은 가족의 경우에는 역할이나 책임에 대한 정해진 규칙이 없고 상황에 따라서 책임자와 역할이 수시로 변화하기 때문에 불안정한 양상을 보이기도 한다. 그러므로 가장 바람직한 가족 상호작용은 이러한 양극단의 중간에서 균형을 잘 이루는 것이라고 할 수 있다.

(3) 가족 기능

가족 구조 이론의 세 번째 구성 요소인 가족 기능은 가족의 개별적이고 종합적인 필요를 충족시키기 위해서 필요한 상호 관련된 활동을 의미한다. [그림 10-2]에서 볼 수 있듯이, 가족 기능에 해당되는 이러한 기능에는 애정, 자존감, 종교, 경제, 의식주를 포함한 일상적인 돌봄, 사회화, 여가, 교육의 여덟 가지가 있다. 애정은 서로 간의 헌신과 사랑을 표현하게 해 주며, 자존감은 자신의 개인적인 존재와 가치를 확인하고 긍정적인 기여를 할 수 있음을 알게 하고, 종교는 신 또는 신앙과 관련된 요구를 충족시키며, 경제는 가족의 소비를 보장해 주는 수입원의 역할을 하고, 일상적인 돌봄은 기본적인 의식주와 건강을 살피고, 사회화는 사회적 기술을 개발하고 사람과의 관계를 형성하도록 도와주며, 여가는 가족 전체 또는 개인이 원하는 활동을 즐기게 해 주고, 교육은 교육 활동 참여와 직업 선택을 가능하게 해 주는 기능을 한다(Turnbull et al., 2015).

이상의 가족 기능은 가족 구조 내에서의 결과 또는 산물이라고 할 수 있다. 그러므로 이러한 기능은 다른 구성 요소에 의해서 영향을 받게 되며, 특히 장애 유아의 출현에 의해서도 영향을 받는다. 일반적으로 개별 가족은 가족 기능과 관련된 선호도를 지닌다. 어떤 가족은 의식주 기능에 초점을 맞추는 반면에 다른 가족은 여가나 교육의 기능에 더 큰 초점을 맞추기도 한다. 그러므로 가족 기능 수행을 위한 보조나 지원은 그 성격이나 정도가 개별 가족의 상황에 따라서 달라져야 한다(Berry & Hardman, 2008).

(4) 가족 생애 주기

가족 생애 주기는 가족 구조 이론의 마지막 구성 요소로 모든 가족이 경험하게 되는 시간이 지남에 따른 발달상의 변화를 의미한다. 이러한 변화의 대부분은 비교적 예측이 가능하지만 경우에 따라서는 가족 구성원의 갑작스러운 죽음, 이혼, 예기치 않은 자녀의 출생 등의 사건으로 인해서 예측이 어려울 수도 있다. 가족 내에서 일어나는 이러한 변화는 가족의 구조를 변경시킬 수도 있으며, 결과적으로 가족의 특성, 상호작용, 기능 등 다른 구성 요소에 영향을 미치게 된다.

일반적으로 가족 생애 주기는 나이에 따라 그 단계가 나누어지는데, 적게는 6단계에서 많게는 24단계까지의 주기가 보고된다(Hanson & Lynch, 2013). 그러나 생애 주기에 있어서 중요한 것은 단계의 수와 상관없이 모든 단계가 새로운 적응을 필요로 하는 변화나 요구를 지니고 있다는 사실이다. 그러므로 개별 가족이 이러한 단계를 거쳐 가면서 변화에 반응하는 양식은 가족의 기능에 영향을 미치게 된다. 한 단계에서 다음 단계로 이동하는 전이의 시간은 모든 가족에게 스트레스를 가져다줄 수 있다. 특히 장애를 지닌 가족 구성원이 존재하는 경우에는 다음 단계에 대한 불확실성으로 인해서 더욱 불안한 반응을 보이게 된다. 일반적으로 장애 유아의 가족이 경험하게 되는 생애 주기는 취학전기, 학령기, 청소년기, 성인기의 네 단계로 구분된다. 여기서 취학전기는 영아기와 유아기로 나누어진다. 장애 유아 가족은 자녀가 영아기에서 유아기로, 유아기에서 학령기로 전이할 때 집중적인 지원을 필요로 한다. 즉, 자녀가 처음으로 유치원에 입학하거나 초등학교로 진학하게 될 때 배치 형태를 결정하는 등의 수많은 의사결정에 직면하게 될 뿐만 아니라 생애 처음으로 맞이하는 낯선 상황에 적응할 수 있도록 지원을 필요로 한다. 이와 같은 사실은 미국 조기교육분과(DEC)의 장애 유아를 위한 추천의 실제 8개 영역에 전이를 포함함으로써 전이 과정 전반에 걸쳐 적절한 전

표 10-4 생애 주기에 따른 관심 주제

주기	관심 주제
영아기 (0~3세)	• 정확한 장애진단 받기 • 가족 구성원과 다른 사람에게 장애진단에 대해 알리기 • 장애진단, 발달지체, 장애가 지니는 의미 확인하기 • 서비스 찾기 • 개별화가족지원계획 팀 회의 참석하기
유아기 (3~5세)	• 새로운 프로그램 또는 학교로 전이하기 • 아동의 발달지체나 장애를 수용함으로써 생기는 낙인 또는 걱정에 직면하기 • 개별화교육지원팀 회의 참석하기 • 유치원과 관련된 걱정하기(예: 수용, 통합)
학령초기 (5~8세)	• 가족 기능 수행을 위한 일과 수립하기 • 교육적인 시사점에 대하여 정서적으로 적응하기 • 통합과 관련된 입장 명확히 하기 • 개별화교육지원팀 회의 참석하기 • 지역사회 자원 확인하기 • 학교 외 활동 구성하기

출처: Gargiulo, R., & Kilgo, J. (2020). *An introduction to young children with special needs: Birth through age eight* (5th ed., p. 66). Thousand Oaks, CA: SAGE.

략으로 지원하도록 권장하고 있음(DEC, 2014)을 통해서도 그 중요성을 잘 알 수 있다.

결론적으로, 장애 유아가 성장함에 따라, 다시 말해서 장애를 지닌 가족 구성원의 나이가 많아짐에 따라서 그 가족이 직면하는 관심과 문제는 변화하게 된다. 그러므로 전문가는 가족의 생애 주기에 따라 달라지는 개별 가족의 요구나 필요에 대하여 적절하게 반응할 수 있어야 한다. 〈표 10-4〉는 장애를 지닌 가족 구성원의 생애 주기에 따라 부모와 형제자매의 관심이 어떻게 달라지고 있는지를 잘 보여 준다.

2. 가족 중심 접근

1) 가족 중심 접근의 이론적 배경

가족 중심 접근은 가족에 대한 다음과 같은 세 가지 이론적 배경을 전제로 한다(Gargiulo & Kilgo, 2020). 첫째, 가족은 모두 다르며, 개별 가족은 모두 자신만의 관심과 자원, 선호도 등을 지닌다. 그러므로 가족에게 접근할 때에는 이러한 개별 가족의 특정 요구를 충족시킬 수 있도록 개별화된 접근을 해야 한다. 둘째, 가족은 교육을 계획하고 배치나 가족의 참여 정도 등 교육과 관련된 중요한 일을 결정할 때 파트너로 참여해야 한다. 부모와 교사는 서로의 가치를 인정하고 서로를 지원하는 동등한 파트너로서의 관계를 형성하고 유지함으로써 장애 유아에게 제공되는 서비스의 질적인 향상을 가져올 수 있다. 셋째, 가족은 교사로 또는 자녀를 위한 의사결정자로 존중되어야 한다.

실제로 장애 유아 교육에 있어서의 가족 중심 접근은 다음과 같은 과정을 거쳐 형성되어 왔다(Dunst, Johanson, Trivette, & Hamby, 1991): (1) 전문가 중심 접근(professional-centered approach), (2) 가족 제휴 접근(family-allied approach), (3) 가족 초점 접근(family-focused approach), (4) 가족 중심 접근(family-centered approach). 전문가 중심의 접근에서는 전문가가 전문성을 제공하는 유일한 근거라 할 수 있다. 그러므로 이 접근에서는 가족이 자신의 문제를 해결함에 있어서 기능적이지 못하고 무능력한 것으로 인식된다. 가족 제휴 접근에서는 가족이 교사로 역할 하게 되는데, 이때 전문가에 의해서 미리 계획된 프로그램만 실행하게 한다. 그러나 가족 초점 견해가 등장하면서 가족을 좀 더 긍정적으로 인식하기 시작하였으며, 전문가와 협력할 수 있는 능력을 갖춘 대상으로 인식하게 되었다. 그러나 이때까지도 대부분의 전문가는 가족이 전문적인 보조를 받아야만 한다고 생각하였다. 현재는 가족 중심 접근의 적용이 권장되고 있다.

가족 중심 접근과 관련해서는 이미 많은 연구를 통해서 유아와 가족에 대한 성과가 입증되고 있으며, 구체적으로는 다음과 같은 측면에서 혜택을 가져다주는 것으로 보고되었다(김지수, 박지연, 2017; 김지원, 박지연, 2018; 양일, 이소현, 2019; 이소영, 이소현, 2009, 2019; 이소현, 김지영, 2013; Crnic, Neece, McIntyre, Blacher, & Baker, 2017; Dunst & Espe-Sherwindt, 2016; Trivette & Banerjee, 2015): (1) 유아의 기능, (2) 가족의 능력, 기술, 자신감, 정서적 안녕, (3) 서비스 효과 및 양육 통제력에 대한 가족의 견해, (4) 문제해결 능력, (5) 양육 능력, (6) 비용 효율성, (7) 가족 강화.

2) 가족 중심 프로그램의 특성

앞에서도 설명하였듯이, 가족 중심 접근은 가족을 생태학적인 체계 내에서 하나의 구조로 바라보는 견해와 가족의 능력을 인정하는 견해에 의해서 형성되어 왔다. 이러한 맥락에서 가족 중심 접근이 강조된 프로그램은 개별 가족의 강점에 초점을 맞추면서 가족의 기술과 능력을 강화하도록 구성된다. 즉, 가족은 프로그램의 단순한 수용자로서가 아니라 프로그램 전반에 걸쳐 계획하고 실행하는 적극적인 파트너로 역할하게 된다(Kilgo & Raver, 2009; Woods, Wilcox, Friedman, & Murch, 2011). 따라서 가족 중심 프로그램에서는 가족이 장애 유아의 필요를 충족시킬 수 있도록 도와주게 하기 위해서 가족을 지원한다.

유아특수교육 프로그램이 가족 중심적 특성을 지녔다는 것은 프로그램의 성공적인 실행을 위해서 가족과 교사는 동등한 자격으로 관계를 형성하고 파트너로서 서로 역할을 교환함을 의미한다. 이와 같은 가족 중심적 특성은 전미유아교육협회(NAEYC)의 발달에 적합한 실제(Developmentally Appropriate Practice)와 특수교육협회(CEC) 조기교육분과(DEC)의 추천의 실제(Recommended Practices)에서도 잘 드러난다. DEC 추천의 실제에 따르면(DEC, 2017), 가족 관련 실제는 (1) 가족 중심적이어야 하고, (2) 가족의 역량을 강화해야 하며, (3) 가족과 교사가 협력해야 한다. 이를 위해서 첫째, 진단이나 교육 계획 및 실행과 관련된 의사결정 과정에 가족의 적극적인 참여를 촉진하고, 둘째, 가족과 아동을 위한 목표를 정하고 그러한 목표를 성취하기 위한 서비스와 지원을 계획해야 하며, 셋째, 가족이 자녀와 기타 가족 구성원을 위해서 수립한 목표를 성취할 수 있도록 지원해야 한다. 〈표 10-5〉는 이와 같은 가족 관련 실제를 실행할 수 있도록 DEC에서 제시한 10개의 추천의 실제 항목을 보여 준다(DEC, 2014).

표 10-5 DEC의 가족 관련 추천의 실제

미국 특수교육협회 조기교육분과(DEC)의 가족 관련 추천의 실제
• 문화적, 언어적, 사회-경제적 다양성에 민감하고 반응적인 상호작용을 통하여 가족과 서로 신뢰하고 존중하는 파트너십을 형성한다. • 가족이 이해할 수 있고 선택과 결정에 사용할 수 있는 종합적이고 편견이 없는 최신의 정보를 제공한다. • 가족의 관심, 우선순위, 변화하는 생활환경에 반응적이어야 한다. • 교사와 가족은 가족의 우선순위와 관심, 아동의 강점과 요구를 다루기 위해서 성과 또는 목표를 정하고 개별화된 계획을 세우고 교수를 실행하는 일에 함께 한다. • 가족의 강점과 역량을 인식하고 기반으로 함으로써 가족 기능을 지원하고 자신감과 능력을 촉진하며 가족-아동 관계를 강화한다. • 융통성 있고 개별화되고 가족의 선호도에 맞춘 방식으로 양육 지식 및 기술과 양육 효능감 및 자신감을 지원하고 강화하는 기회에 참여시킨다. • 교사는 가족이 원하는 성과 또는 목표를 성취하기 위해서 공식적인 또는 비공식적인 자원과 지원을 확인하고 접근하고 활용할 수 있도록 가족과 함께 일한다. • 발달지체/장애를 지녔거나 위험에 놓인 이중언어 아동의 가족에게 복수언어 학습이 아동의 성장과 발달에 미치는 혜택에 대한 정보를 제공한다. • 가족이 자신의 권리를 알고 이해하도록 돕는다. • 가족에게 리더십과 옹호 기술을 갖추기 위한 기회에 대하여 알려주고 참여를 원하는 경우 격려한다.

IV. 가족 지원의 실제

유아특수교육에 있어서 교육의 효과를 최대화하기 위한 하나의 요소로 바람직한 형태의 가족 참여가 이루어져야 한다는 사실에 대한 당위성은 이미 앞에서 설명하였다. 그러나 당위성이 성립된다고 해도 그 방법론적인 운영에 있어서 체계적인 실행이 뒤따르지 않는다면 최대한의 교육적 성과는 기대하기 어려울 것이다. 그러므로 이 부분에서는 앞에서 설명한 가족 관련 실제의 내용을 반영하여 장애 유아 교육에 있어서 바람직한 형태의 가족 참여가 이루어질 수 있도록 하기 위한 실제적인 지원 방법을 다음과 같이 4단계로 나누어 설명하고자 한다: (1) 가족의 개별적인 요구와 자원을 이해하기 위해서 진단을 실시한다, (2) 가족 지원을 위한 다양한 프로그램의 특성을 인식하고 개별 가족의 필요에 따라 지원 프로그램의 종류를 선정한다, (3) 지원을 실행하는 중에 가족과 교사가 협력 관계를 형성함으로써 참여를 통한 실질적인 교육 성과를 높인다, (4) 가족이 지원 과정에서 스스로 자신의 강점과 자원을 활용하여 독립적인 문제 해결자가 되도록 강화한다.

1. 가족 진단

1) 가족 진단의 필요성

가족 진단이란 교수목표와 서비스에 대한 가족의 우선적인 관심사를 결정하기 위해서 전문가가 정보를 수집하는 진행적이고도 상호적인 과정을 의미한다(Bailey, 1991). 장애 유아 가족에게 적절한 지원을 제공하기 위해서는 먼저 가족 진단이 이루어져야 하는데, 가족을 진단해야 하는 구체적인 이유는 다음과 같이 설명된다. 특수교육은 개인마다 필요한 서비스가 다르다는 특성에 의해서 개별화 서비스의 중요성이 강조되는 영역이다. 특수교육에서 말하는 '적절한 교육(appropriate education)'이란 수립된 특정 교수목표와 서비스가 개별 유아의 독특한 요구를 얼마나 잘 충족시키는가에 의해서 결정되며, 이러한 개별 유아의 교수목표와 서비스는 진단을 통해서 결정된다. 이와 같은 논리는 유아특수교육에 있어서의 가족을 위한 서비스 및 진단의 당위성을 제공해 준다. 앞에서도 설명하였듯이, 가족은 가족의 특성, 상호작용, 기능, 현재의 생애 주기별 시기에 따라서 개별적인 차이(예: 애착의 정도, 자녀를 향한 목표, 가족 구성, 가족 지원에 대한 견해, 자녀 교육에 참여하고자 하는 정도 등)를 보인다. 그러므로 이들에게 적절한 지원을 제공하기 위해서는 개별 가족에 대한 진단이 이루어져야 한다는 것이다. 결론적으로 장애 유아 가족은 자신만의 문화, 이웃, 친척, 친구, 종교 등을 지니고 있으며 가족 진단은 이와 같은 가족의 복잡한 생태학적 환경이나 개별성을 이해하도록 도와주기 때문에 이들의 자연스러운 생태학적 환경 내에서 적절한 지원을 제공할 수 있게 해준다.

이상의 당위성을 지닌 가족 진단은 그 내용이 적절하게 구성되고 진단하고자 하는 내용에 맞는 방법론적인 적용이 뒤따를 때에만 효과적으로 실시될 수 있다. 가족을 진단하고자 할 때 포함해야 하는 진단의 내용과 구체적인 방법을 살펴보면 다음과 같다.

2) 가족 진단 내용

법적으로 가족 진단을 명시하고 있는 미국의 경우 가족 진단의 내용은 장애 유아의 교육과 관련된 가족의 자원(resources), 우선적인 요구(priorities), 관심(concerns)의 세 가지다. 이것은 가족 진단이 구체적으로 대상 유아, 유아의 요구, 교육 서비스에 대한 가족의 바람이나 전문가로부터의 지원에 대한 가족의 인식을 진단하는 것을 의미한다. 가족 진단은 전문가가 좀 더 가족 중심의 형태로 서비스를 제공 받을 수 있도록 구체적으로 다음과 같은 세 가지 측면을 진단한다(Bailey, 2004): (1) 유아와 관련된 결정을 내리고 교육 서비스를 제공하는 과정에 있어서 가족이 참여하기를 원하는 역할은 무엇인가? (2) 교육 서비스로부터 가족이 원하는 것은 무엇인가? (3) 가족 구성원은 교육 서비스에 대해서, 그리고 부모-교사 간 관계 형성에 대해서 어떻게 생각하는가?

먼저 교사는 자녀의 교육에 있어서 가족이 참여를 원하는 정도가 서로 다르다는 사실을 인식하고 이를 이해해야 한다. 가족 중심 접근이란 가족의 참여를 강요하는 것이 아니라 참여에 대한 가족의 개별적인 선호도를 고려해 주는 것이다. 그러므로 참여 선호도에 대한 진단이 먼저 이루어져야 하며, 이러한 진단까지도 가족의 전적인 참여 동의에 의해서 이루어져야 한다. 특히, 참여에 대한 가족의 선호도는 활동의 성격에 따라 달라질 수 있으므로 상황에 따라 가족이 선호하는 역할이 무엇인지를 알아야 한다. 또한 참여에 대한 선호도는 시간이 지남에 따라 달라질 수 있으므로 교사는 가족이 정기적으로 자신의 바람을 표현할 수 있는 기회를 제공해 주어야 한다. 가족에 따라서는 다양한 프로그램이나 활동에 완전하게 참여하기 위해서 보조를 필요로 할 수도 있는데, 예를 들어 개별화교육계획 작성을 위한 팀 회의에 참여하기를 원하는 부모에게 사전 만남을 통해서 진단 정보를 제공해 주는 것은 부모가 회의에 완전하게 참여하여 역할 하도록 도와준다. 왜냐하면, 부모에 따라서는 활동 과정에 대해서 잘 알지 못한다고 생각하거나 자신의 능력이 부족하다고 생각함으로써 활동 참여 자체를 피하는 경우가 있기 때문이다. 그러므로 부모의 참여를 도와줄 수 있는 선택적인 활동을 제공하는 것이 중요하다.

가족은 장애를 지닌 자녀에게 특수교육 서비스가 제공되기를 원한다. 그러므로 가족 진단의 필수적인 내용 중 하나는 가족이 생각하는 장애 유아를 위한 교수목표를 결정하고 가족이 원하는 교육 환경과 서비스의 내용을 결정하는 것이다. 부모에 따라서는 이와 같은 자녀와 관련된 교육 서비스만으로 만족하기도 하지만 때로는 그 이상의 도움을 요구하기도 한다(예: 부모 지원 모임, 부모 훈련 프로그램, 형제자매 지원 모임). 그러나 특정 프로그램이 다양한 가족의 개별적인 필요를 모두 충족시킬 수는 없으므로 가족 진단을 통해서 가족의 개별적인 관심이나 요구에 초점을 맞추는 것이 중요하다. 가족이 공통적으로 보이는 관심 영역을 아는 것은 교사에게 매우 중요한데, 이러한 공통적인 관심 영역은 다음과 같다.

- 자녀 또는 자녀의 장애에 대한 정보
- 교수방법
- 행동 문제를 다루는 방법
- 자녀가 현재와 미래에 제공받을 수 있는 서비스에 대한 정보
- 사회적 지원
- 재정적 지원
- 다른 사람에게 자녀의 장애를 설명하기 위한 방법
- 가족 구성원이나 친척이 자녀의 장애에 잘 적응할 수 있도록 도와주기 위한 방법
- 탁아 프로그램
- 상담, 의료 서비스, 부모 지원 프로그램 등의 전문적인 지역사회 지원

마지막으로, 가족 진단은 가족이 교육 서비스(학교, 교사, 프로그램 등)에 대해서 어떻게 생각하고 있는가를 진단해야 하며, 이러한 진단은 교사가 가족과의 관계를 형성하거나 자신이 실행한 프로그램을 평가하는 데 도움을 준다. 교육 프로그램에 대한 가족의 인식은 가족의 문화나 가치관에 의해서 달라질 수 있으므로 교사는 단순히 가족을 아는 것만으로는 부족하며 가족이 교육 프로그램에 대해서 어떻게 생각하고 있는지를 알아야 한다. 또한 프로그램이나 교사와의 상호작용에 대한 가족의 만족도를 진단하는 것도 매우 중요하다. 특히 만족도는 전반적인 만족도보다는 구체적인 내용(예: 부모와 교사 간의 의사소통 방식, 아동과 가족에게 제공되는 프로그램의 질, 부모가 생각하는 교사의 자질이나 열정)에 대한 상세한 만족도를 진단하는 것이 좋다.

3) 가족 진단 방법

가족 진단은 기타 진단과 마찬가지로 여러 가지 방법으로 수행되어야 한다. 즉, 비공식적 정보 수집, 면담, 질문지 및 평가 척도, 직접 관찰 등의 다양한 방법을 사용한다. 비공식적 정보 수집이란 전화, 메모, 등하교 시간의 짧은 만남 등의 비공식적인 의사소통을 통한 정보 수집을 의미하며, 면담은 약간의 구조화된 상호작용의 형식으로 교사가 미리 토론할 주제를 정하여 가족과 긍정적인 관계를 발전시키고 유익한 정보

를 얻기 위한 질문을 준비하여 임하는 집중적인 만남을 의미한다.

질문지나 평가 척도는 열린 형식의 면담과는 달리 정해진 답 중에서 선택하는 형식으로 구성되어 있으므로 가족에 따라서는 이러한 형식을 더 선호하기도 한다. [그림 10-3]의 질문지는 특정 프로그램에서 가족의 요구를 알아보기 위하여 작성한 질문지의 예로, 이와 같이 프로그램 차원에서 또는 교사가 원하는 질문으로 질문지를 구성하여 사용할 수 있다. 이러한 질문지는 가족의 선호도에 따라 면담 시 질문하고 대답하는 방식으로 또는 직접 작성하는 방식으로 활용될 수 있다. 가족 진단을 위한 질문지나 평가 척도의 경우 우리나라 현실에 맞도록 개발된 도구는 많지 않지만 해외에서 개발된 도구를 표준화하거나 번역 또는 타당화 연구를 거쳐 사용하고 있다. 예를 들어, 부모 양육 특성 검사(PCT)는 국내에서 개발되었으며, 유아용 부모자녀 관계 검사(K-PPQ-P)와 한국판 유아용 부모 양육 스트레스 검사 4판(K-PSI-4)은 국내 표준화를 거쳐 사용되고 있다. 그 외에도 번역 또는 타당화 연구를 거쳐 다양한 도구가 사용된다. 우리나라 교육 현장에서 주로 많이 사용되고 있는 질문지 및 평가 척도의 예는 다음과 같다.

- 부모 양육 특성 검사
  Parenting Characteristic Test: PCT(김정미, 2018)
- 한국판 유아용 부모자녀 관계 척도
  Korean-Parenting Relationship Questionaire-Preschool:K-PRQ-P(이경숙, 박진아, 이미리, 신유림, 2018)
- 한국판 부모 양육 스트레스 검사 4판
  Korean-Parenting Stress Index: K-PSI-4(정경미, 이경숙, 박진아, 2020)
- 가족 역량 강화 척도
  Family Empowerment Scale: FES(Singh et al., 1995)
- 가족 적응력 및 결속력 척도
  Family Adaptability and Cohesion Scale IV: FACES-IV(Olson, Gorall, & Teisel, 1985)
- 가족 기능 스타일 평가 척도
  Family Functioning Style Scale(Deal, Trivette, & Dusnt, 1988)

- 가족 요구 평가 척도

  Family Needs Scale(Dunst, Cooper, Weeldreyer, Snyder, & Chase, 1988)
- 가족 요구 조사

  Family Needs Survey(Bailey & Simeonsson, 1990)
- 가족 강점 조사

  Family Strengths Inventory(Stinnett & DeFrain, 1985)
- 가족 강점 평가 척도

  Family Strengths Scale(Olson, Larsen, & McCubbin, 1983)
- 어떻게 도와드릴까요?

  How can I help?(Child Development Resources, 1989)
- 교사로서의 부모 양육태도 검사

  Parent As A Teacher Inventory: PAAT(Strom, 1978, 한국형 타당화 연구: 김영희, 김계숙, 김신정, 2009)
- 부모 요구 조사

  Parent Needs Survey(Seligman & Darling, 1989)

마지막으로 직접 관찰은 부모-자녀 상호작용이나 가정환경 등을 직접 관찰하여 진단하는 방법을 의미한다. 직접 관찰의 경우에 사용할 수 있는 도구의 예로는 어머니 행동 척도(Maternal Behavior Rating Scale: MBRS, Mahoney, Powell, & Finger, 1986)가 있는데, 이 도구는 국내 타당화 연구(김정미, 곽금주, 2007; 김정미, Mahoney, 2009)를 거쳤으며, 부모와 자녀의 자연스러운 놀이 장면을 관찰하고 평가하는 데에 사용된다. 가정환경을 관찰하는 가정환경 관찰 척도(Home Observation for Measurement of the Environment Inventory: HOME, Caldwell & Bradley, 2003) 역시 국내에서 타당화 연구를 거쳐 사용되고 있다(김정미, 곽금주, 2007).

가족 진단을 수행할 때 가장 중요한 것은 여러 가지 방법 중 대상 가족이 가장 선호하는 방법으로 진단을 실시해야 한다는 것이다(Turnbull et al., 2015). 일반적으로 권장되고 있는 방법은 비공식적인 정보 수집의 방법으로, 구조화된 면담이나 검사 도구 작성하기의 방법보다는 개방형 질문이나 대화를 통한 정보 수집의 사용이 권장된다. 이상의 다양한 가족 진단 방법과 우리나라에 소개되어 있는 구체적인 검사 도구와 그 사용방법에 대해서는 노진아 외(2011), 이소현 외(2009), 최민숙(2002), McWilliam(2011,

서비스와 지원에 대한 가족의 기대
이름: ______________ 작성자: ______________ 작성일: ______________
이 질문지는 귀하의 자녀 발달에 대한 관심과 가족이 경험하고 있는 어려움을 이해하고 적절한 지원을 제공하기 위한 것입니다. 모든 질문을 먼저 읽고 난 후에 답하기 바랍니다.
1. 자녀의 발달에서 가장 중요하게 생각하는 점은 무엇입니까?
2. 자녀에게 직접적으로 제공되는 서비스에 대한 기대와 주요 목적은 무엇입니까?
3. 자녀의 장애와 관련해서 가족이 겪는 가장 큰 어려움과 스트레스는 무엇입니까? 형제자매를 포함하여 가족이 겪고 있는 어려움을 자유롭게 작성해 주십시오.
4. 자녀에게 가장 잘 또는 성공적으로 해 줄 수 있는 일은 무엇입니까?
5. 가족이 겪는 어려움과 스트레스를 위해 서비스에 기대하는 바와 주요 목적은 무엇입니까?
6. 자녀의 발달과 관련해서 가족이 겪는 어려움을 다루는 데 가장 도움이 되는 지원의 유형은 무엇입니까?
7. 기타 이슈와 관련해서 가족이 겪는 어려움을 다루는 데 가장 크게 도움이 되는 지원의 유형은 무엇입니까?
The SCERTS™ Model: A Comprehensive Educational Approach for Children with Autism Spectrum Disorders by Barry M. Prizant, Amy M. Wetherby, Emily Rubin, Amy C. Laurent, & Patrick J. Rydell Copyright © 2006 by Paul H. Brookes Publishing Co. All rights reserved.

그림 10-3 서비스와 지원에 대한 가족의 기대를 조사하기 위한 질문지

출처: Prizant, B., Wetherby, A., Rubin, E., Laurent, A., & Rydell, P. (2019). SCERTS 모델: 자폐 범주성 장애 아동을 위한 종합적 교육 접근 2권 프로그램 계획 및 중재(수정판, p. 98, 이소현 외 공역). 서울: 학지사. (원저 2006년 출간)

박지연 외 공역), O'Shea et al. (2006, 박지연 외 공역) 등을 참고하기 바란다.

2. 가족 지원 프로그램의 종류

가족 지원 프로그램은 대상자가 누구며 어떤 요구를 지니고 있는가를 진단함으로써 목표를 수립하고 그 유형을 결정하게 된다. 그러므로 교사는 가족을 지원하기 위해서 대상자의 요구 진단과 함께 프로그램의 다양한 종류와 그 특성을 이해해야 한다. 일반적으로 장애 유아 교육에 참여하는 가족의 역할은 다음과 같이 크게 세 가지로 설명될 수 있다. 첫째, 가족이 장애 유아의 교육에 직접 참여함으로써 유아의 교육을 가정과 지역사회로 연계시키는 역할을 한다. 둘째, 가족(특히 부모)은 교사와의 적극적인 협력관계를 형성하고 유아의 교육 활동 전반에 걸쳐 결정적인 영향을 미치는 역할을 한다. 셋째, 가족은 유아특수교육 체계의 전반적인 향상을 목표로 옹호자의 역할을 수행한다. 옹호자의 역할은 여러 가지 사회적이거나 법적인 활동에 참여함으로써 입법이나 사회 인식 개혁 등에 영향을 미치고 부모 참여의 유형이나 양상 등을 변화시키는 등의 역할을 하는 것을 의미하며, 장기적인 안목에서 교육에도 영향을 미치게 된다.

개별 가족의 다양한 요구에 의해서 가족 지원 프로그램의 내용이 달라져야 한다는 것은 프로그램이 다음과 같은 특성을 지녀야 함을 의미한다: (1) 신축성, (2) 다양성, (3) 개별화. 다시 말해서, 어느 특정 프로그램이 모든 가족이 지니는 특성과 욕구를 다 충족시킬 수는 없기 때문에 가족 지원 프로그램을 계획할 때에는 신축성 있고 다양하게, 또한 개별화된 접근에 의해서 프로그램의 내용이나 방향을 결정하고 조절해야 한다는 것이다. 여기서는 제공되는 프로그램의 유형에 따라 장애 유아 가족이 필요로 하는 지원을 다음과 같이 네 가지로 설명하고자 한다: (1) 정보 제공, (2) 교육 및 훈련, (3) 사회·정서적 지원, (4) 주간 단기 보호 프로그램.

1) 정보 제공

장애 유아 가족은 다양한 정보를 필요로 한다. 정보는 유아의 장애와 필요를 이해하고 장애가 유아의 발달과 학습에 미치는 영향을 정확하게 파악함으로써 현실적인 기대 수준을 설정할 수 있게 해 주며 부모나 기타 가족 구성원 각자의 역할에 도움이 되는 자료를 찾을 수 있도록 해 준다. 가족이 필요로 하는 정보는 유아가 성장함에 따라서 그 내용이 달라질 수 있지만 정보를 필요로 한다는 사실 자체는 일생을 통해서 변함

없이 적용된다. 예를 들어, 최근 문헌에 발표되는 장애 관련 지식이나 중재를 위한 증거 기반의 실제 등에 대한 정보를 이해하기 쉽게 정리해서 제공하는 것은 가족에게 매우 도움이 된다. 또한 가족이 장애와 관련된 서비스에 어떻게 접근할 수 있으며, 자신의 권리는 무엇이고, 동일한 장애 자녀가 있는 다른 가족은 어떻게 지내는지 등에 대한 정보를 아는 것도 매우 중요하다. 가족 지원 프로그램은 가족이 필요로 하는 특정 정보를 제공해 줌과 동시에 가족이 자신의 다양한 요구에 따라서 이러한 정보를 어떻게 접근하고 취할 수 있는지를 알도록 지원해야 한다.

2) 교육 및 훈련

장애 유아 가족은 교육 및 훈련을 필요로 한다. 장애 유아를 가족 구성원으로 둔 대부분의 가족은 교육 및 훈련을 통해서 유아의 발달과 학습을 촉진하고 행동을 조절할 수 있게 되며 적극적인 옹호자의 역할을 하게 되는 등의 혜택을 얻게 된다. 부모 교육 및 훈련은 지금까지 많은 연구자의 관심을 받아 온 주요 가족 지원 프로그램의 하나로 많은 가족에게 실질적인 도움을 제공해 왔으며, 부모 스스로가 조기교육 프로그램을 통해서 가장 많이 제공받기를 원하는 프로그램으로 알려져 있다(Mahoney & Filer, 1996; Mahoney, O'Sullivan, & Dennebaum, 1990). 예를 들어, 가정과 지역사회 상황에서 자녀의 발달을 촉진하기 위한 일반적인 접근 방법이나 특정 전략의 사용 방법을 교육하고 훈련함으로써 장애 유아의 발달과 학습에 직접적인 영향을 미칠 수 있으며, 부모의 긍정적인 양육 행동을 형성시킬 수 있다. 실제로 부모교육을 통하여 가정에서 자연스러운 일과 중에 특정 의사소통 전략을 사용하거나 놀이하거나 양육하도록 지원하였을 때 자녀의 놀이 행동이나 발달에 긍정적인 영향을 미친 것으로 나타났으며 어머니와의 상호작용도 긍정적인 변화를 보인 것으로 보고되었다(김지수, 박지연, 2017; 김지원, 박지연, 2018; 남보람, 이소현, 2014; 봉귀영, 이소현, 2013; 양일, 이소현, 2019; 이소영, 이소현, 2019; 진달래, 이소현, 2019). 또한 많은 가족이 장애 유아가 보이는 문제행동에 대처하고 접근하기 위하여 특정 방법에 대한 훈련을 필요로 하기 때문에 이와 관련된 부모 교육 및 훈련 프로그램을 제공해야 한다. 자기옹호 훈련 역시 부모에게 반드시 필요한 프로그램의 하나로, 이는 필요한 자원을 요구하고 접근할 수 있는 권리와 자녀의 권리를 최대한으로 보장받고 이를 위해 행동을 취할 수 있도록 만들어 준다. [그림 10-4]는 부모 교육 및 훈련의 내용과 그에 따른 성과를 보여 준다.

내용		성과
• 자녀의 현재 발달 상태 및 학습 요구에 대한 정보 • 일반적인 양육 전략 • 일반적인 부모-자녀 상호작용 전략 • 목표가 있는 상호작용 전략 • 특정 기술 • 자녀의 일상생활 환경에서의 기능을 촉진하는 전략 • 문제행동 관리 • 특정 기술을 촉진시키기 위한 직접적인 교수전략 • 시간이 지남에 따른 복잡한 기술에 대한 체계적인 접근의 실행		• 지식의 증가 • 더 나은 자녀 양육 제공 • 부모-자녀 간의 강화된 사회-정서 관계 • 부모-자녀 간의 증가된 의사소통 및 긍정적인 사회적 행동 • 자녀의 특정 기술 습득

그림 10-4 부모 교육 및 훈련의 내용 및 성과

출처: Mahoney, G., Kaiser, A., Girolametto, L., MacDonald, J., Robinson, C., Safford, P., & Spiker, D. (1999). Parent education in early intervention: A call for a renewed focus. *Topics in Early Childhood Special Education*, *19*, 136.

3) 사회 · 정서적 지원

모든 사람은 자신의 삶의 과정에서 사회적이고 정서적인 지원을 필요로 한다. 그러나 장애를 지닌 자녀의 부모가 된다는 사실은 이러한 사회적이고 정서적인 지원을 더욱 필요로 하게 만들면서도 실제로는 적절한 지원을 찾기 어렵게 만든다. 부모는 자신의 자녀가 장애를 지녔다는 사실을 발견하는 순간부터 이러한 사실을 수용하고 적응해야 하는 현실에 직면하게 된다. 이 장의 앞부분에서도 설명하였듯이, 장애 유아의 가족은 개별 가족에 따라서 다양한 정서적 반응 상태를 겪어 나가게 되므로 이들을 위한 사회 · 정서적 지원은 개별 가족에 따라 적절하게 제공되어야 한다. 가족에 따라서는 상담을 필요로 하는 경우도 있으며, 또는 유사한 상황에 놓인 다른 가족과의 접촉을 원하는 가족도 있고, 특정 관심이나 전문성을 중심으로 구성된 지원망을 통해서 지원받기를 원하는 경우도 있다. 또한 부모는 장애가 없는 다른 자녀를 정서적으로 지원하는 역할도 수행해야 하는 부담을 갖기도 한다. 일반적으로 부모는 자신이 경험하고 있는 어려움이나 스트레스, 좌절 등 자신의 감정을 이해해 주고 자신의 관심사에 귀 기울여 줄 뿐만 아니라 비편견적인 조언을 해 줄 수 있는 사람과의 우정을 통해서 가장 큰 정서적 지원을 받을 수 있다. 그러므로 가족 지원 프로그램은 부모가 열린 마음으로 장애 자

표 10-6 장애 유아 가족을 위한 정서적 지원 목표

가족 지원 목표	지원 내용
가족이 장애 자녀를 양육하는 데에서 오는 스트레스와 어려움을 다룰 수 있도록 능력을 강화한다.	• 가족이 장애 자녀를 양육하는 것과 관련된 주요 스트레스를 파악하고 조절할 수 있도록 돕는다. • 파악된 스트레스의 주요 원인에 적합한 대처 전략을 개발할 수 있도록 가족을 지원한다.
가족이 다양한 종류의 활용 가능한 공식적 또는 비공식적 정서 지원을 알고 접근할 수 있도록 돕는다.	• 가족의 정서적 요구를 다루는 데 도움이 될 수 있는 지원을 판별하거나 개발하도록 도울 것이다. • 가족이 그러한 지원을 가족의 우선순위를 가장 잘 다루는 방식으로 활용할 수 있도록 돕는다.
부모가 교육 및 보건관리 체계를 잘 다룰 뿐만 아니라 전문가와 잘 지내기 위해 노력하도록 지원한다.	• 부모-전문가 관계의 바람직한 특성과 협력, 그리고 그러한 관계를 개발하고 유지하는 방법을 확인한다. • 부모가 어려운 관계를 다룰 수 있도록 지원한다. • 부모가 교육 및 보건관리 체계를 다루는 데에서 오는 스트레스에 대처할 수 있도록 지원한다.
가족이 자녀의 발달과 가족의 삶을 위해 그들 자신의 우선순위를 파악하고, 적절한 기대치를 설정하고, 현실적이고 성취 가능한 목표를 세울 수 있도록 돕는다.	• 유아와 가족에게 가장 중요한 문제가 무엇인지 알기 위해 부모와 대화한다. • 유아에 대한 현실적인 단기목표와 기대를 개발할 수 있도록 부모와 협력한다. • 부부관계를 지원하고 형제자매와 기타 가족 구성원(조부모, 친척)을 지원하는 방법을 파악하여 가족생활의 균형을 찾는 것과 관련된 어려움을 논의하고 해결할 수 있는 기회를 제공한다.
장애가 없는 다른 자녀가 장애에 대한 의문을 갖거나 장애가 있는 형제자매로 인한 어려움을 경험할 때 부모가 이들에게 장애에 관한 정보를 제공하고 장애 가족이 있는 것에 대한 자신의 감정을 이야기하도록 도울 수 있게 지원한다.	• 부모는 장애가 없는 자녀가 자신의 장애 형제자매와 관련해서 편안하게 질문할 수 있도록 개방적인 의사소통 분위기를 만든다. • 부모는 자녀의 이해 수준에 적절하게 장애에 대한 질문에 답해 줄 수 있다. • 부모와 전문가는 장애가 없는 자녀가 자신의 감정을 솔직히 이야기할 수 있는 기회를 제공한다.
장애가 없는 다른 자녀가 스트레스가 될 수 있는 상황에 대처하는 전략을 개발하도록 돕는다.	• 부모와 전문가는 장애가 없는 자녀가 다른 사람에게 자신의 형제자매의 장애에 대하여 설명하는 연습을 할 수 있도록 기회를 제공한다. • 부모와 전문가는 장애가 없는 자녀가 부딪히게 되는 상황에서의 구체적인 스트레스에 대처하는 기타 방법들을 논의할 기회를 제공한다.

출처: Prizant, B., Wetherby, A., Rubin, E., Laurent, A., & Rydell, P. (2019). SCERTS 모델: 자폐 범주성 장애 아동을 위한 종합적 교육 접근 2권 프로그램 계획 및 중재(수정판, pp. 134-135, 이소현 외 공역). 서울: 학지사. (원저 2006년 출간)에서 수정 발췌.

녀와 관련된 모든 이야기를 할 수 있는 공동체 및 우정을 형성하도록 지원해 주어야 한다. 〈표 10-6〉은 장애 유아의 가족을 대상으로 정서적 지원을 제공하기 위하여 개발된 지원의 목표를 보여 준다. 이와 같은 목표는 가족 진단을 통하여 개별 가족에게 적합하게 수립되고 실행되는 경우 가족의 정서적 측면을 효과적으로 지원하고 그 역량을 강화할 수 있는 것으로 보고된다(Prizant, Wetherby, Rubin, Laurent, & Rydell, 2019).

4) 주간 단기 보호 프로그램

장애 유아 가족(특히 부모)은 때때로 장애 자녀의 양육 의무로부터 벗어나기를 원한다. 장애의 정도나 유형에 따라서는 과중한 양육의 업무가 주어질 수도 있으며, 때로는 거의 24시간 자녀를 돌보아야 함으로 인해서 수면과 식사까지도 방해받는 경우가 있다. 이들은 자신의 개인 활동과 기타 가정 일을 위한 시간적인 여유를 원하기 때문에 주간 단기 보호 프로그램(respite program)과 같은 체계적인 지원을 필요로 한다. 가족에 따라서는 친척이나 이웃 등의 도움으로 이러한 요구를 스스로 해결할 수도 있지만 이러한 부담을 가족에게 전적으로 부과하는 것은 바람직하지 않다. 그러므로 사회적 차원에서의 질적으로 우수한 단기 보호 프로그램 운영을 통해서 장애 유아 가족이 필요에 따라 양육의 의무에서 벗어날 수 있도록 도와주어야 한다.

3. 가족-교사 간 협력

가족을 지원함에 있어서 가족과 교사 간의 긍정적이고도 효율적인 협력 관계가 형성되지 않고는 그 프로그램이 원하는 바를 얻을 수 없는 것이 사실이다. 부모-교사 간 관계는 일방적인 관계가 아니라 상호 신뢰를 바탕으로 하는 협력 관계이어야 한다. 부모-교사 간 협력 체계의 목적은 서로 상호작용하고 효과적으로 의사를 교환하며 장애 유아와 관련된 각자의 역할을 촉진하기 위한 것으로 이러한 관계가 성공적으로 이루어지기 위해서는 양측 모두의 책임이 뒤따른다. 과거에는 부모와 전문가 간의 이와 같은 관계 형성이 서비스 제공자와 수혜자로서의 관계였지만 현재는 동등한 자격의 파트너로서의 관계로 강조되고 있다. 〈표 10-7〉은 부모와 전문가 간의 협력 관계가 어떻게 변화해 왔는가와 함께 협력 관계에 있어서 각자의 전문적인 역할이 어떻게 구성되는지를 보여 준다.

일반적으로 부모-교사 간의 효율적인 협력 관계를 방해하는 요인으로 두 가지를 들 수 있다. 첫째, 교사는 교사의 역할 자체가 직업인 데 반해서 부모는 자신의 직업이 별도로 존재하기 때문에 시간 분배와 책임 수행에 있어서 제한될 수밖에 없다는 현실적

표 10-7 부모-전문가 간 관계에 있어서의 역할 변화

부모	
전통적인 역할: 서비스 수혜자	새로운 역할: 전문가와의 파트너
부모로서 나는 나 자신을 전문가의 손에 맡겼으며, 그렇게 함으로써 신뢰를 바탕으로 하는 안정감을 느낄 수 있다.	부모로서 나는 나의 상황을 의미 있게 만드는 일에 전문가와 함께 협력한다. 그렇게 함으로써 점점 더 참여하고 행동을 취하게 됨을 느낄 수 있다.
훌륭한 사람에게 맡기는 것에 대해서 편안함을 느낀다. 전문가의 조언을 따르기만 하면 모든 것이 잘될 것이다.	나의 상황을 통제할 수 있도록 연습을 해야 한다. 전문가의 조언에 전적으로 의존할 수는 없으며 나만이 책임질 수 있는 행동도 있을 것이다.
가장 좋은 전문가를 만나게 되어서 매우 기쁘다.	전문가의 능력에 대한 나의 판단을 시험해 볼 수 있어서 기쁘다. 전문가가 어떤 전문 지식을 가지고 있으며 그것을 어떻게 사용하는지를 알고 나 자신에 대해서 알게 되어서 기쁘다. 나 스스로를 파트너로 느낄 수 있다.
전문가	
전통적인 역할: 전문적인 서비스 제공자	새로운 역할: 부모와의 파트너
전문가로서 나는 알아야만 하고 불확실한 것도 안다고 주장해야 한다.	전문가로서 내가 지식을 가지고 있는 것이 기쁘지만 부모 역시 관련 있고 중요한 지식을 가지고 있는 것을 알고 있다. 내가 불확실하게 생각하는 것은 나와 부모가 모두 학습해야 하는 것들이다.
부모와의 거리를 유지하고 나의 전문적인 역할을 수행해야 한다. 부모에게 좋은 사람으로서 따뜻함과 동정심만을 보여서는 안 되며 전문성을 보여 주어야 한다.	부모의 생각, 느낌, 인식을 알기 위해서 노력한다. 나의 지식에 대한 부모의 존경심은 특정 상황에서 부모가 그것을 발견할 때 생겨난다.
나의 전문성에 대해 부모가 존경심을 보이고 자격을 인정하기 바란다.	부모에게 차갑고 거리감 있는 전문가적인 역할을 더 이상 수행하지 않을 때 자유로움과 진정한 의미의 연계를 느낄 수 있다.

출처: Gargiulo, R. M., & Kilgo, J. (2000). *Young children with special needs* (p. 76). Albany, NY: Delmar.

인 요인이 방해 요소가 될 수 있다. 이러한 경우에는 부모와 교사 모두의 이해가 전제되고 현실에 맞는 역할 분담으로 해결해 나가야 한다. 둘째, 부모와 교사 간의 견해 차이가 이들의 행동과 계획에 서로 다른 영향을 미치게 됨으로써 효율적인 관계를 방해하는 잠정적인 요인이 될 수 있다. 부모와 교사는 주로 유아의 장애나 교육에 대한 태도, 교육의 우선순위, 프로그램에 대한 기대 수준, 의사소통 방법이나 문제해결 방법 등에 대해서 서로 다른 견해를 보일 수 있다. 이러한 경우에 교사는 부모의 의견이나 입장을 최대한으로 이해하고 배려하는 태도를 보여야 하며, 부모가 자녀의 교육과 관련해서 올바르고 자신감 있는 결정을 내릴 수 있도록 지원해 주어야 한다.

장애를 지닌 유아가 교육 프로그램에 소속되어 있다고 해서 부모 참여가 자동적으로 이루어지는 것은 아니며, 상호 신뢰와 협력을 바탕으로 하는 부모-교사 간 관계 역시 저절로 생겨나는 것은 아니다. 부모의 참여는 다양한 요인에 의해서 영향을 받게 되는데, 직장 업무, 돌보아야 하는 다른 자녀의 유무, 교통수단, 부모의 건강 상태, 자녀의 요구에 대한 이해 정도, 학교나 교사 또는 그 권위에 대한 태도, 문화 및 언어 배경 등이 이에 해당된다(Allen & Cowdery, 2015). 따라서 부모가 적극적으로 참여하지 않는다고 해서 단순하게 부모의 자녀 또는 그 교육에 대한 관심이 부족한 것으로 해석해서는 안 되며, 개별 가족의 상황에 대하여 적극적으로 이해하기 위한 노력을 기울여야 한다. 〈표 10-8〉은 부모가 자녀 교육에 어떤 형태로 참여할 수 있는지 그 유형을 보여

표 10-8 부모 참여 유형

참여 유형	참여 지원
양육	자녀를 지원하는 가정환경을 조성하도록 돕는다.
의사소통	교육 프로그램과 자녀의 진도에 대하여 교육기관에서 가정으로 또는 가정에서 교육기관으로 연계할 수 있도록 효과적인 의사소통 형태를 고안한다.
자원봉사	부모가 돕고 지원할 수 있도록 훈련하고 조직한다.
가정에서의 학습	자녀가 가정에서 교육과정 관련 활동을 수행하도록 도울 수 있는 방법에 대하여 가족에게 정보와 의견을 제공한다.
의사결정	교육기관과 관련된 결정에 참여하고 부모 리더와 대표로 성장하도록 돕는다.
지역사회 협력	교육 프로그램, 가족 관련 실제, 자녀의 학습과 발달을 강화하기 위하여 지역사회로부터 자원과 서비스를 확인하고 통합할 수 있도록 돕는다.

출처: Epstein, J., et al. (2019). *School, family, and community partnerships: Your handbook for action* (4th ed.). Thousand Oaks, CA: Corwin Press.

준다. 이 표에서 제시하는 여섯 가지 유형의 부모 참여는 그 특성상 서로 다르고 다양하므로 개별 가족 및 부모의 선호도 또는 상황에 따라 적절한 참여가 이루어질 수 있도록 배려해야 한다.

부모와의 긍정적인 협력 관계를 형성하고 부모의 적극적이고도 질 높은 프로그램 참여를 유발하기 위해서는 다음과 같은 기본적인 지침이 적용되어야 한다(Peterson, 1987). 첫째, 부모 활동이나 지원을 위한 다양한 계획을 수립한다. 이때 앞에서도 설명하였듯이 각 부모의 개별성을 중요시해야 한다. 둘째, 교사는 부모가 활동에 참여할 수 있는 실행 가능한 범위를 이해하고 수용한다. 셋째, 교사는 부모를 잘 알고 부모는 교사를 잘 알 수 있도록 관계 형성을 위하여 시간을 투자한다. 넷째, 교사는 기회가 닿을 때마다 아주 짧은 시간일지라도 부모와 상호작용할 수 있는 여유와 의지를 보인다. 다섯째, 부모 활동과 서비스를 계획할 때 전체 가족 체제를 염두에 두고 고려한다. 여섯째, 부모 참여를 넓은 의미로 생각하여 교사와 부모 간의 상호관계를 형성해 주는 서비스 · 활동 · 기회, 부모 역할 수행을 위한 보조, 아동의 교육에의 직접적인 참여 등을 모두 포함하는 일련의 연속적인 체제로 생각한다. 일곱째, 부모에게 거는 기대와 활동에 필요한 시간 투자에 대해서 민감하고 현실적이어야 한다. 여덟째, 참여의 형태를 결정하고 참여 수준에 대한 가치 설정을 할 때 부모의 권리를 존중해야 한다. 아홉째, 부모의 관심과 우선순위, 요구, 생각 등이 그 자녀를 위한 효과적인 교육 프로그램의 계획과 실시, 협력을 위한 중요한 자료가 될 수 있다는 생각으로 부모의 말을 경청한다. 열째, 시간이 지나고 부모의 경험이 누적됨에 따라, 또는 가족이 변하고 장애 자녀가 성장함에 따라 부모의 필요가 변한다는 사실을 인식한다. 마지막으로, 부모에게 특정 역할을 맡기기 전에 사전에 이들을 준비시키고 부모 스스로가 역할 수행을 편안하게 느끼고 성공적으로 성취하게 하기 위해서 충분한 시간과 도움을 제공한다.

결론적으로, 부모-교사 간 바람직한 협력 관계의 형성은 궁극적으로 장애 유아에게 가장 큰 혜택을 가져다준다(Gargiulo & Graves, 1991). 특히, 나이가 어리거나 중도 · 중복장애인 경우에는 부모-교사 간 협력은 더욱 중요한 역할을 하게 되며, 실제로 체계적인 연계와 협력을 통하여 자녀의 발달과 학습에 긍정적인 영향을 미치게 된다(이소영, 이소현, 2019; 최지선, 이소현, 2017). 그러므로 교사는 장애 유아를 교육함에 있어서 부모와 파트너로서의 협력적인 관계를 형성하고 유지하도록 노력해야 하며, 이러한 노력을 통해서 유아의 교육 성과에 긍정적인 영향을 미칠 수 있어야 한다. 〈표 10-9〉는 부모와의 긍정적인 파트너 관계를 최대한으로 촉진하기 위해서 교사가 기본적으로 갖추어야 할 태도를 보여 준다.

표 10-9 부모와의 긍정적인 관계 형성을 위한 교사의 태도

부모-전문가 간 긍정적인 관계 형성을 위한 교사의 태도
• 유아와 가족에 대한 태도를 점검한다. 모든 유아와 그 가족은 요구, 스타일, 성장 속도, 발달과 학습에 있어서 모두 다르다는 사실을 기억한다. • 대상 유아를 다른 유아와 비교하지 않는다. 유아의 진도는 자신의 이전 성장 및 발달 수준과 비교되어야 한다. • 유아의 약점보다는 강점과 능력에 초점을 맞춘다. • 부모를 비판하지 않는다. 어린 유아의 부모가 직면하는 독특한 요구에 민감하게 반응한다. • 부모의 감정과 행동에 대해서 마음을 열고 수용한다. • 가족의 상황이나 부모의 자녀 다루는 방법에 대해서 비판하지 않는다. • 부모가 스스로 참여 정도를 결정할 수 있도록 그 권리를 존중한다. • 부모와 협력적으로 일하는 것에 대한 존경과 관심과 진정한 바람을 보인다. • 부모가 불편하게 생각하는 행동을 하도록 위협하거나 조정하지 않는다. • 병에 걸리거나 동생이 태어나는 등 유아에게 영향을 미칠 수 있는 일상적인 변화를 알리도록 부모를 격려한다. • 부모와 정보를 공유한다. 유아의 진도, 활동, 특별한 사건에 대해서 각종 회의, 전화나 알림장, 문자나 이메일, 사진이나 동영상, 게시판, 학급 신문이나 홈페이지 등의 직간접적인 다양한 방법을 통해서 알린다. • 부모에게 책임을 부여하거나 정보를 수집하려고 할 때 그 이유와 과정에 대해서 정확하고 분명하게 설명할 수 있어야 한다. • 부모가 자신의 관심을 나눌 수 있도록 격려한다. 필요한 경우 항상 시간을 내어 준다. • 부모의 생각을 말하도록 요청한다. 자녀와의 관계에서 사용하고 있는 성공적인 전략이 있다면 말하도록 요청한다. • 유아에 대한 관심을 위협적이지 않은 방법으로 표현한다. 유아에게 초점을 맞추지 않고 유아의 행동에 초점을 맞춘다.

4. 가족 강화

앞에서도 언급하였듯이 일방적인 부모 교육이나 훈련으로 끝나는 가족 지원은 바람직한 형태의 가족 지원이라고 할 수 없다. 바람직한 가족 지원은 그 과정을 더 중요시한다. 즉, 가족 스스로가 참여를 통해서 자신의 능력을 발견하고 인정하게 되면서 이후에 발생하게 될 수많은 문제를 독립적이고도 성공적으로 해결해 나갈 수 있는 의지와 힘을 스스로 인식하게 하는 것이다. 그러므로 가족을 지원하고자 하는 교사는 가족

강화에 대해서 잘 알고 어떻게 가족 강화를 이루어 나갈 것인가에 대해서도 잘 알아야 한다.

가족 강화(family empowerment)란 가족이 자신이 원하는 것을 얻는 능력으로 정의되며, 강화를 통해서 가족은 점점 더 자신의 삶에 대한 통제력을 지니게 된다(Turnbull et al., 2015). 이때 강화의 개념은 개인마다 다르고, 현재 처해 있는 상황에 따라 달라지며, 시간이 지남에 따라서도 변화한다. 강화된 사람은 한마디로 유능한 사람으로 표현될 수 있으며, 스스로의 필요를 알고 문제해결을 위한 행동을 취함으로써 자신의 삶에 대한 통제력을 지닌 사람이다. 강화된 개인 또는 가족이 보이는 특성은 다음과 같이 세 가지로 제시된다(Dunst et al., 1999): (1) 필요한 자원에 접근하는 능력, (2) 결정을 내리고 문제를 해결하는 능력, (3) 사회적인 교류 과정에서 다른 사람과 효과적으로 상호작용하는 능력. 반대로 강화되지 않은 사람은 무능한 사람이라고도 표현될 수 있으며, 문제에 직면하고 있다는 사실은 느끼지만 무엇을 해야 할지 잘 모르고, 경우에 따라서는 전혀 아무런 행동도 취하지 못하는 사람을 의미한다. 유아특수교육에서의 가족 강화의 예를 들자면, 중도 장애를 지닌 유아를 자녀로 둔 부모의 경우에 의학적인 서비스 수혜를 위한 재정적 지원을 받을 수 있는 방법을 찾아서 필요한 도움을 얻고, 자녀의 필요가 충족되었는지를 결정할 수 있으며, 필요한 경우에는 그 이상의 행동을 취할 수 있는 능력을 지닌 것을 의미한다. 이때, 전문가는 이들과의 협력을 통해서 필요한 정보를 제공하거나 적절한 정보를 얻을 수 있는 방법을 알게 한 후에, 부모의 선호도에 따른 지원을 제공하게 된다.

강화는 개인과 행동을 취하는 상황이 서로 상호작용할 때 발생한다. 여기서 개인은 가족을 의미하며 상황은 유아특수교육 또는 유아교육 등의 교육 체계를 의미하고 상호작용은 협력을 의미한다. 다시 말해서, 가족과 교육 현장이 협력 관계를 통해서 연결될 때 강화(원하는 것을 성취함)가 이루어질 수 있다는 것이다. 이러한 관계는 [그림 10-5]와 같이 축구 골대에 비유된다(Turnbull & Turnbull, 1997). 이 그림을 살펴보면, 분리된 두 개의 요소(가족과 교육기관)가 수평대(협력)를 통하여 연결되고 있는 것을 알 수 있으며 각각의 분리된 요소인 가족과 교육기관이 강화되기 위해서는 어떠한 내용을 필요로 하는지를 잘 보여 준다. 결론적으로, 유아특수교육에 있어서의 가족 지원은 교사와 가족이 함께 일할 때 '협력을 통해서 강화적으로 일할 수 있다'는 전제적인 믿음 하에 구성되어야 한다. 다시 말해서, 강화는 가족-교사 간 협력 관계가 파트너십과 신뢰로운 관계로 구성되어 있는 교육 현장으로 가족의 자원(동기, 지식/기술)을 연결시켜

가족 요소 "강화는 우리에게 달려 있다"		강화를 위한 협력 "우리는 협력을 통해서 강화적으로 행동한다"	교육적 상황 요소 "우리의 상황 강화는 우리에게 달려 있다"	
<동기>	<지식/기술>		<파트너십 기회> (기회는 다음과 같은 때에 발생한다)	<신뢰로운 관계 형성을 위한 의무> (신뢰로운 관계는 다음과 같은 내용으로 구성된다)
자기 효능감: 자신의 능력에 대한 신뢰	**정보:** 아는 것		신뢰로운 관계로 의사소통할 때	자기 자신 알기
인지된 통제: 자신에게 일어나는 일에 영향을 미치도록 자신의 능력을 적용할 수 있다는 믿음	**문제해결:** 직면한 문제에도 불구하고 원하는 것을 얻기 위해서 계획하고 시행하는 능력		가족의 기본적인 필요를 충족시킬 때	가족 알기
희망: 자신이 원하고 필요로 하는 것을 얻게 될 것이라는 믿음	**대처 기술:** 자신에게 발생하는 일을 어떻게 다루어야 하는가를 아는 것		특수교육을 위한 의뢰와 평가가 이루어질 때	문화적 다양성 존중하기
열정: 불을 붙이고 지속적으로 타게 함	**의사소통 기술:** 필요와 욕구를 전하고 전달받는 수단		적절한 교육을 위한 개별화가 이루어질 때	가족의 강점 확인하기
지구력: 지속적인 노력을 기울임			가정과 지역사회로 학습을 확장할 때	가족의 선택 촉진하기
			교육기관에 출석하고 자원봉사할 때	크게 기대하기
			구조적 향상을 위해 권리 옹호 행동을 취할 때	긍정적으로 의사소통하기
				보장된 신뢰와 존중 나타내기

그림 10-5 가족-학교 간 강화 체계: 강화를 위한 협력 체계

출처: Turnbull, A. P., & Turnbull, H. R. (1997). *Families, professionals, and exceptionality: A special partnership* (3rd ed., p. 47). Upper Saddle River, NJ: Merrill/Prentice-Hall.

줄 때 이루어진다. 이때 가족과 교사는 이러한 강화를 통해서 원하는 것을 얻기 위한 행동을 취할 수 있다.

장애 유아 교육에 있어서 가족 지원이 교육을 성공적으로 수행하고 가족의 필요를

충족시킨다는 목표를 지니고 있다면 무엇보다도 이러한 가족 강화는 가족 지원 프로그램에서 가장 우선적으로 고려되어야 한다. 특히 교사는 강화의 개념이 역동적이고 상호작용적이고 과정 중심적이라는 사실을 이해해야 한다(Levine, 2013). 즉, 가족 강화를 위해서는 시간과 노력이 필요하다는 사실을 인식하고 가족 지원의 전반적인 틀 속에서 부모와의 긍정적인 파트너십과 상호작용을 통해 이들의 역량이 강화될 수 있도록 끊임없는 노력을 기울여야 할 것이다.

요약

교육에 있어서 학교와 가정 간의 연계는 매우 중요한 역할을 한다. 특히 장애로 인하여 연계교육의 중요성이 더욱 가중될 수밖에 없는 장애 유아의 경우에는 부모를 포함하는 가족의 참여가 교육의 성패를 좌우한다고도 할 수 있다. 최근에 들어서면서 생태학적 견해의 등장으로 인하여 장애 유아를 아동 개인으로서가 아니라 가족의 한 구성원으로 보는 견해가 지배적으로 보편화되기 시작하였다. 이에 따라 유아특수교육에 있어서의 접근 방법도 변화되어 왔다. 전문가에 의해서 일방적으로 주어지던 과거의 부모 교육은 그 형태나 내용 면에서 양방적인 관계 형성과 협력을 통한 부모 참여로 그 용어부터 변화되었으며, 현재는 부모 이외의 형제자매 등의 구성원을 모두 포함하는 가족 지원으로 확장되기에 이르렀다.

유아특수교육에 있어서 바람직한 가족 지원이 이루어지기 위해서는 전문가가 먼저 가족 지원에 대한 개념을 이해해야 한다. 또한 가족 지원을 위해서 어떠한 방법으로 접근하고 중재해야 하는가에 대한 방법론적인 고찰도 뒤따라야 한다. 그러므로 이 장에서는 장애 유아 교육에 있어서 최대한의 성과를 촉진하고 가족의 필요를 충족시키기 위한 가족 지원의 이론적 배경과 함께 가족 진단 및 중재의 실제에 대해서 설명하였다. 먼저 가족의 개념을 알아보고 가족이 자녀의 교육에 참여한다는 것이 무엇인지, 이러한 참여를 촉진하는 지원의 개념은 무엇인지 알아보았다. 가족 지원의 최상의 성과를 위해서는 전문가가 장애를 지닌 유아의 가족을 잘 이해하는 것이 선행되어야 한다. 그러므로 장애 유아의 부모나 형제자매가 보일 수 있는 여러 가지 정서적인 반응과 스트레스 등에 대해서도 알아보았다. 가족 지원을 위한 구체적인 방법론은 크게 가족 참여를 위한 진단과 중재의 두 부분으로 나누어진다. 이 장에서는 먼저 가족 진단과 관련해서 가족의 개별적인 특성에 맞는 적절한 지원 프로그램을 제공하기 위하여 어떻게 진단해야 하는지를 설명하고, 중재와 관련해서는 가족의 필요에 따른 지원 프로그램은 어떠한 유형과 내용으로 구성되는지, 또한 가족 지원을 위한 협력 관계를 촉진하고 가족을 강화하기 위해서 어떠한 점들이 고려되어야 하는지를 살펴보았다.

참고문헌

김수지, 이소현(2020). 형제자매 주도의 상호작용 중재가 자폐 범주성 장애 유아의 형제자매 상호작용에 미치는 영향.

김영희, 김계숙, 김신정(2009). 한국형 교사로서의 부모 양육 태도 검사도구 검증: 학령전기 아동의 부모를 대상으로. 아동간호학회지, 15(3), 314-324.

김정미(2018). 부모양육특성검사. 서울: 인싸이트 심리연구소.

김정미, 곽금주(2007). 3-6세 유아를 위한 가정환경자극 척도(EC-HOME)의 타당화 연구. 한국아동학회, 28(1), 115-128.

김정미, Mahoney, G. (2009). 부모 아동 상호작용 행동 평가: K-MBRS와 K-CBRS. 서울: 박학사.

김지수, 박지연(2017). 가정방문 양육코칭 프로그램이 발달지체 영아 어머니의 양육 효능감과 어머니-영아 상호작용에 미치는 영향. 유아특수교육연구, 17(3), 1-31.

김지원, 박지연(2018). 문제해결 전략중심 양육지원 프로그램이 정서·행동장애 위험유아 어머니의 자녀에 대한 인식, 양육 효능감, 양육 스트레스, 어머니-유아 상호작용에 미치는 영향. 유아특수교육연구, 18(1), 99-124.

남보람, 이소현(2014). 어머니가 실행하는 공동관심 중심의 놀이 활동이 자폐 범주성 장애 영아의 공동관심 선행기술과 공동관심 행동에 미치는 영향. 자폐성장애연구, 14(1), 21-45.

노진아, 홍은숙, 이미숙, 박현주, 정길순, 김정민, 강미애, 이나래(2011). 장애 영유아 가족 지원. 서울: 학지사.

봉귀영, 이소현(2013). 반응적 상호작용 전략 중심의 부모교육 프로그램이 다문화가정 내 자폐 범주성 장애 유아의 모아 상호작용에 미치는 영향. 특수교육학연구, 47(4), 113-138.

양일, 이소현(2019). 상호작용 전략 교수 중심의 가정방문 부모교육 프로그램이 중국 자폐 범주성 장애 영아의 어머니-영아 상호작용 행동에 미치는 영향. 자폐성장애연구, 19(2), 85-110.

이경숙, 박진아, 이미리, 신유림(2018). 유아용 부모자녀관계검사. 서울: 인싸이트 심리연구소.

이소영, 이소현(2009). 발달지체 영유아와 가족을 위한 가정-중심 프로그램에 대한 고찰: 1999년~2008년 국외논문을 중심으로. 유아특수교육연구, 9(4), 101-120.

이소영, 이소현(2019). 가정에서 어머니가 실행하는 일과 중심 중재가 발달지체 영아의 놀이 참여와 발달목표 성취에 미치는 영향. 유아특수교육연구, 19(1), 59-86.

이소현(2000). 특수교육에 있어서 바람직한 가족 참여를 위한 지원 및 중재 방안 고찰. 언어청각장애연구, 5(4), 174-191.

이소현, 김수진, 박현옥, 부인앵, 원종례, 윤선아, 이수정, 이은정, 조윤경, 최윤희(2009). 교육진단 및 교수계획을 위한 장애 유아 진단 및 평가. 서울: 학지사.

이소현, 김지영(2013). 자폐 범주성 장애 학생의 가족 관련 국내연구 동향 및 발전 과제. 특수교육, 12(2), 111-133.

정경미, 이경숙, 박진아(2020). 아동용 한국판 부모 양육 스트레스 검사: K-PSI-4. 서울: 인싸이트 심리연구소.

진달래, 이소현(2019). 가정방문을 통한 어머니의 반응성 증진 교육이 발달지체 영아와 어머니의 사회적 상호작용에 미치는 영향. 특수교육, 18(1), 29-53.

최민숙(2002). 장애 아동 교육을 위한 가족 참여와 지원. 서울: 학지사.

최지선, 이소현(2017). 유치원-가정 연계 반응적 의사소통 중재가 중도·중복장애 유아와 어머니의 사회적 상호작용에 미치는 영향. 유아특수교육연구, 17(2), 79-100.

Allen, K., & Cowdery, G. (2015). *The exceptional child: Inclusion in early childhood education* (8th ed.). Stamford, CT: Cengage Learning.

Auer, C., & Blumberg, S. (2006). *Parenting a child with sensory processing disorder: A family guide to understanding & Supporting your sensory-sensitive child*. Oakland, CA: New Harbinger Publications.

Bailey, D. (1991). Issues and perspectives on family assessment. *Infants and Young Children*, *4*, 26-34.

Bailey, D. (2004). Assessing family resources, priorities, and concerns. In M. McLean, D. Bailey, & M. Wolery (Eds.), *Assessing infants and preschoolers with special needs* (3rd ed., pp. 172-203). Upper Saddle River, NJ: Pearson.

Bailey, D., & Simeonsson, R. (1988). *Family assessment in early intervention*. Englewood Cliffs, NJ: Merrill/Prentice-Hall.

Bailey, D. B., & Simeonsson, R. J. (1990). *Family needs survey*. Chapel Hill, NC: Frank Porter Graham Child Development Center, University of North Carolina.

Bailey, D., Winton, P., Rouse, L., & Turnbull, A. (1990). Family goals in infants intervention: Analysis and issues. *Journal of Early Intervention*, *14*, 15-26.

Bailey, D., & Wolery, M. (2003). 장애 영유아를 위한 교육(이소현 역). 서울: 이화여자대학교 출판부. (원저 1992년 출간)

Bayat, M. (2017). *Teaching exceptional children: Foundations and best practices in inclusive early childhood special classrooms* (2nd ed.). New York, NY: Routledge.

Benson, B., & Gross, A. (1989). The effect of a congenitally handicapped child upon the marital dyad: A review of the literature. Clinical *Psychology Review*, *9*, 747-487.

Berry, J., & Hardman, M. (2008). *Lifespan perspectives on the family and disability* (2nd ed.). Austin, TX: Pro-Ed.

Bristol, M., & Gallagher, J. (1984). A family focus for intervention. In C. T. Ramey & P. L. Trohanis (Eds.),

Finding and educating high-risk and handicapped infants. Baltimore, MD: University Park Press.

Bronfenbrenner, U. (1975). Is early intervention effective? In J. Hellnuth (Ed.), *Exceptional infants* (Vol. 3). New York, NY: Brunner/Mazel.

Bronfenbrenner, U. (1977). Toward an experimental ecology of human development. *American Psychologist, 32*, 513-531.

Bronfenbrenner, U. (1979). *The ecology of human development: Experiments by nature and design*. Cambridge, MA: Harvard University Press.

Caldwell, B., & Bradley, R. (2003). *HOME Inventory administration manual: Standard edition*. Little Rock, AR: Print Designs, Inc.

Division for Early Childhood (DEC). (2014). *DEC recommended practices in early intervention/early childhood special education 2014*. Retrieved from http://www.dec-sped.org/recommendedpractices.

Collings, C. (2008). That's not my child anymore! Parental grief after acquired brain injury (ABI): Incidence, nature and longevity. *British Journal of Social Work, 38*, 1499-1517.

Crnic, K., Neece, C., McIntyre, L., Blacher, J., & Baker, B. (2017). Intellectual disability and developmental risk: Promoting intervention to improve child and family well-being. *Child Development, 88*, 436-445.

Child Development Resources. (1989). *How Can We Help?* Lightfoot, VA: Child Development Resources.

Cook, R., Klein, M., & Chen, D. (2020). *Adapting early childhood curricular for children with special needs* (10th ed.). Upper Saddle River, NJ: Pearson.

Deal, A., Trivette, C., & Dunst, C. (1988). Family functioning style scale. In C. Dunst, C. Trivette, & A. Deal (Eds.), *Enabling and empowering families: Principles and guidelines for practice* (pp. 175-184). Cambridge, MA: Brookline Books.

Division for Early Childhood (DEC). (2014). *DEC recommended practices in early intervention/early childhood special education 2014*. Retrieved from http://www.dec-sped.org/recommendedpractices.

Division for Early Childhood (DEC). (2017). *Family: Knowing families, tailoring practices, building capacity* (DEC Recommended practices monograph series No. 3). Washington, DC: Author.

Dortar, D., Baskiewicz, A., Irvin, N., Kennell, J., & Klaus, M. (1975). The adaptation of parents to the birth of an infant with a congenital malformation: A hypothetical model. *Pediatrics, 56*, 710-716.

Duis, S., Summers, M., & Summers, C. (1997). Parent versus child stress in diverse family types: An ecological approach. *Topics in Early Childhood and Special Education, 17*, 53-73.

Dunst, C., Cooper, C., Weeldreyer, J., Snyder, K., & Chase, J. (1988). Family needs scale. In C. Dunst, C. Trivette, & A. Deal (Eds.), *Enabling and empowering families: Principles and guidelines for practice*. Cambridge, MA: Brookline Books.

Dunst, C., & Espe-Sherwindt, M. (2016). Family-centered practices in early childhood intervention. In B. Reichow, B. Boyd, E. Barton, & S. Odom (Eds.), *Handbook of early childhood special education* (pp. 37–55). Cham, Switzerland: Springer.

Dunst, C., Johanson, C., Trivette, C., & Hamby, D. (1991). Family-oriented early intervention policies and practices: Family-centered or not? *Exceptional Children, 58*, 115–126.

Dunst, C., & Trivette, C. (2005). *Measuring and evaluating family support program quality* (Winterberry Monograph Series). Asheville, NC: Winterberry Press.

Dunst, C., Trivette, C., & Deal, A. (1988). *Enabling and empowering families: Principles and guidelines for practice*. Cambridge, MA: Brookline Books.

Dyson, L. (1997). Fathers and mothers of school-age children with developmental disabilities: Parental stress, family functioning and social support. *American Journal on Mental Retardation, 102*, 267–279.

Epstein, J., Sanders, M., Sheldon, S., Simon, B., Salinas, K., Jansorn, N., et al. (2019). *School, family, and community partnerships: Your handbook for action* (4th ed.). Thousand Oaks, CA: Corwin Press.

Erickson, M., & Kurz-Reimer, K. (1999). *Infants, toddlers and families: A framework for support and intervention*. New York, NY: The Guilford Press.

Ferguson, P. (2002). A place in the family: An historical interpretation of research on parental reactions to having a child with a disability. *Journal of Special Education, 36*, 124–131.

Fisman, S., Wolf, L., Ellison, D., & Freeman, T. (2000). A longitudinal study of siblings of children with chronic disabilities. *Canadian Journal of Psychiatry, 45*, 369–375.

Gallagher, P., Fialka, J., Rhodes, C., & Arceneaux, C. (2003). Working with families: Rethinking denial. *Young Exceptional Children, 5*, 11–17.

Gallagher, P., Powell, T., & Rhodes, C. (2006). *Brothers and sisters: A special part of exceptional families* (3rd ed.). Baltimore: Brookes.

Gargiulo, R., & Graves, S. (1991). Parental feelings: The forgotten component when working with parents of handicapped preschool children. *Childhood Education, 67*, 176–178.

Gargiulo, R., & Kilgo, J. (2020). *An introduction to young children with special needs: Birth through age eight*. Thousand Oaks, CA: SAGE.

Gath, A. (1977). The impact of an abnormal child upon the parents. *British Journal of Psychiatry, 130*, 405–410.

Gavidia-Payne, S., & Stoneman, Z. (1997). Family predictors of maternal and paternal involvement in programs for young children with disabilities. *Child Development, 68*, 701–717.

Guralnick, M. (2006). Family influences on early development: Integrating the science of normative development, risk and disability, and intervention. In K. McCartney & D. Phillips (Eds.), *Blackwell handbook of early childhood development* (pp. 44–61). Malden, MA: Blackwell.

Hanson, M., & Lynch, E. (2013). *Understanding families: Supportive approaches to diversity, disability, and risk* (2nd ed.). Baltimore, MD: Brookes.

Hastings, R., Daley, D., Burns, C., & Beck, A. (2006). Maternal distress and expressed emotions: Cross-sectional and longitudinal relationships with behavior problems of children with intellectual disabilities. *American Journal of Mental Retardation, 111*, 48–61.

Kasterbaum, R., & Moreman, C. (2018). *Death, society, and human experience* (12th ed.). New York, NY: Routledge.

Keller, D., & Honig, A. (2004). Maternal and paternal stress in families with school-aged children with disabilities. *American Journal of Orthopsychiatry, 74*, 337-348.

Kilgo, J., & Raver, S. (2009). Building partnerships in culturally/linguistically diverse settings. In S. A. Raver (Ed.), *Early childhood special education-0 to 8 years: Strategies for positive outcomes* (pp. 27-49). Upper Saddle River, NJ: Pearson.

Kubler-Ross, E. (1969). *On death and dying*. New York, NY: Macmillan.

Levine, K. (2013). Capacity building and empowerment practice. In B. Trute & D. Hiebert-Murphy (Eds.), *Partnering with parents: Family-centered practice in children's services* (pp. 107-129). Toronto, Canada: University of Toronto.

Lynch, E. W., & Hanson, M. J. (2011). *Developing cross-cultural competence: A guide for working with young children and their families*. Baltimore: Brookes.

Mahoney, G., & Filer, J. (1996). How responsive in early intervention to the priorities and needs of families? *Topics in Early Childhood Special Education, 16*, 437-457.

Mahoney, G., Kaiser, A., Girolametto, L., MacDonald, J., Robinson, C., Safford, P., & Spiker, D. (1999). Parent education in early intervention: A call for a renewed focus. *Topics in Early Childhood Special Education, 19*, 131-140.

Mahoney, G., O'Sullivan, P., & Dennebaum, J. (1990). A national study of mothers' perceptions of family-focused intervention. *Journal of Early Intervention, 14*, 133-146.

Mahoney, G., Powell, A., & Finger, I. (1986). The maternal behavior rating scale. *Topics in Early Childhood Special Education, 6*, 44-56.

McWilliam, R. (2011). **장애 영유아 가족 지원**(박지연, 전혜인, 김혜원 공역). 서울: 학지사. (원저 2010년 출간)

Meyer, D., & Vadasy, P. (2007). *Sibshops: Workshops for siblings of children with special needs* (Revised Ed.). Baltimore, MD: Brookes.

Minuchin, S. (1974). *Families and family therapy*. Cambridge, MA: Harvard University Press.

Moses, K. (1987). The impact of childhood disability: The parent's struggle. *Ways* (Spring), 6-10.

Murphy, A. (1982). The family with a handicapped child: A review of the literature. *Developmental and Behavioral Pediatrics, 3*, 73-82.

National Association for the Education of Young Children (NAEYC). (2009). Developmentally appropriate practice in early childhood programs serving children from birth through age 8. In C. Copple & S. Bredekamp (Eds.), *Developmentally appropriate practice in early childhood programs* (3rd ed., pp. 1-32). Washington, DC: Author.

Olson, B., Larsen, A., & McCubbin, H. (1983). Family strengths. In D. H. Olson, H. I. McCubbin, H. Barnes, A. Larsen, M. Muxen, & M. Wilson (Eds.), *Families: What makes them work?* (pp. 261-262). Beverly Hills, CA: Sage.

Olson, D., Gorall, D., & Tiesel, J. (1985). *Family adaptability and cohesion evaluation scales (FACES IV)*. St. Paul University of Minnesota, Family Social Science.

Orsmond, G., Ling, L., & Seltzer, M. (2007). Mothers of adolescents and adults with autism: Parenting multiple children with disabilities. *Intellectual and Developmental Disabilities*, *45*, 257-270.

O'Shea, D., O'Shea, L., Algozzine, R., & Hammitte, D. (2006). 장애인 가족 지원(박지연, 김은숙, 김정연, 김주혜, 나수현, 윤선아 외 공역). 서울: 학지사. (원저 2006년 출간)

Park, J., Turnbull, A. P., & Trunbull, H. R. (2002). Impact of poverty on quality of life in families of children with disability. *Exceptional Children*, *68*, 151-170.

Peterson, N. (1987). *Early Intervention for handicapped and at-risk children: An introduction to early childhood-special education*. Denver, Colorado: Love Publishing Co.

Prizant, B., Wetherby, A., Rubin, E., Laurent, A., & Rydell, P. (2019). SCERTS 모델: 자폐 범주성 장애 아동을 위한 종합적 교육 접근-[2권 프로그램 계획 및 중재](수정판, 이소현, 윤선아, 이수정, 이은정, 서민경, 박현옥, 박혜성 공역). 서울: 학지사. (원저 2006년 출간)

Reiger, A., & McGrail, J. (2013). Coping humor and family functioning in families of children with disabilities. *Rehabilitation Psychology*, *58*, 89-97.

Ricci, L., & Hodapp, R. (2003). Fathers of children with Down syndrome versus other types of intellectual disability: Perceptions, stress, and involvement. *Journal of Intellectual Disability Research*, *47*, 273-284.

Seligman, M., & Darling, R. (1989). *Ordinary families, special children: A systems approach to childhood disability*. New York, NY: The Guilford Press.

Seligman, M., & Darling, R. (2009). *Ordinary families, special children: A systems approach to childhood disability* (3rd ed.). New York, NY: The Guilford Press.

Sibling Leadership Network. (2013a). *Young siblings of individuals with intellectual and developmental disabilities*. Retrieved from http://siblingleadership.org/wp-content/uploads/2010/07/SLN-Young-Siblings-reserach-brief-final.pdf.

Sibling Leadership Network. (2013b). *Adult siblings of individuals with intellectual and developmental disabilities*. Retrieved from http://siblingleadership.org/wp-content/uploads/2010/07/SLN-Adult-reserach-brief-final.pdf.

Singer, G., & Nixon, C. (1996). A report on the concerns of parents of children with acquired brain injury. In G. Singer, A. Glang, & J. Williams (Eds.), *Children with acquired brain injury: Educating and supporting families* (pp. 23-52). Baltimore, MD: Brookes.

Steinglass, P. (1984). *Family systems theory and therapy: A clinical application of general systems theory*. *Psychiatric Annals*, *14*, 582-586.

Stinnett, N., & DeFrain, J. (1985). Family strengths inventory. In N. Stinnett & J. DeFrain (Eds.), *Secrets of strong families* (pp. 180-182). New York: Berkley Books.

Strohm, K. (2009). 장애아의 형제자매(전혜인, 정평강 공역). 서울: 한울림스페셜. (원저 2002년 출간)

Strom, R. (1995). Parent As A Teacher Inventory (PAAT). *Australian Journal of Early Childhood*, *3*, 27-31.

Thomlison, B. (2016). *Family assessment: An introductory practice guide to family assessment* (4th ed.). Boston, MA: Cengage Learning.

Trivette, C., & Banerjee, R. (2015). Using the recommended practices to build parent competence and confidence. In Division for Early Childhood, *DEC recommended practices: Enhancing services for young children with disabilities and their families* (DEC Recommended Practices Monograph Series No. 1, pp. 66–75). Los Angeles, CA: Author.

Turnbull, A., Summers, J., & Brotherton, M. (1984). *Working with families with disabled members: A family systems approach*. Lawrence, KS: University of Kansas, Kansas Affiliated Facility.

Turnbull, A., & Turnbull, H. (1997). *Families, professionals, and exceptionality: A special partnership* (3rd ed.). Upper Saddle River, NJ: Merrill/Prentice-Hall.

Turnbull, A., & Turnbull, H., Erwin, E., Soodak, L., & Shogren, K. (2015). *Families, professionals, and exceptionality* (7th ed.). Upper Saddle River, NJ: Pearson Education.

Umansky, W., & Hooper, S. (2013). *Young children with special needs* (6th ed.). Upper Saddle River, NJ: Merrill.

Widerstrom, A., Mowder, B., & Sandall, S. (1991). *At-risk and handicapped newborns and infants: Development, assessment, and interventio*n. Englewood Cliffs, NJ: Prentice-Hall.

Winzer, M. A., & Maszurek, K. (1998). *Special education in multicultural contexts*. Upper Saddle River, NJ: Merrill.

Woods, J., Wilcox, M., Friedman, M., & Murch, T. (2011). Collaborative consultation in natural environments: Strategies to enhance family-centered supports and services. *Language, Speech, and Hearing in Schools*, *42*, 379-392.

Young, D., & Roopnarine, J. (1994). Fathers' childcare involvement with children with and without disabilities. *Topics in Early Childhood Special Education*, *14*, 488-502.

제11장

통합교육의 이론과 실제

I. 통합교육의 이해

1. 통합교육의 개념

통합교육은 많은 전문가에 의해서 여러 가지 다른 내용으로 정의되어 왔으며, 대부분의 정의는 모두 일반교육에 장애 유아를 포함시키는 것을 주요 내용으로 한다. Kauffman 등(1975)의 정의에 의하면 통합교육은 장애 유아를 일반적인 교육 환경에 물리적으로 통합(시간적 통합)하는 것 외에도 학문적으로(교수 활동적 통합) 또한 사회적으로(사회적 통합) 통합하는 것을 의미한다. 시간적 통합이란 장애 유아가 장애를 지니지 않은 또래와 함께 같은 시간에 같은 환경에 배치되는 것을 의미하며, 교수 활동적 통합이란 일반교육 환경의 교수 활동에 함께 참여하는 것을 의미한다. 사회적 통합은 통합되는 학급의 교사와 또래로부터 학급의 구성원으로 수용되는 것을 의미한다. 그러므로 진정한 의미에서의 통합교육은 이 세 가지 형태의 통합이 모두 이루어짐으로써 장애 유아가 일반교육 환경에 배치되어 모든 교수 활동에 동등하게 참여하고 교사나 또래로부터 학급 구성원으로 인정받는 것을 의미한다. [그림 11-1]은 이와 같은 진정한 의미에서의 통합교육의 개념을 보여 준다.

통합교육은 시대적 배경이나 정책적 제도에 따라 그 개념이 변해온 것이 사실이다. 현재는 주류화(mainstreaming)나 합친다는 개념의 통합(integration)보다는 포함

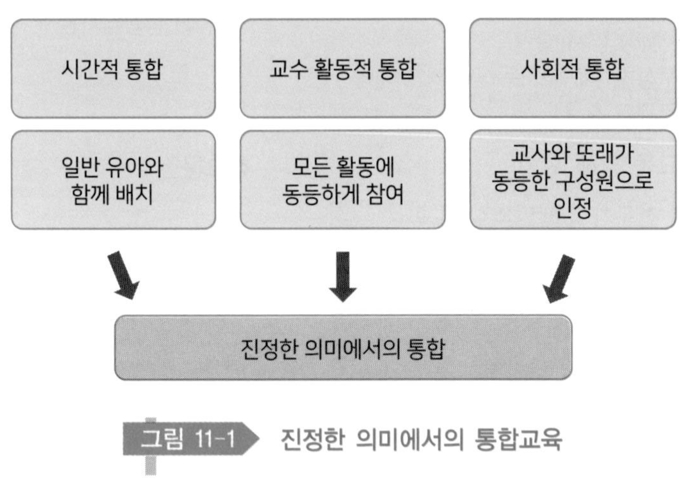

그림 11-1 진정한 의미에서의 통합교육

(inclusion) 개념의 통합교육이 강조된다. 이것은 통합교육이 장애 유아와 일반 유아를 두 개의 분리된 집단으로 나눈 후에 하나로 합치는 과정으로 인식하던 것에서 벗어나 처음부터 서로 포함되어 있는 하나의 집단으로 인식하고 함께 교육해야 한다는 개념으로 변화하였음을 보여 주는 것이라 할 수 있다(이소현, 박은혜, 2011). 현재 강조되고 있는 포함 개념의 통합교육은 장애 유아의 교육 선택권 및 구성원 자격에 대한 동등한 권리를 인정하고 모든 교육 환경에서 동등한 소속감을 지녀야 한다는 가치를 인정하는 개념이다. 다시 말해서 통합교육은 교수전략이나 배치의 문제가 아니라 친구, 유치원, 이웃과 같은 지역사회 집단에의 소속에 관한 문제라는 것이다. 이러한 통합교육 관련 용어와 개념에 대한 변천사는 〈표 11-1〉의 특수교육 관련 법률 및 각 용어에 따른 통합교육의 정의에서도 알 수 있다.

최근에는 통합교육이 포함의 개념을 강조한다는 측면에서 '모든 학생을 위한 교육'이라는 의미로 주로 사용된다. 특히 장애 유아를 위한 교육에 있어서의 통합교육은 "장애가 있는 유아와 장애가 없는 유아가 함께 배우고 노는 것"(Abraham, Morris, & Wald, 1993), 또는 "중도 장애를 포함하는 모든 장애 유아가 장애가 없는 유아와 같은 교실에서 서비스를 제공받는 것"(Bowe, 2007) 등으로 설명된다. 결론적으로 유아특수교육에 있어서의 통합교육은 장애를 지닌 유아가 장애를 지니지 않은 또래와 함께 유치원이나 보육시설 등의 기관에서 교육받는 것을 의미한다. 이때 함께 교육받는다는 것은 앞에서도 설명하였듯이 단순하게 같은 장소에 배치되는 것만을 의미하지는 않는다. 배치는 통합교육을 위한 가장 우선적인 시작의 단계로 매우 중요한 요소임에는 틀림없지만 배치만으로는 통합교육의 성과를 가져오기 어렵다. 즉, 통합교육은 교육적 배치나 방법론적 측면에서의 동일함을 넘어서서 근본적으로 동등한 소속감을 가지고 동등한 가치를 인정받으며 동등한 선택의 자유를 누릴 수 있는 것을 의미한다.

장애 유아 통합교육의 핵심 내용과 의미는 미국의 유아교육과 관련된 가장 큰 단체인 전미유아교육협회(NAEYC)와 특수교육협회(CEC)의 조기교육분과(DEC)에서 발표한 공동성명서(DEC/NAEYC, 2009)를 통해서도 잘 드러난다(〈표 11-1〉 참조). 2009년 두 단체가 장애 유아 통합교육을 지지하기 위해서 공동으로 발표한 성명서에서는 통합교육을 접근, 참여, 지원의 세 가지 특징을 지닌 것으로 정의하였다. 즉, 통합교육이란 장애 유아가 일반학급에서 또래와 함께 온전히 생활할 수 있도록 모든 경험에 접근하고 참여하고 지원받는 것을 의미한다는 것이다. 또한 최근에 미국의 교육부와 보건사회복지부가 장애 유아 통합교육에 대하여 공식적으로 입장을 밝힌 공동성명서는 이와 같

표 11-1 통합교육에 대한 다양한 용어 및 정의

용어	출처	정의
통합교육	특수교육진흥법(1994)	특수교육대상자의 정상적인 사회적응능력의 발달을 위하여 일반학교(특수교육기관이 아닌 학교를 말한다)에서 특수교육대상자를 교육하거나, 특수교육기관의 재학생을 일반학교의 교육과정에 일시적으로 참여시켜 교육하는 것을 말한다.
	장애인 등에 대한 특수교육법(2007)	특수교육대상자가 일반학교에서 장애유형 · 장애정도에 따라 차별을 받지 아니하고 또래와 함께 개개인의 교육적 요구에 적합한 교육을 받는 것을 말한다.
통합(혼합) Integration	Odom & McEvoy (1988)	두 집단의 아동을 혼합하는 적극적인 과정을 의미한다.
	Richey &Wheeler (2000)	분리와 반대되는 개념으로 장애가 있는 아동과 장애가 없는 아동을 같은 학급에 함께 있게 하기 위한 체계적이고도 주의 깊은 노력을 의미한다.
주류화 Mainstreaming	Trunbull & Turnbull(1990)	장애 아동을 가능한 한 일반 아동의 생활 흐름에 포함시키는 것을 의미한다.
	Hallahan & Kauffman(2003)	장애 아동을 하루 전체나 일정 시간 동안 학급 활동 전체나 부분적으로 일반학급에 배치하는 것을 의미한다.
역통합 Reversed Mainstreaming	Guralnick(1981)	장애 아동을 위한 학급에 일반 아동을 배치하는 것을 말한다. 통합된 특수교육(integrated special education, Odom & Spetz, 1983)이라고도 한다.
통합(포함) Inclusion	Kerzner-Lipsky & Gartner(1994)	중도 장애를 포함하는 모든 장애 아동이 거주 지역 학교의 나이에 맞는 학급에서 아동과 교사 모두에게 필요한 적절한 서비스 및 보조를 통해서 교육받는 것을 의미한다.
유아기 통합 Early Childhood Inclusion	DEC/NAEYC (2009)	모든 영유아와 그 가족이 자신의 능력과 상관없이 가족, 지역사회, 사회의 온전한 구성원으로 광범위한 활동과 맥락에 참여할 수 있도록 그 권리를 지원해 주는 가치, 정책, 실제로, 그 성과는 소속감과 구성원 자격, 긍정적인 사회적 관계와 우정, 자신의 잠재력에 따른 발달과 학습으로 나타난다. 통합교육 정의상의 주요 특징은 접근, 참여, 지원이다.

은 통합교육의 정의를 뒷받침해 준다(U. S. Department of Health and Human Services & U. S. Department of Education, 2016). 정부와 지역교육청 및 다양한 공사립 유아교육 프로그램이 더 많은 장애 영유아를 통합하도록 권장하기 위해서 발표한 이 성명서는 장애를 지닌 모든 유아가 기대치를 충족시켜 주는 개별화된 적절한 지원을 받을 수 있는 양질의 유아교육 프로그램에 반드시 접근할 수 있어야 한다고 그 입장을 밝히고 있다. 그러면서 이와 같은 정책적인 입장 표명이 유아교육 프로그램을 위한 것이기는 하지만 궁극적으로는 모든 사람이 생애 전반에 걸쳐 사회의 모든 측면에서 통합되어야 한다는 가치를 공유하는 것이며, 이와 같은 가치는 조기에 시작되는 유아기 통합을 통해서 시작되고 실현될 수 있음을 강조하였다.

우리나라의 경우에도 「장애인 등에 대한 특수교육법」상의 통합교육의 정의가 과거 「특수교육진흥법」에서 교육의 장소적인 의미를 강조하거나 일시적인 혼합 프로그램까지도 통합교육으로 간주하던 것에서 벗어나 일반학교에서 장애와 관련된 차별 없이 개별적인 요구에 따른 적절한 교육을 받는 것으로 변천되었음을 고려한다면(〈표 11-1〉 참조), 장애 유아 통합교육도 유아교육기관에서 일반 유아와의 차별 없이 개개인에게 필요한 적절한 교육을 제공하는 것을 의미한다고 볼 수 있다.

2. 유치원 통합교육 현황

장애 유아 통합교육 현황은 사회가 장애인을 어떻게 바라보고 대우하는가에 대한 역사적 고찰을 통해서 쉽게 이해할 수 있다. 사회가 장애인을 대하는 태도는 잊어버리고 감추는(forget and hide) 시대로부터 시작하여 선별하고 분리하는(screen and segregate) 시대를 거쳐 발견하고 도와주는(identify and help) 시대로 변해 왔으며(Caldwell, 1973), 더 나아가서는 단순하게 장애를 발견하고 도와주기보다는 포함하고 지원하는(include and support) 시대로 발전해 온 것으로 주장된다(Allen & Cowdery, 2015). 이것은 장애인에 대한 현대인의 견해를 잘 반영해 주는 것이라고 할 수 있다. 실제로 통합교육은 1970년대 초부터 영국과 미국을 중심으로 사회운동의 일환으로 강조되기 시작하였으며, 1990년대에 이르러서는 학교와 직장에서의 통합이 자연적인 현상으로 받아들여지기 시작하였다(Bayat, 2017). 이것은 장애를 병리학적 관점에서 결함으로 바라보는 의학적 모델의 입장에서 벗어나 사람은 환경적 요인이나 지원 체계에 의해서 유능해질 수도 있고 무능해질 수도 있다는 사회적 모델의 관점을 취하게 되었기 때문이다(Marsala & Petretto, 2010).

장애인에 대한 사회의 태도 변화와 함께 장애 유아를 위한 교육의 형태도 분리된 교육에서 통합된 교육으로 변해 왔다. 실제로 장애 유아 통합교육은 그 역사가 그다지 길지 않은 것이 사실이다. 통합교육의 선진국이라고 할 수 있는 미국의 경우에도 1960년대 후반에 이르기까지는 장애 유아를 위한 교육 프로그램 자체를 찾아보기 힘들었으며, 1970년대에 들어서 전장애아교육법(PL 94-142)이 최소제한환경(LRE)의 개념을 도입하면서 통합교육 프로그램이 등장하기 시작하였다. 통합교육은 그 후 1980년대에 이르러서야 활성화되기 시작하였다. 지금과 같은 유치원 프로그램에 완전히 포함되는 통합교육은 1990년대에 들어서 시작되었으며, 그 후 지속적인 발전을 거쳐 지금은 장애 유아를 위한 가장 보편적인 프로그램이 되었다. 현재는 장애 유아 교육을 위해서 가능한 한 이른 시기에 가장 자연적인 환경에서 중재를 제공해야 한다는 통합교육의 필요성이 절대적으로 지지된다(McLean, Sandall, & Smith, 2016; Noonan & McCormick, 2014; Winton, 2016).

우리나라의 경우 교육부의 공식적인 보고에 의하면 2019년에 전국적으로 137개 특수학교에 설치된 유치원 과정의 337개 학급에 929명, 949개 특수학급 설치 유치원에 3,422명, 1,472개 특수학급 미설치 유치원에 1,638명 등 총 5,630명의 장애 유아가 특수교육대상유아로 교육을 받았다(교육부, 2019). 이는 국가의 의무교육 지원에 따른 유치원 교육을 받는 전체 장애 유아 중 특수학급이 설치되었거나 설치되지 않은 유치원에서 통합교육을 받는 장애 유아가 4,686명으로 83.2%에 이른다는 사실을 보여 준다. 물론 이러한 수치는 실제로 해당 연령 인구 대비 장애 발생률 등을 고려할 때 교육 수혜율이 훨씬 더 낮아진다는 연구결과(이소현, 박현옥, 이수정, 노진아, 윤선아, 2013) 등 여러 가지 기타 변수를 고려하지 않은 것이지만, 교육 체계 내에 배치된 유아를 대상으로 이루어지는 교육이 통합교육 중심으로 이루어지고 있음을 명확하게 보여 주는 것이다. 이와 같은 현상은 지난 수십 년간 서서히 이루어진 결과로, 현재 우리나라 교육 현장이 추구하는 교육의 형태를 보여 준다. [그림 11-2]는 3~5세 장애 유아 의무교육이 전면적으로 시행되기 시작한 2012년부터 지금까지의 통합교육 배치와 관련된 변화 추이를 보여 준다.

교육 현장에서 이루어지고 있는 통합교육의 형태를 살펴보면, 아직까지 일반교육 체계로 완전히 통합되기보다는 일반학급과 특수학급의 이원화된 구조에서 이루어지는 주류화 개념이 더 우세한 것으로 드러나고 있다(이소현, 김수진, 2006; 이소현, 윤선아,

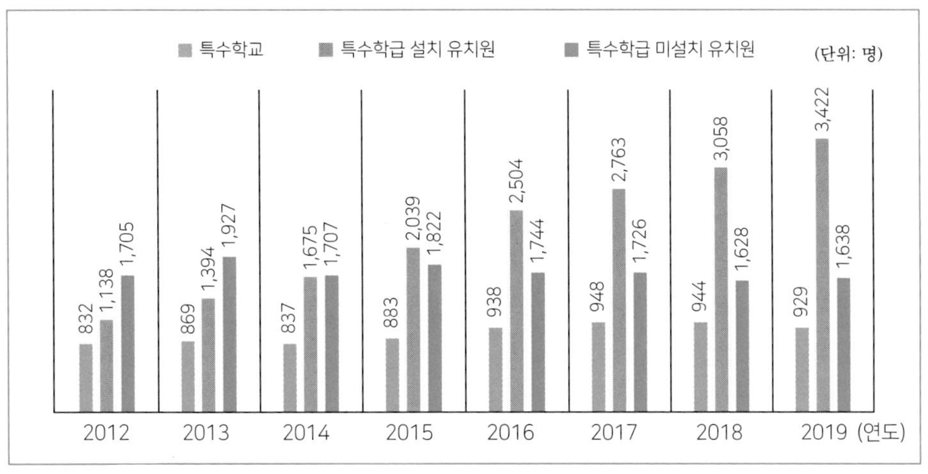

그림 11-2 2012~2019학년도 장애 유아 배치 현황

이수정, 박병숙, 2019). 그러나 통합교육은 전 세계적으로 추구하는 교육의 목적이자 수단으로(이소현, 박은혜, 2011), 최근 세계보건기구에서 발간한 세계장애보고서에서도 일반교육 제도를 통하여 양질의 교육을 제공하는 통합교육은 모든 국가의 우선적인 관심 사항이어야 한다고 명시하고 있다(WHO, 2012). 이는 교육 현장이나 관련 전문가가 지향하고 추구하는 통합교육의 형태는 장애 유아가 일반교육 환경에서 동등한 구성원으로 인정받고 동일한 소속감을 느낄 수 있게 되는 일원화된 통합교육의 개념이 적용된 형태라는 것을 의미한다. 우리나라도 통합교육의 개념에 대한 인식 변화와 함께 장애 유아가 일반교육 현장에서도 적절한 서비스를 충분히 받을 수 있도록 여러 가지 정책 및 교육 현장의 조건을 시급하게 갖추어야 한다. 특히, 특수학급 설치를 조건으로 특수교사가 배치되는 제도를 통해서 교육 현장을 이원화된 구조로 만들어 가기보다는 특수학급 설치와 상관없이 유치원이나 어린이집 등 모든 유아교육기관에 기관 단위로, 또는 연령이나 학급 단위로 특수교사가 배치될 수 있도록 행정적인 지원을 개선해야 할 것이다.

II. 통합교육의 당위성

장애 유아를 위한 교육은 오래전부터 복지나 교육적 성과의 측면에서 그 중요성과 당위성이 인정되어 왔다. 이에 비해 일반 유아교육 현장에서 장애 유아를 함께 교육하는 통합교육에 대해서는 비교적 최근에 이르러서야 그 중요성과 당위성이 논의되기 시작하였다. 이와 같은 논의는 실제로 관련 연구와 소송 및 입법 결과가 누적되면서 더욱 확장되고 강조되어 왔다(U. S. Department of Health and Human Services & U. S. Department of Education, 2016). 장애 유아 통합교육을 강조하는 많은 문헌에서는 주로 법적, 사회 윤리적, 교육 성과적인 세 가지 측면에서 통합교육의 당위성을 제시한다(이소현, 1997; Bricker, 1978; Cavallaro & Harney, 1999; Gargiulo & Kilgo, 2020).

1. 법적 당위성

장애 유아 통합교육의 가장 기본적인 이론적 배경으로 제시되고 있는 법적인 측면을 살펴보면, 실질적으로 통합교육 그 자체를 의무적으로 요구하는 조항은 그 어느 법에서도 찾아볼 수 없다. 그러나 1975년 미국의 전장애아교육법(현재의 장애인교육법)이 최소제한환경(least restrictive environment: LRE)에서 적절한 교육을 제공해야 한다고 명시함으로써 통합교육의 법적 근거로 주장되기 시작하였다. 최소제한환경(LRE)이란 장애 유아를 또래, 가정, 지역사회로부터 가능한 한 최소한으로 분리시켜야 한다는 개념으로 반드시 통합 환경을 의미하는 것은 아니다. 그럼에도 불구하고 법에서 규정하는 최소제한환경이라는 개념을 해석하고 시행함에 있어서 통합교육이 다양한 교육 환경 중 최선의 선택으로 여겨지고 있는 그 배경에는 교육 전문가들의 사회 윤리적 및 교육 철학적 신념이 작용한 것으로 여겨진다. 특히, 최소제한환경을 해석함에 있어서 장애를 지닌 학생에게 적절하다면 전형적인 기능을 보이는 또래와 함께 교육받아야 함이 강조되면서(Lerner, Lowenthal, & Egan, 2003) 그러한 철학적 배경이 잘 반영되고 있다. 실제로 1997년에 개정된 장애인교육법(PL 105-17)에서는 개별화 교육 프로그램을 작성할 때 배치 결정에 대한 당위성을 설명하는 대신에 일반교육에 배치하지 않는 경우 그에 대한 정당한 이유를 제시하도록 규정함으로써 통합교육의 법적 근거를 확고히 하였다. 예를 들어, 유치원에서 특정 장애 유아를 일반학급이 아닌 특수학급에 머무르게 하기 위해서는 그 유아를 위해서 어떠한 노력을 기울였으며 그러한 노력에도 불구하고 통합교육 환경이 유아에게 만족스럽지 못했음을 입증하는 강력한 증거를 제시함으로써 통합교육 반대 입장을 정당화할 수 있어야 한다(Yell, 2019).

우리나라의 경우 「장애인 등에 대한 특수교육법」에 의해서 각급학교의 장은 교육에 관한 각종 시책을 시행함에 있어서 통합교육의 이념을 실현하기 위하여 노력하도록 명시하고 있다. 〈표 11-2〉는 「장애인 등에 대한 특수교육법」에서 규정하는 통합교육 관련 내용을 보여 준다.

표 11-2 장애인 등에 대한 특수교육법의 통합교육 관련 내용

장애인 등에 대한 특수교육법
제2조(정의) 6. "통합교육"이란 특수교육대상자가 일반학교에서 장애유형·장애정도에 따라 차별을 받지 아니하고 또래와 함께 개개인의 교육적 요구에 적합한 교육을 받는 것을 말한다. 제17조(특수교육대상자의 배치 및 교육) ① 교육장 또는 교육감은 제15조에 따라 특수교육대상자로 선정된 자를 해당 특수교육운영위원회의 심사를 거쳐 다음 각 호의 어느 하나에 배치하여 교육하여야 한다. 1. 일반학교의 일반학급 2. 일반학교의 특수학급 3. 특수학교 ② 교육장 또는 교육감은 제1항에 따라 특수교육대상자를 배치할 때에는 특수교육대상자의 장애정도·능력·보호자의 의견 등을 종합적으로 판단하여 거주지에서 가장 가까운 곳에 배치하여야 한다. ③ 교육감이 관할 구역 내에 거주하는 특수교육대상자를 다른 시·도에 소재하는 각급학교 등에 배치하고자 할 때에는 해당 시·도 교육감(국립학교의 경우에는 해당 학교의 장을 말한다)과 협의하여야 한다. ④ 제3항에 따라 특수교육대상자의 배치를 요구받은 교육감 또는 국립학교의 장은 대통령령으로 정하는 특별한 사유가 없는 한 이에 응하여야 한다. ⑤ 제1항부터 제4항까지의 규정에 따른 특수교육대상자의 배치 등에 관하여 필요한 사항은 대통령령으로 정한다. 제21조(통합교육) ① 각급학교의 장은 교육에 관한 각종 시책을 시행함에 있어서 통합교육의 이념을 실현하기 위하여 노력하여야 한다. ② 제17조에 따라 특수교육대상자를 배치받은 일반학교의 장은 교육과정의 조정, 보조인력의 지원, 학습보조기기의 지원, 교원연수 등을 포함한 통합교육계획을 수립·시행하여야 한다. ③ 일반학교의 장은 제2항에 따라 통합교육을 실시하는 경우에는 제27조의 기준에 따라 특수학급을 설치·운영하고, 대통령령으로 정하는 시설·설비 및 교재·교구를 갖추어야 한다.

2. 사회 윤리적 당위성

장애 유아 통합교육의 사회 윤리적 측면에서의 당위성은 다음과 같이 세 가지로 설명될 수 있다. 첫째, 통합교육은 모든 사람이 평등하다는 사회적 가치를 실현한다. 즉, 사회 구성원으로서 동등한 기회를 가진다는 개인의 권리가 통합교육으로부터 실현될 수 있다는 것이다. 둘째, 통합교육은 다양한 구성원으로 이루어진 사회에서 유아들이 서로의 다름을 인정하고 수용하고 배려하는 긍정적인 삶을 살아갈 수 있도록 준비시킨다. 장애인의 사회 통합이 당연한 권리로 인정된다면 순조로운 사회 적응을 위해서는 장애 유아 본인과 그 주변 사람들의 장애에 대한 올바른 이해와 긍정적인 태도가 반드시 필요하며, 이러한 것들은 유아기 조기 통합교육으로부터 함께 살아가는 경험을 통해서 서서히 이루어 갈 수 있다. 마지막으로 통합교육은 분리교육에 비해서 경제적으로 더 효율적인 정책이다. 즉, 장애 유아를 분리된 환경이 아닌 기존의 일반교육 체계 내에서 교육함으로써 교육비용을 절감할 수 있다는 것이다. 이상의 사회 윤리적 당위성은 실제로 교육 현장에서 사회-경제적인 성과로 나타나게 되며, 이에 대한 좀 더 상세한 내용은 통합교육의 혜택 부분에서 설명하였다.

3. 교육 성과적 당위성

장애 유아 통합교육은 교육의 대상인 장애 유아와 일반 유아에게서 나타나는 교육 성과적인 측면에서 그 중요성이 가장 크게 지지된다. 통합교육은 지금까지 많은 연구를 통하여 장애 유무와 상관없이 모든 유아에게 긍정적인 영향을 미치는 것으로 알려져 왔다(Odom, Buysse, & Soukakou, 2011). 예를 들어, 장애 유아 통합교육의 교육성과에 대한 연구를 종합적으로 분석한 결과에 의하면 통합교육에서 장애 유아가 얻는 교육적 성과는 적어도 분리교육에서 얻은 성과와 같거나 그 이상인 것으로 보고된다(Buysse & Bailey, 1993; Guralnick, & Bruder, 2016; Holahan & Costenbader, 2000; Odom et al., 2004). 이것은 발달과 학습의 결정적인 시기에 전형적인 환경과 경험으로부터 얻을 수 있는 교육적 혜택의 중요성을 강조한 것이다. 또한 통합교육은 장애 유아와 함께 교육을 받는 일반 유아에게도 긍정적인 영향을 미치는데, 특히 이들은 통합 경험을 통해서 발달적, 사회적, 태도적 측면에서 긍정적인 성과를 보이는 것으로 보고된다(U. S. Department of Health and Human Services & U. S. Department of Education, 2016). 결과적으로, 통합교육이 장애 유아와 일반 유아 모두에게 교육성과적 측면에서 유익하다면 이를 실행하지 않을 이유가 없다는 것이다. 통합교육이 장애 유아 및 일반 유아에게 미치는 교육적 혜택에 관한 내용은 다음 부분에서 보다 자세히 설명하였다.

III. 통합교육의 혜택

과거에는 통합교육이 장애 유아만을 위한 교육으로 일반교육의 희생이 요구된다는 오해를 받기도 하였다. 그러나 현재는 잘 계획된 질적으로 우수한 통합교육이 전제된다면 이와 같은 오해는 쉽게 불식시킬 수 있는 것으로 인식된다. 실제로 지금까지 많은 연구를 통하여 통합교육의 성과를 분석한 결과 통합교육은 모든 유아에게 유익할 뿐만 아니라 그 가족과 지역사회에까지 긍정적인 혜택을 가져다주는 것으로 보고된다(Guralnick, 2001, 2019; National Professional Development Center on Inclusion, 2009; Odom et al., 2011; Strain, 2014). 통합교육의 긍정적인 성과는 [그림 11-3]과 같이 다양하게 나타날 수 있는데, 여기서는 크게 교육 성과적 혜택과 사회-경제적 혜택의 두 가지로 나누어 살펴보고자 한다.

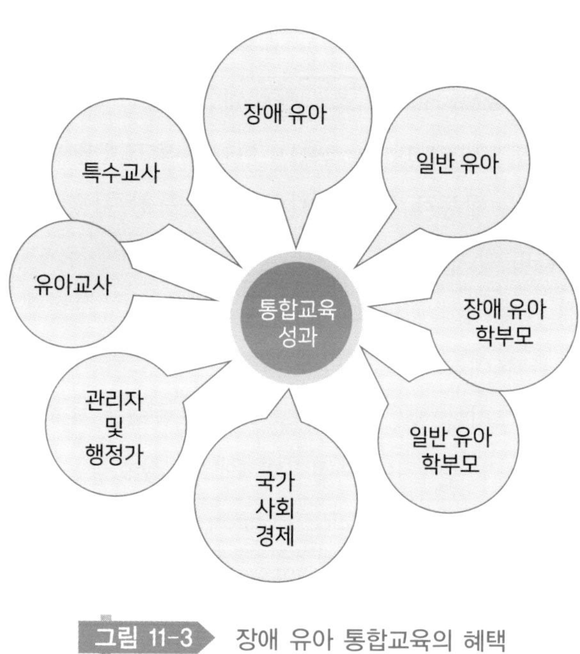

그림 11-3 장애 유아 통합교육의 혜택

1. 교육 성과적 혜택

1) 장애 유아에게 미치는 긍정적인 영향

앞에서도 언급하였듯이, 장애 유아가 통합교육을 통해서 얻을 수 있는 교육 성과적 혜택은 통합교육의 당위성을 주장하는 가장 설득력 있는 근거 중 하나라 할 수 있다. 이는 통합교육 그 자체가 장애 유아를 위한 교육의 질적 구성 요소로 포함된다는 사실(Bruder, 2010; Winton, 2016)을 통해서도 잘 알 수 있으며, 또한 통합교육의 가장 중요한 목표 중 하나가 최소한 분리교육에서 얻을 수 있는 성과 이상의 발달적 성취를 보장하는 것이라는 사실(Guralnick, 2001)을 통해서도 분명하게 드러난다.

장애 유아에게 효과적인 것으로 입증된 많은 교수방법이 통합교육 현장에서도 효율적으로 실행될 수 있으며(Grisham-Brown, Pretti-Frontczak, Hawkins, & Winchell, 2009; Strain & Bovey, 2011), 이를 통하여 중도 장애를 포함한 장애 유아의 발달과 학습이 촉진된다. 특히, 이들의 인지 및 의사소통 발달은 분리교육에서보다 통합교육을 통해서 더 잘 촉진될 수 있는 것으로 보고된다(Green, Terry, & Gallegher, 2014; Justice, Logan, Lin, & Kaderavek, 2014; Nahmias, Kase, & Mandell, 2014; Rafferty, Piscitelli, & Boettcher, 2003). 최근에는 발달이 지체되었거나 자폐 범주성 장애 등 다양한 유형의 장애를 지닌 유아들에게서 통합교육을 통한 발달 및 학습 성과가 보고되고 있다(박나리, 이소현, 2012; 오세림, 이소현, 2002; 원종례, 이소현, 2006; 윤신명, 이소현, 2015; 이지연, 이소현, 2008; Green et al., 2014; Guo, Sawyer, Justice, & Kaderavek, 2013; Phillips & Meloy, 2012; Sainato, Jung, Axe, & Nixon, 2015; Strain & Bovey, 2011). 이는 통합교육을 받는 장애 유아가 또래와 유사한 수준으로 교육 활동에 참여하고 새롭게 습득한 기술을 연습할 기회를 갖게 되면서 나타나는 성과라 할 수 있다.

장애 유아의 또래 관계 역시 통합교육을 통해서 향상되는 것으로 보고된다. 장애 유아는 전형적인 발달을 보이는 유아와 함께 교육받음으로써 나이에 적절한 행동을 관찰할 수 있으며, 또한 그러한 행동을 자연스럽게 수행하는 또래와 놀이하면서 사회적 기술을 습득하고 비전형적이거나 부정적인 유형의 상호작용을 감소시키게 된다(이소현, 2003; 이수정, 이소현, 2011b; Guralnick, Connor, Neville, & Hammond, 2006; Odom & McEvoy, 1990; Stanton-Chapman & Brown, 2015). 실제로 대부분의 장애 유아는 또래와의 사회적 상호작용 기술 습득에 있어서 지체된 발달을 보이는데, 특히 자신의 발달 연령에 비해서 관계 형성 등의 사회적 능력이 지체되는 것으로 나타난다(조윤경, 이소현, 2001; Guralnick & Weinhouse, 1984; Spicuzza, McConnell, & Odom, 1995). 이것은 발달이 지체된 장애 유아가 사회성 발달에 있어서 자신의 인지 발달 수준으로부터 추정되는 정도보다 더 심한 지체를 보이는 것을 의미한다. 그러므로 장애 유아 교육에 있어서 사회성 발달 촉진 프로그램은 가장 중요한 요소 중 하나로 강조된다(Guralnick, 2019; Odom & Brown, 1993; Strain, 1990). 이와 같은 사실을 생각해 볼 때 통합교육을 통한 장애 유아의 사회성 발달 촉진은 통합을 통해서 얻을 수 있는 가장 큰 혜택이라고 할 수 있다. 장애 유아와 또래 간의 깊은 우정이나 안정된 관계를 유지하는 능력은 아직까지 더 많은 연구가 필요한 부분이지만(Meyer & Ostrosky, 2014; Odom, Zercher, Li, Marquart, Sandall, & Brown, 2006), 실제로 다양한 수준의 발달과 행동 특성을 보이는 장애 유아가 통합 환경에서 또래와의 우정을 형성하는 것으로 나타난다(Buysse et al., 2003). 이는 통합교육이 또래와의 사회적 상호작용 또는 놀이를 할 수 있는 맥락을 제공하고 이러한 행동이 발생하는 자연적인 장면에서 이를 촉진하는 교수가 가능하기 때문이다. 실제로, 교사가 또래 관계를 촉진하기 위한 직접적인 교수 활동을 진행함으로써 긍정적인 영향을 미칠 수 있음이 많은 연구를 통하여 입증되고 있다(박병숙, 이소현, 2004; 신수진, 이소현, 2014; 이수정, 이소현, 2005; 허수연, 이소현, 이수정, 2008; Buysse et al., 2003; Guralnick, Connor, & Johnson, 2011; Justice et al., 2014).

2) 일반 유아에게 미치는 긍정적인 영향

장애 유아를 통합할 때 마주하게 되는 질문 중 하나는 이들과 함께 교육받게 되는 일반 유아에게 부정적인 영향을 미치지 않을까 하는 것이다. 이는 일반 유아의 학부모나 유치원을 운영하는 관리자 또는 이들의 교육을 직접적으로 책임지는 교사의 큰 관심사가 아닐 수 없다. 이와 같은 질문에 답하기 위해서 많은 연구가 실시되었으며, 이들을 종합 분석한 보고에 의하면 통합교육이 일반 유아에게 미치는 부정적인 영향은 없는 것으로 나타났다(Odom, DeKlyen, & Jenkins, 1984; Odom et al., 2004). 오히려 교육과정과 교수방법에 대한 신중한 배려로 일반 유아의 발달과 학습 또는 사회적 태도 측면에서 다양한 혜택이 나타난다. 이것은 질적으로 우수한 통합교육 프로그램에서는 교사가 개별화 학습에 대한 보다 깊은 이해와 역량을 갖추고 개별 유아 한 사람 한 사람에게 적절한 발달 지원을 제공하게 되기 때문이다. 더욱이 발달 지원의 전문성을 지닌 특수교사를 통하여 특수교육대상자로 진단받지 않았으나 발달이 지체되었거나 장애위험에 놓인 유아를 발견하고 지원할 수 있다는 장점도 지닌다.

통합교육을 받은 일반 유아에게서 나타나는 교육 성과적 혜택을 구체적으로 살펴보면, 장애 유아와 함께 통합교육을 받은 일반 유아는 그렇지 않은 비교 집단에 비해서 발달 성취가 수개월 앞서거나, 성숙 효과로 예상할 수 있는 발달보다 더 높은 비율의 성취를 보이는 것으로 나타났다(Bricker, Bruder, & Bailey, 1982; Bricker & Sheehan, 1981; Cooke, Ruskus, Apolloni, & Peck, 1981; Hoyson, Jamieson, & Strain, 1984; Mitchell, 2014). 이와 같은 발달적 성과는 특히 또래 상호작용이나 놀이 등 사회성 발달에서 분명하게 드러나는데, 예를 들어 장애 유아의 사회성 발달을 촉진하기 위해서 실시된 교수방법으로 인하여 오히려 이들의 사회적 행동이 증가하고 계획된 사회적 통합 촉진 활동을 통해 또래 상호작용과 놀이 행동이 향상된 것으로 나타났다(이소현, 2004; 이수정, 이소현, 2011a; Hanline & Correa-Torres, 2012; Strain, 2014).

또한 유치원에서 통합교육을 받은 일반 유아는 사회 구성원의 개별적인 차이와 다양성에 대하여 이해하게 되고 장애 또는 장애를 가진 친구에 대해 긍정적인 태도를 갖게 되는 등 올바른 인격 형성에 도움을 받는 것으로 보고된다. 예를 들어, 통합교육을 받기 전보다 장애에 대하여 더 많은 정보를 지니게 되며(Diamond, Hestenes, Carpenter, & Innes, 1997), 장애인에 대해서 더 긍정적으로 수용하고 공감하는 태도를 보일 뿐만 아니라 실제로 우정을 형성하기도 하고(이수정, 이소현, 2011a; Favazza & Odom, 1997; Wasburn-Moses, Chun, & Kaldenberg, 2013), 장애를 지닌 또래와 더 많이 상호작용을 하려고 하는 의지를 보이기도 한다(Okagaki, Diamond, Kontos, & Hestenes, 1998). 한 국내 연구에 의하면 장애 유아의 사회성 발달 촉진을 위해서 구조화된 교수가 진행된 학급의 일반 유아들은 그렇지 않은 학급의 유아들에 비해서 장애 유아에 대한 더 높은 수용도를 보였으며, 결과적으로 이러한 수용도 증진은 이들 간의 사회적 관계 향상에 긍정적인 영향을 미치는 것으로 보고되었다(조윤경, 이소현, 2002). 또 다른 연구에서도 통합학급의 유치원 교육과정에 자연스럽게 삽입된 학급 차원의 사회성 기술 중재를 통하여 만 3세 유아들의 장애 유아에 대한 수용도가 의미 있게 높아진 것으로 나타났다(장지은, 이소현, 2019).

결론적으로, 이상의 연구 결과는 일반 유아가 통합 환경에서 장애 유아와 함께 교육받을 때 부정적인 영향을 받지 않으며, 오히려 주의 깊은 계획과 배려로 인하여 발달적, 사회적, 태도적인 측면에서 긍정적인 영향을 받을 수 있음을 시사한다.

2. 사회-경제적 혜택

앞에서 설명한 통합교육의 사회 윤리적 당위성은 그 자체가 사회-경제적 혜택으로 직결된다. 즉, 통합교육은 사회가 공동으로 추구하는 사회적 가치를 실현하고 사회 구성원에게 긍정적인 영향을 미치며 국가적 차원에서 비용을 절감할 수 있다는 세 가지 측면에서 그 사회-경제적 혜택을 살펴볼 수 있다.

1) 사회적 가치 실현

통합교육은 사회가 공동으로 추구하는 사회적 가치를 실현한다. 통합교육을 통해서 사회적 가치를 실현할 수 있다는 것은 이미 통합교육의 당위성에 대한 사회적 합의가 이루어졌음을 뜻한다. 통합교육은 학문적 성과와 사회적 가치관에 의해서 그 실행에 대한 동의가 이루어짐으로써 국가의 정책으로 수립된 것이라 할 수 있다(이소현, 2005). 이것은 우리 사회가 이미 장애 또는 장애인 지원에 대해서, 또는 보다 구체적으로 장애 유아 교육에 대해서 사회적인 합의에 도달했음을 뜻한다. 즉, 헌법으로부터 사회적 관념에 이르기까지 다양한 측면에서 고려되는 개인의 보편적인 권리를 장애 유아에게도 동일하게 인정하고 보장하기 위한 사회적인 합의가 이루어진 것으로 볼 수 있다는 것이다. 그러므로 통합교육은 장애 유아의 동등한 권리를 인정하고 동등한 환경에서 교육받고 살아가게 하고자 하는 보편적인 사회적 가치를 실현시키는 통로라 할 수 있다.

2) 구성원에게 미치는 긍정적인 영향

통합교육은 사회 구성원에게 긍정적인 영향을 미친다. 즉, 다양한 사람이 함께 살아가는 사회의 한 구성원으로 준비되고 역할하게 한다는 것이다. 통합교육은 그 교육 성과적인 혜택에서도 살펴본 바와 같이, 장애가 있거나 없는 유아가 다양성에 대한 긍정적인 개념과 태도를 형성하여 함께 살아가는 바람직한 사회의 구성원으로 바르게 성장하도록 도와준다. 예를 들어, 통합교육에 참여한 일반 유아가 장애 유아와의 상호작용 기회를 갖게 됨으로써 이들이 성인이 되어 사회의 구성원이 되었을 때 장애인에 대하여 더 큰 이해와 존중의 태도를 지니게 된다(Cross, Traub, Hutter-Pishgahi & Shelton 2004; Diamond & Huang, 2005). 일반적으로 대부분의 유아는 성인에 의해서 부적절한 영향을 받지 않는 한 장애 또래가 지니고 있는 개별적인 차이에 대해서 자연스럽게 수용하는 경향을 보이며, 발달상의 지체로 나타나는 차이에 대해서 부정적인 편견을 갖거나 비교하지 않는 것으로 보고된다. 그러므로 장애 유아 통합교육은 장애를 자연스럽게 받아들이는 어린 시기에 통합교육을 경험하게 함으로써 장래의 사회 구성원이 어려서부터 장애에 대하여 올바르게 인식하고 더불어 사는 바람직한 형태의 사회를 만들어 가는 기본적인 역할을 하게 해 준다. 즉, 어린 나이로부터 사회 전반에 걸쳐 실행되는 통합교육을 보고 듣고 직접 경험하면서 장애로 인한 다양성을 자연스러운 현상으로 수용할 때 우리 사회가 궁극적으로 추구하는 모두가 행복한 사회의 본질적인 모습을 직시할 수 있게 된다는 것이다. [그림 11-4]의 사례는 장애를 지닌 친구를 둔 자녀의 어머니가 회고한 내용으로 유아기 어린 아동이 장애를 지닌 친구를 어떻게 지각하고 수용하는지 잘 보여 준다.

> 하루는 민희가 유치원에서 돌아와서 내일 수정이라는 친구를 초대하고 싶다고 말하였다. 나는 수정이란 친구를 기억할 수 없어서 누구인지 물었다. 민희는 수정이의 얼굴 생김새와 새 옷에 대해서 설명하고 수정이가 그린 그림들에 대해서 설명하였다. 그래도 나는 수정이란 아이가 어떤 아이인지 기억해 낼 수가 없었다. 민희는 수정이의 여러 가지 모습을 설명하였고 마침내 "머리에 커다랗고 예쁜 리본을 맨 친구"라고 설명하였다. 그때에야 나는 수정이가 누구인지 기억해 낼 수 있었다. 수정이는 매일 아침 머리에 커다란 리본을 매고 휠체어를 타고 유치원에 오는 아이였다. "휠체어를 타는 친구"라고 설명했으면 쉽게 알 수 있었을 텐데 하고 생각하면서 민희에게는 휠체어가 수정이를 설명해 줄 수 있는 가장 큰 특징이 아니라는 사실에 새삼 놀라울 따름이었다.

그림 11-4 장애를 지닌 친구 수용과 관련된 어머니의 회고

출처: 이소현, 박은혜 (2001). 장애 유아 통합유치원 교육과정: 사회적 통합 촉진을 위한 활동-중심의 교육과정(p. 60). 서울: 학지사.

일반 유아가 통합교육을 통해서 함께 사는 사회를 준비할 수 있는 것과 마찬가지로 장애 유아도 통합교육을 통해서 사회 구성원으로 살아갈 준비를 하게 된다. 장애를 지녔다는 이유로 일반적인 환경에서 분리되어 교육받게 될 때 일반인으로부터 잘못 이해되거나 거부되는 경우가 많은 것이 사실이다. 예를 들어, 표찰의 부정적인 영향이나 접촉 부족으로 인하여 주변 사람들의 태도가 부정적으로 형성됨으로써 이들의 소속감이나 자아개념 형성에 부정적인 영향을 미치는 등 분리교육으로 인한 부정적인 영향이 나타날 수 있다는 것이다(Favazza, Ostrosky, Meyer, Yu, & Mouzourou, 2017; Nind, Flewitt, & Payler, 2010; Rutland & Killen, 2015; Wolery & Wilbers, 1994). 통합교육은 분리교

육으로 인하여 발생할 수 있는 이와 같은 부정적인 영향을 방지해 준다. 또한 전형적인 발달을 보이는 또래와 놀이하고 상호작용하는 경험 없이는 사회생활에 필요한 기본적인 사회적 기술을 학습하기 어려운 것도 사실이다. 장애 유아도 성장해 가면서 언젠가는 사회에 적응해야 하는 과제에 직면하게 되는데, 현실 세계로부터 분리된 교육을 받는다면 이러한 과제가 심각한 문제로 부상할 수 있다. 다시 말해서, 사회로부터의 분리는 사회에 다시 적응시켜야 하는 사회적 문제를 초래한다. 이와 같은 사회 재적응의 문제는 처음부터 분리하지 않음으로써 문제의 발생 자체를 방지할 수 있다. [그림 11-5]는 통합교육을 실시하고 있는 교사들이 통합교육에 대한 자신의 생각을 표현한 내용으로, 장애 유아가 현실에서의 자연스러운 환경에 적응하면서 살아가는 모습을 통하여 통합에 대한 긍정적인 인식을 갖게 된 것을 보여 준다.

통합교육 내 장애 유아에 대한 교사들의 생각

교사 1: "통합교육은, 그러니까 장애 아이한테 제가 느낀 것은 자연스러움이었어요. 통합교육 자체가 저한테 '아! 이게 자연스러움 속에서 아이가 성장하는 게 통합교육이구나'라고 생각했어요."

교사 2: "가장 중요한 건 이 아이들이 같은 학급 구성원과 친구로 인식이 된다는 거 같아요. (… 중략…) 그게 그 아이들한테는 내 친구니까 당연히 그냥 말을 거는 거고 인사를 하는 것 같더라고요."

교사 3: "그래서 이 자연스러운 유치원에서의 경험이 쌓여져서 성인이 되어서도 자연스럽게 아이들이 사회 구성원으로 인정받고 생활할 수 있지 않을까 하는 생각을 했습니다."

그림 11-5 통합교육 실행 교사의 통합교육에 대한 인식

출처: 이소현, 윤선아, 박병숙, 이지연(2018). 유치원 통합교육 가이드북 개발을 위한 기초 연구: 완전통합 실행 교사의 경험과 기대. 유아특수교육연구, 18(3), 40, 42.

통합교육은 교육의 대상인 유아뿐만 아니라 통합교육과 직간접적으로 관련이 있는 교사나 학부모, 관리자나 행정가, 더 나아가서는 정책 입안자에 이르기까지 성인에게도 긍정적인 영향을 미친다. 예를 들어, 장애 유아 부모는 자녀의 통합교육을 통하여 자녀에 대해서 보다 긍정적인 태도를 갖게 되며, 자녀의 성취를 또래와 함께 있는 '현실' 속에서 파악할 수 있고, 전형적인 발달을 보이는 또래의 발달 과정에 대한 정보를

얻을 수 있으며, 부모 자신의 긍정적인 자아 인식에 도움을 받고, 일반 유아의 부모와 접촉할 기회를 갖게 됨으로써 고립감을 피할 수 있을 뿐만 아니라 사회 참여도 더욱 활발해진다(Bailey & Winton, 1987; Rafferty & Griffin, 2005; Seery, Davis, & Johnson, 2000). 일반 유아의 부모 역시 자녀의 통합교육을 통해서 장애인 또는 그 가족에 대하여 더 잘 이해하게 되고 관심을 증가시키며 장애 유아 부모와의 접촉을 통해 자녀 양육과 관련된 긍정적인 자극을 얻게 됨으로써 궁극적으로는 함께 사는 사회의 당위성과 가치를 인정하고 자녀에게 개별적인 차이와 그러한 차이를 수용하도록 가르칠 기회를 갖게 된다(심미경, 전예화, 박경란, 2005; Bailey & Winton, 1987; Peck, Staub, Gallucci, & Schwartz, 2004; Rafferty & Griffin, 2005; Seery, Davis, & Johnson, 2000).

통합교육에 참여하는 교사나 관리자의 경우에도 통합교육을 통해서 다양한 긍정적인 경험을 하면서 자연스럽게 장애 관련 인식을 변화시키며, 결과적으로 통합교육은 장애 유아와 일반 유아 모두에게 유익하다고 생각하게 된다(이소현, 윤선아, 박병숙, 이지연, 2018; Rafferty & Griffin, 2005). 이들은 특히 통합교육을 통하여 일반 유아가 장애를 지닌 사람과 함께 살아야 함을 배우고 장애 유아를 돕는 중에 협동심이 함양되는 등 유아에게 미치는 긍정적인 영향을 관찰하면서 통합교육에 대한 긍정적인 신념을 수립해 나가는 것으로 나타났다(심미경 외, 2005; 이소현 외, 2018; 이승연, 2007).

3) 경제적 효용성

마지막으로, 통합교육은 경제적 효용성 측면에서 사회-경제적 혜택이 강조된다. 통합교육은 장애 유아를 위한 교육 프로그램을 새롭게 구성하는 대신에 기존의 교육 프로그램 구조 내에서 운영될 수 있다는 점에서 경제적인 것으로 평가된다(Salisbury & Chambers, 1994). 실제로 분리된 유아특수교육과 일반 유치원 통합교육의 비용을 분석하여 비교한 연구에서 통합교육이 비용 측면에서 훨씬 더 효과적인 것으로 나타났다(Odom, Hanson et al., 2001; Odom, Parrish, & Hikido, 2001). 이와 같은 경제적인 비용 절감 효과는 다양한 측면에서 나타날 수 있는데, 예를 들어 통합교육은 기존의 교육시설을 이용할 수 있으므로 분리된 교육기관 설립 및 운영에 드는 비용을 절감시키고 장애 유아 교육 수혜율을 확장하는 동반 효과도 기대할 수 있다. 실제로 장애 유아 교육을 의무교육으로 규정하고 있으면서도 그 수혜율이 아직까지 매우 저조한 우리나라의 경우 이와 같은 어려움을 해결하기 위한 방안으로 기존의 유치원 통합교육 활성화를 통한 교육 수혜율 확충이 적극적으로 권장된다(이소현, 이수정, 박현옥, 노진아, 윤선아,

2014). 또한 조기 통합교육의 성과를 통하여 보다 독립적이고 생산적인 삶을 가능하게 함으로써 학령기의 분리된 특수교육이나 성인기 지원에 들어갈 비용을 감소시키는 등의 장기적인 효과가 보고되고 있으며(Bivens, Garcia, Gould, Weiss, & Wilson, 2016; SRI Interntional, 1993; Wolery & Wilbers, 1994), 이를 통하여 궁극적으로는 장애인의 일생에 걸쳐 국가가 부담해야 하는 비용을 감소시킬 수 있다.

Ⅳ. 통합교육 방해 요인

유아기에 이루어지는 조기 통합교육은 장애 유아를 교육하는 유아특수교육 영역에서나 일반 유아를 교육하는 유아교육 영역에서 협력적으로 함께 이루어 가야 할 하나의 과제로 인식된다. 통합교육은 단순히 장애 유아와 일반 유아를 한 학급에 배치하는 것으로 끝나지 않고 그에 따른 신중하고도 전문적인 사전 계획이나 교육과정상의 운영이 이루어져야 하므로 바람직한 통합교육의 실시를 위해서는 여러 가지 배려가 반드시 뒤따라야 한다. 그러나 유치원에서 통합교육을 실시함에 있어서 여러 가지 현실적인 문제가 교육의 효율성을 저해하고 있을 뿐만 아니라 시행 자체를 방해하고 있는 것이 사실이다. 그러므로 성공적인 통합교육 실행을 위해서는 그 실행을 방해하는 요인을 정확하게 알고 이를 해결하기 위한 노력을 기울여야 한다. 여기서는 장애 유아 통합교육을 방해하는 요인을 다음과 같이 네 가지로 설명하고자 한다: (1) 관련 전문가의 책임의식 부족, (2) 교육과정 운영상의 차이, (3) 교사 자질 및 교사 간 협력 부족, (4) 제도적 지원 부족.

1. 관련 전문가의 책임의식 부족

통합교육을 주도해 나가야 하는 전문가의 통합교육에 대한 긍정적인 태도와 책임의식 부족은 유치원 통합교육이 직면하고 있는 가장 큰 문제라 할 수 있다. 실제로 지난 수십 년간 통합교육에 대한 이들의 태도와 신념은 크게 변하지 않은 것으로 지적된다(Barton & Smith, 2015). 일반적으로 통합교육에 대한 잘못된 태도와 신념은 여러 가지 요인에 의해서 형성될 수 있는데, 예를 들어 통합교육 실행 가능성에 대한 잘못된 정보, 잘 알지 못하는 낯선 방법론에 대한 두려움, 변화에 대한 저항, 장애 유아에 대한 편견, 장애 유아로 인하여 일반 유아에게 주어지는 관심이나 자원이 분산될 것이라는 우려, 그리고 무엇보다 통합교육을 통하여 모든 유아(최중도 장애 유아 포함)가 교육 성과적 혜택을 누릴 수 있다는 사실에 대한 인식 부족 등이 이에 포함된다(U.S. Department of Health and Human Services & U.S. Department of Education, 2016).

통합교육 실행과 관련된 교사, 관리자, 행정가 등 전문가의 통합교육에 대한 잘못된 태도와 신념은 통합교육에 대한 주인의식 또는 책임의식 결여로 연결된다. 통합교육은 일반 유치원 환경에서 유아교사에 의해 주도되기 때문에 이들이 장애 유아 통합교육에 대한 책임의식을 지니지 않는다면 통합교육은 그 시작조차도 이루어질 수 없다. 그러나 장애 유아 통합교육은 아직까지도 특수교육 분야에서 해결해야 할 과제이고 문제인 것으로 인식되는 경우가 많은 것이 사실이다. 이것은 유치원에 통합되어 있는 장애 유아조차도 특수학급이라는 분리된 환경에서 시간을 보내면서 일반 교육과정 접근과 참여가 보장되지 않는 경우가 많다는 사실을 통해서도 쉽게 알 수 있다(이소현 외, 2019). 그러므로 이와 같은 문제를 극복하고 성공적인 통합교육을 실시하기 위해서는 유아의 교육과 관련된 모든 사람, 특히 행정을 주도해 나갈 관리자의 통합교육에 대한 긍정적인 태도 및 책임의식이 반드시 필요하다. 특히, 유치원 관리자의 긍정적인 태도와 책임의식은 통합교육의 실질적인 운영에 기여하게 되고, 더 나아가서는 교육 활동을 진행하게 될 유아교사 및 특수교사의 프로그램 성패에 대한 태도와 자신감에 직접적인 영향을 미치게 된다. 그러므로 교육 체계 운영에 있어서 관련 전문가의 장애 유아에 대한 올바른 이해가 이루어지고 이들의 교육에 대한 유아교육 및 특수교육 분야의 '공동주인의식(joint ownership)'이 선행된다면 장애 유아 통합교육의 성공적인 실행을 기대할 수 있을 것이다.

2. 교육과정 운영상의 차이

통합교육을 실시함에 있어서 두 번째로 부딪치게 되는 문제는 유아교육과 특수교육이 취하는 이론적, 교육철학적 차이로 인하여 교육과정 운영에서도 차이가 있다는 것이다. 일반적으로 유아교육과정에서는 루소의 교육철학과 프뢰벨, 오베린, 오웬, 몬테소리 등의 교수방법, 그리고 피아제, 비고츠키, 에릭슨 등의 발달이론을 적용한다(Odom & McEvoy, 1990). 그러므로 이와 같은 프로그램에서는 유아 스스로 적극적인 환경과의 접촉을 통하여 경험하고 학습하게 하는 유아 주도의 교육이 주요 교육과정으로 구성된다. 이와 같은 교육과정을 적용하게 되면 유아의 학습 준비도 및 관심과 교실 환경 간의 적절한 조화를 제공하여 환경과의 경험을 최대화하고 놀이를 통한 학습을 촉진하는 것이 프로그램의 목표가 된다.

이와는 달리 특수교육은 교육과정 운영에 있어서 교사가 학생을 직접 가르치는 교사 주도의 성격을 많이 나타낸다(Peterson, 1987). 특히, 왓슨, 손다이크, 스키너, 파블로프 등의 행동주의 이론이나 교육심리학의 학습이론 등이 많이 적용되어 왔다. 장애 유아는 장애 그 자체로 인한 발달지체를 나타낼 뿐만 아니라 지니고 있는 장애로 인하여 환경과의 전형적인 상호작용이 어려워 이중적인 발달지체를 경험하게 된다. 그러므로 이들을 위하여 개별적인 필요에 따른 학습 경험을 제공해 주는 것은 특수교육이 지니고 있는 가장 중요한 과제 중 하나다. 즉, 유아 개개인에게 맞는 특정 교수목표를 수립하여 실시하는 개별화 교육이 특수교육 전반에 걸쳐 주요 교육과정의 형태로 등장하게 된 것이다.

장애 유아 통합교육의 바람직한 실시를 위해서는 위에서 언급한 두 교육 현장 간의 상이한 교육과정 운영 형태를 어떻게 효과적으로 병합할 수 있는지에 대한 과제가 선결되어야 한다. 즉, 유아교육과 특수교육 간의 상이함을 유아특수교육의 방법론적 접근으로 해결해야 한다는 것이다. 이를 위해서 특수교육의 개별화교육계획을 유치원의 정규 교육과정과 병합하여 적용할 수 있는 실제적인 방법론(예: 개별화 교육과정, 이소현, 2011)이 제시되었으며, 그 내용은 이 책의 7장에서 소개하였다.

3. 교사의 자질 및 협력 부족

장애 유아 통합교육을 방해하는 세 번째 요인은 통합교육을 직접적으로 실행하게 될 교사의 자질과 관련된다. 장애 유아의 성공적인 통합교육 실행을 위해서는 유아교육과 유아특수교육 간의 장벽을 넘어서서 함께 일할 수 있는 자질과 협력 체제가 필요하다. 장애 유아 통합교육 현장에서 주도적인 역할을 담당해야 하는 유아교사가 장애 유아에 대한 이해가 부족하고 전문성이 준비되지 않는다면 통합교육은 그 실행이 어려워진다. 또한 통합교육 현장에서 유아교육과정이 운영되는 중에 장애 유아에게 적절한 교육을 지원하고 협력해야 하는 특수교사의 유아교육과정 운영에 대한 이해가 선행되지 않는다면 성공적인 통합교육을 실행할 수 없을 것이다. 실제로 유아교사를 양성하는 교수들의 통합에 관한 인식을 조사한 연구에서 교사의 장애 유아 교육을 위한 전문성 부족이 통합의 가장 큰 방해 요인으로 지적되었으며(이소현, 1995), 최근에 이루어진 조사연구에서도 통합교육을 위한 유아교사와 특수교사의 역량이 통합교육 실행에 중요한 영향을 미치는 것으로 보고되었다(이소현 외, 2019). 예를 들어, 통합교육을 실행하고자 하는 신념을 가지고 있는 교사의 경우에도 어떻게 해야 하는지에 대한 구체적인 방법론을 알지 못하여 어려움을 경험하는 것으로 보고된다(박지영, 노진아, 2012; 양진희, 2005; 이승연, 2007). 특히, 초임교사나 저경력교사의 경우 통합교육 실행과 관련된 어려움이 가중되는 것으로 나타나고 있다(이소현, 이숙향, 안의정, 2017; 최민숙, 2015). 이와 같은 결과는 질적으로 우수한 통합교육 실시를 위한 '준비 부족'이라는 현실적인 취약점을 반영하는 것이라 할 수 있다.

통합교육 실행과 관련된 교사의 자질적인 문제뿐만 아니라 교사 간 협력의 어려움도 그 실행을 방해하는 요인으로 지적된다. 이것은 앞에서 설명한 교육과정 운영상의 차이에서도 드러나듯이, 통합교육은 유아교육과정과 특수교육 방법론이 각 교사의 전문성을 기반으로 병합되어야 하기 때문이다. 실제로 교사의 역량 및 이들 간의 협력적 접근은 통합교육 프로그램이 효과적으로 실행되고 그 안에서 장애 유아가 교육적 목표를 성취하게 하는 필수적인 조건이라 할 수 있다(Kilgo, Aldridge, Vogtle, Ronilo, & Bruton, 2017; Stayton, 2015). 그러나 교사들은 통합교육 실행을 어렵게 하는 요소로 유치원 차원의 협력 및 실행 체계 부재를 들고 있다(이소현 외, 2017, 2019). 또한 많은 교사가 협력을 실행함에 있어서도 어려움을 경험하고 있는 것으로 나타나는데, 특히 이들이 경험하는 교사 간 협력의 어려움은 관리자의 이해 부족, 유아교사의 장애 유아에 대한 이해 부족, 특수교사의 유아교육과정에 대한 이해 부족, 교사의 협력하고자 하는 의지 부족, 실질적인 협력 과정에서의 시간과 체계 부재 등의 이유에 기인한다고 보고한다(김성애, 2012; 박수정, 노진아, 2010; 양진희, 2011; 임부연, 남다현, 최남정, 2009; 최미진, 이미숙, 한민경, 2017; 하수진, 이순자, 2013).

교사 자질과 관련된 문제를 해결하기 위해서는 대학의 교사 양성과정에 통합교육을 전제로 한 교육과정을 운영하는 방법을 들 수 있다. 예를 들어, 유아교사의 특수교육 과목 수강 및 특수교사의 유아교육 과목 수강 제도와 관련해서 보다 현실적인 도움을 줄 수 있는 교육과정을 개발하고, 현장에서의 교사 간 협력을 강화하는 체제를 수립하며, 현장 중심의 특화된 연수 프로그램을 개발하고, 대학원 과정을 활용한 전문 통합 지원 교사를 양성하는 등 다양하고도 적극적인 해결 방안이 모색될 수 있다. 특히, 통합유치원 교육과정을 운영하기 위한 교사의 자질을 규정해 주는 기준(예: CEC, 2012;

NAEYC, 2011; Stayton, Miller, & Dinnebeil, 2003)을 마련하고 양성과정에서부터 그러한 기준에 맞추어 역량을 개발할 수 있도록 준비시키는 등의 노력이 체계적으로 기울여져야 할 것이다.

4. 제도적 지원 부족

질적으로 우수한 통합교육은 행정 절차를 통한 제도적 지원으로부터 시작된다. 즉, 장애 유아를 위한 양질의 교육과정을 운영할 수 있는 유아교육기관이 준비되지 않는다면 통합교육은 그 시작조차도 하기 어렵다는 것이다. 예를 들어, 유치원에 특수교사가 배치되지 않는다면 유아교사와 특수교사의 협력을 통하여 가장 성공적으로 이루어질 수 있는 통합교육은 그 시작부터가 어려울 수밖에 없다. 실제로 장애 유아를 자녀로 둔 부모는 자신의 자녀가 특수교사가 배치된 유치원에서 교육받기를 가장 우선적으로 원하지만 그와 같은 유치원을 찾기가 쉽지 않음을 지적한다(이소현 외, 2014). 실제로, 장애 유아 의무교육의 전면적 시행으로 특수교사 미배치 유치원에 입학하는 장애 유아가 점차 많아지고 있다는 사실은 이러한 유치원이 통합교육 실행에 어려움을 경험하고 있다는 사실과 함께 제도적 지원을 통하여 시급하게 해결해야 하는 문제라 할 수 있다(이소현 외, 2019). 통합교육의 질을 좌우하는 특수교사 배치 외에도 통합학급의 교사 대 유아 비율 조정, 통합교육을 위한 교육과정 운영 지침 개발 및 보급, 통합교육 현장에 적합한 교사 양성 및 연수, 통합교육에 초점을 맞춘 장학 지원, 통합교육 현장에서의 관련서비스 연계 제공 등 통합교육의 성공적인 실행을 위한 행정 및 재정 등의 제도적 지원이 이루어져야 할 것이다.

V. 통합교육 운영의 실제

1. 통합교육의 질적 구성 요소

통합교육의 성공적인 실행을 위한 구성 요소를 알아보기 위하여 많은 연구가 진행되었다. 국내에서 이루어진 장애 유아 통합교육 실행 관련 연구를 종합적으로 분석한 한 연구에 의하면, 성공적인 통합교육 실행 요소로 관련 인력의 인식과 태도, 교사 자

표 11-3 장애 유아 통합교육의 질적 구성 요소

요소	정의
소속과 참여	통합은 다양한 사회로의 소속과 참여에 관한 것이다. 통합은 학교에만 관련된 이슈가 아니다. 즉, 통합은 유아와 그 가족이 생활하는 지역사회로 확장된다. 통합은 장애에만 관련된 이슈도 아니다. 즉, 모든 유아는 학교와 지역사회에 참여하고 지원받을 권리가 있다.
통합에 대한 공통된 정의	교사, 가족, 행정가 등의 개인은 통합에 대하여 서로 달리 정의한다. 이들의 생태학적 구조, 우선순위, 책임감의 정도는 통합의 정의에 영향을 미친다. 동일한 구조(예: 유치원, 교육청)에 속한 경우에도 통합에 대해서 서로 다른 견해를 가질 수 있다.
통합에 대한 신념	통합에 대한 신념은 실행에 영향을 미친다. 가족과 전문가가 학교교육에 대해서 가지고 있는 신념은 통합교육이 어떻게 계획되고 실행되는가에 영향을 미친다. 이러한 신념은 많은 복잡한 요인에 의해서 영향을 받는다. 인간의 다양성(예: 문화, 인종, 언어, 사회 계층, 능력)에 대한 신념은 통합교육이 학교와 지역사회에서 어떻게 실행되는가에 영향을 미친다.
프로그램 준비	통합을 위하여 준비되어야 하는 것은 유아가 아니라 프로그램이다. 가장 성공적인 통합교육 프로그램은 통합을 모든 유아를 위한 시작점으로 조망한다. 통합교육은 그 계획과 훈련과 지원에 의해서 성공적으로 실행된다면 모든 유아에게 적절할 수 있다.
협력	협력은 효과적인 통합교육 프로그램의 핵심적인 요소다. 시스템 및 프로그램 내에서와 그간에 이루어지는 전문가와 부모 등 성인의 협력은 통합교육 프로그램의 필수적인 요소다. 서로 다른 영역과 철학적 배경을 지닌 사람들 간의 협력은 통합교육 프로그램의 성공적인 실행을 위한 가장 큰 도전이라고 할 수 있다.
특별하게 계획된 교수	특별하게 계획된 교수는 통합교육의 중요한 구성 요소다. 지역사회 중심의 또는 일반교육 환경에 참여하는 것만으로는 충분하지 않다. 장애 유아의 개인적인 필요가 통합교육 프로그램 내에서 다루어져야 한다. 특별하게 계획된 교수는 다양한 효과적인 교수전략을 통하여 제공될 수 있으며, 이러한 교수전략은 학급에서 진행 중인 활동에 삽입될 수 있다.
적절한 지원	적절한 지원은 통합교육 환경이 역할하게 만드는 주요 요소다. 지원은 훈련, 인력, 자료, 시간 계획, 지속적인 상담을 포함한다. 지원은 다양한 방법으로 이루어질 수 있으며, 통합교육에 포함된 모든 개인은 독특한 요구를 지닌다.
장애 및 일반 유아에 대한 혜택	통합은 장애 및 일반 유아에게 혜택을 준다. 질적으로 우수한 유아교육 프로그램은 양질의 통합교육을 위해서 필요한 구조적 기초를 형성한다. 이를 통하여 모든 유아가 혜택을 받게 된다. 통합교육에 참여하는 일반 유아의 부모는 자녀의 자신감, 자존감, 다양성에 대한 이해 등을 통합교육의 혜택으로 보고하곤 한다.

출처: Odom, S., Schwartz, I., & ECRII investigators (2002). So what do we know from all this? Synthesis points of research on preschool inclusion. In S. Odom (Ed.), *Widening the circle: Including children with disabilities in preschool programs* (p. 156). New York: Teachers College Press에서 수정 발췌.

질 및 지원, 준비된 교육 프로그램, 교사 간 협력, 제도적 지원의 다섯 가지가 필요한 것으로 나타났다(이소현, 최윤희, 오세림, 2007). 〈표 11-3〉은 미국에서 이루어진 통합교육에 대한 전반적인 점검을 통해서 도출한 여덟 가지 요소를 보여 주는데, 이는 유아교육기관에서의 통합교육이 성공적으로 이루어지기 위한 최소한의 구성 요소에 해당한다(Odom, Schwartz, & ECRII Investigators, 2002). 즉, 통합교육이 성공적으로 실행되기 위해서는 먼저 프로그램에 접근할 수 있어야 하며, 프로그램은 통합에 대한 올바른 정의와 신념을 공유해야 하고, 양질의 교육을 제공하기 위한 준비를 통하여 적절한 지원과 교수를 제공해야 하며, 이 모든 과정에 전 교직원이 협력할 때 장애 유아뿐만 아니라 일반 유아까지 포함한 모든 유아가 교육적인 혜택을 경험하게 되는 것이다. 이 부분에서는 이상의 질적 구성 요소에 대하여 Odom 등(2002)을 중심으로 간략하게 설명하고자 한다.

1) 소속과 참여

통합교육의 가장 우선적인 목표 중 하나로 모든 유아의 일반 교육 환경 접근이 강조된다(Guralnick, 2001; Guralnick & Bruder, 2016). 즉, 통합교육은 유아가 속해 있는 다양한 환경에서의 소속과 참여를 전제로 한다는 것이다. 장애 유아가 학급의 동등한 구성원으로 또는 좀 더 넓은 지역사회의 동등한 구성원으로 그 자격이 인정될 때 진정한 의미에서의 통합교육이 이루어진다고 할 수 있다. 여기서 말하는 구성원 자격이란 활동에 동등하게 참여하는 것뿐만 아니라 다른 구성원으로부터 수용되는 것까지 포함한다. 이러한 소속과 참여의 질적 요소를 위해서 교사는 (1) 학급 활동이 학급의 모든 유아에게 구성원 자격을 부여하도록 학급을 운영해야 하며, (2) 가족의 지역사회 참여 의지를 잘 알고 이러한 지역사회 활동과 구성원 자격 확보에 교육의 우선순위를 두어야 하고, (3) 유아의 장애를 이들이 지니는 다양한 특성 중 하나로 인식하여 이러한 특성을 지닌 유아의 필요를 지원하는 교육 환경을 구성해야 한다.

2) 통합교육의 정의

통합교육은 개인마다 다르게 정의될 수 있으며, 이러한 정의는 프로그램의 계획과 운영에 결정적인 영향을 미칠 수 있다. 실제로 부모나 교사, 행정가, 정책 입안자 등 많은 사람이 통합교육을 달리 정의하곤 한다. 예를 들어, 장애를 지닌 유아를 자녀로 둔 부모는 자녀가 집에서 가장 가까운 유치원에 다니는 것을 통합교육이라고 생각하는 반면에 전문가는 질적으로 우수한 유아교육 환경 내에서만 통합교육이 가능하다는 생각으로 집에서 가까운 특정 유치원보다는 프로그램이 우수한 다른 유치원을 권할 수 있다. 또한 관리자나 교사는 장애 유아가 하루의 특정 시간에만 일반 유아와 함께 활동에 참여하는 것을 통합교육으로 정의할 수도 있다. 그러나 이러한 정의는 일반 유치원에서 또래와 함께 장애 유형이나 정도에 따라 차별을 받지 않고 개개인에게 적합한 교육을 받는 것을 의미한다는 「장애인 등에 대한 특수교육법」에서 규정한 통합교육의 정의를 벗어난다(〈표 11-2〉 참조). 이와 같이 합의되지 않은 통합교육의 정의는 교육에 참여하는 사람들 간의 갈등을 초래할 수 있으며, 프로그램의 계획과 운영에 걸림돌이 되기도 한다.

최상의 통합교육 프로그램을 운영하기 위해서는 통합교육에 대한 가장 바람직하고 정확한 개념을 정립하고 기관 내 구성원 모두가 공유해야 한다. 예를 들어, 통합유치원의 성공적인 운영을 위해서 가장 먼저 통합교육의 개념을 정립하고 이렇게 정립된 개념을 유치원 차원의 운영 계획에 반영할 수 있다(예: 유치원의 교육목표, 원훈, 어린이상 등에 반영하기, 유치원의 홈페이지에 통합교육 철학 명시하기, 유치원 교육과정 운영 계획에 반영하기)(이소현 외, 2018). 결론적으로, 통합교육에 대한 공통된 정의가 교육 현장의 질적 요소로 역할하기 위해서는 (1) 교사는 부모가 통합교육을 어떻게 정의하고 있는지를 알고 이러한 정의가 자녀의 교육에 어떻게 반영되고 있는지를 살펴보아야 하며, (2) 부모뿐만 아니라 관리자와 교사를 포함한 모든 관련 전문가는 통합교육에 대한 가장 바람직한 정의에 동의하도록 합의해야 하고, (3) 통합교육의 역할과 목적이 무엇인지를 분명하게 규정하는 체계적인 연구를 통하여 누구나 수용할 수 있는 가장 적절한 정의를 제시할 수 있어야 한다.

3) 통합교육에 대한 신념

통합교육에 대한 신념은 철학적 견해를 넘어서서 교사의 행동에 직접적인 영향을 미친다. 교사의 신념에 대한 연구를 살펴보면 교사가 어떤 생각을 가지고 있는지가 교사의 행동에 직접적인 영향을 미치고 있는 것을 알 수 있다(Clark & Peterson, 1986). 구체적인 예를 들자면, 교사가 유아 주도 프로그램에 대한 신념을 지닌 경우에 그 프로그램은 유아의 시작행동과 활동 선택하기 행동을 주요 목표로 지원하게 된다. 이러한 프로그램에 포함된 장애 유아는 프로그램에 잘 적응하기 위하여, 다시 말해서 잘 통합되기 위해서 스스로 활동을 선택하고 참여함으로써 학습하도록 지원받게 된다. 그러나 모든 유아가 동등한 교수를 받아야 한다고 믿는 교사의 경우에는 장애 유아를 위한 개별화 교육에 대한 거부감을 보일 수도 있다(Lieber et al., 1997). 결론적으로 교육, 또는 통합교육에 대한 신념, 인간의 다양성에 대한 믿음이 지역사회나 학교 내 통합교육 프로그램에 영향을 미치게 된다. 다음은 통합교육 현장의 교사들이 통합에 대한 자신의 생각을 표현한 것으로 이들의 통합에 대한 가치관이 잘 드러나고 있는 예라고 할 수 있다.

> "우리 반 아이들은 아주 다양합니다. 그 가족들도 아주 다양합니다. 아이들과 그 가족이 너무 다양하기 때문에 이들은 서로 다른 요구, 사실상 특별한 요구를 지니고 있고, 그렇기 때문에 이러한 다양함이 아이들과 그 가족에게 큰 도전이 된다는 사실을 알게 됩니다. 우리 반 아이들의 그 누구도 특수아동이라고 불릴 수가 없습니다. 왜냐하면 아이들 모두가 특별한 요구를 지니고 있기 때문이지요." (Hanson et al., 1998)

> "저는 장애 유아들을 위해서 우리 반 수업이 희생될지도 모른다는 생각이 들어서 처음에는 통합반을 반대했어요. 그런 4주가 지난 후에 제 생각이 잘못되었다는 사실을 깨달았어요. 특수반 선생님과 서로 협력하여 교육과정을 계획하고 적용하다 보니 통합교육은 장애 유아는 물론 일반 유아들 모두에게 긍정적이고 바람직한 효과가 있다는 사실을 실감하게 되었어요. 그래서 저는 유치원 현장에서의 통합교육이 반드시 필요하다고 생각하고 있고, 그 통합교육도 우리처럼 주 3회로 정해지기보다는 완전통합의 형태로 이루어져야 유아들에게 실제적인 교육적 효과를 제공할 수 있을 거라 생각해요." (양진희, 2005)

통합교육에 대한 신념이 통합교육 실행에 영향을 미친다는 사실이 교육 현장에 주는 시사점은 (1) 통합 환경의 유아를 위한 기대와 목표 등을 서로 나누는 것이 프로그램을 계획하는 첫 번째 중요한 단계가 될 수 있다는 사실을 인식하고 가족과 교사 및 관리자는 통합교육에 대한 자신의 신념을 표현하고 서로 나누어야 하며, (2) 다양성에 대한 인식을 문화나 장애에 대한 단순한 인식 이상으로 확장시킴으로써 통합교육 프로그램의 핵심적인 특성으로서의 가치로 인정해야 하고, (3) 다양성에 대한 인식과 수용을 유아교육 프로그램을 운영하는 하나의 흐름으로 인식함으로써 통합교육이 이러한 흐름의 한 부분으로 존재하게 해야 한다는 것이다.

4) 프로그램 준비

장애 유아를 위한 통합교육을 성공적으로 실행하기 위해서 가장 우선적으로 프로그램이 준비되어야 한다. 이것은 모든 유아교육 프로그램이 다양한 요구를 지닌 모든 유아에게 적절한 프로그램이어야 한다는 것을 의미한다. 그러나 아직까지도 교육 현장에서는 장애 유아 통합을 위해서 프로그램이 아닌 유아를 준비시켜야 한다고 잘못 생각하는 경우가 많다. 이것은 지금까지 설명한 다양성에 대한 인식과 통합교육에 대한 신념이 잘못 반영된 것으로, 모든 유아는 자신이 어떤 특별한 요구를 지녔는지와 상관없이 원하는 프로그램에서 필요에 따른 적절한 지원을 받을 권리가 있다는 사실이 무시된 것이다.

장애 유아를 위해서 프로그램이 준비되어야 한다는 것은 인식적인 면에서 뿐만 아니라 교육 프로그램을 위하여 충분한 계획과 훈련과 지원이 전제되어야 함을 의미한다. 그러므로 교육 프로그램의 기본적인 질적 향상과 다양한 유아를 교육하기 위한 프로그램 준비는 장애 유아 통합교육 증진을 위하여 반드시 필요한 구성 요소라고 할 수 있다. 일반적으로, 통합교육을 위한 프로그램 준비는 유치원 차원 및 학급 차원의 운영 체계를 마련함으로써 이루어질 수 있다(이소현 외, 2018). 또한 실제로 통합교육 프로그램이 얼마나 잘 실행되고 있는지 또는 실행될 수 있는지에 대해서 체계적인 도구(예: Soukakou, 2016)를 사용해서 자체적으로 평가해 볼 수도 있다. 프로그램 준비라는 통합교육의 질적 요소가 장애 유아 통합교육 현장에 주는 시사점은 (1) 장애 유아의 통합교육 배치가 선택할 수 있는 하나의 배치 체계로 포함됨과 동시에 모든 프로그램은 적절한 지원 서비스를 제공할 수 있어야 하며, (2) 프로그램은 장애 유아가 준비되지 않았다는 이유로 이들의 입학을 거부해서는 안 될 뿐만 아니라, (3) 배치 및 서비스 결정은 프로그램이 아닌 장애 유아의 지원 요구나 부모의 관심 또는 우선순위에 의해서 이루어져야 한다는 것이다.

5) 가족 및 전문가 협력

이 장의 앞부분에서 이미 장애 유아 통합교육을 방해하는 주요 요소의 하나로 전문가 간 협력 부족이 지적된 바 있다. 이것은 성공적인 통합교육의 실행을 위해서 가족과 전문가, 전문가와 전문가 간의 협력이 결정적인 역할을 한다는 사실을 말해 주는 것이다. 이와 같이 서로 다른 영역과 철학적 배경을 지닌 전문가 간 협력은 통합교육 프로그램의 성공적인 실행을 위한 가장 핵심적인 역할을 함과 동시에 또한 특별한 관심이 주어지지 않는 한 방해 요소로도 작용할 수 있는 가장 큰 과제라고 할 수 있다. 실제로 통합교육이 이루어지고 있는 교육 현장의 교사 대부분이 교사의 역량과 협력 여부가 통합교육 실행의 가장 큰 어려움이자 또한 가장 큰 도움이라고 보고하였으며(이소현 외, 2018), 그 외에도 많은 연구가 교사 간 협력의 어려움을 호소한다(예: 박수정, 노진아, 2010; 안도연, 임현숙, 2010; 이소현, 이수정, 박현옥, 윤선아, 2012).

가족 및 전문가 간의 효과적인 협력 관계를 형성하고 유지하기 위해서는 모든 사람이 공동주인의식을 가지고 함께 프로그램을 개발하고 참여하고 교수하며, 필요한 경우 전문적인 역할을 조정하거나 안정된 관계를 유지하는 등의 구체적인 전략을 사용해야 한다(Lieber et al., 1998; Odom et al., 2002). 통합교육에 있어서 이러한 협력이 시사하는 바는 (1) 유아의 프로그램과 관련된 모든 전문가는 부모와의 관계 형성을 위해서 적극적으로 노력해야 하며, 이러한 노력의 가장 기본적인 수단으로 지속적인 의사소통이 이루어져야 하고, (2) 프로그램 제공자는 전통적인 교수 활동 외에도 가족의 필요(예: 정보, 교육, 정서 지원)에 반응할 수 있는 방법을 강구해야 하며, (3) 프로그램 초기에 협력 관계 형성을 위하여 효과적인 의사소통 방법을 계획하고, 철학적 견해나 가치관이 서로 다른 사람들이 함께 협력할 수 있는 방법을 강구해야 하며, 위에서 설명한 협력을 위한 기타 성공적인 전략을 사용해야 한다.

6) 특별하게 계획된 교수

유아특수교육의 가장 핵심적인 구성 요소는 장애 유아의 발달 및 학습과 관련된 교수목표를 설정하고 교수하는 것이다(Sandall, McLean, & Smith, 2000). 뿐만 아니라 통합교육의 가장 중요한 목표 중 하나 역시 특화된 분리교육에서 얻을 수 있는 발달적 사회적 성취와 동등하거나 그 이상으로 성취하게 하는 것이다(Guralnick, 2011; Guralnick & Bruder, 2016). 장애 유아를 발달에 적합한 일반 유아교육 환경에 배치하고 참여하게 하는 것은 통합교육을 위해서 반드시 필요한 요소지만 유아특수교육의 가장 중요한 목표인 개별적인 교수목표 성취를 위한 충분조건은 될 수 없다(Carta, Schwartz, Atwater, & McConnell, 1991; Wolery, Strain, & Bailey, 1992). 실제로 16개 통합 프로그램을 상세하게 관찰한 일련의 연구에 의하면 통합 환경의 장애 유아가 활동에 참여하고 있는 경우에도 교수목표 성취를 위해서는 개별화된 교수가 적용되어야 함이 지적되었다(Odom et al., 2002).

장애 유아를 위하여 특별하게 계획된 교수를 제공한다는 것은 통합 현장의 유아를 분리시켜 별도로 교육하는 것을 의미하는 것이 아니다. 통합 현장에서의 장애 유아 교수는 학급 활동에 참여하는 중에 이루어진다. 장애 유아의 활동 참여와 학습을 증진시키기 위해서는 이를 목적으로 개발된 특정 교육과정을 사용하거나(Odom et al., 2019) 보편적 학습 설계 또는 개별화 교육과정 등 기존의 교육과정 내에서 적용되는 다양한 방법론을 활용할 수도 있다(이소현, 2011; Brillante & Nemeth, 2018; Grisham-Brown & Hemmeter, 2017; Lohmann, Hovey, & Gauvreau, 2018). 장애 유아가 유치원 교육과정 내에서 활동 참여를 통하여 교수목표를 성취하게 하는 이러한 다양한 전략에 대해서는 이 책의 8장에서 설명하였다.

장애 유아 통합교육의 성공적인 실행을 위해서 특별히 고안된 교수를 적용해야 한다는 사실이 교육 현장에 주는 시사점은 (1) 프로그램 제공자는 장애 유아가 특별히 계획된 교수를 받을 수 있는 통합 모델을 선택해야 하며, (2) 특별하게 계획된 교수는 유치원 교육과정 수정으로부터 개인적인 교수회기에 이르기까지 다양할 수 있지만 가장 중요한 것은 유아의 개별화교육계획의 교수목표 성취에 초점을 맞추어야 한다는 것이고, (3) 많은 교수목표가 다양한 자연적 중재 방법의 체계적인 사용을 통하여 성취될 수 있다는 것이다.

7) 적절한 지원

통합교육을 위한 적절한 지원이란 프로그램 제공자와 교사가 지역사회 내에서 통합교육 프로그램을 시작하고 운영할 수 있게 하는 행정, 재정, 인력, 훈련 등의 모든 제도적 지원을 포함하는 것으로, 지원의 유형이나 정도는 프로그램마다 다양할 수 있다. 프로그램에 따라서는 프로그램의 시작을 위해서 재정적 지원과 행정적인 절차에 대한 지원을 가장 많이 필요로 할 수도 있으며, 통합학급을 위한 인력 지원과 교사 훈련을 필요로 할 수도 있고, 학급 정원을 조정해야 할 수도 있으며, 교육과정 계획과 운영을 위한 관련 전문가의 자문이나 장학 등을 필요로 할 수도 있다. 그러나 이러한 모든 지원은 제도가 먼저 정립되지 않고는 이루어지기 어렵다. 특히 우리나라의 경우, 장애 유아 교육이 의무교육임에도 불구하고 아직까지 교육 수혜율이 매우 저조할 뿐만 아니라(이소현 외, 2013) 특수교사가 배치되지 않은 유치원에 통합된 장애 유아를 교육하는 데에 따르는 어려움이 지속적으로 보고되고 있는 현실적인 문제를 고려한다면(김태영, 엄정애, 2010; 이소현 외, 2019; 이승연, 2007; 임부연 외, 2009) 질적으로 우수한 통합교육을 제공하기 위한 제도적인 지원은 매우 시급하다고 할 수 있다. 그러므로 통합교육의 성공적인 실행을 위한 적절한 지원의 요소는 (1) 행정가와 유치원 관리자의 통합교육을 옹호하는 인식과 의지를 필요로 하며, (2) 프로그램마다 필요한 지원이 다르기 때문에 다양한 지원의 틀을 포함해야 하고, (3) 질적으로 우수한 프로그램을 유지하고 더욱 발전시키기 위해서 지속적인 지원을 제공해야 한다는 시사점을 지닌다.

8) 장애 및 일반 유아에 대한 혜택

통합교육의 궁극적인 목표는 교육의 대상인 유아가 발달을 성취하도록 지원하는 것이다(Guralnick, 2001). 장애 유아를 위한 통합교육 프로그램은 그 운영상의 질적 요소를 잘 갖추기만 한다면 장애 유아뿐만 아니라 일반 유아에게도 교육적인 혜택을 가져다준다. 이 장의 앞부분에서도 설명하였듯이, 장애 유아는 발달과 학습에 있어서 적어도 분리교육에서 받을 수 있는 그 이상의 혜택을 얻을 수 있으며, 특히 의사소통과 사회성 및 놀이 기술 발달에 있어서 가장 큰 혜택을 받는다. 그러나 실제로 통합교육 현장의 모든 유아가 이러한 혜택을 받고 있는 것은 아니다. 통합교육 현장을 좀 더 체계적으로 관찰해 보면 통합된 장애 유아 중에는 또래에게 수용되지 못하고 거부되는 등의 부정적인 경험을 하고 있는 유아도 1/3이나 되는 것으로 보고된 바 있다(Odom et al., 2006). 그러므로 장애 유아를 위한 통합교육 프로그램이 질적으로 우수한 프로그램이 되기 위해서는 그 결과가 장애 유아에게 혜택을 주는 프로그램이어야 한다. 또한 일반 유아 역시 통합교육을 통해서 교육적 혜택을 얻을 수 있어야 한다. 이 장의 앞부분에서 통합교육의 교육 성과적 혜택이 일반 유아에게도 동일하게 나타난다고 설명한 바와 같이 실제로 성공적으로 운영되는 통합교육 프로그램은 일반 유아에게도 발달과 학습상의 성취를 가져다준다.

통합교육 프로그램이 장애 유아나 일반 유아 모두에게 혜택을 주어야 한다는 질적 요소가 교육 현장에 주는 시사점은 (1) 통합교육 프로그램을 통해서 장애 유아와 일반 유아 모두가 교육적인 혜택을 받을 수 있는 가능성이 있으며, (2) 이러한 가능성에도 불구하고 유아에 따라서는 부정적인 경험을 할 수도 있기 때문에 이들이 경험하는 매일의 학습 활동과 교육적 진도를 체계적으로 점검해야 하고, (3) 특히 일반 유아의 경우에는 장애 유아가 없는 프로그램에서 얻을 수 있는 모든 경험을 할 수 있어야 하며 (즉, 장애 유아의 존재로 인하여 일반 유아의 경험이 제한되어서는 안 되며), 장애를 지닌 또래에 대한 긍정적인 태도를 형성할 수 있어야 한다.

2. 통합유치원 운영 모델[1)]

통합교육 운영의 방법론적 실제는 교육 현장의 상황이나 조건에 따라 다양한 방식으로 적용될 수 있다. 더욱이, 장애 유아를 교육하는 통합교육 기관은 교육과정의 운영뿐만 아니라 행정적인 절차 등을 포함한 기관 운영 전반에 걸쳐서 통합교육과 관련된 관심을 기울여야 한다. 최근에는 통합교육 운영을 지원하기 위한 다양한 자료가 개발되고 있으며, 〈표 11-4〉는 이러한 자료의 예를 보여 준다. 이 표에 제시된 자료를 살펴보면, 주로 사회적 통합을 지원하기 위한 구체적인 활동을 안내하거나 통합교육 운영의 전반적인 체계를 안내하는 것을 볼 수 있다. 이 부분에서는 통합교육 운영의 전반적인 체계를 소개하기 위한 목적으로 장애 유아 통합교육을 시작하거나 운영하고 있는 유치원 또는 어린이집 등의 유아교육기관에서 통합교육 운영 전반에 대하여 손쉽게 참고할 수 있도록 개발된 『통합유치원 운영 모델』(이소현, 이수정, 박병숙, 윤선아, 2018)의 내용을 간략하게 소개하고자 한다. 이 자료는 국립특수교육원 사이트에서 무료로 다운받아 사용할 수 있다(자료 위치: 에듀에이블 → 수업지원자료 → 교과서 보완자료 → 관련자료).

표 11-4 통합교육 운영 지원 자료의 예

제목 (저자, 연도)	내용
장애 유아 통합유치원 교육과정: 사회적 통합 촉진을 위한 활동-중심의 교육과정 (이소현, 박은혜, 2001)	장애 유아의 사회적 통합을 촉진하기 위하여 유치원 교육과정 중에 운영될 수 있는 활동을 소개하였다. 9개 생활주제에 따라 분류된 총 80개의 활동을 중심으로 손쉽고 적절한 사회적 통합 활동을 구성하고 적용할 수 있도록 하였으며, 현장 적용을 통한 성과가 검증되었다(이소현, 2003, 2004).
유아를 위한 장애 이해 및 통합 교육 활동 자료 (이소현, 이승연, 이명희, 원종례, 이수정, 2007)	장애 유아의 사회적 통합을 촉진하기 위하여 다양성 존중하기, 자신과 타인 존중하기, 다양한 친구들과 상호작용하기, 우정과 협력을 촉진하는 학급 문화 만들기라는 목표로 (1) 모두 특별해요, (2) 친구가 되어요, (3) 함께 놀아요의 세 개의 주제에 따른 총 20개의 활동을 소개하였으며, 현장 적용을 통한 성과가 검증되었다(이수정, 이소현, 2011a, 2011b).

〈계속〉

1) 이 절의 통합유치원 운영 모델 관련 내용은 교육부/국립특수교육원에서 발간한 『통합유치원 운영 모델』(이소현, 이수정, 박병숙, 윤선아, 2018)을 요약한 것으로, 별도의 인용 표시 없이 동일한 내용을 차용하였음.

제목 (저자, 연도)	내용
장애 아동과 일반 아동이 함께 하는 사회적 통합놀이 (고은, 진현자, 최진숙, 2010)	놀이를 통하여 이루어지는 유아 간 자연스러운 사회적 상호작용과 본능적인 즐거움에 강조점을 두고 있으며, 장애 아동이 통합된 유치원 또는 초등학교 저학년에 적합한 50개의 놀이 활동을 소개하였다.
통합교육을 위한 유아의 장애 이해 교육 (서영숙, 천혜정, 2010)	더불어 사는 사회에서 장애를 바르게 인식하고, 다양성을 이해하며, 장애인에게 필요한 것과 장애인에 대한 태도, 도움, 그리고 함께 협력하기에 대한 주제로 구성된 53개의 활동을 소개하였으며, 유치원의 생활주제와 관련하여 활용할 수 있도록 하였다.
개별화 교육과정: 장애 유아를 위한 일반 유아교육과정 기반의 교수적 접근 (이소현, 2011)	통합교육 현장에서 일반 유아교육과정이 운영되는 중에 장애 유아의 활동 참여와 사회적 통합을 증진하고 개별화교육계획의 교수목표를 성취시키기 위한 교수적 접근의 틀과 구체적인 방법을 설명하는 책으로 개발되었으며(이소현, 2005, 2007) 현장 타당성과 적용 성과가 검증되었다(안의정, 이소현, 2019; 이소현 외, 2012a, 2012b).
장애 유아 통합 프로그램의 실제 (이명희, 김지영, 이지연, 2011)	유치원과 어린이집에서 실제로 운영했던 통합 프로그램을 상세하게 소개함으로써 통합교육을 위한 일정 운영과 관련 자료에 대한 내용을 손쉽게 참고할 수 있도록 구성하였다.
유치원 통합교육 가이드북 (이소현, 윤선아, 이명희, 김미영, 허수연, 박병숙, 2017)	유치원 통합교육 현장의 구체적인 어려움 및 지원 요구 관련 선행연구(이소현 외, 2018)에 따라 유치원 운영의 전반적인 행정 체계와 함께 일반 유아교육과정 운영 중에 장애 유아의 개별적인 교육적 요구를 충족시키기 위한 방법론을 소개하였으며, 그 외에도 통합교육에 필수적으로 포함되는 현장 중심 실행 요소로 가족 지원, 행동 지원, 진학 지원의 방법론을 제시하였다.
통합유치원 운영 모델 (이소현, 이수정, 박병숙, 윤선아, 2018)	특수학급 설치 및 미설치 유치원 교사의 지원 요구 관련 선행연구(이소현 외, 2019)에 따라 장애 유아 통합교육을 시작하거나 실행하고 있는 유치원에서 단계별로 적용할 수 있는 통합유치원 운영의 3단계 모델을 제시하였다. 1단계 공감, 2단계 준비, 3단계 실행을 위한 구체적인 방법과 현장의 실제 사례 등을 소개함으로써 통합교육을 위한 실행 구성원 간의 공통된 생각과 목표를 기반으로 준비하고 실행하는 전 과정을 보여 준다.

1) 통합유치원 운영 모델의 구성 원칙

'통합유치원 운영 모델'은 장애 유아가 소속되어 교육받는 유치원의 통합교육 운영의 전반적인 과정을 안내하기 위한 지침으로 개발되었다. 개발 시 적용된 기본적인 원칙은 여섯 가지로 그 내용은 다음과 같다.

첫째, 통합유치원 운영 모델은 통합교육과 관련된 특정 철학적 관점을 기초로 개발되었다. 교육 프로그램은 그 프로그램의 근간이 되는 철학적 배경에 의해서 그 방향과 내용이 결정된다. 통합교육 프로그램 역시 기본적으로 적용되는 통합교육에 대한 철학적 개념이 프로그램 운영에 중요한 영향을 미치게 된다. 다음은 운영 모델의 기초가 된 철학적 관점의 예시를 보여 준다.

- 통합교육은 모두를 위한 교육이다.
- 통합교육은 일반교육과 특수교육이 연계하고 협력하는 교육이다.
- 통합교육은 장애 유아의 장애가 아닌 개인적 특성과 가능성에 초점을 맞춘다.
- 통합교육은 성공적인 실행을 통하여 장애가 있거나 없는 모든 유아의 교육적 성과를 보장한다.
- 통합유치원은 장애 유아가 유치원의 일과와 활동에 온전히 참여하도록 완전통합을 지향한다.

둘째, 통합유치원 운영 모델은 유치원의 전반적인 운영 체계에 초점을 맞추어 개발되었다. 다시 말해서, 이 모델은 통합교육을 위한 이론적 배경이나 세부적인 내용을 설명하기 위한 목적보다는 통합교육의 준비 및 실행을 위한 전반적인 운영 체계 수립의 예시를 보여 주기 위한 목적으로 개발되었다. 따라서 관리자, 유아교사, 특수교사 등 통합유치원 운영과 관련된 구성원 모두가 공유하여야 하며, 관련 세부사항은 기타 자료를 참조하도록 안내한다.

셋째, 통합유치원 운영 모델은 통합교육 관련 법률 및 제도에 기반을 두고 개발되었다. 통합유치원을 설립하거나 운영함에 있어서 기존의 법적인 제도를 잘 알고 준수할 수 있도록, 또한 적절한 지원을 받을 수 있도록 관련 법조항 및 행정적 제도를 소개하였다.

넷째, 통합유치원 운영 모델은 지금까지 이루어진 과학적 연구를 중심으로 증거 기반의 실제에 따른 방법론을 연계할 수 있도록 구성되었다. 예를 들어, 통합유치원의 교육과정을 준비하고 통합학급을 운영함에 있어서 발달에 적합한 실제, 보편적 학습 설계, 일반 유아교육과정 기반의 개별화된 지원 등 연구를 통하여 증거 기반의 실제로 입증된 방법론을 기초로 하였다.

다섯째, 통합유치원 운영 모델은 기존 프로그램 또는 자료와 배타적이기보다는 상호 보완적으로 사용될 수 있도록 개발되었다. 예를 들어, 기존 자료와의 차별성을 고려하여 그 내용이 중복되지 않도록 배려하였으며, 기존의 자료와 중복되는 주요 내용은 기존의 자료를 연계하여 보완할 수 있도록 참고자료로 소개하였다. 특히, 이 모델을 개발하기 전에 선행연구로 개발된 『유치원 통합교육 가이드북』(이소현 외, 2017)과 함께 사용할 수 있도록 해당 부분의 쪽수를 제시하여 참조할 수 있게 하였다.

여섯째, 통합유치원 운영 모델은 통합유치원을 운영하기 위한 전반적인 체계를 보여 주기 위한 예시로 개발되었기 때문에 모든 유아교육기관을 위한 절대적인 기준이 될 수는 없으며, 각 기관의 사정에 따라 융통성 있게 적용되어야 한다. 이를 위하여 다양한 사례 및 보충자료를 소개하였다.

2) 통합유치원 운영 모델의 구성 내용

이상의 개발 원칙에 따라 통합유치원 운영 모델은 다음과 같은 3단계 모델로 개발되었다. 3단계 모델의 구체적인 내용은 [그림 11-6]에서 보는 바와 같다.

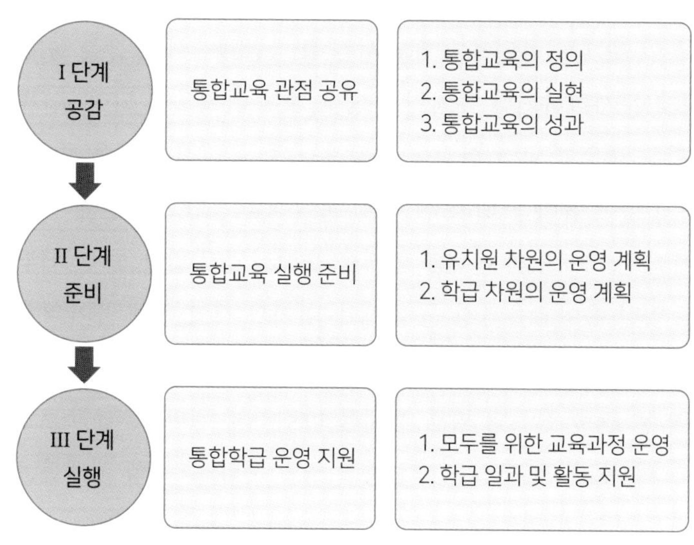

그림 11-6 통합유치원 운영 모델의 3단계 절차

출처: 이소현 외(2018). **통합유치원 운영 모델**(p. 11). 천안: 교육부/국립특수교육원.

1단계는 공감의 단계로 통합유치원의 성공적인 운영을 위해 우선적으로 통합교육과 관련된 관점을 공유하는 단계다. 이 단계에서는 유치원 내에서 관리자를 비롯한 전 구성원이 통합교육에 대한 정의를 공유하고 실행 방법론 및 그 성과에 대한 신념을 나지게 된다. 예를 들어, 통합교육에 대한 공통된 정의를 공유하기 위해서 특수교육대상 유아가 누군지, 통합교육은 무엇인지, 통합유치원은 궁극적으로 어떤 유치원을 의미하는지 등에 대한 관련 정의를 수립하고 나누어야 한다. 특히, 통합유치원이 어떤 유치원인지에 대한 정의를 공유하지 못한다면 유치원 운영의 방향이나 통합교육 프로그램 운영의 실제적인 측면에서 혼동과 어려움을 초래할 수 있으므로 통합교육을 시작하기 전에 유치원 차원에서의 정의가 수립되어야 한다. [그림 11-7]은 각 기관에서 참조할 수 있도록 통합유치원 운영 모델에서 제시한 통합유치원의 정의를 보여 준다. 또한 통합교육이 성공적으로 실행되기 위해서는 기본적으로 통합교육이 누구를 위한 교육인지, 어떤 환경에서 실행되어야 하는지, 어떤 구성 요소를 갖추어야 하는지에 대한 이해가 공유되어야 하며, 궁극적으로는 통합교육을 통해서 성취하고자 하는 교육적 성과에 대한 합의된 이해가 선행되어야 한다.

2단계는 통합교육 실행을 준비하는 단계로 유치원 차원의 운영 계획과 학급 차원의 운영 계획 내에서 성공적인 통합교육을 실시하기 위한 필요 요소를 검토하는 단계다. 이 단계에서는 물리적 환경 및 행정적 측면에서 유치원 운영을 준비하고 인력을 준비하며 학급 운영을 위한 교육과정 지원 체계 및 협력 체계를 갖추게 된다. 예를 들어, 유치원 차원의 운영 체계를 마련하기 위해서는 (1) 1단계에서 공감한 통합교육 관련 정의를 구체적으로 문서화하거나 유치원 운영 체계에 반영하게 되며, (2) 특수학급 설치 또는 활용 계획을 세우고 교실 환경을 점검하는 등 물리적 환경을 준비하고, (3) 통합학급을 선정하고 장애 유아를 배치하며, (4) 교직원의 통합교육 관련 역량을 강화하고, (5) 통합교육에 대한 학부모의 이해와 협력을 증진시키기 위한 준비 과정을 거친다. 학급 차원에서도 일반 유아교육과정 운영 체계 내에서 개별 장애 유아의 특수교육 지원 체계를 보장하는 통합학급 교육과정 운영 체계를 마련하고 이를 위한 유아교사, 특수교사, 보조인력 등 관련 인력의 협력 체계를 마련하게 된다. 통합학급 교육과정 운영을 위한 협력은 의사소통의 방법을 마련하고 역할 분담 및 실행 체계를 세움으로써 실행될 수 있다.

3단계는 통합교육의 실질적인 실행 단계로 통합학급 운영을 지원하는 단계다. 이 단계에서는 유치원 차원의 전반적인 교육과정 운영 측면과 학급 차원의 교육과정 운영

통합유치원이란?

통합유치원은 아래의 그림에서 볼 수 있듯이 다음과 같은 특징을 갖는 유치원으로 정의된다.

- 통합유치원은 특수교육대상유아를 포함한 모든 유아의 동등한 구성원 자격과 교육받을 권리를 인정하는 유치원이다.
- 통합유치원은 특수교육대상유아를 포함한 모든 유아가 하루 일과와 활동 전반에 걸쳐 자연스럽게 접근하고 참여하는 유치원이다.
- 통합유치원은 특수교육대상유아를 포함한 모든 유아가 함께 놀이하며 사회적 관계와 우정을 형성해 가는 유치원이다.
- 통합유치원은 특수교육대상유아의 개별적인 요구에 따른 적절한 지원을 제공하는 유치원이다.

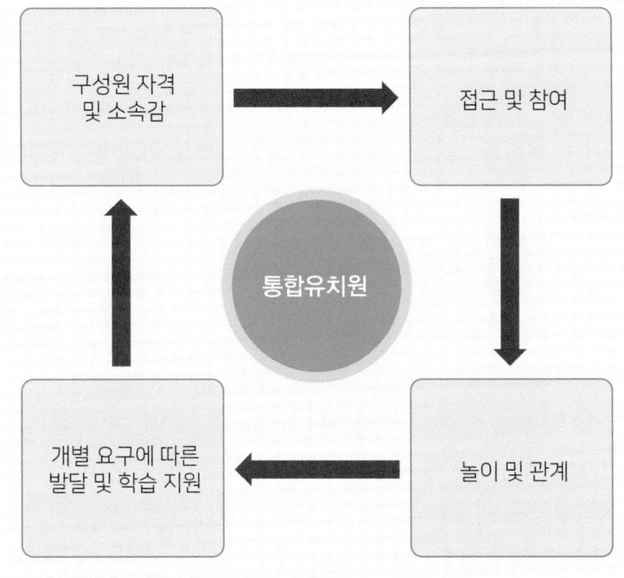

그림 11-7 '통합유치원 운영 모델'의 통합유치원 정의

출처: 이소현 외 (2018). **통합유치원 운영 모델**(p. 28). 천안: 교육부/국립특수교육원.

측면에서 구체적인 방법론을 제안한다. 먼저 유치원 교육과정은 모두를 위한 교육과정 측면에서 편성되고 운영되도록 보편적 학습 설계의 원칙이 적용되어야 하며, 유치원 교육과정 전반에 걸쳐 장애이해교육 활동이 자연스럽게 포함될 수 있도록 안내한다. 보편적 학습 설계와 장애이해교육 적용을 위한 이론과 구체적인 방안은 이 책의 9

장에서 소개하였다. 또한 통합학급의 교육과정 운영 측면에서는 일반 유아교육과정 운영 중에 장애 유아의 개별적인 요구를 충족시키기 위한 개별화교육계획이 실행되어야 한다. '통합유치원 운영 모델'에서는 이와 같은 통합학급 운영 지원을 위해서 〈표 11-4〉에서 제시한 개별화 교육과정(이소현, 2011) 체계를 접목하였으며, 이를 통하여 장애 유아의 활동 및 일과 참여를 촉진하고 사회적 통합을 증진시키며 개별화 교수목표를 성취할 수 있도록 지원하는 구체적인 방안을 다양한 예시와 함께 소개하였다. 개별화 교육과정 운영을 위한 구체적인 내용은 이 책의 7장에서도 설명하였다.

요약

통합교육은 장애 유아를 분리된 특수교육 현장에서가 아니라 기존의 일반교육 현장에서 일반교사의 주도적인 영향권 내에서 교육하는 것이다. 그러므로 통합교육이 성공적으로 실행되기 위해서는 유아교사의 장애 유아에 대한 이해와 통합교육에 대한 이론적 및 실천적 이해가 반드시 선행되어야 한다. 이 장에서는 통합교육에 대한 이해를 증진시키기 위한 목적으로 통합교육의 이론적 배경과 당위성을 제시하고, 통합교육을 통해서 얻을 수 있는 다양한 혜택과 함께 성공적인 장애 유아 통합교육 실행에 걸림돌이 되고 있는 방해 요인을 알아보았으며, 장애 유아 통합교육이 최상의 성과를 얻기 위해서 어떠한 구성 요소를 지녀야 하는지 알아보았다.

장애 유아 통합교육은 특수교육 전반의 역사를 통해서 볼 때 그다지 길지 않은 역사를 가지고 있다. 그러나 통합교육은 그 개념과 실행에 있어서 급속한 발전을 보였으며, 현재는 상당히 많은 수의 장애 유아가 통합교육을 받고 있는 것으로 보고된다. 이 장에서는 이와 같은 장애 유아 통합교육의 개념과 정의가 어떻게 변화되어 왔으며, 현재 통합교육의 상황은 어떠한가를 알아보았다.

통합교육의 당위성은 지금까지 이루어진 많은 임상적 연구 결과를 중심으로 법적, 사회 윤리적, 교육 성과적 당위성의 세 가지 측면에서 설명된다. 또한 통합교육을 통해서 얻을 수 있는 혜택은 다양한데, 크게 교육 성과적 혜택과 사회-경제적 혜택의 두 가지로 제시할 수 있다. 교육 성과적 혜택은 통합교육의 대상자인 장애 유아와 일반 유아에게서 나타나는 긍정적인 영향을 의미하며 사회-경제적 혜택은 사회적 가치 실현, 구성원 변화, 경제적 효율성 등의 혜택을 포함한다.

당위성과 혜택이 인정되고 있는 장애 유아 통합교육이 실제로 현장에서 성공적으로 실행되기 위해서는 실행에 방해가 되는 요소를 먼저 인식하고 해결해야 한다. 이 장에서는 장애 유아 통합교육의 방해 요소를 관련 전문가의 책임의식 부족, 유아교육과 특수교육 간의 교육과정 운영상의 차이, 교사의 자질 및 협력의 문제, 제도적 지원 부족 등 네 가지 측면에서 살펴보았다. 마지막으로, 장애 유아 통합교육이 성공적으로 실행되기 위해서 프로그램이 그 운영 과정과 결과를 통해서 갖추어야 할 질적 구성 요소를 살펴보았으며, 통합유치원의 전반적인 운영 예시를 보여 주는 '통합유치원 운영 모델'을 소개하였다.

참고문헌

고은, 진현자, 최진숙(2010). 장애 아동과 일반 아동이 함께 하는 사회적 통합놀이. 서울: 교육과학사.

교육부(2019). 2019 특수교육연차보고서. 세종: 교육부.

김성애(2012). 통합교육 실제에서의(유아)특수교사의 협력교수 인식에 관한 질적 연구: Heider의 귀인이론 중심. 지적장애연구, 14(2), 157-175.

김태영, 엄정애(2010). 장애 유아 통합교육 실행 과정 속에서 생기는 사립유치원 교사의 고민. 한국교원교육연구, 27(3), 269-290.

박나리, 이소현(2012). 순환학습모형에 따른 유치원 수학활동의 교육과정 수정이 통합된 장애 유아의 수학 능력에 미치는 영향. 유아교육연구, 32(6), 53-82.

박병숙, 이소현(2004). 사회 극놀이 중 교사의 개입이 통합된 발달지체 유아의 자유선택활동 시간 중 사회적 상호작용에 미치는 영향. 유아특수교육연구, 4(2), 29-52.

박수정, 노진아(2010). 통합학급에서 유아교사와 유아특수교사의 협력교수에 대한 연구. 유아특수교육연구, 10, 1-20.

박지영, 노진아(2012). 장애 유아 교육과정 편성 및 실행에 대한 단설 유치원 특수교사의 인식에 관한 연구. 특수아동교육연구, 14(3), 395-417.

서영숙, 천혜정(2010). 유아의 장애 이해 교육. 서울: 양서원.

신수진, 이소현(2014). 통합유치원에서 실시한 학급 차원의 단짝친구 중재가 장애 유아의 또래 상호작용에 미치는 영향. 유아특수교육연구, 14(3), 221-241.

심미경, 전예화, 박경란(2005). 장애 유아 통합교육의 영향 및 활성화 방안에 대한 교사 및 부모의 인식 비교. 정서학습장애연구, 21(4), 1-21.

안도연, 임현숙(2010). 장애 유아 통합교육에 따른 유아특수교사의 협력교수 수행에 관한 태도 연구. 순천향

인문과학논총, 36, 313-342.

안의정, 이소현(2019). 개별화 교육과정 중심의 통합교육 지원 컨설팅이 유아교사의 교사 효능감, 상호작용 행동 및 장애 유아의 교수목표 성취에 미치는 영향. 유아특수교육연구, 19(4), 141-163.

양진희(2005). 유치원에서의 장애 유아 통합교육 운영에 대한 교사의 경험과 인식에 관한 분화기술적 탐구. 아동학회지, 266(4), 209-229.

오세림, 이소현(2002). 문해활동 중심의 극놀이 중재가 통합된 발달지체 유아의 문해행동에 미치는 영향. 언어청각장애연구, 7(2), 248-268.

원종례, 이소현(2006). 교사 간 협력을 통한 활동-중심 삽입교수 중재가 발달지체 유아의 활동 참여와 발달에 미치는 영향. 특수교육학연구, 41(2), 121-143.

윤신명, 이소현(2015). 특수교사 지원으로 일반교사가 실행하는 활동 중심 삽입교수가 통합된 장애 유아의 수세기 기술에 미치는 영향. 유아특수교육연구, 15(4), 173-199.

이명희, 김지영, 이지연(2011). 장애 유아 통합 프로그램의 실제. 서울: 학지사.

이소현(1995). 유치원 교사 양성 교수들의 장애 유아 통합에 관한 인식 조사 연구. 특수교육논총, 12, 37-60.

이소현(1997). 장애 영유아 통합교육의 동향 및 과제. 인간발달연구, 25, 71-91.

이소현(2003). "활동-중심 통합유치원 교육과정"이 장애 유아의 사회적 통합에 미치는 영향. 특수교육학연구, 37(4), 97-122.

이소현(2004). 장애 유아의 사회적 통합 촉진을 위한 사회적 상호작용 증진 활동이 일반 유아들의 사회적 행동에 미치는 영향. 유아교육연구, 24(2), 159-179.

이소현(2005). 장애 유아 통합교육 활성화를 위한 정책적 방향성 고찰. 유아교육연구, 25(6), 277-305.

이소현(2007). 유치원 통합교육을 위한 개별화 교육과정의 개발 및 실행 방안 고찰. 유아특수교육연구, 7(2), 111-135.

이소현(2011). 개별화 교육과정: 장애 유아를 위한 일반 유아교육과정 기반의 교수적 접근. 서울: 학지사.

이소현, 김수진(2006). 유치원 특수학급의 장애 유아 통합교육 프로그램 운영 실태 및 교사 인식. 아시아교육연구, 6(1), 145-172.

이소현, 박은혜(2001). 장애 유아 통합유치원 교육과정: 사회적 통합 촉진을 위한 활동-중심의 교육과정. 서울: 학지사.

이소현, 박은혜(2011). 특수아동교육: 통합학급 교사를 위한 특수교육 지침서(3판). 서울: 학지사.

이소현, 박현옥, 이수정, 노진아, 윤선아(2013). 장애 유아 의무교육 활성화를 위한 교육체계 구축방안 연구. 인천: 인천광역시교육청.

이소현, 윤선아, 박병숙, 이지연(2018). 유치원 통합교육 가이드북 개발을 위한 기초 연구: 완전통합 시행 교사의 경험과 기대. 유아특수교육연구, 18(3), 33-57.

이소현, 윤선아, 이명희, 김미영, 허수연, 박병숙(2017). 유치원 통합교육 가이드북. 인천: 인천광역시교육청.

이소현, 윤선아, 이수정, 박병숙(2019). 특수교육대상유아 통합교육 현황 및 지원 요구: 통합유치원 운영 모델 개발을 위한 기초연구. 유아특수교육연구, 19(1), 1-36.

이소현, 윤선아, 이수정, 박현옥(2012). 장애 유아를 위한 유아교육과정 기반의 개별화교육계획 실행요소 타당화. 유아특수교육연구, 12(3), 207-228.

이소현, 이수정, 박병숙, 윤선아(2018). 통합유치원 운영 모델. 천안: 교육부/국립특수교육원.

이소현, 이수정, 박현옥, 노진아, 윤선아(2014). 장애 유아 의무교육 활성화 방안 모색을 위한 교사와 부모의 인식 및 지원 요구. 특수교육학연구, 49(1), 373-401.

이소현, 이수정, 박현옥, 윤선아(2012). 장애 유아를 위한 일반 유아교육과정 기반의 개별화교육계획 실행에 대한 유아특수교사의 인식: 개별화 교육과정 운영 지원 프로그램 개발을 위한 기초 연구. 유아특수교육연구, 12(1), 59-90.

이소현, 이숙향, 안의정(2017). 유아특수교사 임용시험 준비 및 응시 경험을 통한 교원양성과정과 임용시험의 개선 방향 고찰. 유아특수교육연구, 17(3), 33-64.

이소현, 이승연, 이명희, 원종례, 이수정(2007). 유아를 위한 장애 이해 및 통합교육 활동 자료. 서울: 교육인적자원부.

이소현, 최윤희, 오세림(2007). 장애 유아 통합교육 실행 요소: 국내 연구에 나타난 요소들을 중심으로. 유아특수교육연구, 7(3), 1-27.

이수정, 이소현(2005). 활동-기술 도표를 이용한 사회적 상호작용 중재가 발달지체 유아의 또래 상호작용에 미치는 영향. 정서행동장애연구, 21(2), 213-237.

이수정, 이소현(2011a). 유치원 일과와 활동에 삽입된 장애 이해 및 통합교육 활동이 일반 유아와 장애 유아의 사회적 수용도 및 사회적 참여에 미치는 영향. 유아특수교육연구, 11(2), 1-32.

이수정, 이소현(2011b). 학급 차원의 사회적 통합 증진 활동이 장애 유아와 또래 간 개별 사회적 행동에 미치는 영향. 특수교육학연구, 46(1), 197-222.

이승연(2007). 사립유치원 교사들이 인식한 장애 유아 통합교육의 필요여건과 효과 및 적응과정. 유아교육논집, 11(4), 103-133.

이지연, 이소현(2008). 자연적 중재를 이용한 활동-중심 삽입교수가 통합된 장애 유아의 기능적 의사소통 발화에 미치는 영향. 유아특수교육연구, 8(1), 189-211.

임부연, 남다현, 최남정(2009). 장애 유아 통합교육의 어려움에 대한 유아교사의 내러티브 탐구. 유아특수교육연구, 9(4), 1-24.

장지은, 이소현(2019). 유치원 교육과정 기반의 사회성 기술 중재가 일반 유아의 친사회적 행동 및 장애 유아 수용도와 장애 유아의 또래 상호작용에 미치는 영향. 특수교육학연구, 54(3), 19-47.

조윤경, 이소현(2001). 통합 환경의 장애 및 일반 유아들의 행동 형태 및 이에 영향을 미치는 생태학적 변인에 대한 분석: 환경-행동적 평가를 중심으로. 유아교육연구, 21(2), 153-175.

조윤경, 이소현(2002). 장애유아의 사회성 촉진을 위한 중재가 통합학급 유아들의 장애유아 수용도에 미치는 영향. 유아교육연구, 22(2), 173-193.

최미진, 이미숙, 한민경(2017). 일반유아교사와 유아특수교사의 협력교수에 대한 경험과 의미. 지체·중복·건강장애연구, 60(1), 51-69.

최민숙(2015). 초임 유아특수교사의 역할 갈등과 소진에 관한 질적 분석. 유아특수교육연구, 15(4), 115-138.

하수진, 이순자(2013). 유아교사와 유아특수교사의 협력교수 실행에 관한 사례연구. 유아특수교육연구, 13(3), 75-112.

허수연, 이소현, 이수정(2008). 사회적 기술 습득을 위한 활동-중심 삽입교수가 장애 유아의 사회적 상호작용에 미치는 영향. 유아특수교육연구, 8(2), 151-172.

Abraham, M., Morris, L., & Wald, P. (1993). *Inclusive early childhood education*. Tucson, AZ: Communication Skill Builders.

Allen, K., & Cowdery, G. (2015). *The exceptional child: Inclusion in early childhood education*(8th ed.). Stamford, CT: Cengage Learning.

Bailey, D., & Winton, P. (1987). Stability and change in parents expectations about mainstreaming. *Topics in Early Childhood Special Education*, *7*, 61-72.

Barton, E., & Smith, B. (2015). Advancing high-quality preschool inclusion: A discussions and recommendations for the field. *Topics in Early Childhood Special Education*, *35*, 69-78.

Bayat, M. (2017). *Teaching exceptional children: Foundations and best practices in inclusive early childhood education classrooms* (2nd ed.). New York: Routledge.

Bivens, J., Garcia, E., Gould, E., Weiss, E., & Wilson, V. (2016). *It's time for an ambitious national investment in America's children*. Washington: Economic Policy Institute.

Bowe, F. (2007). *Early childhood special education: Birth to eight*. Clifton Park, NY: Delmar Learning.

Bricker, D. (1978). A rationale for the integration of handicapped and nonhandicapped preschool children. In M. Guralnick (Ed.), *Early intervention and the integration of handicapped and nonhandicapped children* (pp. 3-26). Baltimore, MD: University Park Press.

Bricker, D. D., Bruder, M. B., & Bailey, E. (1982). Developmental integration of preschool children. *Analysis and Intervention in Developmental Disabilities*, *2*, 207-222.

Bricker, D., & Sheehan, R. (1981). Effectiveness of an early intervention program as indexed by measures of child change. *Journal of the Division for Early Childhood*, *4*, 11-28.

Brillante, P., & Nemeth, K. (2018). *Universal design for learning in the early childhood classroom: Teaching children of all languages cultures, and abilities, birth-8 years*. New York: Routledge.

Bruder, M. (2010). Early childhood intervention: A promise to children and their families for the future. *Exceptional Children*, *76*, 339-355.

Buysse, V., & Bailey, D. (1993). Behavioral and developmental outcomes in young children with disabilities in integrated and segregated settings: A review of comparative studies. *Journal of Special Education*, *26*, 434-461.

Buysse, V., Goldman, B., & Skinner, M. (2003). Friendship formation in inclusive early childhood classrooms: What is the teacher's role? *Early Childhood Research Quarterly*, *18*, 485-501.

Caldwell, B. (1973). The importance of beginning early. In J. Jordan & R. Dailey (Eds.), *Not all little wagons are red: The exceptional child's early years*. Reston, VA: Council for Exceptional Children.

Carta, J., Schwartz, I., Atwater, J., & McConnell, S. (1991). Developmentally appropriate practice: Appraising its usefulness for young children with disabilities. *Topics in Early Childhood Special Education*, *11*, 1-20.

Cavallaro, C., & Harney, M. (1999). *Preschool inclusion*. Baltimore, MD: Brookes.

Clark, C., & Peterson, P. (1986). Teachers' thought processes. In M. Wittrock (Eds.), *Handbook of research on teaching* (3rd ed., pp. 255-296). New York, NY: Macmillan.

Cooke, T., Ruskus, J., Apolloni, T., & Peck, C. (1981). Handicapped preschool children in the mainstream: Background, outcomes, and clinical suggestions. *Topics in Early Childhood Special Education*, *1*, 73-83.

Council for Exceptional Children (CEC). (2012). *CEC initial level special education preparation standards*. Arlington, VA: Author.

Cross, A., Traub, E., Hutter-Pishgahi, L., & Shelton, G. (2004). Elements of successful inclusion for children with significant disabilities. *Topics in Early Childhood Special Education, 24*, 169-183.

DEC/NAEYC. (2009). *Early childhood inclusion: A joining position statement of the Division for Early Childhood (DEC) and the National Association for the Education of Young Children (NAEYC)*. Chapel Hill, NC: The University of North Carolina, FPG Child Development Institute.

Diamond, K., Hestenes, L., Carpenter, E., & Innes, F. (1997). Relationships between enrollment in an inclusive class and preschool children's ideas about people with disabilities. *Topics in Early Childhood Special Education, 17*, 520-537.

Diamond, K. E., Huang, H. (2005). Preschoolers' ideas about disabilities. *Infants & Young Children, 18*, 37-46.

Favazza, P., & Odom, S. (1997). Promoting positive attitudes of kindergarten age children toward individual with disabilities. *Exceptional Children, 63*, 405-422.

Favazza, P., Ostrosky, M., Meyer, L., Yu, S., & Mouzourou, C. (2017). Limited representation of individuals with disabilities in early childhood classes: Alarming or status quo? *International Journal of Inclusive Education, 21*, 650-666.

Gargiulo, R., & Kilgo, J. (2020). *An introduction to young children with special needs: Birth through age eight* (5th ed.). Los Angeles, CA: Sage.

Green, K., Terry, N., & Gallagher, P. (2014). Progress in language and literacy skills among children with disabilities in inclusive early reading first classrooms. *Topics in Early Childhood Special Education, 33*, 249-259.

Grisham-Brown, J., & Hemmeter M. (2017). *Blended practices for teaching young children in inclusive settings* (2nd ed.). Baltimore, MD: Brookes.

Grisham-Brown, J., Pretti-Frontczak, K., Hawkins, S., & Winchell, B. (2009). An examination of how to address early learning standards for all children within blended preschool classrooms. *Topics in Early Childhood Special Education, 29*, 131-141.

Guo, Y., Sawyer, B., Justice, L., & Kaderavek, J. (2013). Quality of the literacy environment in inclusive early childhood special education classrooms. *Journal of Early Intervention, 35*, 40-60.

Guralnick, M. (1981). Peer influences on development of communicative competence. In P. Strain (Ed.), *The utilization of peers as behavior change agents* (pp. 31-68). New York, NY: Plenum Press.

Guralnick, M. (2001). A framework for change in early childhood inclusion. In M. Guralnick (Ed.), *Early childhood inclusion: Focus on change* (pp. 3-35). Baltimore, MD: Brookes.

Guralnick, M. (2011). Why early intervention works: A systems perspective. *Infants and Young Children, 24*, 6-28.

Guralnick, M. (2019). *Effective early intervention: The developmental systems approach*. Baltimore, MD: Brookes.

Guralnick, M., & Bruder, B. (2016). Early childhood inclusion in the United States: Goals, current status, and future directions. *Infants & Young Children, 29*, 166-177.

Guralnick, M., Connor, R., & Johnson, L. (2011). The peer social networks of young children with Down syndrome in classroom programmes. *Journal of Applied Research in Intellectual Disabilities*, *24*, 301-321.

Guralnick, M., Connor, R., Neville, B., & Hammond, M. (2006). Promoting the peer-related social development of young children with mild developmental delays: Effectiveness of a comprehensive intervention. *American Journal on Mental Retardation*, *111*, 336-356.

Guralnick, M., & Weinhouse, E. (1984). Peer-related social interactions of developmentally delayed young children: Development and characteristics. *Developmental Psychology*, *20*, 815-827.

Hallahan, D., & Kauffman, J. (2003). *Exceptional children: Introduction to special education* (9th ed.). Boston: Allyn & Bacon.

Hanline, M., & Correa-Torres, S. (2012). Experiences of Preschoolers with Severe Disabilities in an Inclusive Early Education Setting: A Qualitative Study. *Education and Training in Autism and Developmental Disabilities*, *47*, 109-121.

Hanson, M., Wolfberg, P., Zercher, C., Morgan, M., Gutierrez, S., Barnwell, D., & Beckman, P. (1998). The culture of inclusion: Recognizing diversity at multiple levels. *Early Childhood Research Quarterly*, *13*, 185-209.

Holahan, A., & Costenbader, V. (2000). A comparison of developmental gains for preschool children with disabilities in inclusive and self-contained classrooms. *Topics in Early Childhood Special Education*, *20*, 224-235.

Hoyson, M., Jamieson, B., & Strain, P. S. (1984). Individualized group instruction for normally developing and autistic-like children: The LEAP curriculum. *Journal of the Division for Early Childhood*, *8*, 157-172.

Justice, L., Logan, J., Lin, T., & Kaderavek, J. (2014). Peer effects in early childhood education: Testing the assumptions of special-education inclusion. *Psychological Science*, *25*, 1722-1729.

Kauffman, J., Gottlieb, J., Agard, J., & Kukic, M. (1975). Mainstreaming: Toward an explication of the construct. In E. L. Meyen, G. A. Vergason, & R. J. Whelan (Eds.), *Alternatives for teaching exceptional children* (pp. 35-54). Denver: Love.

Kerzner-Lipsky, D., & Gartner, A. (1994). Inclusion: What it is, what it is not and why it matters. *Exceptional Parent*, *24*, 36-38.

Kilgo, J., Aldridge, J., Vogtle, L., Ronilo, W., & Bruton, A. (2017). Teaming, collaboration, and case-based learning: A transdisciplinary approach to early intervention/education. *International Journal of Case Studies*, *6*, 7-12.

Lerner, J., Lowenthal, B., & Egan, R. (2003). *Preschool children with special needs: Children at risk and children with disabilities* (2nd ed.). Boston, MA: Allyn & Bacon.

Lieber, J., Beckman, P., Hanson, M., Janko, S., Marquart, J., Horn, E., & Odom, S. (1997). The impact of changing roles on relationships between professionals in inclusive programs for young children. *Early Education and Development*, *8*, 67-82.

Lohmann, M., Hovey, K., & Gauvreau, A. (2018). Using universal design for learning: Framework to enhance engagement in the early childhood classroom. *The Journal of Special Education*, *7*, 1-12.

Marsala, C., & Petretto, D. (2010). *Models of disability*. Buffalo: University at Buffalo, State University of New York, Center for International Rehabilitation Research Information and Exchange(CIRRIE).

McLean, M., Sandall, S., & Smith, B. (2016). A history of early childhood special education. In B. Reichow, B. Boyd, E. Barton, & S. Odom (Eds.), *Handbook of early childhood special education* (pp. 3-20). Cham, Switzerland: Springer.

Meyer, L., & Ostrosky, M. (2014). Measuring the friendships of young children with disabilities: A review of the literature. *Topics in Early Childhood and Special Education, 34*, 186-196.

Mitchell, D. (2014). *What really works in special education and inclusive education: Using evidence-based teaching strategies* (2nd ed.). New York, NY: Routedge.

Nahmias, A., Kase, C., & Mandell, D. (2014). Comparing cognitive outcomes among children with autism spectrum disorders receiving community-based early intervention in one of three placements. *Autism, 18*, 311-320.

National Association for the Education of Young Children (NAEYC). (2011). *2010 NAEYC standards for initial and advanced early childhood professional preparation programs*. Washington, DC: Author.

National Professional Development Center on Inclusion. (2009). *Research synthesis points on early childhood inclusion*. Chapel Hill NC: Frank Porter Graham Child Development Institute, The University of North Carolina.

Nind, M., Flewitt, R., & Payler, J. (2010). The social experience of early childhood for children with learning disabilities: Inclusion, competence and agency. *British Journal of Sociology of Education, 31*, 653-670.

Noonan, M., & McCormick, L. (2014). *Young children with disabilities in natural environments* (2nd ed.). Baltimore, MD: Brookes.

Odom, S., & Brown, W. (1993). Social interaction skills interventions for young children with disabilities in integrated settings. In C. A. Peck, S. Odom, & D. Bricker (Eds.), *Integrating young children with disabilities into community programs: Ecological perspectives on research and implementation* (pp. 39-64). Baltimore, MD: Brookes.

Odom, S., Buysse, V., & Soukakou, E. (2011). Inclusion for young children with disabilities: A quarter century of research perspectives. *Journal of Early Intervention, 33*, 344-356.

Odom, S., DeKlyen, M., & Jenkins, J. (1984). Integrating handicapped and nonhandicapped preschoolers: Developmental impact on the nonhandicapped children. *Exceptional Children, 51*, 41-49.

Odom, S., Gutera, G., Diamond, K., Hanson, M., Horn, E., Lieber, J., Palmer, S., Flemong, K., & Marquis, J. (2019). Efficacy of a comprehensive early childhood curriculum to enhance children's success. *Topics in Early Childhood Special Education, 39*, 19-31.

Odom, S., Hanson, M., Lieber, J., Marquart, J., Sandall, S., Wolery, R., et al. (2001). The costs of preschool inclusion. *Topics in Early Childhood Special Education, 21*, 46-55.

Odom, S., & McEvoy, M. (1988). Integration of young children with handicaps and normally developing children. In S. Odom & M. Karnes (Eds.), *Early intervention for infants and children with handicaps: An empirical base* (pp. 241-267). Baltimore, MD: Brookes.

Odom, S., & McEvoy, M. (1990). Mainstreaming at the preschool level: Potential barriers and tasks for the field. *Topics in Early Childhood Special Education, 10*, 48-61.

Odom, S., Parrish, T., & Hikido, C. (2001). The costs of inclusive and noninclusive special education preschool programs. *Journal of Special Education Leadership, 14*, 33-41.

Odom, S., Schwartz, I., & ECRII investigators (2002). So what do we know from all this? Synthesis points of research on preschool inclusion. In S. L. Odom(Ed.), *Widening the circle: Including children with disabilities in preschool programs*. New York: Teachers College Press.

Odom, S., Zercher, C., Li, S., Marquart, J., Sandall, S., & Brown, W. (2006). Social acceptance and rejection of preschool children with disabilities: A mixed-method analysis. *Journal of Educational Psychology, 98*, 807-823.

Odom, S., Vitztum, J., Wolery, R., Lieber, J., Sandall, S., Hanson, M., et al. (2004). Preschool inclusion in the United States: A review of research from an ecological systems perspective. *Journal of Research in Special Educational Needs, 4*, 17-49.

Okagaki, L., Diamond, K., Kontos, S., & Hestenes, L. (1998). Correlates of young children's interactions with classmates with disabilities. *Early childhood Research Quarterly, 13*, 67-86.

Peterson, N. (1987). *Early intervention for handicapped and at-risk children*. Denver: Love Publishing Co.

Peck, C., Staub, D., Gallucci, C., & Schwartz, I. (2004). Parent perception of the impacts of inclusion on their nondisabled child. *Research and Practice for Persons with Severe Disabilities, 29*, 135-143.

Phillips, D., & Meloy, M. (2012). High-quality school-based pre-K can boost early learning for children with special needs. *Exceptional Children, 78*, 471-490.

Rafferty, Y., & Griffin, K. W. (2005). Benefits and risks of reverse inclusion for preschoolers with and without disabilities: Perspectives of parents and providers. *Journal of Early Intervention, 27*, 173-192.

Rafferty, Y., Piscitelli, V., & Boettcher, C. (2003). The impact of inclusion on language development and social competence among preschoolers with disabilities. *Exceptional Children, 69*, 467-479.

Richey, D., & Wheeler, J. (2000). *Inclusive early childhood education*. Albany, NY: Delmar Thompson Learning.

Rutland, A., & Killen, M. (2015). A developmental science approach to reducing prejudice and social exclusion: Intergroup processes, social-cognitive development, and moral reasoning. *Social Issues and Policy Review, 9*, 121-154.

Sainato, D., Jung, S., Axe, J., & Nixon, P. (2015). A comprehensive inclusion program for kindergarten children with autism spectrum disorder. *Journal of Early Intervention, 37*, 208-225.

Salisbury, C., & Chambers, A. (1994). Instructional costs of inclusive schooling. *Journal of the Association for Persons with Severe Handicaps, 19*, 215-222.

Sandall, S., McLean, M., & Smith, B. (2000). *DEC recommended practices in early intervention/early childhood special education*. Longmont, CO: Sopris West.

Seery, M., Davis, P., & Johnson, L. (2000). Seeing Eye-to-Eye: Are Parents and Professionals in Agreement About the Benefits of Preschool Inclusion? *Remedial and special education, 21*, 268-319.

Soukakou, E. (2016). *The inclusive classroom profile (ICP^{TM}): Research Edition*. Baltimore, MD: Brookes.

Spicuzza, R., McConnell, S., & Odom, S. (1995). *Normative analysis of social interaction behaviors for children with and without handicaps: Implications for evaluation and design of intervention*. Paper presented at the annual conference of the Association for Behavior Analysis, Atlanta, GA.

SRI International. (1993). *The national longitudinal transition study: A summary of findings*. Menlo Park, CA: Author.

Stanton-Chapman, T., & Brown, T. (2015). A strategy to increase the social interactions of 3-year-old children with disabilities in an inclusive classroom. *Topics in Early Childhood Special Education, 35*, 4-14.

Stayton, V. (2015). Preparation of early childhood special educators for inclusive and interdisciplinary settings. *Infants and Young Children, 28*, 113-122.

Stayton. V., Miller, P., & Dinnebeil, L. (2003). *DEC personnel preparation in early childhood special education: Implementing the DEC recommended practices*. Longmont, CO: Sopris West.

Strain, P. (1990). LRE for preschool for children with handicaps: What we know, what we should be doing. *Journal of Early Intervention, 14*, 291-296.

Strain, P. S. (2014). Inclusion for preschool children with disabilities: What we know and what we should be doing. Retrieved from http://ectacenter.org/~pdfs/topics/inclusion/ research/STRAIN_what_we_know.pdf

Strain, P., & Bovey, E. (2011). Randomized, controlled trial of the LEAP model of early intervention for young children with autism spectrum disorders. *Topics in Early Childhood Special Education, 31*, 133-154.

Turnbull, H., & Turnbull, A. (1990). The unfulfilled promise of integration: Does Part H ensure different rights and results than Part B of the Education of the Handicapped Act? *Topics in Early Childhood Special Education, 10*, 18-32.

U. S. Department of Health and Human Services & U.S. Department of Education. (2016). Policy statement on inclusion of children with disablities in early childhood programs, September 14, 2015. *Infants & Young Children, 29*, 3-24.

Wasburn-Moses, L., Chun, E., & Kaldenberg, E. (2013). Paraprofessional Roles in an Adolescent Reading Program: Lessons Learned. *American Secondary Education, 41*, 34-49.

Winton, P. (2016). Taking stock and moving forward: Implementing quality early childhood inclusive practices. In B. Reichow, B. Boyd, E. Barton, & S. Odom (Eds.), *Handbook of early childhood special education* (pp. 57-74). Cham, Switzerland: Springer.

Wolery, M., Strain, P., & Bailey, D. (1992). Reaching potentials for children with special needs. In S. Bredekamp & T. Ropsegrant (Eds.), *Reaching potentials: Appropriate curriculum and assessment for young children* (Vol. 1, pp. 92-112). Washington, DC: National Association for the Education of Young Children.

Wolery, M., & Wilbers, J. (1994). Introduction to the inclusion of young children with special needs in early childhood programs. In M. Wolery & J. Wilbers (Eds.), *Including children with special needs in early childhood programs* (p. 11). Washington DC: National Association for the Education of Young Children.

World Health Organization (WHO). (2012). WHO 세계장애보고서(전지혜, 박지영, 양원태 공역). 서울: 한국장애인재단. (원저 2011년 출간)

Yell, M. (2019). *The law and special education* (5th ed.). New York, NY: Pearson.

찾아보기

인명

내용

저자 소개

이소현(Lee SoHyun)
이화여자대학교 사범대학 특수교육과 졸업
미국 San Francisco State University, MA
미국 Vanderbilt University, Ph.D.
미국 Princeton Child Development Institute, Staff
한국유아특수교육학회장, 한국자폐학회장 역임
현재 이화여자대학교 사범대학 특수교육과 교수

〈주요 저서 및 역서〉
특수아동교육: 일반학급교사를 위한 통합교육지침서(3판, 공저, 학지사, 2011)
개별화 교육과정: 장애 유아를 위한 일반 유아교육과정 기반의 교수적 접근(학지사, 2011)
교육진단 및 교수계획을 위한 장애 유아 진단 및 평가(공저, 학지사, 2009)
자폐 범주성 장애: 의사소통 및 사회적 상호작용을 위한 증거 기반의 중재(공역, 학지사, 2017)
SCERTS 모델, 1권: 진단(공역, 학지사, 2014)
SCERTS 모델, 2권: 프로그램 계획 및 중재(공역, 학지사, 2016)
장애 학생을 위한 개별화 행동지원: 긍정적 행동지원의 계획 및 실행(공역, 학지사, 2008)

유아특수교육 (2판)

Early Childhood Special Education (2nd ed.)

2003년 6월 15일 1판 1쇄 발행
2019년 4월 10일 1판 17쇄 발행
2020년 2월 25일 2판 1쇄 발행
2023년 1월 20일 2판 4쇄 발행

지은이 • 이 소 현
펴낸이 • 김 진 환
펴낸곳 • (주) 학지사
04031 서울특별시 마포구 양화로 15길 20 마인드월드빌딩 5층
대표전화 • 02) 330-5114 팩스 • 02) 324-2345
등록번호 • 제313-2006-000265호
홈페이지 • http://www.hakjisa.co.kr
페이스북 • https://www.facebook.com/hakjisabook

ISBN 978-89-997-2044-4 93370

정가 26,000원